HISTÓRIA DA IDADE MÉDIA

FUNDAÇÃO EDITORA DA UNESP

Presidente do Conselho Curador
Mário Sérgio Vasconcelos

Diretor-Presidente / Publisher
Jézio Hernani Bomfim Gutierre

Superintendente Administrativo e Financeiro
William de Souza Agostinho

Conselho Editorial Acadêmico
Divino José da Silva
Luís Antônio Francisco de Souza
Marcelo dos Santos Pereira
Patricia Porchat Pereira da Silva Knudsen
Paulo Celso Moura
Ricardo D'Elia Matheus
Sandra Aparecida Ferreira
Tatiana Noronha de Souza
Trajano Sardenberg
Valéria dos Santos Guimarães

Editores-Adjuntos
Anderson Nobara
Leandro Rodrigues

Georges Minois

História da Idade Média
Mil anos de esplendores e misérias

Tradução
Thomaz Kawauche

Título original: *Histoire du Moyen Âge: Mille ans de splendeurs et misères*

© 2019 Perrin, Paris
© 2023 Editora Unesp

Direitos de publicação reservados à:
Fundação Editora da Unesp (FEU)
Praça da Sé, 108
01001-900 – São Paulo – SP
Tel.: (0xx11) 3242-7171
Fax: (0xx11) 3242-7172
www.editoraunesp.com.br
www.livrariaunesp.com.br
atendimento.editora@unesp.br

Dados Internacionais de Catalogação na Publicação (CIP) de acordo com ISBD
Elaborado por Vagner Rodolfo da Silva – CRB-8/9410

M666h	Minois, Georges
	História da Idade Média: mil anos de esplendores e misérias / Georges Minois; traduzido por Thomaz Kawauche. – São Paulo: Editora Unesp, 2023.
	Tradução de: *Histoire du Moyen Âge: Mille ans de splendeurs et misères* Inclui bibliografia. ISBN: 978-65-5711-189-5
	1. História. 2. Idade média. I. Kawauche, Thomaz. II. Título.
2023-1364	CDD 909.07 CDU 94(4)"04/14"

Índice para catálogo sistemático:

1. História : Idade média 909.07
2. História : Idade média 94(4)"04/14"

Editora afiliada:

SUMÁRIO

PREFÁCIO.. 1

PRIMEIRA PARTE
400-1000 – O TEMPO DO ORIENTE E A IDADE DAS ILUSÕES

1 – O DESMORONAMENTO DO OCIDENTE (SÉCULO V)........... 17
O Império Romano por volta de 400: um Estado doente e opressivo; Uma economia asfixiada pelos encargos; Uma nova força: o cristianismo; A ruptura de 395; Da catástrofe (410) ao naufrágio do Ocidente (476); O império do Oriente de 395 a 528; Teodorico e o reino ostrogodo; A ascensão dos francos: Clóvis e seus filhos

2 – BIZÂNCIO E OS REINOS BÁRBAROS (SÉCULOS VI-VIII)..... 43
Justiniano e a conquista do Ocidente (527-565); Grandeza e miséria do reinado de Justiniano; O período dos problemas (565-610); A dinastia heraclidiana (610-711); A afirmação da civilização bizantina; Itália, Espanha e Bretanha; As vicissitudes dos merovíngios; Dos merovíngios aos carolíngios (751); A germanização do Ocidente; Uma cristianização mais quantitativa do que qualitativa

3 – O CHOQUE DO ISLÃ (630-750) 81
Maomé (ca.571-632): uma personalidade problemática; O início do islã: violência, confusão e divisões; A expansão islâmica pela guerra-relâmpago (632-751); O choque da conquista árabo-muçulmana e suas repercussões; Arabização e islamização das conquistas; 750: dos omíadas aos abássidas

4 – BIZÂNCIO E BAGDÁ: A GLÓRIA DO ORIENTE (SÉCULOS VIII-X) 99

A dinastia isaura em Bizâncio (717-802); A iconoclastia e o reino de Irene; Um período turbulento (802-867); Basílio I (867-886) e seus sucessores (886-963): o renascimento bizantino; Basílio II (963-1025): o apogeu de Bizâncio; Os abássidas: fracasso político e sucesso econômico (750-1075); Bagdá, o colosso do Oriente; Grandeza e decadência cultural e política do mundo muçulmano

5 – DE CARLOS MAGNO A OTÃO, OU DO IMPÉRIO FRANCO AO IMPÉRIO GERMÂNICO (SÉCULOS VIII-X) 129

Pepino, o Breve: a afirmação dos carolíngios (751-768); Carlos Magno: a edificação de um império (768-814); 800: Carlos Magno imperador. As implicações de um gesto; Qual império? Um Estado forte, apoiado sobre a Igreja; Economia e sociedade: o peso do mundo rural; O renascimento carolíngio: uma realidade; Desmembramento do Império carolíngio: Verdun (843); O século X: caos e fragmentação política; O fim dos carolíngios (987) e a ressurreição do Império por Otão (962); As esperanças do ano 1000

SEGUNDA PARTE
1000-1300 – O TEMPO DO OCIDENTE E A IDADE DA RAZÃO

6 – O DECLÍNIO DO ORIENTE: FRAQUEZAS POLÍTICAS E BLOQUEIOS CULTURAIS 171

Os conflitos internos do mundo muçulmano no século XI: fatímidas e seljúcidas; Al-Andalus e Ifríquia: as crises hilaliana e almorávida (século XI); O impacto das Cruzadas e a recuperação com Saladino e os almóadas; Mongóis e Reconquista: os desastres do século XIII pelo islã; O Império Bizantino na defensiva (século XI); Bizâncio, vítima dos turcos e dos latinos (século XII); A catástrofe de 1204 e o parêntese latino (1204-1261); Um sobressalto efêmero (1261-1321)

7 – A AFIRMAÇÃO DO OCIDENTE. A CRISTANDADE ENTRE TEOCRACIA E CESAROPAPISMO 197

A Querela das Investiduras: de Canossa a Worms (1077-1122); Força e fraqueza do imperador e do papa; A ascensão do poder papal no século XII; Apogeu da teocracia: Inocêncio III (1198-1216); A luta final contra o "Anticristo" Frederico II (1220-1250); O papa, vitorioso sobre o poder imperial?; O papa vencido pelo poder real (Bonifácio VIII e Filipe, o Belo, 1294-1303)

HISTÓRIA DA IDADE MÉDIA

8 – MONARQUIAS FEUDAIS E EXPANSÃO EUROPEIA 227

Os trunfos dos capetianos; Começos difíceis (séculos XI-XII); De Filipe II a Filipe IV: o apogeu da dinastia (século XIII); A monarquia feudal à maneira francesa: expansão do poder real; Inglaterra, do Conquistador ao Coração de Leão: uma monarquia flamejante (1035-1099); Os limites dos plantagenetas, da Magna Carta à ascensão do Parlamento (1199-1327); O norte e o leste: os escandinavos, o Drang nach Osten *e os eslavos; O sul: a Reconquista, os aragoneses, os normandos e os angevinos; As cruzadas: origens e motivações; De Clermont a Túnis: a epopeia dos cruzados (1095-1270)*

9 – A IGREJA, A SOCIEDADE E A CULTURA: UM IDEAL DE FÉ E RAZÃO.. 269

O advento da dialética no século XI: Anselmo da Cantuária; As lutas da razão no século XII. Abelardo contra são Bernardo; A Igreja controla a cultura: as universidades no século XIII; Contestações e repressões; Onipresença da Igreja na vida cotidiana; A Igreja, o casamento e a procriação; A Igreja, guardiã da paz social; A Igreja, fator de racionalização do direito

10 – ECONOMIA E SOCIEDADE DE UM MUNDO (DEMASIADAMENTE) CHEIO: OS LIMITES DE UM IDEAL ESTACIONÁRIO 303

O crescimento populacional excessivo e suas causas; Crescimento agrícola insuficiente: produtividade e desmatamento; Consequências da superpopulação: agravamento das tensões sociais; A superpopulação, fator de intolerância e colonização; Nobres, senhores e vassalos; Os senhorios, quadros básicos do mundo rural; O fenômeno urbano: crescimento das cidades e nascimento das comunas; Artesanato e comércio entre regulamentação e moral; A Igreja, o dinheiro, a moeda e as feiras; Os sinais que antecedem a crise

TERCEIRA PARTE
1300-1500 – O TEMPO DO APOCALIPSE
E A IDADE DA TRANSIÇÃO

11 – OS CAVALEIROS DO APOCALIPSE: FOMES, GUERRAS, PESTES E SUAS SEQUELAS 347

"Tudo vai mal" (Eustáquio Deschamps): o matiz sombrio de uma época; A fome: o grande retorno de 1315 e suas consequências; A peste. O desembarque da Morte Negra

em 1348 e suas recorrências; A Morte Negra, fator de caos; A guerra: balanço humano de dois séculos de conflito selvagem; Grandes companhias, esfoladores e crocodilos; Militarização do espaço e cultura da violência; Identidades nacionais e xenofobia

12 – ESPÍRITOS DESORIENTADOS: AS RACHADURAS DA CRISTANDADE E O DIVÓRCIO ENTRE FÉ E RAZÃO 383

Os papas de Avignon ou o "cativeiro da Babilônia" (1309-1378); Retomada da luta entre o papa e o imperador: Bula de ouro (1356) e declínio da autoridade; O Grande Cisma, de 1378 ao concílio de Constança (1414-1418); O conciliarismo e as aspirações de uma reforma religiosa; As fissuras da cristandade e a ascensão dos sentimentos nacionais; A devotio moderna e o retorno da irracionalidade profética; Ockham e sua navalha: o divórcio entre fé e razão; Os novos intelectuais; A imprensa, coveiro da Idade Média

13 – UM OCIDENTE DIVIDIDO: RUMO ÀS MONARQUIAS NACIONAIS 415

O apagamento da ideia de cruzada; A guerra dos Cem Anos (I): o colapso da França (1340-1364); A guerra dos Cem Anos (II): graças e desgraças da Inglaterra (1364-1453); O caso inglês: guerra das Duas Rosas e ascensão dos Tudors (1455-1509); O caso francês: a eliminação dos últimos grandes feudos (1461-1515); As potências emergentes: Espanha e Portugal, das guerras civis à partilha do mundo; A leste e ao norte: reinos e impérios em mutação; A Itália de Maquiavel, laboratório da nova política

14 – UM ORIENTE UNIFICADO: DO IMPÉRIO BIZANTINO AO IMPÉRIO OTOMANO 457

O declínio irremediável de Bizâncio no século XIV; A dramática situação do Império por volta de 1400; Fracasso da união das Igrejas (concílio de Florença, 1439); Rumo à queda do Império Bizantino; O cerco e captura de Constantinopla (29 de maio de 1453); O Império Otomano de Maomé II, herdeiro de Bizâncio

15 – UMA ECONOMIA EM MUDANÇA: RUMO AO REINO DO DINHEIRO 481

Crise de senhorio; A desordem da nobreza; Um mundo rural em mudança e em revolta; Depois de 1450: rumo ao senhorio-empresa; Crescimento urbano; Crescimento da produção e das trocas; A irresistível ascensão dos homens de negócio; Comércio e banco, fatores de evolução cultural; Agitações urbanas que revelam uma mudança econômica e social

HISTÓRIA DA IDADE MÉDIA

EPÍLOGO – DA IDADE MÉDIA AO RENASCIMENTO, OU DO SANTO AO GRANDE HOMEM 517

CRONOLOGIAS 523
Vida política e militar; Fatos econômicos, sociais e culturais

MAPAS 533
Mapa 1 – A Europa por volta de 485; Mapa 2 – A Europa por volta de 800;
Mapa 3 – A Europa por volta de 1100; Mapa 4 – A Europa por volta de 1200;
Mapa 5 – A Europa por volta de 1500

BIBLIOGRAFIA SUMÁRIA 539
A. A Europa na Idade Média; B. A Idade Média por regiões; C. Os séculos V a X;
D. Os séculos XI a XIII; E. Os séculos XIV e XV

ÍNDICE ONOMÁSTICO 549

PREFÁCIO

Uma história da Idade Média de novo! Após tantas outras, muitas delas notáveis, seria tão necessário contar novamente essa longa história de um período distante sobre o qual tudo parece já ter sido dito? A questão é legítima, e eu a proponho a mim mesmo. É preciso, portanto, tentar justificar o empreendimento.

Curiosamente, a Idade Média continua a fascinar nossos contemporâneos. Quanto mais nos afastamos desse tempo rude, do qual meio milênio já nos separa, mais o interesse por essa época aumenta, como se um vago sentimento de nostalgia invadisse sub-repticiamente nossa cultura de alta tecnologia – sentimento na verdade cheio de contradições e confusões, para não dizer hipócrita e de valor duvidoso, marcado somente pelos interesses econômicos que, a partir de então, moldaram as mentalidades. Contudo, quem gostaria de viver na Idade Média? Isso é muito pitoresco. Na era dos celulares, dos monitores onipresentes, da civilização do botão pressionado, do triunfo da tecnologia e do artificial, não cessamos, no entanto, de elogiar os méritos do natural, dos procedimentos artesanais de outrora, da tradição, das "raízes". Desfalecemos de admiração por tudo o que é feito "como antigamente", buscamos a restauração com "instrumentos da época", cultivamos jardins medievais com plantas medicinais. Chegamos ao ponto de construir uma fortaleza – com recursos do século XIII, vale dizer – e organizar torneios e festas medievais. Pura diversão, que preserva um mal-entendido mais profundo sobre a Idade Média, ao mesmo tempo que o estudo desse período desaparece dos programas escolares. Nestes, já há uns trinta anos, o estudo da história em geral é vítima de uma empresa de demolição sistemática em benefício de imprecisas sínteses econômicas e sociais desencarnadas, que supostamente fazem a juventude compreender os "desafios do mundo contemporâneo". Desde então, é por alguns trechos de documentários populares que o "grande público" entra em contato com a Idade Média, alheio a qualquer tipo de estrutura cronológica e de noção de continuidade, misturando alegremente datas e personagens. A Idade Média torna-se um buraco negro de mil anos de onde escapam catedrais e fortalezas, cavaleiros em armadura, princesas rodeadas por trovadores, vielas pitorescas de algumas cidades restauradas. E esses cenários de teatro preservam a fascinação – ou simplesmente a curiosidade – por uma Idade Média onírica, mítica, ecológica e, antes de tudo, certamente "autêntica", termo mágico sempre repetido num século XXI esquizofrênico. Caricatura? Pergunte a alguém o que Filipe, o Belo, ou a guerra dos Cem Anos evocam.

Mas isso não responde à minha questão inicial, pois aqueles que gostariam de se informar seriamente sobre o assunto sempre poderiam consultar as obras de erudição que dormem nas estantes das bibliotecas, cujas informações são infinitamente mais confiáveis do que tudo o que as telas luminosas poderiam mostrar. Então, por que acrescentar este livro, que sabidamente irá juntar-se a seus congêneres para um longo sono na seção "História" de algumas bibliotecas? Admitamos com honestidade: nada disso é absolutamente indispensável, e meu trabalho não vai revolucionar a historiografia medieval. Ele visa, modestamente, a cravar um prego. Um prego grosso, decerto: mil anos de história, para confirmar que a Idade Média existiu sem sombra de dúvida, que podemos datar seu nascimento, sua morte, sua juventude, sua maturidade e seu declínio, que foi um período importante de nosso passado, o qual, aliás, não foi um inferno nem uma idade de ouro.

Será que ainda é necessário afirmar que a Idade Média sem dúvida existiu? Certos títulos de obras de grandes historiadores medievalistas a partir dos anos 1970 poderiam causar confusão, começando com *Pour en finir avec le Moyen Âge* [Para acabar com a Idade Média], de Régine Pernoud (1977), até *Em busca da Idade Média*, de Jacques Le Goff (2003),[1] que já havia pleiteado *Pour un autre Moyen Âge* [Por uma outra Idade Média] (1977), passando por

---

1 Tradução brasileira: *Em busca da Idade Média*. Rio de Janeiro: Civilização Brasileira, 2005. (N. T.)

PREFÁCIO   3

Le Moyen Âge, une imposture [A Idade Média, uma farsa], de Jacques Heers (1992). Ainda em 2011, o excelente manual universitário de M. Balard, J.-Ph. Genet e M. Rouche, *Le Moyen Âge en Occident* [A Idade Média no Ocidente], começa com esta declaração: "De tanto perguntarmos se existe mesmo um período medieval, a Idade Média não existe...", antes de acrescentar: "[...] Ou melhor, é apenas uma expressão". Temos segurança quando isso é confirmado por ninguém menos que Jacques Heers, nosso mestre: "A Idade Média, na verdade, não existiu. Trata-se de uma noção abstrata forjada de propósito por diferentes conveniências ou razões...". Com efeito, seria preciso nomear esse milênio um pouco inquietante que se estende entre o desaparecimento do Império Romano e o Renascimento. Para piorar, é o Renascimento que cria o nome de batismo *tempora media*, ou *medium tempus*, idade do meio, idade média, expressão retomada em todas as línguas: *Moyen Âge, Middle Ages, Mittelalter, Edad Media...*

O termo, aliás, exprime o embaraço dos primeiros que o utilizam, dentre os quais Petrarca, que mal consegue apreender a unidade, as características e os valores desse período bizarro, confuso e desconcertante. É somente em 1676 que um autor audacioso, Christoph Cellarius (Keller), arrisca-se a reconstituir a história, em latim, do que ele chama a "época média" (*medium aevum*). De todo modo, porém, seja qual for a opinião a respeito de seu conteúdo, os intelectuais são unânimes, e isso desde o século XVI (ou até mesmo desde o século XIV, com Petrarca), em reconhecer que os dez séculos que os separam do Império Romano constituem um conjunto específico. Eles estão conscientes de que vivem uma transição de época, uma mudança de civilização, e isso os encanta, pois aspiram a renovar os valores, a literatura, a arte, o estilo de vida da civilização romana clássica. Desde seu desaparecimento, portanto, a Idade Média é considerada de maneira negativa. Os humanistas a enterram com alívio, felizes por terem acabado com essa época sombria e bárbara, fazendo "renascer" a época greco-latina: o avanço da civilização poderia ser retomado após mil anos de estagnação e caos.

Começa então a história póstuma da Idade Média, aquela de sua imagem nos espíritos e nos livros. Essa imagem permanece bem negativa por muito tempo. Época bárbara, vinda desses godos repugnantes, a era "gótica" é desprezada, vilipendiada, acusada de todos os males. Durante três séculos (XVI-XVIII), a Idade Média, aos olhos dos clássicos, é o obscurantismo, o irracional, o fanatismo, a extravagância, as feiticeiras, a Inquisição, as pestes e os períodos de fome, os senhores incultos e brutos, os monges ignaros, os vagabundos supersticiosos, até o momento em que os pré-românticos começam a ver as ruínas góticas com outros olhos. É aí que começa a grande onda de reabilitação da Idade Média, que marca todo o período romântico, desde os escritos de Chateaubriand e os romances de Walter Scott até a onda da arte neogótica. Reação contra o início da era industrial, alimentada pela renovação dos estudos históricos, da *Histoire des ducs de Bourgogne* [História dos Duques da Borgonha], de Prosper de Barante (1824-1826), às *Récits des temps mérovingiens* [Contos dos tempos merovíngios], de Augustin Thierry (1840), passando pela *Histoire de France* [História da França], de Jules Michelet (1833-1844).

Trabalhos infelizmente saturados na forma por um lirismo transbordante e, no conteúdo, por preconceitos ideológicos que cegam os autores. Michelet é o exemplo notável disso. Sua *Histoire de France*, recentemente reeditada, não tem mais nenhum valor histórico, e nos informa mais sobre seu autor do que a respeito do tema tratado. Aliás, sua visão da Idade Média muda radicalmente entre a década de 1830, quando evoca a "bela Idade Média", e a década de 1850, quando apresenta um quadro enfeitado na introdução do livro IX. Essa diatribe é a base da lenda negra da época medieval. Questiona-se ali "o estado bizarro e monstruoso, prodigiosamente artificial, que foi o da Idade Média", com "seu terrorismo, sua polícia, seus carrascos", seu "povo de raciocinadores contrários à razão", seu "mundo beato dos místicos razoáveis", sua "infinita legião dos inquisidores", sua "turba de malandros e otários", na qual "os tolos, terrificados com o triunfo do Diabo, queimam os loucos para proteger Deus"; um mundo onde "a feitiçaria torna mais densas suas trevas fantásticas", e "tudo é duvidoso e nada é nítido, tudo ali pode parecer ridículo. As forças bastardas abundam, da mais alta à mais baixa... a farsa da Idade Média entristece demais; vejo nela apenas três alegrias: o tau, a vara e o corno".[2] "A Idade Média monástica é um mundo de idiotas", divididos entre "os tolos metódicos e os tolos entusiastas", seduzidos pelo "delírio de são Francisco". Nem os monges copistas encontravam graça da parte dele:

---

2 O corno [*cocu*], personagem festivo popular entre o final da Idade Média e o Renascimento, simbolizava a infelicidade e a desgraça em canções, anedotas, contos e peças teatrais. (N. T.)

PREFÁCIO 5

Quisera o céu que os beneditinos não soubessem ler nem escrever! Mas eles escreviam e apagavam os escritos com raiva. Sem eles, o furor dos bárbaros e dos devotos não teria êxito. A paciência fatal dos monges destruiu mais do que o incêndio de Omar, mais do que aquele das cem bibliotecas da Espanha e todas as fogueiras da Inquisição. Os conventos onde hoje visitamos os manuscritos palimpsestos com tanta veneração são os mesmos em que aqueles idiotas fizeram das obras-primas da Antiguidade um são Bartolomeu.[3]

Depois, o ápice da "tirania da Idade Média": a Inquisição.

A data mais sinistra, a mais sombria de toda a história, é para mim o ano 1200, o 93 da Igreja. Bem menos por ser a época do extermínio de um povo, dos valdenses e dos albigenses, mas sobretudo porque essa é a época da organização da grande polícia eclesiástica. Terrorismo atroz...

Essas imprecações – sem nenhum valor histórico, vale observar – imprimiram nos espíritos uma imagem duradoura de uma Idade Média obscurantista e fanática, ignorante e bárbara. É uma imagem diferente, esta que os historiadores positivistas elaboram a partir dos anos 1870: sóbrios e secos, formados nas disciplinas das ciências auxiliares da história, Gustave Monod, Ernest Lavisse, Charles Seignobos, Charles Petit-Dutaillis, Achille Luchaire, Ferdinand Lot, Marc Bloch, para mencionarmos apenas alguns franceses, seguidos pelos intelectuais da escola dos Annales, que trabalhavam com documentos verificando, contando, classificando, estabelecendo marcos seguros de uma história medieval equilibrada, suscitando vocações de historiadores medievalistas que tinham por ideal restituir a verdade dos fatos e construir uma história objetiva.

Herdeira desses estudos, uma admirável geração de medievalistas empreende, a partir dos anos 1960 e 1970, a restituição das cartas de nobreza da Idade Média. No entanto, o entusiasmo de alguns deles conduz o grupo a substituir uma caricatura por outra, a lenda negra pela lenda dourada,

---

3 Bartolomeu, um dos apóstolos de Cristo, teria morrido esfolado na região do mar Cáspio, e sua representação na capela Sistina, segurando a própria pele com o braço esquerdo e uma faca com a mão direita, é a metáfora dos pergaminhos cujos textos clássicos eram raspados pelos beneditinos. (N. T.)

fazendo da Idade Média uma idade de ouro da qual eles retêm apenas o que lhes favorece. A "reabilitação" torna-se então uma banal enumeração de evidências sobre a beleza das catedrais, a profundeza das sumas teológicas, a habilidade dos engenheiros, a admirável espiritualidade dos místicos e a abnegação dos peregrinos. As "ideias recebidas" e os "preconceitos" sobre a Idade Média obscurantista são combatidos, mesmo que isso signifique exagerá-los para melhor denunciar sua falsidade. Régine Pernoud se apraz em ressaltar notas pueris de estudantes ou de pessoas incultas para, sem maiores dificuldades, demonstrar absurdos e concluir que a Idade Média foi uma época ideal. Todavia, comprovar platitudes nunca fez o conhecimento avançar.

Portanto, a Idade Média teria ainda hoje seus detratores e seus bajuladores, como Martin Blais em seu *Sacré Moyen Âge* [Idade Média Sagrada] (1997) ou Laure Verdon em *Le Moyen Âge. Dix siècles d'idées reçues* [A Idade Média. Dez séculos de ideias recebidas] (2014). Em *Regards sur le Moyen Âge* [Olhar para a Idade Média] (2011), Sylvain Gouguenheim estima que, em parte da opinião, "a era sombria da Idade Média está de volta" devido a uma "tomada ideológica de partido", e escreve: "Parece-me claro que a ideia de Idade das trevas não convém ao período medieval".

Certamente. Mesmo assim, é preciso ficar atento para não cair no excesso inverso. É o que Jacques Heers, em *Le Moyen Âge* [A Idade Média], denomina *uma impostura*: "Parece-me importante não proceder, sobre um ponto ou outro, uma reabilitação dessa 'Idade Média', e muito menos evocar por escolha pessoal uma espécie de idade de ouro em que tudo teria sido de uma qualidade humana diferente, em uma sociedade mais serena". É também o que pensa Jacques Le Goff, talvez o melhor especialista nas mentalidades medievais. Rejeitando "os jogos derrisórios de uma lenda dourada da Idade Média que substituiria a lenda negra dos séculos passados", ele reivindica, em *Pour un autre Moyen Âge*, que não se trata "nem de um buraco nem de uma ponte, mas de um grande impulso criativo, perpassado por crises, nuançado de lacunas de acordo com as regiões, as categorias sociais, os setores de atividade". Além do mais, essa Idade Média diferente "é uma Idade Média total que se elabora tão bem a partir das fontes literárias, arqueológicas, artísticas, jurídicas, quanto com base apenas nos documentos recentemente disponibilizados aos medievalistas de carteirinha". Esse estudo, que não deixa escapar nada, que concilia o rigor científico e a empatia humanista, não exclui os sentimentos: Jacques Le Goff confessa haver sido atraído pela Idade Média aos 12 anos, durante a leitura de Walter Scott, e que sempre experimenta "certa nostalgia" em relação a essa época. Para compreender uma época, é preciso amá-la, mas com um amor que não seja cego. É nesse estado de espírito que tentei trabalhar, e é por isso que falo dos "esplendores e misérias" desses mil anos de cristandade, os quais, nem mais nem menos do que todas as épocas da história humana, misturam sombras e luzes.

Resta definir os limites geográficos e cronológicos do tema. Do ponto de vista geográfico, a expressão "Idade Média" só tem significado relativamente àquilo que se chama Eurásia: delimitada pelo Império Romano e pelo Renascimento, seu sentido só se verifica nas regiões que conheceram esses dois fenômenos. O essencial é, evidentemente, a Europa, mas uma Europa "do Atlântico aos Urais" e da Islândia ao Eufrates, pois não se saberia compreender a história dos reinos cristãos do Ocidente sem saber o que se passa, no mesmo momento, para além de Bizâncio e às margens do Nilo. A despeito de isso agradar ou não, a história da Europa é intimamente ligada à dos Orientes Próximo e Médio: os acontecimentos parisienses tiveram repercussão em Bagdá e vice-versa. Para melhor ou para pior, somos solidários e rivais, e, portanto, interdependentes, tanto na Idade Média quanto hoje. Um dos eixos principais deste estudo será, pois, a evolução das relações de força, das trocas envolvendo golpes, mercadorias e ideias entre o Ocidente e o Oriente.

Quanto aos limites cronológicos, a Idade Média começa quando o Império Romano desaparece e termina quando o Renascimento se impõe. A montante, uma entidade política; a jusante, um fato de civilização. Isso significa que as fronteiras são fluidas e heterogêneas. Seria realmente preciso fixar datas exatas de início e término, como para um indivíduo? Em história, "priorizo o par continuidade/viragem à custa da noção de ruptura", escreve Jacques Le Goff, cuja última obra, de 2014, leva um título revelador: *Faut-il vraiment découper l'histoire en tranches?*.[4] No caso, a fatia [pedaço, na tradução brasileira] seria espessa e indigesta, pois o grande historiador seria tentado a alargar a época medieval para bem além de seus limites tradicionais: mil e setecentos anos, do século II ao XIX. "A longa duração pertinente a nossa

---

4 Tradução brasileira: *A história deve ser dividida em pedaços?* São Paulo: Editora Unesp, 2015. (N. T.)

história me parece essa longa Idade Média, que durou desde o século II ou III até morrer lentamente, sob os golpes da revolução industrial, entre o século XIX e nossos dias." Os verdadeiros coveiros da Idade Média seriam, portanto, James Watt, Adam Smith e seus emuladores. O culto da inovação tecnológica e seu cúmplice, o capitalismo liberal, puseram fim à civilização medieval. Dela ainda encontramos traços em certos comportamentos atuais, e eu seria pessoalmente levado a crer que a verdadeira ruptura se situa no início da era eletrônica: é o computador que matou a Idade Média. A Internet e seus aplicativos inauguram não somente uma nova civilização, mas uma mutação da natureza humana. E, se me for permitido evocar lembranças pessoais, tenho por vezes a impressão de ter saído diretamente da Idade Média: dos avós paternos do interior da região oeste, vivendo numa casa de um só cômodo em solo de terra batida, sem água nem eletricidade; promiscuidade, tuberculose e falecimentos prematuros: qual a diferença em relação ao século XII?

Não podemos, no entanto, nos engajar aqui em uma filosofia da história. O recorte tradicional pode ser discutido, mas ele se fez valer. O espírito humano tem necessidade de marcos, estruturas, limites e balizas, sem os quais todas as confusões e todos os amálgamas são possíveis. É justamente o que está prestes a se produzir em nossa época, empenhada não com o respeito às diferenças, como alguns gostam de repetir, mas com o apagamento delas em benefício de um multiculturalismo que mais parece um caldeirão de culturas, no sentido figurado do termo. Esse fenômeno tange à história tanto quanto às mentalidades coletivas. Este livro também é, portanto, uma reação contra a desestruturação – ou melhor, a demolição – do sentido histórico ao qual assistimos. Por razões pedagógicas e de clareza da exposição, o recorte tradicional situava a Idade Média entre 476, fim do Império Romano do Ocidente, e 1492, descoberta da América: mil e dezesseis anos. Precisão excessiva e escolha arbitrária, é preciso convir. Mas, enquanto a escolha das datas é discutível, o fato de escolher é, em si, indispensável. Com a condição de lembrarmos que as datas são apenas marcos, é fundamental recorrermos a elas para que a história não seja o mingau que se tornou no espírito das jovens gerações. Sem dúvida já é tarde demais, pois, digamos sem rodeios: a história nunca é ensinada; a vaga mistura econômico-sociológico-ideológica que a substitui nos colégios e liceus está na base de todos os amálgamas, preconceitos e coisas parecidas dos jovens espíritos alimentados por uma cultura em migalhas.

É, portanto, sem ilusão, mas com força, que reconsidero os limites tradicionais: o período que chamamos de Idade Média começa por volta de 400, no início do século V, e se encerra por volta de 1500, no final do século XV.

Esse período de mil e cem anos não é nem um longo rio tranquilo nem uma interminável estagnação. Costumamos distinguir nele três etapas, e com razão. Do século V ao X, digamos de 400 a 1000, enquanto no Ocidente os reinos bárbaros disputam entre si um lugar no espaço do antigo Império Romano, o Oriente se desenvolve em outra direção, primeiro com Bizâncio, e depois com o brilho dos grandes califados de Damasco e Bagdá. É o tempo das grandes ilusões, próprias da juventude das civilizações, bem como dos indivíduos: sonha-se ainda com a monarquia universal, tanto em Justiniano quanto em Carlos Magno e Almançor. De 1000 a 1300, a tocha volta às mãos do Ocidente: é a grande época da cristandade quando, sob a direção do papado triunfante, tenta-se a grande síntese entre fé e razão, e quando se empreende o grande combate ao islã. É a idade da razão de uma civilização que encontrou seus marcos e seus valores. Mas as civilizações também são mortais, e o fim da Idade Média, de 1300 a 1500, é particularmente dramático, sofrendo os assaltos dos cavaleiros do Apocalipse desenfreados: a peste, a guerra e a fome. É o tempo da transição para um novo mundo.

Recorte artificial? Esquemático demais? Os historiadores não encontraram nada melhor até agora. É isso ou o caos, o recorte em fatias ou o mingau indigesto. O estudo de um período de mil e cem anos não pode se fazer sem recorte cronológico. A história é o tempo que passa, e tanto na escala dos indivíduos quanto na das sociedades, a flecha do tempo tem sentido único. Tudo se encadeia, inelutavelmente, mecanicamente, implacavelmente, numa série rigorosa de causas e consequências, cabendo ao historiador a tarefa de esclarecer essas causas e essas consequências, isto é, de dissecar a mecânica do destino. O homem do século XXI gostaria de se persuadir que não há fatalidade; o determinismo fere seu orgulho. É preciso, no entanto, admiti-lo, e isso é antes de tudo reconfortante. Tudo o que vem a acontecer não poderia não acontecer; em história não há lugar para "se", e todas as tentativas de reconstrução fictícias que modificam um ou outro parâmetro não passam de romances.

Resumamos. Por que uma nova história da Idade Média? Em parte, para acrescentar descobertas recentes, mas sobretudo para reagir às vulgarizações deformadoras e à sabotagem programada do ensino da história. Empreendimento que nada tem de "reacionário" ou de retrógrado, a menos que colocar as coisas em ordem, lógica e cronologicamente, datar os acontecimentos e os personagens, lembrar que a história é um fluxo que vai de um ponto A em direção a um ponto B, sem retroceder, sejam consideradas atividades de um empreendimento retrógrado. Trata-se também de lembrar que a Idade Média é uma época como as outras, nem inferno nem paraíso, e que tudo o que nela se passa é perfeitamente humano, ou seja, compreensível, analisável, explicável e necessário. Se ela teve suas cruzadas, seus massacres e suas quimeras, hoje temos nossos jihadistas, nossos genocidas e sempre as mesmas quimeras religiosas, simplesmente com menos desculpas, diante do progresso dos conhecimentos científicos. Mas não se trata de comparar nem de atribuir notas em matéria de moral. Trata-se de lembrar o que foi esse milênio medieval, suas grandezas e suas misérias dos pontos de vista político, econômico, social e cultural, acompanhando aquilo que é a coluna vertebral da história: a cronologia.

Um último comentário: condensar mil anos de história em cerca de quinhentas páginas é um desafio. Assim, não serão surpresas os encurtamentos, as simplificações, as seleções e as inevitáveis lacunas. Trata-se certamente de uma grande síntese que visa evidenciar os eixos e os fatos essenciais de uma época no curso da qual foram forjadas as mentalidades ocidentais. A história não é uma ciência exata; baseada em um certo número de fatos; ela deixa muita margem para a interpretação dos historiadores -- interpretação que depende bastante das normas e dos valores de seu tempo. E, finalmente, é por isso que podemos reescrever para sempre a mesma história, que na verdade nunca é a mesma. O essencial é não sacralizar uma ou outra versão. Em relação ao passado distante, impõe-se certo desprendimento, e até mesmo um toque de ironia ou de humor, sempre respeitando a materialidade dos fatos. Importa ao historiador saber relativizar a importância dos acontecimentos que relata e não sacralizar os atores da tragicomédia humana.

PRIMEIRA PARTE

400-1000 – O TEMPO DO ORIENTE E A IDADE DAS ILUSÕES

Por volta do ano 400, a Europa, ou mais particularmente o mundo mediterrâneo, entra numa fase de grandes turbulências que vai durar pelo menos seiscentos anos. A Idade Média nasce do caos provocado pelo desmoronamento e pela fragmentação do enorme bloco político que constituía o Império Romano. Começa um interminável período de confusão, guerras, movimentos de povos, problemas econômicos, sociais e políticos diante dos quais a primeira reação do historiador é o desânimo. Especialmente quando as fontes utilizáveis para construir sua narrativa são tão confusas quanto os fatos que elas supostamente testemunham: fragmentos de ruínas publicadas ao acaso nos canteiros de obras públicas, narrativas desordenadas, lacunares, contraditórias, ilegíveis, recobertas de maravilhas, bem como de visões escatológicas e apologéticas, tais quais hagiografias, anais monásticos e crônicas que obedecem a critérios totalmente alheios às exigências intelectuais modernas. A despeito da perspectiva, entramos por seis séculos naquilo que, com muita justiça, os historiadores anglo-saxões denominam as "eras obscuras", as *Dark Ages*.

Contrariamente àquilo que a moda atual das reabilitações e dos questionamentos em todos os gêneros gostaria de nos fazer acreditar – em uma tarefa essencialmente comercial, e isso não é ilusório –, a admiração que uma joia merovíngia pode legitimamente suscitar não deve encobrir o fato de que a Europa dos séculos V a X está imersa em uma verdadeira regressão cultural, que os historiadores positivistas batizaram com o nome, hoje tabu, de "civilização bárbara". Um mergulho nas narrativas da época é suficiente para que se constate a adequação do termo.

Antes de procurar negar a realidade das eras obscuras, mais vale estudar suas causas e seus diferentes aspectos. É certo que a noite não chegou abruptamente sobre um Império Romano radiante e os costumes bárbaros não foram o resultado exclusivo das invasões germânicas. O Império Romano em 400 já estava bem doente, corroído por inquietantes evoluções internas que, para começo de conversa, precisamos expor. A Idade Média nasce tanto da decomposição interna do mundo romano quanto da irrupção dos povos germânicos. Isso diz respeito em particular ao fato maior da era medieval, que é a cisão entre o Oriente e o Ocidente, cisão geratriz de uma duradoura hostilidade recíproca. A separação oficial entre o império do Oriente e o império do Ocidente em 395 não é uma consequência das invasões: ela as precede; as invasões engendram, em seguida, a quebra definitiva. Do século V ao X, a dominação do bloco oriental é incontestável. Enquanto o Ocidente desmorona e soçobra nas convulsões dos reinos bárbaros, Bizâncio se apresenta como a segunda Roma e elabora uma civilização original baseada na autocracia e no cristianismo, o que fascina os ocidentais aprisionados em seus conflitos internos. No século VII, surge abruptamente um terceiro adversário que, por um momento, ameaça devorar o Oriente e o Ocidente, antes de ser bloqueado por volta de 750: o islã. A partir de então, e pelo resto da Idade Média, três mundos partilham a Eurásia: o mundo da cristandade romana, a oeste; o mundo da cristandade bizantina, a leste; e, no sul e no sudeste, o mundo árabo-muçulmano.

Até por volta do ano 1000, a despeito de efêmeras tentativas de unificação e de renascimento de um Império Romano do Ocidente envolvendo carolíngios e otomanos, o Ocidente não chega a encontrar a estabilidade, ao passo que o Oriente, de Bizâncio a Bagdá, afirma uma riqueza e uma superioridade cujo refinamento não exclui a selvageria. A história desses seis séculos é tão complexa que o dilema do historiador pode ser assim enunciado: mergulhar na relação dos acontecimentos caóticos desse longo e obscuro período e logo se atolar nas intrigas de Quilperico, Nicéforo Focas, Abedal Maleque etc., ou elevar-se acima desse corpo a corpo e, adotando o ponto de vista de Sírio, sintetizar e esquematizar, sob o risco de produzir caricaturas. Em outros termos: ser completo e obscuro em dez volumes, ou resumir e interpretar em algumas páginas. As exigências editoriais de nossa época apressada não nos permitem escolher.

Digamos, portanto, que o que parece caracterizar a história dos séculos V a X é, de um lado, a dominação do mundo oriental, e, de outro, o papel essencial das grandes ilusões nas mentalidades coletivas. Traço característico das épocas de juventude: as primeiras etapas são marcadas por ambições de grandeza proporcional ao desconhecimento da falta de meios disponíveis para atingi-los. Ingenuidade e inconsciência engendram as esperanças mais tolas que, por sua vez, resultam inevitavelmente em violências e frustrações. Os séculos obscuros da Idade Média sustentam ilusões políticas, das quais a principal é a eternidade do mundo romano: tanto os reis bárbaros do Ocidente quanto os basileus de Constantinopla perseguem o impossível ideal de ressuscitar ou de prolongar o Império Romano. A isso se acrescentam ilusões religiosas: ao paganismo politeísta do mundo romano sucedem os monoteísmos cristão e muçulmano, que têm por vocação o universalismo – os fiéis perseguem o sonho do triunfo de seu único deus no mundo inteiro. Ilusões culturais, enfim. Curiosamente, as eras obscuras da Idade Média são também a época dos enciclopedistas. Em cada mundo, os intelectuais fazem o inventário do saber humano baseado nos livros sagrados e nas aquisições científicas herdadas da Antiguidade, e imaginam que esse saber é completo e definitivo. Ilusão de um mundo simplista que acredita possuir a explicação última do universo graças à revelação. É somente na época seguinte que o retorno à razão trará mais modéstia a esses anões empoleirados em ombros de gigantes.

– 1 –

O DESMORONAMENTO DO OCIDENTE (SÉCULO V)

Em 395, com a morte do imperador Teodósio, o Império Romano é oficialmente partilhado entre seus dois filhos: Arcádio, que se torna imperador do Oriente, em Constantinopla, e Honório, imperador do Ocidente, em Roma. Em 476, o chefe bárbaro Odoacro constrange o último imperador do Ocidente, Rômulo Augústulo, a abdicar: ele envia as insígnias imperiais a Constantinopla e se proclama rei da Itália. Nenhum outro império existe a não ser o do Oriente. No transcurso dos oitenta anos que separam essas duas datas cruciais, produz-se a transição entre o Império Romano e a Idade Média. A passagem de um termo geopolítico (Império Romano) a um termo cronológico (Idade Média) é, em si, reveladora: passar da noção de espaço à noção de tempo indica a perda da unidade geográfica em benefício da simultaneidade. O elemento federativo não é mais o espaço, e sim a data: entramos na história.

Entre 395 e 476, a romanidade sobrevive, porém, fatiada em dois impérios, e, entre ambos, as diferenças são desde sempre muito marcantes. Do ponto de vista global, o mundo romano ainda possui uma aparência imponente. Certamente está cercado por povos bárbaros, mas parece que vai fagocitá-los ao lhes atribuir terras, incorporá-los a seu exército e confiar a eles postos na alta administração. A assimilação desses estrangeiros chega a sustentar a ilusão da eternidade do mundo romano, que se rejuvenesce pelo sangue novo: "Sabemos que jamais haverá revolução contra o Estado, pois o Império Romano pertencerá a ti para sempre, assim como a teus descendentes", declara Pacato, o retor de Bordeaux, ao imperador Teodósio em 388.

O IMPÉRIO ROMANO POR VOLTA DE 400: UM ESTADO DOENTE E OPRESSIVO

Do ponto de vista geográfico, o Império está intacto: uma gigantesca massa do muro de Adriano até o médio-Egito e das costas portuguesas até o leste da Ásia Menor. O Ocidente está dividido em oito dioceses – Itália suburbicária, Itália anonária, Vienense, Gália, Bretanha, Panônia, Espanha e África –, assim como o Oriente: dioceses de Trácia, Dácia, Macedônia, Acaia (província proconsular), da Ásia, do Ponto,[1] do Oriente e do Egito. Ao norte predominam as fronteiras naturais (Reno e Danúbio) ou construídas (muro de Adriano); a leste e ao sul, nas regiões semidesérticas, elas são menos definidas. No mapa, o conjunto é limpo e imponente; no próprio local nem tanto, pois, durante o século IV, os povos germânicos ultrapassaram muitas vezes o *limes*, a fronteira fortificada. Alguns deles se estabeleceram no interior do Império, como os visigodos na Panônia, enquanto a leste o império persa é um perigo permanente.

Ademais, o Império não está bem de saúde. A população encontra-se estagnada, até mesmo diminuída, sob efeito simultâneo das incursões bárbaras e dos acidentes naturais, como a peste bubônica de 442 na Itália, na Gália e na Espanha, além dos períodos de fome em 409 e 411 nas mesmas regiões, e em 450 na Itália. Regiões inteiras são despovoadas, como testemunham os termos oficiais de *tractus* ou de *saltus*, designando terras incultas, florestas, pântanos e estepes. Nessas zonas são praticadas coleta, pecuária extensiva,

---

1 Ponto: região na costa meridional do mar Negro, no nordeste da atual Turquia. (N. T.)

400-1000 – O TEMPO DO ORIENTE E A IDADE DAS ILUSÕES

caça, produz-se sal e *garum*, que serve para temperar os pratos, e o Estado explora minas e pedreiras: ferro de Nórica (Baviera e Áustria), Ilíria, Espanha e Cevenas, estanho da Galícia e da Cornualha, bem como chumbo e prata.

As zonas subpovoadas encontram-se notavelmente situadas atrás do *limes*, em Ilíria, Panônia, Nórica, norte da Itália, norte da Gália, Bretanha e Mauritânia. Porém, de modo geral, em todo lugar falta mão de obra e as medidas para mantê-la no local multiplicam-se. Por um lado, há escravos, sempre numerosos e provenientes de zonas fronteiriças como a Panônia e a Mauritânia. Mas eles se reproduzem pouco e apresentam fraco rendimento no trabalho. A fim de motivá-los, atribui-se aos escravos um pedaço de terra a ser vendido junto com eles: o escravo "conjugado" ao seu terreno constitui um lote indissociável. O escravo, que tem a segurança do emprego, não paga imposto nem presta serviço militar e, portanto, vê sua condição melhorar, ao contrário do pequeno camponês livre, esmagado pelos impostos e taxas *in natura*, frequentemente obrigado a vender sua terra e tornar--se colono arrendatário, preso ao solo. Juridicamente livre, mas endividado, ele não tem direito a abandonar o domínio onde se encontra empregado. A degradação da condição camponesa, do pequeno proprietário na condição de colono, e do colono na condição de escravo, foi assim descrita pelo monge Salviano no século V:

> Quando pequenos proprietários perdem sua casa e seu pedaço de terra após sofrerem pilhagem ou serem enxotados por agentes do fisco, refugiam--se nos domínios dos ricos e tornam-se seus colonos... Todas as pessoas instaladas nas terras dos ricos se metamorfoseiam como se tivessem bebido na taça de Circe e se tornado escravos.

Ao camponês ameaçado de perder sua liberdade, mas que não quer cair no colonato, resta uma solução: a fuga em busca de um poder protetor segundo a velha prática romana do patronato. Nesse período de penúria, o "patrono", grande proprietário privado, fica muito feliz ao encontrar mão de obra e aceita o acordo de proteger o homem livre fugitivo em troca de serviços mútuos. Essa prática contribui para enfraquecer o Estado, uma vez que a maioria dos camponeses provém dos domínios do fisco, ou seja, das terras imperiais onde sofrem esmagamento por impostos, e são eles que reforçam a mão de obra e as tropas privadas dos grandes proprietários. Nessa época agitada, colocar-se sob proteção de um homem-forte e ser desobrigado de alienar sua liberdade é uma reação natural que só vai se acentuar durante os primeiros séculos da Idade Média.

Fugir do peso excessivo do Estado torna-se, no século V, um comportamento de sobrevivência. Pois, sob a pressão da necessidade, o poder imperial se torna cada vez mais opressivo: impostos, recenseamento e serviços diversos espremem os homens livres, que buscam a proteção dos patronos privados. O peso dos impostos e das cobranças se torna insuportável. São dois tipos: um imposto pessoal, a capitação, e um imposto territorial, que exige atualização dos cadastros e dos recenseamentos por quinze anos, o que será motivo de muitas das contestações. Para cada período de quinze anos – a indicção –, o Estado fixa a taxa do imposto, e a percepção é confiada a uma pessoa privada, o decurião, responsável pela coleta dos bens pessoais. Por fim, o decurião tende a exigir os depósitos com certa brutalidade, o que só faz crescer a impopularidade do Estado e a fuga dos contribuintes.

Nas cidades, as magistraturas são exercidas pelos curiais nomeados pelo conselho dos decuriões, a cúria. A função dos curiais é temerosa, pois, como os rendimentos urbanos haviam quase desaparecido, eles precisavam financiar trabalhos e jogos públicos com seus próprios recursos, sem contar o fato de que essas responsabilidades os desviavam de suas atividades profissionais. Todos os meios são válidos para escapar desses encargos: entrar no exército, no clero, nos monastérios e, para os mais afortunados, chegar à nobreza senatorial. Diante desse salve-se-quem-puder que ameaça exaurir o recrutamento da função pública, o imperador Majoriano tenta, em 458, reforçar as obrigações dos colégios de curiais. Em vão. Tanto para os citadinos quanto para os camponeses, o sentido do Estado desaparecera, e este, ao multiplicar as leis que proibiam a todos de abandonar seu estatuto social, apenas faz crescerem as resistências e a fuga das responsabilidades. Para escapar da máquina estatal, busca-se o refúgio na clientela de um patrono e nos acordos entre particulares.

O poder imperial, confrontado por essas deserções massivas, se faz mais constrangedor, burocrático e invasivo. A função imperial, arruinada por complôs, assassinatos, revoluções palacianas e usurpações militares, adorna-se com títulos cada vez mais deslumbrantes e fúteis que mascaram mal a queda de seu prestígio. O imperador é "sagrado" e, segundo a tradição jurídica romana, governa supostamente respeitando a lei: "O imperador é o primeiro a respeitar as leis que ele mesmo promulga", diz santo Ambrósio. Essas leis são escritas e reagrupadas em códigos cada vez mais imponentes, como o Código Teodosiano, promulgado em 438. As leis distinguem um direito privado e um direito público, o que, em teoria, é uma garantia para as liberdades dos cidadãos. Na verdade, o Estado de direito é permanentemente ameaçado pelo emprego da força: o imperador é vigiado por generais que, a qualquer momento, podem se tornar eles próprios a ameaça, se as circunstâncias assim os incitarem. Nos meios militares, o velho postulado do início do Império não é esquecido: o exército é que faz o imperador. Os exemplos fornecidos pela história do Império são muitos. Depois do imperador, o *magister militum praesentalis*, chefe supremo do exército, é um potencial usurpador.

É evidente que, durante esse período muito turbulento, com o Império sempre na defensiva, o exército desempenha um papel essencial. Teoricamente forte, com 250 mil homens no Ocidente, ele é a primeira fonte de despesas do Estado, que paga os soldos, o equipamento, os cavalos e as rações alimentares de campanha. O recrutamento está, em teoria, baseado na incorporação: cada proprietário de terra deve fornecer certo número de homens livres em função do tamanho de seus domínios. Os pequenos proprietários se agrupam em *consortium* e designam um deles para ir ao exército. Ali o designado passa quase a vida inteira, pois o serviço dura 25 anos e, após esse período, recebe, na condição de veterano, um pedaço de terra e privilégios honoríficos, além de isenção de imposto. Diante da escassez da mão de obra, em geral os proprietários enviam os sujeitos mais medíocres, o que torna dúbia a qualidade das legiões.

O exército compreende dois tipos de unidade: as tropas de cobertura, estacionadas nas fronteiras e com cerca de 135 mil homens, os *limitanei* ou *ripariensis*, e as tropas do interior, os *comitatenses*, de 115 mil homens, que constitui uma força móvel de intervenção no caso de guerra em movimento. As tropas das fronteiras são agrupadas principalmente em campos ao longo do Danúbio e sobre o muro de Adriano. O treinamento é bem leve e os soldados sempre levam uma vida dupla, cultivando uma terra ou exercendo um ofício.

Esse exército é insuficiente para garantir a segurança de um império tão vasto. Além disso, recorre-se de modo massivo às tropas auxiliares de bárbaros, que tendem até mesmo a se tornar o essencial das forças militares "romanas". Os alistamentos individuais são de voluntários atraídos pelo prestígio e pelas vantagens da civilização romana. Instalados em bandas inteiras nos vastos espaços vazios próximos das fronteiras, estão os "letas":[2] godos, francos, burgúndios, suevos e sármatas. Alguns têm carreira brilhante, alcançam postos elevados e se romanizam completamente, enquanto outros retornam para o outro lado do *limes* após seu serviço. Em alguns casos, são povos inteiros que se engajam como "federados" (*foedus*): os francos ripuários da margem esquerda do Reno (a *ripa*), e os francos da Bélgica atual, os visigodos do Alarico na Panônia. São boas tropas, com seus próprios métodos de combate, porém, de fidelidade incerta. Seus chefes desempenham no século V um papel essencial nas intrigas em torno do poder, fazendo com que os imperadores sejam estabelecidos e depostos, até o momento em que um deles, Odoacro, simplesmente encerrará o império do Ocidente em 476.

UMA ECONOMIA ASFIXIADA PELOS ENCARGOS

É, portanto, o Estado romano que introduz os elementos de sua própria destruição. No século V, aliás, ele se mostra ultrapassado pela amplitude de sua tarefa. Seus meios, no que diz respeito a homens e riquezas, são insuficientes, e, como qualquer Estado confrontado por uma situação que não mais domina, multiplica as regras e acentua o peso da administração e da burocracia, o que apenas contribui para asfixiar de antemão a economia e a sociedade. A justiça se afoga em meio às múltiplas contestações, processos e apelos; a situação não muda em nada com a nomeação de um conde, por volta de 460, cercado por notários e tabeliões encarregados de funções judiciárias na sede de cada cidade. No topo da máquina administrativa, os três prefeitos do pretório no Ocidente, corrompidos e com títulos

---

2 Termo derivado da palavra germânica *lātaz* (soltos ou libertos), que, na forma latina, *laeti*, designava os povos bárbaros que tinham permissão de viver no Império. (N. T.)

estrondosos, são no mais das vezes incompetentes. As rendas não acompanham o aumento das necessidades; há muito tempo é finda a época das conquistas e dos espólios fabulosos. As receitas agora provêm essencialmente das rendas das terras públicas, ou seja, do fisco, o que é infinitamente menos vantajoso, sobretudo devido à dificuldade da coleta. É preciso acrescentar as rendas das minas, das pedreiras e dos ateliês monetários.

Estes últimos são em número de seis no Ocidente: Tréveris, Lyon e Arles na Gália, Aquileia e Roma na Itália, Sirmião na Panônia. Ali se cunha o *solidus*, ou soldo de ouro, bela peça de 4,55 gramas com forte poder de compra, aceita somente para pagamento de impostos. Os colonos e pequenos proprietários, porém, não dispunham de tais peças, e nem mesmo a criação dos terços de soldo de ouro, em 383, as *tremisses* de 1,51 grama, foi suficiente para evitar os efeitos deflacionistas desse monometalismo: as peças de ouro com forte poder de compra são acumuladas, o mercado é invadido por pequenas peças de prata e cobre, e os colonos, incapazes de pagar o imposto em ouro, se colocam sob a proteção de um patrono para quem transferem um imposto *in natura*, com a condição de que, depois, o fisco receba o pagamento em peças de ouro.

Isso não favorece o comércio, cujo ator principal ainda é o Estado, que compra grandes quantidades de produtos alimentares para donativos e para o exército. Os negociantes privados são relativamente em pequeno número: judeus, sírios, pequenos mercadores ambulantes gauleses, espanhóis e africanos. As taxas de juro de 12% pelos empréstimos são quase proibitivas e desaceleram o negócio. Os próprios produtores preferem vender diretamente seu trigo e seu vinho. Quanto às trocas com o exterior, pesadamente taxadas nas fronteiras, elas são muito limitadas: compras de incenso no Iêmen, especiarias indianas, soja chinesa e exportação de produtos fabricados na região da Europa central. O transporte se efetua de preferência por barco, no mar, por rios e afluentes, e a malha viária, que permanece excelente, é utilizada sobretudo pelo *cursus publicus*.

As cidades, outrora símbolos da vida civilizada, perdem seu esplendor. A política de cristianização frenética levada a cabo por Teodósio, que em 391 proíbe os cultos pagãos, leva ao fechamento dos templos, que eram os principais monumentos urbanos. Os cristãos começam a marcar a paisagem com seus cemitérios e suas basílicas; porém, são os subúrbios que eles ocupam.

As termas continuam a ser frequentadas, assim como os teatros, mas as atividades de produção recuam em benefício dos ateliês localizados nos grandes domínios rurais. Restam as atividades de troca e, principalmente, as funções administrativas, judiciárias, religiosas e, às vezes, militares, quando uma caserna se encontra nas proximidades. A fuga dos decuriões e a partida dos artesãos se traduz num recuo dos trabalhos de urbanismo e da população. As localidades próximas do *limes* são às vezes saqueadas por ataques bárbaros, e Roma, duas vezes pilhada, em 410 e 455, é apenas sombra de si própria, a ponto de os imperadores dali em diante morarem em Ravena.

Aquilo que se perde na cidade é ganho no campo. Não que este seja muito povoado. A agricultura carece de braços e o Estado faz tudo o que pode para investir no cultivo das terras: aquele que se instala numa terra abandonada torna-se seu proprietário ao final de dois anos, e uma lei de 424 declara que aquele que desbastar uma terra pública ou um *saltus* inculto, ao final de trinta anos terá adquirido sua propriedade. A pequena propriedade independente recua diante do avanço dos grandes domínios nas mãos dos senadores e dos altos funcionários e da Igreja. De um lado, o pequeno camponês abandona voluntariamente sua terra para escapar do imposto e se coloca sob a proteção de um patrono, e, de outro, o grande proprietário pressiona os pequenos vizinhos para que cedam seus pedaços de terra.

Os grandes proprietários se interessam muito pela exploração e consultam os tratados de agronomia de Columela, Varrão e Paládio. Este último, prefeito de pretório em Roma, recomenda, em 458, a alternância das culturas, o uso das máquinas, como o moinho d'água "para moer o trigo sem recorrer ao trabalho animal ou humano", a residência do proprietário, pois "a presença do proprietário atrai a prosperidade do domínio", e o equipamento em ateliês de fabricação e de conserto do material agrícola. É preciso "absolutamente", diz ele, ter "em seu domínio ferreiros, carpinteiros, fabricantes de jarros e bacias para que a necessidade de ir à cidade não obrigue os camponeses a abandonar seu trabalho normal". O grande domínio aponta, assim, em direção à autarquia. A escassez da mão de obra estimula inegavelmente o espírito de inovação: assim se vê aparecerem no norte da Gália o arado de roda, uma debulhadora e uma ceifadeira rudimentares. Com a forte demanda por cereais devido às necessidades do exército e dos donativos urbanos, os preços tendem a aumentar, o que encoraja os proprietários a cuidar de sua exploração. Num bom ano na Etrúria, a produção de cereais pode chegar a 10 a 15 por 1, ou seja, entre 13 e 20 quintais por hectare segundo Varrão, o que parece bastante otimista.

UMA NOVA FORÇA: O CRISTIANISMO

O Império, tanto a leste quanto a oeste, é oficialmente cristão. Desde a conversão de Constantino em 331, e após as reviravoltas e tergiversações ao longo do século IV, o imperador Teodósio impõe autoritariamente a nova religião mediante uma série de medidas: édito de 380, segundo o qual "todos os povos devem aderir à doutrina de Niceia, à de Dâmaso [o papa] e de Pedro de Alexandria, e reconhecer a Santa Trindade"; édito de 381, que proíbe a heresia ariana; édito de 391, que proíbe formalmente os cultos pagãos. Todos os templos são fechados e, doravante, o imperador se apoia nos bispos, e, em particular, naquele de Roma, que em breve será chamado de papa. Este último goza de mais liberdade de ação que o imperador, agora em Ravena; daí, na capital tradicional, o cristianismo se apresenta como o herdeiro da romanidade. Ao longo do século V, alguns papas demonstram iniciativas que aumentam seu prestígio, como Leão, o Grande (440-461), que tem êxito em dissuadir Átila de atacar Roma em 452. Todavia, ele não tem o mesmo sucesso com Genserico, que saqueia a cidade em 455. Além disso, sua autoridade é desmoralizada pelo imperador do Oriente, Teodósio II, que, em 449, no concílio de Éfeso, impõe uma decisão contrária ao voto do papa a propósito de uma querela entre o abade de um monastério de Constantinopla, Êutiques, e o bispo Flaviano. O papa condena essa "roubalheira de Éfeso" num outro concílio, mas o caso revela e anuncia conflitos futuros. O papa, na condição de bispo de Roma, é previamente ligado tanto ao imperador do Ocidente quanto ao do Oriente, e este último tende a favorecer seu próprio patriarca, aquele de sua capital, Constantinopla. Para o papa Leão, a supremacia de Roma é incontestável: a cidade não apenas havia sido santificada pelos martírios de Pedro e Paulo, mas estes a refundaram. Os novos Rômulo e Remo fizeram de Roma a capital universal do cristianismo, sucedendo a Roma pagã: "Eles", diz Leão, dirigindo-se de modo fictício a Roma num sermão, "te promoveram a uma tal glória, nação santa, povo escolhido, cidade sacerdotal e real, tornada a cabeça do universo graças à sede sagrada do bem-aventurado Pedro, que tu reinas sobre um império mais vasto por meio da religião celeste do que pela supremacia terrestre".

Tais palavras só podem chocar o imperador do Oriente. Mas elas não são tão reconfortantes para o imperador do Ocidente, pois vemos aqui uma perigosa tendência que é fazer de Pedro, e, por conseguinte, seus sucessores, o soberano supremo, detentor de um poder espiritual superior ao poder temporal. Eis o germe da querela entre o Sacerdócio e o Império. De agora em diante, entre o imperador e o papa haverá uma relação de força que dependerá das personalidades em questão. Teodósio, ao fazer do cristianismo a religião oficial do Império, comete um erro cujas consequências são incalculáveis. Ele não se dá conta da natureza totalitária de toda religião monoteísta. O paganismo se presta a qualquer compromisso, enquanto o cristianismo cultua a unidade: um deus, uma fé, um chefe. Para o momento, e ainda durante séculos, o papa não está em condições de se impor ao poder temporal; o imperador e o papa colaboram e utilizam-se mutuamente para estabelecer seus poderes. Mas um dia será preciso decidir qual dos dois é mais importante.

Desde o século V, a Igreja é um Estado no Estado. Isenta de impostos e do serviço militar, o clero suscita numerosas vocações. As circunscrições eclesiásticas seguem o modelo do Império e a hierarquia clerical é análoga à do Estado: um bispo metropolitano para cada província, um bispo para cada cidade. Os concílios reúnem os bispos de certas províncias (sínodos) e, às vezes, de todo o Império (concílios ecumênicos). Os clérigos recebem salário da Igreja, que já é bem rica, notavelmente com bens territoriais. Os bispos praticam o patronato, atraem colonos para suas terras e protegem os franqueados. A Igreja imita o Estado até mesmo em seus defeitos: a corrupção galopante, sob a forma de simonia, ou seja, compra de cargos e venda de sacramentos, prática denunciada em vão pelo concílio da Calcedônia em 451.

A riqueza e os abusos na Igreja são vigorosamente criticados pelos monges, que proliferam sobretudo no Oriente. A mais completa anarquia reina nos estamentos desses marginais, alguns dos quais são anacoretas vivendo isolados em lugares selvagens, outros são cenobitas agrupados em pequenas comunidades com regras bem frouxas, e outros ainda que levam uma vida nômade, os "giróvagos", enquanto alguns são reclusos em celas rudimentares. Escapando a todo controle das autoridades, eles constituem um mundo agitado, onde a extravagância segue de perto a autêntica espiritualidade. Esses elementos descontrolados perturbam mais do que suscitam admiração. Partidários de uma ruptura completa com "o mundo", eles condenam qualquer compromisso com a cultura pagã; sempre iletrados, opõem-se ao desenvolvimento das escolas episcopais. João Cassiano, que funda em 410 o monastério São Vítor de Marselha, defende uma cultura baseada exclusivamente na Bíblia; no mesmo momento, na África do Norte, o bispo de Hipona, Agostinho, declara que a cultura clássica é absolutamente indispensável para levar à compreensão das Escrituras. No seio da Igreja já se manifesta a hostilidade entre os monges e a hierarquia secular.

Entretanto, a cultura profana do século V não tem condições para inspirar o respeito e a admiração dos clérigos. A literatura – ressequida, formal e artificial – se reduz à gramática e à retórica, que se destaca pelas fórmulas ocas e empoladas. Entre 410 e 429, o retor Marciano Capela fornece uma boa ilustração numa obra cujo título é prometedor: *As núpcias de Filologia e Mercúrio*. Alegorias e figuras de estilo acrobáticas dizem respeito à imagem de um mundo romano exausto, mais ameaçado por seus defeitos internos do que pelos assaltos germânicos.

A RUPTURA DE 395

Nesse contexto, a divisão de 395, destinada a facilitar a defesa do Império, se revela uma ilusão suplementar. Com efeito, os dois imperadores, filhos de Teodósio, são adolescentes fracos e manipulados por aqueles que os cercam. O verdadeiro poder é monopolizado por um bárbaro a serviço do Império, confrontado por complôs e manobras cujos meios de controle lhe escapam das mãos. No Oriente, o novo imperador é Arcádio, 18 anos, mirrado, sonolento, totalmente dominado por Rufino, prefeito do Pretório. Ele reina, por assim dizer, até 408. O sucessor é seu filho, Teodósio II, de 7 anos, que é ainda pior. "É um dissimulado, inteiramente desprovido de caráter e tão preguiçoso que nem ao menos lê as constituições imperiais, as quais imortalizaram seu nome. Durante seu reinado de 42 anos (408-450), nenhum ato por sua iniciativa pessoal", escreve Ferdinand Lot. Apelidado de "o calígrafo", passa seu tempo copiando e ornando os manuscritos enquanto ao seu redor não faltam guerras e revoluções palacianas. Desde o assassinato de Rufino, em 27 de novembro de 395, Arcádio é dominado não apenas pela esposa, Eudóxia (ela mesma filha de um franco), mas sobretudo por um eunuco, Eutrópio.

No Ocidente, a coisa não é melhor. O imperador em 395 é Honório, 11 anos, "tão incapaz quanto seu irmão, com acessos de obstinação estúpida que ele acredita ser energia", ainda nas palavras de Ferdinand Lot. Em 432, sucede-lhe seu sobrinho, Valentiniano III, 4 anos, que vai se tornar um autêntico devasso até sua morte em 455. De 395 a 408, a realidade do poder no Ocidente está entre as mãos de Estilicão, um vândalo, chefe do exército e portador do título de *Defensor*. Este, parente de Arcádio e Honório por aliança de casamento, não é desprovido de qualidades na condição de esposo da sobrinha de Teodósio, mas era necessário um super-homem para dominar a situação. Com efeito, Estilicão deve enfrentar a hostilidade de Rufino (que ele manda assassinar, e depois faz o mesmo com Eutrópio), as ameaças de Alarico e de seus visigodos (que hesitam entre saquear Roma ou Constantinopla), e as manobras de um usurpador que se torna senhor da Gália.

Todos os elementos estão posicionados para uma catástrofe iminente. Esta abaterá a metade ocidental do mundo romano, enquanto o Oriente vai superar a crise e prolongar por mais mil anos ainda uma existência tumultuada e, por vezes, gloriosa! Por que uma sorte tão diferente? Seria ilusório pretender elaborar uma resposta clara e simples a esta questão, pois todas as explicações são ambivalentes. O Mediterrâneo oriental certamente herdou sólidas estruturas gregas e helênicas, um desenvolvimento mais eficiente, um comércio mais ativo e gerador de uma rede urbana próspera, beneficiando-se de uma maior autonomia local na tradição das cidades gregas; porém, essa prosperidade relativa pode também estimular a cobiça dos povos nômades dos arredores. A existência de um poder político estreitamente ligado à religião pode favorecer uma maior submissão dos súditos perante um Estado cujo caráter sagrado é uma proteção contra as revoltas internas, mas o empreendimento do religioso sobre o político pode também suscitar problemas de ordem espiritual e heresias causadoras de guerras internas. A importância da ortodoxia é, a uma só vez, elemento positivo de estabilidade e causa de arcaísmo e de imobilismo, o que fragiliza o Estado. O fator geográfico parece, em definitivo, o mais convincente. Enquanto a Europa ocidental é uma rua sem saída com fácil acesso pelas grandes planícies do norte, onde se acumulam de maneira caótica as sucessivas ondas de invasores, o Oriente está protegido por obstáculos naturais, como o Cáucaso, o mar Negro, os desertos da África e do Oriente Próximo. Um rápido exame do trajeto das grandes invasões no mapa é suficiente para confirmar esse fato: os povos nômades vindos da Ásia central devem contornar o Cáspio, o Cáucaso e o mar Negro pelo norte e, naturalmente, seguir para o oeste. Os visigodos fazem um desvio pela Trácia e pela Grécia, mas o governo de Constantinopla irá colocá-los rapidamente de volta no caminho correto: aquele de Roma e do Ocidente. É certo que, mais tarde, os árabes e os turcos surgem das zonas semidesérticas do leste e do sudeste, mas ali a geografia ainda será a melhor aliada de Bizâncio, com o gargalo dos estreitos de Bósforo e de Dardanelos. O império do Oriente deve sua salvação e sua longevidade mais à natureza e à geografia do que a suas forças políticas e militares.

DA CATÁSTROFE (410) AO NAUFRÁGIO DO OCIDENTE (476)

Os eventos do período 395-476 desafiam qualquer esforço de narrativa ordenada. Desde o momento em que os hunos vindos da Ásia central atravessam o rio Dom em 375, pressionando diante deles os povos germânicos, que buscam refúgio no Império, a situação é caótica. Os visigodos de Alarico erram pelo sul do Danúbio, invadem a Grécia em 396, depois são desviados para a Itália por Aureliano, o novo homem-forte de Constantinopla. Eles invadem o norte da Itália, mas são vencidos em 401 por Estilicão. Este, em 405, detém igualmente, próximo a Fésulas, uma invasão de alanos, quados, vândalos e ostrogodos dirigidos por Radagaiso, que irrompe pelo passo do Brennero. Mas, em 31 de dezembro de 406, vândalos, suevos e alamanos atravessam o Reno próximo a Mainz e destroem o norte da Gália. Diante desse desastre, as tropas romanas da ilha de Bretanha proclamam imperador seu general, Constantino III, que passa com suas tropas sobre o continente, abate alguns grupos de bárbaros, negocia com outros, conquista a Espanha e instala seu governo em Arles. A província da Bretanha, deixada sem defesa, está então definitivamente perdida, invadida pelos pictos da Caledônia, os escotos da Irlanda, e, logo mais, por anglos e saxões, diante dos quais grupos de bretões fogem em direção a Armórica atravessando o canal da Mancha. Estilicão, confrontado pela ameaça de Alarico, sempre presente no norte da Itália, nada pode contra o usurpador Constantino III, e é assassinado em 408. Logo em seguida, Alarico se apresenta em Roma, que ele sitia e toma em 25 de agosto de 410.

O choque é considerável: a última vez que a Cidade Eterna foi tomada pelos bárbaros havia sido oito séculos antes, em 381 antes de nossa era, pelos celtas. Se não é exatamente o fim do mundo, pelo menos é o fim de um mundo, e o acontecimento se reveste de diversos significados ideológicos: para os pagãos, é a prova de que os antigos deuses eram protetores mais eficazes do que o recém-chegado cristão. Para os cristãos, ao contrário, é Deus sinalizando tanto sua cólera quanto sua bondade: a tomada da cidade e os três dias de pilhagem seguintes são o castigo pelos vícios romanos, mas, no desastre, Deus se mostra bondoso, pois tudo poderia ter sido pior, como em Sodoma e Gomorra. Tudo se passa dentro das regras, escreve santo Agostinho ao comentar o acontecimento no início de *Cidade de Deus*:

> Todas as devastações, os massacres, as pilhagens, os incêndios e a angústia que acompanham o recente desastre de Roma estão de acordo com a prática geral da guerra. Mas... a cena teve uma reviravolta: a selvageria dos bárbaros tomou um rumo tão brando que as maiores basílicas foram poupadas e utilizadas para abrigar pessoas e protegê-las do inimigo.

Alarico visivelmente é o instrumento de Deus: o pensamento cristão mostra sua disposição para explorar todos os acontecimentos, felizes e infelizes, em seu favor.

Instrumento ou não, Alarico morre no ano seguinte, em naufrágio após uma tentativa de conquistar a África. O caos se instala. A fim de livrar a Espanha dos vândalos, o general romano Constâncio utiliza os visigodos, instalando-os como federados na Aquitânia, e os suevos na Gália. Os vândalos então atravessam o estreito de Gibraltar e se estabelecem, por sua vez, como federados na África do Norte, onde destroem Cartago em 439. Sob direção de seu rei, Genserico, eles tomam as ilhas do Mediterrâneo ocidental. Na Itália e na Gália durante esse tempo, o novo homem-forte é o general Aécio.

400-1000 – O TEMPO DO ORIENTE E A IDADE DAS ILUSÕES   31

Originário da Pequena Cítia, na região da foz do Danúbio, cresceu em meio aos hunos, com os quais manteve laços de amizade. Aécio emprega o exército para derrotar seu rival Bonifácio em 432, e depois, para deter o avanço dos francos e dos visigodos. Em 436, esmaga os burgúndios e os instala como federados entre a cordilheira do Jura, o lago Léman e Grenoble, na *Sapaudia*, de onde vem o nome Savoia. Em 20 de junho de 451, à frente de uma tropa heteróclita de francos, romanos, saxões, burgúndios, visigodos e bretões, ele derrota Átila, o rei dos hunos, que se aventurava numa expedição de pilhagem em direção a Orléans. Esta, denominada batalha dos Campos Cataláunicos, da mesma forma adquire estatuto simbólico: o de afronta entre a Ásia e a Europa. Ainda que sua importância real tenha sido exagerada pela historiografia ocidental, ela constitui uma peça importante na elaboração da memória coletiva dos europeus. Átila, vencido e afastado de Roma pelo papa Leão, o Grande, em 452, morre em 453, e seu povo desaparece nas estepes da Ásia central, de onde havia saído.

Aécio, que se torna o homem-forte do Ocidente, sonha em associar seu filho Gaudêncio ao Império. Por consequência, o imperador Valentiniano III encontra energia suficiente para assassinar Aécio em 454. Seis meses mais tarde, Valentiniano III é degolado por dois oficiais de Aécio, e no mesmo ano, 455, o vândalo Genserico, vindo da África, desembarca na Itália e toma Roma, que sofre pilhagem durante um mês. Enquanto isso, os anglos e os saxões se estabelecem solidamente na ilha da Bretanha, os visigodos avançam em direção ao Loire e logo tomam a Provença, o general Siágrio briga contra os germanos entre o Loire e o rio Soma, onde instala um pequeno reino. Apesar dos esforços dos imperadores Majoriano (457-461), Antêmio (467-472), Júlio Nepos (474-475), o império do Ocidente já não existe mais, exceto pelo nome.

Após os últimos tumultos, durante os quais o patrício Ricímero, de origem suábia, encarrega os visigodos de subjugar os suevos na Espanha, quem toma o poder na Itália é o chefe bárbaro Odoacro, de origem huna. Após ter mandado decapitar seu rival Orestes, despoja Rômulo, o último imperador do Ocidente (um adolescente insignificante apelidado por ironia como "Augústulo", o "pequeno Augusto"), dos ornamentos imperiais, que envia em 476 a Zenão, imperador do Oriente. Declara a este que um único imperador basta e lhe solicita o título de patrício, exilando o jovem Rômulo em Baia.

O império do Ocidente sobrevive e a data de 476 marca a entrada em uma nova era e em um novo contexto político, que virá a se chamar Idade Média. No entanto, para os contemporâneos, o evento passa quase despercebido, ou, antes, é experimentado como uma peripécia suplementar na longa série de convulsões do século V. Aliás, a rotina das reviravoltas, guerras e massacres continua: Odoacro, que reina na Itália até 493 sob a tutela teórica do imperador do Oriente, manda assassinar em 480 um rival, Júlio Nepos, antes de acabar ele mesmo sendo morto.

Detenhamo-nos por um instante na situação geopolítica em 476. No Ocidente, o território do ex-Império é dividido em algumas grandes unidades com limites móveis. O reino de Odoacro, cuja capital é Ravena, cobre toda a península italiana e se alarga a noroeste, para além dos Alpes, até o Danúbio, onde Odoacro conduz os combates contra os rúgios. A leste, está em contato com os ostrogodos, acampados na planície panoniana. A oeste do arco alpino, os burgúndios, que controlam Lyon e Viena, encontram-se solidamente instalados ao redor do lago Léman, da Lorena à Provença, enquanto os alamanos são rechaçados na Renânia, dos dois lados do Reno médio e superior. Do Loire ao sul da Espanha se estende o reino dos visigodos, sob a direção do rei Eurico: um bloco impressionante por sua superfície, porém frágil em suas estruturas. Na África do Norte, mais precisamente no nordeste do Magrebe (com Cartago como capital), encontra-se o reino dos vândalos, que compreende também a Córsega, a Sardenha, a Sicília e as ilhas Baleares. No noroeste da Espanha persiste o pequeno reino dos suevos. A Bretanha insular é dividida em duas zonas: a leste, dos reinos anglo-saxões, a oeste, dos territórios bretões. Uma parte da população dos bretões emigra em direção à Armórica, e esta é praticamente independente sob o comando dos chefes locais, os *machtierns*.[3] Entre o rio Soma e o Loire, e da península do Cotentin ao rio Mosa, encontra-se o reino de Siágrio, ao norte do qual se estende o território dos francos: francos ripuários, na bacia do Reno, de Mainz ao mar do Norte, com Colônia como cidade principal, e francos sálios, na Bélgica atual. Seu rei, Quilderico, avança para o sul, contra o reino de Siágrio, e tenta em vão controlar Paris. Morre em 481, e seu filho Clóvis o sucede então.

---

3 A palavra *machtiern* significa literalmente *fiador chefe*. (N. T.)

O IMPÉRIO DO ORIENTE DE 395 A 528

Todos os reis desses territórios mal definidos e em perpétua evolução se reconhecem ficticiamente como dignitários do Império Romano. Agarrados ao estatuto de reis germânicos que possuíam, eles arvoram títulos de patrícios ou prefeitos. Contudo, uma vez que não existe mais imperador do Ocidente, eles em teoria dependem daquele do Oriente. Dependência ilusória, isso é certo, mas que tem seu caráter fictício mantido pela diplomacia. Pois, enquanto o Ocidente afunda no caos desde 395, o império do Oriente consegue conservar sua integridade, muito embora sofresse convulsões internas. Desde as origens, o Estado bizantino é confrontado por seus dois demônios, duas fontes de fraqueza que lhe causam mil anos de problemas: a ausência de regras claras de sucessão e as perpétuas querelas religiosas.

Seguem os reinados lamentáveis de Arcádio (395-408), dominado sucessivamente por Rufino, prefeito do Pretório, seguido pelo do eunuco Eutrópio e, depois, de Teodósio II (408-450), submisso à esposa Eudóxia e à irmã Pulquéria. Esta divide o poder com um soldado obscuro, Marciano, que morre em 457. O homem-forte é, então, Áspar, o senhor da milícia: um alano, descendente desse povo seminômade do norte do Cáucaso. Não é apenas um bárbaro: é também um herege, de confissão ariana, como a maioria dos germanos dessa época. Essa corrente cristã, que remonta aos ensinamentos do padre alexandrino Ário no século IV, afirma que o Cristo não é o igual de Deus-Pai, mas foi criado e, por conseguinte, teve um começo; ele é uma criatura, cuja essência é diferente daquela do Pai. Esta heresia, condenada pelos concílios, é extremamente difundida, e é sob essa forma deformada de cristianismo que a maioria dos povos germânicos foi evangelizada, o que complica suas relações com a romanidade.

Ainda assim, Áspar consegue impor, em 457, o trácio Leão como imperador. Este, que reina de 457 a 474, para reforçar seu poder diante da milícia gótica de Áspar, cria o corpo dos *excubitores*, uma tropa formada por montanheses isauros, cujo chefe, Zenão, recebe em casamento Ariadne, filha de Leão. Em 471, Áspar e seu filho são assassinados por Zenão; segue-se daí uma guerra civil entre isauros e godos, estes conduzidos por Teodorico Estrabão. Leão I morre em 474, e é sucedido pelo isauro Zenão, mas a viúva de Leão, Verina, conspira a tomada de poder com seu amante, e depois com seu irmão, Basilisco, sendo este último eliminado por seu sobrinho (que é também amante da esposa de Basilisco), tudo isso antes de Zenão retomar o poder, em 476, graças ao apoio dos isauros. Todos conseguem acompanhar? E vejam que nem mencionamos a breve passagem de Leão II, filho de Zenão e Ariadne, de janeiro a novembro de 474.

O episódio é exemplar. A história bizantina é uma ladainha de revoluções palacianas: de 395 a 1453, em mil e cinquenta e oito anos, dos 112 imperadores, 65 foram depostos (dos quais, 41 assassinados), 8 foram mortos em guerra, e somente 39 reinaram até sua morte natural. A duração média de um reino em Bizâncio é de nove anos e três meses. No que diz respeito à selvageria da vida política, o Império Bizantino não tem nada a invejar dos reinos bárbaros, e o papel das mulheres nas caóticas sucessões é sempre essencial. Se o Império sobreviveu por mais de mil anos a esse flagelo, isso se deu graças à solidez das estruturas políticas: os imperadores passam, o Império fica.

Zenão reassume o poder em 476 com a satisfação de receber nesse ano as insígnias imperiais de seu confrade, o imperador do Ocidente, enviadas por Odoacro. Ele se torna novamente o único imperador do mundo romano, imperador efetivo no Oriente e imperador pressuposto no Ocidente. Mas, tão logo ele sai do conflito de sucessão, já é confrontado pelo outro demônio dos bizantinos: o conflito religioso. Desta vez não se trata de arianismo, mas de monofisismo. A grave questão que divide o clero é a seguinte: em Jesus, os dois tipos de natureza (*physis*), divina e humana, são separadas no interior da mesma pessoa (*hypostase*), como o concílio da Calcedônia em 451 havia afirmado, ou elas são indissoluvelmente unidas, como havia declarado, em 431, Cirilo de Alexandria em Éfeso? Esta posição, denominada monofisista, prevalece na Síria e no Egito, e Zenão adere a ela, ao passo que Acácio, o patriarca de Constantinopla, bem como os monges da capital, tomam o partido dos calcedônios. Em 482, Zenão e Acácio entram em acordo a respeito de uma "fórmula unitária" (*henotikon*), que a rigor não satisfaz a ninguém, pois em matéria religiosa os compromissos são traições. O papa, que também tem opinião sobre o assunto, condena o *henotikon* em 484, na primeira etapa da querela entre as Igrejas de Roma e de Constantinopla que terminará no Cisma. Ademais, em 490, rompem-se as relações entre o patriarca de Alexandria, monofisista apoiado pelos monges entusiasmados, e o patriarca de Constantinopla. E, como se isso não bastasse, uma revolta explode na

Palestina em 484. Ela é conduzida pelos tenentes de uma espécie de seita que defende um texto diferente do Pentateuco oficial: os samaritanos. Eles já haviam massacrado monges monofisistas em 456 instigados pelo patriarca de Jerusalém.

Zenão morre em 491. Sua viúva o substitui por um velho funcionário do palácio, Anastácio, com quem ela se casa no local. E continuamos a nos dividir entre monges, patriarcas e fiéis a propósito das duas naturezas de Cristo. Em 496, Anastácio, que pende para o monofisismo, ou ao menos para o *henotikon*, destitui Eufêmio, o patriarca de Constantinopla, e em seguida seu sucessor, Macedônio, em 511. O povo da capital se levanta contra a introdução de uma fórmula monofisista na liturgia e, em Trácia, explode uma revolta conduzida por Vitaliano, que ameaça Constantinopla. Anastácio morre em 518 e o poder é assumido pelo conde dos *excubitores*, Justino, originário de Escópia, no Ilírico, que logo associa ao trono seu sobrinho Justiniano, que sucede o tio em 527, na companhia de sua turbulenta esposa Teodora, filha de um treinador de ursos de hipódromo, atriz e provavelmente prostituta. Com esse célebre casal começa um outro capítulo da história bizantina.

TEODORICO E O REINO OSTROGODO

Como se vê, a história do império do Oriente de 476 a 528 não é um repouso absoluto. Se ele escapa do destino sofrido pelo império do Ocidente, isso se deve em grande medida porque seus próprios negócios o impedem de intervir no exterior, e porque os imperadores tiveram a habilidade de desviar os bárbaros para oeste, persuadindo-os de que lá havia muito mais oportunidades de pilhagem. Era o que já havia sido feito com os godos de Alarico, mandados para a Itália. É o que se reproduz em 488, quando Zenão confia a Teodorico, rei dos ostrogodos instalados havia pouco na Mésia, na curva do Danúbio, a tarefa de desalojar Odoacro na Itália. Teodorico recebe o título de patrício e senhor das milícias, e é então, representando o imperador do Oriente, que ele chega a Venécia, na primavera de 489. Odoacro desloca-se pelo rio Isonzo, passa depois por Verona e se refugia em Ravena. A batalha decisiva acontece em Pavia, no dia 11 de agosto de 490. Odoacro é vencido, mas resiste até 493, quando é assassinado a mando de Teodorico durante as negociações.

O vencedor recebe do basileu Anastácio a confirmação do governo da Itália, onde instaura uma monarquia que respeita as instituições e a cultura romanas. Durante seu reinado, até 526, o reino dos ostrogodos é um modelo de compromisso entre romanismo e germanismo. Estabelecido em Ravena, *Theodoricus Rex* adota Flávio como primeiro nome, reserva o consulado somente para os romanos, cunha *tremisses* em nome do imperador, constrói basílicas e palácios, conserva a hierarquia dos funcionários romanos, alimenta e ocupa o povo baseado na política de "pão e circo", instaura um tribunal para resolver os litígios causados por confiscos de terras em benefício dos ostrogodos e, pelo édito que leva seu nome entre 493 e 507, promulga um código de leis que imita o Código de Teodósio. Encoraja o ensino da vida cultural e, sob seu reinado, surgem os dois maiores intelectuais do século VI, Boécio e Cassiodoro. Sob muitos aspectos, o reino ostrogodo de Teodorico é um modelo exitoso da fusão entre povos germânicos e população latina autóctone. Grande admirador da romanidade, o rei se empenha para preservá-la das contaminações bárbaras, quer proibindo casamentos entre godos e romanos, quer recrutando seus soldados apenas entre os primeiros. Somente sua religião poderia tornar-se um problema, pois a rigor ele é ariano, muito embora não tenha perseguido católicos locais em nenhum momento.

No exterior, Teodorico estende sua influência pela guerra e pelos casamentos: expulsa os alamanos da Récia, reocupa a Dalmácia, a Panônia em 504 e, em 505, uma parte da Mésia. Casa uma de suas filhas com o rei dos burgúndios, outra com o rei dos visigodos, Alarico II, uma de suas irmãs com Trasamundo, o rei dos vândalos, uma sobrinha com o rei dos turíngios, e casa-se ele mesmo com uma irmã de Clóvis, rei dos francos. O poder e o prestígio de Teodorico acabam por inquietar o imperador bizantino, que, a partir de 523, procura criar problemas de ordem religiosa, encorajando os católicos a combater o arianismo. Amargurado por aquilo que considera ingratidão da parte dos súditos romanos, Teodorico, idoso, reage brutalmente: ordena a execução de Boécio e Albino em 524, por terem tentado uma reaproximação com Bizâncio, e a prisão do papa João I, em 526. O rei morre nesse mesmo ano, e o fim sombrio de seu reinado não chega a manchar sua glória: três séculos mais tarde, Carlos Magno irá se declarar um de seus grandes admiradores.

400-1000 – O TEMPO DO ORIENTE E A IDADE DAS ILUSÕES

Teodorico deixa apenas uma filha, Amalasunta, viúva e sem apoio, confrontada por dificuldades que lhe suscita o imperador do Oriente, Justiniano, cuja tarefa é reconquistar a Itália. Ela deve ceder pedaços de território aos visigodos, aos burgúndios e aos gépidas. A nobreza e o exército se amotinam. Finalmente, seu primo Teodato, que ela havia associado ao poder, manda estrangulá-la em 535. A Itália está aberta aos exércitos bizantinos.

A maioria dos outros reinos bárbaros conhece uma vida interna muito agitada a partir de 476. Os alamanos, cujo nome sugere por si só a diversidade das origens (*alle Männen*: todos os homens), concentrados em Franche-Comté e na atual Suíça alemã, encontram-se em conflito a leste com os bávaros, que chegam a partir de 488 à margem direita do alto Danúbio, e, ao norte, com os turíngios. Os vândalos, conduzidos por seus soberanos Hunerico (477-484) e Trasamundo (496-523), realizam brutais perseguições anticatólicas. Quanto aos burgúndios e aos visigodos, estes são vítimas das ambições de seus dois poderosos vizinhos, Teodorico e Clóvis.

A ASCENSÃO DOS FRANCOS: CLÓVIS E SEUS FILHOS

Enquanto o primeiro construía na Itália o notável reino ostrogodo, os francos do norte da Gália experimentam, com efeito, uma espetacular ascensão que logo fará deles a potência dominante no Ocidente. O agente dessa ascensão é um dos régulos dos francos sálios, Clodweg, conhecido como Clóvis, que sucede seu pai, Quilderico, em 482. Esse homem se torna uma lenda e é considerado o fundador da monarquia francesa pelos historiadores do século XIX que se baseiam na *Histoire des francs*, redigida no final do século VI pelo bispo Gregório de Tours. Este retrata claramente um personagem enganador, astuto e cuja brutalidade ultrapassa até mesmo as normas de uma época bárbara. Esse maníaco do machado recorre ao assassinato para se livrar de todos os seus rivais em meio à aristocracia franca: morte de Clodérico, que havia sido forçado por Clóvis a matar o próprio pai, Sigeberto; decapitação de Cararico e de seu filho; em seguida, na captura de Ragnacairo, "crava-lhe o machado na cabeça", e, reprovando o irmão de sua vítima por não tê-lo ajudado, "também o mata com golpe de machado". Assim, Gregório de Tours prossegue placidamente: "matou vários outros reis e os parentes próximos destes, estendendo sua autoridade por toda a Gália". Tendo dessa forma suprimido todos os membros de sua família, lamenta-se publicamente por não ter mais parentes que pudessem ajudá-lo. Contudo, explica o bom Gregório, "não era o arrependimento pelas mortes que lhe inspirava essas palavras, mas a astúcia, pois tinha esperança de encontrar mais alguém para matar".

Não há a menor reprovação na narrativa do bispo, pois o selvagem descrito é o duplo do hipócrita dissimulado que narra sua história, além de ser também o homem que, por seu batismo, conduz o povo franco ao campo do catolicismo e, assim, desfere um golpe decisivo no arianismo. A história dessa famosa conversão é devidamente cercada de maravilhas para disfarçar uma manobra política realista em um ato providencial. Assim que chega ao poder, Clóvis, dando continuidade aos empreendimentos de seu pai, ataca Siágrio, cuja capital, Soissons, ele toma. Em seguida, elimina os régulos vizinhos e repele os alamanos na batalha de Tolbiac, em 496. Desde o início do reinado, o episcopado franco, preocupado com o progresso do arianismo que os reis burgúndios, visigodos e ostrogodos professavam, atua junto a Clóvis, que está cercado por uma coorte de santos: Remígio, arcebispo de Reims, bem como Vaast, Fridolin, Melsine, Godard, Severino, Ávito, Quinciano, Princípio, Aventin, Euspice, Dié, Melaine. É provável que, por seu intermédio, o casamento com Clotilde, princesa católica, sobrinha de Gundebaldo, rei dos burgúndios, tenha sido arranjado em 493. De acordo com as narrativas hagiográficas, a piedosa princesa teria contribuído para a conversão de seu selvagem marido, que teria finalmente se convencido, como Constantino na ponte Mílvia, que o deus dos cristãos era mais eficaz na guerra. Gregório de Tours empresta a ele a iniciativa desta negociação: tu me dás a vitória e eu me converto.

> Jesus Cristo, que Clotilde proclama ser o filho do Deus vivo, tu que, como se diz, socorre aqueles que sofrem e dá a vitória àqueles que esperam em ti, eu te solicito devotamente tua gloriosa assistência. Se me permitires prevalecer sobre esses inimigos, e se eu experimentar os efeitos desse poder que teu povo afirma ter experimentado, acreditarei em ti e serei batizado em teu nome. Invoquei meus deuses, mas vejo bem que eles nada fizeram para me socorrer. Creio, portanto, que não possuem poder aqueles que não vêm ajudar seus fiéis. É a ti que invoco agora, desejo crer em ti, permite-me apenas escapar de meus inimigos.

400-1000 – O TEMPO DO ORIENTE E A IDADE DAS ILUSÕES

Palavras produzidas pela imaginação de Gregório de Tours, mas que, no entanto, traduzem bem o que está em jogo: a conversão de Clóvis é puro cálculo político, em nome do realismo, que permite a ele obter apoio da população católica gálico-romana e o sustento do imperador do Oriente, feliz por suscitar um rival ao ariano Teodorico. O acontecimento não pode ser datado com certeza e deve ter ocorrido entre 496 e 500.

Nessa última data, Clóvis ataca o rei dos burgúndios, Gundebaldo, sob pretexto de defender o irmão deste, Godegisel. Gundebaldo é derrotado em Fleury-sur-Ouche; aceita então cuidar do assassinato de seu irmão. Clóvis, felicitado por são Ávito, bispo de Viena, e encorajado pelos católicos de Aquitânia, ataca então os visigodos de Alarico II, que derrota e mata na batalha de Vouillé, próximo a Poitiers, em 507. Em seguida, ele avança até Toulouse e Carcassona, mas os francos são presos pela intervenção de Teodorico, incomodado pelo progresso de seu cunhado Clóvis.

Este último então se encontra à frente de um enorme reino que vai de Toulouse à Renânia. Adornado com o título honorífico de cônsul conferido a ele pelo imperador Anastácio, escolhe Lutécia como capital, manda escrever a lei sálica, que codifica os costumes francos e, em 511, convoca um concílio em Orléans para fixar a disciplina eclesiástica. Com sua morte, nesse mesmo ano, o reino franco é, sem dúvida, o mais vasto e o único capaz de rivalizar com o de Teodorico. No entanto, a unidade é imediatamente rompida, pois o costume franco considera como *regnum* o patrimônio familiar, ou seja, o espólio divisível entre os herdeiros. São quatro. O mais velho, Thierry, é o único adulto. Ele recebe a parte oriental, a mais exposta, que vai de Champanhe às fronteiras da Turíngia, e da Frísia ao norte da Borgonha, e mais Auvérnia. O segundo, Clodomiro, um adolescente de 16 anos, herdeiro da parte central, em torno do Loire, de Nantes a Sens e de Chartres a Poitiers e Bourges. Quildeberto, 15 anos, tem direito à Normandia, ao Mainz e à região parisiense. Clotário, 14 anos, torna-se rei da parte setentrional, de Soissons à foz do Escalda.

Levando-se em conta a natureza dos quatro irmãos, essa partilha não pressagia nada de bom. Tal pai, tais filhos: os quatro jovens são sanguinários brutais, sensuais, impulsivos, gananciosos, desprovidos de qualquer senso moral, sorrateiros e sem nenhum respeito pela palavra dada. Dignos representantes da dinastia merovíngia, nomeados por Meroveu, o ancestral semilendário de Clóvis. Durante dois séculos e meio, esses êmulos dos filhos de Atreu vão construir uma reputação de violência descontrolada que não é de forma alguma usurpada, apesar do que dizem alguns que advogam pela reabilitação deles. A desculpa do contexto histórico marcado pela violência dos costumes não é nem mesmo aceitável, pois os merovíngios ultrapassam de longe as façanhas mais sanguinárias de seus contemporâneos. Eles não são, portanto, sem fé nem lei. A fé (pois eles possuem uma) é a dos bons católicos, exterminadores de hereges. Quanto à lei, é a lei sálica, com sua tarifação meticulosa dos homicídios e das mutilações. Para a narrativa dos horrores, basta se reportar a Gregório de Tours, que sempre reconstitui tudo muito placidamente, a exemplo do que fizeram Clotário e Quildeberto em 524: após seu irmão, Clodomiro, ser morto durante uma batalha contra os burgúndios, cobiçam sua parte e, por isso, mandam chamar a Paris os sobrinhos, de 10 e 7 anos, para eliminá-los. Pensam em duas maneiras de fazer isso: colocá-los no convento depois de raspados, pois os cabelos compridos indicam o pertencimento à estirpe real, ou matá-los. Consultam sua mãe, a boa santa Clotilde, que tem a seguinte opinião: para filhos de reis, mesmo que fossem seus netos, "melhor mortos do que raspados". Clotário não perde tempo e, com as próprias mãos, degola seus sobrinhos. Um terceiro filho de Clodomiro, Clodoaldo (Cloud), se apressa em raspar a cabeça e se refugiar num monastério.

Os filhos de Clóvis também sabem se unir quando seus interesses são convergentes. Sigismundo, o rei dos burgúndios, se torna católico e manda estrangular o filho que teve com a primeira esposa, filha de Teodorico. Este, por sua vez, incita os reis francos a atacar Sigismundo. Sigismundo é vencido em 523 e os três irmãos francos, Clodomiro, Quildeberto e Clotário, se livram dele em Orléans jogando-o num poço com sua segunda mulher e seus filhos. Os francos, após muitos combates, conquistam o reino da Borgonha. O mais capaz dos filhos de Clóvis é o mais velho, Thierry, que tem êxito em submeter os turíngios até o Elba e os bávaros. Seus sucessos lhe valem a estima do imperador Justiniano, que dá a Teodeberto, filho de Thierry, o título honorífico de "filho adotivo" – o que só aumenta a arrogância do tal Teodeberto, que envia a Justiniano uma carta insolente.

Estamos no ano 530. A Idade Média já começou. O fato maior é o desaparecimento do Império Romano, cujas estruturas, no entanto, subsistem

400-1000 – O TEMPO DO ORIENTE E A IDADE DAS ILUSÕES 41

nas mentes, nos títulos e nos projetos políticos. Para os soberanos da época, o Império Romano foi simplesmente amputado da metade de seu território, e isso, provisoriamente. Subsiste na parte oriental, que doravante chamaremos de Império Bizantino. O basileu se considera sempre o chefe do conjunto, distribuindo títulos consulares aos reis bárbaros, que são ficticiamente seus representantes. Com isso, espera realizar a conquista efetiva da Itália, da Gália, da Espanha e da África. É o que Justiniano vai tentar. O Império Bizantino, poupado das invasões, corresponde efetivamente à figura de potência dominante nesse início do século VI. Ele certamente tem seus problemas de sucessão e de religião, mas suas estruturas, herdadas da grande época greco-romana, encontram-se intactas. Sua riqueza econômica e militar aliada às suas realizações artísticas e culturais fazem dele o modelo do qual poderá emergir, pensa-se, o renascimento da grandeza romana.

Do outro lado, o Ocidente vai mal. Fatiado em reinos bárbaros efêmeros – e, no limite, flutuantes –, ele busca um novo equilíbrio. Porém, nenhuma das novas entidades políticas parece ter condições de restaurar a estabilidade. Desde a morte de Teodorico, o reino ostrogodo está em crise. Os reis francos ocupam-se mais com os assassinatos recíprocos do que com a construção de um Estado. Os outros reinos estão à procura da própria identidade, pois a vinda dos povos germânicos rompe os quadros de dirigentes romanos sem substituí-los por novos de estrutura sólida. Os recém-chegados formam uma ínfima minoria: os vencedores, pouco numerosos, são progressivamente absorvidos e assimilados pelos vencidos. Pensemos que os visigodos, com mulheres e crianças, não passam de 100 mil, assim como os ostrogodos; os vândalos, 80 mil; os burgúndios menos ainda. Cada um desses povos caberia num grande estádio atual. Eles também se sentem isolados na massa dos antigos ocupantes, e são progressivamente romanizados. Somente os francos, os alamanos, os bávaros e os anglo-saxões, a norte e nordeste, mantêm contato com suas regiões de origem e podem conservar sua civilização. O limite entre a Europa germanizada e a Europa latinizada, em termos de fronteira linguística, parte dos arredores da Bolonha[4], se prolonga até Lille, seguindo depois paralelamente os rios Sambre e Mosa; avança 30 quilômetros ao norte e cruza o Mosa entre Liège e Maastrich, indo até o oeste de

---

4 Atual Bolonha do Mar, e não a Bolonha da Itália. (N. T.)

Aix-la-Chapelle; retorna para o sul até Metz, passa pelas montanhas dos Vosgos, continua rumo ao sul até encontrar o Reno a leste do lago Léman, depois acompanha os pés dos Alpes para o leste. Essa fronteira não coincide com os limites dos reinos, que englobam populações de diversas línguas.

O novo fator de unidade é a religião, ao menos naquilo que se anuncia, pois a cristianização das mentalidades ainda é muito superficial, e a divisão entre católicos e arianos é fonte de conflitos. De todo modo, desse ponto de vista, a ruptura entre o Oriente e o Ocidente se torna mais precisa, uma vez que as intervenções do bispo de Roma nas questões orientais do monofisismo não são bem-vistas pelos patriarcas de Constantinopla. O Oriente bizantino, convencido de ser o sucessor legítimo da Roma antiga, se prepara para recobrir a metade ocidental da herança, mergulhada na barbárie.

– 2 –

BIZÂNCIO E OS REINOS BÁRBAROS (SÉCULOS VI-VIII)

O período que vai da metade do século VI à metade do VIII é um dos mais tumultuados da história medieval na Europa. Num primeiro momento, ele é marcado pela tentativa de reconquista do Ocidente conduzida por Justiniano, o imperador bizantino. O sucesso é apenas parcial, sendo seguido pela retirada dos bizantinos, que já sofriam com seus problemas dinásticos e religiosos; os bizantinos se encolhem na defensiva diante dos novos adversários ávaros, búlgaros, lombardos, persas e, em breve, árabes. As ligações entre Oriente e Ocidente se desfazem, uma a uma, e os dois mundos, em crescente incompreensão mútua, viram as costas um para o outro: o Oriente desenvolve uma civilização brilhante que tende a se esclerosar, enquanto o Ocidente, dominado pelos francos, se afunda na barbárie merovíngia. Entre os dois, a Itália, disputada e dilacerada, mostra-se a uma só vez como um lugar de encontro e de afronta.

JUSTINIANO E A CONQUISTA DO OCIDENTE (527-565)

Em 527 morre Justino I. Seu sobrinho, Justiniano, que Justino I havia associado ao trono, é o sucessor. O grande objetivo de seu reinado é restaurar a unidade romana, trazendo sob sua autoridade todas as regiões ocidentais perdidas ao longo do século V. Empresa colossal, acima das capacidades do Império Bizantino – Justiniano, no entanto, tentará realizá-la com uma obstinação que causará destruições catastróficas, sobretudo na Itália. Sua política carece de meios para tanto. Ele deve conduzir a guerra em diversas frentes: a leste, ao norte e a oeste, com um exército em número insuficiente. Embora seja bem equipado e dirigido por generais capazes, como Germano (primo do imperador), Belisário (protegido da imperatriz Teodora) e o eunuco Narses, o exército é heteróclito, com tropas regulares recrutadas em meio à população local, os *bucellarii* ("comedores de biscoitos de soldados"), ligados por juramento ao seu general, além de destacamentos da guarda imperial e numerosos corpos federados bárbaros. A disciplina nunca é suficiente, e há problemas de soldo, pois as receitas do Estado estão aquém das necessidades.

Desde 527, Justiniano, que busca proteger as margens orientais do Império antes de iniciar a reconquista do Ocidente, ataca os persas. Os combates acontecem em Lázica (costa leste do mar Negro), na Armênia e na Mesopotâmia. Guerra indecisa, encerrada em 532 quando Justiniano aceita pagar um tributo a seu adversário. Acreditando ter resolvido o problema desse lado, ele se volta para o Ocidente. Em 22 de junho de 533, Belisário desembarca ao sul de Cartago com 15 mil homens. O reino vândalo, corroído por querelas internas, é conquistado em alguns meses. Após sua vitória em Ad Decimum, Belisário entra em Cartago e o chefe vândalo, Gelimer, capitula no início de 534. No ano seguinte, o exército bizantino ocupa a Dalmácia, e em seguida, a Sicília. Dali, Belisário atravessa o estreito de Messina com 10 mil homens e começa a conquista do reino dos ostrogodos, que se encontra em total desordem desde a morte de Teodorico. As operações são confusas e, em dezembro de 536, Belisário entra em Roma. Este é apenas o início dos vinte anos de combates ferozes que deixarão a Itália em sangue e Roma em ruínas. Sitiada por um ano em 537, dois anos em 544-546, e quase três anos em 547-550, Roma não passa de uma cidade fantasma onde um punhado de sobreviventes vagueiam em meio a escombros de monumentos antigos. Em 537, o chefe ostrogodo Vitige ataca Roma, em primeiro lugar, e depois, beneficiando-se dos desacordos entre Belisário e Narses, volta ao norte enquanto seu sobrinho Vraias toma Milão, onde todos os homens são degolados e as mulheres são vendidas como escravas sexuais para os aliados burgúndios. Por sua vez, o rei franco Teodeberto, sob pretexto de ajudar Vitige, invade a Ligúria e extermina a população de Gênova. Mergulhamos num ciclo de massacres e operações confusas, durante as quais Vitige é preso.

A aparente vitória dos bizantinos é colocada em questão em 540, quando o rei persa Cosroes I (531-578), aproveitando que as forças de Justiniano estão ocupadas na Itália, retoma a guerra, conquista a Antioquia, de onde deporta os habitantes, e se torna senhor de Lázica. Ao mesmo tempo, os hunos reaparecem no Danúbio, assim como os eslavos e os búlgaros. A Trácia, a Mésia, a Cítia e o Ilírico são devastados, e os eslavos penetram até a Grécia. Justiniano tenta conter Cosroes apoiando na Síria uma confederação das tribos árabes comandadas pelos gassânidas; nos Bálcãs, ele constrói linhas de fortificação com grandes despesas.

Na Itália, assolada pela fome, a resistência dos ostrogodos se renova sob a liderança de um chefe jovem e empreendedor, proclamado rei em 541, e que encarnará por uma década o espírito de luta desse povo: Tótila. Audacioso, obstinado, patriota fanático, espécie de Vercingetórix ostrogodo, conduz uma guerra impiedosa contra os bizantinos, que derrota primeiramente em Mugello, em 542. Ganha apoio dos camponeses devido a uma reforma agrária e suas forças aumentam graças às massas de escravos libertos. Em dezembro de 546, toma Roma. Justiniano transfere Belisário para a frente persa e se recusa a negociar com Tótila, que, após entrar novamente em Roma em 549, tenta restaurar alguma aparência de vida na chamada Cidade Eterna; veem-se até mesmo corridas de bigas no Circus Maximus. Durante esse tempo, revoltas dos berberes ameaçam a tutela bizantina na África, em 544 e 548, enquanto os hunos e os búlgaros prosseguem em suas incursões, uma vez que se aproximam de Constantinopla. E já outro povo asiático chega por trás e se instala sobre o Danúbio: os ávaros.

Justiniano, atacado de todos os lados, quer acabar logo com os ostrogodos. Em 551, envia à Itália o patrício Germano, esposo de uma neta de Teodorico, com um enorme exército de 30 mil homens. Tótila, que havia ocupado a Sicília, deve se render. É derrotado e morto em junho de 552, em Busta Gallorum, ao norte de Roma, por Narses, que retoma a cidade. A resistência dos ostrogodos cai por terra. Após alguns sobressaltos, ataques de pilhagem e de extermínio por tropas de francos e alamanos, a península é enfim submetida a Bizâncio, em 554. Devastada por vinte anos de guerra, não passa de um amontoado de ruínas com a população dizimada. Uma nova administração é nomeada: o representante do imperador está em Ravena, mas o verdadeiro chefe é o *magister militum*, Narses, que pressiona os italianos para que reconstruam as defesas, restaurem alguns monumentos e edifiquem basílicas de prestígio na nova capital: os mosaicos de são Vital e de são Apolinário em Ravena até hoje são considerados verdadeiros ícones da glória de Justiniano. Este restabelece os direitos dos grandes proprietários e abole a libertação de escravos efetuada por Tótila. Os privilégios dos bispos são aumentados e os papas tornam-se apenas auxiliares, quando não meras criaturas do imperador: em 537, Vigílio é eleito para a ordem de Belisário, o que não o impede de ser convocado a Constantinopla, onde é obrigado a aprovar a posição imperial na querela do monofisismo. Com sua morte, em 555, o imperador designa como sucessor o diácono Pelágio, que havia desempenhado um papel importante em Roma em 546, na ocasião do cerco de Tótila. Para os italianos, as autoridades bizantinas são forças de ocupação, e Justiniano jamais será verdadeiramente aceito. Ademais, quando um novo povo bárbaro, meio pagão e meio ariano, instalado em 546 na Panônia como federado, começa a cruzar os Alpes e a descer até Venécia em 568, as forças bizantinas não poderão contar com o apoio da população.

A reconquista do Ocidente está longe de se realizar na África e na Itália, mas as dificuldades encontradas nesses dois territórios provam o quão ilusório é o projeto de uma recuperação total do antigo império do Ocidente. No entanto, em 554, Justiniano não perde a ocasião de tomar posse da Espanha: um conflito opõe dois pretendentes ao trono dos visigodos. Um deles, Ágila, é ariano; o outro, Atanagildo, é católico e pede ajuda aos bizantinos. Tudo o que Justiniano lhe envia é um senador octogenário, Libério, com algumas centenas de homens vindos da Sicília. Esse reforço é suficiente para a derrota de Ágila e, em agradecimento, Atanagildo cede a Justiniano parte da Bética, com Sevilha, Córdoba, Málaga e Cartagena. Aquisição modesta, mas que permite a Bizâncio esboçar um cercamento do Mediterrâneo ocidental, com as ilhas Baleares, a Córsega, a Sardenha, a Sicília, a Itália e a África do Norte. Com a morte de Justiniano, o Império é impressionante no mapa, mas encontra-se esgotado. Suas conquistas são frágeis e seus recursos são insuficientes para enfrentar todos os perigos que o ameaçam. Ao invés de contribuir para o ajuntamento dos antigos territórios romanos, elas alargam o fosso entre o Oriente e o Ocidente: os bizantinos são considerados os conquistadores a serem expulsos tão logo haja ocasião para tanto. Além disso, a Gália inteira, a Bretanha e o essencial da Espanha lhe escapam.

GRANDEZA E MISÉRIA DO REINADO DE JUSTINIANO

O reinado de Justiniano tem, no entanto, uma fachada brilhante. Resta um momento marcante da história medieval, em parte, graças à obra do historiógrafo oficial, Procópio de Cesareia, nascido em 490 e autor da *História das guerras do imperador Justiniano* e de *Sobre os edifícios de Constantinopla*. Seu testemunho é extremamente precioso porque descreve o avesso daquilo que mostra na *História secreta*, na qual revela os antecedentes pouco reluzentes da imperatriz e as falhas do regime. A glória de Justiniano repousa sobre dois monumentos: o Código e Santa Sofia. O *Código Justiniano*, publicado em 529, é obra do jurista Triboniano. Redigido em latim, reúne as principais leis romanas, cujo conteúdo essencial encontra-se condensado no *Digesto*, de 533. Base intangível do direito clássico, é complementado ao longo do tempo pelas *Novelas*, novas regras, principalmente em grego, nova ilustração do hiato entre Oriente e Ocidente. O Código é revelador também no que diz respeito ao imobilismo das instituições bizantinas: qualquer comentário sobre ele é proibido. Quanto à basílica Santa Sofia, edificada em cinco anos (532-537) por 10 mil trabalhadores, é um prédio colossal cuja cúpula atinge 55 metros de altura (ela, aliás, desabou em 558, e sua reconstrução terminou em 562). Monumento maior da arte cristã, cuja gravidade externa contrasta com o esplendor dos mosaicos e a maravilhosa claridade colorida da parte interna.

Cenário enganoso, todavia, pois Justiniano, que herdou querelas religiosas ligadas ao monofisismo, não chega a reestabelecer a unidade da fé no Império. Os monofisistas, sustentados pela imperatriz Teodora, ganham terreno incessantemente, sobretudo na Síria e no Egito. Em 541, um de seus representantes mais agitados, Jacó Baradeu ("o Farrapo"), é ordenado bispo de Edessa, e eles produzem pensadores respeitáveis, como João de Éfeso e o místico Estêvão bar-Sudaili. O imperador tenta em vão impor um compromisso mediante a condenação dos "três capítulos", extraídos das atas do concílio da Calcedônia. Para tanto, não hesita em mandar destituir o papa Vigílio a fim de pressioná-lo.

Justiniano ainda busca erradicar as antigas heresias com partidários, como o maniqueísmo, bem implantado no Oriente, e o montanismo. Nem mesmo o paganismo está morto: apoiado na rica herança cultural do neoplatonismo, ele atrai em suas escolas uma parte da juventude das classes superiores. Em 529, Justiniano manda fechar a prestigiosa escola filosófica de Atenas e proíbe o ensino do politeísmo. Os judeus também são vigiados de perto. Seu culto é tolerado e uma novela de 533 autoriza a leitura da Lei em grego, mas com a proibição de qualquer comentário por parte dos rabinos. Os casamentos entre cristãos e judeus são proibidos e os últimos são destituídos de capacidade civil.

As querelas religiosas aumentam após serem atiçadas pelos monges cada vez mais numerosos, sempre incultos e, por conseguinte, fanatizados. Os séculos V e VI assistem à multiplicação dos mosteiros, especialmente sob a forma particular da laura (lavra),[1] estabelecimento que é um compromisso entre o eremitismo e a vida comunitária: embora o ambiente seja individualizado, há ali um recinto com patrimônio comum onde ocorrem reuniões aos finais de semana dirigidas por um hegúmeno ("condutor"). O mais ilustre desses estabelecimentos, o mosteiro de são Saba, próximo ao mar Morto, fundado pelo monge Saba, morto em 532, subsiste até hoje. Esses mosteiros estão à frente dos imensos e inalienáveis domínios compostos por terras confiscadas dos templos pagãos, doações e terrenos selvagens a serem explorados. O mundo monástico, rude e turbulento, representa uma força com a qual o poder político deve contar.

Isso porque os monges exercem uma grande influência sobre o povo e este encontra-se muito agitado. A população do Império, impossível de quantificar, provavelmente atinge, por volta de 540, um limiar de saturação

---

1 Laura era o nome dado à cela onde viviam os primeiros monges no império do Oriente. (N. T.)

diante dos recursos disponíveis. É quando surge a terrível epidemia de peste, a partir do fim de 541, cuja progressão foi descrita por Procópio. Vinda da Etiópia pelo Egito, atinge Constantinopla na primavera de 542 e, antes de 544, já terá se espalhado por toda a Europa, com numerosas recorrências. A isso se acrescentam muitos períodos de fome e uma epizootia catastrófica em 547-548. Tais acontecimentos, talvez ligados a perturbações climáticas, estão relacionados aos movimentos dos povos nômades nos confins do Império. Eles contribuem de todo modo na grave perturbação de uma vida social já razoavelmente agitada. O reinado de Justiniano assiste ao surgimento de um êxodo rural maciço: fugindo das cobranças dos grandes proprietários de terras, da extorsão do fisco e da justiça corrupta dos governantes, uma multidão de colonos desesperados, escravos fugitivos e camponeses arruinados, misturados com monges giróvagos, lotam as cidades em busca de emprego nos canteiros de construção pública, na capital em particular, onde a edificação de Santa Sofia necessita de milhares de braços. Contudo, a demanda excede de longe a oferta de trabalho e os que chegam vivem sobretudo por meio de assistência e donativos da Igreja e do Estado. A multiplicação das *novelas* que tentam conter o movimento a partir de 530 comprovam a amplitude do fenômeno e a inquietação que ele suscita.

Inquietações justificadas, pois as turbas de miseráveis manipulados por facções religiosas ou políticas, animadas por visões revolucionárias ou escatológicas, se enfrentam em motins sangrentos, como em Antioquia, em 540, e em Constantinopla, em 553. Na capital, as facções do hipódromo, os Verdes e os Azuis, também podem servir tanto para canalizar essa agitação quanto para multiplicá-la. Chantageando, violentando e controlando certos bairros onde praticam diversos comércios ilícitos, elas impõem sua lei à maneira de clãs mafiosos. Em certas circunstâncias, elas podem colocar em risco o próprio poder imperial, como na famosa sedição *Nika* em 532: de acordo com as fontes, o número de vítimas massacradas no hipódromo varia entre 30 mil e 80 mil, além do centro da cidade devastado. A manobra contou com a intervenção de Belisário e Narses, os melhores generais de Justiniano.

No campo, o reinado de Justiniano é marcado por uma privatização crescente das atividades. Os latifúndios estendem seus empreendimentos, incluindo sua polícia, sua justiça e suas prisões. A sociedade camponesa se desintegra; os camponeses fogem rumo às cidades e aos conventos, juntando-se às tropas privadas dos grandes proprietários. A pressão fiscal aumenta em razão das necessidades exorbitantes da política megalomaníaca do imperador: obras de prestígio e exércitos em todas as frentes de batalha. Justiniano em 529 se esforça para manter o valor da moeda de bronze, o *follis*, que não cessa de se depreciar em relação ao ouro – este, por sua vez, serve para regular o comércio de especiarias e de seda, bem como para pagar os tributos aos bárbaros. Para aumentar seus recursos, Justiniano recorre à venalidade dos ofícios, à criação de monopólios comerciais e ao confisco dos bens dos pagãos e dos hereges. Nada disso impede o Império de estar à beira da falência. Justiniano morre em 14 de novembro de 565, aos 82 anos, para grande alívio de seus súditos.

O PERÍODO DOS PROBLEMAS (565-610)

Como era esperado, o mundo bizantino entra então num período de turbulências. A obra política de Justiniano era apenas fachada e não demora para se desmanchar. A sucessão se torna novamente caótica. O poder passa primeiramente para um sobrinho de Justiniano, Justino II, que enlouquece em 573, deixando a direção dos negócios a sua esposa Sofia, sobrinha de Teodora. Em 578, Tibério II, conde dos *excubitores*, o trácio que havia sido adotado por Justino, torna-se imperador até 582. Alguns dias antes de sua morte, ele transmite o poder ao novo conde dos *excubitores*, Maurício, que o mantém até 602. É um capadócio e bom general. Porém, é vítima de um levante militar do exército do Danúbio, dirigido por um suboficial, Focas, apoiado pela facção dos Verdes. Maurício e seus filhos são assassinados. Quanto à imperatriz e suas filhas, inicialmente elas ficam presas no convento, mas logo em seguida, são todas assassinadas. Focas é proclamado imperador, mas é um incapaz, que desagrada ao mesmo tempo Azuis, Verdes, monofisistas e aristocratas. Além disso, não consegue impedir os persas de atacar a Calcedônia em 609. Termina sendo destituído e assassinado pelo filho do exarca de Cartago, Heráclio, que se faz coroar imperador em outubro de 610.

Período sombrio, portanto, durante o qual o Império passa por levantes dos pagãos em Edessa e Heliópolis em 580, e dos samaritanos em 594, retornos da praga em 573-574 e 599, além das fomes de 582 e 600-603, e das

400-1000 – O TEMPO DO ORIENTE E A IDADE DAS ILUSÕES

novas incursões eslavas, avaras e persas, sem contar as rebeliões suscitadas pelas facções do hipódromo. Há ainda os motins dos exércitos, descontentes com os atrasos do soldo: o exército do Oriente, por exemplo, debanda em 588.

A pressão cresce nas fronteiras, sobretudo nos Bálcãs, onde Justino II, derrotado pelos ávaros, deve lhes pagar um tributo pesado. Sob Tibério II, os bizantinos perdem Sirmião, cidade-chave do Danúbio, o que permite aos eslavos penetrarem em Ilírico. Atacam Corinto em 578, conquistam Tessalônica em 586 e 597. Tibério II e Maurício deslocam populações da Ásia Menor para repovoar a Trácia e impedi-la de criar um respiradouro para os bárbaros. A leste, Justino II retoma a luta contra os persas; os campos encontram-se em confusão. Cosroes I invade a Síria, mas é vencido em Melitene,[2] em 575. Maurício retoma a iniciativa ao ser apoiado por árabes gassânidas e turcos, que atacam os persas pelo norte. Um tratado assinado com Cosroes II em 591 permite a Maurício recolocar suas forças sobre o Danúbio, de onde expulsa os eslavos. Seu sucessor, Focas, permite a reação dos persas, que retomam o território perdido e chegam a ameaçar Constantinopla. A situação é extremamente crítica quando Heráclio chega ao poder em 610.

Nessas condições, as conquistas de Justiniano a oeste são abandonadas à própria sorte. Na Espanha, onde o rei visigodo Leovigildo (568-586) tem êxito na eliminação do reino suevo, seu sucessor Recaredo (587-601), ao abandonar o arianismo para se converter ao catolicismo em 589, unifica o país e tenta desalojar os bizantinos de Bética. Em 629, as últimas forças do império do Oriente evacuam a região. A África bizantina, sendo periodicamente ameaçada pelos berberes, resiste mais graças à criação, por Maurício em 591, do exarcado de Cartago, cujo titular reúne os poderes civil e militar.

É na Itália que os acontecimentos mais dramáticos têm lugar. Em abril de 568, chegam pelo norte novos invasores: os lombardos. Talvez originários da Escandinávia, ficam estacionados por muito tempo nas margens ao sul do mar Báltico, no vale inferior do Elba, onde foram descritos por Veleio Patérculo como o "povo germânico mais feroz por sua selvageria". Precedidos dessa reputação bajuladora, deslocam-se rumo ao sul e se instalam na Panônia, na região da atual Hungria, nos arredores do lago Balaton. Ali eles mantêm contato, ora amigáveis, ora hostis, com os ávaros, os bávaros e os

---

2 Malatya é o nome atual dessa cidade, localizada no sudeste da Turquia. (N. T.)

bizantinos. Em abril de 568, sob a direção de seu rei, Alboíno, colocam-se em marcha através do Friul até chegarem à região da Venécia, enquanto atrás deles os ávaros ocupam o lugar deixado livre na Panônia. Os lombardos invadem todo o vale do Pó, tomam Milão e sitiam durante três anos a Pavia, que é tornada capital após cair em 572. A conquista da Itália é incompleta e os bizantinos mantêm o controle de diversos setores costeiros: a Ístria, o lado da Venécia, a região de Ravena, o vale inferior do Pó a partir de Cremona, uma banda de territórios de Rimini a Roma através dos Apeninos, a costa do Lácio, a da Campânia com Nápoles, a Calábria, a região do Otranto, a Sicília e a Sardenha. Todos esses pedaços de território encontram-se sob autoridade do exarco bizantino que reside em Ravena e aguarda uma futura reconquista. Quanto ao reino lombardo, ele compreende o essencial das planícies do norte e da Toscana. Ao centro e ao sul, bandos de composição variada, incluindo lombardos, búlgaros, saxões e turíngios, gradualmente organizam ducados quase independentes ao redor de Espoleto e Benevento. Assim dividida, ou melhor, dilacerada em pedaços, a Itália será durante quase dois séculos devastada por combates esporádicos entre bizantinos e lombardos. Estes, no entanto, a partir do reinado de Agilolfo (590-616), vão constituir um reino bastante sólido em torno de Pavia. Em Roma, que teoricamente permanece sob domínio bizantino, o papa procura se valer dos conflitos para conduzir uma política independente ao se apoiar sobre territórios mal controlados pelo exarco de Ravena. Sob o pontificado de Gregório, o Grande (590-604), a política pontifical é particularmente ativa. Esse aristocrata, muito culto, tornado monge, é eleito em circunstâncias dramáticas: os lombardos, que em sua maioria são arianos, devastam o país. Em novembro de 589, o Tibre inunda, numerosos monumentos desabam, as colheitas estocadas nos celeiros se perdem e serpentes invadem a cidade arrasada pela peste. Gregório de Tours chega a assegurar que ali se viu um dragão. Para o novo papa, este contexto apocalíptico anuncia o fim do mundo, como ele o disse em suas *Homilias sobre o Evangelho*:

> De todas essas previsões, algumas vemos já realizadas, outras tememos ver em breve. Pois é em nossa época que observamos as nações se levantarem umas contra as outras e a angústia pesar sobre a terra, mais do que lemos nos livros... Suportamos epidemias sem cessar. Sinais no Sol, na Lua e nas estrelas, ainda

não os vemos muito claramente, mas a própria mudança da atmosfera nos permite concluir que eles não estão longe.

Isso não o impede de preparar o que há de vir. Como ninguém poderia saber se o mundo sobreviveria aos horrores do século VI, ele trabalha para reorganizar a Igreja de Roma, tornando-a mais independente dos bizantinos. Ele tenta converter os chefes lombardos ao catolicismo e envia o monge Agostinho para evangelizar os anglo-saxões.

A ação de Gregório, o Grande, absolutamente contextualizada no quadro teórico do Império cristão, também contribui para afastar aos poucos o Ocidente romano do Oriente bizantino, onde o imperador se encontra bastante ocupado com a defesa das fronteiras e as querelas monofisistas. Aliás, uma nova forma de devoção se desenvolve no Oriente ao final do século VI: o culto dos ícones. A respeito dessas imagens pintadas em madeira, algumas das quais representando Cristo, diz-se que "não são feitas por mão humana". Certamente a elas atribui-se poder miraculoso. Imagens do Cristo, da Virgem, dos santos, mas também do imperador, e em relação a este, organiza-se um cerimonial cada vez mais complexo que evolui em direção a um verdadeiro culto. As narrativas hagiográficas, como o *Limonarion* de João Mosco, morto em 619, trazem histórias edificantes que se acrescentam às narrações de Evágrio e de Teofilato Simocata. Os grandes problemas do período 565-610 estimulam a imaginação religiosa.

A DINASTIA HERACLIDIANA (610-711)

De 610 a 711, o poder político encontra certa estabilidade com o fato inédito de uma continuidade dinástica na família de Heráclio. Continuidade que, no entanto, não exclui algumas lacunas. O imperador se habitua a associar ao poder um coimperador, em geral o próprio filho, com o objetivo de assegurar a sucessão. Isso, porém, não resolve todos os problemas. Assim, Heráclio I (610-641) associa ao reinado seu filho, Heráclio, o Jovem, a partir de 613. Após tornar-se viúvo, casa-se com sua sobrinha, Martine, e esse casamento é condenado pela Igreja e pelas pessoas em geral. Ainda em 641, Heráclio, o Jovem, morre e o poder passa para seu filho, Constante II, o Barbado (641-668).[3] Constante associa seu filho sucessor: Constantino IV (668-685). Este é associado junto com seus irmãos, Heráclio e Tibério, mas, em 659, inaugura uma nova política: Constantino IV manda cortar os narizes de seus irmãos, o que os exclui do poder, pois, na simbologia típica de Bizâncio, o nariz possui significação sexual, de tal maneira que ser privado dele equivaleria à perda de poder. A despeito de qual seja o valor desse raciocínio, podemos avaliar a diferença de civilidade relativamente aos francos: em meio aos bárbaros, os rivais são eliminados com golpes de machado; aqui, corta-se o nariz ou furam-se os olhos, o que é infinitamente mais refinado. Porém, o refinamento não se mostra tão eficaz, pois, em 695, o filho de Constantino IV, destituído e privado de seu apêndice nasal, retorna ao poder de 705 a 711 com um sobrenome adequado: Justiniano II Nariz-Cortado. No intervalo, o título passa pelas mãos do usurpador Leôncio (695-698), general isauro, e do comandante da frota, Tibério II (698-705).

Durante todo esse período, a guerra quase não vê interrupções, e o Império encontra-se numa situação precária. Os persas tomam a Armênia e a Capadócia em 612, Damasco em 613, Jerusalém em 614, chegam à Calcedônia em 615, invadem o Egito em 619. Ao mesmo tempo, os eslavos avançam no Ilírico, na Trácia, nas ilhas do Egeu. Em 619, encontram-se diante de Constantinopla com seus aliados ávaros, e para ali retornam em 626. Enquanto isso, a Espanha é perdida em 629 e, na Itália, a Campânia se levanta e o exarco de Ravena é massacrado.

Somente em 622 Heráclio pode reunir forças suficientes para contra-atacar. Suas campanhas visam os persas. Em 628, ele toma a residência real de Dastagerda e se apossa do fabuloso tesouro do soberano. Reconquista a Síria, a Palestina e o Egito, e adorna-se pela primeira vez com o título de *basileu*, que era o do rei dos persas. Quanto ao rei dos persas, ele é derrubado e substituído pelo filho Siroes,[4] que pede paz. Ao longo dessas campanhas, a guerra se encaminha para uma nova direção que intensifica a selvageria: torna-se religiosa. Os persas haviam apreendido aquilo que, em Jerusalém, era considerada a verdadeira cruz. Heráclio a recupera e a devolve para

---

3 Heráclio I morre no início de 641, e seu filho sucessor, Heráclio, o Jovem, morre alguns meses depois. (N. T.)

4 Também conhecido como Cavades II. (N. T.)

400-1000 – O TEMPO DO ORIENTE E A IDADE DAS ILUSÕES
55

Jerusalém. Por sua vez, o patriarca de Constantinopla, Sérgio, disponibiliza o tesouro da Igreja a serviço das guerras imperiais e, na ocasião dos ataques de eslavos e ávaros contra a capital, ele organiza procissões pelas muralhas carregando as imagens do Cristo e da Virgem. As guerras do imperador estão a um passo de se tornar guerras santas.

Essa noção logo ficará mais clara, com a chegada de um novo adversário surgido das areias da Arábia: em 632, as tropas muçulmanas do califa Abubacar chegam às fronteiras da Síria e da Babilônia, expulsam uma força bizantina em 634 em Ajenadaim. Damasco capitula em setembro de 635. Os bizantinos sofrem uma pesada perda em 636 às margens do rio Jarmuque, próximo ao rio Jordão. Alepo e Antioquia são perdidas no mesmo ano; Jerusalém, em 638, e Cesareia, em 640. O Império Persa é varrido em cinco anos (637-642); o Egito é perdido em 643; os árabes, contornando a costa da Cirenaica,[5] chegam a Trípoli em 644; o exarcado de Cartago é abandonado e, em 711, o ano em que a dinastia heraclidiana desaparece, os arabo-muçulmanos chegam às Colunas de Hércules, que atravessam para pisarem na Espanha seguindo a trilha do chefe berbere Tárique, cujo nome é dado ao rochedo próximo de onde desembarca: Jabal Tárique, atual Gibraltar. Ao mesmo tempo, os árabes adquirem uma frota que vence os bizantinos em 655.

Se a conquista muçulmana em suas primeiras etapas é tão fulgurante, é porque na Palestina, na Síria e no Egito os conquistadores são acolhidos como libertadores pela população local: judeus, samaritanos e monofisistas acreditam encontrar nos muçulmanos um apoio contra as autoridades político-religiosas de Bizâncio, que tentam impor decisões da Calcedônia. Todas as fórmulas de conciliação elaboradas na querela sobre as duas naturezas do Cristo haviam falhado: tanto o "monoenergismo" do patriarca Sérgio em 616, quanto o "monotelismo" (vontade única) da *Éctese* de Heráclio em 638.

A intransigência dos monofisistas, de um lado, e o desejo de independência dos judeus, de outro, induzem ambas as partes ao erro no que diz respeito à verdadeira natureza do islã: eles veem uma religião de monoteísmo estrito que, além de ser largamente tolerante, ainda seria semelhante às suas próprias religiões. Ilusão fatal, cujas consequências serão lamentadas por muito tempo.

---

5 Região da atual Líbia. (N. T.)

Para Bizâncio, em particular, o resultado é catastrófico, porque a situação nos outros setores não melhora. Em 681, Constantino IV reconhece oficialmente a autoridade dos búlgaros sobre a antiga província de Mésia. Esse povo, parente próximo dos hunos e dos ávaros (eles participaram do ataque de 626 contra Constantinopla), se estabelece definitivamente no local que, doravante, será chamado Bulgária. Seu chefe, o cã Asparuque, instala sua capital em Pliska (Preslava), que está a apenas trezentos quilômetros de Constantinopla. A partir de agora, os búlgaros serão uma ameaça permanente para o Império, intervindo frequentemente nos negócios internos: em 705, Justiniano II Nariz-Cortado, refugiado com o cã Tervel, retoma o poder graças à sua ajuda.

Mais tarde, com o Ocidente, os liames se desfazem rapidamente. O exarco de Ravena faz secessão em 642 e 650, chegando a se proclamar imperador em 649, antes de encontrar a morte na Sicília em 652, num combate contra os árabes. A hostilidade dos papas a todas as fórmulas de compromisso com os monofisistas – como o édito de pacificação de Constante II, o *Tipo*[6] – provoca a cólera do imperador, que manda prender Martinho I em 652. Levado a Constantinopla, o papa é julgado e deportado para Quersoneso, onde morre como vítima de maus-tratos. Na mesma ocasião, o imperador manda prender Máximo, o Confessor, uma celebridade da vida espiritual grega, igualmente oposta ao *Tipo*. Este tem a língua e mão direita cortadas, e é exilado na Lázica, onde morre em 662.

Em 692, avança-se um passo suplementar rumo à ruptura com Roma: Justiniano II convoca um concílio em seu palácio de Constantinopla, "sob a cúpula" (*en Troullo*). Ali são tomadas decisões disciplinares que vão acentuar as diferenças entre o clero ortodoxo oriental e o clero romano ocidental: autorização para os padres casados antes da ordenação para que mantenham o leito conjugal; proibição dos casamentos entre pessoas que possuem ligação espiritual (padrinhos e madrinhas); endurecimento da separação entre clérigos e laicos, sendo estes últimos destituídos do direito de pregar, ensinar e batizar num oratório em domicílio; proibição dos padres de explorar cabaré,

---

6 Do grego, *typos*, que significa "figura", em alusão à figura de Cristo, com duas naturezas (divina e humana) e uma única vontade; o édito foi publicado em 648 e não agradou a ninguém. (N. T.)

ir ao hipódromo e emprestar a juros; proibição a todos de manter relações com judeus, consultá-los por motivo de saúde e participar da refeição pascal deles. O papa Sérgio se recusa a admitir as decisões desse concílio; por isso, o imperador envia homens encarregados de prender o papa e submetê-lo ao mesmo destino de Martinho. Desta vez, porém, as milícias romanas sabotam a manobra. A despeito de uma reconciliação sob o pontificado do papa sírio Constantino I (708-715), que em 710 chega a aceitar uma estada de cortesia em Constantinopla, as relações Oriente-Ocidente permanecem tensas.

A AFIRMAÇÃO DA CIVILIZAÇÃO BIZANTINA

Através de todas essas vicissitudes, o mundo bizantino encontra sua originalidade e sua crescente incompreensão das mentalidades ocidentais. Isso é bem perceptível no âmbito da comunicação de base: a língua. O uso do latim declina progressivamente nos atos oficiais e na administração. Ao longo do século VI, o grego se torna a língua do Império e da ortodoxia religiosa. Todas as diferentes partes do Império conhecem civilizações muito antigas, e cada uma possui sua própria língua escrita: o copta no Egito, o hebraico e o aramaico na Palestina, o siríaco na Síria, o árabe a leste do Jordão. Os suportes locais tornam o costume da escrita muito mais difundido do que no Ocidente: o papiro egípcio e, cada vez mais, a pele de ovelha preparada "à maneira de Pérgamo" (*pergamenum*): o pergaminho. Desde o século V, ele é utilizado em forma de livros, os *codex*, folhas encadernadas que podem ser folheadas, tornando-se bem mais prático do que os volumosos rolos de papiro.

A organização política evolui do mesmo modo num sentido original. Ela é centrada na pessoa do imperador, que podemos agora chamar de basileu, personagem que adquire uma dimensão sobre-humana, encarnando a ordem universal, a salvação presente e futura do Império, mas também a unidade da fé: ele convoca e preside os concílios, impõe a ortodoxia e persegue as heresias. O basileu é a fonte da lei: ele a edita por suas *novelas*. A grande fraqueza desse poder de tipo cesaropapista é a ausência de regras fixas para a sucessão, como já vimos: aclamação pelo exército, escolha pelo Senado, ligações familiares, associação com o soberano reinante, revolução palaciana, todos os meios são bons e, definitivamente, o único critério é a força. Apesar de todas as ficções jurídicas, a verdade pura e simples é: quem toma o poder é o mais forte. Até mesmo os heraclidianos, que monopolizaram a função imperial de 610 a 711, não foram capazes de impedir as usurpações.

Não há poderes intermediários. O Senado é muito fraco. O imperador, cercado por seus eunucos, isolado por um cerimonial cada vez mais meticuloso, está sozinho diante do povo do Império. Ele é assistido por um conselho, que é também um tribunal, no qual têm assento notadamente seu porta-voz, o questor do Palácio Sagrado, o mestre de ofícios, o diretor das salas centrais e os dois ministros das finanças, um para o fisco e o outro para o patrimônio imperial (dois domínios, aliás, inextricavelmente inseparáveis). O pessoal técnico da chancelaria e outros serviços é formado nas escolas de direito.

Uma vez que o estado de guerra é quase permanente, o exército desempenha um papel essencial. As tropas de *limitanei*, ou soldados de fronteira, que servem em razão das obrigações que pesam sobre a terra, perdem importância, pois as próprias fronteiras se movem o tempo todo. O essencial é, portanto, composto por companhias de mercenários bárbaros e a força dos exércitos bizantinos reside em sua pesada cavalaria encouraçada.

Esse exército permanente custa muito em soldos e suprimentos. Mas não há orçamento público propriamente dito. As receitas fiscais vêm principalmente da terra, taxada segundo os tipos de ocupação. O pagamento é teoricamente feito em ouro, mas, na verdade, tudo depende das circunstâncias, e os pagamentos *in natura* são frequentes. Cada indivíduo livre é também sujeito a um imposto pessoal, a *capitatio*, à qual é preciso adicionar serviços em trabalho, das corveias públicas, de natureza variável, assim como a manutenção das rotas, por exemplo. A rede viária, compreendida pelo *cursus publicus*, serviço postal com conexões em pousadas (*mansiones*), é antiga, mas de boa qualidade.

A moeda bizantina é não apenas um elemento de prestígio, mas também um argumento econômico e político. O soldo de ouro (*solidus*), com notável estabilidade até o século XI, é uma verdadeira moeda internacional, muito procurada. Ela serve para o pagamento de grandes despesas, tais como as compras de produtos de luxo, os dons imperiais, os tributos e as construções e suprimentos diversos. Os impostos em espécie também são pagáveis em soldos ou terços de soldo em ouro. O aprovisionamento em metal precioso é, no entanto, cada vez mais difícil, pois as minas estão situadas nas zonas

400-1000 – O TEMPO DO ORIENTE E A IDADE DAS ILUSÕES

de guerra e territórios conquistados pelo inimigo: Armênia, Bálcãs e Sudão. Para as pequenas transações existem peças de bronze de pequeno valor.

O Império é dividido em províncias, à frente das quais se encontra um governante. Elas são agrupadas em dioceses que dependem do prefeito do Pretório. A agricultura é praticada por famílias camponesas que vivem em ambiente de grupo. Nas vilas coabitam três categorias de camponeses: os escravos, os colonos e os pequenos camponeses livres. O colono não é servo de seu senhor, mas da terra: ele é proibido de ir embora e paga um imposto a seu proprietário. Porém, o colono possui plena liberdade jurídica e, se ele estimar a taxa como excessiva, pode até tentar uma ação judicial contra seu senhor. Imagina-se que, na prática, haja poucas ocasiões para exercer esse direito. O camponês livre é submetido apenas a taxas públicas – por conseguinte, fiscais. O peso destas leva cada vez mais famílias a buscar proteção de um patrono. Os grandes proprietários aumentam assim sua mão de obra e seus domínios.

O ferramental agrícola é rudimentar. Os instrumentos de ferro são raros, a lavra se faz com o arado. Os rendimentos são em média de 4 ou 5 grãos por 1, e a base da produção é o trigo, a cevada, a oliva e a uva. Os períodos de escassez, ou melhor, de fome, não são raros. Os espaços vazios são muito extensos e muito apreciados pelos eremitas.

A tradição urbana permanece muito mais viva do que no Ocidente. Ela corresponde a um modo de vida muito antigo, aquele da cidade grega, a *polis*, desenvolvido pelo modelo romano da *urbs*. A rede urbana permanece densa e as atividades tradicionais são ali realizadas apesar dos anátemas da Igreja: é comum ver peças licenciosas no teatro e frequentar prostitutas nas termas públicas. A ágora e as ruas com pórticos costumam ser muito animadas como locais de comércio e artesanato. Igrejas projetadas como basílica são encontradas em toda parte, e as cidades mais importantes são também centros administrativos e religiosos. Ali estão o governante, a repartição fiscal e o tribunal, mas também o bispo e seu clero. Eleito por aclamações, o bispo quase sempre surge entre os notáveis provinciais e é amante da cultura clássica.

A cidade possui bens, terras e lojas,[7] que ela aluga. São cobradas taxas de subvenção, mas essas receitas são insuficientes para garantir a manuten-

---

7 A loja [*boutique*] consistia no balcão instalado entre a rua e o ateliê do mercador, onde os produtos eram expostos para serem comprados pelos passantes. (N. T.)

ção dos prédios públicos, os donativos alimentares e as distrações. O pão e os jogos continuam a ser os dois pilares da ordem pública: isso é verdade em todas as civilizações urbanas e em todas as épocas, mesmo que seja de modo mais ou menos sutil ou disfarçado. Na cidade greco-romana, essa prática é assumida e reivindicada abertamente, pois o populacho é extremamente turbulento, pronto a vociferar, manifesta-se jogando pedras e provoca tumultos e brigas por qualquer motivo: religioso, político, social ou esportivo. Ele é composto de artesãos, agrupados em colégios, que podem iniciar movimentos estruturados, e de uma turba de pobres que vêm do campo para escapar das exigências do fisco, atraídos pela assistência e pelos donativos, como no caso dos pães "cívicos" (*politikoi*) em Constantinopla.

Aos magistrados municipais da cúria cabe a pesada tarefa de satisfazer esse *demos* pronto a se inflamar. Eles precisam utilizar seu próprio dinheiro, pois os recursos da cidade são insuficientes. Por isso, certos notáveis fogem dessas obrigações e buscam escalar as grandes carreiras da função pública. Também é possível que a cúria coloque a cidade sob algum patronato privado.

Uma fonte importante de problemas é a presença de monges, que atuam como agitadores e líderes de conflitos religiosos da época. Exaltados e intransigentes, esses giróvagos incultos manipulam os pobres; estes são incitados em turba contra as autoridades religiosas ou civis que desagradam os monges. As querelas religiosas continuam a envenenar a sociedade bizantina. Basta ver a ladainha de heresias e os combates furiosos a que elas dão origem pelas razões mais fúteis e pelos detalhes mais insignificantes que marcam a história da Igreja Ortodoxa. Percebe-se que, em certa medida, a caricatura do bizantino "minucioso"[8] que discute o sexo dos anjos é justificada. O "bizantinismo" não é um mito. Certamente, trata-se de um defeito compartilhado por todos os monoteísmos, mas que neste caso é agravado pelo contexto cultural particular. O Império Bizantino se desenvolve em meio a uma encruzilhada de religiões única no mundo. Aos cultos locais dos egípcios, cananeus, hititas, babilônios e judeus, todos eles envolvidos em guerras começadas há milhares de anos, acrescentam-se as crenças dos povos nômades de passagem, bem como da civilização persa, com o zoroastrismo, o culto de Mitra, o

---

8 No original, *"coupeur de cheveux en quatre"*: expressão utilizada para descrever pessoas que falam pormenorizadamente sobre qualquer assunto. (N. T.)

politeísmo dos gregos e, logo mais, o monoteísmo dos muçulmanos. Nesta Babel das religiões, é inevitável que contaminações sejam produzidas, e a estas se misturam disputas étnicas e políticas. O cristianismo, que durante séculos repousara sobre alguns textos vagos e de conteúdo pouco estruturado, agora se engrandece nesse ambiente irracional onde empresta diversos elementos das demais religiões de acordo com as necessidades do momento. Uma vez que ainda não existe autoridade universalmente reconhecida para o estabelecimento dos dogmas, os conflitos são incontornáveis. A Igreja bizantina reconhece cinco patriarcados: Roma, Constantinopla, Alexandria, Antioquia e Jerusalém. Todos os seus titulares querem ser ouvidos. Reuniões de bispos, concílios e sínodos afirmam deter exclusivamente a verdade; o próprio imperador tem suas opiniões, assim como os monges. Nesse caos, a verdade sai da boca daquele que grita mais alto e que é capaz de impor sua opinião aos outros. É por isso que a história do Império Bizantino é um perpétuo tumulto em torno das doutrinas religiosas. Os discursos de arianos, monofisistas, samaritanos, monotelistas e monoenergistas englobam uma multidão de variantes locais que fazem do cristianismo oriental uma cacofonia inesgotável. Nem mesmo a irrupção do islã colocará fim nisso.

ITÁLIA, ESPANHA E BRETANHA

Agora é hora de olhar o que se passa entre os séculos VI e VIII no Ocidente. Vimos que a Itália está parcialmente ocupada pelos lombardos. O exarcado de Ravena tende a se tornar uma Romanha independente. Somente os ducados de Nápoles, a Calábria e a Sicília permanecem no seio bizantino. O papa, que não pode mais contar com a ajuda do basileu, encontra-se isolado diante dos lombardos arianos. Na Espanha, onde o rei visigodo Recaredo se converte ao catolicismo em 589, os bizantinos são expulsos de Bética. O poder real é frágil e está sempre ameaçado pela aristocracia, que tende a conservar o controle e a designação do soberano. Em 672, o rei Vamba recorre ao rito da unção real; ao se consagrar, ele espera tornar-se intocável. Isso não será suficiente para deter os árabes. Em 711, a monarquia dos visigodos, dividida entre o rei Roderico e os filhos de um de seus predecessores, Vitiza, é derrubada. A partir de 718, os muçulmanos ocupam a Septimania

(Languedoc e Roussillon atuais). Com uma audácia extraordinária, eles atacam Toulouse (onde são derrotados por Eudes, príncipe da Aquitânia, em 721), Autun (que pilham em 725) e Poitiers (onde são presos por Carlos Martel, o prefeito do palácio franco). Embora os muçulmanos recuem para o sul dos Pireneus, eles controlam agora toda a Espanha, exceto, a noroeste, o pequeno reino cristão das Astúrias, criado em 722 por Pelágio após uma vitória sobre uma tropa berbere.

Na ilha da Bretanha, o avanço dos anglos e dos saxões se estabiliza. Os bretões se fixam nas penínsulas do oeste: país de Gales e Cornualha, onde o mítico rei Artur resiste no século VI. As migrações rumo à Armórica, cujo nome é dado por eles, continuam, enquanto anglos e saxões partilham o restante do território como reinos rivais: Sussex, Essex, Kent, Ânglia do Leste, Mércia, Nortúmbria, Wessex, esta última emergindo ao final do século VII sob a direção do rei Ina (689-726). Ele domina todo o Sul, do estuário do Tâmisa até o do Severn.

AS VICISSITUDES DOS MEROVÍNGIOS

No continente, entretanto, o primeiro plano da cena é ocupado pelos francos, dirigidos durante 250 anos pela feroz dinastia merovíngia. Uma tal longevidade para uma família tão terrível não deixa de surpreender, ainda mais porque a ausência de direito por primogenitura leva a contínuas divisões marcadas por guerras fratricidas. Após a morte de Clóvis, em 511, seus quatro filhos – vimos isso – alargam o domínio franco à medida que lutam entre si e matam-se reciprocamente. Com a morte de Teodeberto, seus filhos são assassinados por seus tios em 548. Depois, Thierry tenta assassinar seu irmão Clotário, tendo este sido forçado a queimar vivos o próprio filho, Cramne, junto com sua esposa e suas filhas. Finalmente, após a morte de Quildeberto em 558, Clotário é o único sobrevivente. Ele exila sua cunhada e suas sobrinhas, reunindo todo o reino franco durante um curto período, de 558 a 561. Com sua morte, seus quatro filhos, Cariberto, Gontrão, Sigeberto e Quilperico, nascidos de vários casamentos, dividem novamente o território. Na ocasião dessas partilhas, uma divisão quadripartite da Gália franca começa a se esboçar. O coração do movimento está na Austrásia, ou seja, o antigo território dos francos ripuários, concentrado nos vales inferiores do Reno, do Mosa e do Mosela, com cidades como Tréveris, Colônia, Metz, e ainda, Reims e Laon. A própria Austrásia não possui unidade. Ali se fala em língua romana a oeste e em alto-alemão a leste. O território atravessa o antigo *limes* do Reno e, na prática, se estende até o Weser. Ao norte, o limite é a Frísia, em vias de se cristianizar, porém, incompletamente submissa. A oeste, encontra-se a Nêustria, país dos francos sálios, que acompanha o mar do Norte até o Loire, cobrindo aproximadamente as regiões de Flandres, Picardia, Normandia, Île-de-France e Touraine. Ainda mais a oeste, a Bretanha permanece totalmente independente. Ao sul do Loire, a Aquitânia forma um ducado ainda muito mal controlado pela monarquia franca. Ao sul do rio Garona, bascos e gascões desfrutam de uma independência efetiva. No sudeste, a Borgonha, que é a região que vai do rio Durance ao Jura, do maciço central aos Alpes, e que engloba os países do rio Saône e do planalto de Langres, é anexada à Austrásia, embora preserve uma forte individualidade que remonta ao povo burgúndio. A Alamânia,[9] ou seja, a Suíça, a Suábia e a Alsácia atuais, quase escapam ao poder franco, assim como a Turíngia e, certamente, a Baviera. A costa mediterrânea até o Durance não obedece a praticamente ninguém. De fato, com exceção da Austrásia e da Nêustria, não se sabe quem exatamente faz parte do reino merovíngio, e as fronteiras traçadas nos mapas são bem ilusórias.

Os quatro filhos de Clotário I seguem a tradição do fratricídio. Cariberto é o primeiro a morrer, em 568; sua parte é dividida entre os irmãos. Em 575, Fredegunda, esposa de Quilperico, manda assassinar seu cunhado Sigeberto. A viúva deste, Brunilda, cuida de vingar o marido. Refugiada em Ruen, casa-se com seu sobrinho Meroveu, que é filho de um primeiro casamento de Quilperico. Fredegunda manda assassinar Meroveu e seu irmão, Clóvis. Em 584, Quilperico é assassinado. Resumamos o resultado dessa hecatombe: sobram Gontrão, único sobrevivente dos quatro filhos de Clotário I, que reina na Nêustria; Brunilda e seu filho Quildeberto II na Austrásia, onde enfrenta diversas facções; Fredegunda e seu filho Clotário II em Soissons. Gontrão morre em 592 e seu reino passa a Quildeberto II. Fredegunda

---

9 Esta é a única ocorrência de *Alémanie* no texto. Em todos os outros casos, o autor escreve *Allemagne*, que será traduzido como Alemanha. (N. T.)

morre em 597 e seu filho, Clotário II, consegue prender Brunilda em 613. A velha mulher, responsável por numerosas mortes, é torturada durante três dias, humilhada e, finalmente, amarrada pelos cabelos, por um braço e uma perna na calda de um cavalo fogoso que a arrasta. Seu corpo aos pedaços é enterrado em Autun.

Isso não passa de um sóbrio resumo das peripécias sangrentas cujos pormenores encontramos em *Récits des temps mérovingiens*, de Augustin Thierry. A lembrança desse famoso episódio da luta entre Brunilda e Fredegunda, que outrora figurava em todos os manuais de ensino primário na Terceira e na Quarta Repúblicas, entre o vaso de Soissons e o passo de Roncesvales,[10] não é inútil: ele dá o tom de uma época selvagem inteira, completamente apagada na visão edulcorada dos manuais de história contemporâneos.

Voltemos, como sempre, à "grande História". Após ter feito *tabula rasa* de toda a família, Clotário II volta a ser o único soberano de todo o reino franco, pela segunda vez desde a morte de Clóvis. Em 614, preocupado em estabelecer a ordem e a boa moral (!) em seus Estados, ele reúne em Paris um concílio com mais de setenta bispos que resulta em dezessete cânones disciplinares incorporados num édito de 18 de outubro tendo-se em vista, diz o preâmbulo, "corrigir o que havia sido feito e ordenado contra a ordem e a razão". Clotário II, no entanto, precisa justificar os particularismos cada vez mais evidentes que surgem em seu enorme reino, e, para satisfazer os austrasianos, dá-lhes como rei, em 623, seu filho Dagoberto, que associa ao seu poder. Clotário ainda faz Dagoberto casar-se com sua cunhada, irmã de sua esposa.

O rei Dagoberto I, único soberano dos francos de 629 a 639, permanece na memória coletiva como o mais célebre dos soberanos merovíngios depois de Clóvis, e isso, talvez não sem razão. Após ter se livrado de seu meio--irmão Cariberto, mencionado pelas fontes como o *imbecillitas*, e mandado assassinar seu tio Brodulfo, ele se esforça para reinar dignamente. As crônicas ressaltam seu cuidado com a justiça, que ele ama executar pessoalmente, fazendo dele um novo Salomão, com quem compartilha o gosto pelas mulheres: "Eu não poderia inserir nesta crônica os nomes de suas concubinas por serem muito numerosas", escreve Pseudo-Fredegário. Bem aconselhado,

---

10 O autor se refere aos episódios do "vase de Soissons" e do "col de Roncevaux" que normalmente se encontram nos manuais de história da Idade Média em língua francesa. (N. T.)

400-1000 – O TEMPO DO ORIENTE E A IDADE DAS ILUSÕES   65

notavelmente pelo famoso santo Elígio (ou Elói), tesoureiro e futuro bispo de Noyon, que não vela apenas pelos detalhes das vestimentas, Dagoberto consegue manter o mínimo de ordem em seu reino, impondo-se assim como ator essencial nas relações internacionais: por volta de 630, seus embaixadores em Bizâncio, Servais e Paterne, concluem uma "paz perpétua" com Heráclio. Ele intervém no reino visigodo para defender o rei Suíntila contra um rival. Envia Elígio para chamar de volta à ordem o rei bretão Judicael, que vai até Clichy para mostrar sua submissão. A leste, estabelece contato com o rei eslavo Samo e obtém apoio dos saxões.

Com a morte de Dagoberto, no entanto, o reino encontra-se novamente dividido entre seus dois filhos, que ainda são crianças: Clóvis II em Nêustria e Sigeberto III na Austrásia. O reino merovíngio entra num caos que dura mais de um século, e durante esse período, o poder real passa progressivamente dos reis aos mestres da administração, os prefeitos do palácio. O *major Palatii*, ou seja, "o maior do Palácio", dirige a administração doméstica do soberano, de quem recebe domínios territoriais para supostamente recompensar seus serviços e garantir sua fidelidade. A função tende a tornar-se hereditária, e como no mais das vezes há sempre dois reis, há também dois prefeitos de palácio (rivais entre si, sem dúvida), um na Austrásia e um em Nêustria. Na Austrásia em 623, é Pepino, ou Pipino, chamado Pepino, o Antigo ou Pepino de Landen. Trata-se do mais rico proprietário do reino, com domínios situados principalmente no vale do rio Mosa, em torno de Herstal e de Liège, no vale do rio Mosela, próximo a Tréveris, e ainda na floresta de Ardennes, além de domínios que fornecem cereais, madeira, carvão de madeira e minérios de ferro, suprindo os ateliês de armamento, e domínios que controlam a navegação fluvial e o comércio sobre o Mosela, o Mosa e o Reno até Utreque. Pepino I tem um filho, Grimoaldo: este sucede seu pai como prefeito do palácio em 640, e tenta usurpar a coroa em benefício de seu filho Quildeberto. O complô é desfeito por intervenção do prefeito do palácio de Nêustria, Ebroíno: Grimoaldo é assassinado em 662 e seu filho é trancado num mosteiro. O rei merovíngio da Austrásia, Dagoberto II, é reconduzido ao trono, e depois, por sua vez, assassinado em 679, sempre por instigação de Ebroíno.

Mas Pepino I de Landen também tem uma filha, Begga, que se casa com o filho de Arnulfo, bispo de Metz, um santo personagem que será canonizado pela *vox populi*. Esse casamento é um bom negócio para a família de Pepino, os pepínidas, pois acrescenta o prestígio espiritual à riqueza material: Pepino II, o Jovem, ou de Herstal, filho de Begga, é a uma só vez o mais rico proprietário austrasiano e o neto de um santo. Além disso, ele ostenta o título de duque junto a outro austrasiano, Martinho, assassinado pouco depois. O título de duque é excepcional, pois só pode ser usado por príncipes quase independentes. Há um duque de Aquitânia, um duque de Turíngia e um duque da Baviera. Pepino II, que se torna prefeito do palácio, confirma sua primazia ao assumir esse novo título. Depois ele manda matar Ebroíno e, em 687, esmaga o exército de Bertário, o novo prefeito do palácio de Nêustria, na batalha de Tertry, próximo a Saint-Quentin. Doravante, a ascensão dos pepínidas é irresistível.

Paralelamente, o poder dos merovíngios declina rapidamente. Os reis, para assegurar a fidelidade da aristocracia, distribuem domínios tomados de suas próprias posses, e assim, não cessam de se empobrecer. Os povos vizinhos se beneficiam com isso: no norte, os frísios progridem rumo às bocas do Reno a partir de 650. A leste, a Turíngia volta a ser independente. A sudoeste, a Aquitânia se constitui como ducado independente a partir de 671-672.

DOS MEROVÍNGIOS AOS CAROLÍNGIOS (751)

O prefeito de palácio Pepino II de Herstal morre em 714. Sua viúva, Plectruda, tenta assumir a sucessão, com apoio de frísios e saxões, mas é derrotada pelo prefeito do palácio da Nêustria, Ragenfrido. É então que intervém um filho ilegítimo de Pepino II, Carlos, dotado de uma energia fora do comum, um grande senso político e extraordinários talentos de guerra que lhe valerão o sobrenome "Martel". Reunindo seus fiéis, ele se torna em alguns anos o homem mais temido do Ocidente. Vence as tropas de Ragenfrido em Amel, próximo a Liège, em 716, depois em Vincy, próximo a Cambrai, em 717. Ele ocupa Colônia e se apossa do tesouro de seu pai. Em 718, penetra na Saxônia, até Weser, a fim de punir os saxões pagãos que haviam apoiado os neustrianos. Realiza a mesma operação em 719 contra os frísios e ocupa Utreque. No mesmo ano, vence novamente os neustrianos, e, em seguida, o apoiador destes, Eudes, o duque de Aquitânia. De 720 a 738,

400-1000 – O TEMPO DO ORIENTE E A IDADE DAS ILUSÕES

conduz expedições em todas as direções: subjuga os saxões e os frísios; derrota novamente Eudes em 724, em Angers; avança em 735 até Bordeaux e Blaye, suprimindo o ducado dos alamanos e reduzindo-o a província do reino; força os bávaros à obediência; aprisiona os árabes de Abderramão em Poitiers, em 732; derrota uma nova tropa de sarracenos próximo a Narbona, em 737.

Seus feitos impressionantes fazem dele o grande homem da época e o senhor incontestado do reino. Se ele deixa no local um rei merovíngio, este não passa de uma marionete: é o que ocorre com Quilperico II, e após a morte deste em 721, com Thierry IV, um primo que Martel manda buscar num mosteiro em Chelles. Com a morte de Thierry em 737, não há substituição e ninguém nota a diferença. Não há mais rei. Carlos Martel assume os títulos de prefeito de palácio e de "duque e príncipe dos francos", o que, de certa maneira, é mais do que um título real: no tempo em que os reis bárbaros reinam somente sobre seu povo, o *princeps* é um título que vem diretamente do Império Romano para ser utilizado pelo imperador, desde Augusto, fazendo de seu portador a encarnação do Estado e detentor da *auctoritas* sobre todos os povos de seus territórios.

A fama de Carlos Martel cruza os Alpes e, em 739, o papa Gregório III envia uma embaixada para lhe entregar uma preciosa relíquia: as correntes de são Pedro, ou melhor, alguns miligramas da limalha de ferro corroída, retirada da famosa corrente que ainda pode ser vista em San Pietro in Vincoli. Esse magnífico presente não é sem interesse: o papa pede ajuda a Carlos Martel contra Liuprando, o rei dos lombardos, que havia retomado seu avanço e representava uma ameaça a Roma. O basileu, em plena crise iconoclasta, não pode intervir. Mas Carlos Martel não cai na tentação da aventura italiana. O papa insiste e envia três cartas enfáticas, jogando com a bajulação (Carlos é qualificado como "vice-rei" e "filho devotado do príncipe dos apóstolos"), com a ironia (teria medo de Liuprando?) e com a compaixão (há alusão às lágrimas "que vertem dia e noite dos olhos" do pontífice). Nada feito. Carlos Martel é tão insensível à bajulação tanto quanto à zombaria e à compaixão, pois possui muito senso político.

Martel morre em 741, após ter dividido o território entre seus dois filhos: Carlomano, o mais velho, que será prefeito do palácio da Austrásia, e Pepino III, chamado "o Breve". O primeiro fica com o país dos alamanos e a Turíngia, enquanto o segundo, com a Nêustria, a Borgonha e a Provença. Nem sempre há rei. No entanto, em 743, os dois irmãos colocam no trono um descendente merovíngio, Quilderico III, rei fantoche, o que lhes permite dar mais legitimidade a seus atos, pois o poder deles é contestado por Hunaldo, duque de Aquitânia, pelo duque dos alamanos, Teodebaldo, e pelo duque da Baviera, Odilon. As revoltas são reprimidas e, em 747, a situação se estabiliza: Carlomano acaba de assassinar os chefes alamanos que havia convidado para um banquete; mas como ele é muito piedoso, sente remorso, vai a Roma, funda um mosteiro e decide se retirar definitivamente no monastério do monte Cassino.

Pepino, que fica sozinho no poder, passa a ambicionar a coroa real. Uma hábil propaganda, orquestrada pelos monges de Saint-Denis, prepara a opinião. Essa abadia onde Carlos Martel se encontra enterrado é muito ligada à família dos pepínidas, que tem todo o interesse em ver Pepino subir ao trono. Parece que é em Saint-Denis que se elabora a lenda dos "reis preguiçosos", que tem o objetivo de desacreditar os reis merovíngios. Encontra-se eco disso em Eginhardo, que evoca esses inúteis degenerados, os quais passam seu tempo errando de um lugar para o outro:

> Quando tinha que viajar, ia até uma carroça puxada por bois à maneira rústica, conduzida por um vaqueiro. É assim que ia ao palácio e à assembleia do povo... e era assim que retornava para casa. Era o prefeito do palácio que tinha a responsabilidade do reino em todas as coisas necessárias, tanto as internas quanto as externas.

Em 750, Pepino envia a Roma dois de seus mais eminentes eclesiásticos: Burchard, o bispo de Wurtzburgo, e Fulrad, o abade de Saint-Denis. Eles deviam interrogar o papa "acerca dos reis que, em França, neste momento, não possuíam o poder real, se era bom que fosse assim ou não", dizem os *Annales royales*. O papa é Zacarias, eleito em 741. Ele se encontra novamente numa posição desconfortável e tem todo o interesse para prestar serviço ao prefeito do palácio. O novo rei dos lombardos, Astolfo, está efetivamente decidido a acabar com os Estados bizantino-pontificais. Ele vai tomar posse definitiva de Ravena em 751, e ambiciona a conquista de toda a Itália. Não há ajuda a ser esperada de Bizâncio, onde o imperador Constantino V é iconoclasta ao extremo. Zacarias oferece-lhe, portanto, a resposta que deveria dar: "É melhor chamar de rei aquele que possui o poder antes do que aquele que não o possui, a fim de que a ordem não seja abalada".

Pepino não perde tempo: em março de 751, convoca seus fiéis a Soissons e, de acordo com a moda franca, faz-se "eleger" rei pelo "povo" reunido, que o aclama. O passo está dado. Quanto a Quilderico III, este é tonsurado e enviado ao mosteiro de Saint-Bertin, próximo a Saint-Omer, onde passará o resto de seus dias. E isso não é tudo. Para aumentar sua legitimidade, o rei Pepino convoca bispos a Saint-Denis em novembro de 751, recebendo de um deles a unção do óleo santo: ele é consagrado, à imagem dos reis bíblicos Melquisedeque, Saul e Davi. A consagração o coloca acima do comum dos mortais, de modo que atentar contra seu poder ou sua pessoa passa a ser crime de lesa-majestade divina. O rei é intocável: a ideia é excelente e será em breve imitada por seus confrades, assim como na Inglaterra no fim do século VIII. Com essa passagem pela dinastia carolíngia em 751, abre-se uma fase de renascimento para os francos.

A GERMANIZAÇÃO DO OCIDENTE

Durante os dois séculos que vimos passar – dois séculos repletos de som e fúria nos quais os reis bárbaros não cessaram de fazer guerra e matarem-se uns aos outros –, os povos do Ocidente sobrevivem de alguma forma e se adaptam às novas condições. Novas estruturas e novas mentalidades se estabelecem. Duas características principais se evidenciam: a germanização e a cristianização.

Na nova civilização emergente, o que há não é oposição entre romanidade e germanidade, e sim fusão, nas proporções que variam de acordo com as regiões. Entre os sinais mais visíveis, a língua. Globalmente, o latim resiste bem. Ele é utilizado para a redação dos códigos, exceto entre os anglo-saxões, e na vida cotidiana ele sempre predomina ao sul de um arco circular que vai do Soma ao lago Léman, como já vimos. Na Itália, a língua lombarda desaparece; constatam-se apenas diferenças locais de pronúncia e ortografia, bem como a introdução de certos termos técnicos. Essas variações estão na origem das línguas occitanas ou romanas, por exemplo. É na antroponímia que a germanização é mais clara: passa-se rapidamente do sistema latino dos *cognomina*, no qual cada homem leva dois ou três nomes compostos de uma raiz com uma etimologia transparente seguida de um sufixo *-ius*, para um sistema de nome único, que combina dois nomes germânicos evocando tanto fenômenos naturais quanto características sociais ou individuais. Teremos assim os *Dagobertus* ("Dia brilhante"), os *Sigibertus* ("Vitória brilhante"), os *Arnulfus* ("Águia-lobo"), os *Hariulfus* ("Exército-lobo") etc. O nome se torna estritamente individual com o desaparecimento do nome de família, mas pode-se algumas vezes sublinhar um vínculo hereditário quando se conserva um dos dois componentes do nome do pai: assim, Clodomeris é filho de Chlodovechus. Esses nomes são, portanto, em geral bastante longos, com quatro sílabas.

Os cemitérios são boas testemunhas da fusão entre germanidade e romanidade. Na Gália, os cemitérios de tipo romano, desordenados, misturando incinerados e exumados, aos poucos vão cedendo espaço para os "cemitérios em fila" (*Reihengräber*); ao sul do Sena, as tumbas de sarcófago, com cerâmicas e inscrições, são mais numerosas, notadamente na Borgonha, e os tipos humanos gálio-romanos, menores (1,67 metro para os homens e 1,55 para as mulheres), predominam.

Fusão que também aparece no domínio jurídico, onde as populações romanizadas demonstram um nítido avanço. Uma característica notável do período é a redação dos códigos, tanto no Ocidente quanto no Oriente. Isso corresponde à necessidade de clarificar o direito civil e penal em sociedades profundamente desorganizadas pelas misturas e deslocamentos das populações. Trata-se de codificar as relações entre os habitantes sempre desorientados pela mistura das culturas. A manutenção de um mínimo de ordem pública exige a referência a um sistema de leis idêntico para todos.

No momento em que os bárbaros entraram no Império, cada povo tinha seu próprio direito: as leis eram orais e memorizadas pelos *rachimbourgs* entre os francos, por exemplo.[11] Não demora para que se perceba a necessidade de haver leis escritas: é o que fazem os visigodos a partir de 480 com o código

---

11 Os *rachimbourgs* dos francos eram especialistas que decoravam as leis, incluindo as últimas decisões, como se fossem personificações de uma biblioteca de jurisprudência sempre atualizada. (N. T.)

de Eurico e o breviário de Alarico, pelos burgúndios com a "lei Gombette" do rei Gondebaldo (495-516), pelos ostrogodos com Teodorico, pelos francos sálios com a lei sálica de Clóvis antes de 511, pelos alamanos no início do século VI, pelos lombardos com o édito de Rotário em 636-643. Esses códigos facilitam a coabitação dos antigos e dos novos habitantes pela adoção da personalidade das leis: cada um é julgado em função de sua própria lei. Somente os visigodos adotam a territorialidade, o que significa que o julgamento deve estar de acordo com a lei em vigor no território onde o delito for cometido.

Esses códigos não diferenciam direito público e direito privado. É assim que o proprietário e chefe de família possui um direito de justiça sobre seus próximos, seus familiares e seus escravos. Como não há acusador público, cabe ao acusado comprovar sua inocência apelando a jurados auxiliares, membros de sua parentela, que testemunham a seu favor por juramento. O recurso ao ordálio é usual se os juízes não conseguem decidir entre dois oponentes: mediante a prova da água fervente ou do ferro incandescente, o aspecto da chaga revela a inocência ou a culpa. Nos casos de lesão física e crime, o dever familiar de vingança pode levar a intermináveis guerras privadas, donde se justifica uma tarifação precisa de compensação por pagamento de "ouro do sangue", o *Wergeld*, em função da natureza da lesão ou do estado da vítima.

A noção romana de Estado se torna mais fluida. Com exceção dos anglo--saxões, a maioria dos reinos bárbaros conservam as instituições romanas, as repartições e os funcionários, com seus títulos. O caso mais sofisticado é evidentemente o de Teodorico na Itália: o rei é proclamado "Augusto", leva o título de patrício e nomeia a cada ano um cônsul entre dois. A administração de Ravena está sob direção de um senhor dos ofícios, com um questor do palácio para a correspondência oficial e um conde das generosidades sagradas para as finanças. Os condes, destacados numa região precisa para ali exercer temporariamente um comando civil ou militar, constituem uma instituição do Baixo Império. Foram adotados pelos visigodos e, depois, generalizados pelos francos no século VII. No primeiro momento, o pessoal administrativo – e sobretudo religioso – é massivamente romano. No século VI, dos 477 bispos gálios conhecidos, 68, ou seja, 14%, têm nomes germânicos, ao passo que, entre os notáveis laicos mencionados pela epigrafia, essa proporção é de 50%. No sul, há apenas seis nomes germânicos entre 153 bispos de Narbonnaise, e um entre 34 em Lyonnaise, enquanto nas províncias de Reims e Tréveris, onde o episcopado continua a ser recrutado no sul, a proporção chega quase a um terço. A germanização é bem progressiva: os primeiros bispos germanos em Tréveris, Bordeaux e Le Mans surgem no primeiro quarto do século VI.

Os reis germânicos no início tentam manter o sistema fiscal romano, baseado nos tributos da terra e das pessoas, bem como nas taxas sobre os negociantes. Esses impostos incidem apenas sobre as antigas populações do Império, pois os povos bárbaros, tendo o estatuto de federados, prestam serviço militar. Mas o sistema vai periclitar muito rapidamente por duas razões. Em primeiro lugar, ele necessita de uma administração robusta para a atualização dos polípticos, que eram os registros contendo o recenseamento por cabeça e as licenças pessoais, além dos cadastros, necessários para medir a evolução das propriedades. Os reinos bárbaros carecem de pessoal qualificado para efetuar essas operações, e a base tributária rapidamente se torna obsoleta. Por outro lado, o peso do imposto, que já é insuportável ao final do Império, não possui mais nenhuma relação com as condições reais dos contribuintes. Daí as frequentes revoltas contra o fisco: Tréveris em 548, Limoges em 579, Nêustria em 584, Córsega, Sardenha e Sicília em 595, e na região a oeste do Sena em 604. Os coletores de impostos são assassinados. O resultado é não apenas um gradual aumento no êxodo dos camponeses em busca de um patrono, mas também uma arrecadação cada vez menor de impostos, o que contribui para o retrocesso do poder público.

O personagem central de um reino germânico é, evidentemente, o rei, e o rei é, antes de tudo, um chefe de guerra (*Heerkönig*), que é animado por uma força mágica, um carisma pagão, o *Mund*, que lhe permite conquistar a vitória. Este último é, aliás, a única garantia para a manutenção do poder: a derrota faz com que o rei perca seu caráter sagrado, o que explica em parte a frequência dos assassinatos da realeza. O rei é o eleito dos homens livres, ele autoriza o saque, protege as colheitas, possui o direito de *"ban"*,[12] que é

---

12 Palavra de origem germânica (*bann*) que diz respeito ao poder de guerra do rei, e que francos traduzem, em sentido lato, como uma prerrogativa real. No contexto deste livro, o substantivo *ban* deve ser entendido como proclamação pública. (N. T.)

o direito de punir e comandar. Se o rei é vencido, não está mais apto a cumprir suas funções. Ele é mantido no poder somente pela força bruta, ou seja, mediante a violência, e a esse respeito, pode-se falar em "realeza absoluta moderada pelo assassinato" nesses Estados. Entre os francos, no entanto, existe um princípio dinástico. Os cabelos longos simbolizam a presença do *Mund* em meio aos homens da família merovíngia. Ter cabelos cortados é sinal de decadência: "Antes morto do que tosado", teria dito Clotilde.

Portanto, tudo é baseado na guerra e na violência. Os francos são particularmente privilegiados nesse domínio. Seu nome vem do velho alto--alemão *frekkr*, que significa audacioso, e Clóvis é a forma erudita de *Clodweg*, "caminho da glória". Eles, aliás, se imaginam o povo eleito, como lemos nas continuações da *Crônica de Fredegário* e na *Lex Salica*, que se refere ao "ilustre povo dos francos, fundado por Deus, corajoso na guerra e constante na paz". A *Crônica de Fredegário* chega a contar que eles descendem dos troianos, tendo como ancestral o fabuloso príncipe Franco, emigrado para a Renânia.

Assim, o exército é, por excelência, o instrumento do poder. Qualquer homem livre pode fazer parte dele. O rei é cercado por uma corporação especial, espécie de guarda de elite ligada a ele por vínculos pessoais: são os *saions* entre os godos, ou os *gesiths* entre os anglo-saxões. Os lombardos têm os *faramanni*, instalados num campo fortificado, os *arimanni*, convocados a qualquer hora, e os *gasindi*, ou servidores. Entre os francos, temos os *antrustions*, guardas do corpo do rei, que são recomendados e lhe juram fidelidade – um "truste" – de joelhos, com toque de mãos entre os pactuantes. Há ainda a *scara*, tropa permanente de guerreiros. Esse tipo de vínculo interpessoal direto tende a se generalizar entre os funcionários e os grandes proprietários. Algumas vezes, até mesmo os escravos prestam serviço militar: o *gwass* celta, latinizado como *vassus* pelos francos, com seu diminutivo *vassalus*, resultará em "vassalo". Esse tipo de vínculo prepara o feudalismo.

Na guerra, os soldados são separados em tribos, subdivididas em unidades de algumas centenas de homens. Cada um carrega suas armas: a francisca (um machado com duas lâminas que funciona como arma de arremesso), o arco, a lança, o arpão, o espeto com gancho, a espada longa e o saxo (*scramasaxus*, punhal com lâmina de 50 cm de um só gume), o escudo. As técnicas de forja são notavelmente evoluídas e produzem lâminas muito resistentes. A cavalaria é importante: cavalaria leve e rápida, com arcos, espadas e escudos; cavalaria pesada, com armadura (casaco de couro sobre o qual são costuradas placas de metal), espada e lança. No total, uma força militar formidável.

Vale observar que a instalação dos bárbaros provoca uma redistribuição das terras, da qual derivam contratos variados em função dos acordos locais com os povos federados. De modo geral, a divisão não produz muita bagunça, e as estruturas agrárias romanas subsistem. A despossessão total dos proprietários romanos só ocorre em três casos: com os vândalos na África, os lombardos na planície do Pó, e os anglo-saxões no leste e no centro da ilha da Bretanha. A fraqueza numérica dos recém-chegados e a existência de vastos espaços vazios facilitam a instalação.

O *habitat* é no mais das vezes disperso, tanto em cidades isoladas quanto em aldeias de estrutura frágil; os limites culturais são bastante frouxos, ao contrário do costume romano de um quadrilátero estrito e retilíneo. A arqueologia revela a presença de grandes galpões de madeira ou palha. As zonas de *saltus*, arborizadas e pantanosas, desempenham um papel fundamental na economia rural para o pasto, a colheita e a caça, mas os reis, sobretudo anglo-saxões e lombardos, tendem a reservar as florestas como territórios de caça. Frísios, saxões e escandinavos praticam largamente a pesca e a cabotagem.

As cidades continuam a declinar, sobretudo as antigas capitais romanas – estas sofrem cercos e saques que afugentam a população: Arles, Tréveris, Milão (onde massacres são cometidos em 539 pelo ostrogodo Uraia) e Roma (onde restam apenas cerca de 25 mil habitantes dos 800 mil que havia nos tempos de sua glória). Em contrapartida, outras cidades se desenvolvem, quer sejam as sedes de governos ou de funcionários, como Ravena, Pavia, Toulouse, Paris, Toledo e Barcelona, quer estejam ligadas a um mosteiro (Tours, Saint-Denis), em geral, a um bispo. O comércio, no entanto, não está morto: as trocas com Constantinopla, Antioquia, Alexandria e Cartago continuam até a chegada dos árabes. Seda, papiro, especiarias e natro[13] chegam do leste pelo mar. Trigo, betume, cerâmica e estanho partem em outra direção, para Narbona, Barcelona e Cartagena. O sal do Atlântico, o vinho do

---

13 Ou *natrum*: carbonato de sódio cristalizado. (N. T.)

400-1000 – O TEMPO DO ORIENTE E A IDADE DAS ILUSÕES   75

Mosa e o óleo e o garo[14] da Espanha transitam de leste a oeste e do norte ao sul pelo eixo Ródano-Saône-Mosa. Mercadores judeus e sírios são particularmente ativos. E as moedas em espécie não faltam: os ateliês monetários proliferam e sua atividade é comprovada pelos numerosos tesouros dessa época desenterrados pelos arqueólogos. Thierry I, filho de Clóvis, cunha soldos de ouro desde 520; na Espanha, soldos de ouro circulam com a efígie de Leovigildo (568-586). Também são feitas *tremisses*, terços de soldo de ouro de 1,5 grama. Em contrapartida, há escassez de peças de prata e de bronze para as pequenas compras.

A característica mais notável dessas sociedades talvez seja o desenvolvimento das relações interpessoais diretas, em razão do enfraquecimento dos poderes do Estado. Acima de tudo, os *potentiores* ou *potentes*, que podiam ser os ricos e os poderosos vindos da classe senatorial, ou simplesmente os recém-chegados, saídos do próprio domínio e acabavam acolhendo pequenos proprietários, além dos colonos, que se ofereciam para se juntar aos patronos a fim de escaparem do fisco. Esses *humiliores* ou *pauperes* cedem seu pedaço de terra ao patrono, que por este lhes é devolvido em troca de obediência e lealdade. Esse sistema de patronato permite ao grande proprietário aumentar sua mão de obra e, portanto, estender as superfícies cultivadas à medida que aumentam os numerosos escravos disponíveis: saxões, eslavos e mouros são sempre vendidos nos mercados e as guerras possibilitam a obtenção de prisioneiros transformados em escravos. Alguns eram libertados ou expulsos. De modo geral, todos permaneciam a serviço do patrono.

UMA CRISTIANIZAÇÃO MAIS QUANTITATIVA DO QUE QUALITATIVA

Ou melhor, do "santo patrono", pois os mosteiros e os bispos produzem igualmente imensos domínios. É entre os séculos VI e VIII que verdadeiramente se opera a cristianização da Europa ocidental. De fato, o problema é duplo: no momento em que o Império Romano se divide em dois, em 395, a religião oficial é o cristianismo, que Teodósio acaba de tornar obrigatório.

---

14 Ou *garum*: trata-se de um condimento feito de crustáceos esmagados e vísceras de peixes. (N. T.)

Quanto aos germanos que então se apresentam e entram voluntariamente (como federados) ou forçosamente (pela guerra), eles são pagãos, como os anglos, os saxões, os francos, ou arianos, isto é, cristãos heréticos que negam a divindade do Cristo, como os godos, os vândalos, os burgúndios e os lombardos. A religião é, portanto, um motivo de oposição suplementar entre romanos e germanos. A hostilidade dos cristãos romanos é maior ainda contra os arianos do que contra os pagãos, pois são duas concepções monoteístas e, por conseguinte, intolerantes por essência. Nas regiões onde se instalam, os arianos vencedores perseguem os católicos e só se convertem tardiamente, por cálculo político: o rei burgúndio Sigismundo por volta de 520, o visigodo Recaredo em 587, o lombardo Ariberto I em 652. Quanto aos vândalos e aos ostrogodos, eles desaparecem com sua fé durante a conquista bizantina.

O caso dos pagãos é diferente. Enquanto os arianos são considerados renegados que traíram a fé verdadeira, os pagãos são vistos como inocentes que não conhecem a Boa Nova. Não se trata, pois, de combatê-los, mas de instruí-los. É o que fazem os missionários, como o bretão Patrick na Irlanda no século V: eles dão origem a uma forma de cristianismo celta individualista, ascético e com particularidades litúrgicas. Por sua vez, monges irlandeses e bretões vão ao continente evangelizar o sul da Germânia: Columbano chega em 590, funda o mosteiro de Luxeuil, desce o rio Mosa, remonta pelo Reno, passa pela Ligúria e funda Bobbio em 612. Seu discípulo Galo funda na Suíça o mosteiro que leva seu nome, enquanto outros partem de Luxeuil, seguidos por bispos e padres do norte da Gália que tentam cristianizar profundamente o reino franco. Pois a conversão de Clóvis, por volta de 500, que supostamente arrastou a de seu povo, trouxera apenas resultados muito superficiais. Sob um verniz cristão muito incerto, as práticas e os costumes pagãos se perpetuam, e agora é preciso haver esforços pacientes para eliminar tudo isso, ou antes, para cristianizar os pagãos e inculcar neles as verdades fundamentais da nova fé. É a isso que se consagra santo Elígio (ou Elói), bispo de Tournon, de 641 a 660, e santo Amândio a partir de 630. À ilha da Bretanha, Gregório, o Grande, envia o monge Agostinho em 597, seguido pelo abade Melito, a fim de converterem os anglo-saxões, enquanto ao norte trabalham os monges celtas vindos da abadia de Iona. Na primeira metade do século VIII, o cristianismo celta se alinha com a liturgia romana, ao mesmo tempo que os monges ingleses evangelizam a Germânia: Vilibrordo, que chega à Frísia em 690, e principalmente Bonifácio, que, com o apoio de Carlos Martel, batiza milhares de pagãos em Hesse e na Turíngia, reorganiza os bispos da Baviera e trabalha para melhorar o corpo episcopal dos francos. Nomeado arcebispo de Mainz em 732, parte para evangelizar a Frísia, onde é assassinado em 754.

Nessa data, o conjunto dos reinos bárbaros encontra-se nominalmente cristianizado e alinhado à Igreja de Roma. Igrejas e capelas em pedra começam a preencher a paisagem – a planta delas é bem simples, em formato de cruz, e ao redor dos prédios se organiza uma rede de paróquias. Entretanto, a conversão das mentalidades é muito lenta. Manuais que seguem o modelo de irlandeses e celtas estabelecem uma tarifação de penitências sancionando os erros morais: as penitenciais. O personagem principal é o bispo: este, além de seu próprio tribunal, tem também um poder temporal importante à frente de domínios estendidos. É por isso que os reis intervêm cada vez mais nas nomeações desses clérigos. Havia por parte dos reis uma tendência de considerar os bispos mais ou menos como funcionários.

Além disso, há numerosos monges segundo o modelo oriental. Embora haja muitos eremitas, há também cada vez mais comunidades fundadas pelos missionários de passagem. Estas mantêm a lembrança do fundador, como Luxeuil, São Galo e Bobbio. Castidade, pobreza, ascetismo e oração são suas características principais. A partir do meio do século VI, a regra estabelecida por são Bento de Núrsia (de 480 até por volta de 555) no monte Cassino impõe-se progressivamente como um modelo de equilíbrio entre os trabalhos manual, intelectual e de oração. Os mosteiros são, a uma só vez, bases missionárias, refúgios e pontos de apoio do poder real, onde são redigidas crônicas que constroem gradualmente uma história oficial e providencial sobre a qual se elaboram as pretensões dinásticas.

Os mosteiros são os únicos e verdadeiros centros culturais num Ocidente mergulhado em barbárie, brutalidade e ignorância. Por outro lado, os monges, juntamente com os bispos, são os primeiros responsáveis pelo desaparecimento das escolas clássicas – às quais acusam de transmitir o paganismo e cultivar uma vã linguagem rebuscada, o *sermo scholasticus*. Cesário de Arles (470-542) e Bento de Núrsia pregam uma cultura espiritual cujo sentido, baseado na Bíblia, dependa o mínimo possível de conhecimentos literários e científicos para ser elucidada. As escolas monásticas e episcopais que substituem as escolas clássicas são, num primeiro momento, destinadas unicamente a assegurar a renovação do clero, como recomendam os concílios de Toledo em 527 e o de Vaison-la-Romaine em 529. O nível ali é muito medíocre pelo que indicam as críticas ao clero franco por Bonifácio: "Na maioria dos casos, as sedes episcopais são entregues a leigos cúpidos que se apossam delas, ou a clérigos adúlteros, aventureiros e mundanos que desfrutam do local de maneira secular". Os bispos

> na realidade são beberrões, negligentes e festeiros... quanto àqueles chamados de diáconos, são indivíduos afundados na devassidão desde a adolescência, que possuem quatro, cinco ou até mais concubinas em seu leito e, no entanto, não se envergonham quando leem o Evangelho ou quando são ordenados para o sacerdócio ou ao episcopado.

Nem todos conseguem ler o Evangelho, justamente porque são iletrados – o latim lhes é totalmente desconhecido: Bonifácio cita o caso de um padre bávaro que, em lugar de batizar *in nomine Patris et Filii* ("em nome do Pai e do Filho"), o faz *in nomine Patria et Filia* ("em nome da Pátria e da Menina")! Com um clero assim, pode-se imaginar qual deve ser o nível de conhecimentos e de práticas cristãs dos fiéis de base.

Há, todavia, alguns raros exemplos de sucesso, como o mosteiro do Vivário, onde Cassiodoro (480-575) lança um ambicioso programa cultural fundamentado no estudo do *trivium* (gramática, retórica e dialética) e do *quadrivium* (aritmética, geometria, astronomia e música), incorporando as sete artes liberais profanas no seio da cultura sagrada. Gregório, o Grande, que se torna monge em 573, é também um fino letrado, muito competente na simbologia dos números, enquanto Isidoro de Sevilha (570-636) reúne nos vinte livros de *Etimologias* todo o saber humano de sua época. Dos mosteiros do norte da Gália, como os de Corbie, Chelles e Saint-Denis, surgem belas cópias de livros litúrgicos. No *scriptorum* dos mosteiros celtas são produzidos belíssimos livros que valem mais por suas ilustrações do que pelo conteúdo: evangeliários, missais e saltérios. Entretanto, em Nortúmbia, Lindisfarne, Wearmouth e, sobretudo, em Jarrow, é Beda, o Venerável, quem trabalha como autor de obras exegéticas, históricas e científicas: por exemplo,

De natura rerum, baseado nas compilações de Isidoro e de Plínio, o Velho, às quais Beda acrescenta o caso particular de Boécio (480-524), cuja *Consolação da filosofia*, mais pagã do que cristã, será um grande clássico da Idade Média. Isso provavelmente mostra que os reinos bárbaros não são um deserto absoluto. De todo modo, meia dúzia de nomes em dois séculos é, sem dúvida, pouca coisa. Esses autores pensam que, com a revelação cristã, chegamos aos limites do saber acessível ao homem – eles são estrelas pálidas que devem seu brilho apenas à obscuridade do céu cultural.

– 3 –

O CHOQUE DO ISLÃ (630-750)

A Idade Média jamais teria sido o que foi sem o islã. Quer gostemos disso ou não, trata-se de um fato. O surgimento desse novo parceiro irá contribuir fortemente para moldar a civilização medieval, pois esta é forçada não somente a refletir sobre si mesma, como também a se organizar num espírito de combate escatológico. O islã aparece quando os últimos centros de paganismo ainda não foram totalmente convertidos, em particular no norte e no leste. A chegada dos muçulmanos se mostra aos olhos de certos religiosos como um contra-ataque das forças do mal no momento em que o cristianismo parecia estar prestes a triunfar. Durante muito tempo, não se diferenciava o islã das grandes heresias, como o arianismo, e, de fato, as semelhanças são perturbadoras. A grande diferença é que a nova religião é difundida desde sua origem por um povo exótico, os árabes, e essa associação entre o aspecto étnico e o aspecto religioso culmina no nascimento de uma civilização original, árabo-muçulmana, que endurece progressivamente o conflito religioso à medida que favorece aberturas políticas. O islã é, a uma só vez, um choque e uma oportunidade.

MAOMÉ (CA.571-632): UMA PERSONALIDADE PROBLEMÁTICA

Seu nascimento é, contudo, modesto e banal. Os árabes, povo semi-nômade da península que leva esse nome, não formam um Estado. Cada tribo tem seu chefe e suas divindades, cujo culto é celebrado em torno de certas árvores e de certos rochedos – mundo divino bastante fluido, com seus ídolos e alguns deuses mais espirituais. Em Meca, centro da tribo dos coraixitas, no prédio cúbico da Caaba, são venerados ídolos e uma pedra negra, provavelmente de origem meteorítica, considerada um receptáculo divino. Invoca-se ainda Alá, "o deus, a divindade", personificação do mundo divino, criador do universo e guardião da fé juramentada. Os valores morais são a honra, a fidelidade, a virilidade e a hospitalidade – esse conjunto pode ser qualificado como "humanismo tribal". Os contatos com judeus e cristãos são antigos e variados: em 571, uma federação de tribos rejeita especificamente a tutela que os cristãos etíopes impunham às cidades do Iêmen. Ao norte, as tribos possuem contatos comerciais estreitos com judeus e cristãos da Síria, da Palestina e da Mesopotâmia, e as contaminações de crenças religiosas com esses monoteístas são múltiplas. Ao final do século VI, a sociedade árabe está à procura de um novo equilíbrio. O enriquecimento provocado pelo bem-sucedido comércio de perfumes e especiarias do Iêmen com a Síria contribui para desagregar as estruturas e os valores tradicionais. De modo reativo, alguns aspiram a uma restauração da pureza original, e ao mesmo tempo, uma unificação do povo árabe e de suas crenças, rumo a um monoteísmo e um poder político e religioso único. Aspiração combatida por todos aqueles que lucram com o comércio. É nesse contexto que cresce Maomé.

Sua vida é desconhecida. Os biógrafos mais antigos são do início do século IX, ou seja, dois séculos após sua morte, e incorporam numerosos elementos lendários. Órfão desafortunado, educado por seu tio Abu Talib, que o leva em suas viagens comerciais pela Síria, ele é mais tarde empregado por Cadija, uma rica viúva que também organiza caravanas. Sendo empreendedor, Maomé casa-se com sua patrona. Com temperamento fogoso e apaixonado, ele medita muito, interrogando judeus e cristãos, e se persuade aos poucos acerca da necessidade de reformar a sociedade árabe em nome da restauração do deus único, Alá. Maomé forma com seu círculo familiar imediato um primeiro grupo de crentes, designado pelo nome de "muçulmanos", do

400-1000 – O TEMPO DO ORIENTE E A IDADE DAS ILUSÕES 83

árabe *mouslimoun* (no singular *moslim*), que significa "aqueles que entregam (sua alma a Alá)". É esse abandono ou essa submissão que se denomina *islã*. Maomé tem ao redor sua mulher, Cadija, seu genro e seu sobrinho Ali, além de amigos como o omíada Otomão: trata-se de uma pequena comunidade igualitária, reunida muitas vezes ao dia para a prece comum. Esse grupo acolhe jovens seduzidos pelo ideal de retorno a uma suposta pureza primitiva e rejeita os abusos e compromissos que corrompem os meios comerciais. O espírito exaltado e instável de Maomé faz com que imagine visões, como a do arcanjo Gabriel, que lhe confia a missão de aconselhar os árabes à maneira dos antigos profetas Abraão, Moisés e Jesus. O iluminado recebe apoio de uma parte de sua tribo dos coraixitas, mas o grupo é imediatamente ridicularizado, depois perseguido pelos habitantes de Meca fiéis às divindades tradicionais.

Então, Maomé entra em contato com os clãs árabes de Iatrib (Medina), 350 quilômetros ao norte de Meca, onde ele é convidado a arbitrar sobre querelas envolvendo grupos judeus. Ele chega ali em 24 de setembro de 622: é a *hidjra* (hégira), ou seja, a "emigração", início da era muçulmana. Com seus fiéis, cujo número aumenta rapidamente, Maomé organiza uma comunidade, a "Casa do Refúgio", emprestando numerosos elementos do judaísmo, assim como os jejuns e as proibições alimentares. Ao mesmo tempo, os muçulmanos, para assegurar sua subsistência, lançam ataques contra as caravanas mequenses na tradição árabe da razia. Começa uma verdadeira guerra e, desde esse momento, misturam-se inextricavelmente no islã os valores de guerra e as afirmações religiosas. O islã se afirma *na* e *para* a violência – isso é um fato inegável e indelével. Após a vitória de Badr sobre os mequenses em 624, Maomé se comporta como chefe de um bando sanguinário: assassinato dos poetas politeístas de Medina que o haviam injuriado, massacre dos curaizas em 627 e ruptura com as tribos judias, expulsas desde 625. O islã é então arabizado: o jejum coletivo é fixado no ramadã, mês da vitória de Badr, e para a prece faz-se um volta-face: porém, em lugar de se virar para Jerusalém, ao norte, olha-se doravante para Meca, ao sul. Os mitos judaicos são transformados: a Abraão e a seu filho Ismael atribui-se a fundação da Caaba – isso teria sido deturpado pelas gerações seguintes, as quais ali colocaram seus ídolos, e agora, com Maomé, trata-se de libertá-las e purificá-las. Ao mesmo tempo, num espírito antijudaico, os muçulmanos "recuperam" Jesus, mas um Jesus puramente homem, grande profeta e nascido de uma virgem, certamente, mas que não é em hipótese alguma um deus. Isso facilitará a aproximação com certas heresias cristãs.

Os oito anos hegirianos (622-630) são, portanto, fundamentais na elaboração do islã. Maomé se impõe como um chefe carismático extremamente autoritário, uma personalidade capaz de "crer com muita facilidade em inspirações que satisfazem suas tendências naturais", escreve Maxime Rodinson. Este lembra que, após a morte de Cadija, com quem teve uma filha, Fátima, casada com Ali, "suas inclinações eróticas, por muito tempo contidas, agora fariam com que ele contraísse vários casamentos simultaneamente, às vezes em conformidade a intenções políticas", incluindo-se aí a pequena Aixa, filha de Abubacar, com 10 anos. Por certo é preciso "considerar a moral de seu povo e de sua época para julgar alguns de seus atos atrozes ou um pouco hipócritas", diz ainda o historiador, que reconhece aí "inteligência", "habilidade" e "tenacidade". O fato é que uma religião fundada em tal "profeta" levanta várias questões, e de todo modo, não se trata de uma religião pacífica.

Após um último revés dos mequenses, um pacto é concluído em 628. Ele permite aos muçulmanos realizar em 629 a peregrinação ritual com as sete circunvoluções em torno da Caaba, as sete caminhadas entre Safa e Marwa, a prece no Monte Arafate. Em 630, Maomé se apresenta como líder de 10 mil homens diante de Meca, que é subjugada praticamente sem resistência. Os últimos chefes omíadas se convertem e Maomé morre em 8 de junho de 632, vítima de uma doença banal.

O INÍCIO DO ISLÃ: VIOLÊNCIA, CONFUSÃO E DIVISÕES

Nesse momento, a religião muçulmana é antes de tudo um conjunto de práticas que unem uma comunidade ao redor de algumas afirmações básicas e que respondem às necessidades de uma sociedade tribal seminômade do século VII. As famosas "cinco colunas" já se encontram erigidas: a profissão de fé monoteísta em Alá, as preces cotidianas, o jejum do ramadã, a peregrinação e a esmola. Os crentes formam uma sociedade igualitária, como ilustra seu alinhamento em filas paralelas na mesquita, voltadas em direção ao muro de *qibla*, indicando a direção de Meca. Um único "guia", o imã, dirige a prece do alto do *minbar*. Aqui, nada de monges nem de hierarquia clerical. Religião de conteúdo simples, mas com ambição de organizar toda a vida pública e privada, o que torna imprescindível as informações e os esclarecimentos na forma dos "ditos" do profeta, os *hadiths*, transmitidos oralmente, incorporados na prática usual, e depois agrupados de modo a serem recitados, o *quran* (Corão), no qual os versos e as suras se sucedem na mais completa desordem. Elaborado progressivamente em meio a muitas disputas, acréscimos e supressões, o Alcorão, que compreende várias versões, é uma coletânea heteróclita, cheia de incoerências e contradições, refletindo diferentes meios e diferentes contextos nos quais foi composto. De certa maneira, ele assume suas contradições nas palavras de Maomé: "Se revogamos um versículo ou o deixamos no esquecimento, nós o substituímos por um melhor ou por um semelhante" (2, 106). Isso dá uma flexibilidade notável ao conjunto e permite justificar tudo e seu contrário, se necessário – exercício favorito dos teólogos de todas as religiões. Deus pode tudo, até mesmo mudar de opinião. O exemplo flagrante e mais dramático por suas incalculáveis consequências é aquele da *jihad*, o "esforço" militar contra os infiéis: o islã é uma "religião de paz" que defende a clemência universal, ou exige a submissão, inclusive por meio da violência, dos incrédulos? As duas posições podem se apoiar sobre as suras contraditórias. O mesmo se aplica no que diz respeito à poligamia e ao lugar das mulheres na vida social, além de numerosos outros aspectos. Essa flexibilidade que beira a incoerência e que até hoje dá lugar a terríveis conflitos internos pode ser um elemento de força, permitindo as adaptações que tornam necessárias a conquista de regiões com culturas variadas. Mas é também uma grande causa de fraqueza, pois ela favorece interpretações múltiplas, fonte de desvios por escolas e seitas rivais que vão envenenar o islã desde suas origens.

Especialmente porque nada foi previsto para assegurar a direção religiosa e política da comunidade. Onde reside o poder legítimo? Maomé respondeu a essa questão apresentando-se como o único interlocutor de Alá e criando um ordenamento no qual política e religião são inseparáveis. Com sua morte, velhos companheiros, ligados por casamentos na família, tomam o poder: Abubacar e Omar, que se lançam nas conquistas. Rivalidades de clãs não demoram para entrar em jogo: o omíada Otomão se torna o terceiro califa (lugar-tenente); é preciso revisar as primeiras versões do Alcorão suprimindo as maldições contra seu clã nelas contidas. Indignados, os partidários da comunidade de origem o assassinam em 656. É o começo de uma luta sem fim pelo poder. Ali, genro do profeta, sucede Otomão. Na batalha de Chameau, ele derrota dois companheiros de Maomé que eram apoiados por Aixa, uma das várias viúvas deste. Então se levanta contra ele o governante da Síria, Moáuia. Decide-se recorrer a um árbitro, solução que os "carijitas" rejeitam – estes são rigoristas que defendem como único critério a pureza de consciência. Eles matam Ali. Por sua vez, o filho de Moáuia, Husaim, é morto em Carbala, em 680, e desde então os antigos defensores de Ali se refugiam numa oposição legitimista minoritária, cultivando a ideia de martírio: são os "xiitas". Moáuia, vencedor, é defendido por moderados, oportunistas, indiferentes e ambiciosos: graças a eles, os omíadas vão exercer o poder até 750.

Outras divisões se produzem. Os mutazilitas, organização clandestina, lutam contra a imoralidade dos califas e buscam desencadear uma revolta contra os chefes impuros. Para eles, a origem do mal reside somente no livre arbítrio humano, e contra os tradicionalistas que fazem do Alcorão a Palavra de Deus eterna e incriada, eles defendem a noção de "Alcorão criado" para explicar as imperfeições detectadas no texto sagrado. Sem contar as seitas milenaristas que atribuem uma função profética aos imãs. Alguns aguardam a vinda de um *mahdi*, um "bem guiado", um salvador descendente de Ali, pois este estaria na origem de uma cadeia de "imãs ocultos", dos quais o último se revelara como uma espécie de messias. Quanto aos sunitas, estes defendem as "tradições dos ancestrais da tribo", mas são divididos em diversas escolas. Em suma, poucos anos depois de seu surgimento, o islã é uma constelação de correntes, escolas e seitas que lutam ferozmente entre si em batalhas nas quais se misturam questões religiosas, políticas, sociais, tribais e morais. Como fazer com que uma religião tão pouco estruturada, nascida num contexto tribal seminômade, tão dividido e sem direção legítima reconhecida por todos, baseada em textos incoerentes tenha podido se expandir tão rápida e largamente, e durar tanto tempo em regiões de civilizações totalmente diferentes daquelas do mundo árabe de origem?

Um esboço de resposta passa, provavelmente, pelo fato de que, ao introduzir as práticas e as crenças religiosas básicas na vida cotidiana, social e privada, o islã torna impossível a separação entre vida material secular e vida religiosa. As duas são intimamente ligadas, como uma coisa só. O muçulmano crê assim como respira, e por isso é impensável cessar de crer. Poder-se-ia provavelmente dizer que o mesmo ocorre nas outras religiões que incorporam gestos e práticas na existência ordinária, mas nenhuma consegue realizar essa incorporação de maneira tão completa e pública como o islã. Entre os cristãos, a maioria dos gestos religiosos são de ordem privada, e, por conseguinte, podem ser colocadas em estado de dormência sem que isso altere a vida social do indivíduo. Não é o caso aqui: uma vez que se adere ao islã, é quase impossível sair dele, seja por conta da pressão social, seja por tratar-se de uma necessidade praticamente biológica. Crer se torna uma função vital, um reflexo, o que elimina imediatamente o dilema: crer ou não crer? O muçulmano não é livre; não há caminho para trás. A essa alienação completa da liberdade é preciso acrescentar um outro elemento. A simplicidade das crenças e dos gestos básicos os torna adaptáveis a todos os contextos e a todos os meios, o que facilita as conversões numerosas e massivas. Enfim, nas regiões conquistadas, as pressões exercidas sobre os não muçulmanos são particularmente eficazes. Se o islã tolera as comunidades judaicas e cristãs, cujos membros possuem o estatuto de *dhimmi*, "protegidos", é porque estes são submetidos a uma taxa especial, que é um bom argumento para a conversão. A atitude em relação ao infiel (*kafir*) é muito mais radical: o *takfir*, denúncia do infiel, é um dever do crente, que pode conduzir, de acordo com as circunstâncias, à expulsão ou à execução. Como todos os monoteísmos, o islã é intolerante por essência: se existe um único deus verdadeiro, é literalmente intolerável permitir que se afirme a existência de outros, ou de nenhum.

Fato revelador: desde suas origens, o islã se difunde pela guerra, e esta forma de sua expansão, a violência, jamais poderá ser totalmente apagada. As tribos da Arábia pré-islâmica certamente não eram pacíficas, e a prática da razia era corrente. Porém, naquele caso, os conflitos eram internos, e as relações com os vizinhos cristãos e judeus do norte tinham natureza puramente comercial – ademais, elas de todo modo não comportavam nenhuma visão hegemônica. Contudo, mal os árabes se convertem ao islã e eles já se lançam nas conquistas externas. A concomitância é no mínimo perturbadora. Diante do assalto à Síria promovido por Abubacar, certos historiadores querem ver nisso uma simples operação de diversão, destinada a cimentar a união ainda precária das tribos da península. O rápido sucesso teria então estimulado os apetites ao abrir perspectivas de pilhagem pecuniosa. Nesses termos, a conquista teria começado com um simples cálculo político que teria degenerado em guerra santa. Não é impossível. É preciso ainda esclarecer que esse cálculo político é perfeitamente compatível com as visões universalistas do ensino de Maomé: a manobra política se mostra tão mais eficaz quanto mais ela se apoia numa crença religiosa. O islã deve cimentar a união das tribos árabes e, de modo acessório, reinar sobre o mundo. A facilidade dos primeiros êxitos vai rapidamente inverter as prioridades.

A EXPANSÃO ISLÂMICA PELA GUERRA-RELÂMPAGO (632-751)

Isso porque os adversários ao norte são uma presa fácil. São regiões periféricas de dois impérios que, embora sejam impressionantes no mapa, enfrentam internamente graves crises políticas, além de estarem em perpétua guerra um contra o outro: o Império Bizantino e o Império Persa. O Egito e a Síria são duas províncias bizantinas assombradas por conflitos religiosos que se apoiam sobre especificidades étnicas. No Egito, predominam os monofisistas, que utilizam a língua copta. São vítimas das perseguições melquitas, ou seja, realizadas em nome do imperador, que por volta de 610 manda para exílio o patriarca Benjamin e obriga a adesão de bispos, padres e monges no compromisso monotelista. Na Síria e na Mesopotâmia, de línguas aramaica e siríaca, os monofisistas são de viés "jacobita", em referência ao pregador ambulante Jacó Baradeu. Eles seguem o patriarca de Antioquia e agrupam a maioria dos monges. Os melquitas seguem o patriarca de Jerusalém e dominam na aristocracia. Há ainda uma forte minoria nestoriana, que separa estritamente as duas naturezas de Jesus, afirmando que as vicissitudes de sua vida humana não afetam seu estatuto de Verbo divino. Os nestorianos foram expulsos do Império por Zenão em 491, e doravante, são mais numerosos no Império Persa, onde têm por chefe o *católico* de Ctesifonte.[1] Os jacobitas sírios são ligados aos coptas do Egito, mas são separados dos

---

1 Referência ao título honorífico *católico*, conferido aos patriarcas da Igreja do Oriente. Quanto a Ctesifonte, trata-se de uma cidade localizada no antigo reino da Pérsia: ela foi capital do Império Arsácida e, posteriormente, do Império Sassânida. (N. T.)

monofisistas da Mesopotâmia. O Império Persa não tem nada a invejar dessa confusão religiosa dos bizantinos. A religião oficial é o zoroastrismo, mas os antigos cultos não desaparecem. O maniqueísmo é difundido através de numerosas seitas, enquanto o budismo predomina ao nordeste, em Báctria, Fergana e Soguediana.

Acrescentemos que os reis da Pérsia, da família dos sassânidas, acabam de sofrer graves reveses dos bizantinos durante o reino de Heráclio, a partir de 610. Durante as guerras, persas e bizantinos recorrem às tribos árabes dos gassânidas dos confins da Síria, bem como aos lacmidas das margens do Eufrates. Os árabes da península, cujas caravanas frequentam regularmente a Palestina e a Síria, estão perfeitamente a par dessa situação confusa. Eles vão se beneficiar com a ajuda de certos grupos que lhes facilitarão imensamente a tarefa: os coptas e os monofisistas os acolhem como libertadores. Ademais, eles enfrentam exércitos dizimados pelos anos de guerra.

Nessas condições, a conquista adquire ares de *Blitzkrieg* árabe. Em 635, três anos após a morte de Maomé, Damasco é tomada. Em 636, os persas são derrotados em Cadésia, no Eufrates, e os bizantinos no rio Jarmuque, na região da Jordânia. Jerusalém cai. O Oriente Próximo e o Oriente Médio submergem: a Alta Mesopotâmia e a Armênia em 641, o Zagros em 642, o Corassam em 651, o Egito em 641. Governantes são imediatamente substituídos: Moáuia na Síria, Calide no Irã, Anre no Egito. No leste, o Império Persa desmorona e as tribos que haviam sido subjugadas pelos sassânidas acabam de se integrar ao exército árabe: são os *mawali* ("clientes"), antigos escravos e prisioneiros libertados em troca do dever de fidelidade e devoção. São esses iranianos arabizados que tornam possível a chegada a Bucara, Samarcanda, Corásmia e aos vales superiores de Fergana entre 705 e 715. Estamos às portas da China e, em 751, em Talas, ao norte do Fergana, árabes e chineses se enfrentam pela primeira vez. Os árabes vencem, mas atingem ali o limite de seus avanços: estão a mais de 4 mil quilômetros de Meca.

Do outro lado, e simultaneamente, acontece a corrida para o oeste: depois do Egito, os cavaleiros do islã seguem a costa africana, ao longo da Cirenaica. Estão em Trípoli desde 644; chegam ao Cairuão em 670 e em Cartago em 698. As antigas conquistas de Justiniano são abandonadas quase sem resistência. O avanço é mais difícil nas montanhas do Magrebe, defendidas pelos berberes. Conquistar o Aurés e a Cabília nunca foi fácil, e o avanço metódico ocupa 40 mil homens a partir de 692, dizem as fontes. Alguns afirmam que, desde 681-683, Uqueba ibne Nafi[2] atinge a costa atlântica do Marrocos, mas o episódio talvez seja uma lenda.

O que não é lenda é que, no verão de 711, um *mawali* berbere, Tárique ibn Ziade, cruza o estreito entre o Mediterrâneo e o Atlântico, estreito que mais tarde recebe seu nome, Jabal Tárique, atual Gibraltar. Na partida, trata-se provavelmente de uma operação de razia, facilitada pelo fato de a monarquia dos visigodos estar em plena crise, com um usurpador, Roderico, que controla a Bética. Tárique luta e mata Roderico no rio Barbate. Essa vitória motiva o governador árabe do Magrebe, Muça ibn Noçáir, a cruzar o rio em 712. Em dois anos, o reino visigodo se enfraquece, Sevilha, Mérida, Toledo e Saragoça são tomadas, a Espanha é conquistada. Essa invasão avassaladora se explica menos pela força e habilidade dos árabes do que pela fragmentação do reino visigodo. Os árabes, impulsionados pelo próprio ímpeto, atravessam os Pireneus, passam pelo Roussillon e atingem Narbona em 720, de onde lançam um ataque contra a Borgonha e outro contra Poitiers, onde encontram Carlos Martel em 732. É o golpe de misericórdia. Eles então recuam por trás dos Pireneus, mas continuam a praticar incursões frequentes no Languedoc. Nesse momento, faz exatamente um século desde a morte de Maomé, e a dominação árabo-muçulmana, partindo de Meca, se estende de Portugal até os confins da China, e das estepes da Ásia central até o estreito de Ormuz. Compreende-se que, em comparação ao progresso muito mais lento do cristianismo, que levou quatro séculos para dominar a bacia mediterrânea, o avanço do islã seja chocante. No entanto, é preciso relativizar. Os árabes se beneficiaram de circunstâncias particularmente favoráveis, com adversários enfraquecidos. Ademais, os três quartos dos territórios conquistados são de estepes e desertos, zonas muito vastas, pouco povoadas e economicamente pouco interessantes. Aliás, quando se atinge as zonas mais densamente ocupadas e mais bem protegidas, anda-se a passos curtos. Quando no norte da Síria os árabes tentam avançar na Ásia Menor, eles fracassam. Os exércitos bizantinos, com sua cavalaria pesada, encontram ali sua superioridade. Os omíadas, que não avançam mais, devem dispensar uma parte de suas tropas.

---

2 Minois escreve Oqba ibn Sébou. (N. T.)

O objetivo não era outro senão Constantinopla. Levados pelo entusiasmo decorrente de seus êxitos iniciais, os muçulmanos pensam que o domínio universal é possível e que o reino de Alá logo se estenderá para todo o mundo conhecido. A tomada da segunda Roma seria a concretização desse grande sonho. Seria também, de modo acessório, um espólio fabuloso. O progresso terrestre pela Ásia Menor se revela muito difícil, e é pelo mar que eles tentam alcançar seu objetivo. Desde meados do século VII, os árabes constroem navios. Em 648, desembarcam no Chipre, e depois chegam a Creta e à Sicília. Em 655 ocorre a primeira grande vitória naval, na "batalha dos mastros". A partir de 673, eles se apresentam várias vezes diante de Constantinopla, mas o obstáculo é formidável. Com sua localização extraordinária no Bósforo, suas enormes muralhas e sua arma secreta, o fogo grego (à base de nafta), a cidade repele facilmente todos os assaltos. Após um novo cerco em 717-718, os árabes desistem. Bizâncio permanecerá cristã durante mais 135 anos!

O CHOQUE DA CONQUISTA ÁRABO-MUÇULMANA E SUAS REPERCUSSÕES

718: Constantinopla. 732: Poitiers. 751: Talas. São os três pontos de parada da conquista árabo-muçulmana. Já era tempo. Em um século, os dados geopolíticos da Eurásia foram bagunçados. Agora, tudo depende de três instâncias: Bizâncio, o mundo árabe e os francos. No mapa, os árabes são os mais impressionantes: eles ocupam todas as costas ao sul e a leste do Mediterrâneo, e tomam conta de várias ilhas, além de controlarem ricas regiões, como o Egito e a Siro-Palestina, assim como as rotas de carga em direção ao Extremo Oriente. O Império Bizantino se encontra reduzido pela metade; no entanto, embora recuado na Ásia Menor – Grécia e Bálcãs –, ele ocupa uma posição estratégica excepcional: ao mesmo tempo istmo e estreito, o Bósforo é a chave da passagem da Ásia para a Europa, e do mar Negro para o Mediterrâneo. Quanto aos francos, eles ainda se mostram como potência marginal, exclusivamente continental e ocidental. O centro de gravidade do mundo mediterrâneo está sempre no Oriente.

A conquista árabo-muçulmana certamente foi chocante. Contudo, é essencial compreender que, nessa primeira metade do século VIII, a ameaça árabe é percebida menos como uma ameaça religiosa do que militar. O islã é classificado na categoria do paganismo, ou na das heresias, sob a mesma rubrica das crenças dos eslavos e dos escandinavos. Ignora-se totalmente, aliás, o conteúdo dessa religião, e em nenhum caso buscam-se informações: basta saber que é uma falsa religião, uma idolatria. Até mesmo os teólogos bizantinos, que têm as melhores condições para se informarem, demonstram a mais completa indiferença. Nessa primeira metade do século VIII, João Damasceno, que, no entanto, reside em Jerusalém, escreve que os árabes

> [...] adotaram a doutrina de um falso profeta que apareceu para eles, tendo por nome Mamed, o qual, após conhecer por acaso o Antigo e o Novo Testamentos, [...] elaborou sua heresia pessoal. Em seguida, quando, provavelmente por questão de piedade, foi se reconciliar com o povo, disse que uma Escritura lhe havia descido do céu.

E isso, mais de um século após a morte de Maomé, por um intelectual em contato direto com os muçulmanos. Os outros monges bizantinos não são mais bem informados: ainda no século IX, Teófanes, o Confessor, fala de um certo "Muamed", falso profeta epilético. Jorge, o Monge,[3] conta que o "pseudoprofeta dos sarracenos, Muchomet" seduziu "esses homens de espírito esfumaçado e imbecil, realmente bestiais e sem alma". A mesma história em Nicetas de Bizâncio. No Ocidente, a ignorância é total. Beda, o Venerável, em sua abadia do norte da Inglaterra, não tem a menor ideia da doutrina muçulmana: é uma simples idolatria, escreve em *Des lieux Saints* [*Dos lugares sagrados*]. Os peregrinos que vão à Palestina não levam nenhum interesse pelo islã. Muito revelador é o caso de Vilibaldo, no século VIII, que, em Nazaré, reza ao lado dos muçulmanos na igreja que é dividida entre os dois cultos: não lhe ocorre interrogá-los acerca do que professam. Na mesma época, na Germânia, são Bonifácio não sabe muito mais do que isso.

Mais surpreendente ainda, na Espanha conquistada, muçulmanos e cristãos coabitam ignorando-se mutuamente. Podemos ler numa crônica latina espanhola de 741 que o fundador do islã se chamava "Mamet de nome, nascido da mais nobre tribo desse povo, um homem prudente demais que era

---

3 Também conhecido como Jorge Hamartolo. (N. T.)

capaz de prever acontecimentos futuros". Os sarracenos "o veneram com tanta honra e reverência que afirmam em todos os seus sacramentos e todos os seus escritos que ele é o apóstolo e o profeta de Deus". Uma outra crônica latina de 754 apresenta a invasão sarracena como o instrumento da vingança divina decorrente dos pecados dos cristãos, e ela declara que a batalha de Poitiers foi a afronta do "povo da Austrásia", das "gentes do norte" e dos "europeus" contra os árabes.

Esse ponto de vista, cuja importância e difusão não devem ser exageradas, marca o início de uma tomada de consciência de um choque de civilizações. O embate tradicional entre Oriente e Ocidente, ou entre mundo grego e mundo latino, entre Bizâncio e Roma, está prestes a ser substituído pelo embate entre norte e sul, entre europeus e árabes. Por um momento, os dois embates se sobrepõem: os europeus, que se definem cada vez mais por sua religião, são o povo ocidental e setentrional ao mesmo tempo. Isso, contudo, é apenas uma parte do processo.

As invasões germânicas, seguidas pela invasão árabe, perturbaram profundamente o conjunto Europa-Mediterrâneo. Os resultados dessa perturbação foram vivamente debatidos por historiadores – debates nem sempre desprovidos de segundas intenções dos contemporâneos, notadamente em função das posições individuais diante da presença crescente e não necessariamente pacífica do islã. Nos anos 1930, o livro de Henri Pirenne, *Mahomet et Charlemagne*, que se tornou clássico, faz da conquista muçulmana a responsável pela irremediável separação entre o leste e o oeste do Mediterrâneo – trauma resultante do desmoronamento das trocas comerciais e culturais. Em meados do século XX, Maurice Lombard, em várias obras, dentre as quais *L'Islam dans sa première grandeur*, defende a tese oposta, escrevendo que "graças à conquista muçulmana, o Ocidente retomou o contato com as civilizações orientais e, através delas, com os grandes movimentos mundiais de comércio e cultura". Para ele, a invasão muçulmana reparou os danos causados pelas invasões germânicas, que "engendraram a regressão econômica do Ocidente merovíngio e depois carolíngio".

Hoje, ninguém mais defende posições tão carentes de nuances e tão carregadas de maniqueísmo latente. O problema não está em saber se os germanos e os árabes foram agentes do bem ou do mal. O que é certo, é que eles foram fatores de transição e que contribuíram para o aparecimento de uma tomada de consciência europeia. Transição entre um Império Romano do Ocidente – cuja lembrança prestigiosa permanece onipresente nos símbolos (os títulos e algumas instituições) – e uma cristandade que formará as mentalidades medievais. Transição entre o mundo romano, fundado sobretudo na noção de direito, e o mundo medieval, baseado na crença religiosa.

ARABIZAÇÃO E ISLAMIZAÇÃO DAS CONQUISTAS

O que talvez seja ainda mais espantoso do que a rapidez da conquista árabe é a rapidez da arabização e a islamização dos territórios conquistados. Como é possível que um punhado de árabes saídos do deserto tenha conseguido, no período de um século, converter as massas e desenvolver uma civilização nova ao longo de 6 mil quilômetros da Espanha até o Afeganistão? Isso se deve, em parte, à fragilidade dos grupos étnicos e religiosos locais. Caso notável é o Império Persa, no qual a diversidade dos povos e a incapacidade do masdeísmo para motivar a população facilitaram a penetração de uma ideologia universalista. Os conquistadores também deixaram muitas dinastias locais em Fergana, Soguediana e Báctria, às margens do Cáspio. Mais do que um cálculo, é uma necessidade: os árabes não são numerosos o suficiente para enquadrar todas essas populações. Nos países cristãos, no Iraque, na Síria e no Egito, os meios monofisistas e jacobitas, que veem os árabes como libertadores, se submetem num primeiro momento, antes de perceberem que os novos senhores não eram mais tolerantes do que os predecessores: os *dhimmis* se sujeitam a um imposto especial, ao uso de uma insígnia distintiva, à lei muçulmana em caso de julgamento, além de perderem o direito de praticar seu culto em público e o de construir novas igrejas ou sinagogas. O uso da língua árabe se espalha muito rapidamente como forma de unificação.

Na realidade, os próprios árabes são ultrapassados pela rapidez e pela imensidão de suas conquistas, de tal modo que seu domínio se estabelece com base na urgência e no improviso. São as tribos que servem de quadros para a administração. Para se integrar à sociedade muçulmana, os povos conquistados devem, em primeiro lugar, ser clientes, *mawalis*, que permanecem numa posição inferior. Até mesmo quando se integram ao exército, só têm

400-1000 – O TEMPO DO ORIENTE E A IDADE DAS ILUSÕES

direito a uma parte menor do espólio. O grande problema é a redistribuição das terras. Em teoria, as terras devem ser divididas entre todos os combatentes, com exceção de um quinto, que é atribuído às fundações religiosas. Na prática, elas continuam a ser cultivadas pelos *dhimmis*, que pagam taxas a seus proprietários muçulmanos, e estes, por sua vez, pagam o dízimo ao Estado. Ao redor de Bagdá, o príncipe se constitui como uma imensa reserva territorial, as terras *sawafi*, cujos lotes ele pode distribuir como recompensa.

Um fiscalismo extremamente pesado recai sobre as populações conquistadas com dois impostos diferentes: uma capitação, a *djiziya*, imposto "sobre cabeça", e um imposto territorial, o *kharadj*. Os muçulmanos pagam somente esmola "voluntária", o *zakat*, mas este, na verdade, é obrigatório e equivale ao dízimo. O sistema é muito eficaz para produzir conversões: a incitação fiscal é certamente o mais poderoso meio de islamização, muito mais eficiente do que a pregação.

A fim de evitar pagar o imposto, um número crescente de *dhimmis* se alinha com Alá, o que rapidamente coloca dificuldades às finanças públicas. Todos os números mostram isso: o rendimento fiscal do Egito passa de 12 milhões de dinares no século VII para 4 milhões no século IX; aquele da Jazira jacobita, de 58 milhões para 17,3; o do Iraque, de 120 milhões para 78. A administração reforça os controles para evitar fraude e evasão fiscal. Recenseamento de riquezas a cada dez anos, verificação dos títulos de propriedade, obrigação de ter consigo o recibo das percepções e a obrigação de pagar em ouro ou prata, o que força a venda imediata das colheitas, com efeitos perversos: os grandes proprietários adquirem colheitas a preço baixo a fim de revendê-las com grande lucro, tornando-se credores dos pequenos proprietários – isso acelera o êxodo rural.

Além daqueles que se convertem para escapar do imposto e os que se refugiam no anonimato das cidades pela mesma razão, há as comunidades camponesas – estas são desorganizadas. A condição do camponês se degrada: chamado *raqiq*, "serviçal", termo pejorativo que lembra o de "vilão" no Ocidente, o camponês é explorado por um sistema de parceria que lhe deixa apenas o terço ou o quarto da colheita. Da mesma forma, como sempre ocorre no Ocidente, os camponeses com frequência buscam se colocar sob a proteção de um "poderoso", um grande proprietário que pague o imposto e possua direito eminente sobre a terra de seu protegido. As grandes áreas de exploração, às vezes fortificadas, empregam uma mão de obra assalariada, quase servil, que pratica uma agricultura de irrigação utilizando técnicas multisseculares notáveis.

Paradoxo: a civilização árabo-muçulmana que entra em cena por iniciativa de um povo nômade é, antes de tudo, uma civilização urbana, e, por conseguinte, sedentária. Mutação necessária para o controle das vastas extensões conquistadas: é preciso se sedentarizar em pontos fixos que sejam postos de guarda e, ao mesmo tempo, centros administrativos e religiosos. A necessidade de abastecimento rapidamente transforma esses pontos em centros de comércio. Os árabes encontram nos países conquistados uma rede urbana muito antiga: desenvolvem subúrbios nesses lugares, com mesquita, palácios e mercados. Criam também cidades novas, as *amsars*, em pontos de passagem estratégicos: Cufa, em 636, que comanda uma ponte flutuante no Eufrates; Baçorá, em 638, na foz do Tigre e do Eufrates; Fostate, em 640, no Egito, primeira ponte sobre o Nilo. A estrutura dessas cidades é original: divididas em bairros separados de acordo com as tribos, com um contingente militar, elas às vezes se assemelham a um acampamento romano com plano quadriculado, como em Cufa. A mesquita e o palácio do governador correspondem ao centro nevrálgico desses planos, mas rapidamente a função econômica se impõe com o soco,[4] a fábrica de moedas, a casa do Tesouro ou a casa dos Espólios, pois a cidade vive do imposto sobre os *dhimmis* do campo e sobre a renda das terras. A economia monetária cresce rapidamente – utiliza primeiro moedas de tipo bizantino, e mais tarde, a partir de 691, o dinar em ouro, sobre o qual figura o califa, e o dinar clássico, exclusivamente epigráfico, a partir de 696, de 4,25 gramas, bem como o dirrã de prata, de 2,97 gramas.

Os primeiros califas omíadas escolhem Damasco como capital. Grande cidade bizantina, ponto de chegada de caravanas do Oriente, com infraestruturas antigas bem construídas: um recinto fortificado e um aqueduto com numerosas canalizações, além de fontes. Ali são construídas mesquitas, hamames[5] e casas, sem contar o palácio para o califa. Pouco a pouco, essa

---

4 O soco, ou azoque, designa um mercado tradicional ou feira periódica em países árabes; seu equivalente na cultura persa é *bazar*. (N. T.)

5 No mundo islâmico, o hamame é o lugar público onde se toma banho de vapor (sauna), conhecido como banho turco. (N. T.)

velha cidade helenística adquire um caráter monumental com o desenvolvimento de subúrbios comerciais de ruelas sinuosas percorridas por aglomerações de camponeses em fuga.

750: DOS OMÍADAS AOS ABÁSSIDAS

Em meados do século VIII, o mundo muçulmano atinge seus limites. A conquista está quase sem fôlego, paralisada diante de Constantinopla, Poitiers e Talas. Maruane II, o califa omíada no poder desde 744, não possui meios para se fazer obedecer. Sua alçada vai de Damasco até as extremidades de um império exageradamente inflado, onde o afluxo das conversões reduz as receitas fiscais e onde os povos, subjugados num primeiro momento, são apenas superficialmente islamizados. Essas pessoas conservam suas tradições, seu estilo de vida e suas práticas culturais, e se desgostam cada vez mais da sujeição às tribos árabes – estas os tratam como inferiores, a despeito do ideal igualitário e universalista dos crentes. As desordens eclodem e se tornam perigosas na mesma medida dos particularismos étnicos dos aliados em meio às correntes dissidentes no interior do próprio islã, no xiismo e no carijismo em particular.

A situação mais tensa é no Irã. Nessa gigantesca região asiática, os povos são herdeiros das arcaicas civilizações multisseculares que remontam aos persas da Antiguidade. Ali eles encontram no rico passado cultural as bases de uma resistência à arabização. O zoroastrismo mantém fiéis, sobretudo, refugiados na Carmânia e no Sistão, no sudeste do país. Mas é no Corassam que a situação é mais explosiva. Ali existem movimentos confusos, dirigidos por profetas locais, como Behafarid, que agita a região de 746 a 749. Antes de mais nada, ali se encontram muitos refugiados xiitas que querem restaurar a descendência legítima do profeta e de seu genro Ali. Outros têm motivos mais realistas, como os membros de certas tribos árabes, por exemplo, a tribo iemenita dos Khuza'a, que se consideram lesados desde que seu soldo lhes foi retirado em 733. Entre os insatisfeitos está a família dos abássidas, descendente de Abas, tio do Profeta, o que confere à tribo um argumento de legitimidade.

Trata-se, pois, de um movimento bastante heteróclito que começa em 747, em Merve, com o levante de Abu Muslim, um iraniano que entrou como *mawali* numa tribo árabe de Cufa. Ele recebe o título de "general da família" e pretende combater em nome do imã oculto, esse que lhe permite unir os alidas e os mutazilitas. Em dois anos, seus partidários, armados de clavas e vestindo camisas negras, vencem as tropas do califa omíada e, em 28 de novembro de 749, Abu Abas é proclamado califa na grande mesquita de Cufa. No ano seguinte, todos os membros da família omíada são massacrados numa emboscada, com exceção de um único, que consegue escapar e chegar à Espanha, onde estabelecerá o emirado de Córdoba. Portanto, a nova família reinante, os abássidas, chega ao poder pelo assassinato. Até mesmo Abu Muslim, que havia desencadeado a revolta, será morto em 754 sob ordem do califa Almançor. Ao mesmo tempo, o novo senhor estabelece sua capital em Ambar-Hashimiyya, e aumenta o aspecto religioso de seu poder. O tom está dado: o califado abássida será religioso e violento. Ele chegará a mandar desenterrar os mortos omíadas.

Assim, 750-751 marca bem uma virada na história da Idade Média: no Ocidente, os merovíngios cedem lugar aos carolíngios com Pepino, o Breve; enquanto isso, no Oriente, os abássidas substituem os omíadas e a conquista muçulmana é bloqueada em Talas. O choque inicial causado pelo aparecimento do islã passou. Entramos agora numa fase de equilíbrio entre três mundos, uma fase de 250 anos, até por volta do ano 1000. Até lá, os francos, os bizantinos e os muçulmanos estarão prioritariamente ocupados com seus problemas internos, deixando para mais tarde os grandes embates. Durante esse período, o Oriente, com seus dois componentes, ortodoxo e muçulmano, continua a dominar a cena mediterrânea, ao passo que, no Ocidente, carolíngios e, mais tarde, otonianos tentam restaurar um substituto do Império Romano. Examinaremos sucessivamente: o caso de Bizâncio e Bagdá, cujo brilho atinge então seu apogeu; e, em seguida, o caso da Europa ocidental, que experimenta uma efêmera recuperação antes de mergulhar novamente na fragmentação dos poderes. O ano 1000 representará, para todos, o fim das ilusões.

– 4 –

BIZÂNCIO E BAGDÁ:
A GLÓRIA DO ORIENTE (SÉCULOS VIII-X)

De 750 até por volta do ano 1000, o mundo oriental e seus prolongamentos na África do Norte e na Espanha atingem seu apogeu. Todavia, apogeu não necessariamente significa harmonia e perfeição. Trata-se principalmente de um longo período durante o qual as civilizações bizantina e árabo-muçulmana desenvolvem suas potencialidades e suas características próprias através dos conflitos internos sempre violentos, de ordem política e religiosa, constroem sua imagem e sua originalidade, além de colocarem em evidência suas qualidades e suas fraquezas, contrapondo-as entre si. Tanto em Bizâncio quanto em Bagdá, a grande questão é a da legitimidade do poder: quem deve comandar e quem deve suceder? Sejamos realistas. Lá ou cá, o direito do mais forte é sempre o que há de melhor, e todas as construções jurídico-religiosas não passam de fachadas – por trás delas, impõe-se o único argumento verdadeiro: a força. Tanto o basileu quanto o califa brigam para impor a própria vontade e a própria família. Isso provoca atrocidades, bem como suntuosos êxitos, pois o poder deve, a uma só vez, esmagar e brilhar espetacularmente, oprimir e deslumbrar. Esse é o preço da glória. Durante esses 250 anos, é sobretudo nos combates internos que os diferentes componentes sociopolíticos vão se enfrentar. Bizantinos e muçulmanos, vigiando-se uns aos outros, se consagram principalmente nos debates de ordem cultural, que eles regulam bem tanto pelas atrocidades quanto pelas obras-primas espirituais e artísticas. É nessa mistura de selvageria e refinamento que reside o fulgor do Oriente entre os séculos VIII e X.

A DINASTIA ISAURA EM BIZÂNCIO (717-802)

No Império Bizantino, é a dinastia isaura que se encontra no poder a partir de 717. A dinastia precedente se extingue quando o filho de Justiniano II, Tibério II, é degolado em 711. Após cinco anos de disputas confusas, quem se impõe é Leão, chefe das tropas da divisão administrativa do Oriente (Anatolikon). Ele é proclamado imperador em 716 e coroado em 25 de março de 717. Leão III, designado o Isauro por conta de suas origens geográficas, reina até 740. Desde 720, ele associa ao poder seu filho Constantino, de 2 anos, o que permite a este tornar-se imperador de 740 a 775 sem maiores problemas: Constantino V Coprônimo. Desposa a filha do cã dos cazares, com quem tem um filho, Leão IV, que o sucede de 775 a 780. Mas ali as coisas são complicadas. Leão IV se casa com uma ateniense, Irene, e seu filho, Constantino, tem apenas 10 anos quando seu pai morre. Demonstrando uma surpreendente energia, a jovem Irene assume a regência, reprime uma tentativa de tomada de poder pelo césar Nicéforo, irmão de Constantino, e dirige o Império com mão de ferro, apoiando-se no eunuco Estaurácio, que ela nomeia logóteta do dromo (chefe da polícia, do serviço postal público e da diplomacia), e no laico Tarásio, que ela institui como patriarca em 784. Estamos então em plena crise iconoclasta, como veremos, e Irene está prestes a eliminar definitivamente essa heresia, chegando a mandar cegar seu próprio filho e retirá-lo do poder em 797. Ela dirige o Império até a morte, em 802.

Se esse período é claramente dominado pela crise iconoclasta, ele é também marcado pela permanência da guerra. Guerra contra os árabes, em primeiro lugar, na qual os bizantinos retomam a iniciativa: fracasso do cerco de Constantinopla em 717-718, vitória de Leão III próximo a Afyonkarahisar em 739, vitória naval em 747, reconquista do Chipre e expedição de Constantino V na Síria em 746. Guerra contra os búlgaros também. Estes, que haviam se aproximado de Constantinopla em 755, são expulsos, com alguns deles sendo deportados para a Ásia Menor. Em 773, uma frota bizantina sobe o Danúbio.

A guerra tem consequências profundas na organização do Império. Dentre elas, é notável um novo esquema militar e administrativo do território: os temas. Essas circunscrições de fronteiras flutuantes servem de base para o recrutamento e para o estacionamento das tropas, e são dirigidos por um estratego com plenos poderes. Os estrategos dos temas da Ásia Menor, assim como aqueles dos temas armeníacos e dos temas anatólicos, podem se tornar personagens perigosos para o basileu.

A guerra contra os árabes contribui também para o desenvolvimento da marinha. De um lado, a frota principal, estacionada em Abido e Hieron, é encarregada da defesa de Constantinopla e dos estreitos. De outro lado, frotas provinciais fazem patrulha ao longo da costa. O domínio do fogo grego lhes confere uma imensa vantagem nas batalhas navais. O navio de guerra típico é o drómon: esguio, movido a remo e capaz de embarcar de 100 a 200 homens recrutados nas populações costeiras.

O esforço de guerra constante exige recursos financeiros crescentes. Os contribuintes são agora classificados como "civis" e "militares" (estes devem fornecer recrutas e equipamentos caros destinados à pesada cavalaria encouraçada). O soldo dos mercenários é um encargo cada vez mais considerável. Nota-se no exército um número crescente de estrangeiros – principalmente armênios – e é sobre eles que os imperadores se apoiam, porém, não sem riscos. Filípico Vardanes e, mais tarde, Artabasdo usurpam o poder durante algum tempo. Bardo, estratego dos armeníacos, participa em 780 de um complô para conduzir Nicéforo ao poder.

Outra consequência das guerras: o declínio das cidades, sobretudo na periferia do Império, nas zonas de combate, tomadas e retomadas, por árabes e por búlgaros, na Síria, na Trácia e ao longo da costa. Nem mesmo a capital escapa desse retrocesso: de acordo com textos do século VIII, certas cisternas são abandonadas, os terrenos baldios aumentam e a população já não é suficiente para manter as muralhas. A cidade experimenta acessos de peste e Constantino V traz pessoas da Grécia e das ilhas. Deslocamentos forçados de povos também são ordenados pelos imperadores para repovoar regiões devastadas pelas guerras e ocupar os espaços vazios que poderiam cair nas mãos dos invasores.

A ICONOCLASTIA E O REINO DE IRENE

Todavia, em meio a toda essa agitação, o grande assunto que preocupava os bizantinos – causa de desordens maiores na sociedade, no governo, na Igreja e até mesmo nas relações externas – é a crise da iconoclastia, da qual podemos dizer, sem exagero, que abala os fundamentos do Império.

Trata-se de algo importante: em 726, o imperador Leão III manda substituir a imagem do Cristo que encimava a Porta de Bronze do Grande Palácio numa cruz. A multidão furiosa se reúne e mata o homem encarregado da operação. Reação que pode parecer excessiva. Só podemos compreendê--la situando-a em seu contexto. A época é propícia às esperas escatológicas: a pressão muçulmana é sempre viva, Jerusalém havia caído e, na Síria, surge um movimento messiânico desencadeado por Severo, um cristão convertido ao judaísmo. O imperador, originário dessas regiões orientais, é marcado pela corrente monofisista e está convencido de que sua autoridade lhe vem diretamente de Deus, o que confere a ele um poder especial em matéria de religião: é o que se verifica no código que ele publica em 726, o *Écloga*, e, em 721, já decretou a conversão obrigatória dos judeus. Ele não vê com bons olhos a influência considerável exercida pelos monges sobre a massa de crentes – eles se valem do culto dos santos, cujo instrumento é iconográfico. Desde o século VI, o culto dos ícones adquire proporções consideráveis e supersticiosas; atribui-se a eles não apenas um poder de proteção, mas também de intervenção direta. Leão III assimila essas crenças ao culto dos ídolos, que é condenado pela Bíblia. Daí seu gesto iconoclasta (literalmente "destruidor de imagens"), que embora seja imitado por seus representantes no Império, por outro lado desencadeia uma crise sem precedentes.

A história dessa crise é relativamente pouco conhecida, pois, em 843, os vencedores – os partidários das imagens – tomaram para si o dever de destruir os escritos iconoclastas. A principal fonte sobre o assunto é a crônica do monge Teófanes, partidário das imagens e, portanto, muito parcial.

400-1000 – O TEMPO DO ORIENTE E A IDADE DAS ILUSÕES 103

Uma consequência importante sobre o conflito é o agravamento dos desacordos entre Constantinopla e Roma. A crise iconoclasta acelera a marcha rumo ao cisma ortodoxo. Na verdade, Leão III tenta, por várias vezes entre 727 e 729, obter a aprovação do papa Gregório II. Em vão. Em 731, Gregório III condena a iconoclastia. Por conseguinte, quando o papa, ameaçado pelo avanço dos lombardos, busca um protetor, dirige-se ao rei franco, virando as costas para seu protetor "natural", o basileu.

Por parte dos monges, estes encontram um entre eles: João Damasceno, do mosteiro de são Saba, um eloquente defensor que, nos três *Discursos*, mostra que o culto das imagens como mediação entre o divino e o humano, tornado possível pela Encarnação, não é caso de idolatria. Leão III, que não se convence de modo algum, destitui em 730 o patriarca de Constantinopla, Germano, oponente da iconoclastia. O filho de Leão III, Constantino V vai mais longe. Inimigo feroz dos monges, ele reúne em 754 o concílio de Hieria, na periferia da capital, e faz uma exposição teológica para justificar sua posição: quanto ao Cristo, diz ele, não se pode representar sua natureza divina; por conseguinte, toda representação de Jesus só pode ser representação de sua natureza humana separada, ou seja, uma representação falsa, uma vez que suas duas naturezas são indissociáveis. O raciocínio é sólido. Uma onda de destruição das imagens e de perseguição dos monges começa.

Em 780, essa política se inverte com a chegada de Irene ao poder, em nome de seu filho de 10 anos, Constantino VI. Irene é favorável aos monges e às imagens. Ela nomeia seu favorecido, Tarásio, patriarca de Constantinopla, em 784, e, em 787, reúne o concílio de Niceia, que reverte a decisão de Hieria. A assembleia estabelece a distinção entre a "veneração" e a "adoração" das imagens, sendo a primeira considerada perfeitamente lícita.

Em 788, Irene casa seu filho com Maria, filha de um rico proprietário de terras em Paflagônia. Constantino VI, que agora tem 18 anos, está impaciente para reinar. Tenta enfrentar Estaurácio, o eunuco que partilha o poder com sua mãe, entre outros. A manobra fracassa, o imperador é açoitado e Irene faz juramento ao exército de não reconhecer seu filho como imperador enquanto ela viver. O tema dos armeníacos recusa essa decisão e, em 790, Constantino VI se torna senhor do poder. É a vez de Estaurácio ser açoitado. Tratamento de favor, pois Constantino VI, que é um maníaco da mutilação, manda cortar a língua de quatro dos seus irmãos além de furar os olhos do mais velho após descobrir um complô destinado a destroná-lo. É também um incompetente, que se deixa vencer pelos búlgaros, que atacou sob augúrio de um astrólogo. Incompetente e desastrado, pois, ao se divorciar de Maria para se casar com sua amante, uma serva de sua mãe, coloca contra ele a opinião pública e principalmente os monges orientados por Platão, hegúmeno de Sakkoution, e seu sobrinho Teodoro. Constantino manda prendê-los em 797, mas Irene, sua mãe, coloca a guarda imperial contra ele. Sob ordem de Irene, Constantino VI tem os olhos vazados na Pórfira,[1] o "quarto púrpura", onde ela o havia concebido.

O ato tem um forte caráter simbólico. Ele significa que, ao perder a luz no lugar de seu nascimento, Constantino não pode mais governar. É como se o sol tivesse perdido seus raios. Portanto, não há mais imperador, e a situação é inédita. Pela primeira vez, uma mulher exerce sozinha o poder, e esse fato é visto com maus olhos por parte de alguns dignitários. Ela assume o título de basileu e se faz representar como tal nos dípticos consulares e nas peças de moeda. De acordo com a crônica de Teófanes, chegou-se a considerar a possibilidade de casamento com Carlos Magno, que acabava de ser coroado como imperador do Ocidente em 800. Esse teria sido não somente o casamento do século entre o imperador sexagenário e a imperatriz quinquagenária, mas sobretudo a reunificação do Império Romano, do Ocidente e do Oriente. O rumor é provavelmente sem fundamento e, se bem conhecemos o temperamento dos dois indivíduos, a união teria sido explosiva. Afinal, Irene não cessava seus acertos de contas: ela manda cegar todos os seus cunhados, além dos cúmplices, que se preparavam para destituí-la. Após eliminar todos os personagens perigosos – incluindo aí seu filho – tirando deles os olhos, o nariz e a língua, a terrível imperatriz governa com dois outros mutilados: os eunucos Aécio e Estaurácio (os quais, diga-se de passagem, buscavam eliminar um ao outro).

Tal governo não é popular: uma mulher ladeada por dois eunucos, isso não é muito viril, pensa o povo. Mas Irene se beneficia do apoio precioso dos monges, pois eles reconhecem que ela havia eliminado os iconoclastas. Em 797, ela reabre na capital o velho convento de Estúdio para Platão e seu

---

1 Pórfira era o palácio que, em Bizâncio, funcionava como maternidade dos filhos dos imperadores. (N. T.)

sobrinho Teodoro. Esse local se tornará um centro cultural, espiritual e político de primeira importância na história bizantina. No entanto, reveses militares contra os árabes, que realizam perto de Tarso, entre a Síria e a Cilícia, uma marca[2] povoada com moradores de Corassam, acabam por desacreditá-la. Em 802, vítima de um complô, ela é exilada em Lesbos por altos dignitários, e estes proclamam imperador o logóteta do tesouro, Nikephoros (Nicéforo).

UM PERÍODO TURBULENTO (802-867)

Abre-se então uma nova época turbulenta de 65 anos (802-867), marcada por guerras selvagens contra os búlgaros, um novo retrocesso diante dos árabes, uma retomada da querela iconoclasta e divergências com Roma, contrastando com uma brilhante ascensão cultural e um espraiamento da influência sobre os povos do norte.

O reinado de Nicéforo I é inteiramente ocupado pela guerra contra os búlgaros, cuja selvageria é ilustrada por um célebre episódio. O imperador, que acabara de conduzir uma campanha vitoriosa durante a qual ele havia tomado Pliska, morre em combate. Seu crânio é recuperado pelo cã búlgaro, Crum, que o forra com prata a fim de utilizá-lo como copo. O poder passa para o genro de Nicéforo, Miguel I, que, vencido pelos búlgaros, é preso num convento após somente dois anos de reinado (811-813). Seu sucessor é o estratego do tema anatólico, Leão V, assassinado em 820 pelo frígio Miguel, o Gago. Após tornar-se o basileu Miguel II, ele é confrontado na revolta de Tomás, o Eslavo, ajudado pelo califa de Bagdá. Com suporte dos búlgaros, Miguel vence Tomás e manda torturá-lo até a morte. Seu filho Teófilo o sucede em 829 e manda matar os assassinos de Leão V. Quando Teófilo morre em 842, sua viúva, a bela Teodora, exerce a regência apoiando-se em Teoctisto, um homem acima de qualquer suspeita, uma vez que ele é eunuco e amante da imperatriz. Contudo, Bardas, o irmão de Teodora, assassina Teoctisto e elimina a imperatriz, deixando o trono livre para o filho, Miguel III.

---

2 A *marca* era um território de fronteira que o rei cedia a um nobre encarregado de proteger o reino contra os ataques militares. Os condes que cuidavam das marcas recebiam o título de marquês. (N. T.)

O escudeiro de Miguel III, Basílio, originalmente de Adrianópolis, torna-se o favorito do imperador, que primeiro lhe oferece em casamento sua irmã, e depois, sua amante. Basílio é um ambicioso: ele manda assassinar Bardas em 865, torna-se associado ao Império em 866, assassina o imperador Miguel III em 867 e assume seu lugar, tornando-se Basílio I.

Aqui é preciso fazer uma pausa. O advento de Basílio marca, com efeito, o início de uma nova era, menos caótica, ou até mais calma, com a dinastia macedônia. O período turbulento que se encerra permitiu, ao menos, que dois problemas maiores fossem resolvidos: o problema búlgaro e o problema iconoclasta. Após ter bebido no crânio do imperador em 811 e ameaçado Constantinopla em 813, o cã búlgaro Crum morre em 814. Seu filho, Omurtag, estabelece uma paz de 30 anos com Bizâncio em 815, e durante esse período, ele apoia Miguel II contra Tomás, o Eslavo. Em meio às vicissitudes diplomáticas e militares do período seguinte, o cristianismo penetra em meio aos búlgaros e aos outros povos eslavos graças à obra missionária dos irmãos Cirilo e Métodio, nascidos em Tessalônica e inventores de um alfabeto que permite registrar por escrito a tradução eslava dos livros sagrados. Em 863, eles percorrem a Grande Morávia a pedido do príncipe Sviatopolk. Para Boris, o rei dos búlgaros, que assume o trono em 852, a conversão ao cristianismo é uma questão de interesse político, como havia sido para Clóvis e os outros soberanos: tornar-se cristão significa conquistar respeito, reconhecimento internacional num mundo onde o politeísmo agora parece arcaico. Guardadas as devidas proporções, seria como se um Estado do século XX entrasse para a ONU. Os costumes dos soberanos cristãos não eram necessariamente mais brandos, como pudemos ver na vida política bizantina. De todo modo, tornar-se cristão facilitava as relações diplomáticas e era fonte de argumentos nas negociações. Boris se batiza em 865, a despeito das resistências da aristocracia búlgara e do povo apegado a suas crenças.

Contudo, mais cedo ou mais tarde o cã deve escolher: ligar-se à liturgia bizantina ou à liturgia romana? Ao patriarca ecumênico de Constantinopla ou ao papa? Em 866, ele escreve para o papa, Nicolau I, para lhe perguntar se a Igreja búlgara poderia conservar certas particularidades locais. A resposta não é satisfatória, e, em 885, o papa Estêvão V proibirá o uso da liturgia eslava: "Metódio incitou seus ouvintes não à edificação, mas à superstição, não à paz, mas à polêmica... A celebração dos ofícios divinos, dos santos mistérios e das missas solenes que Metódio pretendia fazer em língua eslava não foi, de modo algum, autorizada por alguém". Por sua intransigência, Roma empurra os eslavos para o campo bizantino.

Este último, aliás, acaba de encerrar o episódio iconoclasta, que voltou a incendiar a capital a partir de 813, após Leão V (813-820) ter invertido a política favorável às imagens imposta por Irene. O novo imperador, ferozmente iconoclasta, depõe o patriarca Nicéforo, considerado muito frouxo. Miguel II (820-829) também é iconoclasta, e tenta chamar para seu lado o imperador carolíngio Luís, o Piedoso, enviando-lhe em 824 uma carta de justificação. Os patriarcas seguintes apelam a Roma, que permanece estranhamente silenciosa nessa questão tipicamente bizantina. Ao redor do imperador, iconoclasta, enfrentam-se o patriarca ecumênico de Constantinopla, partidário de uma solução de meio-termo, e os monges, em particular, aqueles de Estúdio, ardentes defensores do culto das imagens. O imperador Teófilo (829-842) os reprime com um refinamento bastante bizantino: manda furar as mãos do monge Lázaro, que pintava ícones, e imprime com ferro em brasa versos injuriosos nos rostos de dois monges palestinos. Nada disso tem efeito. O apego aos ícones permanece mais forte e a iconoclastia imperial desaparece com a morte de Teófilo.

Como sempre acontece, a crise estimula a reflexão e o aprofundamento filosófico e teológico, de tal modo que, ao longo do século IX, nota-se uma ascensão cultural que passa por todas as áreas. Vale dizer que a produção escrita se beneficia de um progresso técnico: a adoção da escrita minúscula, que substitui a uncial e permite uma grande rapidez na cópia. É o sinal de uma necessidade crescente de livros. O manuscrito grego mais antigo escrito em minúsculas é um exemplar dos Evangelhos copiado no *scriptorium* de Estúdio em 835. O mosteiro se torna o principal centro intelectual da cristandade ortodoxa tradicional. O outro centro é o palácio, onde se desenvolve um ensino superior, notadamente de filosofia, sob impulso de Teoctisto. Ali será formado Cirilo, o apóstolo dos eslavos. Bardas organiza no palácio, por volta de 855, a escola da Magnaura, onde ensina Leão, o Filósofo, nascido por volta de 790. Astronomia, geometria, gramática – com João, o Gramático (Jean Morocharziano), revisitando obras gregas clássicas, incluindo as de Aristóteles – estas experimentam então um claro interesse renovado. O próprio imperador Teófilo é cultivado e se interessa pela elaboração de uma teoria do poder imperial ligada à ideia de Encarnação do "Cristo imperador", enquanto o futuro patriarca Fócio, nascido por volta de 810, redige em 838 sua *Biblioteca*, contendo 279 notícias sobre obras que leu, algumas das quais desaparecidas.

O advento intelectual também repercutiu nas relações com Roma. Se estas já eram tensas pelas questões iconoclasta e búlgara, elas chegam ao ponto de ruptura quando o patriarca Fócio levanta a questão do *Filioque*. Para ele, o Espírito Santo procede "do Pai *através* do Filho", e não "do Pai *e* do Filho" (*ex Patre, Filioque procedit*) como diz a liturgia romana. Em setembro de 867, Miguel III reúne um sínodo em Constantinopla onde Fócio, apoiado pelos três outros patriarcas do Oriente, pronuncia a excomunhão do papa, acusado de heresia. O papa nesse momento é Nicolau I, um intelectual muito autoritário que se recusa a reconhecer a legitimidade de Fócio. Estamos, pois, nos dirigindo rumo ao cisma, que só será evitado pela morte de Nicolau em 13 de novembro de 867. Com efeito, seu sucessor, Adriano II, com 75 anos, tem outras preocupações além da gênese do Espírito Santo: sua mulher e sua filha são sequestradas e mortas por Lamberto de Espoleto. O tênue fio que liga Roma e Bizâncio durará mais dois séculos.

Durante o período turbulento que vai de 802 a 867, a posição do Império Bizantino no Mediterrâneo não cessa de se degradar diante dos árabes, que progressivamente se apossam das ilhas, de onde ameaçam o tráfico dos comerciantes cristãos: no Chipre em 806, em Rodes em 807, em Creta em 825, na Sicília em 827. Palermo é tomada em 831. Dali, eles passam pelo sul da Itália, onde Bizâncio ainda mantinha o ducado da Calábria. Tarento é tomada em 840 e Bari, em 842. As costas gregas são regularmente atacadas. No canto do Adriático, Veneza, que ainda é bem jovem, reconhece a autoridade de Bizâncio em teoria, mas na prática ela se conduz de maneira independente, sobretudo após ter roubado as relíquias de são Marcos em Alexandria em 828, o que lhe confere um certo prestígio, derivado da dignidade apostólica, nas relações internacionais. Seus navios são cada vez mais numerosos no Oriente e competem com o comércio dos bizantinos, cuja moeda, o soldo de ouro, deve também enfrentar o dinar árabe, de peso e valor muito próximos. Em 867, Bizâncio encontra-se na defensiva. O assassinato do imperador Miguel III, o Bêbado, durante uma bebedeira, é revelador do caráter dramático da situação. O assassino, Basílio, toma o lugar de

Miguel; ele é tão bêbado quanto sua vítima, mas, felizmente, tem um temperamento diferente.

BASÍLIO I (867-886) E SEUS SUCESSORES (886-963):
O RENASCIMENTO BIZANTINO

Basílio I, chamado de o Macedônio, nasce por volta de 827. Ele é filho de um artesão pobre da região de Adrianópolis. Sua ascensão ao trono imperial é uma fascinante história, marcada por façanhas e amplificada pela lenda, que revela um homem dotado de força física pouco comum, além de um caráter hábil e impiedoso, desprovido de qualquer escrúpulo (qualidade indispensável para sobreviver na política bizantina). Um dos primeiros atos de seu reino é a reconciliação com Roma. Desde 869, o patriarca Fócio encontra-se exilado, substituído por Inácio, que reconhece a supremacia pontifical. No entanto, com a morte de Inácio em 877, Fócio é chamado de volta e, até o fim do reinado, atua como grande conselheiro, elaborando numa série de textos jurídicos a teoria do poder imperial: no prólogo da *Epanagoge* ("Restauração das leis"), por volta de 880, ele projeta o arcabouço das relações entre o imperador e o patriarca, o que poupará o Oriente de um conflito entre os dois poderes semelhante àquele envolvendo o Sacerdócio e o Império que destruirá o Ocidente: ao imperador cabe a defesa ortodoxa do dogma, a interpretação das leis e a responsabilidade do bem do Império; ao patriarca cabe a interpretação dos cânones e dos concílios. Fócio redige também uma *Concordância das leis*, o *Nomokanon*, e fabrica de todas as peças uma gloriosa e fantasiosa genealogia para seu senhor.

Para Basílio, a unidade política do Império requer a unidade religiosa. Ele ainda se aplica em suprimir todos os movimentos dissidentes: os paulicianos dos confins da Armênia, esses hereges hostis às imagens, à hierarquia e aos sacramentos são eliminados durante as campanhas militares nessa região em 872. Em 873-874, os judeus devem se batizar. Seus sucessores irão reiterar tal exigência, principalmente Romano I, em 932, o que desencadeia uma forte emigração. Basílio é também um grande legislador – são notáveis o *Manual das leis* (876) e o *Epanagoge* (879). Seus descendentes imediatos continuam sua obra com o *Tratado militar*, de Leão VI, os tratados *Sobre os temas* e *Sobre a administração do império*, de Constantino VII (948 e 952). Este será ainda o iniciador de um notável trabalho de compilação e de repertório, realizado na biblioteca do palácio por uma equipe chamada "os continuadores de Teófanes". Trabalho que se coaduna ao espírito da época, tendo seu equivalente tanto em Bagdá quanto no Império Carolíngio. Trata-se a uma só vez de constituir um repertório de textos antigos sobre diferentes assuntos e dossiês sobre acontecimentos diplomáticos, utilizáveis como referências nas relações internacionais.

Todo esse trabalho é realizado no quadro do palácio imperial – é assim que a função e a pompa deste são reforçados. A liturgia palaciana se desenvolve e se torna mais precisa, servindo como modelo para certos aspectos da liturgia religiosa: o tratado das prerrogativas (*taktikon*) e o *Livro das cerimônias* especificam a função de cada dignitário, seu lugar e suas atribuições sob as ordens do mestre de cerimônias. A chancelaria resgata os *chrysobouloi*, documentos carimbados em ouro com o selo imperial.

O reinado de Basílio I é marcado igualmente pelos sucessos externos. A Bulgária, agora cristã, entra na esfera de influência bizantina: em 870, ela é oficialmente vinculada ao patriarcado ecumênico de Constantinopla, na ocasião de um sínodo realizado naquela cidade. Os sérvios, por sua vez, convertidos no tempo de Heráclio, e mais tarde de volta ao paganismo, pedem missionários e são batizados nos anos 867-874. Até mesmo os piratas *Narentani* do Adriático são cristianizados no tempo de Basílio I, o que não mudará muita coisa em suas atividades. Isso pelo menos permite a Bizâncio ampliar sua influência em direção ao oeste, com a criação do tema de Dalmácia entre 868 e 878. No sul da Itália, os exércitos de Basílio libertam Ragusa em 868 e retomam Bari em 876 para o imperador carolíngio Luís II, que havia expulsado os árabes dali em 871. Cria-se o tema da Longobárdia. No entanto, é a leste que Basílio obtém seus êxitos mais impressionantes na ocasião das campanhas vitoriosas contra os árabes de 871 a 882: ele reconquista as regiões estratégicas de Tauro,[3] da Armênia e as passagens do Alto Eufrates.

Os vinte anos do reinado de Basílio se encerram com uma notável reforma do Estado bizantino, tanto do ponto de vista interno quanto externamente. Mas será durável essa reforma? A resposta a essa pergunta depende,

---

3 Referência aos montes Tauro que se estendem ao sul Turquia. (N. T.)

400-1000 – O TEMPO DO ORIENTE E A IDADE DAS ILUSÕES   111

mais uma vez, da capacidade do poder imperial para o estabelecimento de uma sucessão estável. Basílio quer fundar uma dinastia, e quando morre em 886, seu filho Leão VI (886-912) assume o trono sem problema. Contudo, desde o seu nascimento essa dinastia macedônia precisa lidar com os velhos demônios do poder bizantino: casamentos múltiplos, fontes de ambições antagônicas entre potenciais herdeiros, com intervenções de esposas e mães com temperamento duro e patriarcas mais ou menos intransigentes. Resumamos de modo esquemático. Por ordem de seu pai, Leão havia primeiramente se casado com Teófano. Coroado imperador, abandona Teófano para ficar com Zoé Zautsina, a quem ele "se une por amizade", diz graciosamente a crônica, referindo-se ao fato de que ele tomou Zoé por concubina após ter envenenado seu marido. O pai de Zoé, Estiliano Zautzes é promovido à alta patente e recebe o título oficial de "sogro do imperador" (*basileopator*). Teófano morre em 897 e Leão VI pode enfim casar-se com Zoé. Esta morre em 899 e deixa uma filha. Leão se casa com Eudóxia Baiana, que morre em 901 deixando um filho. Leão quer, então, casar-se com outra Zoé, Zoé Carbonopsina ("com os olhos de braseiro"). O problema, porém, é que a Igreja bizantina proíbe casamentos múltiplos, e o próprio Leão havia renovado a proibição do terceiro casamento alguns anos antes. Ele havia, pois, passado dos limites. Mas, para que serve ser imperador quando não se pode violar as leis? O novo patriarca, Nicolau I, não concorda com essa opinião, muito embora ele seja mais ou menos aparentado do imperador. Então, o imperador mais uma vez recorre à arbitragem de Roma. Após numerosos rodeios, vem a substituição de Nicolau por um patriarca mais complacente, Eutímio. O imperador finalmente satisfaz seu desejo: casa-se com Zoé em 906 e a criança que nasce dessa união, Constantino, é legítimo – pode, portanto, ser associado ao trono.

Quando Leão morre, Constantino VII tem apenas 7 anos. Segue-se uma nova fase delicada durante a qual o drungário[4] Romano Lecapeno se apossa do palácio imperial, faz sua filha Helena casar-se em 919 com Constantino, e depois adorna-se com o título de coimperador junto a seu genro, em 920. Mas, em 944, ele é eliminado por seu filho, o que permite a Constantino VII

---

4 Drungário era a patente militar no Império Bizantino atribuída ao comandante de uma formação conhecida como drungo. (N. T.)

retomar sozinho o poder. Com sua morte em 959, ele é sucedido por seu filho Romano II, mas este morre prematuramente, em 963, deixando sua viúva no poder, a belíssima imperatriz Teófano, de 23 anos, que dirige em nome de seus filhos menores, Basílio II e Constantino VIII.

Contrariamente ao que poderíamos acreditar, essa caótica sucessão não prejudica a posição internacional de Bizâncio, cujo sucesso persevera no Oriente sob a égide das vitórias de Basílio I. Romano I avança na Mesopotâmia, toma Melitene em 934, conduz uma campanha vitoriosa na Armênia em 942, conquista Dara, Amida e Nusaybin em 943, e, em 944, recupera Constantinopla – então, envia para lá o *mandylion*, um ícone sem valor: nada menos do que um retrato "autêntico" do Cristo, que o rei Abgar teria recebido do próprio Cristo em vida! Em 954, o general Nicéforo Focas relata diversos sucessos, e em 958, seu sobrinho, João Tzimisces toma Samósata. Eles logo saberão como explorar seu prestígio.

Nicéforo Focas também se destaca no sul da Itália, sempre contra os árabes, conquistando vários lugares em 884-885. Entretanto, no mar ele não é tão brilhante. Os bizantinos, após uma vitória naval no Egeu em 905 ou 906, desembarcam no Chipre em 910, mas sua frota é destruída em 911 ao largo da costa de Quios. O tema marítimo de Samos é criado em 899 e o drungário (*drongarios*) da frota imperial torna-se o comandante supremo, um posto que faz dele um personagem muito poderoso do Império.

Ao norte, novos parceiros se tornam insistente: os russos, cujas embarcações chegam a Constantinopla, seja para atacar (como em 941), seja para fazer comércio. Tratados são assinados com eles em 907 e 911. Em meados do século X, os príncipes de Kiev sonham com uma conversão diplomática ao cristianismo. Em 957, a viúva do príncipe Igor, Olga, é batizada em Constantinopla, mas antes de tornar-se a líder do povo, ela deve escolher entre a cristandade latina e a cristandade bizantina. Em 959, Olga pede ao imperador germânico Otão I para que envie um bispo e padres para verificar se as ofertas destes são mais interessantes do que aquelas do patriarca.

A conversão dos eslavos ao cristianismo bizantino não necessariamente significa a instauração de boas relações entre eles, como mostra o caso búlgaro. Na verdade, mesmo sendo cristão, o rei Simeão (893-927), da Bulgária, invade a Trácia em 894 porque se considera prejudicado pelas medidas comerciais de Constantinopla. Leão VI replica em 895 ao empurrar os húngaros contra os búlgaros. Após um período de calma, Simeão ataca de novo em 913, mas sua ambição vai muito além das questões comerciais: ele quer o título de basileu, ou melhor, "basileu dos romanos", e não "basileu dos búlgaros", como havia sido proposto a ele, pois isso seria uma espécie de basileu bis, de classe inferior. De alguma maneira, a cristianização havia elevado suas ambições: ao se tornar soberano cristão, ele exige nessa hora aquilo que, depois dele, acontecerá na nova religião, a saber, o título imperial. Seguem-se dez anos de guerra (914-924). A paz só volta com o filho de Simeão, Pedro. Mas a questão de Bizâncio com os búlgaros ainda não terminou.

Durante esse período, a atividade econômica é retomada. Há testemunho disso em registros escritos: Leão VI promulga o *Livro do Prefeito*, que regulamenta as atividades artesanais da capital. Há ainda as pesquisas arqueológicas que revelam o crescimento urbano em Atenas, Corinto, Sárdis, Éfeso e Antioquia, além de Bizâncio, onde houve descobertas de cisternas e de um aqueduto. O papel comercial da região aumenta e os tratados concluídos com os russos em 907 e 911 mostram que os comerciantes estrangeiros começam a ganhar espaço em certos bairros. No campo, os latifúndios reforçam sua influência, com a ascensão da aristocracia dos "poderosos"; os pequenos camponeses continuam a chegar ali e, na ocasião de certas catástrofes, como o período de fome de 927-928, as alienações de pequenas propriedades se multiplicam. Nos domínios laicos pesa o serviço militar obrigatório. Em contrapartida, os bens da Igreja desfrutam de imunidade e não cessam de se avolumar por doações. A época é marcada pelo início da instituição monástica do monte Atos, onde se instala o monge Eutímio, o Jovem, em 859. Ele funda em 871 o convento de Peristerai, e, mais tarde, as fundações se multiplicam – em meados do século X, chegam a proporções vastas.

BASÍLIO II (963-1025): O APOGEU DE BIZÂNCIO

Com a morte de Romano II, em 963, seus dois filhos são Basílio II, com 6 anos, e Constantino VIII, com 3 anos. Ambos são associados ao Império. A regência é exercida pela jovem e bela Teófano, sua viúva de 23 anos. Frívola, superficial e sedutora, ela recorre ao prestigioso general Nicéforo Focas, de 50 anos, e casa-se com ele. Ele é proclamado pelo exército imperador associado, Nicéforo II. Muita gente para um único trono: três imperadores e uma imperatriz. Complicações estão por vir, ainda mais porque Nicéforo, austero, severo e místico, não se entende com Teófano. Ele se torna muito impopular porque, após três expedições militares na Cilícia de 965 a 968, aumenta os impostos e endurece a disciplina no exército. Em 969, é assassinado por João Tzimisces, amante de Teófano. Em 971, João Tzimisces descarta Teófano para casar-se com uma irmã de Romano II e fazer-se proclamar imperador: João I.

Nicéforo II e João I Tzimisces são os dois produtos da grande aristocracia, além de excelentes generais. Durante o curto reinado deles, prolongam os sucessos do período precedente em três frentes. A leste, Nicéforo consegue conquistar a Cilícia e o norte da Síria, e subjuga a Antioquia após 330 anos de dominação muçulmana. João Tzimisces ocupa a Palestina, impõe sua suserania aos emires de Mossul e Damasco. Ao norte, aliam-se aos russos para enfrentar os búlgaros, mas seus aliados rapidamente se tornam perigosos, e João I prende hordas do príncipe russo Esvetoslau no Danúbio. Na Itália, Bizâncio é confrontada com ambições de um novo adversário, o Sacro Império Romano germânico, proclamado por Otão I em 962. A tarefa deste é expulsar os bizantinos da península. Depois de muitas guerras indecisas, Otão II e João I assinam um acordo: Bizâncio guarda a Apúlia e a Calábria, e o filho de Otão II casa-se com Teófano, a irmã dos dois jovens imperadores Basílio II e Constantino VIII (972). Quatro anos mais tarde, João I morre. Basílio II, com 19 anos, e Constantino VIII, com 16, ascendem ao poder.

Na realidade, eles caem no golpe de dois representantes da alta aristocracia que controlam os jovens: Basílio Lecapeno e o general Bardas Esclero. Todavia, estes últimos se enfrentam ao longo de uma guerra civil de 13 anos que ameaça comprometer os resultados dos reinados precedentes. Durante esses enfrentamentos, outros comparsas intervêm: Bardas Focas e Leão Melisseno. Em meio a numerosas reviravoltas da situação e usurpações do poder imperial, o jovem Basílio II revela temperamento e capacidades superiores que lhe permitem se impor definitivamente a partir de 989.

Provavelmente, Basílio II é o mais notável imperador dos mil anos de história bizantina. Encontram-se nele características comuns a alguns outros soberanos históricos. Uma transformação radical de seu estilo de vida quando assume o poder: de príncipe dissipado e amante do luxo e dos prazeres, ele

400-1000 – O TEMPO DO ORIENTE E A IDADE DAS ILUSÕES   115

se torna austero e trabalhador. Não precisa de favorito nem de primeiro--ministro para governar, decidindo tudo – pessoalmente em último caso –, como se fosse a encarnação do Estado. Simples na aparência, detesta cerimônias palacianas e só encontra prazer nos campos. Recusa o casamento. Muito inteligente, porém pouco à vontade em questões especulativas, ele se interessa pelos negócios administrativos e práticos. General destacado por sua ciência tática, ele também sabe gerenciar as finanças imperiais com parcimônia. Sua vontade se impõe tanto à Igreja, da qual nomeia os patriarcas, quanto à aristocracia fundiária, cujas invasões em pequenas propriedades ele limitava. Numa palavra: há nele características de Luís XIV, Pedro (o Grande), Frederico (o Grande), Henrique V Plantageneta e Elizabeth I.

A grande aristocracia, habituada a controlar o poder imperial por suas intrigas, obviamente resiste a se submeter à autoridade desse mestre inflexível. Algumas tentativas de revolta são reprimidas e, em 996, o basileu abole a prescrição de 40 anos que tornava ilegais as aquisições dos bens dos pobres, ordenando as restituições sem compensação. Ele restabelece a *allelengyon*, caução mútua que obriga os poderosos de uma área fiscal a pagar os impostos dos pobres insolventes. Basílio II não teme seu irmão, Constantino VIII, preguiçoso, indolente e de inteligência medíocre. Constantino é relegado às funções de representação.

Em matéria religiosa, Basílio II demonstra a prudência de não se meter em teologia, contentando-se em vigiar os patriarcas. Em 1025, ele nomeia o hegúmeno do Estúdio, Aleixo, como patriarca ecumênico, sem nem ao menos consultar o sínodo. Aleixo entregara um belo presente: a cabeça de João Batista, que era definitivamente apreciada pelos soberanos, por diferentes razões. Basílio contribui também para a extensão da Igreja bizantina diante dos latinos ao defender antipapas como Bonifácio VII. O papado passa nessa época por uma das fases mais difíceis de sua história, durante a qual fala-se da "pornocracia pontifical", que desconsidera o catolicismo romano e permite à cristandade oriental avançar rumo à autonomia e ganhar gigantescos territórios: em 989, o príncipe de Kiev, Vladimir I, o Grande, casa-se com a irmã de Basílio II, Ana Porfirogênita, e ordena a todos de seu povo que se convertam ao cristianismo na versão bizantina.

Mas é a seus êxitos militares que Basílio II deve seu prestígio acima de tudo. Ele esbanja talentos e ferocidade excepcionais. Até 989, mantém-se sobretudo na defensiva, pois a guerra civil e as revoltas nobiliárias o impedem de mobilizar todas as suas forças contra os inimigos do exterior. Os búlgaros chegam a Corinto em 986, e Otão II invade a Apúlia em 982. De 990 a 995, tendo estabelecido seu poder no interior, Basílio II reforça as defesas nos Bálcãs e, em 994, lidera uma campanha-relâmpago no Oriente: atravessando a Ásia Menor em 15 dias e em pleno inverno, obriga o califa fatímida do Egito a levantar o cerco de Alepo. Em 996, os búlgaros, que marcham sobre Constantinopla, são derrotados nas Termópilas. Em 999, Basílio retorna à Síria para libertar Antioquia, e em seguida ocupa e anexa a Geórgia. A oeste, a paz é mantida graças à sua irmã Teófano – viúva de Otão II, ela exerce a regência em nome de seu filho Otão III.

De 1001 a 1018, o basileu concentra todos os seus esforços contra os búlgaros. Durante dezessete anos, a guerra arrasa os Bálcãs com uma selvageria inaudita, e Basílio recebe o apelido de *Bulgarocton*, "matador de búlgaros". Ele sistematicamente fura os olhos dos milhares de prisioneiros, libertados em grupos de cem, deixando apenas um deles com um olho para que possa encontrar o caminho de volta e guiar o grupo. Basílio vence o rei búlgaro Samuel em Andrinópolis, toma posse de Dirráquio em 1005, e esmaga novamente Samuel, que morre pouco depois, no vale do rio Struma em 1014. Em 1018, os búlgaros capitulam, e a fronteira do Império encontra-se novamente erguida sobre o Danúbio.

De 1018 a 1025, Basílio II assegura o controle da Armênia e da Geórgia, onde relata uma vitória espetacular em 1022. Na Itália, entretanto, as coisas se complicam: há piratas dálmatas, árabes, novas intervenções do imperador germânico Henrique II, os duques lombardos, além dos particularmente empreendedores recém-chegados, vindos de Gibraltar e pelo mar, a saber, os normandos. Nessa região, Basílio II pode contar com sua aliada e vassala Veneza, e também com a frota pisana. Graças a elas, os piratas e os árabes são derrotados, ao mesmo tempo que um exército bizantino prevalece sobre os lombardos e normandos em Cannes. Basílio II então se prepara para liderar uma grande expedição na Sicília, quando morre brutalmente em 15 de dezembro de 1025, aos 68 anos.

Depois de um reino como esse, não podemos aguardar nada além do declínio. Efetivamente, é isso mesmo que acontece. O ano de 1025 marca o zênite do Império Bizantino. Comparado à época de Justiniano, sua extensão é menor. O Império agora é mais compacto e, por conseguinte, mais homogêneo: 1,2 milhão de km^2, 20 milhões de habitantes, da Calábria até a Síria, do Danúbio à Armênia, solidamente acampados nos estreitos, temidos por sua frota e seus exércitos, prósperos por seu comércio e sua moeda, dotados de cidades ativas, instituições sólidas em torno do imperador e de uma Igreja – esta, pela primeira vez unida tendo à frente seu patriarca ecumênico. Entre uma Europa ocidental ainda em busca de suas bases e um mundo árabo-muçulmano que se esfacela, o Império Bizantino é provavelmente a principal potência mediterrânea nesse início de século XI.

OS ABÁSSIDAS: FRACASSO POLÍTICO E SUCESSO ECONÔMICO (750-1075)

Quanto ao mundo muçulmano, seu apogeu já passou. Sua situação é confusa e repleta de renovações étnicas, políticas e religiosas. Quando o deixamos, em 750, os abássidas haviam acabado de tomar o poder, e o último omíada, em fuga, estava prestes a chegar à Espanha. A nova dinastia, que em breve instalará o centro de seu poder em Bagdá, fundamenta sua legitimidade em sua origem, afirmando descender de Abas, tio de Maomé. É a "família bendita", cujo chefe recebe o título de "comandante dos crentes". O governo se torna um negócio de família: governantes de província, chefes de exércitos, grandes dignitários são tios, sobrinhos, primos, genros e sogros, o que não elimina os problemas de sucessão. Ao contrário: as rivalidades mais ferozes têm sempre lugar na família. Entre 833 e 847, o califa Almotácime e seu filho Aluatique tentam impor uma ideologia comum, o mutazilismo, baseado na noção do "Alcorão criado". Fazem isso com o intuito de eliminar da administração e da sucessão os adversários ideológicos. Porém, a instabilidade retorna com o califado de Mutavaquil (847-861), assassinado em 861. Intrigas palacianas, mortes, destituições, ambições alimentadas pela inflação dos títulos, bem como manobras dos oficiais turcos, tornam caótica a sucessão do início ao fim, e poucos nomes emergem dentre os 25 califas abássidas entre 750 e 1075: Almançor (754-775), Harune Arraxide (786-809), unicamente porque foi interlocutor de Carlos Magno, Almamune (813-833), e muito embora os dois últimos, Alcadir (991-1031) e Alcaim (1031-1075), tenham reinado cada um por mais de 40 anos, podemos dizer, com os historiadores Henri Bresc e Pierre Guichard, que

> o fracasso da monarquia islâmica é total: ele desnuda os fundamentos do Estado, revela as relações de força pura, hipocritamente camufladas sob o inchaço das qualificações dos califas, contribui para criar correntes contraditórias na opinião pública, reforça o xiismo milenarista na esperança do reino de justiça, mas também, condiciona o meio dos doutos (*ulama*) decididos a falar em nome da comunidade e a se oporem aos abusos dos militares.

Se, a despeito dessas fraquezas, os abássidas se mantiveram no poder durante mais de três séculos, é porque eles souberam emplacar uma administração sólida, que assegurou a perpetuação do Estado dos califas apesar das vicissitudes ligadas à sucessão. No reinado de Almançor aparece o título de vizir, conferido a um secretário formado na gestão das numerosas repartições. A função rapidamente se torna essencial: ela equivale à de primeiro-ministro ou à de prefeito de palácio, e os titulares adquirem um poder tão grande que acabam representando um perigo para o califa. Uma dinastia de vizires, os barmecidas, logo aparece em paralelo àquela dos califas. Ademais, as repartições da chancelaria, do selo, dos serviços financeiros e do tesouro se especializam, e os recursos fiscais, que atingem 400 milhões de dirrãs no tempo dos primeiros califas, asseguram um estilo de vida e de aparato militar consideráveis para o califa.

O califado abássida é um fracasso político que contrasta com um espantoso sucesso econômico e cultural. Nos campos, técnicas agrícolas eficientes asseguram rendimentos elevados. Não é que os califas ou os vizires tenham mérito por isso, mas pelo menos eles encorajam os estudos teóricos e as traduções em árabe das obras antigas de agronomia, e seu amor pelos jardins contribui para o desenvolvimento de novas plantas e métodos de cultivo mais sofisticados. Na Síria, equipes de várias centenas de trabalhadores dirigidos por agentes técnicos do Estado empreendem grandes obras de irrigação. Uma nora[5] com baldes assegura a irrigação de 100 hectares de terra. Uma rede hidráulica bem projetada permite drenar as zonas pantanosas.

---

5 Ou moinho d'água. (N. T.)

400-1000 – O TEMPO DO ORIENTE E A IDADE DAS ILUSÕES   119

Poços e cisternas combinados com calhas proporcionam um engenhoso sistema de rega. Geômetras utilizam livros de matemática aplicada para abrir canais. No século IX, traduções comentadas de Varrão e Columela permitem o aperfeiçoamento dos métodos de cultura: estrume, alqueives lavrados com culturas intermediárias de nabos, pastoreio móvel de animais em alqueive morto. As novas culturas se difundem: espinafre e berinjela, vindos do Irã, cana-de-açúcar, melão, algodão, arroz, sorgo, trigo duro, limão, laranja, banana, coco e plantas tintoriais como índigo.

A utilização de fertilizantes e estrume, o conhecimento empírico do azoto das leguminosas e das forragens verdes, a colheita das raízes primárias para evitar a formação de crostas superficiais, tudo isso permite obter rendimentos duas a três vezes superiores aos da Europa ocidental: de 10 a 20 grãos colhidos para um semeado na Sicília ou no Egito. A agricultura do mundo árabo-muçulmano é, de longe, a mais eficiente da época.

No entanto, a obrigação de pagar o imposto em espécie leva um número crescente de camponeses a deixar a terra no século VIII, o que diminui as arrecadações e aumenta o ônus daqueles que permanecem. Para frear esse movimento, implementa-se uma reforma fiscal por volta de 800, com restituição na partilha das colheitas e um complexo sistema de isenção fiscal das terras irrigadas, levando-se em conta o custo da rega. Uma taxa decrescente em relação à produtividade do solo estimula uma valorização mais intensa, essencialmente no Iraque.

Essa agricultura eficiente alimenta um comércio local ativo nos socos, e também um comércio mais distante, para as grandes cidades do califado e para o mundo exterior. Mas, nesse domínio, as trocas dizem respeito muito mais a produtos de luxo – especiarias, tecidos, armas, cavalos, escravos, marfim, madeiras preciosas – com o Extremo Oriente asiático: Índia, China, Malásia, países eslavos do norte e o Ocidente. Os volumes são, no entanto, limitados, mesmo que apenas por razões puramente técnicas, como meios de transporte insuficientes. Por terra, para esses longos trajetos em regiões de relevo difícil, em pistas esburacadas, a carroça está descartada; o animal de carga é o camelo, que consegue carregar entre 100 e 200 kg. Uma caravana de quinhentos animais representa a terça parte da capacidade de um navio médio. Quanto ao transporte marítimo, sobretudo no Mediterrâneo, ele é bem limitado em razão da frequência dos naufrágios e, sobretudo, pela insegurança: ataques bizantinos e guerras perpétuas, além de pirataria, que desconhece religiões e relações étnicas. No Mediterrâneo ocidental, encontram-se ainda poucos mercadores árabes, embora às vezes consigam estabelecer centros duradouros, como o pequeno emirado de Bari de 841 a 871. Em contrapartida, mercadores cristãos e judeus são muito ativos no mundo muçulmano. Judeus poliglotas, por exemplo, transportam, do Ocidente para o Oriente, peles, espadas, tecidos, eunucos e escravas, dos países francos, passando por Suez, pelos portos do mar Vermelho, pela Índia e pela China, e trazem de volta especiarias e ervas.

O mundo dos negócios é muito variado. No nível mais humilde estão os "pés empoeirados", espécie de mascates que vão de porta em porta com seu camelo, comprando e vendendo tudo o que encontram. Quanto ao "viajante", ele tem um raio de ação mais abrangente, encontra os mercadores, inspeciona a mercadoria e anota os pedidos. Ele trabalha no âmbito de uma associação e pode ainda desempenhar o papel de arrecadador de taxas, banqueiro ou espião. Acima destes está o grande mercador "estacionário", o *tadjir*, que reside numa grande cidade e negocia por cartas, ordens de pagamento com execução diferenciada (*suftadjas*) ou imediata (*sakkas*, donde vem o termo cheque). As fortunas podem ser colossais, como a do egípcio Sulayman, o que as torna presas tentadoras para o fisco: em 912, Sulayman deve pagar uma multa enorme de 100 mil dinares. Bem-informados e organizados, esses mercadores geram lucros da ordem de 30% a 50% sobre os produtos de luxo, como pedrarias, especiarias raras e tecidos caros. Não hesitam em se associar formando empresas pontuais ou mais duráveis. O direito dos negócios é bastante desenvolvido, como atestam os manuais jurídicos de Malique ibn Anas ao final do século VIII, o *Livro das sociedades* e o *Livro da encomenda*, de Xaibani, no início do século IX. Nessa última fórmula, o *tadjir* confia um capital ou mercadorias a um viajante, que assume os riscos e divide com ele os lucros.

BAGDÁ, O COLOSSO DO ORIENTE

Esse sucesso econômico do período abássida se materializa na vida urbana. Aglomerações surgem por toda parte: na Palestina (Ramla), na Síria (Masîsa, Hisn Mansour, Harounîya), no Iraque (Hadita, Arraba). Os subúrbios das cidades antigas estão em constante expansão. Essas cidades não possuem plano típico, adaptam-se ao terreno e espalham-se amplamente – espaço é o que menos falta nestas imensidões semidesérticas. São casas comerciais e de artesanato, onde o trabalho é regulado por guardiões que controlam o comércio, os *muhtasibs*: eles verificam a qualidade dos produtos, vigiam os preços, organizam o aprendizado e a admissão no ofício. Além dos produtos correntes, outros mais especializados são criados de acordo com os recursos locais: armamento armênio, metalurgia de Damasco (perto das minas de ferro de Taurus e Cilícia), caldeiraria de Mosul, tecidos do Egito e da Síria (com ornamentação estilizada, motivos florais, animais ou, na maioria das vezes, geométricos baseados em linhas curvas).

Sem medida comum com outras cidades do califado, a capital dos abássidas, Bagdá, é por si só um mundo e um símbolo de esplendor, excessos e poder da civilização árabo-muçulmana. Compara-se apenas à Roma antiga ou à Bizâncio medieval. A localização é excelente: na saída de uma das três estradas que atravessam o Zagros, no local onde o Tigre e o Eufrates se aproximam e permitem o acesso fluvial rumo ao norte e o acesso marítimo ao golfo Pérsico. Em contrapartida, o local é discutível, em plena zona de inundação, considerando que as cheias anuais do Tigre são bem conhecidas e podem ser combinadas com as do Eufrates com um fluxo que pode passar de 1.200 a 8 mil m³/segundo, e excepcionalmente a 25 mil m³.

É em 758 que Almançor decide instalar ali sua capital. Em 762, começam os trabalhos colossais para edificação, à margem direita do Tigre, da Madinat a-Salam, a "Cidade da Paz". Cidade redonda, um círculo perfeito de 2.352 metros de diâmetro, cercada de um fosso de 20 metros de largura, um muro de 9 metros de espessura com 360 torres, um espaço vazio de 57 metros de largura, uma muralha principal de 50 metros de largura na base e 14 metros no topo, com altura de 31 metros. Quatro portas fortificadas dão acesso a duas largas avenidas ladeadas com 108 butiques cada uma, cruzando-se no centro numa imensa esplanada tendo ao lado o Palácio de Ouro, com 200 metros de lado, além da grande mesquita, com 100 metros de extensão. Cem mil homens trabalham durante anos na realização desse conjunto digno de uma Babilônia.

E isso é apenas o começo. Ainda durante a vida de Almançor, o califa deixa a cidade redonda e constrói para si palácios à margem esquerda do

Tigre. O principal, terminado por volta de 830, é o Hasani: um complexo de tijolos coberto com painéis de estuque por onde andam 20 mil pajens- -soldados e 10 mil escravos, num cenário de 38 mil cortinas de seda, 22 mil alfombras, 8 mil tapetes, tudo isso decorado com um zoológico e um harém de 5 mil mulheres. O suficiente para seduzir, ou ao menos impressionar, os raros visitantes cristãos, como os embaixadores de Bizâncio em 917. Bagdá no século X, na época de seu esplendor, cobre 7 mil hectares (ou seja, ela é quatro vezes maior do que Constantinopla) e reúne 500 mil habitantes. Em suas duas maiores mesquitas, 64 mil fiéis podem se prostrar simultaneamente.

A única aglomeração comparável, embora em escala muito menor, é Samarra, algumas dezenas de quilômetros ao norte de Bagdá. Fundada em 836 pelo califa Almotácime, inicialmente compreende apenas um palácio e uma mesquita, depois expande-se rapidamente acrescentando bairros justapostos até cobrir 6.800 hectares, com uma avenida de mais de 7 quilômetros de extensão. O custo dessas construções desproporcionais é gigantesco: em média, um milhão de dinares para cada palácio; 100 milhões de dirrãs para a cidade redonda de Bagdá. Tais concentrações de habitantes não são isentas de problemas de ordem pública: o povo turbulento, a *amma*, incluindo artesãos, escravos, mendigos, ladrões, está prestes a se rebelar por motivos religiosos, políticos ou materiais.

Os únicos centros urbanos capazes de rivalizar em esplendor com Bagdá e Samarra estão no outro extremo do mundo muçulmano, na Espanha e na África do Norte. Politicamente, essas regiões são de fato independentes dos califas de Bagdá. Em 755, um sobrevivente da família dos omíadas funda o emirado de Córdoba, que controla quase toda a península Ibérica, com exceção do noroeste. Quanto à África do Norte, ela não constitui realmente uma entidade política. A população berbere se prende a uma coisa acima de tudo: sua independência. Ela se converte ao islã sem muita dificuldade, assim como outrora havia se convertido ao cristianismo, antes de passar para o arianismo e o donatismo, e como, mais tarde, ela adotará o xiismo e o carijismo, cujo puritanismo austero combina com seus costumes simples. Já foi dito que o carijismo era o calvinismo muçulmano, e o Magrebe, sua Escócia.

As tribos berberes formam grupos descontrolados, às vezes com pequenas dinastias locais, como os midraridas e os idríssidas do Marrocos, mas sempre recusando submeterem-se à autoridade do califado de Bagdá. Este, sob o reinado de Harune Arraxide, sustenta a dinastia aglábida, que constitui na Tunísia, em torno de Cairuão, uma espécie de Estado tampão. Na Espanha (*Al-Andalous*) e na África do Norte (*Ifriqiya*), os árabes constituem apenas uma ínfima minoria da população: não mais do que 180 mil homens no início. Na Espanha, eles formam um grupo aristocrático que não se mistura com os autóctones durante dois séculos. As populações são islamizadas, mas não arabizadas. No campo, a distribuição da terra é pouco conhecida. O Estado, enquanto representante da comunidade muçulmana, tem a propriedade eminente do solo, concedida aos ocupantes. Entre estes, os *dhimmis* são submetidos a um imposto muito pesado, o *kharadj*, do qual escapam os descendentes dos conquistadores. Na Ifríquia, as estruturas tribais e citadinas muito sólidas se rebelam contra qualquer forma de taxa estatal. Em toda parte, as grandes propriedades dominam. Na Espanha, as técnicas agrárias e, em particular, a prática de irrigação são tão avançadas quanto no Iraque.

Assim como no Oriente, as cidades se desenvolvem. Trata-se sempre da reanimação de cidades antigas em declínio, com exceção de Fez, fundada por Idris I por volta de 789, e desenvolvida por Idris II no início do século IX. Cairuão e Túnis são os principais centros do emirado aglábida. Na Espanha, as cidades concentram a vida militar, administrativa, religiosa e artesanal, mas, desde o século IX, são também notáveis centros culturais, até mesmo Saragoça, em posição exposta diante do mundo franco próximo, e Toledo, embora pouco arabizada etnicamente. Nenhuma, porém, rivaliza com Córdoba, onde a muralha e o velho ponto romano sobre o rio Guadalquivir são reconstruídos em 719-721, e onde a grande mesquita, começada por volta de 766, cresce incessantemente até meados do século X, atingindo 180 metros por 120 na sala de oração, sustentada por 850 colunas e decorada de mosaicos e estuques. Assim como em todas as grandes cidades, a população de artesãos, comerciantes, assalariados e mendigos que compõem a massa, a *amma*, é turbulenta, como atesta a "revolta da periferia" de 818.

Essas revoltas urbanas revelam, de fato, a frustração das massas nos países muçulmanos. Totalmente excluídas da vida política, as pessoas comuns recorrem ao domínio religioso para reportar suas esperanças e suas paixões. As correntes milenaristas, as seitas místicas, as glorificações do sofrimento e do martírio como entre os alidas, portadores de secretas esperanças revolucionárias, têm grande audiência na multidão dos humildes, manipulados pelos doutores da fé. E estes não se contentam em radicalizar os crentes de base: eles se esforçam para bloquear a pesquisa intelectual – filosófica em particular – em nome do Alcorão. No início do século XI, estiveram a ponto de sufocar a magnífica ascensão cultural experimentada pelo mundo árabe-muçulmano entre 800 e 1000.

GRANDEZA E DECADÊNCIA CULTURAL E POLÍTICA DO MUNDO MUÇULMANO

No quadro das grandes cidades, desenvolve-se efetivamente, desde o século VIII, o ideal do *"honnête homme"*[6] muçulmano, o *adib*, refinado, culto, ávido de conhecimentos, adepto das conversações eruditas (às vezes pedantes) sobre ciências, artes, literaturas, música, poesia, construído por meio de técnicas mnemônicas que permitem o domínio de conhecimentos consideráveis. Instituições como a Casa da Sabedoria, criada por Almamune em Bagdá em 832, ou as grandes bibliotecas como a de Córdoba, com seus 400 mil volumes no século X, atestam esse apetite por conhecimento, num espírito bastante sincrético. Todo esse conhecimento tem como pontos de partida a ciência e a filosofia antigas, objetos de uma onda de traduções devidas em grande medida aos cristãos. Aristóteles, Platão, Ptolomeu, Hipócrates, Galeno, Euclides e Arquimedes são as bases da ciência "árabe". Essas obras despertam e estimulam a curiosidade dos intelectuais muçulmanos, num espírito sempre mais prático do que especulativo. Como escreveu Louis Massignon, "apesar de uma abertura muito mais larga, a ciência árabe, no fundo, não passa de uma continuação da ciência grega". Continuação e amplificação que permite resultados notáveis em todas as áreas científicas: nas matemáticas, com Alcuarismi (†830), que introduz o sistema decimal e o zero, e seu livro, *al-djabr*, está na origem de nossa álgebra; na medicina, com Hunaine

---

6 Na França do Antigo Regime, *honnête homme* designava o indivíduo educado de acordo com o modelo de civilidade da nobreza, tendo como equivalente o ideal do *gentleman* das cortes inglesas. (N. T.)

400-1000 – O TEMPO DO ORIENTE E A IDADE DAS ILUSÕES 125

ibne Ixaque e Rasis, clínicos e médicos da segunda metade do século IX; na astronomia, com Albumasar (†886), que estuda o movimento dos planetas; em física, com Alquindi (século IX); em geografia, com Ibne Cordadebe (século IX), e tantos outros. George Sarton, em sua monumental *Introduction to the History of Science* [Introdução à história da ciência], menciona pelo menos quarenta sábios de primeiro escalão no mundo árabo-muçulmano no século IX. Nada ilustra melhor o brilho dessa civilização numa época em que o Ocidente cristão ainda se encontra no deserto cultural das "Eras obscuras".

A questão dramática é que, no século XI, essa ascensão parou. Os responsáveis por esse bloqueio são as forças religiosas. A partir do momento em que o desenvolvimento das ciências e da filosofia começa a fornecer explicações confiáveis do universo, que reduzem o lugar do divino ou até parecem contradizer o conteúdo das "revelações" míticas, o conflito entre a razão e a fé é inevitável. Certamente, o Alcorão parece encorajar os fiéis à pesquisa científica: "Buscai a ciência do berço até a tumba..."; "Aquele que caminha em busca da ciência, caminha junto com Deus até a via do paraíso..." – pelo menos enquanto a ciência apenas confirma a fé. Alguns movimentos, aliás, levam essas injunções muito a sério, como o mutazilismo, protegido pelo califa esclarecido Almamune (813-833), que utiliza a razão para fortalecer a fé. Todavia, os religiosos mais fiéis à tradição sunita rapidamente se manifestam contrários a essa exaltação da ciência. Na primeira metade do século IX, o movimento hambalista, cujo nome vem de seu principal representante, Amade ibne Hambal (780-855), admite apenas uma única ciência, a saber, a do Alcorão e da Suna: "Eles passaram a desdenhar o Livro de Deus e a chamar de mestres seres ignorantes e desviados, apesar de terem recebido a ciência de seu Senhor". Um bom conselho, prossegue o hambalista Barbahari: "Não estudes muito os astros se isso não te ajuda a determinar as horas da prece; nada além disso". Os religiosos denunciam "a pretensão de conhecer o mistério do mundo". Essa corrente obscurantista é sustentada pelo califa Mutavaquil (847-861). De forma esquemática, temos desde então a presença de uma corrente xiita aberta à ciência, embora nem sempre à razão (pois suas teorias sobre o imã oculto não têm nada de racional), e de outro lado, uma corrente sunita hostil à ciência. A primeira opta pelo "Alcorão criado", tradução humana e, portanto, imperfeita da palavra divina, e a segunda opta pelo "Alcorão incriado", palavra literal de Deus, e, portanto, intocável. É no século XI que a segunda vai se impor, sufocando a ciência e a filosofia no mundo muçulmano, fazendo-o mergulhar durante séculos no obscurantismo religioso.

A viragem cultural é também contemporânea da grande viragem política do mundo árabo-muçulmano, sem que seja possível estabelecer uma ligação entre ambas. O califado abássida de Bagdá inicia um longo período de decadência em meados do século IX, pontuado por levantes e assassinatos; ele se esfacela e termina por se desintegrar completamente pouco depois do ano 1000. Com a morte de Harune Arraxide, em 809, seus filhos, nascidos de mães diferentes, guerreiam entre si: Almamune, filho de um persa, chega de Corassam com um exército persa e manda assassinar seu meio-irmão Alamin. A partir de então, o califado torna-se iraniano. O pessoal persa e a cultura persa prevalecem na corte, enquanto o exército é monopolizado por mercenários turcos, que acabam ditando a lei, instituindo e destituindo califas e vizires, os quais são mantidos sob seu controle. O chefe da milícia turca se adorna com o título de "emir dos emires" e rege o palácio. Revoltas estouram, colocando em risco a própria existência do califado: em 869, são os escravos negros, os *zendjs*, que assumem o controle da Baixa Mesopotâmia, onde instauram uma espécie de ditadura comunista antes de serem exterminados. Mais grave: em 930, outros comunistas, os cármatas, dotados de uma organização rigorosa, bloqueiam Bagdá e tomam Meca, onde removem a Pedra Negra. Os bons muçulmanos deverão renunciar a suas peregrinações por 25 anos.

Ao mesmo tempo, o califado se desagrega. Dinastias locais se instalam, de maneira mais ou menos efêmera, nas diferentes regiões: os taíridas, os safáridas, os samânidas, os gasnévidas e os seljúcidas. O califa não tem controle além de Bagdá e sua periferia. Almoctadir (908-932) é destronado, em seguida restaurado, e, por fim, assassinado. Alcair (932-934) é destronado e cegado, assim como Almutaqui (940-944) e Almostacfi (944-946). Nesse momento, o chefe da família turca dos buídas toma Bagdá, proclama-se emir dos emires, e mantém sob seu controle os últimos califas abássidas. Na mesma época, a dinastia fatímida, vinda da Tunísia, invade o Egito, onde funda um califado independente, com uma nova capital, Cairo, criada em 973. Em seguida, os fatímidas tomam a Síria. O califa abássida de Bagdá, Alcadir, governa apenas suas mulheres e seus eunucos. Morre em 1031.

400-1000 – O TEMPO DO ORIENTE E A IDADE DAS ILUSÕES   127

No mesmo ano, do outro lado do mundo muçulmano, o califado de Córdoba naufraga. Este é também o fim de um episódio brilhante que remonta a 756, quando o príncipe omíada Abderramão, depois de ter escapado do massacre de sua família, funda um emirado. Os primórdios foram difíceis, com ataques dos cristãos do norte: reino das Astúrias, expedição de Carlos Magno em 778, revolta de alguns governadores, agitação dos moçárabes, estes cristãos submetidos ao poder muçulmano e pesados impostos. Sob o reinado de Abderramão II (821-852), o Estado se organiza com um vizir, uma administração especializada (*diwan*) e sete províncias, cada uma chefiada por um *wali*. Mas, a partir de 852, produz-se uma séria revolta cristã, liderada pelo padre Eulógio. Após sua decapitação, é preciso enfrentar o avanço dos cristãos do norte: o rei das Astúrias, Afonso III, o Grande, que aproveita a providencial descoberta do túmulo de são Tiago em Compostela para galvanizar suas tropas, e depois, o conde de Barcelona, Vifredo, o Cabeludo, bem como os condes locais em torno de Jaca e Pamplona.

O emirado de Córdoba, que se torna califado em 929, atinge seu apogeu durante o reinado de Abderramão III (912-961), Aláqueme II (961-976) e Hixame II (976-1013). No norte, a reconquista cristã estaciona e o avanço muçulmano concretiza-se com a fundação de Burgos a partir de 880, enquanto Castela, região de castelos (*castillos*), se separa do reino de Leão (Astúrias). Os muçulmanos tomam Pamplona em 925, e o califa torna-se o árbitro das lutas entre os príncipes cristãos. Vemos até o rei de Leão, Sancho, o Gordo (955-966), destronado por conta da obesidade, vir pedir ajuda aos médicos árabes para combater seu sobrepeso. O herói muçulmano da época é Mansur ibn Abi Amir, apelidado de *Almançor*, "o Vitorioso", que vence numerosas batalhas e conquista Santiago de Compostela em 997. No ano 1000, o califado de Córdoba encontra-se no auge de seu poder. Trinta anos mais tarde, ele desaparece após crises sucessórias e guerras civis. Al-Andalus está despedaçada em pequenos Estados rivais, os reinos das taifas, liderados por bandos de berberes, árabes, libertos. É o fim de uma época, tanto aqui quanto no Oriente.

Em 1031, todo o mundo muçulmano, após experimentar glória e esplendor desde meados do século VIII, mergulha em um longo período de caos, do qual o Império Bizantino parece se beneficiar. Mas, em 1025, vem a morte de Basílio II, e Constantinopla também entra em sua fase de declínio, uma longa agonia de quatrocentos anos, cheia de convulsões. O terceiro mundo, o Ocidente cristão, aproveita a oportunidade para conquistar a *liderança* geopolítica. Resta saber se ele realmente tem condições de assumir essa posição. Nada é menos certo, dada a sua história desde 750.

– 5 –

DE CARLOS MAGNO A OTÃO, OU DO IMPÉRIO FRANCO AO IMPÉRIO GERMÂNICO (SÉCULOS VIII-X)

O advento da dinastia carolíngia à frente do reino franco em 751, quando Pepino, o Breve, é coroado rei e substitui o último merovíngio, marca verdadeiramente um ponto de virada na história ocidental. Viragem política, em primeiro lugar, pois este é o aspecto mais visível. Todavia, segue-se a esta uma viragem sociocultural que, embora mais lenta, não é menos real. O termo renascimento carolíngio é justificado, desde que seus contornos sejam claramente definidos. Com Carlos Magno, o Ocidente europeu surge pela primeira vez na história como uma potência maior, mas que ainda se volta para o passado, enfeitando-se em 800 com o ouropel do Império Romano. No entanto, o renascimento é interrompido. Os sucessores de Carlos Magno não estão à altura da tarefa. Acabam sob o controle da Igreja e são confrontados tanto com a ascensão da vassalagem, que enfraquece o poder central, quanto com novas ameaças externas, cujos golpes desorganizam o Império: normandos, húngaros e sarracenos. A prática franca de partilha da sucessão leva a divisões e lutas fratricidas, durante as quais o título

130 GEORGES MINOIS

imperial acaba desaparecendo. Mas, enquanto os carolíngios são levados pela tormenta feudal em 987, as pretensões imperiais ressuscitam em 962 pelo saxão Otão I. O novo império combina a ficção com a realidade: é "romano" e "germânico", sem esquecer de ser "santo" – surge uma nova era.

PEPINO, O BREVE: A AFIRMAÇÃO DOS CAROLÍNGIOS (751-768)

O reinado de Pepino, o Breve (751-768), é essencial para os destinos do Ocidente. Porque é neste momento que se estabelece a grande aliança entre o rei dos francos e o papado, o que coloca Roma definitivamente no campo ocidental. Até então, o papa estava teoricamente dentro da esfera de influência bizantina. O imperador confirmava sua eleição, consultava-o sobre problemas teológicos, às vezes até mandava prendê-lo. Ele também deveria garantir sua segurança, por meio do exarca de Ravena. No entanto, desde o início do século VIII, o basileu não consegue mais cumprir seu papel. Os lombardos progridem incessantemente na Itália; em 751, seu rei Astolfo toma Ravena, e Roma está ameaçada. O papa Estêvão II pede ajuda ao imperador Constantino V, que já tem muito o que fazer com os eslavos e os muçulmanos. Como nada há a esperar desse lado, o papa dirige-se ao rei dos francos, a quem vem conhecer pessoalmente em 754, em Paris. Para convencer Pepino, ele provavelmente traz na bagagem um precioso documento, uma das falsificações mais famosas da história, recém-fabricada pela chancelaria pontifícia: a doação de Constantino. Se nenhuma fonte o afirma abertamente, várias pistas convenceram os melhores historiadores (incluindo Louis Halphen) de que o papa trouxe consigo esse escrito. Várias cópias sobreviveram, a mais antiga das quais remonta ao início do século IX. Nesse documento, o imperador Constantino, no século IV, depois de recordar os motivos da sua conversão, exprime sua vontade de "exaltar" o poder do "representante do príncipe dos apóstolos", do "vigário do Filho de Deus", a fim de "atribuir-lhe o poder, a dignidade, os meios de ação e as honras imperiais, ou seja, o primado sobre as quatro sedes principais de Antioquia, Alexandria, Constantinopla e Jerusalém, bem como sobre todas as igrejas de todo o universo". À afirmação desse primado sobre todas as sedes episcopais e patriarcados, o imperador acrescenta o poder de "criar patrícios e cônsules", além da plena soberania sobre Roma, Itália e todo o Ocidente. Eis o que dá ao papa o direito de falar como um mestre a todos os reis cristãos.

Seja qual for o papel desempenhado por esse pergaminho na decisão de Pepino, o fato é que este compromete-se perante uma assembleia realizada em Quierzy a intervir militarmente contra os lombardos, e a entregar ao papa os territórios que recuperaria deles. Em troca, o rei obtém uma garantia suplementar que legitima sua usurpação de 751: em julho de 754, o papa o consagra pela segunda vez, assim como seus dois filhos, conferindo-lhes o título de "patrícios dos romanos", o que os torna os protetores da cidade de Roma. Durante a cerimônia, quando especifica a *Clausula de unctione Pippini*, o papa "exorta a todos, sob pena de proibição e excomunhão, a nunca tentarem eleger no futuro um rei de linhagem diferente daquela que Deus quis estabelecer, confirmar e consagrar por intercessão dos santos apóstolos pelas mãos de seu vigário, o santíssimo pontífice". Em linguagem clara, ele reserva o título real à família dos pepínidas, ou seja, dos carolíngios. Notemos, porém, um detalhe que será importante mais tarde: o rei recebe a unção com a cabeça descoberta; ele não tem diadema nem coroa. O papa, com esse gesto, consagra um personagem que ele escolhe, e não um rei já eleito e coroado. Quem faz o rei é o papa. Com isso, o papa está um passo à frente do rei.

Fiel à sua promessa, Pepino lidera uma expedição à Itália em 755, sitiando Astolfo em sua capital, Pavia. Astolfo se submete, faz promessas e Pepino retorna aos Alpes. Assim que ele parte, os lombardos retomam seus empreendimentos contra Roma. Apelos desesperados do papa, que implora, ameaça e – sendo decididamente um grande falsário perante o Eterno – envia a Pepino uma carta de são Pedro em pessoa convocando-o a retornar para combater "este abominável povo lombardo". Caso contrário, diz a missiva celestial, "vossa desobediência às minhas exortações resultará em vosso descarte do reino de Deus e da vida eterna". Obviamente, isso é apenas uma prosopopeia, mas ela mostra a vontade do papa para dar uma dimensão cósmica à luta contra os lombardos. Provavelmente não é isso que condiciona a decisão de Pepino, mas o fato é que ele volta para a Itália em 756, toma Pavia, e desta vez Astolfo deve ceder territórios, que o rei dos francos dá ao papa. Eles constituirão o que será chamado de Estados da Igreja. De forma estranha, sem nenhuma unidade natural, envolvem a península, do Lácio ao delta do Pó, passando pela Úmbria, as marcas, a Emília e uma parte da Romanha.

De Constantinopla, o basileu protesta: esses territórios lhe pertencem. Protestos em vão. O papa, portanto, parece ser o vencedor nesse caso. Mas o presente está envenenado: por onze séculos o papado se apegará a essas posses temporais que fazem dele um soberano secular – elas vão obscurecer sua mensagem espiritual. Não só a aristocracia dos Estados papais pretenderá desempenhar um papel na eleição do soberano, mas considerações puramente políticas pesarão fortemente nas decisões deste último e as farão perder sua pureza espiritual. A partir de agora, o papa fará uso da teologia a serviço da política e vice-versa. Por ser menos venerável, ele será mais vulnerável.

Pepino voltou aos assuntos de seu reino, onde sua autoridade ainda é contestada. De 760 a 768, ele lidera uma campanha por ano contra o príncipe da Aquitânia, Waifar, e morre no retorno de uma delas. Ele está enterrado em Saint-Denis, local de sua consagração e o mesmo do jazigo de seu pai Carlos Martel. A abadia está a caminho de se tornar o santuário da família. O reino é então repartido entre os seus dois filhos, partilha de estranhos contornos: a parte do mais velho, Carlos, envolve a do mais novo, Carlomano, situada ao sul e a leste. No entanto, o reino não tarda a ser reunificado, já que Carlomano morre em 771. Carlos, logo apelidado *Magnus*, o Grande, inicia um longo reinado de 42 anos.

CARLOS MAGNO: A EDIFICAÇÃO DE UM IMPÉRIO (768-814)

Carlos Magno é uma das figuras centrais da Idade Média, porque sua obra é ao mesmo tempo militar e política, institucional e cultural. Se ele amplia desmesuradamente o reino franco, não foi, no entanto, com espírito de conquista. Trata-se para ele de subjugar os povos vizinhos a fim de garantir a segurança do território. Esse objetivo, porém, o levou a guerras contínuas. Tanto assim, que o papa, que ligava seu destino ao do rei franco, não cessa de reivindicar sua intervenção para garantir sua posição contra os lombardos e os bizantinos. Assim, a cada ano, durante 40 anos, Carlos Magno lidera campanhas militares da Saxônia à Itália e da Baviera à Espanha. Não é um grande general, não obtém vitórias brilhantes, mas é um organizador sem igual, metódico, meticuloso e cuja obstinação renderá frutos no longo prazo.

400-1000 – O TEMPO DO ORIENTE E A IDADE DAS ILUSÕES   133

Depois de subjugar a Aquitânia, seu primeiro objetivo é a Saxônia, ou seja, o vasto território que se estende entre o Reno e o Elba, cuja população, pagã, é um perigo permanente para Nêustria, periodicamente atingida por saques. Carlos Magno penetra ali em 772. No início, não se trata de conquistar esses vastos espaços de florestas e charnecas, e sim, de realizar expedições de intimidação, que resultaram na devastação sistemática do território. Mas essas campanhas rapidamente se mostram estéreis, pois precisam ser repetidas todos os anos. É que os saxões sempre escapam e tentam vencer o inimigo pelo cansaço: "Carlos Magno não conseguiu enfrentar o inimigo em batalha campal mais de duas vezes", escreve Eginhardo. Será necessário resolver conquistar e converter o país, e isso exigirá 33 anos de esforço, massacres e devastações sistemáticas.

A partir de 773, Carlos Magno é desviado desse setor por um apelo urgente do papa Adriano I. O rei dos lombardos, Didier, de fato havia retomado sua marcha sobre Roma acompanhado pelos filhos e pela viúva de Carlomano, que ele pretende colocar contra o rei dos francos. Carlos Magno intervém imediatamente, captura Pavia e Didier em junho de 774 e assume o título de rei dos lombardos. Apesar dos protestos de Bizâncio, ele confia ao papa o território tomado de Didier. Adriano, agradecido, o qualifica pela primeira vez como *Magnus*: *Deo institutus benignissimus Carolus Magnus Francorum rex et patricius Romanorum*.

Em 775 retorna à Saxônia, onde o forte de Eresburg precisa ser reconstruído. Em 776, há uma rápida campanha de pacificação na Lombardia, depois novamente na Saxônia, onde é construído um forte, Karlstadt ("a cidade de Carlos"). Em 777, Carlos Magno encontra-se em Paderborn, quando recebe uma embaixada de Soleimão Alárabe, o *wali* ou governador de Saragoça. Eles pedem a ajuda do rei dos francos contra o emir de Córdoba Abderramão e, em troca, Soleimão se oferece para "submeter-se, com todos aqueles a quem ele governa, ao domínio do senhor rei Carlos". Esse movimento revela que Carlos Magno já goza de um grande prestígio. Para ele, uma intervenção na Espanha está de acordo com sua política de proteção das áreas fronteiriças do reino. A Aquitânia permanece pouco segura desde que o duque Hunaudo havia sido preso. A religião nada tem a ver com esse assunto, já que se trata de ajudar muçulmanos contra outros muçulmanos a se tornarem senhores de um território majoritariamente cristão. O objetivo é puramente geoestratégico: estabelecer, ao sul dos Pirineus, um Estado amigo e submisso. A expedição ocorre em 778 e termina em confusão. Carlos Magno provavelmente avaliou mal a complexidade da situação nessa área e preferiu se retirar depois de algumas semanas sendo molestado pelos bascos na passagem de Roncesvales (ou em uma passagem próxima, porque as fontes não são claras nesse ponto).

Retorna à Saxônia em 779 e 780. Em 781, é a vez da Itália. Visita diplomática a Roma, onde Carlos Magno faz o papa consagrar seu filho Pepino como rei da Itália, e seu filho Luís como rei da Aquitânia. Eles têm 4 e 3 anos, respectivamente. Na realidade, trata-se de dar a essas regiões de fidelidade vacilante uma satisfação de amor-próprio com uma fachada de relativa autonomia. O papa continua a reivindicar em vão a Toscana, os ducados de Espoleto e Benevento.

De 782 a 786, a Saxônia monopoliza a atenção de Carlos Magno, que começa a se irritar seriamente com a insubordinação crônica desse povo, que havia encontrado um líder, Viduquindo. Em 782, dois exércitos francos foram massacrados pelos saxões nas colinas de Süntel. A resposta de Carlos Magno é proporcional à sua cólera: 4.500 prisioneiros saxões são decapitados no local em Verden. No ano seguinte, ele chega ao Elba. Desde então convencido de que a submissão dos saxões só poderia ser obtida pela conversão destes ao cristianismo, manda redigir, provavelmente em 785, o "Capitulário saxão",[1] cujo conteúdo se resume a esta alternativa: batismo ou morte. O texto prevê a pena capital para qualquer prática religiosa pagã e um implacável tabelamento de penas, nos moldes do *wergeld*, sancionando costumes supersticiosos. Viduquindo capitula e é batizado com vários outros líderes e centenas de saxões.

Em 787 e 788, Carlos Magno volta-se novamente para a Itália, onde lidera uma campanha até Cápua para subjugar o duque de Benevento, Arequis, que fazia misérias com o papa. Dessa vez, estamos em contato direto com os territórios bizantinos, e a imperatriz Irene envia à Calábria o logóteta João e algumas tropas. Porém, Carlos Magno já se encontra em outra frente, a Baviera, onde o duque Tassilão apresenta veleidades de resistência. Tassilão é convocado para Ingelheim, tonsurado e trancado no mosteiro de

---

1 O capitulário era um documento legislativo da época carolíngia dividido em capítulos. (N. T.)

400-1000 – O TEMPO DO ORIENTE E A IDADE DAS ILUSÕES

Jumièges (788). No ano seguinte, o rei dos francos, ainda com sua estratégia de assegurar as fronteiras, lidera pela primeira vez uma expedição para além do Elba, contra os povos eslavos pagãos, cujos ataques de pilhagem atingiram a Saxônia, agora incorporada ao reino franco. O risco dessa política é o de arrastar Carlos Magno cada vez mais para o leste. Isso pode ser constatado desde 791, quando Carlos Magno lança uma vasta ofensiva em direção à planície da Panônia, no Médio Danúbio, na região da atual Hungria. Desta vez, trata-se de acabar com a ameaça representada pelo povo dos ávaros, um ramo asiático do povo dos hunos. Seminômades, eles se dividem em vários grupos, cada um liderado por um grão-cã,[2] e vivem em um acampamento circular, o *ring*, onde se amontoam os produtos dos saques e tributos. Eles são uma ameaça para a Baviera e para a Itália através do Friul. A ofensiva cuidadosamente preparada de Carlos Magno reúne pelo menos 10 mil cavaleiros divididos em dois exércitos que seguem o curso do Danúbio a jusante. A expedição é precedida de uma preparação religiosa excepcional: três dias de jejum e preces para todo o exército. É um sucesso, porém, incompleto: será necessário voltar em 796, quando dessa vez o exército franco, com o reforço de Pepino, o rei da Itália, aniquila as forças dos ávaros e se apodera dos fabulosos tesouros do grão-cã. O ouro do *ring* permitirá a Carlos Magno oferecer presentes suntuosos ao papa e a Ofa, o rei da Mércia.

Os anos de 792 e 793, por outro lado, são difíceis. Isso se deve, antes de tudo, à conspiração de um de seus incontáveis bastardos, Pepino, o Corcunda, que, à frente dos insatisfeitos, planeja assassinar Carlos Magno. Descobre-se o complô e Pepino é trancado no mosteiro de São Galo, e depois, no de Prüm. Esse fato sinaliza que há, portanto, pessoas insatisfeitas, principalmente entre os partidários dos descendentes de seu irmão Carlomano, que ele havia excluído da sucessão. Para fortalecer a fidelidade de seus súditos, Carlos Magno exige que todos os homens com mais de 13 anos façam um juramento de fidelidade: "Prometo a meu senhor Carlos e a seus filhos que sou e serei fiel a eles por toda a minha vida". A empreitada parece ilusória tendo-se em vista a imensidão do reino. No entanto, ela é efetivada com todo o vigor permitido pelos meios administrativos da época: em todos os

---

2 No original, *khagan*: trata-se do título imperial dos povos da Turquia e da Mongólia que também pode ser traduzido como "cã dos cãs". (N. T.)

lugares, os condes e os *missi*[3] tiveram que verificar o juramento, registrar os nomes de todos os que juravam e enviar as listas ao rei. Aqueles que sobreviveram puderam comprovar a seriedade da operação. Em 792 e 793 também ocorrem de novas revoltas dos saxões, ataques de sarracenos e o período mais terrível de fome no reino.

Em 795, ainda os saxões. Em 796, os ávaros. Em 797, os saxões. No entanto, Carlos Magno está a caminho de vencer sua guerra de desgaste contra eles, combinando habilmente massacres e batismos. A religião é claramente para ele uma arma, um meio de obter a submissão, e num segundo capitulário saxão, de 28 de outubro de 797, ele afrouxa a pressão e suaviza o regime imposto em 785. A partir de 798, o ritmo das campanhas militares diminui e Carlos Magno delega a direção das operações mais a seus filhos, enquanto os vigia de perto: seu mais velho, Carlos, morto em 811, intervém ao seu lado contra os eslavos (campanhas de 804 e 808) e contra os dinamarqueses, cujo rei, Godofredo, tornou-se ameaçador a partir de 810. Godofredo barrava o istmo da Jutlândia por um aterro encimado por uma paliçada, o Daneverke. Nesse setor, Carlos Magno consolida sua conquista: em 804, deporta os nordalbíngios e estabelece uma colônia franca a montante do estuário do Elba – esta será Hamburgo. Na Itália, seu segundo filho, Pepino, contém os bizantinos em Veneza. Na Espanha, seu terceiro filho, Luís, conquista Barcelona em 801, e Tarragona, após várias tentativas, em 808, mas perde Pamplona em 811. A marca da Espanha, zona tampão com os muçulmanos, estendia-se até o Ebro. Mas uma nova ameaça já se aproxima: os vikings, que atacam a costa inglesa desde 789 e acabam de cruzar o canal da Mancha. Em 800 e 811, Carlos Magno inspeciona as defesas costeiras nos setores do rio Soma e do passo de Calais.

No momento de sua morte, em janeiro de 814, o prestígio do soberano é considerável, pois o reino carolíngio parece um bloco sólido e bem protegido por marcas. A razão disso é que, desde 800, Carlos Magno possui um novo estatuto que o eleva acima dos demais monarcas. A importância desse acontecimento é considerável, e por isso, é necessário relatar sua gênese.

---

3 O *missus dominicus* (no plural, *missi*) era o "enviado do senhor", ou seja, o oficial comissionado pelo governante para cuidar de assuntos de administração e justiça no Império. (N. T.)

400-1000 – O TEMPO DO ORIENTE E A IDADE DAS ILUSÕES

800: CARLOS MAGNO IMPERADOR.
AS IMPLICAÇÕES DE UM GESTO

Já há algum tempo que os dirigentes romanos e carolíngios sugeriam a solução imperial, e o maior defensor dessa ideia é o papa. Abandonado pelo basileu, ele precisa de um protetor poderoso que também seja seu instrumento. Sua aliança com os carolíngios é estreita: ele havia sido libertado dos lombardos e colocado à frente dos Estados papais; ademais, o título imperial, conferido pelo papa, garantiria a este segurança e supremacia. Essa necessidade de proteção faz-se sentir ainda mais com o novo papa, Leão III, eleito em 795. Este é exposto à hostilidade de uma parte da nobreza romana, e no próprio dia de sua consagração, envia a Carlos Magno a ata de sua eleição e os presentes. Pouco depois, ele manda fazer um grande mosaico para a sala de recepção de Latrão, representando são Pedro entregando o *pallium* ao papa com uma das mãos, e com a outra, um estandarte a Carlos Magno. O significado é claro: Deus distribui os dois poderes, espiritual e temporal, entre Roma e o rei dos francos, que deveria, portanto, ter o título de imperador.

As coisas se precipitam quando Leão III é vítima de uma agressão em 25 de abril de 799. Ele então foge para Paderborn, onde tem várias entrevistas com Carlos Magno. Decide-se então que o título imperial deve ser concedido ao rei. Alcuíno parece ter sido o grande artífice do acordo. Ele escreve a Carlos Magno que, das três cabeças da cristandade – o papa, o basileu e o rei dos francos –, as duas primeiras são incapazes de cumprir sua função: o papa encontra-se em fuga e o basileu acaba de ficar cego a mando de sua mãe; por isso, "somente vossa decisão pode salvaguardar o que existe, [...] que o que deve ser preservado seja preservado com serena consideração pela vossa sabedoria celestial". Ele acrescenta: "A graça divina vos enriqueceu de maneira extraordinária com dois dons: o *imperium* da bem-aventurança terrena e o sopro da sabedoria espiritual". Ao mesmo tempo, Alcuíno expressa a necessidade de haver um papa forte e de conduta irrepreensível. É sobre essas bases que planejou a viagem que leva Carlos Magno a Roma, onde é consagrado imperador em 25 de dezembro de 800, na basílica de São Pedro.

No entanto, um incidente ocorre durante a cerimônia. Uma coroação imperial, de tipo bizantino, compreende normalmente três fases na seguinte ordem: 1. a aclamação do povo, que equivale à eleição do imperador; 2. a coroação pelo papa do imperador eleito; 3. a prostração do papa diante do imperador. Porém, inesperadamente, o papa inverte os dois primeiros atos: enquanto Carlos Magno se levanta após uma breve oração, ele coloca a coroa em sua cabeça, e em seguida os assistentes aclamam "Carlos, coroado por Deus, grande e pacífico imperador dos romanos, vida e vitória". Aquele a quem se chamava Carlos imperador dos romanos fica furioso, relata Eginhardo: "A princípio mostrou-se tão descontente que teria desistido de entrar na igreja naquele dia, embora fosse dia de grande festa, se tivesse conhecido de antemão o desígnio do pontífice". Pois, por esse procedimento, fica parecendo que é o papa, e não o povo, que faz o imperador: o povo aclama um imperador já coroado pelo papa. Todo o problema das relações entre papa e imperador, que irão causar tanto tumulto na Idade Média, está colocado. Das duas cabeças do cristianismo, qual é a primeira? O poder do imperador vem diretamente de Deus ou passa pela intermediação do papa?

Na verdade, o evento no Natal de 800 não muda muito a situação. Parece até que Carlos Magno está desconfortável com seu novo título, como podemos verificar nas hesitações de documentos oficiais de sua chancelaria acerca de sua titulação; ele insiste em manter seu título de rei dos francos e dos lombardos, e após muitas variações, a fórmula definitiva é: "Carlos, sereníssimo Augusto, coroado por Deus, grande e pacífico imperador, governante do Império Romano e, pela misericórdia de Deus, rei dos francos e dos lombardos". O título imperial é estranho à mentalidade franca, e quando em 806 Carlos Magno organiza a sua sucessão, ele o faz à maneira merovíngia, dividindo o reino entre seus três filhos, sem sequer mencionar o título de imperador, que por isso mesmo viria a desaparecer junto com o próprio titulado. Somente após a morte de dois de seus filhos ele decide coroar o sobrevivente, Luís, como imperador. Carlos Magno não parece dar muita importância às implicações jurídicas, políticas e diplomáticas de seu novo título. É sobretudo o aspecto moral e religioso que lhe parece relevante. O "novo Davi", como o qualifica Alcuíno (que também o compara a Salomão e Constantino), está mais preocupado com as suas responsabilidades morais perante o povo cristão.

Desde o início de seu reinado, ele se comporta tanto como um chefe religioso quanto como político. Seus capitulários são voltados tanto à disciplina dos clérigos e aos cantos litúrgicos quanto à ordem pública. Um dos principais, *Admonitio generalis*, de 789, visa nada menos que construir na terra a *Cidade de Deus* de seu autor predileto, santo Agostinho. Ele se apresenta como "Carlos, pela graça de Deus e pelo dom de sua misericórdia, rei e retor do reino da França, e humilde servo de sua santa Igreja". Dos 82 artigos, os primeiros cinquenta são praticamente copiados do código de direito canônico conhecido como *Dionysio-Hadriana*. O texto é repleto de citações bíblicas. Carlos Magno se considera o defensor da fé, impondo seu ideal teológico e perseguindo os menores desvios doutrinais. Em 794, convoca os bispos do reino para um concílio em Frankfurt a fim de deliberar sobre a disciplina dos eclesiásticos, bem como para condenar a heresia espanhola do adocionismo e a iconoclastia bizantina. Em 809, manda redigir um dossiê justificando a fórmula do *Filioque* – o concílio de Aix-la-Chapelle ordena o uso desse dossiê, embora o papa relutasse nesse assunto. Impõe o uso da liturgia romana em todas as igrejas. A partir de 801, estimulado por seu título imperial, Carlos Magno demonstra seu imenso zelo cristão na forma de uma grande atividade legislativa: 47 capitulários em treze anos, que mais pareciam sermões do que textos jurídicos. "Ouvi, caros irmãos, a advertência que nosso senhor, o imperador Carlos, vos dá através de nossos lábios. Somos aqui enviados para a vossa salvação eterna...": é assim que os *missi*, em 802, devem se dirigir às populações, ou seja, recordando-lhes os deveres do amor fraterno e da caridade.

Em Bizâncio, no entanto, a coroação de 800 é considerada uma usurpação. Mas não se está em condições de intervir pela força. É Irene quem está no poder, com seus eunucos. Na falta de casamento com Carlos Magno (solução que chega a ser considerada, segundo Teófanes, o Confessor), é preciso negociar. As embaixadas são trocadas e, após mais de dez anos de negociações intercaladas com ameaças de guerra, chega-se a um acordo em 812 com o basileu Miguel I: Carlos Magno terá direito ao título de "imperador Augusto, rei dos francos e dos lombardos". É o reconhecimento do fato consumado: há dois imperadores no mundo cristão, e evita-se qualquer alusão a Roma ou aos romanos.

140 GEORGES MINOIS

QUAL IMPÉRIO? UM ESTADO FORTE, APOIADO SOBRE A IGREJA

Então, Carlos Magno imperador. Mas imperador de quê? Imperador, simplesmente. Eis uma das peculiaridades desse Estado do Ocidente que não ousa dizer seu nome e que reúne vários povos sob a direção dos francos. É designado, por falta de palavra melhor, pelo nome da família reinante: o Império Carolíngio. Na verdade, é um bloco impressionante, comparável em área e população ao Império Bizantino: 1,2 milhão de km², 15 a 20 milhões de habitantes. Os limites são muito imprecisos – do Ebro ao Elba, costuma-se dizer para simplificar. Na verdade, não há fronteiras, nem lineares nem naturais. A passagem para os territórios externos faz-se por zonas intermédias de 50 a 100 quilômetros de largura, mais ou menos militarizadas, as marcas, lideradas por um *comes Marchae* (conde da marca), ou *marchio* (marquês), ou *Markgraf* (margrave) em língua germânica. Na fronteira oriental, temos, no final do reino, de norte a sul, a marca dos normandos, entre o estuário do Elba e o Danevirk do rei Sigfred; depois, a marca Wende, em ambos os lados do Elba, perto de Magdeburgo, diante dos veletos;[4] a marca dos sórbios;[5] a marca dos ávaros ou marca da Panônia, no afluente do Danúbio; finalmente, a marca de Friul. A oeste, a marca da Bretanha, que aparece nos textos em 778, compreendendo os condados de Nantes, Rennes e parte de Vannetais. Roland e Gui foram condes nesse local. Ao sul, a marca de Gótia inclui uma dúzia de condados em Septimânia, atual Languedoc; o conde de Toulouse é seu chefe. Finalmente, a marca da Espanha, ao sul dos Pirineus, reúne uma dezena de condados. Seus limites meridionais são bastante imprecisos e não vão tão longe quanto o Ebro. O conde de Barcelona é seu chefe.

Acrescentemos que, na Itália, ao sul dos Estados da Igreja, o ducado de Espoleto tem um estatuto intermediário, mal definido, e faz a transição com o ducado de Benevento, em relação ao qual é francamente hostil. A leste, em frente às marcas, entre o Elba e o Óder, encontra-se toda a área dos povos eslavos, tributários do Império, cuja submissão é precária. Assim, a transição entre o Império e os espaços externos hostis é feita gradualmente, o que

---

4 Os veletos, ou wilzes (do alemão *"Wilzen"*), compreendiam os povos eslavos que habitavam a região do atual nordeste da Alemanha. (N. T.)

5 Tribo de eslavos da qual se originam os sorábios e os atuais sérvios. (N. T.)

torna ilusória qualquer representação clara das fronteiras do império de Carlos Magno, um conjunto cultural mais do que geopolítico.

Esse colossal conjunto é dirigido por um soberano itinerante, que acaba se fixando em Aix-la-Chapelle, onde constrói para si um palácio a partir de 794. Ao seu redor, uma equipe muito restrita: alguns membros da família, bispos e abades, além de leigos que cumprem os grandes ofícios, cujas funções ainda estão mal definidas. No total, não mais de 200 pessoas para dirigir um império com o dobro do tamanho da França atual. A administração local é composta por 200 a 250 condes que têm praticamente todos os poderes, mas que estão sujeitos às rondas de vigilância dos famosos *missi dominici*, os enviados do senhor, que transmitem as ordens, verificam sua aplicação e fazem relatórios precisos para o imperador. A cada ano, no final de maio, seguindo um procedimento perfeitamente definido, os condes, os bispos e os vassalos diretos de certas regiões do Império são convocados em assembleia. Carlos Magno faz com que aprovem suas decisões por aclamação. Resulta disso o registro escrito dos textos: são os capitulários, depois divulgados pelos *missi*. A assembleia também prepara a campanha militar do ano. Os vassalos devem se apresentar com o número de homens e o equipamento correspondente ao tamanho de seu domínio. Essa bela máquina enfrenta, obviamente, algumas falhas, sobretudo por volta do final do reinado, quando o cansaço é inegável e um número crescente de vassalos se recusa a comparecer. Mas, de modo geral, considerando-se os meios da época, a imensidão do território e a lentidão das comunicações, o sistema administrativo carolíngio demonstra uma notável eficácia.

Esta *Renovatio regni Francorum*, "Renovação do reino dos francos", é antes de tudo uma renovação do poder real: ao tradicional direito de *ban* – direito de punir e constranger –, Carlos Magno acrescenta o juramento de fidelidade, exigido em 789, 793 e 802. Ele reforça os laços entre os indivíduos e, assim, introduz a vassalagem no Estado, anexando para si os vassalos reais mediante doações de terras fiscais em troca de fidelidade pessoal do vassalo "perseguido". A grande força do imperador é o exército, para o qual ele pode convocar todos os homens livres, em virtude do direito de *ban*. O equipamento é cuidadosamente especificado: lança, escudo, arco para os soldados de infantaria; ao lado da cavalaria leve composta por auxiliares, a cavalaria pesada é o elemento essencial: protegido pelo casaco de couro com escamas de metal, empunhando a lança e a espada longa, o cavaleiro é proprietário ou arrendatário de pelo menos doze mansos.[6] A disciplina rigorosa aliada à tática em várias colunas independentes é o que torna possível um abastecimento mais fácil e deslocamentos rápidos – eis as principais causas dos sucessos. O imperador pode mobilizar de 50 mil a 60 mil homens em vários exércitos simultaneamente, e estes podem atuar em várias frentes ao mesmo tempo. O exército, formado por homens de diversas regiões, é também, com a montagem do Campo de Maio,[7] um instrumento de unificação do Império. Possui unidades de elite, os *scarae*, estacionados principalmente nas marcas.

A justiça melhora com a criação dos *scabins*, ou conselheiros locais,[8] uma espécie de juiz profissional permanente. Há ainda a vigilância de justiça dos condes e o direito de recurso para o tribunal do Palácio. No entanto, o sistema obstrui-se rapidamente e continua a ser frequente o recurso aos ordálios e aos duelos jurídicos, que simplificam consideravelmente o procedimento.

Os recursos financeiros do Estado são variados, mas não permitem estabelecer um orçamento propriamente dito: doações obrigatórias dos nobres que chegam ao Campo de Maio, tributos, espólios, multas, pedágio, recenseamento, capitação e, sobretudo, receita fiscal, além das terras públicas, das quais o imperador exige uma contabilidade meticulosa, no modelo dos polípticos eclesiásticos. Exemplo notável disso é o famoso capitulário *De Villis*, que fornece informações sobre as culturas e ferramentas agrícolas da época. Carlos Magno tinha cerca de duzentas *villae*, ou grandes propriedades, seiscentas repartições de finanças e duzentas abadias, mas as distribuições a favor dos vassalos reduziram rapidamente esse patrimônio. É por esse motivo que, desde Carlos Martel, recorre-se a impostos sobre terras eclesiásticas. O soberano distribui os domínios da Igreja, e esta fica com a propriedade eminente, cobrando sobre ela um imposto anual: é o sistema do "precário", já que em teoria essas terras devem retornar à Igreja.

---

6 Na Europa feudal, os *manses* eram as habitações rurais com jardins, campos e pomares construídas em territórios de exploração agrícola. (N. T.)

7 Nome dado às grandes assembleias de guerreiros desde o estabelecimento do reino dos francos na Gália no final do século V; inicialmente "campo de março", o nome muda para "campo de maio" quando as assembleias passam a acontecer no mês de maio. (N. T.)

8 No original, *"échevins"*: eram os magistrados nomeados pelo senhor para a função de conselheiros locais. (N. T.)

400-1000 – O TEMPO DO ORIENTE E A IDADE DAS ILUSÕES 143

Os vínculos entre a Igreja e o Estado são muito estreitos e, semelhante à relação entre o papa e o imperador, bastante ambíguos. A questão é: qual dos dois se serve do outro? Carlos Magno é rodeado por uma numerosa equipe eclesiástica, não apenas dentro da capela real, pois inclui conselheiros e *missi dominici*. Os bispos e os abades são para ele agentes do poder político. Ele vigia muito de perto as suas nomeações e exige que venham à assembleia de Maio com seus vassalos. Para aliviá-los das tarefas que lhes são proibidas, cria a função do *avoué*,[9] confiada a um leigo, e para a manutenção do clero, generaliza a arrecadação do dízimo, taxa de um décimo das colheitas sobre todas as terras. A situação material dos eclesiásticos é assim assegurada. Em cada diocese, os rendimentos das terras da Igreja são divididos em dois grupos: o manso episcopal, para a manutenção do bispo, e o manso capitular, dividido em prebendas para os cônegos. A liturgia é unificada e alinhada com o modelo romano da *Pastoral* de Gregório, o Grande.

O imperador também depende fortemente do mundo monástico, cujos grandes centros, como Saint-Denis, Fulda, Aniane e São Galo, são polos de difusão da cultura, da agricultura e das diretrizes políticas. Em seus capitulários, ele se diz irritado com a ignorância e a falta de disciplina relatadas a ele no tocante aos 650 mosteiros do Império, e multiplica os textos legislativos sobre o assunto. Mas é somente em 817 que seu filho Luís, o Piedoso, apoiado por Bento de Aniane, impõe a regra de são Bento a todo o clero regular. A riqueza deste último também desperta a ganância dos bispos. No início do século IX, por exemplo, enquanto um bispado robusto como o de Augsburgo possui 1.507 mansos de terra, mosteiros como os de São Galo, Lorsch e Wissemburgo tinham, cada um, mais de 4 mil, e Fulda, 15 mil. Por meio de artimanhas jurídicas e uso de documentos falsos, os bispos tentam controlar os mosteiros. É por isso que estes buscam imunidade, colocando-se diretamente sob a autoridade de São Pedro em Roma, como a abadia de Vézelay, criada por Girardo de Rossilhão em 858-859, a de Saint-Clément d'Aurillac, criada em 871 por Geraldo de Aurillac, e especialmente a de Cluny, fundada pelo duque da Aquitânia, Guilherme, o Piedoso, em 909.

Para Carlos Magno, a Igreja – e por conseguinte o clero – é um instrumento de governo. Ele lhe concede favores, mas espera serviços em troca:

---

9 Oficial que representa as partes diante do juiz, como os atuais advogados. (N. T.)

uma equipe competente, uma atuação educadora por meio de suas escolas, um meio de submissão dos povos e um poderoso agente de unificação de seus Estados – unificação pela liturgia e pela universalidade das crenças. Daí a importância para ele da conversão dos pagãos do Império. Se ele faz de tudo para batizar os saxões, obviamente não é para a salvação de suas almas; é porque um saxão cristão é um súdito mais dócil do que um saxão pagão. A criação de bispados segue a conquista: Bremen (787), Münster (805), Paderborn, Hamburgo. Após a derrota dos ávaros, o arcebispo de Salzburgo, Arno, é o encarregado de organizar as missões. Por outro lado, Carlos Magno proíbe o frísio Ludgero, em 804, de ir evangelizar os dinamarqueses: prova de que, para ele, a Igreja e o Estado estavam intimamente unidos; o Império é cristão, e o imperador é ao mesmo tempo senhor dos dois poderes, político e religioso. Com seu filho Luís, o Piedoso, as perspectivas se invertem: são os bispos que passam a mandar e o imperador é instrumento deles. Carlos é "Grande", Luís é apenas "Piedoso". Sob o reinado deste último, missões foram enviadas aos dinamarqueses, sem muito sucesso: somente em 949 seu rei Gormo se converte. A evangelização dos eslavos foi igualmente lenta: o príncipe polonês Miecislau foi batizado apenas em 966, e o príncipe húngaro Vajk (Estêvão I) em 955. Diga-se de passagem que todas essas conversões são extremamente superficiais, e sob o verniz cristão as práticas pagãs subsistem durante toda a Idade Média.

ECONOMIA E SOCIEDADE: O PESO DO MUNDO RURAL

O Império Carolíngio é um império rural. Até cerca de 840, a situação demográfica parece favorável: sem grandes epidemias, raros períodos de fome devido a inundações ou secas locais, sobretudo em 779 e 792-793. A população aumenta lentamente, e o estudo dos polípticos revela densidades de cerca de 30 habitantes por km^2 em áreas cultivadas, e 10 em terras incultas. A tendência se inverte entre 840 e 950, com períodos de fome (859, 872, 940 na Itália), ataques de vikings, húngaros e sarracenos, além de guerras internas. Os 15 milhões a 20 milhões de habitantes do território carolíngio vivem em aldeias no meio de imensos espaços de bosques, charnecas e pântanos. O desmatamento avança a ponto de preocupar as autoridades:

o capitulário *De Villis* pede "que não deixemos ganhar os campos à custa dos bosques; e onde houver bosques, que não sejam permitidos muitos cortes nem estragos". Afinal, a floresta presta imensos serviços: madeira, caça, colheita e bolota. Os polípticos listam uma grande variedade de culturas: 72 espécies de plantas, um terço das quais para uso alimentar, legumes e cereais, além do restante para plantas medicinais e industriais. Intensiva em jardins, vinhas e pomares, a agricultura, praticada com ferramentas tradicionais – enxada, arado, foice – e aliada à rotação trienal apenas nas terras mais ricas, sobretudo das abadias, traz rendimentos de aproximadamente 5 por 1, o que permite às grandes propriedades disporem de um excedente comercializável.

As mais importantes dessas áreas são as *villae*, cuja estrutura é bem conhecida graças aos polípticos de abadias como Saint-Germain-des-Près, Saint-Remi de Reims, Saint-Bertin e Prüm. Uma *villa* consiste em várias centenas (podendo chegar a vários milhares) de hectares, tendo no centro as terras da "reserva" com o manso senhorial: longas faixas cultivadas, bem como bosques e prados, além de instalações agrícolas, celeiros, armazéns e moinhos, tudo isso formando a *curtis*. O trabalho nessa reserva é assegurado por escravos, que são geralmente colocados num manso vizinho (mansos servis), e por colonos, que são colocados em mansos comunais e submetidos a trabalhos diversos (corveias) em pelo menos três dias por semana. O restante do domínio da *villa* é dividido em mansos atribuídos a camponeses livres, os *pagenses*, que são praticamente proprietários, mas devem impostos *in natura* e em dinheiro ao senhor da *villa*. Empobrecidos, eles se enquadram na categoria de colonos, ou então partem em busca da proteção de um senhor. Esse modelo típico apresenta inúmeras variações locais.

Proprietária das *villae*, a aristocracia guerreira desempenha papel cada vez maior no Império. O soberano compra a fidelidade desses guerreiros distribuindo-lhes domínios retirados do fisco ou dos bens da Igreja e atribuídos a título de "precário". A riqueza fundiária dessa aristocracia ávida por terras pode ser uma causa de fraqueza para o poder central, que tenta valer-se do fenômeno em benefício próprio mediante o sistema de vassalagem. A atribuição de um bem é acompanhada pela prática da recomendação: o vassalo jura fidelidade ao seu senhor, que exige ao mesmo tempo o serviço militar e algumas taxas. O contrato, com caução nas relíquias, tem a garantia da Igreja, e qualquer perjúrio implica o confisco das terras concedidas em usufruto.

Uma pirâmide de vassalagem é assim construída, e dela o soberano pode esperar tirar proveito.

O sistema, porém, muito rapidamente se corrompe. A obediência ao soberano é gradualmente condicionada cada vez mais à concessão de favores; os nobres sempre querem mais terras; as doações, que inicialmente eram vitalícias, rapidamente se tornam hereditárias, e os beneficiários são cada vez mais independentes; a prática das recomendações múltiplas cria uma rede inextricável de relações antagônicas de fidelidade, em meio às quais não se sabe ao certo quem deve ser fiel a quem. Acrescentemos que os laços de sangue, tão fortes nas sociedades germânicas, reforçam as estruturas horizontais e multiplicam as guerras privadas. Mesmo os particularismos locais reaparecem e acentuam as divisões nesse império multinacional. A partir do século X, a sociedade de vassalagem encontra-se pulverizada em uma multidão de senhores locais mais ou menos independentes, e o poder central, tão forte no tempo de Carlos Magno, está dissolvido pela ação de forças centrífugas.

Diante dessa sociedade rural que se esfacela, o que ocorre com as cidades? Aproveitando a relativa paz do Império no tempo de Carlos Magno (já que as guerras perpétuas estão confinadas à periferia), as cidades prosseguem com seu lento renascimento. As muralhas que datam do Baixo Império são demolidas e as pedras são reutilizadas para a construção de novos edifícios, especialmente igrejas, cujas naves não cessam de se alongar: 43 metros em Reichenau, 94 em Colônia, 98 em Fulda, 102 em São Galo. Os subúrbios comerciais se expandem: em Metz eles contam com 17 igrejas das 24 da aglomeração. Evidentemente, os ataques escandinavos nos séculos IX e X vão frear esse movimento e novas fortificações serão erguidas.

Essas cidades constituem lugares de feiras e mercados regionais onde circulam os dinares, pequenas moedas de prata que originalmente pesavam 1,23 grama e gradativamente são revalorizadas por Carlos Magno, subindo para 1,70 grama em 793, com o objetivo de superar o desaparecimento gradual das peças em ouro. Essas moedas são cunhadas em grande número, nas repartições monetárias que o poder real tenta controlar. Carlos, o Calvo, em 864, fixa o número em nove. Esse monometalismo de prata é também para Carlos Magno um instrumento de prestígio, de propaganda e de unificação: ao aumentar o teor de prata, ao incluir a sua efígie de perfil, à maneira romana, com uma coroa de louros e a legenda KAROLUS IMP AUG, e, na outra face, uma igreja de colunas e fachada com uma cruz no topo, mostra o seu poder e a sua aliança com a Igreja.

O grande comércio é dominado pelos judeus, pelos italianos e, em particular, pelos venezianos, cuja importância não cessa de crescer nos séculos IX e X. Os venezianos cunham moedas a partir de 883 e são seguidos pelos frísios – eles praticamente monopolizaram o comércio norte-oeste com Dorestad, seu principal *emporium*. Com seu novo tipo de barco, a urca, de casco roliço, capaz de transportar dez toneladas de carga, sobem o Reno e o Mosela, comercializam em Quentovic, no rio Canche, produtos anglo-saxões, como estanho, lã, cereais e mel, bem como peles de animais e âmbar vindos do Báltico. A pirataria endêmica no Mediterrâneo promove o tráfico terrestre para o Oriente, por Veneza, Pavia e os desfiladeiros alpinos, com trocas de tecidos, vidraçaria, armas e joias dos carolíngios por seda, brocados, especiarias e prata dos bizantinos e dos árabes.

Até meados do século IX, o Império Carolíngio é inquestionavelmente a principal potência do mundo eurasiano, sendo Carlos Magno a sua figura maior perante um Império Bizantino que o corteja ou que o teme, e perante um mundo árabo-muçulmano decadente, cuja deferência é ilustrada pelas suntuosas embaixadas do califa de Bagdá, Harune Arraxide que, em 801, lhe envia um elefante e, em 806, um relógio hidráulico – homenagens que contrapõem o exotismo e a tecnologia oriental ao pragmatismo da política ocidental.

Na periferia desses três mundos gravitam pequenos reinos mais ou menos dependentes do gigante carolíngio, e que acompanham em linhas gerais sua evolução econômica e social. É o caso, em primeiro lugar, da Grã-Bretanha, onde o rei da Mércia, Ofa (757-796), grande admirador de Carlos Magno, controla todo o sul da ilha e manda construir a oeste um muro de defesa – o dique de Ofa – contra os celtas do País de Gales. Depois dele, é o reino de Wessex, liderado por Egberto (802-839), que domina ao norte, com a Nortúmbria, enquanto nas outras partes das ilhas os reis celtas e irlandeses estão em guerra. De 871 a 899, Alfredo, o Grande, rei de Wessex, contempla seu reino com armadura jurídica ao publicar um código de leis, além de estabelecer uma moeda forte em prata e uma sólida administração local, mantendo à frente de cada condado (*shire*) um *shire-reeve* (xerife).

Do outro lado da Mancha, na pequena Bretanha, que se vale de sua posição periférica para salvaguardar a própria independência em relação aos carolíngios, os chefes locais, os *machtierns*, lideram uma clientela de fiéis. Em meados do século IX, aproveitando o enfraquecimento dos carolíngios, o chefe bretão Nominoë procura criar um poder central, e seus filhos, Erispoë e Salomon, recebem o título de rei. No norte, os soberanos escandinavos são, acima de tudo, chefes de guerra, sujeitos à assembleia de homens livres. No norte da Espanha, os pequenos reinos cristãos ainda estão em gestação em torno de Leão e Pamplona.

O RENASCIMENTO CAROLÍNGIO: UMA REALIDADE

Uma questão que os historiadores debatem até hoje: até que ponto pode-se falar em "renascimento carolíngio" no âmbito cultural? A expressão é, a nosso ver, plenamente justificada, desde que seja mantido o senso de proporção. Deve-se dizer que começamos de muito baixo, sem ofender os admiradores da civilização merovíngia. Vimos a pobreza das produções intelectuais e artísticas dos anos 500-750. O que é notável nos carolíngios é que o impulso cultural vem do próprio soberano. Carlos Magno tem plena consciência da necessidade de elevar o nível cultural das elites sociais. Sincero admirador da literatura, da gramática, da erudição e da bela língua, ele participa de bom grado das reuniões numa espécie de academia literária palatina, onde os clérigos em seu entorno abusam da retórica e fazem uma espécie de jogo de imitação com nomes personificados: Alcuíno é Horácio; Teodulfo é Píndaro; o próprio Carlos Magno é Davi. Ele encoraja produções eruditas e, na *Admonitio generalis* de 789, ordena "que em cada bispado e em cada mosteiro, os salmos, as notas, a música, o cálculo e a gramática sejam ensinados, e que os livros sejam cuidadosamente corrigidos". A tarefa é sobretudo utilitária: trata-se de formar um quadro de clérigos competentes, capazes de desempenhar as funções administrativas e os cargos de *missi dominici*. Nada o irrita mais do que erros gramaticais nos relatórios e escritos dos monges, sem contar a incapacidade que alguns *missi* demonstram para interpretar suas ordens. "Provavelmente é melhor agir bem do que saber muito, muito embora seja preciso saber para fazer bem", declara na *Admonitio*. Admirador de santo Agostinho – ele lia a *Cidade de Deus* nos momentos de descontração –, deplora a rusticidade dos monges. Insiste na necessidade de haver textos claros e precisos, tanto no âmbito litúrgico quanto no jurídico, pois entende tratar-se de um poderoso instrumento de unificação do Império. O uso da escrita cursiva, mais rápida e mais legível, a "minúscula carolíngia", que surge nos mosteiros do norte da Frância por volta de 770 e que substituiu o uncial pesado, é uma ferramenta preciosa que permite multiplicar os manuscritos. Estima-se que, na *scriptoria* monástica, foram copiadas as obras de mais de 850 autores, pagãos e cristãos, durante o reinado de Carlos Magno.

As produções literárias e teológicas avançam de modo claro, seja em quantidade, seja em qualidade. No tempo de Carlos Magno, destacam-se as obras pedagógicas do monge anglo-saxão Alcuíno (que foi o verdadeiro mentor do imperador, primeiro na Corte, de 781 a 796, depois como abade de Saint-Martin de Tours, de 796 a 804), as obras poéticas de Teodulfo, o abade de Fleury, a *História dos lombardos* de Paulo, o Diácono (que também compôs obras sobre os usos da língua latina, como *Commentarius in Donatum* e *De verborum significatione*, o que justifica seu apelido de Paulo, o Gramático). Paulino de Aquileia é um bom teólogo: ligado aos intelectuais italianos próximos a Carlos Magno, notadamente o grupo de 781. O único leigo é Eginhardo: educado na escola do palácio, torna-se conselheiro próximo do imperador, cuja biografia escreveu entre 817 e 829.

A onda literária cresce no tempo de Luís, o Piedoso, com os escritos políticos de Adalardo, Agobardo, Jonas de Orléans, as obras históricas de Lupo Servato, Nitardo, Valafrido Estrabão, e floresce depois de 850 com Rábano Mauro (abade de Fulda), Incmaro (arcebispo de Reims) e o monge Godescalco. A obra mais inovadora e profunda da época é a do neoplatônico irlandês João Escoto Erígena, cujo *De divisione naturae*,[10] de 866, abre perspectivas filosóficas muito à frente de seu tempo. No século X, ainda haverá Flodoardo, Riquero, Notker (o Gago), Notker (o Beiçudo), os monges de São Galo, Viduquindo (monge de Corvey), Liuprando (monge de Cremona) e, especialmente, o monge Gerberto de Aurillac, o mais notável estudioso

---

10 O título original, em grego, é *Periphyseon*, que pode ser traduzido como "A divisão da natureza". (N. T.)

de seu tempo, que se torna papa em 997. É inegável que a era carolíngia foi marcada por um renascimento intelectual, especialmente nos meios monásticos. Certamente, estes são apenas alguns casos particulares, cujos trabalhos enciclopédicos consistem em compilações pouco originais, mas que, mesmo assim, alimentam a reflexão e preparam a grande época escolástica da Idade Média.

Os livros carolíngios também se distinguem por seu aspecto material: as oficinas de copistas em Tours, Reims, Saint-Denis e Metz produzem manuscritos cerimoniais, escritos em letras douradas ou prateadas sobre fundo púrpura, ornados com suntuosas miniaturas, esplêndidos testemunhos de um ambiente que venera a cultura e considera o livro como um tesouro de sabedoria. Acrescentemos os trabalhos de ourivesaria, relicários e santuários como os do tesouro de Saint-Maurice d'Agaune no Valais, onde também encontramos o famoso jarro que teria pertencido a Carlos Magno.

Quanto à arquitetura, um novo estilo surge, correspondendo ao espírito do fundador da dinastia: simples, regular, robusto, rigoroso, equilibrado, austero e imponente. O estilo carolíngio surge em 775 com a inauguração por Carlos Magno em pessoa, na companhia do abade Fulrad, da igreja abacial de Saint-Denis: uma igreja de 63 metros de comprimento, com três naves, um transepto, uma abóbada sustentada por 59 colunas; as paredes são vazadas com 101 janelas semicirculares; no subsolo, uma cripta, a "confissão", abrigando as relíquias. Uma das características originais das igrejas carolíngias é a presença de duas absides, uma a leste e outra a oeste. Essa planta aparece em Saint-Maurice d'Agaune por volta de 780, depois se espalha para Fulda, Colônia, Paderborn, Reichenau e São Galo. Somente durante o reinado de Carlos Magno, são construídos 232 mosteiros, 56 palácios e 7 catedrais. O palácio e a capela de Aix, erguidos na década de 790 segundo os planos do monge Odão, admirador de Vitrúvio, são como deveriam ser a obra-prima e o modelo das construções carolíngias. O conjunto, que se estende por 20 hectares, é uma espécie de "cidade proibida" dentro da qual se encontram os prédios do governo, a administração, os alojamentos, as salas de reunião, uma grande piscina (Carlos Magno é um campeão de natação) e a famosa igreja octogonal, decorada com mosaicos e baixos-relevos, alguns dos quais provenientes de Ravena. Aix-la-Chapelle é um pouco como a Versalhes de Carlos Magno, o monumental manifesto do renascimento carolíngio.

DESMEMBRAMENTO DO IMPÉRIO CAROLÍNGIO: VERDUN (843)

O enorme Império Carolíngio é um gigante com pés de barro. Tal agregado de povos e territórios só poderia subsistir sob uma única autoridade com um forte poder central, capaz de conter as tendências centrífugas de vassalagem e de renunciar às divisões de sucessão à moda franca, bem como de manter o controle da Igreja. No entanto, o filho de Carlos Magno, o imperador Luís, o Piedoso, deixa a desejar nesses três pontos, e seu reinado (814-840) se revela catastrófico.

Primeira fraqueza, já sugerida por seu apelido: o novo imperador cai nas mãos dos bispos e abades ao seu redor – Bento de Aniane, seu mentor, Agobardo, futuro arcebispo de Lyon, Adalardo, abade de Corbie, entre outros. Profundamente piedoso, Luís considera que o Império é definido pela religião acima de tudo. Ele abandona o título de rei dos francos e lombardos e se autodenomina "pela divina Providência, imperador Augusto". Isso o leva a inverter os termos da aliança entre o Estado e a Igreja: enquanto Carlos Magno mantém o controle da segunda, Luís a remove da influência dos leigos, e o poder político, que até então poderia ser qualificado como cesaropapista, passa a ser teocrático. Em Aix, Luís realiza uma série de conselhos em 816, 817, 818, 819; garante ao papa sua independência política e a liberdade de eleições papais. Estêvão IV o consagra em 816.

E então, a partir de 817, ele se envolve em grandes problemas ao promulgar antecipadamente, através da constituição *Ordinatio Imperii*, a futura divisão dos poderes. O sistema imaginado é um compromisso entre a ideia unitária e a partilha: o filho mais velho de Luís, Lotário, seria o único imperador, mas os seus irmãos Pepino e Luís, assim como seu sobrinho Bernardo, governariam de modo autônomo, com os respectivos títulos de rei da Aquitânia, rei da Baviera e rei da Itália. Eis a demonstração de um otimismo excessivo no que diz respeito às relações de família entre os carolíngios. Os partidários de Bernardo, que se sentem lesados, se rebelam. Bernardo é preso, seus olhos são furados e, por conta disso, ele morre. Luís, o Piedoso, sente remorso e concorda em se submeter à penitência pública em Attigny em 822. Essa humilhação enfraquece o prestígio do imperador, cuja submissão à Igreja foi confirmada em 829 por vários conselhos regionais, que declaram que o Império é apenas uma parte da Igreja, que o poder religioso é superior ao poder temporal, e que os leigos são excluídos das eleições e da administração dos bens eclesiásticos.

Para complicar as coisas, Luís, o Piedoso, que se casa novamente em 819 com a bávara Judite, com quem tem, em 824, um filho, Carlos, que ele pretende que tenha uma parte em sua sucessão. Os três filhos mais velhos, Lotário, Pepino e Luís, revoltam-se contra o pai e conseguem lhe roubar todos os vassalos. Luís, o Piedoso, abandonado por todos, inclusive pelo papa, é forçado a abdicar em outubro de 833 durante uma cerimônia orquestrada pelo arcebispo Ebbon de Reims. Encerram-no num mosteiro. Trata-se do resultado de sua incapacidade para dominar os três problemas que referimos: gerir a partilha da sucessão, controlar a vassalagem e manter-se senhor do clero.

No entanto, Lotário, proclamado imperador, é ele próprio incapaz de se impor. Luís, o Piedoso, é reintegrado à frente do Império em 834, mas, com sua morte em 840, seus três filhos sobreviventes, Lotário, Luís e Carlos, se veem competindo pela sucessão. Inevitavelmente, é a guerra. Luís e Carlos derrotam Lotário em Fontenay-en-Puisaye em 841, e, em 842, eles pactuam por ajuda mútua contra o irmão mais velho mediante o famoso juramento de Estrasburgo. Famoso não apenas pelo fato de o texto, citado pelo historiador Nitardo, ser o documento mais antigo preservado em francês antigo e alto-alemão antigo. É também uma ilustração de como a prática de vassalagem do juramento pode se tornar uma arma letal contra o poder central, no caso, Lotário, que afirma governar todo o Império. Além disso, Luís e Carlos buscam e conseguem a garantia da Igreja: um concílio reunido em Aix-la--Chapelle lhes confia o destino do Império "para que o governem segundo a vontade de Deus". Etapa suplementar rumo à tomada de controle da vida política por parte da Igreja.

Forçado a negociar, Lotário aceita o princípio de uma partilha em três, ratificado em Verdun, em agosto de 843. O tratado de Verdun é um trabalho notável, que exige de 120 comissários meses de pesquisa e de negociações. Devemos perceber a dificuldade da tarefa: como dividir em três partes equitativas um território com o dobro do tamanho da França atual, do qual não temos nenhum mapa, nenhuma representação visual de qualquer tipo? *Missi* são enviados por todo o Império, recolhem dos condes toda a documentação possível sobre os domínios do fisco, as cidades, as terras cultivadas e as incultas, as regiões arborizadas, as paróquias, os habitantes. Devemos

400-1000 – O TEMPO DO ORIENTE E A IDADE DAS ILUSÕES   153

homenagear a eficiência da administração carolíngia dirigida por Carlos Magno, que em menos de seis meses, com os meios rudimentares da época, consegue estabelecer uma divisão que, em suas linhas principais, servirá de referência para a diplomacia europeia durante séculos.

O resultado pode, de fato, parecer curioso. O levantamento não leva em conta as questões étnicas, linguísticas ou históricas. Nem mesmo os limites naturais são necessariamente respeitados. Carlos, chamado de o Calvo, recebe tudo a oeste do Escalda, do Mosa, do Saône e do Ródano, exceto Lyonnais, Vienense, Vivarais e Uzège, que são atribuídos a Lotário com a Frísia, bem como os países entre o Mosa e o Reno, a Borgonha, a Provença e a Itália franca. Luís, conhecido como o Germânico, recebe o que fica a leste do Reno, com a Suábia e a Baviera. Se os limites não acompanham rigorosamente o curso dos rios, é porque era necessário levar em conta a repartição dos fiscos régios, mais numerosos a oeste. Carlos, o Calvo, é agora designado rei da Frância ocidental, e Luís, o Germânico, rei da Frância oriental. Lotário tem o título de imperador, além das duas capitais, Roma e Aix, mas seu território de formato estranho, espremido entre os outros dois, não tem nome: é a terra de Lotário, a Lotaríngia.

Essa situação torna-o frágil e explica o seu rápido desaparecimento. Especialmente porque Lotário volta a fazer partilhas. Com sua morte em 855, a parte norte, do lago Léman até a Frísia, vai para seu filho Lotário II; a parte central, do lago Léman ao Mediterrâneo, para seu outro filho Carlos, e a Itália, com o título imperial, para seu filho mais velho, Luís II – porém, com a morte de Carlos, em 863, seus irmãos compartilharam a parte deste. O esfacelamento continua e, no processo, o poder imperial se degrada e torna-se dependente do papa. O titular, Luís II, controla apenas o norte da Itália, e só se torna o verdadeiro imperador após ser consagrado pelo pontífice em Roma. Aquilo que agora é uma realidade, será em breve uma tradição: para ser imperador, é preciso primeiro ser rei da Itália (mais tarde dir-se-á rei dos romanos), depois consagrado pelo papa, e não em qualquer lugar, mas somente em Roma. É o papa que faz o imperador.

E, enquanto o poder imperial cai nas mãos do papa, os bispos tomam conta do poder real. Quando Lotário II (861-869), que não tem filhos, quer se divorciar de sua esposa Teutberge para se casar com sua amante, Waldrade, com quem tem um filho, ele se depara com a oposição categórica do papa Nicolau I (848-867) e bispos da Frância ocidental, notadamente Incmaro, arcebispo de Reims (845-882). Lotário II deve se submeter. Assim, ele morre sem um herdeiro legítimo, em 869, e imediatamente seu tio Carlos, o Calvo, apodera-se de seu reino, que passa a se chamar Lorena, dividindo-o com Luís, o Germânico, no tratado de Meersen em 870.

O legado de Carlos Magno é assim desmembrado sem restrições e com a bênção do papa, que aproveita esse caos para se colocar como árbitro, como recurso e como criador de imperadores. É assim que Nicolau I (858-867) convoca um concílio em Roma para resolver as disputas públicas na cristandade e, no dia seguinte à morte de Luís II, em agosto de 875, o papa João VIII chama Carlos, o Calvo, para lhe conferir a coroa imperial. Em 25 de dezembro de 875, em São Pedro, em Roma, repete-se a cerimônia do ano 800, dessa vez sem nenhuma ambiguidade: é precisamente o papa quem fez o imperador; seu eleito, Carlos, o Calvo, lhe agradece acrescentando territórios ao patrimônio de São Pedro.

O imperador Carlos, o Calvo, vai ressuscitar o império de seu avô? Se ele teve essa intenção, deve ter se desiludido rapidamente: em 876, Carlos tenta explorar a morte de seu irmão Luís, o Germânico, para tomar suas terras a leste do Mosa, mas é derrotado em Andernach por seu sobrinho Luís, o Jovem. Por fim, morre no ano seguinte ao retornar de uma infeliz expedição à Itália. Em todo caso, o poder de Carlos, o Calvo, era frágil até mesmo na França, onde ele precisou fazer, em Quierzy, largas concessões aos nobres. Havia sido derrotado pelos aquitanos e pelos bretões, que, com Nominoë, Erispoë e Salomão, estenderam seu reino até Mayenne. Manteve sua coroa apenas graças ao apoio de Incmaro, arcebispo de Reims, que muito fez para aumentar o prestígio da função real, conferindo-lhe a auréola do sagrado e, ao mesmo tempo, reforçando sua dependência em relação à Igreja: ao consagrar Carlos em 848, Incmaro estigmatiza como impiedade qualquer tentativa de revolta; em 869, ao consagrá-lo rei da Lorena em Metz, declara que a unção é o sinal da escolha divina, e ao consagrar, em 877, o filho de Carlos, Luís, o Gago, em Paris, inscreve o ritual na ordem do maravilhoso, pois inventa a lenda da ampola sagrada. Ao estabelecer a tradição do sagrado em Reims com santo óleo milagrosamente vindo do céu para o batismo de Clóvis, Incmaro torna o rei intocável e faz dele um instrumento da Igreja.

O SÉCULO X: CAOS E FRAGMENTAÇÃO POLÍTICA

Após a morte de Carlos, o Calvo, em 877, a Europa ocidental entra por mais de um século numa fase de caos indescritível, provavelmente o período mais confuso da história medieval. O território do que havia sido o Império Carolíngio fragmenta-se em pequenas unidades efêmeras, de limites móveis, numa mescla geral que desafia qualquer tentativa de narrativa clara. Nesse naufrágio, desaparece o título imperial, atribuído pela última vez a um filho de Luís, o Germânico: Carlos, o Gordo (881-887). O próprio papado está prestes a entrar na tormenta durante esse período que foi chamado de "pornocracia pontifical", quando os soberanos pontífices, que se gabam de fazer imperadores, são eles mesmos joguetes de facções aristocráticas romanas, bem como de cortesãs. Começa com o assassinato de João VIII, em 882, por veneno e golpes de martelo. A partir daí, são as grandes famílias que fazem e desfazem os papas, os Teofilacto e os Crescient entre outros. Ressaltemos simplesmente os episódios mais pitorescos, e que não são os menos significativos: os quinze dias de pontificado de Bonifácio VI, um padre depravado, em 896; a exumação do cadáver do papa Formosa, por ordem do papa Estêvão VI, em 897 (o defunto, em plena decomposição, vestido com suas vestes pontifícias, é julgado durante o sínodo denominado "sínodo do cadáver"; os dois dedos de sua mão direita que serviam para abençoar são cortados, ele é mutilado e seus pedaços são jogados no Tibre); o assassinato de Estêvão VI, estrangulado na prisão em agosto de 897; o mesmo destino para Leão V em 903, por ordem de seu sucessor Cristóforo, ele próprio vítima de seu sucessor Sérgio III em 904. Começa então o período mais surpreendente, animado pelo trio infernal que forma o *magister militum*: Teofilacto, sua esposa Teodora e, principalmente, sua filha Marósia (Marouzia). Carreira extraordinária a dessa mulher, amante do papa Sérgio III aos 15 anos, com quem tem um filho, que ela faz tornar-se o papa João XI (931-935) após mandar assassinar os papas João X (914-928), Leão VI (928) e Estêvão VII (928-931); seu neto, por sua vez, foi eleito papa em 955, aos 17 anos, e pode ser considerado o pior papa da história, João XII, cuja devassidão não encontrava limites: depois de mandar cegar, cortar o nariz e as orelhas de seu concorrente Leão VIII, em 964, foi espancado até a morte por um marido que o encontrou na cama com sua esposa. Obviamente, o Espírito Santo havia desertado do trono de São Pedro.

Esses episódios, sobre os quais a história oficial lança um véu de pudor, e que fazem as torpezas dos Bórgia parecerem agradáveis contos infantis, deram origem durante a Idade Média à lenda da papisa Joana, que aparece nas crônicas dominicanas do século XIII: uma mulher que havia conseguido se fazer passar por homem, a fim de ser eleita papa, e cuja impostura fora descoberta quando ela pariu no meio de uma procissão. Dessa época em diante, escreve Yves-Marie Hilaire, "para evitar tal desventura, verifica-se manualmente o sexo dos papas durante a coroação nas cadeiras *furadas*",[11] para se ter certeza de que "ele possui aquilo", de alguma forma. Pura lenda, mas muito significativa. No Ocidente, verifica-se o sexo do papa; no Oriente, discute-se o sexo dos anjos.

Essas anedotas não são supérfluas. É bom lembrar que são esses mesmos papas que afirmam terem recebido de Deus o poder de consagrar imperadores e sancionar a conduta deles. Assim, quando lemos que, em 2 de fevereiro de 962, Otão I foi consagrado imperador em Roma pelo papa João XII, não é inútil saber que esse João XII é um jovem de 24 anos, perverso e devasso, totalmente inculto, que bebe exageradamente e consegue consagrar um menino de 10 anos como bispo. Isso dá a medida da decadência global da vida política e religiosa no século X.

Entra em jogo agora um elemento de natureza diferente: a chegada de novos invasores, normandos, muçulmanos e húngaros. O impacto mais duro vem com os normandos: dinamarqueses, noruegueses e suecos, agrupados sob o nome de vikings, surgem no final do século VIII, primeiro nas costas inglesas, depois no canal da Mancha e no Atlântico. Dorestad e Quentovic são saqueadas em 842, Nantes em 843, Bordeaux em 844, Hamburgo em 845. Multiplicaram-se as pilhagens dirigidas especialmente aos mosteiros, o que desencadeia migrações para o interior, como a dos monges bretões, que levaram relíquias para abrigá-las longe da costa. Mas os normandos sobem os rios com facilidade graças aos seus barcos de fundo chato, semeiam o pânico e contribuem para desorganizar ainda mais a vida local. Impulsionado talvez pela pressão demográfica e também pelo exílio voluntário de chefes de clãs, o movimento se amplificou devido à fragilidade da oposição até o final do século IX. Alguns grupos começam a invernar na foz de grandes rios, e

---

11 No original, *chaises percées*: eram as cadeiras de parto utilizadas pelas *sages femmes*. (N. T.)

400-1000 – O TEMPO DO ORIENTE E A IDADE DAS ILUSÕES   157

logo se estabelecem de modo definitivo: os dinamarqueses tomam York em 866, e, em 878, obtêm do rei Alfredo de Wessex um grande território no leste da Inglaterra, o *Danelaw*, que voltará ao domínio inglês com Eduardo, o Velho (899-925) e Etelstano (925-939). Na Frância ocidental, o rei Carlos, o Simples, concede ao chefe normando Rolão territórios a noroeste pelo tratado de Saint-Clair-sur-Epte em 911. Convertidos, os normandos se estabelecem e fazem da Normandia um ducado com instituições originais sob governo de Ricardo I (942-956). Outros penetram no Mediterrâneo, chegando a Arles e à Itália. A incapacidade dos soberanos para garantir a segurança das populações leva os senhores locais a encarregarem-se da defesa construindo motas fortificadas, o que acentua a fragmentação territorial.

Ao sul, piratas muçulmanos do emirado aglábida na África devastam as costas da Provença, a partir de sua base em La Garde-Freinet, estabelecida em 888. A Sicília é gradualmente conquistada, e dali os saques avançam: Roma (a partir de 845), Comacchio (em 875), e depois, Bari e Taranto. Os muçulmanos só foram desalojados da Calábria pelos bizantinos no início do século X, e de La Garde-Freinet em 973. Na Espanha, o reino asturiano e os governantes muçulmanos se continham mutuamente.

Finalmente, os húngaros chegam pelo leste ao mesmo tempo que os normandos a oeste e ao norte, e os árabes ao sul. Esses nômades turco-mongóis, radicados na Panônia, saqueiam a Germânia, a Itália e até a França, chegando a Mende em 924. Verdadeiros selvagens que provocam terror, atravessam toda a Germânia em 937, e a resistência só consegue se organizar em meados do século X. Em 10 de agosto de 955, o rei germano Otão I esmaga os húngaros perto de Augsburgo, no rio Lech. Batalha decisiva, que interrompe definitivamente os ataques. A sedentarização e a evangelização farão o resto. No final do século X, a Hungria entra no círculo das nações "respeitáveis".

Estas, porém, encontram-se em estado de decomposição. Em todos os lugares, o poder central recua diante da ascensão dos principados territoriais. A época é a da fragmentação: os agentes do poder régio, entregues à própria sorte, habituam-se a exercer os direitos reais em benefício próprio e a confundir as terras públicas com suas propriedades privadas. Dinastias locais são criadas, com vários títulos, e aplicam-se entre elas o direito de vassalagem. Descentralizador e anárquico, o movimento vai se auto-organizando aos poucos, até formar uma complexa rede que acaba por estabelecer um novo equilíbrio que se chamará feudalismo. Durante o século X, porém, estamos na fase de demolição. Em toda parte, as estruturas imperiais e reais se esfacelam.

Na Espanha, a velha marca franca da Catalunha torna-se independente com o conde de Barcelona, Vifredo, o Cabeludo (878-897); Castela se separa do reino das Astúrias com o conde Fernão Gonzales (923-970); Navarra torna-se reino em 905, e o mesmo logo ocorrerá com Aragão. Na Itália, o reino se desagrega – surgem então os marquesados de Friuli, de Ivrea e de Toscana, além dos pequenos principados de Espoleto, Benevento, Salerno e Cápua, e dos principados eclesiásticos de Parma, Módena, Piacenza, Cremona e Bérgamo. Nesse momento, os Estados da Igreja são controlados pelas grandes famílias aristocráticas. Na Inglaterra, os reinos de Wessex, Mércia e Nortúmbria veem os *ealdormen*, chefes militares à frente de vários condados, tornarem-se cada vez mais independentes. Na Frância ocidental, o duque Rodolfo proclama-se rei da Borgonha, enquanto Luís reina na Provença – em 933, as duas regiões se unem para formar o reino de Arles. A Aquitânia se divide em duas: o conde de Poitou, Guilherme, o Cabeça de Estopa, controla o norte, Raimundo funda o condado de Toulouse, e, a partir de 977, a família Sanchez assume o título de duque da Gasconha, dominando a margem esquerda do rio Garona. Na Borgonha, Ricardo, conde de Autun, Macon e Chalon, assume o título de duque em 890. O conde de Flandres, Balduíno II, captura Artois em 891. Na Bretanha, os condes locais disputam a direção da região como um todo. Na Germânia, onde o último rei carolíngio da Frância oriental, Luís, o Menino, morre em 911, a divisão ocorre no âmbito dos antigos quadros territoriais – surgem então cinco grão-ducados: Baviera, Francônia, Saxônia, Lorena e Suábia, cada um deles dividindo-se em múltiplos condados, margraviados, principados eclesiásticos e cidades independentes. Por toda parte na Europa, o campo está repleto de castelos fortificados: inicialmente eram simples torres de madeira sobre uma mota artificial cercada por um fosso e uma paliçada, mas rapidamente se desenvolvem com o intuito de comunicar uma mensagem clara: cada um é senhor da própria casa.

Em contraste com essa fragmentação do poder no oeste, assiste-se a leste e ao norte o reforço das estruturas estatais acompanhado da conversão dos soberanos: em 966, são batizados o rei da Polônia Miecislau e o rei da Dinamarca, Haroldo, o Dente-Azul. Quadros de dirigentes cristãos também se formam nos reinos da Noruega, da Suécia e, logo mais, da Hungria.

O FIM DOS CAROLÍNGIOS (987) E A RESSURREIÇÃO DO IMPÉRIO POR OTÃO (962)

Na Frância ocidental, que doravante chamaremos de França, os últimos reis carolíngios foram tragados pela tormenta do século X. A partir da morte de Carlos, o Calvo, em 877, a sucessão torna-se caótica. Seu filho Luís, o Gago, e seus netos Luís II e Carlomano morrem sucessivamente em cinco anos com reinados muito curtos. Quando Carlomano morre, em 884, os nobres elegem como rei Carlos, o Gordo, filho de Luís, o Germânico, que já era imperador desde 881. Obeso e desleixado, morre em 888. Os nobres então escolhem um dentre eles, o conde de Paris, Eudes, filho de Roberto, o Forte, que acaba de se destacar na luta contra os normandos. O passo é decisivo: durante um século duas dinastias paralelas vão se alternar no trono, os carolíngios e os robertianos, para maior benefício dos barões do reino, que elegem como soberanos não apenas os mais capazes, mas sobretudo os mais generosos, e sempre com a aprovação dos bispos.

Em 898, a coroa vai para o carolíngio Carlos, o Simples, que concede a Normandia a Rolão em 911, como vimos. Carlos é o primeiro a adotar o título de *Rex Francorum* (rei dos francos). Em 922, retorna aos robertianos, após uma revolta dos nobres: Roberto I (922-923), depois Raul (923-936). Com a morte deste, o homem-forte do reino é o filho de Roberto I, Hugo, o Grande, que recusa a coroa e chama de volta da Inglaterra o carolíngio Luís, filho de Carlos, o Simples (Luís estava refugiado na Inglaterra). Tornando-se Luís IV de Ultramar (por ter atravessado o canal da Mancha), este reina de 936 a 954 sob a tutela de Hugo, o Grande, que também controlava seu filho Lotário (954-986). Durante esse período, Luís IV e Lotário são levados a guerras contra os reis da Germânia na vã esperança de recuperar a Lorena. Em 986, o carolíngio Luís V sucede seu pai Lotário, mas quando morre acidentalmente em 22 de maio de 987, os nobres, por sugestão de Adalberão, arcebispo de Reims, elegem o filho de Hugo, o Grande: o duque da França Hugo Capeto. O que poderia ter sido apenas o enésimo episódio da alternância no poder das duas dinastias vai se revelar o ponto de virada decisivo: é o fim dos carolíngios e o início de 350 anos de reinado direto dos capetianos. Com a aproximação do ano 1000, a eleição de Hugo Capeto é um sinal suplementar do início de uma nova fase da Idade Média.

Alguns anos antes, outra data havia marcado o início de uma nova era: a ressurreição do Império por Otão I em 962. O antigo reino de Luís, o Germânico, havia atravessado desde a morte do imperador Carlos, o Gordo, em 888, um período muito confuso até 919, com uma sucessão de soberanos cujo título imperial já não correspondia ao seu poder real: Guido de Espoleto, Arnulfo e Luís, o Menino, lutam com grande dificuldade contra os morávios do rei Svatopluk (870-894) e contra os húngaros. Em meio a esse caos, surgem cinco grão-"ducados nacionais", como vimos. Com a morte de Luís, o Menino, em 911, é o duque da Francônia Conrado que é eleito rei da Germânia pelos nobres, e, em 919, o duque da Saxônia Henrique I, o Passarinheiro, o sucede. Este é o começo de uma renovação.

O mundo germânico nessa época tem fronteiras bastante imprecisas e uma parca população de cerca de 3 milhões habitantes. No entanto, ele tem consciência de sua unidade: seu povo fala a *theotisca lingua*, os *Tiutschi* (*Deutsche*), termo que, próximo a *Teutonici*, aponta para o *Regnum Teutonicorum*. A consciência de sua identidade também havia se reforçado durante as lutas contra seus vizinhos do leste. É assim que Henrique I (919-936) combate os wilzes, que eram os eslavos da margem direita do Elba, os wagrianos no sul da Jutlândia, os tchecos e os húngaros. Ele consegue ainda apoderar-se da Lorena, onde proclama-se rei em 925. O prestígio adquirido nessas guerras permite que seu filho Otão seja aceito como sucessor à frente da Germânia, em 936.

Otão I, o Grande (936-973), se inscreve desde o início de seu reinado na perspectiva imperial: ele se coroa e se consagra rei em Aix-la-Chapelle. Homem enérgico e com meios para realizar suas ambições. Na Germânia, reprime as revoltas dos condes, anexa a Francônia à Saxônia, nomeia membros de sua família à frente de certos principados e, apoiando-se no clero, põe fim ao processo de fragmentação do reino. Diante dos eslavos do nordeste, ele retoma a expansão germânica e cria duas marcas: uma confiada a Hermano Bilunga e outra a Gero. O duque polonês Miecislau presta-lhe homenagem pelos países do Varta em 962, e em 968 cria-se o primeiro bispado polonês, em Posen, ligado à arquidiocese de Magdeburgo. Otão traz o duque da Boêmia em relação de fidelidade, e no oeste ele mantém o rei da Borgonha em sua vassalagem, e toma a Lorena em 942, dividindo-a em duas partes, Alta e Baixa Lorena, à frente da qual ele coloca seu irmão, Bruno, o Grande, arcebispo de Colônia.

400-1000 – O TEMPO DO ORIENTE E A IDADE DAS ILUSÕES 161

Em 951, Otão é chamado à Itália por nobres revoltados contra o rei Berengário II. Ele derrota Berengário, entra em Pavia, faz-se aclamar rei dos lombardos e casa-se com Adelaide da Borgonha, viúva do antecessor de Berengário. Em 955, aniquila um bando de húngaros na batalha de Lechfeld, e então aparece como o salvador do Ocidente – um monge de Corvey, na Saxônia, celebra-o na *Res gestae* referindo-se a ele como "Grande". O ano de 962 é a apoteose: o infame papa João XII pede socorro a Otão, que toma Ravena e entra em Roma, onde é coroado "imperador augusto" em 2 de fevereiro. Em muitos aspectos, sua imagem é a de um imitador de Carlos Magno. Ironia da história, o novo imperador, Otão, é um saxão, descendente de Viduquindo, inimigo do imperador carolíngio. E, de certa forma, ele vinga mesmo este último ao promulgar um edito pelo qual o papa é colocado sob o controle do imperador: enquanto João VIII declara em 877 que "somos nós [o papa] que devemos escolher o imperador", ele decide que, de agora em diante, nenhum papa será consagrado se não tiver previamente prestado juramento ao imperador. O duelo se inicia no tempo de Leão III e Carlos Magno o continua. Caminhamos para um impasse, porque se teoricamente não há imperador sem consagração do papa, agora não há papa sem juramento perante o imperador.

Depois de ressuscitar o Império, Otão completa seu trabalho castigando os príncipes italianos revoltados, tomando a Apúlia e a Calábria. Além disso, ele faz com que seu filho e herdeiro Otão se case com a princesa bizantina Teófano em 972. É a repetição do acordo entre os dois grandes impérios. Mas o acordo de Otão é mais modesto que o de Carlos Magno. Trata-se de um império cristão, mas limitado à Itália e à Germânia: o Sacro Império Romano germânico.

Após os dez anos de reinado de Otão II (973-983), o filho deste, Otão III (983-1002), termina o trabalho de seu avô perseguindo a submissão da Itália e a evangelização dos eslavos e húngaros, incluindo o duque Vajk, batizado com o nome de Estêvão, obtém em 1001 o título de rei e a criação de um arcebispado húngaro autônomo em Gran.[12]

---

12 O nome original da cidade é Strigonium ("Esztergom", em português); em língua alemã, o nome é Gran, em referência ao rio Hron, que é Garam em húngaro. (N. T.)

AS ESPERANÇAS DO ANO 1000

Chegamos ao ano 1000. A data é conveniente e favorável aos símbolos. Os historiadores do século XX desfizeram legitimamente o mito dos pretensos "terrores do ano mil", elaborado por uma historiografia em busca de curiosidades espetaculares. Nota-se certamente nos atos oficiais um florescimento de doações acompanhadas de fórmulas deste tipo: "As ruínas que se multiplicam manifestam de certa forma a aproximação do fim do mundo", e o monge cronista Raul Glaber, que escreve entre 1026 e 1048, relata que três anos antes do ano 1000 haviam aparecido sinais assustadores, como um "enorme dragão, que saiu das regiões do norte e chegou ao sul lançando feixes de raios", ou como uma "fome rigorosa que durou cinco anos e se espalhou por todo o mundo romano", mas tudo isso era lugar-comum desde a Antiguidade.

De fato, o fim do mundo está programado desde o início do cristianismo, e não havia razão para impor o ano 1000 como a data fatídica, até porque a incerteza cronológica da época tendia a apagar esse número da mente. As referências então utilizadas não eram os anos da era cristã, mas os anos de reinados ou pontificados, ou o tempo decorrido desde certos eventos maiores. Apenas uma elite clerical mantém uma cronologia precisa, e essa elite corresponde justamente àqueles que se opõem à ideia de um fim do mundo programado para o ano 1000. Adso, cuja resposta à rainha Gerberga data de 954, declara que o fim não será visto até que os reinos sejam separados do Império. Abão de Fleury, morto em 1004, não atesta em sua obra nenhuma preocupação com o tema do ano 1000, mesmo relatando que um pregador havia anunciado que nessa data veríamos o fim. Outros, ele escreve, fixaram o momento fatídico durante o ano em que a Anunciação coincidiria com a Sexta-Feira Santa, ou seja, 992. O ano 1000 chamou muito mais atenção *depois* do que *antes* dele, entre homens que viveram em grande parte fora das referências cronológicas numéricas. Curiosamente, a aproximação do ano 2000 – e isso não é muito tranquilizador em matéria de evolução cultural – suscitou bem mais especulações absurdas, superstições e enganações de todo tipo do que a aproximação do ano 1000.

Nesses termos, o ano 1000 em sentido amplo é uma referência muito útil na história da Idade Média, pois ele coincide com uma verdadeira viragem política e cultural que marca o início de um período mais racional, embora, certamente, ainda turbulento e violento. Vários indícios reforçam sua importância simbólica. O personagem mais representativo dessa mudança é provavelmente o papa: o monge Gerberto de Aurillac, que estudou matemática e ciências na Espanha, frequentou Roma, foi abade de Bobbio, favoreceu a ascensão ao trono de Hugo Capeto, tornou-se arcebispo de Ravena e amigo íntimo de Otão III, de quem era como um preceptor. Apaixonado por ciência, medicina, astronomia, física, grande escritor e orador, ele é considerado o homem mais sábio de seu tempo. Eleito papa em 999, seu nome muda para Silvestre, pela primeira vez desde Silvestre I, contemporâneo do primeiro imperador cristão, Constantino. Tendo se tornado "o papa do ano mil", Silvestre II, amigo do imperador do ano mil, Otão III, encarna uma renovação do papado, que havia se degradado muito no período anterior. Ele também encarna a renovação cultural que está surgindo nos meios monásticos e episcopais, onde há uma profunda sede de conhecimento, de saberes científicos e filosóficos. Começa a haver interesse pela ciência árabe e pela tradução de manuscritos nos mosteiros da Catalunha: em Ripoll, Gerberto assume realmente sua vocação. Quando, em 997, o imperador Otão III recorre a ele para receber educação, Gerberto redige para seu aluno-imperador o tratado *Sobre o racional e o uso da razão*, que pode ser considerado, de certa forma, o manifesto da nova era, a era da razão. A expressão pode surpreender, pois, afinal, estamos em plena Idade Média. Parece-nos, entretanto, que ela se justifica totalmente: devemos nos lembrar que se trata de uma razão baseada na fé, segundo a fórmula utilizada pelo próprio papa num manuscrito intitulado *Livro de geometria escrito pelo senhor Gerberto, papa e filósofo, também chamado Silvestre II*: "A divindade presenteou os homens de modo considerável, dando-lhes fé e não lhes negando a ciência. O justo vive pela fé, mas esta deve ser acompanhada pela ciência, uma vez que os tolos dizem que não a possuem". Efetuar a síntese entre fé e ciência será o grande objetivo dos intelectuais dos séculos XI a XIII. É um ideal que já inspira, no ano 1000, o abade de Fleury, Abão (945-1004), e os mestres da escola episcopal de Chartres, fundada em 990, a qual o bispo Fulberto, aluno de Gerberto, dirige entre 1006 e 1028.

Outro símbolo poderoso: no domingo de Pentecostes do ano 1000, o imperador Otão III, que foi a Aix-la-Chapelle, mandou exumar o cadáver de

Carlos Magno, do qual extraiu um dente e apreendeu sua cruz peitoral. Ao ressuscitar o grande fundador do Império, Otão manifesta sua vontade de retomar sua obra por conta própria, em associação com seu amigo, o papa Silvestre. Trata-se de criar o Império cristão de um ponto de vista universal: uma Europa cristã, apagando a fronteira dos reinos para se tornar a cristandade. O germe da ideia surge dois séculos antes: um clérigo irlandês, Catulfo, chamou Carlos Magno de "chefe do reino da Europa", e o papa João VIII se autodenominava "retor da Europa". Criar a Europa é também uma ideia racional, um grande projeto, que a Idade Média tentará concretizar sob forma cristã – muito mais tarde, outros tentarão fazê-lo de forma liberal e democrática.

A aventura começa por volta do ano 1000 com Otão III e Silvestre II. É verdade que os primórdios são bastante difíceis: em 1001, o imperador e o papa são expulsos de Roma por uma revolta popular. Otão morre em 1002, e Silvestre em 1003. Seus sucessores imediatos não estão à altura do projeto: dez papas em 45 anos (1003-1048), nenhum dos quais deixou um nome na história, a não ser na crônica escandalosa, com um Bento IX, eleito aos 15 anos em 1032, e que revende seu título ao padrinho Gregório VI, por exemplo. Quanto aos imperadores, há um pouco mais de seriedade, com Henrique II (1002-1024) e Conrado II (1024-1039), mas eles têm dificuldade em controlar a Itália e a Borgonha. Foi apenas com Henrique III (1039-1056) e o papa Leão IX (1049-1054) que se prepara o grande confronto pelo domínio da cristandade.

As novas bases da história europeia encontram-se, portanto, no primeiro terço do século XI: o mundo muçulmano está em crise, o califado de Bagdá desmorona, o de Córdoba desaparece em 1031, o Oriente Próximo sofre com os confrontos entre chefes da política e da religião. Em Bizâncio, o grande período de Basílio II termina com a morte do basileu em 1025, enquanto o Ocidente, livre da ameaça de invasões, fomes e epidemias, começa a formar quadros mais estáveis em torno de três polos ao mesmo tempo complementares e antagônicos: papado, Império, vassalagem. Estamos às vésperas da monarquia feudal, numa cristandade que toma consciência de sua força e elabora um ideal social, econômico, político e cultural. Os intelectuais universitários vão elaborar um grande corpo teórico, mediante o qual tentarão realizar, de maneira otimista e ilusória, a síntese entre a fé e a razão.

SEGUNDA PARTE

1000-1300 – O TEMPO DO OCIDENTE E A IDADE DA RAZÃO

Por volta do ano 1000, imperceptivelmente, o mundo eurasiano inicia uma profunda mudança. Ao emergir lentamente do caos e da noite das eras obscuras, experimenta um novo amanhecer. O sol da razão, invisível durante seis séculos, se levanta novamente. Porém, ao contrário da mecânica celeste, no mundo das civilizações o sol se levanta a oeste.

Retórica de mau gosto, aliada a uma ilusão de ótica e, ainda por cima, politicamente incorreta? De fato. O que se passa no início do século XI, como ocorre em qualquer mudança profunda, não é visível a olho nu nem pode ser percebido pelos contemporâneos, que vivem no imediato. Tudo o que o cronista Raul Glaber nota por volta do ano 1000 é que "o mundo então sacudiu a poeira de suas velhas roupas, e a terra foi coberta com um manto branco de igrejas", o que não é tão ruim. Ele também observa que, em 997, sinais assustadores apareceram no céu. Alguns, é verdade, esperam o fim do mundo, mas, afinal, isso já não estava na ordem do dia desde a Criação? De qualquer forma, como dissemos, nenhum pânico é assinalado. Além disso, por que construiríamos tantas igrejas se pensássemos que elas iriam desabar a qualquer momento?

Não, os homens do ano 1000 não previram isso, porque o que acontecia era invisível na escala de uma geração. E o que acontecia era a gestação da civilização ocidental, que estava prestes a arrancar a supremacia de seus rivais orientais. Diante de um mundo muçulmano em completa anarquia, onde o obscurantismo religioso logo viria a sufocar qualquer pensamento livre e onde a mescla de emires, califas e outros sultões destruía a unidade política;

ao que se acrescenta o confronto com um mundo bizantino sitiado por todos os lados, reduzido a uma casca de ferida, rodeado por suas disputas dinásticas; enfim, diante desses dois mundos, a Europa ocidental emerge gradualmente como o centro de gravidade do Velho Mundo. É por isso que, mais do que os "terrores do ano 1000", devemos falar das "esperanças do ano 1000".

Por que essa mudança de *leadership*? É que, além dos problemas internos dos orientais, o mundo ocidental encontra-se às vésperas de uma exitosa revolução cultural que lhe dará um notável dinamismo. É verdade que essa revolução cultural se beneficiou de um contexto material favorável, cuja importância relativa é, desde sempre, objeto de debate entre os historiadores. Há o aquecimento climático, que resulta na "transgressão de Dunquerque III",[1] favorável ao amadurecimento das plantas; há o crescimento demográfico, com o fim das invasões e alguns aperfeiçoamentos técnicos, como o colar de cavalo no arreio e o arado de carruca, sem contar o declínio das fomes e das epidemias, o que não exclui calamidades como em 1033 e 1090; há o reagrupamento e a estabilização dos homens no quadro de vilas, cidades, senhorios e feudos, no âmbito de uma sociedade de ordens sob a direção da Igreja, garantindo uma maior eficiência do sistema produtivo; há o progresso de uma administração real que se apoia cada vez mais no direito romano.

Acima de tudo, há o grande processo de racionalização, fora do qual nenhum progresso real é possível. Mas não é abusivo falar de uma "idade da razão" para os séculos XI-XIII? É mesmo "racional" essa época das cruzadas, da Inquisição, das corporações, das cerimônias de vassalagem, das lutas entre papas e imperadores pela monarquia universal? Correndo o risco de chocar, responderemos que sim. A Idade Média central passa no Ocidente pelo culto da razão. Quando, em meados desse período, por volta de 1150, Honório de Autun escreve que "não há outra autoridade além da verdade provada pela razão", ele expressa a opinião geral dos intelectuais e dirigentes de seu tempo. À idade das ilusões, que sempre perseguiu as quimeras de uma ressurreição do Império Romano, segue-se a idade da razão, ávida de novos conhecimentos que lhe permitam ver mais longe do que os antigos. Esses anões montados em ombros de gigantes, como os professores da escola de

---

1 A transgressão marinha Dunquerque III é um avanço do mar ocorrido por volta do ano 1000 que altera a linha da costa ao norte da França. (N. T.)

Chartres gostam de se descrever, são, a uma só vez, mais modestos e mais ambiciosos do que seus predecessores. De vários pontos de vista – econômico, social, político e cultural – é inegável o desejo de racionalizar, ordenar e classificar. Esse fato remonta ao arcebispo Adalberão, que apresenta, um pouco antes do ano 1000, a teoria da tripartição da sociedade (os que rezam, os que lutam e os que trabalham), para não mencionarmos os juristas que elaboram os princípios da monarquia feudal, passando ainda pelos dialéticos e seu rigor lógico. E o que poderia ser mais racional do que uma catedral gótica ou uma suma teológica universitária?

Mas é claro que esse uso universal da razão é inseparável da fé. Uma suma teológica escolástica é uma construção maravilhosa de lógica sem erro... contanto que seus axiomas básicos sejam aceitos sem discussão. Assim como a catedral, a construção repousa sobre pilares, que são as afirmações da Escritura. Para que o conjunto possa ser erguido, os pilares devem ser inabaláveis: eles são a infraestrutura dessas catedrais intelectuais, que são suas superestruturas. Sem os pilares, o edifício desmorona. Do século XI ao XIII, os pilares não são tocados, e é isso que permite ao Ocidente medieval atingir sua máxima realização.

No entanto, por volta do final do século XIII, alguns começam a entender que razão e fé são fundamentalmente incompatíveis entre si, e que seu acordo se sustentava sobre um mal-entendido. Semelhante à catedral de Beauvais, que desaba em 1284 por ter subido muito alto, a síntese político-religiosa da época gótica é questionada pelos primeiros céticos. Mas vejamos primeiro como, do século XI ao XIII, o Ocidente se afirma pelo uso da razão esclarecida pela fé, ou vice-versa.

– 6 –

O DECLÍNIO DO ORIENTE: FRAQUEZAS POLÍTICAS E BLOQUEIOS CULTURAIS

Quando o segundo milênio tem início, o mundo muçulmano encontra-se em pleno caos. No mapa, ele cobre uma área imensa, sem dúvida, do Marrocos ao Indo. Contudo, essa uniformidade de cor verde é enganosa, porque o islã está dividido não apenas em unidades políticas antagônicas com fronteiras imprecisas e mutáveis, mas também em povos diversos e em correntes religiosas rivais. Os árabes não passam de um elemento minoritário em um conjunto heterogêneo, confuso e, numa palavra, anárquico. A religião nesse contexto é o único elemento de unidade, apesar das muitas sensibilidades rivais. Esse clima de confronto perpétuo também tendia a sufocar a pesquisa livre e a monopolizar a vida intelectual: a partir do século XII, a obstrução imposta pelos imãs leva o mundo muçulmano a uma era de estagnação, da qual não se libertou até hoje.

OS CONFLITOS INTERNOS DO MUNDO MUÇULMANO NO SÉCULO XI: FATÍMIDAS E SELJÚCIDAS

O prestigioso califado abássida de Bagdá sobrevive, mas agora sem nenhum brilho. O califa perdeu praticamente todo o poder político e está reduzido a brincar com as rivalidades entre os emires do Oriente Médio: os buídas, os gasnévidas, os hamadânidas e os seljúcidas. É isso que os califas Cadir e Caim, por exemplo, conseguem fazer com relativo sucesso entre 1031 e 1075. O poder dos califas agora é exclusivamente religioso e eles privilegiam a corrente sunita, cujas bases são a interpretação literal do Alcorão, a tradição e a fidelidade à lei.

As receitas do califado estão em baixa constante, e o dinar perde seu valor, caindo de 4,25 para menos de 4 gramas durante o século XI. O poder se enfraquece pela prática da *iqta*, que consistia em remunerar os líderes militares e altos funcionários distribuindo-lhes grandes alçadas do fisco sobre as quais podiam cobrar taxas. A capital do califado, no entanto, continua atraente. Vivendo do prestígio adquirido durante a grande era abássida, Bagdá é um centro imensurável que, por volta do ano 1000, cobre mais de 8 mil hectares, onde existem 1.500 banhos, cerca de cinquenta mesquitas, 30 mil barcos e 869 médicos. Hospitais, mercados e mesquitas são construídos a todo momento. Juristas e professores, os *ulama*, colocam ordem na sociedade ao perseguirem sinais de imoralidade e heresia. A cidade é frequentemente agitada por distúrbios religiosos, em 1002, 1007, 1015-1016, 1045, 1051, 1055, 1072, 1076, 1082 e 1089. São os tradicionalistas hambalitas, núcleo original do sunismo, que fazem a lei: eles perseguem xiitas e mutazilitas, vigiam de perto os intelectuais e proíbem qualquer tipo de livre reflexão. Os religiosos são formados nas madraças, surgidas em meados do século XI, onde lecionam professores pagos – são colégios estabelecidos como fundações privadas que fornecem educação sunita em parceria com as mesquitas. Ali são formados crentes no mais puro espírito obscurantista, e a vida intelectual é praticamente sufocada.

Uma certa renovação do mundo muçulmano ocorre no século XI, com a chegada e a conversão dos turcos. Esse povo nômade, vindo da Ásia central, se estabelece no Irã e avança em direção ao oeste. Divididos em clãs, como o dos Oguzes (que ocupam a Transoxiana, no Azerbaijão, às margens do lago

1000-1300 – O TEMPO DO OCIDENTE E A IDADE DA RAZÃO 173

Van, de onde expulsam os armênios), os turcos adotam a versão sunita do islã e estabelecem emirados locais. Guiados pelo clã seljúcida dos irmãos Tugril e Chagri, eles aniquilam o império gaznévida em 1040, na batalha de Dandanacã, perto de Marve. Em 1055, Tugril entra em Bagdá, onde proclama seu respeito pelo califa, ao mesmo tempo que se adorna com o título de sultão ("Poder"), o que reforça sua posição de rei ao lhe conferir uma autoridade religiosa. Em 1071, os seljúcidas abrem a península da Ásia Menor ao esmagarem um exército bizantino em Manziquerta.

No Irã, os turcos renovam os quadros da administração, notadamente durante o período dominado pelo vizir iraniano Nizã Almulque (1073-1092). Desenvolvem as artes decorativas, como a moldura de parede, os tecidos, os tapetes. Entretanto, a vida intelectual, até então muito brilhante – com o médico Abu Bakr al-Razi (Rasis, †929), o matemático Al-Khazin (†1039), e sobretudo o médico e filósofo Ibn Sina (Avicena, †1037) –, definha, vítima de bloqueios religiosos. Porque os turcos, enquanto muçulmanos sunitas, usam a religião como meio de governo para garantir a ordem e a moralidade. Os problemas teológicos e filosóficos não lhes interessam. Eles impõem o respeito literal pela lei do Alcorão, que lhes fornece um código de conduta pronto, e eliminam impiedosamente todos os movimentos heréticos e, em particular, místicos inspirados pelo xiismo, bem como as comunidades cristãs. Eles reconhecem, ainda que de um ponto de vista teórico, o califa abássida de Bagdá como líder religioso, enquanto a realidade do poder pertence ao seu sultão.

Na região Síria-Palestina, a atividade comercial é relativamente próspera. Novas culturas são introduzidas, como a cana-de-açúcar na planície de Trípoli. Em Tiro, Saida, Trípoli, Ascalão, Acre e Lataquia, grupos de comerciantes, incluindo judeus e ocidentais, obtêm lucros consideráveis, especialmente com o tráfico de produtos orientais vindos do Golfo.

Tanto nessa área quanto em outras, os grandes rivais dos seljúcidas são os fatímidas do Egito. Liderados por um califa estabelecido no Cairo e supostamente descendente do Profeta, eles pertencem ao ramo xiita do islã. O poder do seu califa é de essência religiosa: ele é *imam* ("guia"), e designado pelo seu antecessor na família de Ali, mas deve ter em conta o poder puramente temporal dos vizires, que mantêm sob seu controle tropas de mercenários. Alegando serem os únicos herdeiros legítimos do Profeta, os califas fatímidas tentam, no século XI, eliminar o califa rival de Bagdá, o abássida apoiado pelos turcos seljúcidas. Em 1059, os fatímidas tomam Bagdá, mas são expulsos logo depois pelo seljúcida Tugril.

Os círculos fatímidas, como os xiitas, estão abertos a especulações espiritualistas que combinam esoterismo, expectativas messiânicas e elementos racionais resgatados da ciência antiga. Entre os movimentos desses iluminados, o dos ismaelitas ou *Batiniya* ("os do segredo") provoca profunda agitação na sociedade egípcia e na Síria-Palestina no século XI. Praticando o culto dos imãs mártires que se sucederam desde o Profeta, eles aguardam o retorno do décimo segundo, o imã oculto, invisível, que virá vingar todos os precedentes e iniciar a "era da verdade" que precederá o Juízo Final. Em suas elucubrações, tudo assume valor simbólico, e eles não se contentam em delirar: defendendo a atuação em todas as áreas, causam muitos problemas no século X, e no século XI, um certo Haquim, proclamado em 996 "imã do ano 400" (depois da Hégira), impõe de 1003 a 1007 regras morais estritas, seguidas de perseguições aos cristãos e outras minorias. Em 1009, ano 400 da Hégira, quando se esperavam mudanças radicais, manda destruir muitas igrejas, inclusive a do Santo Sepulcro em Jerusalém. Contudo, na ausência de um fim do mundo, o movimento se atola na confusão. Outras convulsões ocorrerão, como em 1094.

Como em todos os movimentos desse tipo, os delírios messiânicos dão origem a grupos fanáticos que se inspiram em elucubrações sem limites que os levam a um total desprezo pela morte e a atos terroristas indiscriminados. É o caso dos ismaelitas nizaris que se destacam na história como *Hachchachin* (Assassinos), ou seja, "consumidores de haxixe". Seu primeiro grande mestre, Haçane Saba, se estabelece em 1090 nas montanhas ao redor de Gazvin. A seita dos Assassinos multiplica os assassinatos de sunitas seljúcidas e também de cristãos.

Note-se que isso não impediu o Egito de experimentar uma notável ascensão econômica no século XI, particularmente durante a época do vizir Badre Aljamali de 1074, quando Cairo, Fostate e Alexandria capturaram o tráfego entre a Itália e o oceano Índico. Pelo delta do Nilo passam seda de Andaluzia e da Sicília, cobre, antimônio e açafrão da Espanha, enquanto na outra direção chegam especiarias, drogas, noz-moscada, ouro, sedas, escravos das costas orientais da África e da Índia. Os lucros gerados por esse comércio são consideráveis: por exemplo, o preço da pimenta triplica entre Fostate e a Sicília, passando de 18 para 62 dinares por 100 libras. Os fatímidas mantêm uma frota no mar Vermelho para proteger o comércio de ataques de piratas, e a rota para Aden é marcada por grandes entrepostos a céu aberto. Comerciantes italianos, judeus e muçulmanos dividem o tráfico, e a busca pelo lucro revela-se um elemento de solidariedade onde a religião é um fator de guerra. Enormes fortunas são feitas, de comandantes de navios, os *nakhudas*, e mercadores. Todos os anos, 3 mil fardos de especiarias e bens preciosos passam pelo Egito. A isso deve ser adicionado o transporte de peregrinos para Meca. A cada temporada, uma dúzia de navios chega a Fostate, cada um transportando de 400 a 500 passageiros. Em todas as religiões, as peregrinações são negócios comerciais muito lucrativos. Graças a esses vários tráfegos, o Cairo se torna uma cidade que eclipsa em esplendor a própria Bagdá e causa admiração dos viajantes.

O mundo muçulmano oriental no século XI se caracteriza, portanto, pelo contraste entre, de um lado, desordens políticas e religiosas e, de outro, uma certa prosperidade econômica – situação menos paradoxal do que pode parecer: o comércio se beneficia da vigilância relaxada e da regulamentação que caracterizam os Estados fortes. Todas as oportunidades estão abertas a empreendedores ousados, que não se deixem inibir pelos preconceitos religiosos. É o que vemos também do outro lado do mundo muçulmano, na Espanha e no Magrebe.

AL-ANDALUS E IFRÍQUIA: AS CRISES HILALIANA E ALMORÁVIDA (SÉCULO XI)

Após a queda do califado de Córdoba, a península Ibérica divide-se em vários pequenos reinos rivais, os taifas, cujas capitais, Valência, Tortosa, Múrcia, Almeria e Denia, tornam-se centros urbanos dinâmicos. Pouco depois de 1011, o rei da taifa de Córdoba, Mujahid al-Amiri, chega a estender sua autoridade sobre as ilhas Baleares, atacando a Sardenha, de onde é expulso por pisanos e genoveses. Mecenas esclarecido, atrai letrados para sua capital, onde funda uma escola de leitura do Alcorão, enquanto em Palma de Maiorca, nos anos 1010-1020, acontecem debates entre intelectuais de alto nível, como Abzeme e Al-Badjr. A Sicília também experimenta um desenvolvimento, e Palermo se torna a cidade-chave de uma província dependente de Cairuão. Tanto no Magrebe quanto na Espanha das taifas, desenvolve-se um mundo rural ativo, com métodos agrícolas sofisticados, mas as comunidades aldeãs têm dificuldade em resistir à pressão dos grandes proprietários. O domínio fundiário dos Estados, difícil de distinguir daquele dos soberanos, é reduzido pela distribuição de terras concedidas em *iqta* a altos funcionários e chefes militares. O comércio com o Mediterrâneo oriental é ativo, e uma forte rivalidade opõe os governantes das taifas aos de Marrocos e do Cairuão pelo controle dos pontos de chegada das rotas transaarianas pelas quais transita o ouro do Sudão. Uma economia monetária caracterizada pela rápida circulação de numerário se estabelece nesses Estados, mas não sem problemas de natureza religiosa: assim, injetar na economia geral as moedas recolhidas do imposto sobre não-muçulmanos, fazendo-as circular novamente, é visto como um fator de corrupção. Abzeme de Córdoba compara essas moedas impuras a víboras e escorpiões. No entanto, isso não parece incomodar a consciência dos usuários.

No entanto, o Magrebe e a Espanha muçulmana são abalados na segunda metade do século XI por dois episódios violentos. Em 1051-1052, nômades árabes enviados pelo califa fatímida do Cairo chegam ao emirado de Cairuão para reconquistar Ifríquia. São os hilalianos. Eles derrotam as tropas da dinastia zirida do Cairuão em 1052. O soberano zirida se retira para Mádia, e os hilalianos destroem o sistema agrícola do interior, impondo seu modo de vida nômade. O país se fragmenta em uma multidão de chefes tribais árabes.

Alguns anos depois, é o oeste do Magrebe que cai sob o domínio dos berberes sanhadjas. Esses nômades do sul de Marrocos, liderados pela comunidade militante dos almorávidas, partem rumo aos países sudaneses de Gana, tomando Sijilmasa e Tafilete, pontos de chegada das estradas transaarianas. Depois, sob a liderança de Iáia e de seu primo Iúçufe, tomam Fez em 1062, Tremecém, Orã e Argel em 1084, cruzam para a Espanha e, em 1086, conseguem deter os cristãos de Afonso de Castela em Zalaca, eliminam os emires das taifas em 1090, tomam Valência em 1102 e Zaragoza em 1110. Metade da Espanha e todo o Magrebe ocidental foram unidos sob o controle dos almorávidas, cuja dominação resulta em uma renovação econômica e cultural dessa região. O desenvolvimento urbano continua com a fundação de Marraquexe (1060), a unificação de Fez (até então dividida em duas cidades), o desenvolvimento de Almeria, onde existem 800 oficinas de tecelagem de seda e 900 entrepostos com hotelaria (funduques). Córdoba e sua famosa mesquita atingem então seu apogeu, e a cunhagem de ouro ultrapassa o nível do século IX.

No entanto, a imagem não é tão idílica quando se considera o mundo muçulmano ocidental como um todo. Na Sicília, os bizantinos se firmam de 1038 a 1040, depois chegam os normandos, que ocupam a ilha entre 1061 e 1091. Na Espanha, tem início a investida dos Estados cristãos do norte: o rei Fernando, de Castela e Leão, toma Coimbra em 1064. Seu sucessor Afonso VI entra em Toledo em 1085 e, embora tenha sido temporariamente preso em Zalaca em 1086, a pressão não diminuiu. Em 1096, os aragoneses tomaram Huesca. No mesmo ano, a primeira cruzada parte rumo ao Oriente.

O IMPACTO DAS CRUZADAS E A RECUPERAÇÃO COM SALADINO E OS ALMÓADAS

Apesar de alguns sucessos parciais no final do século XI, o mundo muçulmano como um todo encontra-se, portanto, em dificuldade. Isso facilitará a tarefa dos cruzados. Esse episódio, que voltaremos a discutir a propósito da cristandade, tem um impacto totalmente limitado no território islâmico. Quando o exército de Godofredo de Bulhão chega à Ásia Menor em 1097, encontra grupos seljúcidas divididos. O sultão Quilije Arslã, que controla as rotas principais de Niceia a Cônia, está lutando contra as dinastias armênias e, até Antioquia, os cruzados encontram pouca resistência. O cerco de Antioquia, em 1098, é certamente difícil, mas, depois dele, o caminho para Jerusalém está praticamente livre por conta de divergências entre seljúcidas e fatímidas. Os fatímidas acabam de retomar dos turcos a Cidade Santa. Os cruzados a tomaram em 15 de julho de 1099 e estabeleceram Estados latinos nos territórios conquistados: condado de Edessa, principado de Antioquia, condado de Trípoli, reino de Jerusalém. A passividade dos fatímidas facilita imensamente a tarefa: de fato, para o califa do Cairo, os Estados latinos constituem uma barreira contra os turcos seljúcidas, a quem ele odeia ainda mais do que os cristãos. Além disso, os problemas na Síria-Palestina desviam as rotas comerciais entre o Ocidente e a Ásia para o Egito, para onde vão os mercadores italianos.

No entanto, a situação dos Estados latinos rapidamente se torna difícil. Seu isolamento é evidente desde o início do século XII, quando os seljúcidas restabelecem seu controle sobre a Ásia Menor, barrando a rota para contingentes da Aquitânia, Baviera e Lombardia a partir de 1101. Doravante, as comunicações com o Ocidente deverão ser feitas por mar. Ademais, os cristãos são em número muito pequeno para aguentar os 80 mil km^2 dos quais se apoderaram: levando-se em conta os regressos à Europa e as perdas da guerra, estima-se que permaneçam no local cerca de 2 mil cavaleiros pesados e 15 mil soldados de infantaria. No entanto, a utilização de tropas locais contratadas, os turcópoles, e a criação das ordens de monges-soldados, templários e hospitalários, a partir dos anos 1112-1120, reforçada por um contínuo aporte de novos cruzados, bem como a construção de enormes fortalezas como Montreal, Beaufort, Castelo Branco e a Fortaleza dos Cavaleiros, torna possível um prolongamento da resistência, sob liderança de chefes de qualidade como Balduíno I, Tancredo, Fulque de Anjou.

Mas a fraqueza essencial dos cruzados está em seu comportamento e em suas divisões. A maioria deles se comporta como aves de rapina vivendo na região, porém, sem vontade de se converter ou integrar-se. O sistema feudal europeu está incrustado no próprio terreno e suas preocupações se limitam às receitas fundiárias e aos impostos diversos. Os monges-soldados, em sua maioria brutos sem instrução, comportam-se como uma milícia arrogante imbuída da superioridade da religião cristã. Os cristãos locais, de vários ritos ortodoxos, não nutrem por eles nenhuma simpatia. A discordância é total entre esses "puros" e uma minoria de cruzados que se casam com sírias, armênias e gregas, usam o robe e o turbante, e tentam se inserir na sociedade local. Já os mercadores, em sua maioria italianos, fazem pouca diferença entre muçulmanos e cristãos.

As motivações estritamente religiosas são secundárias nos primórdios da reconquista muçulmana: quando o emir de Mossul, Zengui, ataca o condado de Edessa em 1128, ele o faz para aumentar as suas possessões, impor o sunismo e eliminar o xiismo, bem como expulsar os cruzados. Se ele coloca o conceito de jihad de volta no centro das atenções, é antes para

1000-1300 – O TEMPO DO OCIDENTE E A IDADE DA RAZÃO   179

disfarçar seus ataques com um pretexto "honroso". Mas isso põe em movimento a máquina infernal do fanatismo religioso. À captura de Edessa em 1144, responde o envio de uma segunda cruzada, ao chamado de são Bernardo. Essa nova empresa, liderada pelo rei francês Luís VII, fracassa (1147-1149). De agora em diante, temos guerra santa contra jihad. De 1146 a 1174, a jihad é encarnada pelo filho de Zengui, Noradine, que consegue estender seu domínio sobre a Síria, de onde expulsa de uma só vez os francos, os fatímidas e os xiitas. A partir daí, planeja tornar-se senhor do Egito, paralisado por suas divisões internas, e para isso está disposto a colaborar com o rei franco de Jerusalém, Amalrico I. Por fim, é o seu aliado, o emir curdo Xircu, quem conseguiu eliminar o vizir egípcio Xauar e ocupar seu lugar. O sobrinho de Xircu, Saladino, sucede-o no vizirato e restaura a ortodoxia sunita no Egito, tornando-a independente de Noradine e Amalrico. Em 1180, Saladino recebe a investidura oficial do califa de Bagdá como sultão do Egito. A partir desse momento, ele é o grande homem do mundo muçulmano. Em 1187, derrota o exército franco em Hatim, faz prisioneiro o rei de Jerusalém e reconquista a Cidade Santa, o que desencadeia uma terceira cruzada (1190-1192), que não consegue recuperar Jerusalém, apesar da participação de chefes de prestígio, como Frederico Barbarossa, Ricardo Coração de Leão, Filipe Augusto. Quando morre em 1193, Saladino, sultão do Egito, também é senhor da Alta Mesopotâmia, da Síria e da Palestina, onde os cruzados só mantinham alguns portos. Durante seu reinado e o de seus sucessores da dinastia aiúbida até meados do século XIII, o sunismo prevalece. As madraças se desenvolvem e formam funcionários que aplicam a estrita lei islâmica. Mas a prática dos apanágios e dos *iqtas* enfraquece o poder dos sultões, pois dispersa suas riquezas fundiárias. Além disso, o uso crescente de tropas mercenárias turcas representa uma ameaça que se concretiza em 1249, quando alguns deles, os mamelucos, tomam o poder no Cairo.

Enquanto Noradine e, depois dele, Saladino acabam com os Estados latinos da Palestina, no outro extremo do mundo muçulmano, na África do Norte e na Espanha, uma nova dinastia restitui vigor à corrente rigorista: os almóadas. Provenientes da comunidade fundada por volta de 1125 no Marrocos por Ibne Tumarte, o Defensor da Unicidade de Deus (*al-muwahhid*, daí almóada), esses adversários dos ímpios, dos juristas, dos judeus, dos moderados e de todos os que pensam livremente apoderam-se do Magrebe inteiro, e depois, passam para a Espanha em 1145, conquistam Córdoba (1148), Sevilha (1149), Granada (1154) e Valência (1171). Eles derrotam os castelhanos em 1196 e acabam com o poder dos almorávidas. Com o título de *Mahdi*, seu líder Iacube Iúçufe, seguido por seu filho Iúçufe Iacube, favorece uma arte austera, mas não desprovida de beleza, como evidenciam a mesquita Cutubia em Marraquexe e a Giralda em Sevilha. No plano intelectual, os religiosos atacam o espírito crítico, os vestígios da filosofia pagã e tudo o que se assemelha à livre reflexão e à racionalidade, impondo a letra do Alcorão naquilo que ela possui de mais obscurantista. Sua referência é Algazali, que, no início do século XII, em *A incoerência dos filósofos*, tenta destruir os sistemas de pensamento legados pela Antiguidade. Em Córdoba, o filósofo Ibn Rushd (Averróis, 1126-1198) baseia seu pensamento justamente numa interpretação de Aristóteles que abre caminho para uma concepção ateísta do mundo, ainda que a negue. Os religiosos convencem o emir Almançor da natureza perniciosa de suas ideias. Averróis é preso em 1195 e, depois, colocado em prisão domiciliar; suas obras são destruídas. De modo similar, seu contemporâneo, o judeu Maimônides (1135-1204), também nascido em Córdoba, é perseguido tanto pelos almóadas quanto pelos rabinos de sua própria comunidade, por ter tentado em seu *Guia dos perplexos* (ca.1190) reconciliar fé e razão. Nota-se apenas o contraste desses casos com a evolução intelectual experimentada ao mesmo tempo pela Europa ocidental. Enquanto a elite intelectual cristã se entusiasma com a dialética e se lança no grande empreendimento de racionalização do conteúdo da fé, o mundo oriental, em suas duas componentes, judaica e muçulmana, fecha-se a qualquer tentativa de reconciliação entre a fé e a razão. O uso livre da razão é proibido, e o Oriente se encerra no obscurantismo religioso no exato momento em que o Ocidente tenta sair dele.

MONGÓIS E RECONQUISTA: OS DESASTRES DO SÉCULO XIII PELO ISLÃ

Essa grande reviravolta no domínio cultural foi acompanhada no século XIII por uma reviravolta da conjuntura política. Enquanto as monarquias europeias se fortalecem, adquirem sólidas estruturas administrativas e afirmam o seu poderio militar, o mundo muçulmano, abalado a leste pelas

1000-1300 – O TEMPO DO OCIDENTE E A IDADE DA RAZÃO 181

invasões mongóis, rechaçado a oeste pela Reconquista cristã, mergulha na anarquia das lutas internas.

É certo que os cruzados são definitivamente expulsos da Palestina. Após o fracasso de uma quarta cruzada em 1204, que é detida em Constantinopla, e uma quinta em 1217-1219, o imperador Frederico II obtém a restituição de Jerusalém em 1229 por um acordo com o sultão Camil; porém, a cidade será tomada 15 anos mais tarde. As tentativas de Luís IX (são Luís) em 1248-1250 no Egito e em 1270 em Tunes terminam em desastres. Os últimos lugares ocupados pelos cristãos caem um após o outro, até a queda de São João de Acre em 1291. A partir desse momento e antes que os hospitalários tomem Rodes em 1310, a única base latina no Oriente é a ilha de Chipre.

No entanto, embora os mercadores tenham substituído os guerreiros, os cristãos estão mais ativos do que nunca no Oriente Próximo. Mais uma vez, a busca pelo lucro se mostra mais eficaz do que a conquista militar e a fé religiosa para penetrar em mundos estrangeiros. Os genoveses, firmemente estabelecidos em Constantinopla, estabelecem balcões na Crimeia, em Caffa e Tana; os venezianos também estão em Constantinopla, bem como no Cairo, em Creta e nas ilhas do mar Egeu. As moedas italianas empurram para trás o soldo de ouro bizantino e o dinar turco. Produtos do Oriente e do Ocidente são trocados no Chipre, no Egito e na costa sírio-palestina – ali se constituem fortunas colossais, como a do genovês Benedito Zaccaria.

No continente, os novos senhores do mundo muçulmano são os mamelucos. Esses antigos escravos de origem turca, empregados como mercenários pelos sultões aiúbidas do Cairo, tomam o poder no Egito em 1249. O sultão Sale Aiube os contrata para se livrar de outros mercenários, os corásmios, que, por sua vez, ele havia recrutado para se livrar de seus rivais na Palestina e lutar contra os invasores mongóis. Os mamelucos eliminam os corásmios, que haviam saqueado Jerusalém em 1244, e com a morte de Sale Aiube, eles assassinam o novo sultão, derrotam Luís IX (que acaba de desembarcar em Damieta), e proclamam seu chefe Aibaque como sultão em 1250. Seu sucessor, Baibars, que reinou de 1260 a 1277, consegue unir o Egito e a Síria sob sua autoridade, além de derrotar os mongóis em Ain Jalut em 1261. É chefe de uma casta militar e conta com emires cuja lealdade ele garante distribuindo *iqtas*, receitas fiscais baseadas nas terras, e em troca eles devem fornecer um certo número de soldados. O sultão é o chefe temporal, mas tem também uma garantia espiritual, porque, em 1258, após a tomada de Bagdá pelos mongóis e o assassinato do califa, o sucessor deste, um líder religioso, refugia-se no Cairo. Essa cidade é mais do que nunca a capital do mundo muçulmano, sede de uma administração dividida em repartições (*diwan*), cada uma chefiada por um *nazir*, enquanto à frente de cada província está um governador (*wali*).

Para os mamelucos, a ameaça não é mais a dos cristãos do Ocidente, e sim a dos mongóis, que semeiam o pânico em todo o Oriente Médio no século XIII. A única motivação dessas hordas da Ásia central parece ser a pilhagem de comida e cavalos. Totalmente refratários à vida urbana e à agricultura, eles vagam pelos espaços abertos destruindo e massacrando. Sob a liderança de Gengis Khan (ca.1160-1227), eles se veem diante de um império monstruoso que se estende da Coreia ao mar Negro, e da Sibéria ao sul da China. Um império bastante teórico, todavia: como 150 mil cavaleiros poderiam controlar os milhões de quilômetros quadrados que os mapas nos mostram? O fato é que essas hordas semeiam o terror por onde passam, e o mundo muçulmano se confronta com eles desde a década de 1220. Em 1221, um ataque devastador atinge o Irã e chega à Armênia. Após a morte de Gengis Khan em 1227, as ofensivas são realizadas por um lado para o sul da Rússia, onde o cã Batu cria o canato Quipechaque (chamado pelos russos de canato da Horda Dourada), que se estende da foz do Danúbio até o lago Balcache e, por outro lado, em direção ao Iraque e à Ásia Menor, onde os mongóis de Tchermogan, depois de Baydu e Hulagu, a partir de 1255, entram em contato com os turcos seljúcidas. Contato rugoso, como se pode imaginar. Hulagu elimina os ismaelitas da Pérsia em 1256, devasta Bagdá em 1258 e costura o califa abássida em um saco para ser pisoteado por cavalos.

O avanço desses selvagens para o oeste empurra as tribos turcomanas para a Ásia Menor, onde havia, desde Manziquerta, um sultanato seljúcida estabelecido e relativamente próspero, que, no século XII, com o sultão Quilije Arslã II (1164-1176), havia enfrentado vitoriosamente os bizantinos. Na capital, Cônia, uma administração eficiente assegura a boa ordem nesse chamado sultanato de Rum, onde as ordens eram aplicadas nas províncias por beis,[2] que também eram chefes do exército. Graças à vitória em Miriocéfalo

---

2 O bei era o governador de uma província muçulmana denominada beilhique. (N. T.)

1000-1300 – O TEMPO DO OCIDENTE E A IDADE DA RAZÃO   183

em 1176 sobre o basileu Manuel Comneno, Quilije Arslã II assegura um bom meio século de relativa paz em seu Estado, período marcado por certa tolerância religiosa, um inegável desenvolvimento econômico, com exportações pelos portos do mar Negro (Sinope, Samsun) e do Mediterrâneo (Alânia, Antália), além de belas realizações artísticas nas mesquitas de Cônia e Divrigi.

A chegada dos mongóis perturba esse belo equilíbrio. As tribos turcomanas que fogem deles migram para a Ásia Menor, onde causam problemas, pois são seminômades turbulentos. O sultão Caicosroes II (1241-1246) decide então estabelecê-los na orla dos territórios bizantinos, confiando-lhes terras. Constituem assim marcas fronteiriças, os *oudjs*, ou *beyliks*, liderados por beis, cuja presença preocupa os imperadores bizantinos.

A leste, chegam os mongóis. Em 1243, eles derrotam o sultão seljúcida de Cônia em Köse Dağ. O sultanato é então dividido em dois, estando a parte oriental sob o controle dos mongóis. Estes, no entanto, são interrompidos pela intervenção dos mamelucos do Egito, que os derrotam em 1261 em Ain Jalut. Em 1277, o sultão mameluco Baibars, chamado para ajudar os seljúcidas de Cônia, derrota novamente os mongóis no Elbistan e estende seu domínio sobre a Cilícia. Mas o sultanato de Cônia, muito perturbado por esses eventos, experimenta um período de anarquia e, em 1303, Maçude III, o último sultão seljúcida, assume o poder; enquanto isso, o basileu lança a Companhia Catalã, uma tropa de mercenários espanhóis, contra os beilhiques, sem resultado (1303-1304). Entre esses beilhiques, o dos otomanos logo se tornará conhecido.

No final do século XIII, portanto, permanecem frente a frente os mamelucos, cujos territórios se estendem do Egito ao norte da Síria, e os mongóis do Ilcanato, que se estende do leste da Ásia Menor à Ásia central. As relações entre esses dois blocos são particularmente difíceis, sobretudo por causa da instabilidade do governo mongol, cuja atitude em relação às religiões é extremamente flutuante. O cã Abaca (1265-1282) favoreceu a Igreja Nestoriana e tentou em vão obter a aliança dos reis da França e da Inglaterra contra os mamelucos, que o derrotaram em 1277 e 1282. Seu sucessor, Teguder, converte-se ao islã. Ele é derrubado em 1284 por um cã budista, Arghun, que também tenta, em 1287, obter do papa e dos reis ocidentais o envio de uma nova cruzada, sem sucesso. O que se segue é caótico: um cã muçulmano, muito intolerante, Gazã (1295-1304), um cã cristão, então

184 GEORGES MINOIS

convertido ao islamismo xiita, Öljaitü (1304-1316), revoluções palacianas, querelas religiosas entre cristãos nestorianos, budistas, xamanistas, sunitas, xiitas e outros mazdeanos e, finalmente, a desintegração do canato na década de 1330.

As desordens e a insegurança permanente que reinam durante todo esse período no setor da Síria-Palestina e da Alta Mesopotâmia desviam as rotas comerciais entre a Europa e a Ásia pelo sul (Cairo e mar Vermelho) e pelo norte do mar Negro, onde o canato da Horda Dourada oferece melhores condições. Nessa área, que abrange a Ucrânia, a Crimeia, o norte do Cáucaso e a estepe entre o Cáspio e o lago Balcache, a autoridade do cã é muito mais firme e assegura uma relativa ordem. Os cãs Batu (1227-1255), Ulagueche (1256-1257), Berque (1257-1266), Mangu Temir (1266-1280), Tuda Mengu (1280-1287) e seus sucessores mantiveram até o início do século XIV boas relações com os mamelucos, que são seus aliados contra o canato Quipechaque. Sem convicções religiosas bem definidas, são tolerantes, evoluindo entre o xamanismo, o nestorianismo e o islã, o que explica as esperanças de aliança mantidas por Luís IX, incluindo os enviados João de Plano Carpini e depois Guilherme de Rubruck que, nos anos 1247-1253, são encontrados em Kiev e na Crimeia.

Esses religiosos não são os únicos ocidentais a frequentar a região. Há também muitos comerciantes italianos: genoveses, estabelecidos desde 1266 em Caffa, numa concessão estabelecida em acordo com o cã, e venezianos, em particular em Soldaïa (Sudak), também na Crimeia. Em 1260, os irmãos Nicolò e Matteo Polo ali reúnem uma importante comunidade de latinos. Marco Polo, por sua vez, tomará o caminho de Trebizonda, e retornará em 1295 pelo Golfo. Esses itinerários para o Extremo Oriente são consequência da instabilidade que a partir de agora reina no mundo muçulmano da Ásia Menor, da Síria, da Palestina e da Alta Mesopotâmia. Os mercadores contornam essas regiões pelo norte e pelo sul, porque o Próximo e o Médio Oriente muçulmano, em pleno caos, haviam se tornado zonas repulsivas.

Essa decadência do mundo islâmico é encontrada no Ocidente, onde o século XIII é marcado por uma verdadeira derrocada na Espanha. Em 1212, os reis cristãos Afonso VIII de Castela, Sancho de Navarra e Pedro II de Aragão forçam as passagens de Serra Morena e esmagam os almóadas em Navas de Tolosa. Em 1235, os portugueses chegam a Beja e os aragoneses encontram-se nas Baleares; em 1236, os castelhanos estão em Córdoba; em 1238 cai Valência, depois a Múrcia em 1243, Cartagena em 1244, Sevilha em 1248, Cádiz em 1265. A reconquista está quase completa. No entanto, ainda levará mais de dois séculos para remover o último bastião muçulmano: Granada. Na África, as revoltas berberes se multiplicam. O domínio dos almóadas desmorona. No final do século XIII, o mundo islâmico encontra-se em estado deplorável.

O IMPÉRIO BIZANTINO NA DEFENSIVA (SÉCULO XI)

No mundo bizantino as coisas dificilmente poderiam ser consideradas melhores. Os séculos XI-XIII correspondem a um longo período de decadência, pontuado por episódios dramáticos: o cisma de 1054, o desastre de Manziquerta em 1071, a passagem dos cruzados em 1097, o novo desastre contra os turcos em 1176, a catástrofe de 1204, a ocupação pelos latinos até 1261, a perda definitiva da Ásia Menor em 1302, tudo isso em um contexto de declínio cultural e econômico com o crescente controle dos italianos sobre as atividades comerciais.

Desde o início do século XI, o Império encontra-se na defensiva. Quando Basílio II morre, em 1025, sua extensão vai do Danúbio ao Alto Eufrates, incluindo o sul da Itália, Creta e Chipre. Os sucessores do "Bulgaróctono"[3] procuram apenas completar sua obra, preenchendo algumas lacunas com repressão de revoltas a fim de aumentar a coerência do todo: campanha de Miguel IV contra os rebeldes búlgaros em 1041, repressão da ofensiva russa em 1043, anexação do reino armênio de Ani em 1045. Se um imperador adota uma atitude expansionista, como Romano III em 1030 (ele atacou o emirado de Alepo), é alertado pelo patriarca Pselo a fim de que expresse seu arrependimento. O imperador Isaque Comneno (1057-1059) recusa qualquer anexação, afirmando que "para tais anexações são necessários muito dinheiro, braços fortes e uma reserva suficiente, pois, sem isso, aumento significa diminuição". Obviamente, considera-se que o Império atingiu a sua dimensão ótima e razoável em função de seus recursos, e que

---

3 Basílio II era apelidado "o assassino de búlgaros". (N. T.)

as fronteiras se encontram estabilizadas por uma rede de fortalezas que não deixa de evocar o *limes* romano. O Império quer ser eterno e, por isso, se recusa a embarcar em novas aventuras.

Atitude louvável, porém irrealista, uma vez que os vizinhos não pretendem deixar os bizantinos em paz. Os golpes abundam e o Império se dobra: em 1048, os pechenegues atravessam o Danúbio e os turcos devastam a Armênia; em 1053, os normandos derrotam um exército bizantino na Itália; em 1059, Roberto Guiscardo é senhor de boa parte do sul da península; em 1060, a Calábria é perdida; em 1064, os turcos tomam Ani e avançam pela Ásia Menor; em 1071, Bari cai ao mesmo tempo em que o imperador Romano IV Diógenes é espancado, feito prisioneiro e cegado pelos turcos na Armênia, em Manziquerta. É uma catástrofe: mais de dois terços da Ásia Menor, a sudeste da linha Trebizonda-Éfeso, estão perdidos.

Enquanto isso, as relações com o Ocidente latino se deterioraram devido a desacordos religiosos entre Roma e os patriarcas de Constantinopla. Estes últimos são, no século XI, personagens bastante medíocres, pietistas sem relevo e intimamente ligados ao poder político. Um deles, Miguel Cerulário, provoca em 1054 a ruptura final entre a Igreja ortodoxa bizantina e a Igreja romana. Muito ambicioso, sonha obter igualdade com a sede de Roma, e para isso recoloca em 1053 as velhas querelas sobre a data da Páscoa, o uso dos pães ázimos, o jejum do sábado, o celibato dos padres e o *Filioque*. Em julho de 1054, o papa o excomunga. Ele responde lançando um anátema contra os redatores da bula. Esse episódio, que é vivido na época como uma simples peripécia suplementar na querela entre as duas Igrejas, irá se tornar um cisma definitivo por causa da obstinação das duas partes no tocante a questões ridículas de pormenores litúrgicos. Durante muito tempo, acreditou-se na possibilidade de reconciliação; porém, na prática, a rivalidade entre o clero grego e o clero latino no que dizia respeito à mobilização dos novos convertidos torna-se um dos aspectos do desentendimento entre o Oriente e o Ocidente: a metrópole de Kiev é anexada a Constantinopla no final do século, enquanto a Hungria se junta a Roma.

No Império e, em particular, na capital, o clero (sobretudo os monges) mantém a hostilidade dos bizantinos contra Roma e, em última análise, seria essa hostilidade popular que frustraria todas as tentativas de reconciliação. A cultura bizantina entra numa longa fase de estagnação, pois passa a estar

1000-1300 – O TEMPO DO OCIDENTE E A IDADE DA RAZÃO   187

sob o controle de um clero ortodoxo contrário a qualquer abertura, a qualquer pesquisa livre, a qualquer mudança. Os imperadores do século XI não se interessam pela vida intelectual, e a Igreja se aproveita disso para assumir gradativamente todo o ensino. As escolas privadas laicas vão sendo eliminadas aos poucos pelas escolas religiosas. Na capital, é a prestigiada escola de São Pedro, fortemente dependente do patriarcado, que impõe sua lei. Os conhecimentos considerados necessários são sintetizados numa única grande obra enciclopédica, por ordem alfabética, o *Souda*, e transmitidos a uma escassa elite por um corpo de professores muito medíocres. Cultura seca, puramente formal e técnica, cujo principal exercício é a *"schedographia"*, que consiste em amplificar certos temas oratórios. Em meados do século XI, o ensino se organiza em torno das "três lições" (saltério, apóstolos, Evangelhos), excluindo-se o recurso à filosofia antiga, considerada incompatível com o cristianismo. Assim como no mundo muçulmano, o mundo ortodoxo da época bane o uso da razão para benefício exclusivo da fé, embora o Ocidente, nesse momento, se comprometa, ao contrário, a reconciliá-los. É nesse contraste que, em última análise, reside a causa profunda da superioridade adquirida pelo Ocidente.

Do ponto de vista econômico, a situação do Império Bizantino permanece bastante favorável até a década de 1070, ainda que a agricultura permanecesse muito tradicional e com baixo rendimento. Aqui, poucas inovações técnicas, nada de grandes desmatamentos. A produção mantém-se baseada em cereais, algumas leguminosas e culturas arbustivas, especialmente a vinha. Irrigação por gravidade simples, sem correção do solo: o atraso é flagrante em comparação com os métodos sofisticados do mundo árabo-muçulmano. O equilíbrio alimentar não está assegurado e as importações são necessárias. As comunidades aldeãs livres, os *chorion*, se enfraquecem em benefício do latifúndio, que continua ganhando espaço apesar dos esforços do Estado para manter no local o *chorion*, que também é uma unidade fiscal, solidária para o pagamento do imposto. Em 964, Nicéforo Focas havia castigado os mosteiros pela "evidente fúria de adquirir" – havia acúmulo de "inumeráveis arpentes[4] de terra, construções caras, rebanhos de cavalos,

---

4 O arpente era uma unidade de medida de área, equivalente ao *actus quadratus* romano, o que corresponderia a aproximadamente 1.260 m². (N. T.)

bois, camelos e outros animais em quantidades imensas" –, além de proibir as doações de terras. Em 996, Basílio II renova as medidas contra as aquisições de grandes proprietários de terras. Em 1057 e 1059, Isaque Comneno continua essa política, especialmente contra os monges, que eram, segundo ele, "embriagados de voracidade por terem atingido o estágio da paixão".

Paralelamente, o estatuto dos camponeses se degrada. As categorias mais bem protegidas, os *stratiotes*, são obrigadas a vender ou abandonar suas terras, e não têm outra solução exceto tornarem-se *parèques*[5] nas terras de latifundiários ávidos por mão de obra. Eles permanecem livres, mas não são mais proprietários e vivem sobrecarregados de dívidas. Aqui, novamente, o Estado se mostra impotente diante dessa evolução. Em 1060, Constantino X proíbe a transformação de "estratiotas, demosiários e isentos do serviço postal" em camponeses, mas a paixão dos latifundiários, tanto leigos quanto eclesiásticos, era demasiado forte, e, apesar das dificuldades, eles conseguem amplas isenções.

Nas cidades, aumenta a atividade manufatureira: cerâmica, têxtil, armaria, serralharia, equipamentos marítimos. A malha urbana é densa, mas as cidades são pequenas, apenas Tessalônica e Melitene chegam a 60 mil habitantes. A capital, que provavelmente ultrapassa os 400 mil, aparece como uma enorme cabeça em um corpo magro, desproporcional para um Império diminuído. O êxodo rural é significativo, devido à degradação da condição camponesa e ao crescimento populacional. O crescimento populacional é atestado por vários índices até meados do século XI, mas sofre um corte repentino durante a grande epidemia de 1053-1054. A distribuição da população também é desequilibrada: a Ásia Menor é subpovoada e, apesar de vários empreendimentos de colonização e assentamentos de grupos balcânicos e sírios, os planaltos e montanhas do interior são compreendidos como vastos espaços vazios. Como a fronteira é empurrada para Manziquerta (1071), os turcos se assentam até as margens do mar Egeu sem encontrar obstáculos humanos; em contrapartida, a oeste dos estreitos os países gregos são mais densamente povoados. Esse desequilíbrio demográfico revela um império que, atravessando a Europa e a Ásia, enfrenta um dilema que é sua principal fraqueza: devemos reconhecer como impossível a síntese entre

---

5 O *parèque* era o camponês que, mesmo sem ser proprietário da terra, era seu detentor inamovível enquanto pagasse os impostos. (N. T.)

1000-1300 – O TEMPO DO OCIDENTE E A IDADE DA RAZÃO   189

Oriente e Ocidente, ou sacrificar uma das duas partes? A resposta virá como imposição da conquista turca, mas, até 1071, Bizâncio ainda quer acreditar na possibilidade de unir os dois mundos sob a sua autoridade: durante o século XI é feito um esforço de povoamento a leste, onde são criadas 30 sedes episcopais e 56 mosteiros, e onde a população de Melitene salta de alguns milhares para 70 mil habitantes em 1096.

Mais do que centros de produção, as cidades são polos administrativos, centros religiosos, residências da aristocracia e locais de troca. Ali se encontra uma classe de mercadores dinâmica, cujos membros mais ricos penetram nas engrenagens do Estado graças à prática da venalidade dos cargos. O imperador Constantino Monômaco (1042-1055) abre o Senado a essa nova burguesia mercantil, para grande desgosto da velha aristocracia: "Ele permite que tenham acesso ao Senado quase toda a turba do mercado e vagabundos", escreve o inconsolável patriarca Pselo por volta de 1070. O conflito entre a nobreza, tanto militares quanto civis, e a burguesia que negocia o controle do poder foi responsável por vários golpes de Estado e pelo caos da vida política bizantina no século XI: Miguel IV, que apoia a nova classe, é derrubado em 1057 pelo general Isaque Comneno, um instrumento da aristocracia, ele próprio derrubado em 1059 por Constantino Ducas, um instrumento da burguesia; em 1067, com o retorno de um soldado, Romano IV Diógenes, preso e cegado pelos turcos em 1071, segue-se o retorno de civis até 1081.

Apesar dessas reviravoltas, os negócios vão muito bem. Ao contrário do que nos levariam a crer fontes literárias e crônicas, oriundas de meios eclesiásticos hostis à economia monetária e aos empréstimos com juros, a circulação do dinheiro é boa. O tratado de jurisprudência de Eustáquio Romano, o *Peira*, mostra que havia forte investimento em imóveis, no comércio e nas empresas marítimas, com taxas que variavam de 4% a 12%. O próprio Estado comercializa os rendimentos, e a venalidade dos ofícios permite o escoamento de grandes somas. A partir da década de 1040, sob Constantino IX Monômaco, a demanda por moeda no âmbito de um mercado em expansão certamente induz o poder para a desvalorização: o teor de ouro puro das moedas caiu para 87% e, depois, para 81%, sendo substituído por prata e até por cobre. Esse movimento acontece sem nada de dramático até 1070. Um sistema de impostos pesados favorece os mercadores bizantinos no Império em detrimento de seus concorrentes italianos.

BIZÂNCIO, VÍTIMA DOS TURCOS E DOS LATINOS (SÉCULO XII)

A situação se deteriora dramaticamente a partir de 1071: a derrota de Manziquerta abre a Ásia Menor para os turcos e desencadeia uma série de levantes militares, envolvendo gregos, normandos e até mercenários turcos. Em 1081, um golpe de Estado leva ao poder Aleixo I Comneno, que se depara com o ataque dos normandos de Roberto Guiscardo na Albânia (1081-1085) e a invasão dos pechenegues ao sul do Danúbio (1086-1091).

Então, em 1096, surge um problema inesperado e muito embaraçoso: hordas de indigentes vindas dos Estados cristãos da Europa ocidental, lideradas por Pedro, o Eremita, se espalham pelos arredores de Constantinopla como um enxame de gafanhotos. Inflamados por discursos de cruzada, eles querem ir para Jerusalém. O imperador se apressa em fazê-los atravessar o estreito para que sejam exterminados pelos turcos em Civetot e Xerigordo em setembro-outubro. As coisas ficam mais sérias no ano seguinte: dessa vez, um exército de cavaleiros, talvez 100 mil homens que, respondendo ao chamado do papa Urbano II, se apresentam sob as muralhas de Bizâncio com a intenção de irem tomar Jerusalém. À sua frente, personagens perturbadores, como Godofredo de Bulhão (duque da Baixa Lorena), Roberto Curthose (duque da Normandia), o ambicioso Balduíno de Bolonha, Estêvão de Blois, Hugo de Vermandois (um mau caráter), além de inimigos declarados de Bizâncio, como Boemundo (filho de Roberto Guiscardo) e seu primo Tancredo. Eles exigem passar à Ásia Menor. O imperador não poderia simplesmente recusar, sobretudo porque havia pedido, em 1095, no concílio de Plaisance, o envio de contingentes ocidentais para lutar contra os turcos. Mas ele não esperava ver um exército invasor de 100 mil homens. Antes de enviar as tropas, exige que os chefes reconheçam antecipadamente sua suserania sobre todas as terras que viriam a conquistar no Oriente e que outrora pertenceram a Bizâncio. Eles aceitam, exceto Tancredo e Raimundo de Saint-Gilles. De todo modo, o episódio só aumenta a desconfiança entre bizantinos e latinos.

A partir desse momento, o basileu deve não apenas enfrentar os muçulmanos, mas também defender-se dos cristãos do Ocidente: João II (1118-1143) passa o seu reinado combatendo sérvios, húngaros, pechenegues e normandos, e morre durante uma expedição contra os latinos do Oriente.

1000-1300 – O TEMPO DO OCIDENTE E A IDADE DA RAZÃO   191

Seu filho e sucessor Manuel I (1143-1180) retoma a ofensiva nos Bálcãs, recupera Corfu, Apúlia e as marcas, aproveitando-se da morte de Rogério da Sicília em 1154, mas é expulso em 1156. A passagem da segunda cruzada, em 1148, liderada pelo rei da França Luís VII, é motivo de nova disputa com os latinos, e os sucessos de Manuel na Dalmácia, na Croácia e na Bósnia, preocupam Veneza, Pisa, Gênova, os normandos da Sicília e o imperador germânico, que monta contra Manuel uma coalizão em 1177. Ao mesmo tempo, o perigo turco ressurge e o basileu é esmagado por eles em Miriocéfalo, em 17 de setembro de 1176.

A partir de 1180, o Império Bizantino está próximo da ruína. Golpes de Estado se sucedem. Em 1185, o imperador Andrônico I é derrubado e a dinastia dos Comneno é substituída pela dos Ângelo: Isaque II, ele próprio derrubado e cegado por seu irmão Aleixo III em 1195. As fronteiras estão destruídas em todos os lugares: revolta de sérvios e húngaros em 1181-1183, perda da Bulgária em 1185-1187, pilhagem de Tessalônica pelos normandos em 1185, passagem da terceira cruzada em 1189-1190, durante a qual Ricardo Coração de Leão toma Chipre, enquanto Frederico Barbarossa ameaça tomar Constantinopla.

Para lidar com essas ameaças, os imperadores recorrem massivamente aos mercenários: no exército dos Comneno há armênios, valáquios, alanos, húngaros, alemães,[6] franceses, turcos, varegues russos, normandos, sérvios, eslavos macedônios e até anglo-saxões que fugiram da Inglaterra depois de 1066. Tudo isso custa caro. Os impostos aumentam e o Estado se empobrece distribuindo terras à aristocracia laica em troca de segurança militar. Mediante o sistema de *pronoia*, o beneficiário recebe o direito de cobrar impostos sobre a terra, que teoricamente continua a ser propriedade eminente do Estado, mas, na realidade, nunca mais será recuperada por este. Além disso, os grandes proprietários aproveitam para aumentar a pressão sobre os pequenos camponeses, convertidos em *parèques*.

O Império no século XII também experimenta um declínio demográfico, causado tanto pela guerra quanto pela fome, principalmente nos períodos 1080-1120 e 1180-1200. A taxa de natalidade é baixa e os esforços de repovoamento pela deportação de prisioneiros sérvios na Ásia Menor no

---

6 Deste ponto em diante, o autor utiliza apenas *Allemands*, e não mais *Alamands*. (N. T.)

tempo de João e Manuel Comneno apenas ilustram a gravidade da situação. O comércio interno encolhe. A necessidade crescente de dinheiro e desordem de todo tipo aceleram a depreciação monetária. O peso e a credibilidade das moedas diminuem, e as boas moedas de ouro vão para o Ocidente, pois o comércio internacional é dominado cada vez mais pelos italianos.

Em 1084, Aleixo Comneno concede privilégios aos venezianos para agradecer-lhes por sua ajuda contra os normandos: isenções de impostos comerciais, liberdade de comércio em território imperial, concessão de um distrito em Constantinopla. Desde então, Veneza considera o Império como seu domínio exclusivo. O imperador, percebendo o perigo de ver estabelecido um monopólio veneziano, concede privilégios a Pisa em 1111, com redução das taxas alfandegárias de 10% para 4%. Veneza reage lançando uma operação de pilhagem no Egeu, e o imperador é forçado a conceder-lhe em 1126 livre acesso às ilhas de Chipre e Creta. Pisa obtém novas vantagens em 1136, e Gênova, em 1155, o que irrita tanto Pisa quanto Veneza – esta saqueia o distrito genovês de Constantinopla em 1171. O imperador então manda prender os mercadores venezianos e confisca seus pertences. A réplica de Veneza consiste na aliança com os normandos e na pilhagem das ilhas do Egeu. O imperador deve ceder e pagar as indenizações. Essas peripécias servem apenas para aumentar o ódio dos bizantinos contra os latinos, acusados de saquear o Império: em 1182, a turba massacra mercadores ocidentais em Constantinopla. Contudo, não é possível prescindir deles: Veneza obtém novos privilégios em 1187, Pisa e Gênova em 1192. Em 1198, os venezianos obtêm privilégios legais que lhes permitem escapar da justiça imperial. Para assegurar definitivamente a sua posição, consideraram então a possibilidade de colocar no trono imperial um imperador que fosse sua criatura e nada tivesse para lhes recusar. A ocasião se apresenta justamente em 1204.

A CATÁSTROFE DE 1204 E O PARÊNTESE LATINO (1204-1261)

Uma quarta cruzada havia sido decidida em 1199 pelo papa Inocêncio III, e o encaminhamento das tropas deveria ser feito por mar. Os únicos capazes de reunir uma frota adequada para o transporte são os venezianos, que exigem para tanto o pagamento de 85 mil marcos. Como essa quantia não

1000-1300 – O TEMPO DO OCIDENTE E A IDADE DA RAZÃO   193

pode ser levantada, Veneza pede pagamento *in natura*: os cruzados, no caminho, terão que parar na costa da Dalmácia, em Zara, e retomar essa cidade em benefício da Sereníssima, cujo doge, Enrico Dandolo, participará da expedição apesar de ter 97 anos. Em seguida, vem o jovem Aleixo Ângelo, filho do basileu Isaque II, que foi destronado e cegado por seu irmão Aleixo III. Ele vem pedir a ajuda dos cruzados para destronar seu tio, prometendo em troca grandes vantagens aos latinos no Império. Negócio fechado.

Os cruzados, liderados por Bonifácio de Monferrato, fazem uma demonstração de força diante de Constantinopla em agosto de 1203. Aleixo III é deposto e substituído pelo jovem Aleixo IV. Este, porém, não pode cumprir suas promessas, pois é colocado pelos latinos, que a população de Bizâncio odeia – daí sua eliminação durante o inverno em favor de Aleixo V Ducas. Os cruzados, que haviam passado um inverno muito ruim sob as muralhas de Constantinopla, julgam terem sido enganados e, após um cerco de três dias, invadem a cidade em 13 de abril de 1204. A capital do Império cai pela primeira vez em sua história, em novecentos anos! E isso sob os golpes dos cristãos ocidentais, no âmbito de uma cruzada. A cidade é submetida ao tratamento de praxe, com o ritual de sempre: estupros, massacres, saques e sacrilégios, o que resulta num espólio estimado em 300 toneladas de ouro e prata, além de milhares de relíquias. Os cruzados, como Villehardouin e Roberto de Clari, originários de um Ocidente ainda rústico, não acreditaram em seus olhos, como pode ser visto na descrição que fazem do evento.

Os chefes da cruzada escolhem como imperador um dentre eles, o conde de Flandres, Balduíno, mas este reinará apenas em um território muito reduzido: o "Império latino" de Constantinopla, que corresponde a pouco mais de uma estreita faixa costeira de um lado e de outro do estreito e do mar de Mármara. O resto, ou seja, o Peloponeso, o ducado de Atenas e o reino de Tessalônica, é atribuído a outros cruzados, como os Villehardouin e os La Roche; Veneza conquista Creta e a maior parte das ilhas do Egeu, enquanto três Estados gregos reivindicam a legitimidade do poder bizantino: o império de Trebizonda, isolado a leste, o império de Niceia, onde Teodoro Láscaris é proclamado imperador, e o Estado grego de Epiro, onde Miguel Ângelo Ducas é essencial.

O ano de 1204 poderia ter marcado o fim definitivo do Império Bizantino, agora dividido em meia dúzia de Estados cristãos rivais. Mas os turcos do sultanato de Rum não conseguem tirar proveito da situação: logo terão que enfrentar os mongóis. É, portanto, entre cristãos, latinos e gregos, que a confusão ocorre durante o meio século seguinte. Se os principados latinos do Peloponeso permanecem mais ou menos à margem da situação (eles constituem o que se chama de Moreia), o Império latino de Constantinopla encontra-se imediatamente numa posição muito incômoda, espremido entre o império de Niceia de Teodoro Láscaris, sucedido em 1222 por seu genro João III Vatatzes, e o Estado de Epiro por Miguel I, sucedido em 1215 pelo príncipe Teodoro, que também se faz coroar imperador. Contando o imperador de Trebizonda, temos então quatro imperadores que disputam os pedaços do Império Bizantino – o mais fraco deles é o de Constantinopla: em 1205, Balduíno é preso pelos búlgaros; seu sucessor, Henrique de Hainaut, domina apenas a cidade e alguns trechos da costa. Rapidamente, é o imperador de Niceia, Vatatzes (1222-1254), quem assume o poder após derrotar os búlgaros e os epirotas. Seu filho, Teodoro II (1254-1258), continua sua obra, e o usurpador Miguel Paleólogo (1258-1282) a completa: em 1259, este derrota uma coalizão dos venezianos, do rei da Sicília Manfredo, déspota de Epiro, e o príncipe de Moreia em Pelagônia, o que lhe permite reconquistar Constantinopla de surpresa em 1261. Fim do parêntese latino.

O resultado é o Império devastado, com metade da capital em ruínas, além do campo despovoado e inteiramente dominado por grandes proprietários. A cultura literária e artística está quase reduzida a nada. No século XI, não há relato de nenhuma grande construção, e a arte se limita a artigos de luxo, joias, manuscritos, têxteis, pinturas e mosaicos. No século XII, algumas pequenas igrejas são restauradas e construídas. A literatura se perde em pedantes refinamentos retóricos, como em Miguel Itálico, Nicéforo Basilakès ou o historiador Nicetas Coniates. O desenvolvimento da grande criação artística bizantina é interrompido. O saque de 1204 também causa o desaparecimento de tesouros inestimáveis.

UM SOBRESSALTO EFÊMERO (1261-1321)

No entanto, uma notável recuperação ocorre durante o reinado de Miguel VIII Paleólogo (1259-1282). Notável, mas efêmera. Em 1261, seu

1000-1300 – O TEMPO DO OCIDENTE E A IDADE DA RAZÃO   195

império se encontra limitado à Bitínia do lado asiático, com as ilhas adjacentes e Rodes; do lado europeu, Trácia, Macedônia, norte do Epiro, Ilíria, algumas cidades da Acaia (como Mistra), além de Monemvasia, Mani e Geraki. O restante do Peloponeso está nas mãos dos latinos, o norte dos Bálcãs está dividido entre búlgaros e sérvios; Veneza controla as ilhas do Egeu.

Miguel VIII tem duas tarefas: contrariar as ambições de Carlos de Anjou, rei da Sicília e de Nápoles, que assumiu as ambições dos imperadores germânicos na costa oriental do Adriático, e retomar os territórios ao sul do Danúbio enfrentando búlgaros e sérvios. Ele primeiro tenta reorganizar a capital, estabelecendo colônias destinadas a fornecer tripulações para a frota, constituindo ali estoques de alimentos e cultivando os vastos terrenos desocupados, além de reparar as muralhas a fim de evitar a repetição da catástrofe de 1204. Contra Carlos de Anjou, Miguel conduz uma hábil política de alianças: alianças matrimoniais com os húngaros e os mongóis da Horda Dourada, negociações com Luís IX, com o rei de Castela, com os pisanos; vantagens concedidas aos genoveses, que recebem o distrito de Gálata em Constantinopla em 1267, e aos venezianos pelos tratados de 1265 e 1268. Por último, o mais importante: desarmar os latinos e retirar deles o pretexto de uma nova cruzada – isso ele negocia com o papa e, no concílio de Lyon em 1274, a União das Igrejas, romana e bizantina, é proclamada.

Tais manobras lhe permitem obter sucesso no Epiro, além de recapturar a Eubeia e várias ilhas do Egeu. Mas essas vantagens são frágeis. Carlos de Anjou, em 1281, estabelece uma nova coalizão, com sérvios e búlgaros. Felizmente, ele é impedido de agir – em março de 1282, durante as "Vésperas sicilianas", os sicilianos, instigados pelos aragoneses, se levantam e massacram os franceses. Miguel VIII, no entanto, não está fora de jogo. Primeiro, ocupado com os problemas da parte ocidental do Império, não tem condições de intervir eficazmente na Ásia Menor, onde eclode a revolta dos arsenitas que, seguindo o patriarca Arsênio, apoiam o legítimo herdeiro do trono, João IV Láscaris. Miguel era de fato um usurpador. Os arsenitas são finalmente esmagados, mas a Bitínia, em plena efervescência, escapa do controle de Bizâncio. Antes de tudo, os bizantinos eram muito hostis à União das Igrejas. Impulsionados pelo clero, principalmente pelos monges, consideram que o imperador traiu a ortodoxia em favor dos odiados latinos. As memórias de 1204 não são apagadas e a União acabará finalmente denunciada. Quando Miguel morre em 1282 em uma aldeia na Trácia, sua impopularidade é extrema.

Seu sucessor é Andrônico II (1282-1328), associado como coimperador já em 1272. Sob seu reinado, a degradação do poder central continua. A grande aristocracia, com o sistema da *pronoia*, não cessa de ganhar independência num Estado empobrecido. O território se despedaça, à maneira ocidental, especialmente quando a imperatriz, Irene de Monferrato, exige a divisão do Império em zonas atribuídas a seus filhos. O imperador não tem mais condições para manter um exército poderoso. Ele reduz as forças terrestres para 3 mil cavaleiros e a marinha para 20 navios, colocando-se assim à mercê dos italianos para se proteger. Mas quando a guerra entre Veneza e Gênova tem início em 1294, o imperador é forçado a escolher seu lado. Ele opta por Gênova, que recebe o direito de fortificar sua colônia de Gálata e toma Quios em 1304. Em 1293-1295, a guerra recomeça contra os turcos. O general Aleixo Filantropeno obtém alguns sucessos, depois se volta contra o imperador. Em 1302, os turcos vencem a batalha de Bafeu. Andrônico envia em 1303 os aventureiros mercenários da Companhia Catalã para resolver a situação, mas eles se mostram mais uma calamidade do que uma ajuda: após alguns sucessos contra os turcos, eles se concentram na Grécia e fundam um ducado ao redor de Atenas e Tebas. A Ásia Menor está definitivamente perdida.

Em 1321, o Império Bizantino se reduz à cidade de Constantinopla, à Trácia e à Macedônia. O restante escapa completamente ao imperador: o Epiro tem o seu "déspota"; o Peloponeso depende do principado da Acaia, Estado latino; quanto à Ática e à Beócia, elas estão nas mãos dos catalães; Eubeia (Negroponte), Creta e a maioria das Cíclades são dos venezianos; Rodes pertence aos hospitalários; Quios é dos genoveses, que compartilham com os venezianos o comércio de Bizâncio. E, para completar tudo, tem início uma guerra civil que durará 33 anos (1321-1354). A agonia do Império Bizantino começa agora e vai durar mais de dois séculos.

Do século XI ao século XIII, o Oriente muçulmano e bizantino experimenta, portanto, um profundo declínio, causado tanto por agressões externas quanto por bloqueios políticos e culturais internos. Reduzido à defensiva, ele está irremediavelmente superado por um Ocidente em plena ascensão.

– 7 –

A AFIRMAÇÃO DO OCIDENTE: A CRISTANDADE ENTRE TEOCRACIA E CESAROPAPISMO

Entre os séculos XI e XIII, a Europa ocidental desperta. Uma civilização se erige, estruturada por uma religião (o cristianismo romano), por uma ordem sociopolítica (o feudalismo), por um imperativo cultural (a racionalização do mundo) e por um sistema econômico (o equilíbrio entre produção e satisfação das necessidades elementares). Um mundo instável, certamente, mas que busca apaixonadamente a estabilidade. Um mundo seguro no tocante a seus valores e que, forte em suas convicções, quer logicamente impô-los para o bem de todos.

No campo político, a ideia central é a afirmação da unidade: compartilhando agora a mesma fé, os europeus se consideram sobretudo cristãos que, enquanto tais, devem se unir na cristandade. Mas aqui começa a ambiguidade: a cristandade é um ente político ou um ente religioso? Quem deve dirigi-lo: César ou o pontífice? Esta questão está na base do grande conflito desse período, um conflito prejudicial para ambas as partes, mas muito fecundo no âmbito do pensamento e do direito: o conflito entre o Sacerdócio e o Império. Resumir a história da Europa a um único aspecto seria certamente muito simplista. No entanto, é exatamente essa a questão principal do período, cujas consequências afetam todas as outras áreas. A unanimidade cristã, que não exclui os movimentos heterodoxos, engendra a vontade de agrupar todos os crentes sob a mesma direção. De 1000 a 1250, o papa e o imperador se enfrentam em um longo duelo com reviravoltas pela supremacia, e, ao final, é o papa que parece vencer. Porém, enquanto a batalha dos chefes se desenrola, os reis desenvolvem seus poderes, apoiando-se primeiro no sistema feudal e depois no sentimento nacional nascente; além disso, ao final do século XIII, aproveitam o esgotamento dos dois adversários e declaram sua pretensão: "O rei é imperador em seu reino". A vitória do soberano pontífice, portanto, acaba sendo uma vitória de Pirro: o papa é então confrontado com a ameaça de uma ruptura política da cristandade.

Essas lutas internas poderiam ter enfraquecido a Europa. Mas, ao contrário, foram o motor da sua afirmação. Pois os participantes – papa, imperador, reis e príncipes – se esforçam no desenvolvimento das bases intelectuais e materiais de seu poder próprio. A oposição também é emulação, e contribui para o surgimento de uma civilização que unifica força bruta e espiritualidade, paixão religiosa e investigação racional, guerra e direito – uma civilização prestes a abalar os mundos vizinhos. A moral nada tem a ver com esse assunto; qualquer civilização que atinja tal estado de equilíbrio é persuadida a incorporar valores superiores – valores destinados, portanto, a suplantar os de seus vizinhos. Os bizantinos, e depois os muçulmanos, haviam tentado realizar isso. Agora é a vez da cristandade europeia.

A QUERELA DAS INVESTIDURAS: DE CANOSSA A WORMS (1077-1122)

Mas quem deve ser o líder? No ano 1000, a harmonia que reina entre o papa e o imperador pode dar esperanças de uma colaboração harmoniosa: o papa é Silvestre II, 50 anos, o homem mais culto de seu tempo; o imperador, que é seu pupilo, Otão III, 20 anos, venera Silvestre, e este se faz nomear pontífice soberano por Otão. Porém, em 1002-1003 a harmonia se quebra com a morte dos dois homens, com alguns meses de intervalo. Entre seus

1000-1300 – O TEMPO DO OCIDENTE E A IDADE DA RAZÃO   199

sucessores, só há rivalidade. São personagens bastante medíocres até por volta de 1060: os imperadores Henrique II (1002-1024), Conrado II (1024-1039) e Henrique III (1039-1056) têm controle sobre as nomeações papais – antes de tudo, eles escolhem os aristocratas italianos que se mostram submissos, alguns dos quais, como Bento IX (1032-1046), papa aos 12 anos, revivem os grandes momentos da pornocracia pontifical. A nobreza italiana também se opõe a ele com um antipapa, Silvestre III, a quem se junta Gregório VI em 1045. O imperador Henrique III se enfurece, demite os três papas em 1046 e os substitui por um alemão, Suidger, bispo de Bamberg, que se torna Clemente II. Quatro outros alemães o sucedem, o mais notável dos quais é Leão IX (1049-1054), que empreende a reforma da Igreja.

Os italianos acabam se cansando da tutela alemã e imperial sobre o trono papal e, em 1059, Nicolau II (1058-1061), um burgúndio e ex-bispo de Florença, aproveita para estabelecer novas regras de nomeação: doravante, o papa deverá ser eleito pelos cardeais. Ele adquire, desse modo, sua independência em relação ao imperador, mas apenas para cair nas mãos das grandes famílias romanas, de onde vem a maioria dos cardeais. Ainda assim, Nicolau II segue uma política pessoal, fazendo de Roberto Guiscardo e seus normandos, que acabam de tomar a Sicília, vassalos da Santa Sé. Seu sucessor, o bispo de Luca, Anselmo, que se torna Alexandre II (1061-1073), estende a influência de Roma ao apoiar Guilherme, o Conquistador. Com sua morte, o irascível toscano Hildebrando o sucede como Gregório VII. Seu autoritarismo e suas brilhantes ações fazem dele o epônimo da "reforma gregoriana", termo abusivo, pois o movimento de reforma disciplinar na Igreja e de afirmação da supremacia papal havia começado antes dele, e continuaria depois de sua morte em 1085. Mas a luta que ele trava com o imperador Henrique IV (1056-1106) é um episódio emblemático da luta entre o papado e o Império.

A querela se cristaliza na questão das investiduras. Até então, os príncipes laicos controlavam largamente as nomeações dos titulares de grandes benefícios eclesiásticos, em particular abades e bispos, que, embora fossem personagens da Igreja, estavam à frente de grandes senhorios. Durante a investidura, o príncipe entrega ao bispo as insígnias do seu poder eclesiástico, o anel e o báculo, a fim de que o prelado lhe preste homenagem feudal. Em 1075, Gregório VII, que via nessa prática uma intolerável invasão da alçada do temporal sobre a do espiritual, proíbe a investidura laica e manda redigir uma lista de 27 proposições abruptas e ultrajantes proclamando a superioridade do papa sobre os soberanos temporais. Esses *Dictatus papae* soam como uma provocação:

> O papa é o único homem cujos pés todos os príncipes beijam... Seu nome é único no mundo. Ele tem permissão para depor imperadores... Nenhum sínodo pode ser chamado de geral sem sua ordem. Ele não pode ser julgado por ninguém. Ninguém pode condenar uma decisão da Sé apostólica... A Igreja romana nunca errou e, como atestam as Escrituras, nunca poderá errar. O pontífice romano, se ordenado canonicamente, torna-se santo indubitavelmente pelos méritos de são Pedro. Por sua ordem e com a sua autorização, os súditos podem acusar os seus superiores... O papa pode liberar os súditos do juramento de fidelidade feito aos injustos.

Trata-se de uma verdadeira declaração de guerra, à qual o imperador responde em janeiro de 1076, quando nomeia seu próprio candidato ao arcebispado de Milão e faz com que o papa seja deposto por 24 bispos alemães. Em fevereiro, vem a resposta imediata de Gregório: excomunhão e deposição do imperador.

> Bem-aventurado Pedro, príncipe dos apóstolos..., forte em vossa confiança... por vosso poder e vossa autoridade, proíbo o rei Henrique... que se levanta contra a vossa Igreja por orgulho insensato, de governar o reino da Alemanha e a Itália, eu liberto todos os cristãos do juramento que eles contraíram perante ele, e proíbo qualquer um de reconhecê-lo como rei.

A posição do imperador torna-se precária, porque os príncipes alemães, em sua maioria, deixam de obedecer-lhe após concordarem com a sentença papal. Henrique IV é então forçado a fingir submissão: em 28 de janeiro de 1077, vestido de penitente, chega a Canossa, na Emília, onde então reside o papa, que o faz esperar três dias na neve antes que pudesse pedir perdão. Gregório o absolve, mas tal humilhação não poderia ficar sem consequências, especialmente porque os príncipes alemães hostis a Henrique haviam eleito um antirrei da Alemanha, Rodolfo de Rheinfelden, que pede arbitragem ao papa. É a guerra. Em 1080, Henrique, que vence Rodolfo, é excomungado pela segunda vez. Ele então faz com que o sínodo de Brixen eleja um antipapa, Clemente III, que coroa Henrique como imperador. A arrogância de Gregório não conhece limites. Em 15 de março de 1081, ele escreve a Hermann de Metz:

> Quem poderia duvidar que os sacerdotes de Cristo são os pais e mestres dos reis, dos príncipes e de todos os fiéis? [...] Basta um pouco de ciência para entender que os padres são superiores aos reis... Devemos, portanto, com a ajuda de Deus, falar de humildade com os imperadores, reis e príncipes a fim de que possam conter as ondas de orgulho que são neles como os movimentos do mar.

O papa e o imperador, diz ele, são como o Sol e a Lua; o segundo recebe sua luz do primeiro. Isso não o impede de escapar por pouco das tropas imperiais em 1083, salvo pela intervenção dos normandos, que aproveitam para saquear Roma. Ele teve que se refugiar em Gaeta, onde morre no exílio em 25 de maio de 1085.

Após o curto interlúdio de Vítor III (1085-1087), a luta recomeça sob o pontificado de Urbano II (1088-1099), que retoma Roma em 1089 graças ao apoio da condessa da Toscana, Matilde, e depois a perde novamente em 1090 para, enfim, recuperá-la em 1093, alternando no trono de São Pedro com o antipapa Clemente III. Quanto a Henrique IV, ele enfrenta uma revolta de seu filho e morre em Liège em 1106. O conflito continua com Henrique V (1106-1125), que alinha os antipapas contra os legítimos papas Pascal II (1099-1118), Gelásio II (1118-1119), que se refugia na França, e Calisto II (1119-1124). Finalmente, após tanta guerra, chega-se a um acordo em 1122 – solução de bom senso que põe fim a meio século de "Querela das Investiduras": pela concordata de Worms, o imperador renuncia à investidura pelo báculo e pelo anel (os *spiritualia*), mas o papa reconhece sua investidura dos *regalia*: confere ao bispo o cetro, que representa o poder temporal, e o eleito faz juramento de fidelidade ao imperador. A primeira fase do conflito entre o Sacerdócio e o Império termina empatada.

FORÇA E FRAQUEZA DO IMPERADOR E DO PAPA

Ela, porém, deixa marcas profundas. As afirmações peremptórias do *Dictatus papae* não são esquecidas. A crise estimula a reflexão dos intelectuais sobre a natureza do poder político e as suas relações com a Igreja; e essas reflexões não são favoráveis ao imperador. Em 1085, Manegold de Lautenbach expõe a ideia de contrato, que estaria na base da sociedade política: há um *pactum subjectionis* pelo qual a comunidade do povo se submete ao soberano sob certas condições. Se o soberano não respeitar essas condições, não garantir a ordem e a justiça, o papa pode autorizar o povo a recusar obediência. Da mesma forma, no início do século XII, Hugo de São Vítor (1096-1141) escreve: "O poder espiritual deve tanto instituir o poder temporal para que ele exista quanto julgá-lo se ele se comportar mal". E são Bernardo, em 1152, no *De Consideratione*, recorre à clássica imagem das duas espadas: "A espada espiritual e a espada material, portanto, pertencem ambas à Igreja: mas a segunda deve ser sacada *para* a Igreja, e a primeira, *pela* Igreja; uma está na mão do padre, a outra, na mão do soldado, mas ao sinal, *nutum*, do padre e ao comando, *jussum*, do imperador".

Para esses intelectuais, todos eclesiásticos, a superioridade do papa é, portanto, incontestável. Mas a fraqueza da posição imperial não passa de uma questão de princípio. Além disso, sua situação política e geoestratégica é uma grande desvantagem para ele. A natureza e a base de seu poder são contestáveis. Ele é acima de tudo rei da Germânia, e por muito tempo o modo de sucessão não é claro: eleição ou hereditariedade? Os soberanos no poder tentam impor o princípio hereditário, mas os príncipes alemães, apoiados pelo papa, defendem o princípio da eleição, a *libera electio*, que supostamente expressa a escolha de Deus. Em última análise, o que prevalece é um compromisso instável: a partir do século XIII, o eleitorado se reduz a sete eleitores, os arcebispos de Tréveris, Colônia e Mainz, o conde palatino do Reno, o duque da Saxônia, o marquês de Brandemburgo e o rei da Boêmia. Mas, ao mesmo tempo, o soberano muitas vezes consegue que seu filho seja eleito, e três dinastias se sucedem dessa maneira, não sem contestações: os otonianos até 1002, os sálios até 1125, os Staufen até 1250.

O eleito, que reina sobre o *Teutonicorum regnum*, paradoxalmente carrega o título de rei dos romanos, *Rex Romanorum*, porque é considerado ao

1000-1300 – O TEMPO DO OCIDENTE E A IDADE DA RAZÃO   203

mesmo tempo Imperador do Sacro Império Romano germânico. Este título, porém, só se torna oficial quando o imperador é consagrado em Roma pelo papa, e muitas vezes é pela força que deve abrir o caminho para a Cidade Eterna. O caminho para o reconhecimento do título imperial está repleto de armadilhas.

O exercício do poder não é menos difícil. Mesmo na Germânia, a posição do imperador é frágil. A sociedade alemã, altamente hierarquizada, é dominada por uma classe de senhores que, a partir do momento em que, em 1152, Frederico I lhes reserva o direito exclusivo de portar armas, constitui-se como uma verdadeira casta nobre. Esses nobres são classificados, de acordo com o sistema feudal, em ordem hierárquica segundo a teoria dos escudos de vassalagem (*Heerschildordnung*). No topo estão os príncipes do Império, à frente dos grão-ducados territoriais: ducados da Saxônia, Francônia, Lorena e Baixa Lorena, Suábia e Baviera. Em segundo e terceiro lugares vêm os príncipes: 90 bispos e abades reais, e 16 marqueses, duques e condes. Todos esses personagens poderosos são extremamente apegados à própria independência e, se forem obrigados a servir no exército imperial, exigem em troca vantagens em terras e em dinheiro. Abaixo, encontra-se a classe dos *ministeriales*, funcionários reais e imperiais (os *Reichsministerialität*), que almejam ascender à nobreza. Por sua vez, as cidades são emancipadas a partir do século XI. Os artesãos, organizados em ofícios, formam uma comunidade urbana cimentada por um juramento comunal, a *conjuratio*. Dirigidos por um conselho (*Rat*), os mais importantes se revoltam, como Colônia em 1074, e conseguem obter uma grande autonomia. Eles têm seu próprio selo e conseguem atrair camponeses não-livres porque aplicam o adágio segundo o qual "o ar da cidade liberta" (*Stadtluft macht frei*).

O poder régio tem a maior dificuldade em impor-se a esse conjunto formado por grandes senhores, leigos e eclesiásticos, e por territórios urbanos. Sem capital, rodeado por uma administração rudimentar composta por alguns *ministeriales* e secretários da chancelaria, o rei-imperador só pode contar com os rendimentos dos seus domínios patrimoniais: o *Reichsgut* limita-se a cerca de 1.500 localidades, alguns castelos e mosteiros, nos quais ele aplica a *Bede* (talha), e isso não lhe deixa opção além de implorar ajuda de seus vassalos. Essa extrema descentralização não impede, porém, o aparecimento progressivo de uma consciência cultural germânica, com o nascimento de uma literatura vernacular em alto-alemão médio, imitada das canções de gesta francesas: as epopeias de *Parsifal*, *Tristão* e os *Minnesangers*, que narram as aventuras do cavaleiro Von Tannhäuser ou Von der Vogelweide. Por volta de 1204 aparecem os *Nibelungenlied*, e, por volta de 1210, a epopeia *Kudrun*, enquanto, no século XII, o cisterciense Otão de Freising introduz Aristóteles no pensamento teológico das grandes escolas catedrais.

O rei-imperador do Sacro Império, que até já consegue se fazer respeitar em casa, na Germânia, também deve controlar a Itália, onde está localizada sua capital teórica, Roma. Obviamente, a tarefa está além de suas possibilidades. A Itália é um outro mundo, do outro lado da poderosa cadeia dos Alpes, cuja travessia só é possível por uma passagem no inverno: o Passo do Brennero, entre Insbruque e Trento. A necessidade das idas e vindas entre a Alemanha e a Itália é muito custosa em termos de tempo e de dinheiro, além de arriscada em termos políticos. Os vassalos alemães relutam em seguir o imperador na *Romfahrt*, a viagem a Roma. A ausência do soberano por vários meses ao norte ou ao sul dos Alpes estimula a agitação. A tutela de um soberano alemão e sua comitiva germânica mantém a hostilidade dos italianos contra os teutões.

Além disso, a situação política na península tornava a tarefa do imperador particularmente complicada. O sul, nas mãos dos árabes, dos bizantinos e depois dos normandos, escapa-lhe completamente. Ao norte, a oposição vem das cidades, principalmente da Lombardia e da Toscana. Numerosas e povoadas por grupos turbulentos, as cidades se constituem desde muito cedo como "comunas" e defendem ferozmente os seus interesses. A comuna é uma associação voluntária e juramentada, dotada de uma milícia armada que controla o campo circundante, o *contado*, que assegura o seu abastecimento. Os quadros "consulares" ou "comunais" são instituídos logo após uma revolta popular, como em Milão em 1055, ou na concessão de um privilégio principesco, como em Gênova em 1081. Os artesãos, agrupados em *arti*, partilham o poder com a aristocracia, cujas grandes famílias rivais residem em palácios urbanos dominados por torres altivas. Muitas vezes em conflito, como Florença, Pisa, Luca e Siena, que brigam pelo controle de estradas e saídas, essas cidades também podem entrar em acordo contra um adversário comum, e então constituem uma força incrível, como perceberão os imperadores no século XII.

1000-1300 – O TEMPO DO OCIDENTE E A IDADE DA RAZÃO   205

Diante da fragilidade do poder imperial, o poder papal continua a se fortalecer a partir da década de 1070. O prestígio dos soberanos pontífices aumenta com a luta que travam pela melhoria na qualidade do clero, o que se convencionou chamar de reforma gregoriana. Abusos como a simonia, isto é, a compra de ofícios eclesiásticos, e o nicolaísmo, ou concubinato de padres, são combatidos. Trabalho de fôlego, é claro, a ser constantemente retomado, mas que melhora gradualmente a qualidade do clero e a sua respeitabilidade. Essa tarefa é propagada por zelosos reformadores, como Humberto de Moyenmoutier, autor de um *Adversus simoniacos*, Pedro Damião (†1072), exaltado destruidor de qualquer compromisso com o século, eremitas ascetas como Roberto d'Arbrissel, Bernardo de Tiron, Vital de Savigny, Norberto de Xanten e João Gualberto, bispos intelectuais como Anselmo da Cantuária e Bernard degli Uberti, além de mosteiros como Cluny, Hirsau na Alemanha e Vallombreuse na Itália.

A administração papal desenvolve-se e seus meios de ação tornam-se mais eficazes. Agora cercado por cardeais, o papa impõe suas decisões em toda a cristandade por legados[1] que têm autoridade sobre os bispos, arcebispos e primazes. Ele não hesita em excomungar o rei da França, Filipe I (1060-1108), por razões ligadas aos costumes; na Inglaterra, apoia Guilherme, o Conquistador, e após um breve conflito com Henrique I (1100-1135), conclui com ele a concordata de Londres (1107), que prefigura a de Worms. Sua diplomacia também intervém na Escandinávia, onde apoia governantes locais em troca de benefícios para a Igreja. Em 1103, cria a arquidiocese de Lund, que liberta a Dinamarca da tutela eclesiástica dos alemães. Na Espanha, Gregório VII consegue a supressão da liturgia visigótica, que ele desdenhosamente chama de *superstitio toletana*, em Navarra em 1076, e em Castela em 1080. Em relação a Bizâncio, a intransigência se verifica em ambos os lados. Em 1054, os enviados do papa são dois homens que nada tinham a ver com diplomatas, e cuja arrogância era comparável à do patriarca Miguel Cerulário: Humberto de Moyenmoutier e Frederico de Lorena. Resultado: excomunhão mútua, ainda em vigor por quase um milênio para assuntos tão sérios como o uso de barba e o casamento de padres orientais, o jejum

---

1 O *légat* era o representante do papa nos territórios pontifícios, como uma espécie de diplomata da Igreja. (N. T.)

romano do sábado, a data da Páscoa e a questão do *Filioque*. Finalmente, o último sinal do prestígio adquirido pelo papa vinte anos depois do *Dictatus papae*: em 1095, Urbano II lança a cruzada.

A ASCENSÃO DO PODER PAPAL NO SÉCULO XII

Assim, o compromisso de Worms, em 1122, é apenas em aparência um sucesso compartilhado. Na realidade, o imperador encontra-se em situação difícil diante de uma autoridade espiritual cada vez mais respeitada e que dispõe de formidáveis meios de ação. Além disso, no século XII, vemos a chegada de papas sérios, bons diplomatas formados por uma longa carreira administrativa. São todos italianos, exceto Calisto II (1119-1124), francês, e Adriano IV (1154-1159), inglês. A principal deficiência deles é a brevidade dos pontificados, pois são eleitos idosos: 17 papas em um século! Os mais notáveis são Lúcio III (1181-1185), Celestino III (1191-1198), eleito aos 90 anos após 65 anos de cardealismo, e especialmente Rolando Bandinelli, ou Alexandre III (1159-1181). Analogamente, os imperadores, após o parêntese de Lotário, duque da Saxônia (1125-1137), se assemelham aos papas pela duração dos reinados, com três suevos da dinastia Staufen em sessenta anos: Conrado III (1137-1152), Frederico I Barbarossa (1152 -1190), Henrique VI (1190-1197). Como eles são personagens enérgicos e imbuídos da teoria da supremacia imperial, era inevitável que o conflito entre o Sacerdócio e o Império explodisse novamente.

É a chegada de Frederico Barbarossa a Roma em 1155 que lança fogo na pólvora (arrisquemos esse anacronismo). No entanto, é como salvador do papa – este se encontra numa situação muito difícil – que sua entrada acontece. Por vários anos, Roma está em revolta contra o pontífice; ali foi criada uma comuna chefiada por um senado e um patrício. Arnaldo de Bréscia, um agitador inspirado que declama contra a riqueza da Igreja, joga tanto com o desejo de independência das grandes famílias quanto com a nostalgia da Roma imperial a fim de instaurar um regime evangélico recusando qualquer posse de bens por clérigos. Durante dez anos, os papas Eugênio III (1145-1153) e Anastácio IV (1153-1154) pedem em vão ajuda ao imperador. Somente em 1155 ele desce para a Itália. Eleito rei da Germânia em 1152,

1000-1300 – O TEMPO DO OCIDENTE E A IDADE DA RAZÃO   207

Frederico Hohenstaufen vem a Roma antes de tudo para ser consagrado imperador. O novo papa, o inglês Adriano IV, o recebe. Arnaldo de Bréscia, que perde o apoio popular, é enforcado e queimado. Todavia, a discórdia entre o papa e o imperador logo reaparece. Frederico está determinado a impor--se como o senhor, o "príncipe dos príncipes da terra, constituído por Deus acima dos outros reis", como proclama um de seus turibulários. Para isso, ele se apoia no direito romano e no precedente do grande antepassado Carlos Magno, que ele mandará ser canonizado em 1165 por um antipapa. Da cerimônia de consagração, este é o incidente: o imperador se recusa a segurar o freio do cavalo do papa, como era o costume, até que este lhe assegure que isso não implica nenhuma sujeição de sua parte. Então Frederico exige que uma inscrição que designava o imperador como "homem do papa" fosse apagada. Dois anos depois, na dieta de Besançon, outro embate – um legado dirige-se ao chanceler imperial e diz: "De quem é o Império mantido pelo imperador, senão do senhor papa?".

     Em 1158, a tensão degenera em guerra aberta. Frederico desce para a Itália à frente de um exército; Milão se submete e a dieta de Roncaglia proclama "recuperação" pelo imperador da Lombardia; funcionários imperiais são nomeados nas cidades. Mas algumas se revoltam, encorajadas por Adriano IV, como Milão, Bréscia, Placência e Crema. Tendo o papa morrido em 1º de setembro de 1159, é o canonista sienense Bandinelli que o sucede: Alexandre III. Contra ele, o imperador apoia um antipapa, Vítor IV (1160-1164), que foi sucedido por Pascal III (1164-1168) e Calisto III (1168-1178). Frederico é excomungado em março de 1160. Ele devasta a Lombardia e, em 1162, arrasa Milão. "Todas as leis civis são violadas; a palavra está somente com as armas; as cidades vizinhas se despedaçam reciprocamente", escreve um cronista italiano. Alexandre III refugia-se na França, de onde consegue reorganizar a Liga Lombarda, com Cremona, Mântua, Bérgamo, Placência e Bréscia. Ele constrói a fortaleza de Alexandria, que Frederico não consegue tomar em 1174. Pior: em 29 de maio de 1176, Frederico é derrotado pelas milícias da Liga Lombarda em Legnano, ao norte de Milão, o que o obriga a se reconciliar com o papa em Veneza em 1177, e concluir a paz de Constança com a liga em 1183.

     O imperador é, portanto, novamente derrotado, mas, em 1186, ele consegue apagar a humilhação de sua derrota militar com um casamento repleto de ameaças antipapais: seu filho e futuro imperador Henrique VI casa-se com Constança, herdeira do reino normando da Sicília. O papa corre o risco de ser pego em breve na tensão entre os territórios imperiais do norte e do sul da península.

O poder papal, no entanto, parece forte o suficiente para enfrentar essa nova ameaça. Durante o século XII, torna-se consideravelmente mais forte. Ele não apenas triunfa sobre Frederico Barbarossa, mas também ensina os reis da França e da Inglaterra, repreendendo-os como maus alunos: a França foi interditada de 1141 a 1144 para forçar o rei Luís VII a renunciar à nomeação de seu chanceler como arcebispo de Bourges. Privados dos sacramentos por três anos, os súditos obrigam o rei a capitular. Na Inglaterra, o todo-poderoso Henrique II Plantageneta é forçado a praticar humilhantes penitências públicas após o assassinato em 1170 do arcebispo da Cantuária, Tomás Becket, que defendera os direitos do clero atacados pelas Constituições de Clarendon.

A burocracia pontifícia continua a crescer favorecendo a centralização. A inflação de textos produzidos pela chancelaria e a multiplicação de apelos aos tribunais do papa são exemplos disso. Um trabalho colossal de ordenação dos textos da lei se impunha: é a obra do canonista Graciano e sua equipe em Bolonha. Em 1140 é publicada sua *Concordia discordantium canonum*, conhecida como *Decreto*: 4 mil textos de decretais e decisões conciliares classificados, explicados e harmonizados – nasce o direito canônico mediante o esforço atestado de racionalização da administração romana. Os comentadores da obra do "pai do direito canônico" continuam esse esforço: Huguccio de Pisa em sua *Summa* por volta de 1190, bem como o próprio Alexandre III, que produziu 470 decretais, contra 9 de seus cinco predecessores. Todos esses textos apontam na mesma direção: fortalecer o poder pontifício. "Não se resiste aos preceitos apostólicos, e se alguém deseja estar em comunhão com a Santa Igreja de Deus, deve, para sua salvação, obedecer ao que é ordenado pela autoridade da santa e apostólica Igreja romana", diz o *Decreto*; para Alexandre III, o papa "julga as causas de todos os homens".

Outro sinal do aumento de seu prestígio: o papa consegue pela primeira vez reunir concílios ecumênicos no Ocidente: Latrão I (1123), Latrão II (1139), Latrão III (1179). Além das medidas disciplinares e reformadoras clássicas, o terceiro concílio estabelece as regras para a eleição dos bispos pelos cânones,

1000-1300 – O TEMPO DO OCIDENTE E A IDADE DA RAZÃO

e a do papa pelos cardeais por maioria de dois terços. A aspiração do soberano pontífice à monarquia universal manifesta-se pelo uso de insígnias simbólicas: cetro, manto vermelho e tiara (equivalente ao diadema imperial). Alexandre III chega a avisar Preste João (aquele personagem mítico à frente de um reino cristão fabulosamente rico situado em algum lugar na Ásia ou na África, e cuja lenda se espalha em meados do século XII) que o único patrono do mundo cristão é o papa: "A sé apostólica que presidimos... é a cabeça e o senhor de todos os que creem em Cristo", escreve ele em resposta a uma carta forjada do mítico João. As pretensões pontifícias se transformam em megalomania.

APOGEU DA TEOCRACIA: INOCÊNCIO III (1198-1216)

Essa tendência atinge seu apogeu com Inocêncio III (1198-1216). Eleito por unanimidade, Lotário dei Conti di Signa, de família nobre do Lácio, é um exímio canonista e teólogo de 37 anos, formado em Paris e Bolonha. Desde o momento de sua proclamação, o tom está dado: "É a mim que se aplica a palavra do profeta: eu te estabeleci acima de povos e reinos para que arranques e destruas, mas também, para que construas e plantes". Ele não se autodenomina "Vigário de Pedro", mas "Vigário de Cristo", diretamente – para tanto, fundamenta-se em seus numerosos escritos (nada menos que 596 decretais e tratados sobre moral e teologia, como o *De miseria humanae conditionis*, do qual encontramos mais de 600 manuscritos), dos quais poderíamos compilar uma antologia de declarações megalomaníacas e teocráticas: "Cristo deixou para Pedro não apenas a Igreja universal, mas o século inteiro para governar"; sou "o plenipotenciário d'Aquele por quem os reis reinam e os príncipes governam, e aquele que concede os reinos a quem me apraz fazê-lo"; "aos príncipes foi dado poder na terra; ao sacerdócio foi atribuído poder tanto na terra quanto no céu. O poder dos príncipes diz respeito somente os corpos; o do sacerdócio diz respeito aos corpos e às almas". Com relação aos reis, o papa afirma que, devido à condição de pecadores, devem estar sujeitos a ele, e o imperador não é exceção. Recorre-se a todas as imagens clássicas: as duas espadas, o Sol e a Lua, sempre aludindo àquilo que é "inferior em tamanho, qualidade, posição e poder". O papa tem o direito de se recusar a coroar alguém como imperador: "Se os príncipes, divididos entre si ou não, elegem como rei um sacrílego, um excomungado, um tirano, um louco, um herege ou um pagão, deveríamos por acaso ungir, consagrar e coroar um homem desse tipo? Absolutamente não", escreve ele na bula *Per Venerabilem* de 1202.

Estas não são declarações vazias. Quando, em 1198, os príncipes alemães se dividem em torno de dois candidatos à eleição real, Filipe da Suábia e Otão de Brunsvique (da dinastia dos Welf), o papa escolheu Otão como rei dos romanos, exigindo dele em troca a renúncia à Itália central e ao reino da Sicília, confiada ao filho de Henrique VI, Frederico II. Assim, ele evita a ameaça de uma união do Império e da Sicília. Otão IV é coroado imperador em 1209, mas logo se volta contra o papa, que o excomunga e lança contra ele seu protegido, o jovem Frederico II. A queda de Otão IV é consumada por sua derrota de Bouvines em 1214 contra Filipe Augusto. Frederico II é consagrado rei em Aix em 1215 e, depois, aparece personificado como uma criatura do papa.

Este também impõe sua vontade aos demais soberanos: coroa Pedro II de Aragão em 1204, assim como o rei da Bulgária, toma sob sua proteção a Dinamarca, a Polônia, a Sérvia, Jerusalém e os Estados latinos do Oriente. Em 1202, ele força Filipe Augusto a retomar sua esposa Ingeborg, da Dinamarca, depois de ter interditado o reino por dois anos. Em 1208, ele interdita a Inglaterra, onde João Sem Terra contesta a jurisdição eclesiástica. Em 1213, ele convida o rei da França a tomar o reino de João. O rei se submete e deve se reconhecer vassalo do papado. Inocêncio III então o acata sob sua proteção, e quando os barões ingleses forçam o rei a limitar seus poderes pela Magna Carta de 1215, ele declara esse texto ilegal.

Inocêncio III também empunha a arma da cruzada. A segunda (1147-1149) e a terceira (1190-1192) terminaram em fracasso apesar da participação dos soberanos: Luís VII, e depois, Filipe Augusto, Ricardo Coração de Leão e Frederico Barbarossa, que morre no caminho em 1190. Entretanto, as cruzadas haviam permitido que os papas estendessem seus poderes para o além – é o que decreta a bula *Quantum praedecessores* de 1145, segundo a qual todos os que morressem na expedição iriam diretamente para o paraíso. Os reis também ganharam com isso: eles recebem o direito de cobrar um imposto de 10% sobre a renda de seus súditos para custear a viagem. Esse "dízimo saladino", como todos os impostos pontuais e temporários para fins honrosos, logo seria desviado para outros objetivos. Ainda assim, em 1203, Inocêncio III lança a quarta cruzada, que resulta na conquista de Constantinopla em 1204, como vimos, o que lhe permite nomear um patriarca latino para Bizâncio e, assim, estender a cristandade romana. A cruzada torna-se, na verdade, um instrumento político nas mãos do papa, que pode recorrer a ela por motivos inteiramente seculares, disfarçando suas operações sob um pretexto, por assim dizer, honroso. Os combatentes, persuadidos a buscarem a própria salvação, estão ainda mais motivados. Em 1213, Inocêncio III abandona a lamentável "cruzada das crianças", que, como era previsto, termina em massacre. O papa "queria deixar a sorte com o Espírito Santo", escreve ironicamente Émile G. Léonard. Mas o Espírito Santo não gosta de ser coagido. Em 1215, o papa prepara uma quinta cruzada, da qual não verá o lamentável fracasso (1218-1221).

Em 1208, Inocêncio III ainda utiliza a cruzada para pôr fim à heresia cátara que se desenvolve de forma perturbadora no condado de Toulouse. Ao contrário do movimento valdense, que, seguindo Pedro Valdo, mercador de Lyon, por volta de 1075, se contenta em denunciar a riqueza da Igreja e viver na pobreza, sem atacar dogmas e satisfazendo-se com a excomunhão, os cátaros são autênticos hereges: herdeiros do dualismo maniqueísta, afirmam a existência de duas entidades cósmicas rivais, um deus do bem e um deus do mal, estando este último na origem da criação do mundo material em que vivemos sob regência da Igreja. Eles misturam várias elucubrações e rituais próprios dirigidos por seus sábios, os "perfeitos", em oposição à Igreja. A heresia tomou proporções preocupantes a partir de meados do século XII na Lombardia e em Toulouse, onde o legado do papa, Pedro de Castelnau, é assassinado em janeiro de 1208. A cruzada tem início e almeja o conde de Toulouse, Raimundo VI, convertido à heresia. Raimundo é um vassalo do rei da França, Filipe Augusto, que o papa ignora: o papa declara Raimundo deposto de seu feudo e pede ao rei que lidere a cruzada. O soberano protesta: "Condenai-o como herege. Só assim tereis o direito de publicar a sentença e de convidar a mim, o suserano do conde, a confiscar legalmente os domínios do meu feudatário". Finalmente, a cruzada albigense é liderada por um senhor de origem normanda, Simão de Montfort. Ela é marcada pelo saque de Béziers (1209), a devastação de Languedoc, a vitória dos cruzados em Muret (1213) sobre os albigenses e o rei de Aragão, Pedro II, que os auxilia. O condado de Toulouse é atribuído a Simão de Montfort, que presta homenagem a Filipe Augusto.

Mais uma vez, prevalece a vontade do papa. Seu triunfo, que justifica sua pretensão à monarquia universal, manifesta-se na realização do concílio de Latrão IV em 1215, o mais importante desde os primórdios do cristianismo: milhares de participantes e decisões importantes em todas as áreas: pastoral, disciplina e dogma. Não há ambiguidade quando nos referimos ao estabelecimento de uma verdadeira teocracia. Os decretos visam organizar a vida social e individual de acordo com a lei religiosa. Os não-cristãos, judeus em particular, são obrigados a usar uma insígnia que os distingue. Os fiéis agora são obrigados a se confessar e comungar uma vez por ano (cânon *Utriusque sexus*).

A LUTA FINAL CONTRA O "ANTICRISTO" FREDERICO II (1220-1250)

Esse triunfo, porém, não sobrevive à morte de Inocêncio III em 1216. Não que seus sucessores fossem personagens medíocres. Eram, em sua maioria, intelectuais de qualidade, como Honório III (1216-1227), que compila o *Liber censuum*, Gregório IX (1227-1241), que reformula as coleções canônicas e funda a Universidade de Paris, Inocêncio IV (1243-1254), jurista, autor de obras jurídicas como o *Apparatus* e as *Novellae*, João XXI (1276-1277), um dos maiores escolásticos de seu tempo, apaixonado por medicina e filosofia, autor de um importante manual de lógica, as *Summulae logicales*. Mas o papado do século XIII sofria de duas deficiências: a brevidade dos pontificados (17 papas em um século, incluindo 12 italianos, 4 franceses, 1 português) e a excessiva duração das vacâncias a partir de 1241, devido às lutas de clãs entre as grandes famílias romanas, o que dificulta a obtenção de uma maioria de dois terços para a eleição papal. Gregório X só foi eleito após três anos de discussões, em 1271, e no total a Sé papal ficou vazia durante oito anos ao longo do século. É por isso que o concílio de Lyon em 1274 decide, por meio do cânone *Ubi periculum*, que, com a morte de um papa, os cardeais eleitores serão encerrados em um conclave, do qual só sairão após elegerem um sucessor. Além disso, após três dias, receberão apenas duas refeições ordinárias; ao cabo de cinco dias, serão submetidos a uma dieta de pão, água e vinho, e não receberão mais o rendimento de seus benefícios.

1000-1300 – O TEMPO DO OCIDENTE E A IDADE DA RAZÃO 213

Milagrosamente, as eleições agora passam a ser muito rápidas, e o Espírito Santo nesse caso não vale muita coisa.

Os sucessores de Inocêncio III enfrentam um adversário formidável: o novo imperador Frederico II Hohenstaufen, a quem o papa havia usado para eliminar Otão IV, mas que, como neto de Barbarossa, eleito e consagrado rei dos romanos em 1215, além de herdeiro do reino da Sicília através de sua mãe, pretende estender o Sacro Império da Calábria ao Báltico. Embora seus predecessores sejam alemães, ele se sente muito mais italiano e reside a maior parte do tempo em Palermo, carregando o papado nas costas. Filho de Constança da Sicília, marido de Constança de Aragão, Frederico é, antes de tudo, um mediterrâneo. Inteligente e culto, possui espírito curioso a respeito de todos os assuntos, aberto a todas as fontes de informação. Na cosmopolita corte de Palermo, ele é cercado por judeus e muçulmanos, além de cristãos e, em especial, céticos, como o astrólogo Miguel Escoto e seu secretário Pier della Vigna, que alguns suspeitavam ser o autor de um misterioso tratado blasfemo, o *Tratado dos três impostores* (Moisés, Jesus, Maomé).

Frederico II é um eclético e um relativista que desconfia de todas as religiões, o que o faz ser considerado por todos como ateu: "Era um ateu", diz dele um contemporâneo seu, o cronista Salimbene. O muçulmano Ibne Aljauzi confirma: "O imperador era um materialista que não levava o cristianismo a sério". Para o papa, ele é francamente o Anticristo: "O novo Lúcifer, tentou escalar o céu, erguer seu trono acima dos astros, tornar-se superior ao vigário do Altíssimo. Ele queria usurpar o direito divino, mudar a aliança eterna estabelecida pelo Evangelho, mudar as leis e as condições da vida dos homens. Este pretenso imperador é apenas um Herodes inimigo da religião cristã, da fé católica e da liberdade da Igreja", declara o advogado papal Albert von Behaim[2] no concílio de Lyon em 1245, e Gregório IX escreve em 1239:

> Temos provas contra sua fé. É que ele disse que o mundo inteiro foi enganado por três impostores, Jesus Cristo, Moisés e Maomé, colocando Jesus Cristo crucificado abaixo dos outros dois, que morreram na glória. Ele também ousou dizer que somente os insensatos acreditam que Deus, criador de tudo, poderia ter nascido de uma Virgem... e que só devemos acreditar no que podemos

---

2 Ou Albertus Bohemus. (N. T.)

mostrar pela razão natural... Ele combateu a fé de muitas outras maneiras, tanto por suas palavras quanto por suas ações.

Com a presença de tal personagem, a luta entre o Sacerdócio e o Império ultrapassa o nível de uma luta pelo poder e assume proporções cósmicas, as de um combate decisivo entre o bem e o mal. Esta é uma grande novidade. Todos os predecessores de Frederico II no Império eram cristãos sinceros. Frederico acredita em um deus, mas este já é o deus dos filósofos – ele rejeita dogmas e milagres, recusa-se a acreditar sem entender e leva a exigência de racionalização até onde a cultura de seu tempo permite. Deixar o primeiro lugar para tal homem seria como se o papa abdicasse aos pés do diabo.

Contudo, é a monarquia universal que Frederico II busca. Isso se verifica em fórmulas enfáticas por ele utilizadas, como quando ele declara que "o mundo vive da sua respiração, o seu esplendor ilumina a cristandade no tempo e fora do tempo"; ele é "a lei encarnada"; seu poder "ultrapassa toda a força humana"; ele detém "de Deus apenas a coroa do Império"; e mesmo "em sua qualidade de pai e promotor do Império, sua pessoa se confunde, em certo sentido, com Deus". Ele fala de sua terra natal, perto de Ancona, em "Tesi, onde nossa divina mãe nos deu à luz, nossa Belém". Entre um papa que se considera Deus Pai e um imperador que se considera o Messias, não pode haver compromisso. Como ambos desejam a *plenitudo potestatis*, que cada um afirma ter recebido de Deus, só pode haver uma luta mortal.

No entanto, o grande combate só começa em 1227. Até então, o fraco Honório III (1216-1227), que havia sido tutor de Frederico, mantém por ele toda a sua simpatia, coroando-o imperador em 1220. Tudo muda com a eleição de um terrível octogenário, o cardeal Ugolino, que se torna Gregório IX e não pretende tolerar as extravagâncias do jovem imperador. Como este demorou a partir para a cruzada, excomunga-o em 1227. Frederico II não liga para isso e parte para a Terra Santa, liderando uma cruzada à sua maneira: em 1229, obtém pela diplomacia a restituição de Jerusalém e dá-se ao luxo de confraternizar com os muçulmanos, apreciando como esteta o modo de vida deles e as harmonias dos apelos do muezim.[3] Um cruzado

---

3 O muezim é aquele que, do alto dos minaretes, anuncia em voz alta a hora das orações para os muçulmanos. (N. T.)

excomungado que consegue negociar onde bons cristãos falharam, e ainda, sem matar muçulmanos, não é exatamente a concepção do papa acerca de uma verdadeira cruzada. A cruzada é uma *guerra* santa, e não um acordo entre mercadores de tapetes. Aproveitando a ausência do imperador, Gregório IX invade o reino da Sicília. Frederico retorna e, em 1230, obriga o papa a reconhecer-lhe o duplo título de imperador e rei da Itália pelo tratado de San Germano.

Nos dez anos seguintes, organiza seus Estados, desenvolve a economia, funda uma universidade em Nápoles, constrói castelos, como o famoso Castel del Monte, na Apúlia, reprime a revolta de seu filho Henrique em 1235, esmaga as tropas da Liga Lombarda em Cortenuova em 1237, conquista a Sardenha, fazendo dela um reino para seu filho Enzio; é excomungado pela segunda vez, em 1239, e, em retaliação, invade os Estados do papa. O papa convoca um concílio em Roma e, em 1241, Frederico captura a frota que transportava para lá cem bispos e três legados. O papa morre, com mais de 90 anos. Seu sucessor, Celestino IV, dura apenas dezesseis dias, seguidos por uma vacância de dezoito meses na sede papal. Em junho de 1243, o recém-eleito Inocêncio IV retoma o combate. Refugiado na França, convoca o concílio de Lyon em 1245, que declara Frederico destituído de todas as suas dignidades. Um pedido de arbitragem perante são Luís coloca este em apuros, pois ele se encontra entre a solidariedade a um soberano e a fidelidade ao chefe da Igreja. Essa atitude ambígua do futuro santo, que nesse momento ainda é apenas Luís IX, é um primeiro sinal do surgimento de um novo perigo para o papado: a afirmação das monarquias nacionais.

A guerra continua na Itália, onde Frederico II enfrenta uma nova revolta da Liga Lombarda, além de revoltas e traições provocadas por enviados do papa, que exploram o descontentamento da nobreza contra o autoritarismo do imperador. É em meio a essas batalhas que Frederico II morre prematuramente de doença, em 13 de dezembro de 1250, aos 56 anos. É o fim de dois séculos de lutas entre o Sacerdócio e o Império. Se por um lado existe de fato um perdedor, o Império, por outro, não é certo que haja um vencedor.

O PAPA, VITORIOSO SOBRE O PODER IMPERIAL?

Para o Império, a morte de Frederico II marca o início de uma profunda crise de um quarto de século: o Grande Interregno (1250-1273). O filho de Frederico, Conrado IV (1250-1254), está em guerra com um rival eleito por um grupo de príncipes alemães, Guilherme da Holanda. Conrado é excomungado e morre em 1254; Guilherme, por sua vez, morre em 1256. Dois reis romanos antagonistas são eleitos, o inglês Ricardo da Cornualha e o espanhol Afonso de Castela, para liderar um Estado alemão. A anarquia está no auge. Em 1273, a unidade é restaurada em benefício de Rodolfo de Habsburgo (1273-1292), mas seus sucessores, que pertencem às casas de Habsburgo, Wittelsbach, Nassau e Luxemburgo, não conseguem mais se impor perante os papas, e a maioria nem sequer são imperadores oficialmente coroados. Eles nem conseguem se opor, em 1291, à união de três "cantões florestais" (*Waldstätten*), Schwyz, Uri e Unterwalden, que escapam ao seu controle e estão na origem da Confederação Suíça.

Além disso, a Itália está definitivamente perdida. Na península, o papa, livre do Anticristo, apoia-se no partido dos guelfos – estes sustentam as pretensões pontifícias, opõem-se ao feudalismo institucional imperial e dominam nas cidades –, "partido do banco e do altar, dos bons pensadores, dos apoiadores abastados do *status quo* político, econômico e social e aproveitador dos direitos do povo", escreve Émile G. Léonard. Em oposição a eles, o partido dos gibelinos, "legitimistas partidários do antigo regime, [...] o partido deles recruta tão bem nas classes baixas, entre pessoas ávidas por melhorias, o que lhe dava um matiz popular, quanto em meio aos antigos privilegiados que sonhavam com a restauração", segundo o mesmo historiador.

As cidades italianas, constituídas como comunas, tornam-se de fato durante o século XIII o teatro das lutas sociais e políticas entre o *popolo grasso* (alta burguesia das *arti maggiore*) e o *popolo minuto* das *arti minori*, e, abaixo destes, a turbulenta plebe dos pequenos artesãos e trabalhadores, *ciompi* de Florença, *staccioni* de Luca, *patarins* de Milão, *senza bracche* (sem calção) de Bolonha. Somente Veneza consegue ter um sistema equilibrado, liderado por um Grande Conselho dominado por famílias aristocráticas: em 1261, 27 famílias fornecem 242 membros, incluindo 80 Contarini, Dandolo, Morosini e Quirini. O doge, antigo funcionário do basileu, é eleito para a vida toda e

1000-1300 – O TEMPO DO OCIDENTE E A IDADE DA RAZÃO   217

desempenha apenas papel representativo. Além disso, os constantes conflitos internos das cidades explicam o recurso frequente a uma "podestade", uma espécie de ditador legal e temporário. Escolhido por suas competências jurídicas e militares, ele é encarregado de arbitrar durante um ano as querelas entre os diferentes grupos e, se necessário, liderar a milícia contra cidades rivais. Seus poderes muito amplos são especificados em um contrato que também define sua remuneração. Inevitavelmente, alguns podestades, uma vez no poder, são tentados a ali permanecer, como o famoso Ezzelino da Romano, podestade de Verona em 1227, que atribui para si mesmo poder ilimitado em 1232 e, além disso, se torna em 1237 "tirano de Pádua", governando essas regiões com terror até 1259. O sistema do podestade é muitas vezes a origem dos senhorios urbanos: em 1257, Martino Della Torre é aclamado senhor de Milão; seu irmão Filippo foi escolhido em 1264 como senhor de Como, Lodi, Bérgamo, Vercelli e Novara.

É nesse contexto que o papa Inocêncio IV, por ocasião da morte de Frederico II, apela a Carlos de Anjou, irmão de Luís IX, oferecendo-lhe a coroa da Sicília, com a condição de a conquistar contra o bastardo de Frederico II, Manfredo, que a havia tomado. Após anos de tergiversação, Carlos de Anjou chega em 1265, é investido com o reino da Sicília em Roma pelo papa Clemente IV (1265-1268) e derrota Manfredo, que morre em batalha perto de Benevento em 1266. Os gibelinos da Itália então recorrem ao neto de Frederico II, Conradino, que é derrotado e preso em 1268 na batalha de Tagliacozzo. Carlos de Anjou manda executá-lo em Nápoles, encerrando assim a dinastia Hohenstaufen.

A partir dessa data, Carlos de Anjou é o verdadeiro senhor de toda a Itália. Rei da Sicília, cuja capital transfere para Nápoles, ele também é "senhor" de uma parte do Piemonte, senador de Roma, vigário imperial da Toscana (onde quinze comunas guelfas lhe juram lealdade), senhor de muitas cidades lombardas, incluindo Placência, Cremona, Parma, Módena, Mântua, Ferrara, Régio, Milão, Vercelli, Como e Pavia; as repúblicas marítimas de Gênova e Veneza são suas aliadas; Florença financia sua expedição e, como recompensa, os banqueiros Bardi, Peruzzi, Bonnacorsi e Acciaiuoli recebem o direito de praticar livre comércio na França. Ele também é conde de Maine e de Anjou; marido da herdeira do condado de Provença, Beatriz; suserano da Acaia; e, em breve, rei de Jerusalém (1277), um título puramente honorário.

Sua filha Beatriz se casa com o herdeiro do igualmente teórico Império latino de Constantinopla. Extraordinária mistura de sonhos e realidades mais ou menos sólidas, que faz dele o personagem central do mundo mediterrâneo, com o apoio incondicional do papa, que nada tem a temer dele: Carlos não é imperador e não tem nenhuma intenção de disputar com o soberano pontífice a direção da cristandade.

O papa seria então o vencedor definitivo no antigo duelo contra o poder temporal? Vários fatores podem sugerir isso. Com a casa de Anjou ao seu serviço, o que lhe garante o apoio do reino mais poderoso da cristandade (a França), monopoliza solidamente as duas espadas. O concílio de Lyon (1274) é um triunfo pessoal para Gregório X, assim como Latrão IV fora para Inocêncio III: a assistência ultrapassa até os limites da cristandade latina, pois havia mongóis, persas e bizantinos que aceitavam a União das Igrejas; tem-se em vista uma próxima grande cruzada. Em última análise, não haverá União nem cruzada, mas nesse momento, ninguém tem certeza quanto a isso. Tão sólidos são os progressos feitos durante o século pela administração papal, que esta se torna uma enorme máquina burocrática e centralizada, porém eficiente. No topo, o soberano pontífice, *Vicarius Christi*, possuidor da *plenitudo potestatis*, rodeado de cardeais enfeitados com um grande chapéu vermelho a partir de 1245, os quais se reúnem no consistório para tratar de assuntos importantes. A chancelaria envia centenas de cartas todos os anos, sempre com um exemplar conservado em enormes coleções. As decretais se amontoam. Em 1234, Gregório IX encomenda uma compilação, o *Liber extra*, do dominicano Raimundo de Penaforte. Os processos se acumulam tanto em primeira instância quanto em recurso; os litigantes vêm de toda a Europa. O cardeal penitenciário envia dispensas para todos os casos reservados, cobrando gratificação, evidentemente. Muitas disposições do direito canônico têm um objetivo puramente fiscal: quanto mais estritas e precisas são as regras, mais os fiéis devem pedir dispensas e pagar para obtê-las. Além disso, em 1265, a constituição *Licet ecclesiarum* dá ao papa o direito de nomear todas as dignidades e todos os benefícios. Roma torna-se uma enorme bomba de dinheiro: taxa para ir à cruzada (dízimo saladino), taxa para não ir à cruzada (redenção de votos), taxa pela atribuição de um benefício (os *annatae*: um ano de rendimento); taxa sobre prelados em visita a Roma; taxa de renúncia; taxa para os processos – a lista continua a se alongar. Em breve haverá uma

1000-1300 – O TEMPO DO OCIDENTE E A IDADE DA RAZÃO   219

taxa de entrada no paraíso, encurtando o tempo de permanência no purgatório: as indulgências.

No início do século XIII, o papado reforça seu controle sobre as consciências e espíritos com a criação de novas ordens monásticas adaptadas às necessidades da época: franciscanos e dominicanos, estabelecidos nas cidades em plena ascensão. Praticando a pobreza absoluta, podem desfazer as críticas contra a riqueza da Igreja e praticar a pregação e o ensino; podem satisfazer a necessidade de saber, de compreender, de combater eficazmente as heresias com a razão. Ao tomar as universidades nascentes sob sua proteção, os papas podem formar e controlar a vida intelectual; tornando obrigatória a confissão e a comunhão anuais, usando as armas espirituais da penitência, da excomunhão, da proibição, a Igreja molda as consciências, orienta a cultura e a política.

E então, a partir do final do século XII, surge uma formidável máquina de espionagem das consciências com o objetivo de eliminar erros literalmente condenáveis e as heresias doutrinárias. Um processo lógico e fundamentalmente razoável no quadro de uma religião monoteísta revelada: a partir do momento em que a certeza de se possuir a verdade e a fé torna-se uma questão de salvação eterna, há um dever moral de proibir o erro. A Inquisição – pois é dela que se trata aqui – está em perfeita coerência com o monoteísmo cristão e participa do esforço de racionalização dos séculos XI-XIII: salvar almas apesar delas, inclusive pelo emprego da força, é uma obrigação, um dever de caridade. E mesmo que não se acreditasse na verdade ensinada, deixar os homens livres para se desviarem e se lançarem no tormento eterno seria um sinal monstruoso de indiferença. Este é todo o problema de um edifício doutrinário que não se baseia em nenhuma prova: ele tende à perseguição por ser fundamentado em meras suposições e elucubrações de espíritos exaltados. Mas essas coisas, inaceitáveis na cultura moderna, estavam em conformidade ao contexto pré-científico da Idade Média.

Já em 1184, portanto, Lúcio III, no decreto *Ad abolendam*, estabelece a colaboração entre os poderes civil e religioso para a detecção de heresia. O procedimento torna-se inquisitorial: o juiz pode se valer do boato público para iniciar uma pesquisa (*inquisitio*), que será gradualmente confiada aos dominicanos. A legislação se estabelece, e é a partir de 1231-1233 que se pode verdadeiramente falar da Inquisição, com o seu procedimento excecional, incluindo uso da tortura e execuções de desviados, que no século XIII representam no máximo 10% das sentenças.

O papa, que na segunda metade do século XIII elimina a ameaça do imperador, controla a Itália por meio de Carlos de Anjou, triunfa no concílio de Lyon II, pode lançar cruzadas, enviar missionários para a China, dispor de uma administração eficiente e rendimentos oriundos de toda a cristandade, além de instrumentos de controle das consciências e das inteligências. Teria ele finalmente realizado o ambicioso programa de Gregório VII e Inocêncio III, a saber, fazer da cristandade uma teocracia com perspectiva universal e da qual ele seria o chefe?

O PAPA VENCIDO PELO PODER REAL
(BONIFÁCIO VIII E FILIPE, O BELO, 1294-1303)

Se ele acreditasse nisso, perceberia muito rapidamente seu erro. Primeiro, porque qualquer poder que se torne excessivo engendra automaticamente movimentos de protesto. A centralização, a tributação papal, a riqueza da Igreja e os excessos do alto clero suscitam rebeliões, até mesmo no seio das ordens mendicantes: os franciscanos dividem-se entre os conventuais, favoráveis à acomodação com exigências materiais, e os espirituais, que, como Ubertino de Casale, Pedro João Olivi e Ângelo Clareno, defendem a pobreza integral e são tentados por ideias milenaristas de tipo joaquimita que anunciam a chegada do reino do Espírito.

Mais alarmantes para o papa são os avanços das teorias do poder monárquico, que visam fazer de cada rei um imperador em seu reino, de acordo com a fórmula francesa. Desse modo, imediatamente após a morte de um imperador, há o risco de surgirem dezenas de novos – e com as mesmas pretensões: ser senhor de sua própria casa e restringir o papa aos assuntos espirituais. O problema da relação entre o poder espiritual e o poder temporal ressurge como uma serpente marinha. O barulho da luta entre o Sacerdócio e o Império havia até então ocupado todas as atenções, mas os soberanos, enquanto observam a grande luta como espectadores, aproveitam a lição e assimilam em benefício próprio as teorias imperiais que seus juristas haviam adaptado com base no direito romano e em Aristóteles.

1000-1300 – O TEMPO DO OCIDENTE E A IDADE DA RAZÃO

Até meados do século XIII, o pensamento político é monopolizado pelos teólogos, e a reflexão mais elaborada é a de Tomás de Aquino, que vê no poder *in abstracto* uma origem divina e uma necessidade natural, indispensável à vida em sociedade. A tarefa dos governos é garantir o soberano bem da cidade e do indivíduo; porém, como este tem um fim sobrenatural, o poder temporal deve estar sujeito ao poder espiritual,

> confiado não aos reis terrenos, mas aos sacerdotes e principalmente ao Grande Sacerdote, sucessor de Pedro, vigário de Cristo, o pontífice romano, a quem todos os reis da cristandade devem se submeter, bem como ao nosso Senhor Jesus Cristo, pois devem se submeter a quem pertence o encargo do fim último aqueles encarregados dos fins antecedentes, e devem ser orientados por seu *imperium*.

Assim se exprime são Tomás na *Suma teológica*. Nessa obra, o autor expõe o ideal daquilo a que se chamou uma "teocracia moderada", na qual a lei remonta à ordem da razão natural, iluminada pela razão divina.

Sob a influência de legistas formados em Bolonha, as concepções evoluem no final do século XIII, quando a teoria do poder se laiciza. O renascimento dos estudos do direito romano traz à tona a noção de *res publica*, a coisa pública, a de *imperium*, o pleno poder conferido ao chefe que encarna o Estado, e a de *majestas* ou soberania. Essas noções são colocadas a serviço do rei, considerado como imperador em seu reino, e contrapostas às intervenções do papa nos assuntos públicos. Elas também se opõem à ideia de um contrato que vincularia o rei a certas obrigações para com o seu povo, e que justificaria até mesmo a possibilidade de se assassinar o soberano que abusa: é a ideia de tiranicídio, notavelmente desenvolvida pelo teólogo João de Salisbury em 1159 em seu *Policraticus*. Além disso, a interpretação de Aristóteles à luz de Averróis, muito em voga nos círculos intelectuais dos anos 1250-1300, dá crédito à concepção puramente natural do Estado, que não tem necessidade de sanção sobrenatural. A esfera do Estado e a da Igreja devem ser estritamente separadas.

É exatamente o que sustentam teólogos favoráveis ao rei da França, como o dominicano João de Paris, em seu tratado *De potestate regia et papali* de 1302: o Estado é natural, primeiro e essencial; o Estado existia antes do surgimento do cristianismo, diz ele, e é portanto independente deste; possui um objetivo moral e material, podendo prescindir das intervenções do papado. Além disso, os Estados são legitimamente diversos, por causa da diversidade humana: a unidade política da cristandade (e, portanto, do poder nas mãos de um imperador) não está de acordo com a razão, que exige monarquias nacionais.

Durante o grande confronto entre Filipe, o Belo, e Bonifácio VIII, muitos escritos, inspirados pelos legistas do rei, vão retomar, endurecer e amplificar essas ideias, além de divulgá-las nos círculos esclarecidos da população: o *Antequam essent clerici* ("Antes que houvesse clérigos"), em 1297; o *Rex pacificus* de 1302; a *Disputatio inter clericum et militem* ("Diálogo entre um clérigo e um cavaleiro"), por volta de 1297, no qual as pretensões papais são ridicularizadas num estilo irônico pré-voltairiano:

> Nessas condições, é fácil para o papa conceder direitos a qualquer pessoa; basta-lhe escrever que tudo lhe pertence desde que o tenha escrito... para ter direito, bastará desejá-lo; resta-lhe apenas decretar: quero que isto me pertença, quando ele quiser o meu castelo ou a minha mulher, o meu campo ou o meu dinheiro... Cristo não deu a Pedro as chaves do reino da terra, mas as chaves do reino do céu... O vigário de Cristo recebeu uma realeza espiritual e não uma realeza ou domínio temporal... É nas coisas que dizem respeito a Deus que o pontífice é colocado acima dos outros.

Obviamente, o tom anuncia a entrada em outra era, quando não se coloca mais a questão da reverência ao papa. Contra essas inovações, Roma também tem seus defensores, como o arcebispo de Bourges, Egídio Romano, eremita agostiniano que, em seu *De potestate ecclesiastica* de 1301, expõe sua concepção de teocracia: o universo é um conjunto hierárquico no qual o poder dos inferiores depende dos superiores para assegurar a ordem e o bom andamento do todo; ali o temporal é inferior ao espiritual; este segura as duas espadas, confia a espada temporal aos reis e pode tomá-la deles se não a utilizarem bem. No mesmo ano, outro eremita agostiniano, Giàcomo da Viterbo, em seu *De regimine christiano*, escreve que a Igreja é a única sociedade que merece o nome de *res publica*, porque só nela residem a justiça e a verdadeira comunidade. Ela é o *regnum Christi*, o reino de Cristo, reunindo povos e nações sob a autoridade do papa.

1000-1300 – O TEMPO DO OCIDENTE E A IDADE DA RAZÃO   223

Essas ideias teocráticas serão, no entanto, ultrapassadas ao final do século XIII, como o papa experimentaria durante seu confronto com o rei da França. A posição do soberano pontífice se degrada a partir de 1283, quando seus aliados angevinos são expulsos da Sicília após as "Vésperas sicilianas". Um acordo entre os gibelinos italianos e o rei de Aragão, Pedro III, utilizando os serviços do médico Giovanni da Procida, um aventureiro leal aos Hohenstaufen, resulta no massacre dos franceses em Palermo em abril de 1283. O rei de Aragão toma a ilha, e Carlos de Anjou agora controla apenas a parte continental de seu "reino da Sicília", que será apenas o "reino de Nápoles". O papa Martinho IV reage convocando uma cruzada contra Aragão para apoiar seu protegido – ou seu protetor, pois é difícil determinar quem protege quem. Exemplo flagrante do mau uso do conceito de cruzada, a expedição é confiada ao rei da França, Filipe III, que atravessa os Pireneus e morre de disenteria sem ter obtido qualquer resultado. Seu filho Filipe IV o sucede (1285). O novo soberano, cuja personalidade permanece um enigma, é conquistado pela ideia de independência do poder temporal, desenvolvida por seus legistas, e está fortemente decidido a fazer com que o papa a respeite.

Mas o papa é, a partir de 1294, o cardeal Bento Caetani, que se torna Bonifácio VIII, um velho megalomaníaco irascível. Eleito em circunstâncias conturbadas, depois de ter persuadido o seu antecessor, o eremita Pedro de Morrone (Celestino V), a abdicar – manda prendê-lo e, possivelmente, assassiná-lo, para evitar um possível regresso –, é uma figura muito controversa, dado a rompantes, extravagâncias de conduta e declarações ultrajantes: "O pontífice romano deveria possuir toda a lei no cofre de seu peito", escreve ele. Segundo o cronista franciscano Francesco Pipino, Bonifácio teria exclamado em 1298: "Sou César! Sou o imperador! Sou o senhor do mundo!". Muito apegado ao dinheiro e às honras, pouco preocupado com a moral sexual, autoritário e arrogante, atrai um ódio feroz, como o da família rival dos Colonna, que o acusa do assassinato de seu antecessor. Isso não o impede de ser um excelente jurista e dialético, dotado de bom senso de comunicação: em 1300, organiza o primeiro jubileu da história da Igreja. O fiel que, nesse ano sagrado, vier a Roma, confessar-se e visitar as basílicas de São Pedro e de São Paulo Fora dos Muros por trinta dias seguidos, deixando nelas, se possível, as suas ofertas, receberá o benefício de uma indulgência plena, ou seja, total remissão das penas do purgatório na vida após a morte. Resultado: correria e dilúvio de esmolas, bem como o enriquecimento de comerciantes e hoteleiros. Esse golpe de gênio é um triunfo pessoal e uma apoteose para o papa. Roma descobre ao mesmo tempo que as especulações sobre o além podem ser muito lucrativas.

O rei da França, no entanto, não se impressiona. Desde 1296, ele está envolvido numa prova de força contra o papa. Naquele ano, Bonifácio VIII pensa que poderia chamá-lo à ordem por cobrar um imposto do clero sem autorização. Pela bula *Clericis laïcos*, ele lembra que só o papa pode cobrar tais impostos, e que os reis que violassem essa regra estariam sujeitos à excomunhão. A resposta do rei: ele bloqueia o encaminhamento para Roma das somas que o papado cobrou do clero da França. Indignado, Bonifácio VIII, pela bula *Inaffabilis amor*, de 20 de setembro de 1296, ameaça o rei em termos nada diplomáticos: "Bastaria retirarmos nossas mercês de ti, de nós e da Igreja para que tu e os teus ficassem tão enfraquecidos que não poderiam resistir aos ataques vindos do exterior". Então, invertendo a situação, o papa, em 1297, canoniza o avô de Filipe IV, são Luís, pedindo ao rei para que siga seu exemplo.

Em 1301, o desacordo repercute: Filipe, o Belo, manda prender por traição o bispo de Pamiers, Bernardo Saisset – violação da jurisdição papal. Reação imediata do papa: outra bula, *Ausculta filii*, de 5 de dezembro de 1301. A violência do tom sobe um degrau: tu agiste "como uma víbora surda", tu és um rei mau, um falsário, um pecador obstinado, então lembra-te: "Deus me confiou as chaves do reino dos céus e me deu o comando da Igreja, tornando-me juiz dos vivos e dos mortos. Estou acima de todos os povos e de todos os reinos. Sou como Noé na arca, o único senhor a bordo, e tu deves voltar para a arca de Noé". Indiferente à retórica bíblica, Filipe, o Belo, mostra que também sabe lidar com a comunicação: faz circular um resumo tendencioso da *Ausculta filii*, que torna o texto ainda mais injurioso para ele, a fim de despertar a indignação dos franceses. Nesse documento, *Scire te volumus*, podemos ler, por exemplo: "Queremos que saibas que estás submetido a nós tanto no plano espiritual quanto no plano temporal". Em seguida, apela ao povo, a quem chama para testemunhar durante o que poderia ser visto como uma grande reunião no jardim do palácio real na Île de la Cité. Universidades e bispos são convidados a apoiar sua posição, enquanto seus legistas, com Guilherme de Nogaret e Pedro Flote à frente, multiplicam os discursos inflamados e os escritos antipapais. Com a colaboração dos Colonna, um dossiê de

1000-1300 – O TEMPO DO OCIDENTE E A IDADE DA RAZÃO

acusação contra Bonifácio VIII começa a ser elaborado com o objetivo de julgá-lo como herege, pervertido, sodomita, feiticeiro e assassino de Celestino V.

O papa não escapa. Em entrevistas públicas, entrega-se a gesticulações pontuadas por imprecações e manifestações megalomaníacas, brandindo uma espada e autoproclamando-se senhor do mundo, segundo testemunho de um oficial do rei de Aragão, Arnau Sabastida. A histeria culmina na fulminante bula *Unam Sanctam*, de novembro de 1302, que termina com estas palavras: "Declaramos, afirmamos e definimos que qualquer criatura humana está em tudo, por necessidade de salvação, sujeita ao pontífice romano".

Para acabar com isso, Filipe, o Belo, envia Guilherme de Nogaret e os Colonna para prender o papa a fim de que ele seja julgado por um concílio. A entrevista dá errado. Em 7 de setembro de 1303, o papa é violentamente ferido em Anagni e morre em 11 de outubro. Seu sucessor, Bento XI, dura apenas alguns meses e, em junho de 1305, é eleito um papa francês, Bertrand de Gouth, arcebispo de Bordeaux: Clemente V. Essa eleição marca uma virada essencial na história do papado e suas relações com os poderes temporais. Não será mais uma questão de teocracia. Após a derrota do imperador, agora é a vez do papa, e o vencedor da grande luta entre o Sacerdócio e o Império é finalmente o rei da França. Clemente V, na condição de francês, mostra-se conciliado com o soberano, mas não servil. Suas armas são a prudência e a lentidão. Enquanto o rei o pressiona para obter a condenação póstuma de Bonifácio VIII, o papa atrasa o processo e, no concílio de Viena em 1311, consegue estabelecer um acordo: enterra-se o caso Bonifácio VIII e, em troca, o rei é inocentado de qualquer acusação, elogiado por seu zelo, e a ordem dos templários (cujos membros são presos e os bens confiscados em 1307 a mando de Filipe IV) é suprimida. Além disso, estando a cidade de Roma insegura devido às lutas de facções, o papa se instala em Avignon, na fronteira do reino da França, em 1309. Lá permanecerá, assim como seus sucessores, todos franceses, por setenta anos. O papado, depois de ter escapado do poder imperial, torna-se dependente do poder real francês. Talvez nada ilustre melhor o extraordinário progresso da monarquia feudal entre os séculos XI e XIII. O futuro não é a teocracia nem o cesaropapismo, mas a monarquia cristã e nacional, e isso também sinaliza uma evolução racional que permite à Europa estender seu modelo para o Oriente. Eis o que devemos considerar agora.

– 8 –

MONARQUIAS FEUDAIS E
EXPANSÃO EUROPEIA

A monarquia feudal é o sistema político mais representativo da Europa medieval. Estabelecida muito gradualmente a partir da época carolíngia, atinge seu apogeu entre os séculos XI e XIII, e é a expressão política do ideal de ordem e hierarquia da cultura medieval. Isso não significa que seja livre de conflitos, violências e confrontos – muito ao contrário. Mas ela fornece um quadro preciso para esses conflitos, estabelece regras e um código reconhecidos por todos que definem a conduta a ser mantida nas relações sociais, tanto na guerra quanto em tempos de paz. Quando esse código e essas regras não forem mais respeitados, a civilização medieval afundará nas desordens que anunciam uma nova cultura.

A monarquia feudal, como o próprio nome indica, repousa sobre dois pilares: o monarca e os feudatários, também chamados de vassalos. O problema todo consiste em alcançar um equilíbrio entre essas duas forças antagônicas por natureza: a força centralizadora encarnada pelo rei e as forças centrífugas do feudalismo. Equilíbrio sempre instável, mas gerador de uma dinâmica inspirada na ideologia cristã, que impulsiona o Ocidente a estender seu modelo para leste, norte e sul. É na França e na Inglaterra que, após um longo processo, a monarquia feudal atinge seu estado mais bem acabado. Esses dois modelos são, aliás, significativamente diferentes: o monarca na França tem mais poder do que o monarca na Inglaterra, onde os barões impõem limites constitucionais à monarquia. Avatares dinásticos levarão essas duas monarquias a se enfrentarem em um duelo mundano nos séculos XIV e XV. Nos arredores, reinos periféricos atuam como satélites dessas duas potências.

Pelas ligações que instaura entre os detentores de feudos, o feudalismo constitui uma estreita rede de fidelidades que ultrapassa as fronteiras dos reinos. A aristocracia é internacional, a vassalagem não tem fronteiras e a grande nobreza presta homenagem a vários soberanos. Em meio a esse complexo emaranhado, desenvolve-se uma rede muito densa que reforça o sentimento de solidariedade dos cristãos, o que torna possível o advento das cruzadas. São os monarcas que quebram essa solidariedade: eles acabam substituindo os interesses europeus pelos nacionais. A internacional feudal será sucedida pelo individualismo nacional, e a monarquia feudal, pela monarquia nacional. Esta última etapa da Idade Média ocorre nos séculos XIV e XV. Examinemos inicialmente a fase XI-XIII, a do apogeu da monarquia feudal, começando pelos dois modelos que são a França capetiana e a Inglaterra anglo-normanda.

OS TRUNFOS DOS CAPETIANOS

A ascensão de Hugo Capeto ao trono da França em 987 não constitui uma reviravolta política maior. Ela é vivida como uma peripécia suplementar na alternância de poder dos carolíngios e dos robertianos, como vimos. É apenas retrospectivamente que essa data será relacionada a uma etapa fundamental na história da França, quando será constatado, século após século, o caráter mais profundo desta dinastia "capetiana". Muitas vezes insistimos na fragilidade do poder real de Hugo Capeto e seus primeiros sucessores – e com razão. Embora ele seja rei dos francos, sua autoridade se limita de fato às terras da família: um domínio real de cerca de 7 mil km², do tamanho de um

1000-1300 – O TEMPO DO OCIDENTE E A IDADE DA RAZÃO 229

departamento francês atual, em vários pedaços separados, cujos limites exatos nem conhecemos: as regiões de Paris, Poissy, Etampes, Chartres, Orléans, Melun, algumas terras em Berry, nos vales dos rios Aisne e Oise, o porto de Montreuil-sur-Mer, as abadias de Saint-Riquier em Ponthieu, de Corbie no Amiénois. O rei não consegue sequer se fazer obedecer por alguns dos castelães de seu domínio, entrincheirados nos castelos de Montlhéry, Houdan, Etampes e Le Puiset. O senhorio de Coucy o provoca com seu famoso lema: "Não sou rei nem conde, sou o senhor de Coucy".[1] O domínio real é cercado por grandes feudos cuja distribuição territorial parece avassaladora no mapa: o condado de Flandres (parte do qual pertence ao Sacro Império, o que dá ao conde a possibilidade de jogar um suserano contra o outro); o rico e poderoso ducado da Normandia (cujo titular, que se torna rei da Inglaterra em 1066, parece capaz de esmagar o reizete parisiense); o condado da Bretanha, os condados de Anjou e Champanhe (cuja união espreme o domínio real), o ducado da Borgonha e o enorme ducado da Aquitânia. Todos esses grandes vassalos estão ligados ao rei por homenagem e pelo juramento de fidelidade, mas o que o soberano poderia fazer se eles se rebelassem? Ademais, é preciso levar em conta ainda as pretensões do imperador, que sempre acredita poder impor sua autoridade a todos os soberanos cristãos.

Situação desconfortável, portanto. Todavia, esses reis capetianos ascenderão ao primeiro lugar na Europa ao final de um longo processo com mais de dois séculos de duração. Não devem isso a capacidades humanas extraordinárias, como sugerem os apelidos de alguns deles – "o Piedoso", "o Gordo", "o Jovem", "o Justo", "o Belo", "o Teimoso"; e, é claro, há também "Augusto" e "o Santo" – mas, em geral, são homens bem comuns. Seu principal trunfo é a sorte, ou seja, o destino. Uma sorte extraordinária: que outra família pode se gabar de ter tido, por 350 anos sem interrupção, uma descendência masculina direta? É certo que souberam ajudar a sorte, não hesitando em trocar de esposa se a fertilidade da rainha não fosse confiável, ainda que sob o risco de incorrer em excomunhão, e tendo o filho mais velho coroado em vida. Afinal, o princípio da hereditariedade não se impõe de uma hora para outra: a monarquia é supostamente eletiva, e isso, desde Clóvis. Hugo Capeto manda coroar seu filho Roberto em 987, e todos os seus sucessores

---

1 No original: *"Je ne suis roy, ne comte aussy, je suis le sire de Coucy"*. (N. T.)

recorrem a essa precaução ao longo de dois séculos – no fim das contas, o princípio de hereditariedade terá apagado completamente a própria ideia de eleição. É assim que doze reis se sucedem sem a menor contestação durante três séculos. Quando conhecemos os transtornos que podem causar sucessões disputadas, como em Bizâncio, podemos avaliar até que ponto isso representa um trunfo para os capetianos. E não apenas todos esses reis tiveram filhos, mas também viveram muito: a duração média dos reinados de Hugo Capeto a Filipe, o Belo, é de trinta anos; e alguns chegam a ultrapassar quarenta anos: Filipe Augusto e Luís VII (43), Luís IX (44), Filipe I (48).

O tempo é favorável aos reis capetianos, portanto. Eles também possuem a auréola do sagrado. A consagração de Reims, com unção de óleo sagrado pelo arcebispo, na presença de todos os nobres do reino, coloca o rei acima da condição humana ordinária, liga-o aos reis bíblicos e até lhe confere o poder milagroso de curar o doente de escrófula pelo toque, rito atestado por Roberto, o Piedoso, filho de Hugo Capeto. A Igreja também se esforça para lembrar que isso não torna o rei equivalente a um sacerdote, mesmo que ele tenha o direito de comungar das duas formas. Aos olhos de seus súditos, o rei, sagrado, é intocável; impor as mãos sobre ele seria um sacrilégio. Ao longo de 350 anos, não há tentativa de assassinato. Aqui, novamente, o contraste com Bizâncio é impressionante.

O rei conta com o apoio do clero, em particular dos bispos, aos quais confere a investidura do senhorio episcopal. As relações com o papa são às vezes tensas, chegando à excomunhão e ao interdito, como com Filipe I e Filipe II, mas, nesses casos, o conflito não vai muito longe, pois são tratadas apenas questões matrimoniais. O papa tem muita coisa em jogo com o imperador e não pode arriscar uma ruptura com o rei da França, que por vezes até lhe dá asilo. Essa prudência é deixada de lado somente por Bonifácio VIII. Ao mesmo tempo, os capetianos mantêm boas relações com o imperador, o que lhes permite desempenhar o papel de árbitros entre o Sacerdócio e o Império.

A partir do século XII, o soberano também se beneficia do apoio das cidades no reino – estas, ao se constituírem em comunas, pedem ao soberano a confirmação do seu foral, do qual se torna o protetor. Paradoxalmente, pode-se até mesmo afirmar que o poder régio se aproveita da existência dos grandes feudos, e isso de várias maneiras. Primeiro, o poder do domínio real é maior do que a própria carta sugere. Numa época em que a terra era a maior fonte de riqueza, que vassalo poderia se gabar de possuir o equivalente a Beauce, Brie, Valois, Vexin, Soissonnais ou pelo menos uma grande parte dessas planícies na Île-de-France? Além disso, os grandes vassalos em seus feudos enfrentam, no que diz respeito à obediência de seus próprios vassalos, as mesmas dificuldades enfrentadas pelo rei – nesse sentido, o estabelecimento de uma administração centralizada facilita a futura assimilação de seu domínio ao domínio real. A ideia é que o rei se aposse de províncias já organizadas e pacificadas.

Ao contrário do que pensavam os historiadores do século XIX, o rei não conduz uma política de anexação sistemática de feudos. Longe de estar à espreita da menor oportunidade de crescimento, ele se adapta muito bem às relações de vassalagem e ao sistema feudal, a ponto de, às vezes, devolver a um vassalo terras que poderiam ser tomadas. Foi o que fez Luís IX, por exemplo, em 1259 no tratado de Paris, restituindo ao rei da Inglaterra parte da herança angevina no sudoeste em troca de uma prestação de homenagem. A expansão do domínio real faz-se mais por casamentos e heranças do que por conquista e confisco, e o que mais importa é o interesse familiar, confirmado pela prática dos apanágios: o rei compensa de certa forma os seus irmãos e os filhos mais novos concedendo-lhes território em troca de sua renúncia à sucessão real. Na ausência de descendentes, esse território retornará ao domínio real. Vemos, assim, Luís VIII, em seu testamento de 1226, atribuir Artois ao seu segundo filho, Roberto, Anjou e Maine ao terceiro filho, João, e finalmente, Poitou e Auvergne ao quarto, Afonso.

A mentalidade dos governantes capetianos do século XI ao XIII é uma mentalidade feudal. Eles não têm nenhum plano preconcebido de reunir, pedaço por pedaço, os feudos com a finalidade de fazer o domínio real coincidir com os limites do reino. Sua visão é a da pirâmide de vassalagem: governar por laços de homem para homem, por meio de homenagens e juramentos, em vez de autoridade direta sobre territórios. Somente no final do século XIII é que essa visão de soberania evolui, sob a influência de legistas formados em direito romano que cercam Filipe, o Belo. E é então que passaremos da monarquia feudal à monarquia nacional.

COMEÇOS DIFÍCEIS (SÉCULOS XI-XII)

Um rápido exame dos quinze reinados dos capetianos diretos, de 987 a 1328, ilustra essa progressão lenta, caótica e, em muitos aspectos, involuntária do poder real, partindo da situação do reizete suserano contestado até o primeiro monarca "nacional". É certo que os começos são difíceis. Após o conturbado reinado de Hugo Capeto (987-996), ameaçado por conspirações lideradas pelo bispo Adalberão de Laon, seu filho Roberto II, conhecido como "o Piedoso" (996-1031), já tem problemas com o papa pelo fato de manter sua segunda esposa, Berta, e em 1023 fraterniza com o imperador Henrique II em Ivois[2] na região do rio Mosa. Henrique I (1031-1060) tem um reinado difícil: primeiro, precisa se impor perante o irmão mais novo, Roberto, com quem disputa a sucessão – Henrique concede a Roberto o ducado da Borgonha em 1032; em 1054, seu poderoso vassalo Guilherme da Normandia o derrota em Mortemer, e novamente em 1057, em Varaville. O capetiano não era forte o suficiente para lutar contra seus grandes vassalos, o que não o impede de se casar em 1049 com Ana, filha do grão-duque da Rússia Jaroslau Vladimirovich e Ingegerda da Noruega – Ana afirmava ser descendente do rei Filipe da Macedônia, razão pela qual Henrique e Ana dão ao filho um nome totalmente estranho ao mundo franco: será o rei Filipe I (1060-1108), um capetiano com sangue russo e norueguês nas veias. O seu longo reinado deixou más recordações: ele parece mais ocupado em fornicar e vender bispados e abadias do que notar que, enquanto isso, seu vassalo Guilherme da Normandia conquista a Inglaterra (1066), outro normando, Roberto Guiscardo, instala-se na Sicília (1059) e Henrique da Borgonha, em Portugal (1095), ao mesmo tempo em que o papa lança a primeira cruzada (1096). Em 1092, ele repudia sua esposa Berta da Holanda e se casa com Bertranda de Montforte, o que resulta em sua excomunhão em 1094, não por bigamia, mas por incesto: Bertranda havia sido esposa do conde Fouque de Anjou, que tinha um bisavô em comum com o rei! A excomunhão, reiterada em 1099 pelo concílio de Poitiers, não muda nada, e foi anulada em 1105. A má reputação de Filipe I também se deve ao fato de que, em 1081, ele é espancado perto de Pithiviers por um dos senhores do domínio real, o

---

2 Atualmente, Carignan. (N. T.)

1000-1300 – O TEMPO DO OCIDENTE E A IDADE DA RAZÃO   233

sire de Puiset, cujo castelo bloqueava a rota entre Paris e Orléans. Um século após o advento da dinastia, os capetianos ainda não são os donos da própria casa. No entanto, Filipe I encontra uma maneira de adquirir Gâtinais (1069), Corbie (1074) e a Vexin francesa (1077), além de Bourges e Dun (1100).

Seu filho, Luís VI (1108-1137), é o primeiro a realmente colocar em ordem o domínio real, atacando os senhores malfeitores de Île-de-France. Ele vence Hugo de Puiset, cujo castelo toma e destrói três vezes: 1111, 1112 e 1118. Ele também conquista Montlhéry e o castelo de Coucy em 1130, cujo senhor, Tomás de Marle, morto na ocasião, causava terror no local. Isso não o impede de ser derrotado em 1119 em Brêmule, no Vexin, pelo duque da Normandia. A imagem lisonjeira desse rei obeso – Luís VI, "o Gordo" – deve muito à presença ao seu lado do abade de Saint-Denis, Suger (1082-1152), seu principal conselheiro. Nessa época, Saint-Denis já era a necrópole real havia muito tempo: ali eram guardadas as insígnias reais (as *regalia*); era ali também que, através das crônicas, as reputações dos reis eram construídas. Suger empreende a reconstrução da basílica, cujo coro, primeiro testemunho da arte gótica, será inaugurado em 1144. Não se pode negar que o prestígio da monarquia capetiana progride: em 1124, Luís VI obriga o imperador Henrique V a se retirar de Champanhe, e em 1126, ele se aventura em Auvergne até Montferrand, forçando Guilherme da Aquitânia a prestar-lhe homenagem. No final de seu reinado, pode-se finalmente ir de Paris a Chartres e Orléans sem ser atacado por um senhor malfeitor.

As coisas permanecem modestas, é verdade. E o reinado de Luís VII (1137-1180) mostra como ainda é frágil a posição do rei da França. Em 1141, aos 20 anos, é repreendido como um pirralho pelo papa por ter ousado nomear seu próprio candidato ao bispado de Poitiers: "O rei é uma criança cuja educação ainda precisa se fazer: é preciso impedi-lo de adquirir maus hábitos", teria dito Inocêncio II, que coloca o reino sob interdição. De 1142 a 1144, Luís VII se envolve num conflito contra seu vassalo Teobaldo de Champanhe, apoiado por são Bernardo. As operações são marcadas pelo trágico incêndio da igreja de Vitry, quando 1.300 pessoas perecem ali amontoadas. Cheio de remorso, diz-se, mas por motivos políticos, o rei parte para a cruzada em 1147, levando consigo sua jovem esposa Leonor da Aquitânia. Ele volta derrotado e traído. Damasco, o destino da expedição, não foi conquistada, e a rainha Leonor teve relações um pouco intensas demais com seu tio Raimundo da Aquitânia. Em 1152, o casamento de Leonor e Luís VII é anulado sob um pretexto falacioso de consanguinidade, e Leonor, duquesa da Aquitânia, casa-se novamente com Henrique Plantageneta, conde de Anjou, duque da Normandia e, no ano seguinte, rei da Inglaterra. Embora fosse um vassalo do rei da França, Henrique II Plantageneta é senhor de mais da metade do reino, pois também controla o Maine, a Touraine e, logo mais, a Bretanha. Em 1157, ele se entende com o imperador Frederico Barbarossa, que conhecia bem a Borgonha e Champanhe. É como se Luís VII estivesse preso numa prensa, ameaçado de esmagamento entre esses dois blocos gigantescos. Ele escapa dessa situação jogando habilmente com os problemas enfrentados por seus dois adversários. O imperador está paralisado por seu conflito com o papa Alexandre III, a quem o rei permite que se instale em Sens. Quanto ao rei da Inglaterra, ele é confrontado com a rebelião de seus quatro filhos, apoiados por sua mãe Leonor, e ainda, por Luís VII, com quem os filhos do rei inglês se aliam em 1173. Diante de seus dois rivais assim ocupados, o rei da França tem tempo para terminar seu reinado pacificamente, conseguindo até consagrar seu filho mais velho, Filipe, em 1179.

DE FILIPE II A FILIPE IV: O APOGEU DA DINASTIA (SÉCULO XIII)

A monarquia capetiana quase pereceu. Sua recuperação no tempo de Filipe Augusto (1180-1223) é ainda mais espetacular e rendeu a esse soberano uma reputação lisonjeira, talvez não totalmente merecida. Pois sua conduta até 1200 está longe de ser gloriosa. Desde o início do reinado, ele é alvo de coalizões feudais e, entre 1180 e 1185, consegue negociar a posse de Artois, Vermandois e o Valois, logo depois de seu casamento com Isabel de Hainaut. Em 1187, alia-se a Ricardo Coração de Leão, que está em luta contra seu pai, Henrique II, e em 1189, tendo Ricardo se tornado rei da Inglaterra, parte com ele na cruzada; porém, sob pretexto de doença, volta para a França em 1191 e aproveita a ausência do plantageneta para invadir a Normandia, violando seus juramentos.

Tornando-se viúvo, casa-se em 1193 com a irmã do rei da Dinamarca, Ingeborg (Isambour), na esperança de obter aliados contra a Inglaterra. Este é o início de um conflito de vinte anos com o papado. De fato, por uma razão que permanece misteriosa, ele repudia sua jovem esposa de 18 anos na noite de núpcias e faz com que seu casamento seja anulado por alguns bispos complacentes, sob o pretexto de um parentesco imaginário entre Ingeborg e Isabel de Hainaut. Casa-se novamente com Inês de Merânia, filha de um senhor da Baviera, manda prender Ingeborg no castelo de Étampes, onde é tratada indignamente. O papa interdita o reino da França, mas a decisão é mal aplicada por um clero submisso ao rei.

O regresso de Ricardo Coração de Leão em 1194 provoca o recomeço da guerra, durante a qual Filipe Augusto acumula lamentáveis fracassos: derrota de Fréteval, perto de Vendôme, onde o rei perde todos os seus arquivos, em 1194; derrota de Gisors em 1198; trégua desonrosa de Vernon em 1199, pela qual Filipe devolve todas as suas conquistas. Em 1200, precisa ceder Douai, Saint-Omer e Béthune ao conde de Flandres. Todavia, uma vez mais a sorte está do lado do capetiano: Ricardo, após ser morto em frente ao castelo de Châlus, em Limusino, é sucedido por seu irmão João Sem Terra, que não consegue resistir a Filipe Augusto – este assume o controle de Maine, Anjou, uma parte de Poitou e a Normandia, numa campanha marcada pelo famoso cerco de Château-Gaillard em 1204. Essa vitória faz dele um aliado circunstancial do papa Inocêncio III, que então está em conflito com João Sem Terra. A questão de Ingeborg é resolvida de forma amigável em 1213, e o papa está pronto para lançar o rei da França contra a Inglaterra. Expediente anulado no último momento pela submissão de João e para grande desgosto de Filipe, que se vê confrontado com uma perigosa coalizão composta pelo rei da Inglaterra, o imperador Otão IV, o conde de Bolonha, Renaud, e o conde de Flandres, Ferrand. Ele chama a atenção por sua famosa vitória em Bouvines (27 de julho de 1214), sobre a qual sua reputação será construída, enquanto seu filho derrota João Sem Terra em La Roche-aux-Moines em Poitou (2 de julho de 1214). É também seu filho, o príncipe Luís, quem comanda os dois últimos empreendimentos abortados do reinado: em 1216, os barões ingleses revoltados contra João Sem Terra pedem ajuda ao rei da França e ofereceram a coroa ao príncipe Luís. Apesar da oposição do papa, para quem a Inglaterra é feudo da sé de São Pedro, Luís desembarca em Kent e entra em Londres. Mas a morte de João Sem Terra põe fim à aventura; seu filho Henrique III é coroado, os barões se aliam a ele, e Luís, excomungado e derrotado em Lincoln, retorna à França em 1219. No mesmo ano ele é enviado, a pedido do papa, para reconquistar Toulouse, que, após a cruzada dos albigenses e a morte de Simão de Montfort, havia voltado ao poder de Raimundo VI. Luís obtém alguns sucessos, realiza um horrendo massacre em Marmande, depois fracassa em Toulouse.

Tendo se tornado o rei Luís VIII (1223-1226) com a morte de Filipe Augusto, ele ainda encontra tempo durante seu curto reinado para concluir a conquista de Poitou e da Saintonge dos ingleses, além de retomar Avignon para o novo conde de Toulouse, Raimundo VII. Morre prematuramente de disenteria aos 39 anos, deixando pela primeira vez na história da dinastia um filho menor de 12 anos, Luís IX. A rainha-mãe, Branca de Castela, exerce a regência e é confrontada com novas revoltas feudais, bem como com as pretensões do meio-irmão do rei, Filipe Hurepel. Hábil e enérgica, ela supera tudo isso, obriga Raimundo VII, no tratado de Paris (1229), a ceder as regiões de Nîmes, Beaucaire, Béziers, Carcassonne, e por meio do casamento de seu filho Afonso de Poitiers com a herdeira de Raimundo, ela se prepara para reunir o restante do domínio de Toulouse. O reinado de Luís IX ilustra perfeitamente a concepção da monarquia feudal. Longe de buscar ampliar o domínio real, o rei, embora vitorioso sobre Henrique III e vassalos rebeldes como Hugo de Lusignan, conde de La Marche, em Taillebourg e Saintes em 1242, devolve aos ingleses, pelo tratado de Paris de 28 de maio de 1258, Saintonge, Agenais, parte de Limousin, Quercy, Périgord, em troca da homenagem vassálica do rei da Inglaterra. Além disso, pela paz de Lorris, em 1243, ele confirma a de Paris em 1229, e pressiona Raimundo VII a acabar com os cátaros, o que leva à tragédia de Montségur em 1244 e à queda de Quéribus em 1255. Acrescentemos que Luís IX não hesita em mutilar o domínio real por apanágio de seus filhos: João com o condado de Valois, Pedro com o condado de Perche, Roberto com o condado de Clermont.

Por essa política, já mal compreendida pelos seus conselheiros, Luís IX assegura a paz no reino, o que lhe permite melhorar o funcionamento da justiça e a eficiência da administração, com as grandes investigações e as reformas de 1254. Infelizmente, a sua piedade excessiva e pouco esclarecida o leva a ações violentas e desastradas, que lhe valeriam a canonização: apoio aos autos de fé comandados pelo inquisidor Roberto, o Búlgaro, em 1239, destruição de todos os exemplares dos Talmudes em 1242 e obrigatoriedade

1000-1300 – O TEMPO DO OCIDENTE E A IDADE DA RAZÃO   237

para que os judeus usem um sinal distintivo, o que desencadeia duas cruzadas que terminam em dois desastres – no Egito em 1249-1250, onde foi feito prisioneiro, e em Túnis em 1270, onde morreu de disenteria. Apesar desses erros, a reputação de Luís IX é tão grande que o imperador Frederico II, em meio a uma luta contra o papa, pede sua opinião. Em novembro de 1245, encontra o papa Inocêncio IV em Cluny mantendo uma certa neutralidade no conflito entre o Sacerdócio e o Império. Ao permitir que seu irmão Carlos de Anjou (que se casa com Beatriz da Provença) se torne rei da Sicília em 1265, ele envolve a família capetiana nas complicações mediterrâneas sem muita certeza do resultado disso.

Seu filho Filipe III (1270-1285) será a primeira vítima, já que, no final de um reinado envenenado por rivalidades entre os clãs da corte (entre seu favorito Pedro de la Brosse e a jovem rainha Maria de Brabant), ele é enviado pelo papa em uma "cruzada" contra o rei de Aragão, cujas tropas haviam tomado a Sicília após as "Vésperas sicilianas" de 1282. Em 5 de outubro de 1285, morre de disenteria em Perpignan.

O reinado de Filipe IV, o Belo (1285-1314), marca a transição da monarquia feudal para a monarquia nacional e burocrática. Rodeado, sobretudo na sua segunda parte, por conselheiros de origem burguesa e meridional, juristas formados no espírito do direito romano, os legistas, como Guilherme de Nogaret, Egídio Aycelin, Guilherme de Plaisians, admite a ideia da onipotência do Estado, encarnado na pessoa do soberano. Este certamente age como um soberano feudal, mas reforça essa função elaborando regras jurídicas precisas que lhe permitiam multiplicar as exigências e as intervenções junto aos vassalos. A utilização do parlamento, ou seja, a secção judicial do seu conselho, como tribunal de recurso para todos os litigantes permite-lhe invocar todas as faltas dos vassalos e penalizá-los, impondo-lhes multas e confiscos. Ele também é o primeiro a apelar diretamente à opinião pública, manipulando-a habilmente por meio de suas proclamações e reuniões públicas. É assim que leva o país a testemunhar no caso dos templários, acusados de práticas imorais, como na sua luta contra Bonifácio VIII, apresentado como herege e assassino. Também apela ao poder intelectual, buscando a orientação vinda das universidades. A eficiência de sua administração é ilustrada pela prisão repentina de todos os templários da França em 13 de outubro de 1307, uma operação cuidadosamente planejada, cujo segredo é mantido até o último minuto, e executada simultaneamente, no mesmo dia e na mesma hora, em todas as províncias do imenso reino.

Filipe IV quer ter o controle total de seu reino. Isto se aplica tanto ao clero (do qual pretende cobrar impostos e, por conseguinte, exigir submissão), como à nobreza, e, em particular, aos grandes vassalos, o que inclui o rei da Inglaterra, Eduardo I, que lhe deve homenagem pela Guiena. Ele o convoca em 1294 para responder perante o parlamento por atos de pirataria cometidos contra os normandos. Eduardo não se apresenta e Filipe confisca a Guiena, o que resulta na guerra, durante a qual o rei da Inglaterra se entende com o conde de Flandres. Os combates nem sempre são bem-sucedidos e o exército real é derrotado em Kortrijk[3] em 1302 pelas milícias flamengas, mas, no fim das contas, Filipe impõe sua lei pelo tratado de Athis em 1305, que lhe permite tomar Lille, Douai e Béthune. A Guiena, isolada dos territórios a leste, é devolvida a Eduardo I, que presta homenagem e cujo filho mais velho, o futuro Eduardo II, casa-se com a filha de Filipe, Isabel: eis o futuro germe da guerra dos Cem Anos. A única grande expansão do domínio real durante o reinado de Filipe IV ainda é fruto de um casamento: Champanhe, que faz parte do dote da rainha Joana de Navarra, esposa de Filipe, o Belo.

A monarquia está a um passo de se tornar um mecanismo administrativo frio, o que é algo malvisto pela nobreza, e mais ainda porque as necessidades financeiras do rei não só o levam a confiscar os bens dos judeus em 1306 e dos templários em 1307 a fim de fazer empréstimos de banqueiros italianos, mas também fazem com que realize mudanças monetárias muito impopulares. O fim do reinado é marcado, em 1314, por movimentos de resistência por parte da aristocracia, as ligas provinciais, que exigiam a volta dos bons costumes feudais, outrora consignados nos forais. O mal-estar é indicativo de uma grande transição no sistema político.

Transição que logo se junta a uma crise dinástica sem precedentes. Filipe IV deixa três filhos, que reinam sucessivamente: Luís X (1314-1316), cujo filho, João I, o Póstumo, morre após uma semana de vida; Filipe V (1316-1322), que teve apenas filhas; Carlos IV (1322-1328), que não teve filhos. Para sair do impasse, há três soluções: coroar Joana, filha de Luís X, mas que ainda não passa de uma menina (solução já descartada em 1316); oferecer a

---

3 Em francês, Courtrai: município belga localizado na Flandres ocidental. (N. T.)

coroa ao rei da Inglaterra, Eduardo III, filho de Isabel, por sua vez, filha de Filipe IV – logicamente, porém, uma vez que Joana fora destituída (ela possuía direitos superiores), não há razão para conceder a sucessão a Isabel e ao seu filho, que, aliás, como rei da Inglaterra, é um adversário inaceitável – daí que, para justificar legalmente a exclusão de Joana e Isabel, recorre-se a um artigo mítico da lei sálica que proíbe as mulheres de reinar, bem como de transmitir o direito de reinar na França. Resta a terceira solução: recorrer a um primo distante, Filipe de Valois, neto de Filipe III. Além disso, com o acordo dos barões, ele imediatamente assume o título de regente, enquanto aguarda o parto da viúva de Carlos IV, que estava grávida de sete meses quando morre o rei. Em 1º de abril de 1328, ela dá à luz uma filha. Imediatamente, Filipe de Valois é proclamado rei: Filipe VI.

A MONARQUIA FEUDAL À MANEIRA FRANCESA: EXPANSÃO DO PODER REAL

Nos últimos três séculos, a monarquia francesa operou de acordo com o princípio feudal, que rege toda a sociedade aristocrática. Nesse sistema, tudo assenta na dependência de indivíduo para indivíduo com o selo da cerimônia de vassalagem: o vassalo, de joelhos e com mãos unidas às do senhor, presta-lhe juramento de fidelidade sobre o Evangelho. Já em 1020, o bispo Fulberto de Chartres, em carta ao duque da Aquitânia, define os deveres recíprocos do senhor e do vassalo: o primeiro deve proteção, e o segundo, ajuda e serviço. Por volta de meados do século XII, o vínculo feudal se formaliza e os juristas definem as regras: o vassalo deve servir em conselho a cada vez que for convocado, e na guerra, durante quarenta dias por ano com equipamento adequado, além do serviço pecuniário em quatro casos (resgate do senhor, partida para a cruzada, cerimônia de ordenamento do filho do senhor, casamento de sua filha). O senhor confere ao seu vassalo, para sua manutenção, um feudo, termo derivado do latim *beneficium*, designando a terra dada a um homem como remuneração por seus serviços. O feudo é, de fato, na maioria das vezes, uma terra senhorial, mas também pode ser uma fonte de renda ligada a uma função. É conferido na cerimônia de investidura, durante a qual o senhor dá ao vassalo um objeto simbólico: varinha, um punhado de terra, luva, ou para o mais importante, auriflama, espada, anel. Não tarda para que a posse do feudo torne-se hereditária, sujeita ao pagamento de um direito de transmissão ou resgate[4] a cada sucessão. A partir do século XII, o feudo pode até mesmo ser vendido, desde que seja pago ao senhor o direito de quinto (um quinto do preço de venda). Em tese, o feudo não se confunde com o senhorio, sendo este um território cujo titular exerce direitos de poder público, justiça, polícia e exército, enquanto o feudo se limita à mera propriedade da terra. Mas, na realidade, a maior parte das terras é senhorial. Apenas as terras livres[5] escapam da dependência feudal. Inexistentes em certas regiões como a Bretanha, chegam a 10% da região de Bordeaux.

Os grandes senhores, que são vassalos diretos do rei, cedem alguns de seus senhorios como feudos, e os subvassalos são ligados a eles pelas mesmas obrigações. Teoricamente, o reino é, portanto, uma pirâmide no topo da qual está o rei, tendo no segundo nível os duques, condes e bispos, no terceiro nível os subvassalos, e assim por diante. Vale dizer que essa visão geométrica das coisas está longe de refletir a realidade, pois as compras, as heranças, as usurpações e os vários acidentes engendram uma rede complexa em que cada vassalo tem vários senhores e cada senhor tem vários vassalos, o que resulta numa multiplicidade de problemas no caso de guerras privadas, quando os vassalos são obrigados a servir a senhores antagônicos. Daí o aparecimento no século XI da homenagem lígia,[6] que prevalece sobre todas as demais. Em caso de descumprimento da fidelidade, o senhor poderia confiscar o feudo: é o "compromisso" feudal, e havendo julgamento, o vassalo é julgado pelos seus pares perante a corte senhorial.

No topo da pirâmide, o rei é o senhor dos senhores, o senhor lígio de todos, o suserano. Mesmo que adquirisse um feudo de um de seus vassalos, não lhe devia homenagem. Mas o que mais o distingue de outras autoridades políticas é seu caráter sagrado. Rei por direito divino, afirma deter seu poder somente de Deus, sem intermediários, conforme especifica a fórmula utilizada a partir de 1270: "O rei não detém [seu reino] de ninguém, pois é

---

4 No original, *"droit de relief ou rachat"*, que era um imposto de transmissão do feudo para um herdeiro. (N. T.)

5 No original, *"alleux"*: terras cujo proprietário não devia homenagem a um senhor. (N. T.)

6 A *hommage lige* (do latim medieval *ligius*) era um tipo de homenagem segundo a qual o vassalo se obrigava perante um suserano específico. (N. T.)

1000-1300 – O TEMPO DO OCIDENTE E A IDADE DA RAZÃO 241

de Deus e dele". Pelo juramento da consagração, ele se compromete a fazer reinar a paz e a justiça. A paz, ou seja, ele deve proteger seus súditos, especialmente os mais fracos, e respeitar os direitos e privilégios das igrejas. Ele levanta o exército feudal e a hoste dos vassalos, e em caso de perigo urgente, pode convocar todos os homens livres: o *ban* e o *ban* de retaguarda.[7] Quanto à justiça, o rei também a exerce pelo direito de *ban*, mas é obrigado a respeitar os costumes, que variam de acordo com as províncias. A importância que ele atribui a esse papel de justiceiro é simbolizada pela famosa imagem de Luís IX sob seu carvalho de Vincennes.

No século XIII, o rei recebe homenagens diretas de 32 duques e condes, 60 barões, 75 castelões e 39 comunas. Para governar, está rodeado de dois tipos de conselheiros: os que compõem a sua "casa", ou *"mesnie"*, e os da *Curia regis*. Entre os primeiros estavam os membros de sua família, as pessoas próximas (os "palatinos"), os grandes oficiais da Coroa: o senescal, cuja importância era grande a ponto de fazer Filipe Augusto extinguir a função em 1191 porque o titular poderia assumir ofensa ao rei; o condestável, chefe dos estábulos e, portanto, do exército; o camareiro-mor, auxiliado por camareiros; o chanceler, que dirige os secretários e tem a custódia do selo real. A *Curia*, ou corte, é um conselho político cujos membros são convocados por escolha do rei para discutir assuntos importantes. A partir do século XIII, há cada vez mais legistas especialistas, clérigos e leigos, que, diante do aumento do número de processos, preparam os autos em diferentes seções: finanças, justiça, administração e outras. Para assuntos políticos, o rei convoca um conselho privado, mais restrito. Para assuntos jurídicos, a seção especializada é a *Curia in parlamento*, ou parlamento, cujas sessões, a partir de Luís IX, passam a ser regulares: quatro vezes ao ano, sempre em Paris. Os membros são nomeados em cada sessão. Cada vez mais, os conselheiros do parlamento são juristas profissionais. Qualquer litigante pode, teoricamente, recorrer das decisões dos tribunais inferiores perante o parlamento, mas o procedimento é longo e caro.

No século XIII foi também constituído um tribunal de pares, formado pelos mais importantes vassalos diretos: duques e condes palatinos, aos quais se juntam os pares eclesiásticos. A lista oficial é definitivamente

---

7 O *ban*, nesse caso, era o conjunto dos homens convocados para a guerra por anúncio público do rei; o direito de *ban* dizia respeito às prerrogativas de guerra do rei. (N. T.)

aumentada para doze membros em 1297: seis leigos (duques da Normandia, da Borgonha e da Guiena, além de condes de Flandres, Champanhe e Toulouse) e seis pares eclesiásticos (arcebispo de Reims, bispos de Laon, Langres, Beauvais, Noyon e Châlons-sur-Marne). Essa corte de grandes vassalos diretos pode julgar seus membros, além de ser uma forma de o rei reforçar a fidelidade desses grandes senhores feudais.

A seção financeira do conselho é a *Curia regis em Compotis*, cujas contas são supervisionadas no final do século XIII pela câmara de contas. Não há orçamento real. O dinheiro entra e sai no cofre do tesouro real, confiado por Filipe Augusto à custódia dos templários, cujo tesoureiro envia uma conta ao rei três vezes por ano. Na ausência de um imposto permanente, as receitas provêm de taxas de cunhagem, multas, exposição de mercadorias, pedágio, taxas de correio, direitos feudais, taxas de chancelaria, auxílios para isenção do serviço de hoste. As despesas são os custos de manutenção de castelos, igrejas, hospitais, soldos de guardas e equipe pessoal. As grandes despesas são causadas pelas cruzadas, mas nesse caso o papa autoriza a cobrança excepcional de um dízimo sobre os bens do clero. No final do século XIII, porém, as guerras em Flandres e na Guiena, bem como a inflação das despesas de manutenção, colocam as finanças reais em dificuldades, e Filipe, o Belo, recorre a doações, empréstimos forçados, adiantamentos de banqueiros italianos (como os famosos Bicha e Mosca), à espoliação dos judeus e dos templários, à desvalorização do dinheiro em espécie (daí a sua fama de "falsificador"). A passagem para a monarquia nacional, com sua inflação de pessoal administrativo, tem um custo.

Isso porque, do século XI ao século XIII, a monarquia feudal funciona com uma equipe muito pequena. O governo central tem no máximo 200 pessoas. O rei não possui realmente uma capital, embora residisse cada vez mais em Paris, onde Filipe Augusto constrói um recinto fortificado e uma poderosa fortaleza, o Louvre, além de pavimentar as ruas principais. Filipe, o Belo, reconstrói o palácio na Île de la Cité, que abriga as administrações e a Sainte-Chapelle de Saint Louis. A monarquia feudal, ainda itinerante, adquire então uma verdadeira capital, que materializa a nova natureza de um poder cada vez mais burocrático e nacional.

A administração local também é rudimentar. No domínio real, os prebostes são, nos séculos XI e XII, homens que fazem de tudo: cobram

1000-1300 – O TEMPO DO OCIDENTE E A IDADE DA RAZÃO   243

impostos, aplicam a justiça, convocam contingentes militares. No início eles se entregam completamente ao cargo, mas gradualmente tornam-se meros funcionários. A partir do final do século XII, os prebostes são agrupados em bailiados,[8] com limites imprecisos. O bailio, que no início era itinerante e depois se fixa em uma divisão administrativa, supervisiona os prebostes, dos quais acaba absorvendo todas as funções. Nomeado e demitido pelo rei, ele geralmente é um nobre inferior que possui competências em direito. Quando o domínio real se expande, o rei mantém as instituições locais, como os senescais do sul. Os bailios e os senescais são as engrenagens essenciais da administração local. Eles dispõem de uma equipe muito limitada para realizar suas múltiplas tarefas e, muitas vezes, abusam de seus poderes. É por isso que Luís IX envia investigadores, que coletam as queixas, e elabora dois grandes decretos de reforma, em 1254 e 1256: bailios e senescais devem jurar fazer boa justiça, respeitar os costumes, não aceitar nenhum regalo. Assim, na monarquia feudal de estilo francês, o poder real continua a aumentar seu controle sobre o funcionamento do Estado. As resistências são vivas e alguns conselheiros sofrem com a cólera dos nobres, que se sentem cada vez mais alheados do poder em favor dos legistas: em 1315, Enguerrando de Marigny, responsabilizado pelas medidas autoritárias do falecido Filipe, o Belo, é enforcado em Montfaucon. Mas, apesar dessas reações, a monarquia feudal francesa evolui inexoravelmente rumo ao absolutismo a partir do final do século XIII.

INGLATERRA, DO CONQUISTADOR AO CORAÇÃO DE LEÃO: UMA MONARQUIA FLAMEJANTE (1035-1099)

Na Inglaterra, ao contrário, os barões do reino conseguem limitar a arbitrariedade real. A história da monarquia inglesa dos séculos XI ao XIII não apresenta a unidade nem progressão aparente dos capetianos. Aqui, não há continuidade dinástica: reis dinamarqueses, saxões, normandos e angevinos se acotovelam; revoltas e guerras civis, conflitos familiares e, finalmente, um

---

8 O bailiado era o território onde os nobres de uma província se protegiam sob a jurisdição de uma espécie de xerife, o bailio. (N. T.)

rei destronado e assassinado. No entanto, através dessas convulsões, o estabelecimento gradual de um sistema político sólido que equilibra o poder real e a "comunidade do reino", na verdade, a aristocracia.

Com a morte do rei dinamarquês Canuto, o Grande, em 1035, seu império, que cerca o mar do Norte, desmorona. Seu filho Haroldo reina na Inglaterra de 1035 a 1040, e depois dele, o meio-irmão de Haroldo, Hardacanuto (1040-1042), sucedido então por Eduardo, o Confessor (1042-1066), filho do saxão Etelredo. Apesar das invasões e vicissitudes sofridas desde o século IV, o reino é dotado de uma eficiente administração: dividido em *shires*, ou condados, chefiados por um *shire-reeve*, ou xerife, delegado do rei, e subdividido em *hundreds*, compreende uma rede de tribunais que protegem os direitos do indivíduo. O rei, sagrado, é cercado por um conselho de bispos e dignitários leigos, e pode decretar o recrutamento de uma massa de homens livres, o *fyrd*. O problema é o da sucessão. Eduardo, o Confessor, não tem filhos, mas tem um cunhado, Haroldo, filho de um senhor de Sussex, Goduíno. Haroldo é o homem mais poderoso do reino, conhecido como o *dux Anglorum* e o *subregulus*. O reino parece ser destinado a ele. No entanto, o duque da Normandia, Guilherme, o Bastardo, afirma que em 1051 Eduardo lhe prometeu a sucessão. Além disso, o irmão de Haroldo, Sveno, um aliado de Haraldo da Noruega, também afirma ter direitos.

Eduardo morreu em janeiro de 1066 e tudo foi resolvido em menos de um ano, o "ano dos três reis". Haroldo toma para si a coroa, derrota e mata Haraldo, que havia desembarcado no norte em 25 de setembro, em Stamfordbridge, e depois retorna em marcha forçada para a costa sul, onde é vencido e morto na Batalha de Hastings em 14 de outubro, por Guilherme (agora chamado de o Conquistador), que organiza um notável desembarque de 7 mil normandos e bretões, com 2 mil cavalos. Em 25 de dezembro de 1066, ele é coroado rei da Inglaterra em Londres. No entanto, levará vários anos para se tornar o senhor de todo o país, onde eclodem revoltas até 1070. Guilherme impõe sua lei de forma impiedosa, por meio de execuções, confiscos, transferências massivas de terras para senhores normandos, estabelecimento do sistema de vassalagem, e a construção de uma rede de poderosos castelos de pedra, impressionantes torres quadradas como a de Londres. Além disso, em 1086-1087, manda fazer um vasto levantamento em todo o reino para conhecer sua composição exata: número de homens, animais, áreas cultivadas,

1000-1300 – O TEMPO DO OCIDENTE E A IDADE DA RAZÃO 245

propriedade das terras. Esse tipo excepcional de censo é muito mal recebido pelos clérigos da época, que o comparam ao balanço exaustivo das ações humanas que será produzido no dia do Juízo: é o *Domesday Book* (Livro do Juízo final), do qual a *Chronique anglo-saxonne* afirma que "não havia um único *hide* (unidade de área), nem uma única jarda de terra, nem mesmo – temos vergonha de dizer isso, mas não houve vergonha para fazê-lo – um único boi, ou vaca, ou porco que tenha sido esquecido". A observação expressa a hostilidade anglo-saxônica em relação aos novos senhores normandos. Acrescentemos que Guilherme reserva um quarto do país, com todas as florestas reais. As espoliações e transferências de propriedade provocam um antagonismo duradouro contra a tutela normanda.

O grande problema do reino de Guilherme I é saber se seus dois componentes, Inglaterra e Normandia, separados pelo canal da Mancha, podem permanecer unidos. Na verdade, eles terão um soberano diferente em três momentos (1087, 1100 e 1144), e por 26 dos 88 anos entre 1066 e 1154. Com a morte de Guilherme I, seu filho mais velho, Roberto II, torna-se duque da Normandia, e seu filho mais novo Guilherme II, o Ruivo, rei da Inglaterra (1087-1100). Um terceiro filho, Henrique I Beauclerc, unifica os dois blocos: rei da Inglaterra em 1100, ele conquista a Normandia em 1106 após sua vitória em Tinchebrai sobre seu irmão Roberto. Ele reina até 1135 e derrota seu suserano capetiano em 1119 em Brêmule. Com sua morte surge um grande problema de sucessão, que dá origem a uma guerra civil entre seu sobrinho Estêvão de Blois e sua filha Matilde, viúva do imperador Henrique V. Matilde casa-se em segundas núpcias com o conde de Anjou, Godofredo Plantageneta, que apoia os direitos de sua esposa e toma a Normandia para ela em 1144. Após anos de guerra, chega-se a um acordo: com a morte de Estêvão, toda a herança passará para o filho de Matilde e Godofredo, o jovem Henrique Plantageneta. É o que acontece em 1154. No entanto, o jovem casa-se em 1152 com Leonor, duquesa da Aquitânia, que acabara de se separar do rei Luís VII da França. Ele se torna, portanto, aos 21 anos, rei da Inglaterra, duque da Normandia, conde de Anjou, Maine e Touraine, duque da Aquitânia: Henrique II Plantageneta (1154-1189) é de longe o soberano mais poderoso da Europa.

Enérgico, inteligente e autoritário, passa o seu reinado a circular entre Inglaterra e França, o que o obriga a delegar o seu poder durante as suas frequentes ausências. Isso permite à Inglaterra criar instituições sólidas e eficazes dirigidas por oficiais competentes. Os xerifes são controlados e supervisionados por inquéritos, como o *Inquest of Sheriffs* de 1170. A justiça é aplicada regularmente, códigos de leis são promulgados, como os *Assizes* de Clarendon de 1166 e os *Assizes* de Northampton de 1176. Os avanços da justiça real sobre a alçada da jurisdição eclesiástica causam um conflito violento com o arcebispo da Cantuária, Tomás Becket, cujo assassinato em 1170 obriga o rei a se envolver em penitência pública. Seu autoritarismo também provoca uma revolta dos barões em 1173-1174.

O poder de Henrique II se manifesta na extensão do Império angevino durante as expedições ao País de Gales em 1157, 1163, 1165, na Escócia, cujo rei Malcolm IV deve ceder vastos territórios em Cumberland, Westmorland, Northumberland e Irlanda em 1171-1172; Quercy é ocupada desde 1159; em 1166, a Bretanha cai sob o domínio dos plantagenetas: Henrique II invade o condado, força o conde Conan IV a abdicar e decide o casamento da filha deste último, Constança, com seu segundo filho, Godofredo, que se torna oficialmente conde da Bretanha em 1169. Henrique II governa, portanto, do sul da Escócia até os Pireneus, e mais da metade do reino da França. "Império" muito heterogêneo, cujo único elemento de unidade é a sua pessoa. Tal grupo não poderia sobreviver por muito tempo, e os primeiros sinais de desintegração aparecem quando os filhos do rei, Henrique, o Jovem, Ricardo e João, apoiados por sua mãe Leonor, a quem Henrique II mantém prisioneira, se revoltam contra seu pai. O rei da França, Filipe Augusto, aproveita a situação para ajudar Ricardo, sem muito sucesso.

Em 1189, após tornar-se o rei Ricardo I (1189-1199), mais tarde apelidado de Coração de Leão, acompanha Filipe na cruzada. Mas o rei da França não perde tempo em retornar à Europa e aproveitar a ausência do plantageneta para invadir a Normandia. Ricardo, após a captura de São João de Acre, multiplica as vãs façanhas contra Saladino e é feito prisioneiro no caminho de volta pelo arquiduque da Áustria (1192-1194). Finalmente libertado com um grande resgate, derrota Filipe Augusto em Fréteval, recupera a Normandia, cujo acesso é protegido pelo vale do Sena graças à enorme fortaleza de Château-Gaillard (1196-1198) que Ricardo constrói em três anos. Morre em 1199, atingido por uma flecha em frente ao Château de Châlus em Limousin. Nascido em Le Mans, morto em Châlus, enterrado em Fontevraud, Ricardo

1000-1300 – O TEMPO DO OCIDENTE E A IDADE DA RAZÃO   247

Coração de Leão é mais francês do que inglês. Este não é o caso de seu irmão João, conhecido como João Sem Terra, que o sucedeu de 1199 a 1216.

OS LIMITES DOS PLANTAGENETAS, DA MAGNA CARTA À ASCENSÃO DO PARLAMENTO (1199-1327)

Reinado infeliz de um soberano que, embora não fosse desprovido de inteligência e coragem, possuía um caráter instável que se tornou a causa de seus muitos contratempos. Ele começa perdendo dois terços dos territórios plantagenetas na França: em 1200, sequestra Isabel, noiva do filho do conde da marca, e casa-se com ela. A família do conde, os Lusignan, apoiada pelos barões de Poitou, exige justiça do suserano, o rei da França Filipe Augusto. João, convocado perante o conselho do rei, não comparece. A corte decreta o confisco de seus feudos em 1202. Em 1203 e 1204, Filipe Augusto, em virtude dessa sentença, invade Anjou, Poitou e a Normandia. Château--Gaillard cai em 6 de março de 1204. Apesar da intervenção de Inocêncio III a seu favor, João Sem Terra perde todos os seus territórios franceses do norte de Saintonge ao Baixo Sena. João havia prendido seu sobrinho Artur (filho de seu irmão Godofredo, em quem viu uma ameaça) e manda assassiná-lo. Em 1206, uma tentativa de reconquista fracassa.

Seus infortúnios estão apenas começando. Em 1208, ele entra em conflito com o papa Inocêncio III, que quer impor Estêvão Langton como arcebispo da Cantuária. O reino é interditado e o rei, excomungado. Para cobrir suas despesas militares, ele aumenta a pressão fiscal e, para a tarefa de recuperar suas posses na França, forma uma coalizão em 1213 com o imperador Otão, o conde de Bolonha e o conde de Flandres, mas, em julho de 1214, bate em retirada diante do príncipe Luís, filho de Filipe Augusto, em La Roche--aux-Moines, perto de Angers, e seus aliados são derrotados em Bouvines.

Essa notícia leva os barões ingleses a se revoltarem contra um rei que odeiam – eles o culpam por seus métodos autocráticos de governo, bem como por suas contínuas violações das leis e dos costumes feudais. João então se apressa na reconciliação com o papa, reconhecendo-se como vassalo da Santa Sé. Porém, os barões rebeldes, liderados por Roberto Fitz Walter e Eustáquio de Vesci, obrigam João a assinar a *Magna Carta* em junho de

1215. Esse famoso texto em 66 artigos, que pretende defender as liberdades dos ingleses, é na verdade uma enumeração dos direitos dos barões, fixando limites à arbitrariedade régia e exigindo o respeito pelos costumes feudais. Para além de seu conteúdo, que logo será seriamente amenizado, sua importância reside no fato de proclamar que o poder real tem limites e que o direito está acima do rei. É por isso que a carta permanece como um símbolo e uma referência na história inglesa. O papa, que considera perigosa essa reivindicação de liberdades, apressa-se em cassar o texto imposto a seu vassalo e liberá-lo de seu juramento. Furiosos, os barões então declaram João privado de seus direitos e oferecem a coroa ao filho de Filipe Augusto, Luís, que desembarca em maio de 1216 e inicia uma campanha militar na Inglaterra. Mas, com a morte de João em outubro, os barões se unem em torno de seu filho, Henrique III.

O longo reinado de Henrique III (1216-1272), aproximadamente contemporâneo ao de Luís IX, marca uma nova etapa na decadência da monarquia feudal na Inglaterra. Embora fosse tão intransigente quanto o colega francês, não possuía a mesma energia, e começa perdendo o que restava sob controle inglês em Poitou, a partir de 1224. Em 1242, realiza uma fraca tentativa de retomar o condado, mas sofre uma lamentável derrota em Taillebourg e Santos. Segue-se uma longa trégua, ao final da qual os dois reis estabelecem o tratado de Paris, em 28 de maio de 1258: Henrique III desiste definitivamente da Normandia, de Anjou, de Touraine e de Poitou, além de prestar homenagem à Gasconha. Em troca, Luís IX lhe restitui os feudos nas dioceses de Limoges, Périgueux e Cahors, bem como em Saintonge e Quercy. Mas os territórios, mal delimitados, serão objetos de novas contestações durante o reinado seguinte.

É em seu próprio reino que Henrique III encontra as maiores dificuldades. Em 1258, os barões ingleses, insatisfeitos tanto com a influência dos "estrangeiros" de Poitevin na corte quanto com as exigências fiscais do rei, impõem a este as Provisões de Oxford, que o obrigam a cercar-se de um conselho baronial permanente e a reunir três vezes por ano os representantes dos barões do reino. Em 1259, as Provisões de Westminster exigem reformas da *Common Law* em favor das liberdades fundamentais. O rei, com a aprovação do papa, recusa-se a aplicar essas decisões. Vem então uma revolta armada liderada pelo senescal Simão de Montfort, conde de Leicester

1000-1300 – O TEMPO DO OCIDENTE E A IDADE DA RAZÃO   249

e terceiro filho do líder da cruzada albigense, que inicia o confronto. Henrique III solicita a arbitragem de Luís IX, que se posiciona a seu favor pela *Mise* de Amiens em 1264. Tem início uma guerra civil: o rei e seu filho Eduardo são derrotados e feitos prisioneiros na batalha de Lewes (1264). O príncipe Eduardo corrige a situação derrotando os barões em Evesham em 1265, e um acordo é estabelecido pelo estatuto de Marlborough em 1267.

As relações entre a monarquia inglesa e a Igreja são sempre tensas durante os séculos XII e XIII. Os dois arcebispos da região, o de York e especialmente o da Cantuária, defendem vigorosamente os direitos do clero, e os conflitos são frequentes, às vezes violentos, como mostra o assassinato de Tomás Becket. Além disso, o papado frequentemente se intromete nos assuntos internos do reino, além de taxar pesadamente o clero inglês. Isso alimenta os crescentes sentimentos contra os papas e a rejeição às intervenções de Roma, além de aproximar o rei de seus súditos. O movimento da reforma anglicana no século XVI será imensamente facilitado por tal situação. Centros de reflexão intelectual também começam, no século XIII, a desenvolver críticas aos papas, como a Universidade de Oxford, fundada por volta de 1209, e a de Cambridge, que surge por volta de 1210-1214.

O filho de Henrique III, Eduardo I (1272-1307), enérgico, autoritário e impiedoso, tem reputação de um terrível soberano, conquistador do País de Gales e da Escócia. No País de Gales, submetido a duas campanhas devastadoras (1276-1277 e 1282-1283), o príncipe local, Llywelyn ap Gruffydd, é assassinado, e o título de príncipe de Gales é conferido ao herdeiro do trono inglês. Uma série de fortalezas colossais construídas com gastos elevados – Harlech, Conwy, Beaumaris, Rhuddlan, Cricieth, Caernarfon – vigiam a região. Na Escócia, Eduardo aproveita a oportunidade de uma sucessão real contestada para nomear como rei João Balliol e, em seguida, tomar pessoalmente a coroa. A revolta dos escoceses, liderada por William Wallace em 1297, foi esmagada no curso de várias guerras que renderam a Eduardo o apelido de *Hammer of the Scots* (Martelo dos Escoceses). Essas campanhas obrigam o rei a se mostrar conciliador em relação à França, onde Filipe, o Belo, busca confronto na Gasconha, encorajando os senhores locais a apelar ao seu parlamento contra o rei da Inglaterra. O ducado chega a ser confiscado em 1294, e depois restaurado em 1303, mas a situação local permanece tensa. Eduardo reside ali em 1286-1289 e envia exércitos para lá em 1294 e 1296, mas seus problemas financeiros o impedem de levar os empreendimentos militares longe demais.

Esse obstáculo também teve efeitos benéficos indiretos no sistema político e militar inglês. Por um lado, a necessidade de realizar campanhas no continente torna necessário o recurso a tropas alugadas de profissionais eficientes, pois a nobreza reluta em ir combater do outro lado da Mancha e prefere pagar em troca do serviço militar. Em vez da turba feudal, temos, portanto, um sólido corpo de arqueiros pagos, bem comandados e mais atentos às táticas por estarem em número limitado. A eficácia do sistema será demonstrada durante a guerra dos Cem Anos. Por outro lado, esse exército é caro e, portanto, necessita-se aumentar os impostos especiais para cada campanha. A partir do fim do século XII, o rei se habitua a negociar com as comunidades do condado, que votam o imposto em troca de concessões régias. Desse processo nasce a instituição do Parlamento. Já a Carta Magna prevê que o rei não poderia cobrar ajuda sem consultar "o conselho comum do reino" – até 1290 o soberano havia convocado nove vezes os "comuns", ou seja, os representantes de cavaleiros, burgueses e proprietários médios (*yeomen*). Depois, com a multiplicação das guerras, na Escócia, no País de Gales, na Irlanda e na França, o movimento se acelera: mais nove reuniões em vinte anos. Doravante, o princípio está estabelecido: sem Parlamento, nada de dinheiro. Um édito de 1295 especifica o modo de eleição dos representantes dos condados, dos burgos e do clero que terão o poder de negociar por "conselho comum" com o rei e seus conselheiros naturais, os lordes. Essa nova limitação do poder régio permite dar às decisões do poder central uma força acrescida: os "estatutos", promulgados pelo rei no Parlamento, integram-se à Lei Comum (*Common Law*) e são intangíveis. No tempo de Eduardo I, os estatutos de 1275, 1279, 1283, 1284, 1285 e 1290 são particularmente importantes, pois resultam de negociações estreitas entre o rei e o Parlamento.

O Parlamento torna-se ainda o instrumento essencial de oposição a Eduardo II (1307-1327). Esse homossexual, que atribui a seus amantes (Piers Gaveston e os Despenser) títulos e benefícios, que sofre uma derrota humilhante contra os escoceses em Bannockburn em 1314, enfrenta uma retomada da guerra na França pela Gasconha em 1324 e demonstra grande constrangimento em suas relações com os barões, torna-se tão impopular que, em 1326, sua esposa, a rainha Isabel de França, filha de Filipe, o Belo, com a ajuda de seu amante Roger Mortimer, assume o comando de um movimento armado que prende Eduardo. Em 1327, ele é deposto pelo Parlamento como indigno de reinar, trancado no castelo de Berkeley e assassinado de maneira ignominiosa. Seu filho Eduardo III o sucede.

Assim, a monarquia feudal por volta de 1300 toma dois rumos diferentes na França e na Inglaterra: enquanto o rei da França, cercado de legistas, se apoia no direito romano para afirmar a crescente autoridade do Estado diante do mundo feudal, que tenta resistir, o poder do rei da Inglaterra, limitado pela Carta Magna, pelas Provisões de Oxford e pela ascensão do Parlamento, torna-se cada vez mais constitucional. Ainda estamos muito longe da monarquia parlamentar, é claro, mas foi durante esse período central da Idade Média que as bases daquela são lançadas. Em 1327-1328, as duas monarquias encontram-se em crise devido à mudança de soberano: crise dinástica entre os capetianos e crise de regime entre os plantagenetas.

O NORTE E O LESTE: OS ESCANDINAVOS, O *DRANG NACH OSTEN* E OS ESLAVOS

Enquanto esses dois reinos se tornam as potências dominantes da Europa medieval, à margem da cristandade ocorrem importantes mudanças que, tanto no norte quanto no sul e no leste, resultam numa irresistível expansão europeia. O Ocidente cristão amplia seu espaço de influência.

Ao norte, os noruegueses continuam suas expedições marítimas: a Islândia, uma ilha deserta no século X, tinha 40 mil habitantes por volta de 1200; na Groenlândia, uma estela rúnica do século XIII, a 72° de latitude norte, marca o ponto mais setentrional alcançado pelos escandinavos. Nos séculos XI e XII, o reino dinamarquês afirma-se como a principal potência do norte. Ao mesmo tempo, o pitoresco Sueno de Barba Bifurcada (994-1014) desembarca na Inglaterra, e seu filho Canuto, o Grande (1017-1036), reúne sob seu domínio ingleses, dinamarqueses e noruegueses. Trata-se, no entanto, de um Império frágil, centrado nas águas frias e tempestuosas do mar do Norte, e que se desintegra com sua morte. Retirados para sua península, os dinamarqueses, porém, organizam-se em uma monarquia nacional sob Sueno Estridsen (1047-1074) e, especialmente, Valdemar, o Grande

(1154-1182), contemporâneo exato de Henrique II Plantageneta. Sob seu reinado, a Igreja dinamarquesa é organizada com Absalão, arcebispo de Roskilde (1158-1192) e Lund (1177-1201). A região ergue castelos, o mais importante dos quais, controlando o estreito, torna-se Copenhague. Foi nessa época que o clérigo dinamarquês Saxo Grammaticus relata em sua *Historia Danica* a trágica narrativa do príncipe Hamlet. Valdemar II, o Vitorioso (1202-1241), aventura-se na grande história europeia lutando contra os alemães e tornando-se cunhado de Filipe Augusto, mas, no século XIII, a monarquia dinamarquesa afunda numa cascata de regicídios e guerras civis. Esse século, por outro lado, assiste à ascensão do reino da Noruega sob Haakon IV (1217-1263) e Magnus, o Legislador (1263-1280), bem como do reino da Suécia, com a dinastia Folkung, que funda tanto a capital Estocolmo quanto a capital religiosa, Uppsala. A monarquia sueca reforma a Igreja e completa sua organização com Magnus Ladulaas (1275-1290) e Magnus Eriksson (1319-1365).

Ao sul do Báltico, os escandinavos estão em contato com alemães e poloneses. Nesse setor, o grande acontecimento dos séculos XII e XIII é o avanço germânico para o leste, o *Drang nach Osten*, às custas dos eslavos. Os colonos alemães são convidados a se estabelecer a leste do Oder, com promessas de grandes lotes sujeitos a taxas muito baixas e de que seria possível formarem comunidades autônomas. Os eslavos nativos são retratados por um olhar racista – praticamente o único exemplo de racismo medieval – como "cabeças repugnantes", sub-humanos. Um dos racistas mais convictos é são Bernardo, que promete o céu a quem livrar a Europa desses vizinhos ignóbeis, cujos piedosos cavaleiros teutônicos irão promover um verdadeiro massacre.

A partir do século XI, os príncipes alemães constituem "marcas" orientais, sem limites a leste, territórios militares onde tudo era possível aos pioneiros e guerreiros, uma espécie de *Far-East* onde impera a lei do mais forte: de norte a sul as marcas de Brandemburgo, Lusácia, Mísnia, Morávia e Áustria. No século XII, o marquês de Brandemburgo, Alberto, o Urso (1150-1170), avança em direção ao Oder; o duque da Saxônia, Henrique, o Leão (1143-1161), funda Lübeck e ocupa a Lusácia; a Silésia e a Pomerânia são absorvidas em 1160 e 1180. No século XIII, os cavaleiros teutônicos conquistam entre 1210 e 1240 os países de Gdansk, da Prússia, da Curlândia e da Estônia, antes de serem detidos em 1242 no lago Peipus pelo príncipe de Novgorod, Alexandre Nevski.

1000-1300 – O TEMPO DO OCIDENTE E A IDADE DA RAZÃO   253

Empurrados, os eslavos se voltam para o leste. Quanto aos polacos, embora tivessem estabelecido um reino estável com Miecislau I (962-992) e sobretudo Boleslau, o Grande (992-1025), que Otão III reconhece como aliado, foram, entretanto, prejudicados tanto pela existência de uma nobreza turbulenta quanto pelas guerras contra os tchecos. O rei Boleslau, o Boca Torcida (1102-1158), comete o erro de apelar para o clero germânico, e logo a Polônia perde todo o acesso ao Báltico, enquanto os mongóis devastam o sudeste do país em 1241, 1259 e 1288. Eterno problema dos poloneses: presos entre os alemães e os impérios do Oriente, sejam mongóis ou russos.

Precisamente desse lado, o príncipe de Kiev, Vladimir, marido da irmã do imperador bizantino Basílio II, impõe o cristianismo ao seu povo em 989. Contudo, o país, aberto a múltiplas invasões dos povos da estepe, acaba por ruir em 1240 sob os golpes dos mongóis. Kiev é reduzida a cinzas pelo cã Batou. A reconstrução é assegurada pelo príncipe de Novgorod, Alexandre Nevski (1246-1263), que havia vencido não apenas os suecos na batalha do Neva em 1240, mas também os cavaleiros teutônicos (ou cavaleiros Porta--Gládio) em 1242. Ele também é príncipe de Susdália e Moscou, cujo nome aparece pela primeira vez na história em 1147. Herói nacional, considerado o fundador da Rússia, Alexandre Nevski é exitoso no governo de um imenso território que se estende do Báltico até o rio Dom, passando pelo rio Dniepre.

No sudeste do Império Germânico, a Boêmia luta com dificuldade para se afirmar como reino estável. Isso se deve às rivalidades dentro da família real dos premislidas. No entanto, no século XIII, o rei Premysl Otacar II (1253-1278) consegue estender seu domínio sobre Boêmia, Morávia, Eslováquia, Lusácia, Estíria, Caríntia, Carníola e Áustria. Tal extensão preocupa o imperador germânico Rodolfo de Habsburgo, que teve seus direitos sobre a Áustria, Estíria e Caríntia contestados pela dieta de Ratisbona. Na batalha de Marchfeld em 1278, Otacar II é derrotado e morto, e os países austríacos caem na esfera de influência do Sacro Império. A dinastia premislida termina em 1304 com o assassinato de Venceslau III.

O SUL: A RECONQUISTA, OS ARAGONESES, OS NORMANDOS E OS ANGEVINOS

Mais do que para norte e para leste, é sobre as margens meridionais que recaem os olhares dos governantes europeus entre os séculos XI e XIII, e mais particularmente ainda, sobre as duas grandes penínsulas, a ibérica e a italiana, com seu prolongamento siciliano. Estamos ali em contato direto com os outros mundos, muçulmano e bizantino, e tanto num caso como no outro, a dinâmica está do lado do cristianismo latino.

Na Espanha, desenrola-se o processo da *Reconquista*, a retomada da península pelos cristãos do norte, espanhóis apoiados por franceses, ingleses, flamengos e alemães. Por volta do ano 1000, a zona cristã ainda é limitada a uma faixa oeste-leste de 100 a 200 quilômetros de largura, das Astúrias à Catalunha. Mas essa base de partida tem importantes trunfos: vales bastante férteis com muito gado, ovelhas e cavalos, além de recursos em madeira, minerais como o ferro das Astúrias, do País Basco e da Catalunha, sem contar as comunidades camponesas homogêneas com fraternidades guerreiras e uma forte identidade étnica e linguística – um cimento jurídico baseado em uma mistura de direito romano e costumes visigóticos. Pequenos reinos, surgidos durante os séculos IX e X – Astúrias, Castela, Leão, Navarra e condado de Barcelona – permanecem em anarquia até cerca de 1050, com castelões indisciplinados, o que permite aos muçulmanos avançar entre 985 e 1008 até Barcelona, Urgel e Compostela.

As coisas mudam em meados do século XI, com o fortalecimento do poder real, a união de Castela e Leão (1037), e depois, com a chegada de peregrinos armados e em número crescente, atraídos pelo santuário de Santiago. Devido ao desaparecimento do califado de Córdoba e à divisão da Espanha muçulmana nos reinos dos taifas, os cristãos se sentem encorajados a realizar ataques audaciosos, por vezes chegando a Córdoba. Mas a reconquista ainda não é sistemática: os reis cristãos não hesitam em lutar entre si, com a ajuda de líderes muçulmanos. O famoso Rodrigo Diaz de Vivar, o Cid Campeador (1043-1099), príncipe de Valência, não sente nenhum desgosto corneliano por lutar ora pelos muçulmanos, ora pelos cristãos. No nordeste, os condes de Barcelona, Berengário Raimundo (1018-1035) e Raimundo Berengário, o Velho (1035-1076), estendem suas posses para o Baixo

Ebro, depois Pedro I de Aragão (1094-1104) e seu filho Afonso, o Batalhador (1104-1134), apoderam-se de Zaragoza, que se torna a capital do reino (1118). No centro, Sancho, o Grande, rei de Navarra (1000-1035), apodera-se de parte de Leão, mas as suas conquistas morrem junto com ele. No entanto, os fatos mais importantes estão em Castela, onde o rei Afonso VI (1072-1109), depois de ter lutado contra os seus irmãos para restaurar a unidade do reino, retoma a luta contra os muçulmanos e conquista Toledo em 1085. Mas, no ano seguinte, ele é vencido pelo almorávida Iúçufe. Apesar de tudo, Afonso VI ainda consegue manter suas conquistas e adorna-se com o título de *Imperator totius Hispaniae*. Ele introduz os clunisianos na península e desenvolve a peregrinação de Santiago. Em 1108, ele é novamente derrotado em Uclès, e seu único herdeiro é morto em batalha. A reconquista patina.

No século XII, Castela está enfraquecida pela secessão de Portugal em 1140. A partir de então, o rei de Portugal, Afonso Henriques, insiste na reconquista por conta própria na costa atlântica, toma Lisboa em 1147 e conquista o Alentejo, enquanto, do outro lado, Aragão e Catalunha se unem em um único reino, governado por Afonso II (1162-1196). A criação de ordens de monges soldados (Calatrava em 1158, depois Santiago e Alcântara) não impede os almóadas de infligir uma derrota terrível ao rei Afonso VIII de Castela em Alarcos.

A reconquista só recomeçou no início do século XIII, com a vitória decisiva de Las Navas de Tolosa em 16 de julho de 1212, que abre as portas de Andaluzia. Foi então um efeito cascata: Badajoz e Palma caem em 1230, Córdoba em 1236, Valência em 1238, Múrcia em 1243, Sevilha em 1248, Cádiz em 1262. A partir desse momento, os muçulmanos conservam apenas o pequeno reino de Granada. Este, porém, durará mais de dois séculos, porque os reis de Castela e Aragão se deparam com problemas internos. A assimilação dos territórios conquistados em tão pouco tempo revela-se difícil. A coabitação de moçárabes (cristãos que seguem uma liturgia particular), mudéjares (muçulmanos que aceitam a autoridade cristã), judeus e cristãos do norte não é tão harmoniosa como pretensamente se diz: bairros separados nas cidades, impostos especiais para não-cristãos, rivalidades econômicas e religiosas que às vezes degeneravam em conflitos abertos. Além disso, cidades e nobres têm suas exigências; as cidades obtêm *fueros* que garantem seus privilégios e as bases do governo municipal; seus representantes desempenham um papel importante nas cortes, as assembleias representativas dos três *brazos* (clero, nobreza, burguesia); os nobres, turbulentos, apoderam-se de vastos domínios e formam uma aristocracia indisciplinada com a qual os reis precisam contar.

No entanto, Castela conhece um período próspero no século XIII sob os reinados de Fernando III (1217-1252), canonizado, e sobretudo de Afonso X, o Sábio (1262-1284), o rei erudito que incentivou o desenvolvimento das ciências (publicação de tabelas astronômicas conhecidas como tábuas afonsinas) e a construção de grandes catedrais. O trabalho de tradução de textos antigos continua: a Universidade de Salamanca é criada em 1215; na Universidade de Múrcia, fundada por Afonso X, ensina-se a uma só vez em latim e em árabe. Os mosteiros cistercienses juntam-se aos clunisianos. Mas a sabedoria de Afonso X não resiste ao fascínio da miragem da coroa imperial alemã: ele gasta muito para se fazer eleger imperador, como mais tarde fará Carlos V, mas o seu fracasso, a sua renúncia à vassalagem de Portugal e seus gastos excessivos o tornam impopular. Revoltas feudais irrompem e Afonso chega a ser temporariamente destronado pelas cortes de Valladolid. Quando ele morre em 1284, Castela mergulha num longo período de problemas.

Na mesma época, o reino de Aragão embarca nas aventuras italianas. O rei Pedro III (1276-1285) casa-se com Constança de Hohenstaufen, filha do rei Manfredo da Sicília, filho bastardo de Frederico II, destronado pelo capetiano Carlos de Anjou. Quando em 1283 os sicilianos se levantam contra os angevinos após as "Vésperas sicilianas", apelam ao rei de Aragão, que invade a ilha. O papa, que apoia Carlos de Anjou, convoca uma cruzada contra Aragão. O rei Filipe III da França, sobrinho de Carlos de Anjou, entra na Catalunha em 1285, mas morre de disenteria e a expedição fracassa. Os aragoneses continuam senhores da Sicília, e o rei Jaime II (1291-1327) anexa ainda a Córsega e a Sardenha, cedidas pelo papa. Com as Baleares, Aragão agora domina o Mediterrâneo ocidental, e um bando de mercenários aragoneses, a Companhia Catalã, inicialmente a serviço do basileu contra os turcos, chega a tomar o ducado de Atenas e a Moreia. Acrescente-se que Jaime II é marido da irmã do rei de Chipre, Maria de Lusignan, e que também tem uma base na costa da Tunísia. Mas essas ambiciosas empreitadas custam caro, e o rei enfrenta resistência por parte da nobreza aragonesa, que obrigou Afonso

1000-1300 – O TEMPO DO OCIDENTE E A IDADE DA RAZÃO   257

III (1285-1291) a assinar o *Privilégio da União*, autorizando os nobres a rebelarem-se caso o rei infrinja os seus direitos, e obrigando-o a reunir as cortes anualmente. O documento é uma espécie de Magna Carta aragonesa.

Os episódios angevino e aragonês no final do século XIII são apenas as últimas peripécias de uma história italiana muito movimentada desde o século XI. A península está, de fato, no centro de todos os grandes assuntos europeus, e na encruzilhada das ambições de todas as potências da época, disputadas por árabes, bizantinos, alemães, normandos, franceses, espanhóis e até alguns italianos. No centro da confusão, o papa, que se serve dessas rivalidades para fortalecer seu poder temporal.

Por volta do ano 1000, os árabes ainda estão presentes na Sicília, os bizantinos na Calábria, na Apúlia e em Nápoles, o imperador germânico controla o norte e o ducado de Espoleto, e os papas, os Estados papais. O sul é vítima das lutas contínuas entre os emirados rivais, os bizantinos e os italianos, cada um empregando os serviços de mercenários e aventureiros de todas as origens, em busca de saques valiosos nessas regiões com comércio ativo. É o caso dos bandos normandos que surgem no início do século XI e que começaram a esculpir principados, como o condado de Aversa em 1029. Os mais empreendedores foram os onze filhos de um pequeno senhor de Hauteville-la-Guichard, Tancredo de Hauteville. Um deles, que leva o sugestivo nome de Guilherme Braço de Ferro, empregado pelos bizantinos contra os sarracenos da Sicília em 1038, depois pelos italianos contra os bizantinos, torna-se conde de Melfi em 1043. O papa se preocupa com o avanço desses homens do norte, que, para piorar, ainda são hereges, partidários da doutrina de Berengário de Tours sobre a transubstanciação. Ele tenta, com a ajuda dos bizantinos, expulsá-los, mas é vencido e feito prisioneiro por um dos irmãos de Hauteville, Roberto Guiscardo, em 1053. Os normandos continuam seu progresso, reconciliam-se com o papa e, em 1059, Nicolau II, que precisa da ajuda deles contra os bizantinos, os árabes, o imperador e os barões romanos, coroa Roberto Guiscardo como "duque da Apúlia e da Calábria pela graça de Deus e da Santa Sé". Tendo se tornado um protegido e vassalo do papa, Roberto Guiscardo toma o ducado de Amalfi em 1073, o principado de Salerno em 1076, casa sua filha com o herdeiro do trono de Constantinopla e, em 1081, lança-se, junto com seu filho Boemundo, na conquista do Império Bizantino após o sogro de sua filha ter sido destronado por um usurpador.

Em 1084, volta à Itália para socorrer o papa sitiado pelas tropas do imperador, e depois volta à Grécia, onde morre em 1085.

Durante esse tempo, seu irmão Roger conquista a Sicília, de onde expulsa definitivamente os árabes entre 1061 e 1091. É sob o reinado de seu irmão Roger II (1101-1154), rei da Sicília e de Nápoles, que o reino normando atinge seu apogeu. Durante longas guerras contra o papa e o imperador, ele pressiona os limites do território papal e até ataca o Império Bizantino, liderando campanhas em Corfu, Corinto e Tebas em 1147 e 1148, além das muralhas de Bizâncio em 1149. Sua capital, Palermo, é um renomado centro intelectual cosmopolita da época.

No tempo de Guilherme I, o Mau (1154-1166), e Guilherme II (1166-1189), o reino da Sicília encontra-se em declínio, enfraquecido por frequentes rebeliões e repressões. Nesse período, o rei da Sicília é aliado do papa contra o imperador Frederico Barbarossa, o que não o impede de liderar novas expedições contra Bizâncio. Em 1189, Guilherme II morre sem deixar filhos, e a herdeira – sua tia Constança – casa-se com o filho de Frederico Barbarossa, que se torna o imperador Henrique VI: o reino da Sicília é incorporado ao Império. Henrique VI é coroado em Palermo em 1194, após uma curta tentativa de tomada da coroa por parte do conde de Lecce, Tancredo, e sua esposa Sibila. A partir dessa data, a história da Sicília e do sul da península segue as vicissitudes da luta entre o papa e o imperador, que traçamos alhures. Após o reinado de Frederico II, que reside a maior parte do tempo em Palermo, seguido do reinado de seu bastardo Manfredo, Carlos de Anjou chega em 1265, seguido pelos aragoneses em 1283, com as "Vésperas sicilianas".

A partir de agora, o antigo reino da Sicília é cortado em dois: de um lado a ilha da Sicília, onde reina o rei de Aragão, Pedro III, seguido de Jaime II (Jacques) a partir de 1285; do outro, o reino de Nápoles, liderado por Carlos I, e depois, Carlos II de Anjou, apoiado pelo papa. Os angevinos tentam em vão reconquistar a Sicília, e uma paz é finalmente concluída em 1302 em Caltabellotta: Carlos II reconhece como rei da Sicília Frederico de Aragão, irmão de Jaime II, que renuncia à posse da Ilha. A filha de Carlos II, Leonor, se casará com Frederico e, após a morte deste, a Sicília se tornará novamente angevina. Paz muito provisória: em 1309, com a morte de Carlos II, seu filho Roberto, de temperamento muito empreendedor, está muito envolvido nas

1000-1300 – O TEMPO DO OCIDENTE E A IDADE DA RAZÃO 259

lutas entre guelfos e gibelinos em Florença e reafirma seus direitos sobre a Sicília. Após impedir que o imperador Henrique VII entrasse em Roma para ali ser consagrado, faz-se senhor do Piemonte e da Lombardia, mas fracassa em 1314 na Sicília, e em 1324, a ilha é anexada por Jaime II de Aragão. Nápoles e Palermo continuam a ser as capitais de dois reinos distintos, enquanto o centro e o norte da península assistem aos intermináveis duelos entre guelfos e gibelinos.

AS CRUZADAS: ORIGENS E MOTIVAÇÕES

No norte, assim como no leste e no sul, a expansão europeia se traduz como expansão da cristandade latina. O dinamismo europeu, cujo verdadeiro princípio motor é econômico e demográfico, como veremos, é adornado por motivações ideológicas, neste caso, religiosas. É isso que anima os cavaleiros teutônicos e os de Castela, enquanto no sul da Itália, depois de expulsar os sarracenos da Sicília e os cismáticos bizantinos da Calábria, são os cristãos que brigam entre si invocando a causa do papa. Como se vê, todas as lutas políticas são sustentadas por um espírito religioso, e não há guerra sem a garantia da ajuda divina. Além disso, os teólogos dessa época elaboram a noção de guerra justa. O paroxismo disso é atingido com a guerra santa, ou seja, a cruzada, que é o grande negócio da cristandade ao longo desses três séculos.

A ideia não é nova e é perfeitamente coerente na lógica interna de uma religião monoteísta. A partir do momento em que alguém é persuadido de que existe apenas um deus, o dever do crente é difundir seu culto e convencer por todos os meios aqueles que estão errados adorando falsos deuses; o erro, quando envolve a vida eterna e o divino, é literalmente intolerável. Tolerar o erro nessa questão é demonstrar indiferença e desprezo por todos os pobres idólatras deixados no caminho da perdição. O crente não pode permanecer passivo diante de cultos enganosos que causam a condenação de milhões de pessoas. No livro do Apocalipse (21, 8), após a promessa de paz e felicidade ao povo de Deus reunido diante da Nova Jerusalém, acrescenta-se com efeito: "Quanto aos covardes, aos infiéis, aos depravados, aos assassinos, aos desavergonhados, aos mágicos, aos idólatras e a todos mentirosos, a parte destes se encontra no lago que arde com fogo e enxofre: esta é a segunda morte". A promessa, portanto, só pode ser cumprida com o desaparecimento de todos os infiéis e de todos os inimigos de Cristo. E o tempo está se esgotando: no século XI, os cronistas apontam para o ressurgimento de temores escatológicos, não tanto os do ano 1000 quanto os do ano 1033, que é o da grande fome. "Os homens acreditavam que o desenrolar ordenado das estações e as leis da natureza, que presidiam o mundo até então, haviam se perdido no caos eterno, e por isso temiam o fim da humanidade", escreve o monge Raul Glaber. Cristo voltará, e isso só pode acontecer em Jerusalém. "Então", continua o mesmo cronista,

> uma multidão inumerável começou a convergir de todo o mundo para o sepulcro do Salvador em Jerusalém. Primeiro foram as pessoas das classes baixas, depois as das classes médias, depois todos os grandes, reis, condes, marqueses, prelados, enfim... muitas mulheres, os mais nobres junto com os mais pobres... A maioria tinha vontade de morrer antes de voltar à terra de onde vinham.

Notemos que se trata sobretudo de uma busca da salvação individual através da penitência e do martírio. A viagem a Jerusalém é uma peregrinação, cuja duração e perigos são tais que há poucas chances de se voltar dela – peregrinação que, portanto, marca uma ruptura total com a vida de pecados. Se o infiel impede a viagem, é evidente que ele deve ser combatido, pois, afinal, como Deus poderia negar a entrada no paraíso para aqueles que morreram nesse combate? Já no século IX, o papa Leão IV havia feito uma promessa aos que lutaram contra os sarracenos perto de Roma: "Àqueles que morrerem nesta guerra demonstrando fidelidade não será negado o reino dos céus". Tudo isso, repitamos, é perfeitamente coerente a partir do momento em que nos limitarmos a uma religião monoteísta, baseada em textos supostamente revelados. Se o fato de lutar pela pátria é considerado honroso, quão mais honroso é o fato de lutar por seu deus.

Essa lógica ganha força no século XI por outro motivo: desde os anos 990, propagam-se movimentos pela paz que, sob a direção do clero, proíbem a violência em determinados dias e contra certas categorias de pessoas. Vale dizer que, embora tais instruções nem sempre fossem respeitadas (longe disso), ainda assim elas contribuíram para fomentar o sentimento de solidariedade entre os cristãos, bem como para canalizar os impulsos agressivos em direção ao exterior, contra os infiéis. Assim, paradoxalmente, a paz de Deus resulta na guerra de Deus, a guerra santa. Depois de 1033, um novo surto de febre manifesta-se em 1063-1064, e nesse ano o papa Alexandre II promete indulgência plena a todos os soldados que, durante a Reconquista, se empenharem no cerco à cidade de Barbasto.

O contexto geral é, portanto, favorável à recepção do famoso apelo lançado em novembro de 1095 por Urbano II em Clermont, no encerramento do concílio que acaba de acontecer nessa cidade. As palavras exatas do papa não são conhecidas. O texto de seu sermão é uma reconstrução dos cronistas e foi compilado pelo menos dez anos depois – nesse momento, assiste-se ao êxito da primeira cruzada, cujo fim é o Estado latino de Jerusalém. Obviamente, esse resultado pesou muito na reconstituição das palavras do papa. Também existem diferenças consideráveis entre as crônicas de Roberto, o Monge, Baldrico de Dol, Guilberto de Nogent e Fulquério de Chartres, porque cada cronista apresenta sua teologia da cruzada em vez de um relato fiel do discurso papal. Uma das versões mais interessantes é a de Roberto, o Monge, porque, em sua ingenuidade, ele atribui ao papa comentários que misturam candidamente os motivos mais espirituais com os mais realistas. É claro que não podemos negar a existência do versículo sobre a "santa peregrinação", que relaciona o combate espiritual à busca do "sacrifício como hóstia viva, santa e agradável a Deus"; há o apelo ao extermínio da "nação maldita" de árabes e turcos, os quais "invadiram as terras dos cristãos nestes países, devastaram-nas com ferro, saquearam-nas e as incendiaram"; há o lembrete lisonjeiro da superioridade dos francos: sois os melhores, os mais fortes, "vós, a quem o Senhor concedeu, acima de todas as outras nações, a insigne glória das armas, a grandeza da alma, a agilidade do corpo e a força para subjugar aqueles que resistam a vós". Por isso, "segui a rota do Santo Sepulcro, arrebatai esse país das mãos desse povo abominável", "não degenereis, lembrai-vos das virtudes de vossos antepassados". Há a promessa da "glória imperecível esperando por vós no reino dos céus"... e, por enquanto, ricos despojos naquele "território fértil acima de todos os outros, que oferece, por assim dizer, as delícias de um outro paraíso". Assim também diz o papa Fulquério de Chartres: os cruzados "estavam tristes e pobres aqui; eles serão felizes e ricos lá". Em vez de se entregar a "guerras privadas e abusivas para desgosto dos fiéis", ide matar os infiéis. Ademais, há um argumento inesperado na boca de um papa medieval: a demografia. A Europa está superpovoada em relação às suas capacidades de produção agrícola: então se desafogue na Palestina, isso aliviará a carga humana de nosso campo.

> A terra onde habitais, esta terra cercada em todos os lados por mares e montanhas, restringe vossa população numerosa; ela é desprovida de riqueza e fornece pouco alimento para aqueles que a cultivam. É por isso que vos dilacerais e vos devorais uns aos outros, vós que lutais entre si, que vos assassinais uns aos outros. Apaziguai vossos ódios e segui a rota do Santo Sepulcro.

Acrescentemos finalmente – o papa, contudo, não diz isso – que a Santa Sé, em pleno conflito com o imperador, espera que os cruzados possam lhe prestar alguns pequenos serviços.

DE CLERMONT A TÚNIS: A EPOPEIA DOS CRUZADOS (1095-1270)

De qualquer maneira, a magnitude da resposta ao seu chamado supera suas expectativas. Enquanto espera o envio de uma simples força expedicionária de cavaleiros do sul da França que respondem ao pedido de ajuda formulado em março de 1095 no concílio de Plaisance pelos enviados do basileu Aleixo Comneno, o que aparece é um enorme exército internacional. Guerreiros surgem aos montes, bem como camponeses de toda a cristandade. As palavras do papa, repercutidas e provavelmente deturpadas pela propaganda de entusiastas, muitos deles esclarecidos, provocam um movimento incontrolável. Trata-se, inicialmente, de uma multidão de pobres, totalmente alheados da realidade, que seguem Pedro, o Eremita, e são massacrados em outubro de 1096. Depois partem os grupos de cavaleiros, que se encontram em Constantinopla. Sem nenhuma verdadeira unidade, eles formam um exército de 60 mil a 70 mil homens, que mais parece um encontro de bandos cujos líderes, Raimundo de Toulouse, Boemundo de Taranto, Tancredo, Godofredo de Bulhão, Balduíno de Bolonha e Raimundo de Saint-Gilles, brigavam o tempo todo sobre questões de tática. A epopeia (pois é disso que se trata aqui), da qual vimos os principais episódios noutro lugar, culmina, após três anos de sofrimento e luta, na captura de Jerusalém em 15 de julho de 1099. Triunfo seguido por uma terrível carnificina de homens, mulheres e crianças cometida por cruzados ébrios de fervor divino.

A partir daí, o espírito de cruzada torna-se um empreendimento de colonização. Os territórios conquistados se organizam em Estados feudais, com um sistema de vassalagem muito estrito: condado de Edessa, principado de Antioquia, condado de Trípoli e, sobretudo, o reino de Jerusalém, que se estende de Beirute a Eilat no mar Vermelho, e cujo primeiro soberano é Godofredo de Bulhão, com o título de "advogado" da Santa Sé. O conde Balduíno o sucede em 1100. O mais prestigioso dos reis de Jerusalém foi Balduíno IV, o Leproso (1174-1185). As decisões são tomadas pela assembleia dos barões, mas a história dos Estados latinos da Terra Santa é repleta de lutas internas entre príncipes e desavenças com o basileu, que se considera o suserano desses territórios outrora bizantinos. Grupos de cruzados se estabelecem permanentemente na Palestina e na Síria, casam-se com mulheres autóctones e fincam raízes, adotando costumes, vestimentas e língua locais. Essa mestiçagem é desaprovada pelos "puros", que a consideram uma traição e desprezam esses "potros" integrados à sociedade local, embora as conversões ao islã fossem muito raras.

Os outros grandes vencedores das cruzadas são os mercadores italianos, intermediários indispensáveis entre a Europa e a Terra Santa: transportam mercadorias e equipamentos, assim como os novos cruzados, cujo fluxo incessante encoraja os que haviam chegado antes. Genoveses, pisanos e venezianos recebem ancoradouros, mercados, distritos inteiros de Antioquia, Acre, Trípoli, Arsuf, Cesareia, Sidon, Tiro, Beirute e Haifa, obtendo enormes lucros com o aluguel de seus navios.

O estabelecimento dos Estados do Oriente se aproveita das divisões do mundo muçulmano, como vimos. Mas eles permanecem sob a ameaça de contra-ataques dos seljúcidas e dos fatímidas. Controlando com equipes pequenas somente uma estreita faixa litorânea de uma centena de quilômetros, da Antioquia até Gaza, eles precisam de forças especialmente projetadas para a proteção dos peregrinos e a defesa dos Estados cristãos em território hostil. Daí a instituição das ordens de monges-soldados, materialização dos ideais do cristianismo medieval – santidade, pobreza, coragem e força guerreira a serviço da fé: templários, ordem fundada por Hugo de Payens em 1118, e hospitalários de São João de Jerusalém. Em seu tratado

À la louange de la milice nouvelle [*Elogio da nova milícia*], publicado por volta de 1130, são Bernardo elogia esses modelos de cristãos: sujos e fedorentos, "nunca penteados, raramente lavados, mas antes, com cabelos bagunçados, cheios de poeira", eles são verdadeiros santos, ou seja, segundo ele, homens que permaneceram próximos da natureza (da animalidade?), tendo emprestado apenas o mínimo à civilização pervertida, analfabetos, mas cegamente devotados aos seus superiores pela defesa da cristandade. Uma espécie de legião estrangeira a serviço dos Estados cristãos, aberta a todos os "celerados, ímpios, homicidas ou adúlteros", redimem-se matando os infiéis,

> porque a morte dada ou recebida por Cristo não comporta nada de criminoso, mas, ao contrário, merece grande glória. Matar um inimigo para Cristo é ganhá-lo para Cristo; morrer por Cristo é ganhar Cristo para si... O soldado de Cristo, eu digo, mata em segurança e morre com mais segurança ainda. Se ele morrer, o benefício é dele; se mata, é por Cristo.

Os muçulmanos são "cães", "porcos" e, "no momento, a melhor solução é matá-los". Eis as boas palavras do santo mais venerado do século XII, e não é preciso implorar aos templários para que as coloquem em prática. As ordens militares estão entrincheiradas em enormes fortalezas, como o *Krak des Chevaliers* – elas constituem o que há de mais formidável em matéria de defesa dos Estados cristãos.

No entanto, elas são insuficientes em número para evitar seu inevitável declínio. Em 1147, começa a ladainha de cruzadas de auxílio que dura até 1270. 1147-1149: após a queda de Edessa, que volta às mãos dos muçulmanos, o papa e são Bernardo lançam uma segunda cruzada. E para motivar ainda mais os cruzados, o papa institui o "privilégio da cruz": enquanto estiver na cruzada, o cruzado está fora da alçada em qualquer questão nos tribunais laicos, além de se beneficiar de uma moratória sobre todas as suas dívidas até seu retorno, com facilidades de empréstimo. Tal promessa de imunidade atrai muitos condenados à forca. A cruzada, liderada pelo rei da França, Luís VII, e pelo imperador Conrado III, resulta em terrível fracasso: derrota dos franceses em Antália, dos alemães em Dorileia e fracasso diante de Damasco.

1187: Saladino retoma Jerusalém. Uma terceira cruzada é necessária – dirigida por um trio de celebridades, ela é impressionante: Frederico

1000-1300 – O TEMPO DO OCIDENTE E A IDADE DA RAZÃO   265

Barbarrossa, por terra, Ricardo Coração de Leão e Filipe Augusto, pelo mar. Todavia, é um novo fracasso: o imperador morre afogado em 10 de junho de 1190 na Ásia Menor; o rei da França retorna às escondidas; o rei da Inglaterra realiza façanhas vãs, mas não consegue reconquistar Jerusalém e, ao retornar, é feito prisioneiro pelo arquiduque da Áustria (1193-1194).

1204: quarta cruzada, objeto de negociata entre os cruzados e os transportadores venezianos, que fazem a expedição se voltar contra Constantinopla, como vimos. Inocêncio III fica furioso a princípio, mas ao menos tem a satisfação de poder nomear um clérigo latino em Bizâncio. Ele então organiza uma quinta cruzada, da qual não verá o triste desfecho: os cruzados que desembarcam no Egito em 1218 sob as ordens do legado, o cardeal Pelágio, tomam Damieta em 1219 e, por conta de desentendimentos, devem reembarcar em 1221.

Ironia da história: é um imperador excomungado, Frederico II, chamado de Anticristo pelo papa, que tem sucesso onde os bons cristãos haviam fracassado. Mais grave ainda: ele nem precisa ir à guerra para retomar Jerusalém em 1229, mas apenas negocia com o sultão. Estamos agora muito longe dos métodos recomendados por são Bernardo. Frederico II se comporta mais como um turista do que como um peregrino, encantado por ouvir, diz ele, o "chamado do muezim à noite". O papa, desprovido de sensibilidade poética, lança uma proibição à Terra Santa: como cúmulo da aberração, não se podem mais celebrar serviços religiosos em Jerusalém! De todo modo, quinze anos mais tarde, em 1244, a cidade é tomada por mercenários a serviço do sultão do Egito. Tudo precisa ser refeito, e dessa vez com o bom e velho método guerreiro. E quem mais do que um santo estaria qualificado para lutar uma guerra santa? Em 1249, Luís IX, retomando o plano da quinta cruzada, desembarca no Egito e toma Damieta. Porém, em Mansoura, ele é derrubado e preso. Após pagamento de resgate, é libertado e passa quatro anos em São João de Acre (1250-1254), elaborando projetos ilusórios para uma aliança com os mongóis – o santo fracassa bem onde os excomungados têm êxito. Causa perplexidade a atitude de um rei sobre quem repousa todo o funcionamento do reino e que permanece ausente durante quatro anos inteiros num país para onde as notícias vindas de França demoram dois meses a chegar. A atitude de Luís IX é irresponsável, e quando em 1270 ele decide recomeçar, seus melhores conselheiros ficam indignados. Ele insiste:

é a oitava cruzada, é a morte do rei em Túnis. Acabou. Com a tomada de Acre em 1291, nada resta dos Estados latinos na Terra Santa. Todos se retiraram para Chipre. De agora em diante, a ideia de cruzada atrairá apenas espíritos quiméricos e servirá de pretexto para aumentar impostos destinados a expedições que nunca ocorrerão; essa ideia inspirará belos enlevos líricos ou até mesmo projetos inviáveis. O ideal não morre, mas é apenas um ideal. Após o desaparecimento dos templários em 1311, os hospitalários mantêm acesa a chama das cruzadas e alguns pontos de resistência em Rodes e no mar Egeu. Os soberanos viraram a página. A razão, que é posta a serviço da fé dos séculos XI ao XIII, entra na era do realismo.

Há mais de um século, a cruzada já havia sido assimilada no circuito político e comercial. Tornara-se um elemento entre outros nas relações entre os países do Mediterrâneo. Manifestação do dinamismo superior do Ocidente, ela fragiliza consideravelmente o mundo bizantino, que quase desaparece e passa às mãos dos genoveses e dos venezianos. O mundo muçulmano praticamente se extingue na Espanha e fica muito abalado no Oriente. Mesmo que o quadro final pareça um fracasso militar, já que Jerusalém continua nas mãos do islã, os resultados para o Ocidente são amplamente positivos, embora não o sejam na área inicialmente prevista. A religião cristã nada ganha com isso, mas o grande vencedor são os negócios, sobretudo aqueles dos comerciantes italianos. As monarquias também lucraram com essas expedições, que enfraqueceram consideravelmente a nobreza e, portanto, os vassalos do rei. Quantas grandes famílias aristocráticas dizimadas e arruinadas por essas aventuras onerosas? Nenhuma estimativa numérica é possível, mas as genealogias falam por si, com cortes sombrios e interrupções brutais. As transferências de propriedade são igualmente significativas: os senhorios são penhorados ou vendidos a burgueses. Os reis não brilharam por suas façanhas bélicas, mas seu poder foi reforçado graças ao empobrecimento da nobreza, e seu tesouro se beneficiou da arrecadação de impostos para a cruzada. Isso enfraqueceu o sistema da monarquia feudal em benefício dos soberanos.

Nas famílias aristocráticas, o papel das mulheres aumentou: eram elas que muitas vezes administravam as propriedades durante as longas ausências dos maridos; e ganharam em liberdade sexual: nem todas permaneceram castas durante os dois ou três anos de viagem, durante os quais seus maridos

1000-1300 – O TEMPO DO OCIDENTE E A IDADE DA RAZÃO

cruzados também produziram vários bastardos. De um ponto de vista mais global, as cruzadas tiveram um impacto considerável na cultura ocidental, com o desenvolvimento de crônicas, uma literatura épica e cortesã, e, ainda, o aprofundamento da reflexão filosófica e teológica. É nesse sentido que também contribuíram para o diálogo entre razão e fé.

– 9 –

A IGREJA, A SOCIEDADE E A CULTURA: UM IDEAL DE FÉ E RAZÃO

A verdadeira grandeza dos séculos XI-XIII no Ocidente reside no domínio cultural, na visão grandiosa de uma unificação do mundo em torno de uma síntese totalizante da fé e da razão. É nessa época que se elabora uma concepção global do ser material e espiritual, como criação divina e racional, um sistema do mundo equilibrado, estável e intangível, uma explicação exaustiva, unificadora e última do universo e do homem. É claro que, quem diz sistema global, diz sistema totalitário. Mas, quando estamos certos de ter encontrado a verdade, podemos aceitar a difusão da mentira? A verdade é verdadeira para todos, e não somos livres para acreditar no que é falso. A verdade é eterna e universal, e os pensadores cristãos da alta Idade Média acreditam que a verdade existe e que eles a encontraram. E eles estão tão certos de tê-la encontrado que acreditam ter realizado a síntese entre as duas únicas fontes de conhecimento: a revelação divina e a razão. Eles não querem renunciar nem a uma nem à outra, e por isso elaboram explicações globais que se expressam em sumas teológicas. Toda a história cultural dos séculos XI-XIII gira em torno dessas elaborações. Trata-se de responder a todas as questões existenciais, acabando com todas as dúvidas e todos os erros. Quanta luta intelectual para se chegar lá! Nessas lutas, a razão e a fé são indissociáveis, pois a razão é indispensável para que os textos revelados possam ser compreendidos e reunidos, e até mesmo seus adversários são obrigados a utilizá--la, sob pena de não serem entendidos.

É óbvio que, como teoria global, a explicação última do mundo, do ponto de vista de seu desenvolvimento, tem repercussões em todos os campos: a política, a economia, a sociedade e a ciência devem ser organizadas de acordo com os princípios do cristianismo racional, já que tudo diz respeito a ele. A Igreja se arroga um poder totalitário sobre todas as atividades humanas, individuais e coletivas. Ela é a grande organizadora que impõe um pensamento único a todos os europeus. Se esse pensamento é realmente a verdade ou não, quem se indagaria nesses termos? Impor a verdade e combater o erro é um dever moral. A verdade só pode ser unânime e, durante esses três séculos, as autoridades trabalham para afirmar isso. A tarefa é nobre e leva a realizações magníficas, até o momento em que, por volta de 1300, certos espíritos começam a questionar tudo, provocando uma primeira crise da consciência europeia, o que anuncia a Reforma.

O ADVENTO DA DIALÉTICA NO SÉCULO XI: ANSELMO DA CANTUÁRIA

Racionalizar: esta é a palavra de ordem do pensamento europeu do século XI ao XIII. A afirmação pode surpreender. E, no entanto, este é precisamente o objetivo defendido por Guiot de Provins por volta de 1204 em seu poema intitulado *Bíblia*: é preciso "viver de acordo com a razão" e dispor--se na escola dos filósofos antigos. Ele não é o primeiro a dizer isso. Tudo começa no ano 1000, quando o monge Gerberto de Aurillac, que se torna o papa Silvestre II, compõe seu tratado *Sobre o racional e o uso da razão* (*De rationali et ratione uti*), que é de certa forma o manifesto do novo espírito intelectual, um apelo ao uso da razão para se decifrar o mundo. O mundo não é este caos, este magma incompreensível entregue às forças obscuras em que vivemos há séculos; ao contrário, é um todo harmonioso, inteligível e racional:

1000-1300 – O TEMPO DO OCIDENTE E A IDADE DA RAZÃO

"A natureza é a razão", dirá Alberto Magno. O espírito humano pode e deve compreendê-la, explicá-la, buscar suas causas, resolver as aparentes contradições, encontrar as leis que a regem. Antes de se tornar docente em Reims, Gerberto havia frequentado os mosteiros da Catalunha, onde aprendeu as ciências do *quadrivium* (aritmética, geometria, astronomia e teoria musical), além das técnicas intelectuais do *trivium*: gramática, retórica e dialética. Esta última, que ensina a arte de raciocinar, tornar-se-á a partir do século XI a rainha das disciplinas, o principal e quase exclusivo instrumento de investigação dos intelectuais da Idade Média clássica. Uma ferramenta tão maravilhosa a ponto de fazer esquecer o uso da observação e da experimentação. O conhecimento que será desenvolvido nas escolas e universidades medievais é um conhecimento especulativo, que faz malabarismos com conceitos, ligados entre si pelas leis da lógica. O perigo está na perda de contato com a realidade, como quando se despreza a matéria e se desconfia dos sentidos. De um lado, os sentidos são enganosos, e de outro, o intelecto bem treinado é infalível. Interessamo-nos, pois, exclusivamente pelos princípios, desenvolvendo uma ciência livresca, porque acreditamos que é no âmbito dos conceitos, chamados de universais, que podemos encontrar a verdade. O que predomina até o século XIII é essa convicção denominada "realista", um termo enganoso, pois é como se as ideias gerais, como os conceitos de bem, mal, belo, feio, verdadeiro e falso possuíssem existência real em si mesmos. Para uma minoria de pensadores, os "nominalistas", trata-se apenas de nomes, abstrações utilizadas na lógica formal, de tal modo que as únicas "realidades" seriam os objetos individuais. São eles que conseguirão se impor no século XIV, introduzindo assim a dúvida nas grandes construções intelectuais da época anterior, como veremos.

Do século XI ao XIII, em contrapartida, elabora-se com confiança e otimismo o grande sistema do mundo baseado nas Escrituras e na razão. A razão entra em cena de maneira notável pelo emprego da prova como apoio da fé. Essa inovação é fundamental: ela revela o novo espírito. A fé, até então, era autossuficiente, a existência de Deus era uma evidência que não precisava ser provada. Entretanto, por volta de 1070, um monge italiano, prior da abadia de Bec, na Normandia, e que se tornaria arcebispo da Cantuária em 1093, Anselmo, pretende *provar* que Deus existe. Repitamos: este é o sinal de uma verdadeira revolução intelectual, pois ele acaba colocando a razão no mesmo nível da fé; isso significa que, mesmo que não houvesse revelação, o espírito humano seria capaz de chegar ao conhecimento de Deus. No prólogo de seu *Monologion*, Anselmo anuncia que não irá se fundamentar na autoridade das Escrituras, mas na "necessidade da razão" e na "evidência da verdade". E ele apresenta três "provas" para a existência de Deus: a experiência do bem particular postula a existência de um bem supremo; da mesma forma, deve haver uma grandeza suprema e uma natureza suprema. Porém, a prova que torna Anselmo famoso é apresentada no *Proslogion* – é a famosa prova ontológica: a existência de Deus é provada pela própria definição de Deus, que é "algo tal que nada maior pode ser concebido". Uma maravilha de lógica formal, com desconcertante simplicidade. A primeira característica desse "algo" é necessariamente a existência; para um ser supremo, existir é a menor das coisas; portanto, esse "algo", que é Deus, existe. Os lógicos demorarão um pouco para desmontar esse sofisma que, para muitos, é perfeitamente supérfluo: de que adianta provar a existência de um ser do qual ninguém duvida? O procedimento é, no entanto, uma etapa decisiva no avanço do pensamento europeu, que busca tirar a fé do carvoeiro mediante a elaboração de uma fé esclarecida.

A partir de agora, a dialética não conhece mais limites. Ela passa a abordar todos os assuntos. No século XI, a dialética é estudada nos mosteiros, timidamente no início, em Reichenau, Tegernsee, Wissembourg, São Galo, Gembloux e Stavelot, e depois abertamente em Saint-Benoît-sur-Loire, reconstruído a partir de 1067, no monte Cassino sob o governo de Didier (1058-1086), em Bec, onde o abade Lanfranc (1005-1089), mestre de Anselmo, não obstante, se mostra reservado, escrevendo que

> o justo vive pela fé, não procura escrutinar com ajuda de argumentos nem conceber pela razão o modo pelo qual o pão se torna caro. Ele prefere acrescentar fé aos mistérios celestiais em vez de esquecer da fé e trabalhar em vão para compreender o que não pode ser compreendido.

Como se vê, existem resistências. Alguns se alarmam com a audácia do espírito humano excessivamente curioso, que se aventura indiscretamente no mundo divino. A razão não é bem-vinda em todos os lugares. O monge Otlo (1010-1070), mestre da escola claustral da abadia de Saint-Emmeran de Ratisbona, ataca diretamente os dialéticos:

1000-1300 – O TEMPO DO OCIDENTE E A IDADE DA RAZÃO   273

Denomino eruditos aqueles que são instruídos nas Sagradas Escrituras e não na dialética; pois achei os dialéticos bastante ingênuos a ponto de julgarem que é necessário submeter todas as palavras da Escritura santa à autoridade da dialética, e muitas vezes os ouvi conceder mais confiança a Boécio do que aos autores sagrados.

Na mesma época, Manégold de Lautenbach (†1103) expressa-se aproximadamente nos mesmos termos, e Pedro Damião (1007-1072), eremita e, depois, bispo de Óstia, desqualifica todas as ciências humanas como obras do diabo: "Meditando para trazer os batalhões de todos os vícios, ele colocou à frente do exército o desejo pela ciência", escreve em *Sobre a sagrada simplicidade*. O primeiro gramático foi Satanás, diz ele. Adepto do mais puro obscurantismo, Pedro Damião se regozija com a ausência de escolas para os leigos e acha que os monges nem mesmo deveriam saber ler para decifrar os ofícios. Para ele, a dialética, como escreve em *Sobre a onipotência divina*, em 1067, é uma arte diabólica, pois Deus está acima da lógica e pode até fazer com que o que foi não tenha sido (*ut quae facta sunt, facta non fuerit*). Ao canonizá-lo, a Igreja canoniza a ignorância, chegando ao paradoxo (ou à provocação?) de proclamar Doutor da Igreja, em 1821, esse adversário de toda a ciência humana.

Todavia, mais esclarecidos do que seus distantes sucessores do século XIX, os teólogos do século XI se alinham mais a Berengário de Tours (†1088), diretor da escola de Saint-Martin e arquidiácono de Angers, grande defensor da dialética: "A dialética é a arte das artes, a disciplina das disciplinas; com ela aprendemos, com ela nos instruímos; ela quer tornar os homens sábios, e ela o faz", escreveu ele em *De Ordine*. É pela razão que o homem se assemelha a Deus, e renunciar à razão é renunciar ao que constitui a dignidade humana. Esse estado de espírito se desenvolve nas escolas episcopais, em particular, na de Chartres, onde o bispo Fulberto (†1029), italiano educado em Reims, tem futuros mestres de dialética entre seus alunos.

AS LUTAS DA RAZÃO NO SÉCULO XII.
ABELARDO CONTRA SÃO BERNARDO

É no século XII que o entusiasmo dos dialéticos se expressa mais abertamente. Já em 1079, o papa torna obrigatório que os capítulos[1] das catedrais
abrissem uma escola e, um século mais tarde, Alexandre III exige que cada
bispado contrate um mestre teólogo. A escola é dirigida por um cônego, o
mestre-escola ou chanceler. Essas escolas são instituições da Igreja, e ensinar ali é um ministério da Igreja – daí o porquê da obrigação do celibato para
os professores, o que diz respeito aos problemas que Abelardo encontrará.
Diante do afluxo de estudantes, os capítulos das catedrais recorrem cada
vez mais aos clérigos externos, que recebem uma licença para ensinar. Em
Paris, as escolas se estabelecem especialmente na margem esquerda do Sena
e são dirigidas pelos cônegos de Sainte-Geneviève e pelos monges de Saint-
-Germain-des-Prés, escapando assim da autoridade episcopal. Essa área logo
se torna conhecida como o "bairro latino", e ali se encontram escolas dos
cônegos regulares de Saint-Victor e Sainte-Geneviève. As disciplinas do *trivium* e do *quadrivium* são ministradas em latim; utilizam-se autores antigos,
como Ovídio, Cícero, Boécio, Platão e Aristóteles, que vão sendo redescober-
tos aos poucos. Esse ensino serve como propedêutica à teologia. Há ainda,
na Itália, escolas especializadas para notários e comerciantes.

O ensino faz uso extensivo das traduções de autores antigos trazidos
da Catalunha e da Sicília por clérigos entusiastas, como Tiago de Veneza,
Gerardo de Cremona, Adelardo de Bath, Aristipo de Palermo, Roberto de
Ketten, Platão de Tivoli e muitos outros. Além dos tratados filosóficos, de lógica
e da ética de Aristóteles, os ocidentais recuperam seções inteiras da ciência
antiga: a matemática de Euclides, a astronomia de Ptolomeu, a medicina de
Hipócrates e Galeno; a tudo isso devem ser adicionadas as contribuições
especificamente árabes: a álgebra de Alcuarismi, a medicina de Rasis e Avicena, os tratados de agronomia e botânica. A contribuição dessas traduções
diz respeito não apenas ao conteúdo, mas também ao método: curiosidade
intelectual e raciocínio. E diante desse fluxo de (re)descobertas, os autores

---

1 O capítulo (ou cabido) é um corpo de autoridades da Igreja católica – uma espécie de cole-
giado – que se reúne para tratar de um determinado assunto. (N. T.)

cristãos expressam sua admiração e seu orgulho: saímos de tempos "horríveis e fedorentos", das trevas da ignorância, diz Guiot de Provins. E Honório de Autun declara: "O exílio do homem é a ignorância; sua pátria é a ciência". Bernardo de Chartres lança a famosa imagem: "Somos anões empoleirados nos ombros de gigantes". Para todos eles, "não há outra autoridade senão a verdade comprovada pela razão", como diz ainda Honório de Autun, ecoado por Adelardo de Bath: "Eu, de fato, aprendi com meus mestres árabes a adotar a razão como guia", em vez de "permanecer cativo na gaiola de uma autoridade fabuladora". Aqueles que não seguem a razão "são prisioneiros de uma credulidade animal, acorrentados por crenças perigosas, que se deixam conduzir pela autoridade do que está escrito". Isso vai muito longe. Castigando o respeito supersticioso às autoridades, Adelardo escreve que, quando descobre algo por meio da dialética, para ser acreditado, deve fingir que sua descoberta é devida a um autor reverenciado.

A escola de Chartres é o polo principal da cultura científica na primeira metade do século XII. Implementando o programa de Anselmo, para quem "não se pode acreditar no que não se pode compreender", e que desejava uma "fé em busca da inteligência", os mestres de Chartres empreendem o estudo da natureza, buscando as causas secundárias dos fenômenos naturais, o funcionamento das engrenagens da mecânica universal, pois, como explica Guilherme de Conches († por volta de 1154), "o que importa não é que Deus possa ter feito isso, mas examiná-lo, explicá-lo racionalmente, mostrar seu fim e sua utilidade... Sem dúvida, Deus pode fazer um bezerro de um tronco de árvore, como dizem os grosseiros, mas será que alguma vez o fez?".

Esse audacioso programa escandaliza os espíritos tradicionais, os obscurantistas que gostariam que o homem se contentasse em crer sem buscar compreender, como Absalão de Saint-Victor, que ataca as vãs pesquisas sobre "a conformação do globo, a natureza dos elementos, a localização das estrelas": o que temos a ver com tudo isso? É também o que afirmam Isaac de Stella, abade do mosteiro homônimo perto de Poitiers entre 1147 e 1169, e Guilherme de Saint-Thierry (1085-1148), que, numa carta a são Bernardo, denuncia a existência de pessoas que têm a audácia, diz ele, de explicar a criação do primeiro homem "não a partir de Deus, mas da natureza, dos espíritos e das estrelas". O cisterciense Pedro de Celle compartilha dessa indignação, mas o mais formidável adversário da ciência e da dialética é seu ilustre colega, Bernardo de Claraval (1090-1153), um verdadeiro mestre do obscurantismo, para quem o estudo da natureza é uma curiosidade doentia. "É melhor você aprender Jesus Cristo", escreveu ele a Tomás de Saint-Omer, e exorta os estudantes a fugir das escolas: "Fujam e salvem suas almas... Vocês encontrarão muito mais nas florestas do que nos livros". A ciência é vaidade e orgulho: "Se colocássemos tanto zelo e cuidado na obtenção da consciência quanto se coloca na aquisição de uma ciência vã e secular, nós a encontraríamos muito mais rapidamente e a guardaríamos com muito mais benefício", escreve ele no *Tratado da casa interior*. Apóstolo da "santa ignorância", ele ataca Pedro, o Venerável, abade de Cluny, que se compromete a traduzir o Alcorão para melhor compreender a doutrina dos infiéis. Como vimos, são Bernardo prefere um método mais concreto, ou seja, o dos templários, pois, afinal, não é preciso estudar o Alcorão para combater os muçulmanos – basta matá-los.

Compreendemos o porquê de esse apóstolo da ignorância se mostrar tão contrário ao grande mestre da dialética do século XII, Pedro Abelardo, a quem ele persegue com um ódio venenoso. O duelo entre são Bernardo e Abelardo é um dos episódios cruciais da história intelectual da Europa. Nascido em 1079 perto de Nantes, Abelardo destaca-se em Paris como um aluno brilhante, muito seguro de si, a ponto de colocar em dificuldade os seus mestres, o mais ilustre deles, Guilherme de Champeaux (este, incapaz de responder às objeções do jovem, abandona o ensino). Em Laon, onde estuda teologia, Abelardo considera "nulo" o velho Anselmo (1050-1117): "pela verve, admirável; pela inteligência, desprezível; pela razão, vazio", escreve impiedosamente. De volta a Paris, começa a ensinar por conta própria no alto de Sainte-Geneviève, no coração do bairro latino – as pessoas chegam rapidamente para ouvi-lo. Provocador, brilhante e arrogante, ele abala todas as tradições e rapidamente se torna o intelectual da moda. Um lógico sutil e brilhante, que lida com a dialética como um virtuose, ele causa fascínio. Seus alunos o veneram porque seu ensino rompe completamente com a prática tradicional e conformista, que consistia em ler os textos de autoridades reconhecidas e fazer comentários elogiosos. Sua iconoclastia e sua audácia intelectual provocam admiração: "Habituei-me a recorrer não à tradição professada, mas ao meu próprio espírito", escreve em sua autobiografia, a *História de minhas desgraças*. Acima de tudo, ele se serve da razão; ele quer entender e explicar, para grande satisfação de seus alunos:

1000-1300 – O TEMPO DO OCIDENTE E A IDADE DA RAZÃO 277

Meus alunos exigirão razões humanas e filosóficas e precisarão de explicações inteligíveis mais do que de afirmações. Disseram que é inútil falar se as proposições não forem inteligíveis, que só se pode acreditar no que primeiramente se compreendeu, e que é ridículo ensinar aos outros aquilo que não pode ser compreendido nem pelo professor nem pelo aluno.

Ele é, antes de tudo, um virtuose da lógica, cujos princípios expõe em *Sic et Non*, mostrando como contradições aparentes podem ser resolvidas. Mas é também um teólogo e um moralista que, no seu *Diálogo entre um filósofo, um judeu e um cristão*, desenvolve uma posição irênica, sublinhando os elementos comuns aos três grandes monoteísmos para deles tirar uma lição de relativismo e tolerância. Atitude escandalosa aos olhos dos matadores de infiéis.

Além disso, há o episódio com Heloísa. Ela tem 17 anos, é bela, inteligente e culta; ele tem 40 anos, é célebre e admirado. Ela é sobrinha do cônego Fulberto, que convida o ilustre professor para morar em sua casa a fim de dar aulas particulares à jovem. Porém, para ser dialético, não se é menos homem. O inevitável acontece: eles se amam, ela fica grávida e dá à luz um pequeno Astrolábio. Abelardo se casa com ela em segredo, mas Fulberto quer proclamar o casamento. Abelardo, que se preocupa com a carreira, recusa, pois os professores devem ser celibatários. Fulberto, com a ajuda de alguns homens da família, vai direto ao ponto: Abelardo é castrado. Escândalo. No entanto, ele retoma seu ensino, pois seus discípulos pedem isso. Seus adversários então condenam um de seus livros numa assembleia eclesiástica em Soissons em 1121. Abelardo se instala em Champanhe, no oratório Paracleto, depois no mosteiro bretão de Saint-Gildas-de-Rhuys, onde os monges, que odeiam esse intelectual, tentam assassiná-lo. Após o retorno a Paris, assiste-se à retomada triunfal das aulas no bairro latino.

Para são Bernardo, o escândalo durou o suficiente. Em 1140, ele primeiro tenta atrair os alunos, mas sem sucesso. Conhece então Abelardo pessoalmente, em um encontro tenso: o defensor da fé cega e do anti-intelectualismo contra o defensor da razão e da dialética. Diálogo de surdos, evidentemente. Decide-se organizar uma grande sessão pública perante uma assembleia de teólogos e bispos em Sens. Mas as cartas estão marcadas: são Bernardo, com a ajuda de Guilherme de Saint-Thierry, compila um dossiê contra Abelardo e faz da assembleia um conselho encarregado de julgar seu adversário. Na noite anterior aos debates, ele reúne os bispos, comunica-lhes o dossiê e apresenta Abelardo como um herege perigoso. Abelardo recorre ao papa. Bernardo envia com urgência seu secretário a Roma para conquistar os cardeais. Abelardo é excomungado e seus livros são queimados. A fé prevalece sobre a razão, com suas armas habituais: a autoridade e a recusa do debate.

Vitória de Pirro, no entanto. O abade de Cluny, Pedro, o Venerável, para quem o espírito obtuso de são Bernardo é reprovável, acolhe e protege Abelardo, que morre em 1142, após sua excomunhão ser anulada. Guilherme de Conches resume bem a atitude dos opositores da razão: "Eles querem que fiquemos presos à sua ignorância, negam-nos o direito de pesquisar e condenam-nos a permanecer como grosseiros numa crença sem inteligência". Os intelectuais, contudo, não querem mais ser "grosseiros".

A IGREJA CONTROLA A CULTURA: AS UNIVERSIDADES NO SÉCULO XIII

No século XIII, as autoridades civis e religiosas são obrigadas a conceber a criação das universidades – estas representam, nas cidades, uma força que não pode ser desprezada. Essas instituições tipicamente medievais combinam a rigidez da moldura com a suavidade do conteúdo. O ensino ali acontece na forma de liberdade vigiada. Todos os assuntos podem ser abordados sem tabus, em debates periódicos servindo de válvula de escape; objeções e disputas podem ser expressas lá, desde que a doutrina ortodoxa prevaleça no final. A universidade é, portanto, um meio de, a uma só vez, expressar dúvidas e refutar erros.

Seu nascimento ocorre por volta de 1200 e manifesta o desejo de professores e estudantes por libertação da tutela dos bispos e das autoridades civis locais. Os bispos, por intermédio de seu chanceler, controlavam rigidamente o conteúdo ensinado pelos professores; as autoridades civis, por sua vez, vigiavam o comportamento muitas vezes turbulento dos estudantes e reprimiam as desordens com brutalidade. Agrupando-se em associações profissionais (*universitas*), professores e estudantes buscam proteger sua liberdade. Eles são apenas parcialmente exitosos. Em Paris, o papa concede à corporação, a partir de 1194, seus primeiros privilégios, que o rei aprova em 1200. Em 1205, Inocêncio III garante sua proteção pessoal; em 1213, o chanceler do bispo perde o privilégio de conferir a licença de ensino, o que favorece os mestres da universidade; em 1215, o legado Roberto de Courson emite os primeiros estatutos oficiais; finalmente, em 1229-1231, após confrontos sangrentos entre os estudantes e a polícia régia, seguidos de uma longa greve dos tribunais, o papa Gregório IX, por meio da bula *Parens scientiarum*, concede novos estatutos à universidade, e o poder régio reconhece solenemente a sua independência. Assim, a universidade escapa ao poder do bispo e do rei somente para cair nas mãos do papa, que a protege para melhor vigiá-la e fazer dela um instrumento intelectual a serviço da doutrina oficial da Igreja.

O mesmo processo se repete em Oxford, que depende do bispo de Lincoln. Os confrontos entre estudantes e habitantes se multiplicam: assassinato de uma mulher em 1209, enforcamento de dois estudantes pelos burgueses em 1214, novos conflitos em 1232, 1238 e 1240. Foi durante essas turbulências que as liberdades universitárias vão sendo gradualmente conquistadas. Em Bolonha, onde se ensina principalmente o direito, a universidade se liberta lentamente da supervisão da Comuna. No final do século XIII, havia nada menos que 21 universidades na cristandade. Assim se constitui uma espécie de terceiro poder, baseado no conhecimento e na ciência.

A organização interna se encontra em todos os lugares com algumas nuances locais. Os professores são agrupados em faculdades: artes, decreto (direito canônico), direito civil, medicina e teologia. Os professores desfrutam dos privilégios eclesiásticos, mas raramente são clérigos. No entanto, a criação de ordens mendicantes no início do século provoca um grave conflito. Franciscanos e dominicanos recebem no seio de sua ordem uma formação intelectual de alto nível, que os torna pregadores e mestres muito ouvidos. Porém, os professores seculares os consideram intrusos, por razões corporativistas: vivendo de esmolas, os mendigos não recebem, não se solidarizam com o resto do corpo docente, não respeitam os estatutos, desviam os alunos para a carreira eclesiástica, e as suas qualidades acabam lhes atraindo um público que não deixa de causar ciúmes. Para os seculares, trata-se de concorrência desleal. A oposição à entrada de ordens mendicantes na universidade provoca embates em Paris em 1252-1259 e 1265-1271. Mas os papas, que veem neles auxiliares devotos e prestigiosos, acabam por defendê-los, em particular, pela bula *Quasi lignum vitae* de Alexandre IV em 1255. Certos professores mendicantes são verdadeiras vedetes que ajudam a atrair multidões de estudantes e suas obras monumentais são pilares da teologia escolástica. É o que ocorre em Paris, onde ensinam os franciscanos ingleses Alexandre de Hales (1186-1245) e Roberto Grosseteste (1175-1253), o italiano Boaventura (1222-1274), o dominicano alemão Alberto Magno (1206-1280) e o dominicano italiano Tomás de Aquino (1225-1274).

A administração interna é específica de cada universidade. A de Oxford é dirigida pelo chanceler, escolhido por seus colegas. A de Paris pelo reitor da faculdade de artes, que é a mais animada e que reúne o maior número de estudantes, divididos em quatro nações segundo suas origens geográficas: francesa, picarda, normanda e inglesa. A universidade não tem prédios próprios e os cursos são ministrados em igrejas ou conventos. Os estudos são pontuados por exames ou notas, exclusivamente orais, compreendendo uma exposição e uma "disputa" (*quaestio disputata*): bacharelado (*baccalaureatus*, de *bacca laurea*, baga de louro), mestre de artes, doutorado, licença, que permite ascender às funções de mestre regente. A duração dos estudos é muito variável, e o ciclo completo pode facilmente durar de 16 a 20 anos. Os estatutos de Roberto de Courson estabelecem a idade mínima para a obtenção do doutorado em 35 anos, e alguns são eternos estudantes, vagando de uma universidade para outra, frequentando tabernas, saunas e bordéis mais do que salas de aula. A vagabundagem intelectual caracteriza o mundo turbulento dos goliardos, estudantes pobres, ladrões por opção, até mesmo assassinos, com espírito de contestação ou revolucionário.

Antes de tudo, o espírito geral do ensino denominado "escolástico" nessas universidades é a busca de uma ordem lógica: organizar, classificar de forma sistemática, clara e rigorosa. Na universidade, aprende-se a raciocinar e a pensar direito, combinando a autoridade dos textos de referência e a dialética. Nada de verve: as palavras são ponderadas e possuem um significado preciso, pois há uma estreita relação entre a palavra e a coisa, a palavra e o conceito, o ser. Nada é mais estranho ao espírito escolástico do que a imprecisão, a aproximação, o mais-ou-menos da tagarelice moderna. Cada palavra corresponde a uma coisa específica. O ensino é um modelo de rigor que se encontra nas grandes sumas da época.

1000-1300 – O TEMPO DO OCIDENTE E A IDADE DA RAZÃO   281

O curso ordinário é a *lectio*, uma análise aprofundada de um texto, que leva à *quaestio*, um exame crítico sistemático que passa em revista as diferentes objeções possíveis. Depois, há os famosos exercícios intelectuais capazes de desenvolver o senso crítico e a arte da polêmica para se chegar à verdade. Esta é a *disputatio*: o mestre anuncia que em tal dia, em tal hora, tal assunto será debatido; um bacharel, com a ajuda do professor, apresenta a tese e responde às objeções levantadas pelos alunos. A conclusão cabe ao mestre, e o conteúdo das *quaestiones* disputadas pode ser utilizado na elaboração de um corpo doutrinário, uma suma. Reina na *disputatio* uma grande liberdade de crítica. Mas é na disputa quodlibética que chegamos ao ápice da liberdade de expressão: duas vezes por ano o mestre realiza no curso uma sessão em que qualquer um pode abordar qualquer assunto. Perguntas, objeções e respostas testam o virtuosismo dialético do mestre e podem ser a ocasião para abordar os temas mais audaciosos: o mundo é eterno? A alma é mortal? Somos livres? E ainda: Deus existe? Um exercício perigoso e estimulante, o *quodlibet* mostra que os universitários medievais do século XIII possuem plena confiança na razão. Os teólogos escolásticos, ao contrário de seus sucessores modernos, que recorrem à esquiva ou ao anátema, não têm medo de enfrentar diretamente as críticas à fé, porque a dialética lhes permite responder a elas com confiança. Estamos na era da razão. A contrapartida é obviamente que a fé, confirmada pela razão, não deixa desculpa para os hereges e incrédulos, que são, portanto, duplamente condenáveis, por crimes contra a fé e contra a razão.

No entanto, confiar na razão pode trazer perigos para a fé, perigos que os escolásticos parecem ter subestimado. É por meio de Aristóteles que ocorre o escândalo. Por volta de 1200, a maior parte de suas obras já havia sido traduzida, e o alcance, a solidez de suas conclusões e sua lógica atraem os pensadores ocidentais a tal ponto que estes passam a considerá-lo indispensável na construção do grande sistema do mundo a ser desenvolvido pelo pensamento cristão. Mas como fazer de um filósofo pagão a espinha dorsal de uma filosofia cristã? Alguns pensam que isso é impossível: em 1210, 1215, 1228, a Santa Sé proíbe o ensino da *Física* e da *Metafísica* de Aristóteles na Universidade de Paris. Apenas sua *Lógica* é aceitável. A decisão é pouco respeitada, mas o problema se agrava quando nos anos 1230-1240 uma nova imagem do estagirita se difunde, com a tradução dos comentários de Averróis. O filósofo árabe leva a lógica de Aristóteles às últimas conclusões, e estas são inaceitáveis para o cristianismo: o mundo é eterno e incriado, a alma é mortal, e a alma individual pode nem mesmo existir; Deus não é a causa eficiente das coisas, mas apenas a causa final. Diante de tais afirmações, várias atitudes são possíveis. Para Alberto Magno, Aristóteles estava simplesmente equivocado; para Tomás de Aquino, é Averróis quem distorce seu pensamento, e Aristóteles, bem interpretado, permanece recuperável; para Siger de Brabant (1240-1284), por outro lado, é preciso aceitar que a razão pode levar a conclusões irrefutáveis que contradizem as verdades reveladas. De acordo com esse importante teólogo, referência no chamado averroísmo latino, as demonstrações de Aristóteles jamais poderiam ser negadas: "Digo que Aristóteles completou as ciências, porque nenhum dos que se seguiram até nosso tempo, ou seja, durante quase quinze séculos, nada poderia ser acrescentado aos seus escritos, nem neles poderíamos encontrar algum erro significativo... Aristóteles é um ser divino". É claro que, para Siger, a verdade revelada é igualmente certa; há, portanto, uma dupla verdade: segundo a fé e segundo a razão, a verdade do teólogo e a do filósofo.

Posição inaceitável para a Igreja, é claro. Em 1270, Tomás de Aquino critica a teoria da dupla verdade em seu tratado *Sobre a unidade do intelecto*. E como Siger, muito popular na universidade, não quer ouvir a razão, é intimado em 23 de outubro de 1277 perante o tribunal da Inquisição. Reconhecido como herege, é internado na Cúria, onde morre em 1284. O próprio Tomás de Aquino não sai ileso do caso, pois flerta com Aristóteles um pouco além da conta. Em 1277, o bispo de Paris Estêvão Tempier elabora uma lista de 219 proposições condenadas como heréticas. O conjunto, muito heteróclito e desordenado, toca alguns aspectos do tomismo, mas seu interesse é sobretudo mencionar afirmações que mostram até onde poderia ir a crítica da fé nos círculos intelectuais do século XIII. Sem esse texto, alguém suspeitaria que alguns afirmam "que a ressurreição futura não deve ser admitida pelo filósofo, porque é impossível examinar a coisa racionalmente" (proposição 18)? "Que a teologia se baseia em fábulas" (proposição 152)? "Que a fé cristã tem suas fábulas e erros como as outras religiões" (proposição 174)? "Que ela é um obstáculo à ciência" (proposição 175)? E outras do mesmo tipo, que mostram que os espíritos medievais não hesitam no uso a razão contra a fé, até mesmo de modo mais audacioso do que os espíritos modernos. Alguns,

1000-1300 – O TEMPO DO OCIDENTE E A IDADE DA RAZÃO   283

como Roberto Grosseteste e Roger Bacon, defendem a prática da ciência experimental para chegar à verdade, "pois sem experiência não se pode saber nada suficientemente", escreve este último.

As condenações de 1277 não surtem efeito algum. "Não é necessário se preocupar com isso", diz Egídio Romano. No final do século XIII, o controle da Igreja sobre o pensamento começa a ser contestado. Tentando conciliar fé e razão, os escolásticos introduzem na fé o indestrutível vírus da dúvida, a ponto de alguns começarem a exigir a estrita separação dos dois domínios: a fé só pode ser salva se for separada da razão. Isso já é sugerido pelo teólogo franciscano escocês João Duns Escoto (1270-1308), que leciona em Oxford até 1304, e em Paris de 1305 a 1308. O triunfo do nominalismo está próximo.

CONTESTAÇÕES E REPRESSÕES

Apesar de sua vigilância, a Igreja é confrontada durante esses três séculos com o aparecimento de correntes heterodoxas, as quais teve que eliminar a fim de manter a pureza da doutrina. Os excessos são de fato numerosos, o que é antes um sinal de vitalidade, porque os movimentos heréticos não contestam o cristianismo: ao contrário, dão-lhe uma versão mais radical, mas subversiva do ponto de vista social. No nível das pessoas comuns, desvios supersticiosos são inevitáveis, mas relativamente benignos. A fé dos humildes precisa de resultados concretos, gestos espetaculares: milagres, intervenções maravilhosas, divinas ou diabólicas, cultos de relíquias, procissões, que podem degenerar naturalmente, e mais ainda quando se trata dos numerosos vestígios de práticas e crenças pagãs. Desde o início do século XI, os cronistas relatam – na Aquitânia por volta de 1020, em Orléans em 1022, em Arras em 1025, em Monforte em 1028 – movimentos semelhantes ao antigo maniqueísmo; em Vertus, perto de Châlons-sur-Marne, o camponês Leutard ataca o crucifixo e convida as pessoas a parar de pagar o dízimo ao clero. Mais elaborada é a contestação do gramático Wilgard em Ravena: ele anuncia que a revelação cristã não contém mais verdade do que as fábulas mitológicas. Esses movimentos foram rapidamente reprimidos a fogo e espada, mas revelam uma profunda necessidade de renovação do clero, cuja qualidade por volta de 1050 é extremamente medíocre. Os clérigos, ignorantes e cúpidos, compartilham a vida e os vícios dos camponeses – praticamente nada os distingue entre si. Os mais fervorosos percebem a necessidade de romper com "o mundo" e suas tentações diabólicas: na segunda metade do século XI, assiste-se a um aumento no número de eremitas, o que representava certo perigo para a Igreja. Todos esses eremitas hirsutos, exaltados e pitorescos, cujas façanhas ascéticas atraem os fiéis em busca de modelos, são franco-atiradores da fé, que difamam o clero corrupto e podem espalhar doutrinas estranhas, provocando agitação social. Assim, em Milão, a partir de 1057, um certo Arialdo prega contra o arcebispo e o clero local, simoníaco e concubinário. Chamados de "patarinos" (de *patarii*, mendigos) por seus oponentes, os partidários de Arialdo começam a preocupar as autoridades. Movimentos semelhantes se desenvolvem nos Países Baixos com Tanchelm e no sul da França, com Pedro de Bruys.

Sendo os próprios papas corruptos, é somente após Leão IX (1049-1054) e especialmente Gregório VII (1073-1095) que Roma assume a liderança de um movimento de profunda reforma do clero, a chamada reforma gregoriana. A ideia básica consiste em separar radicalmente o espiritual do temporal, o sagrado do profano, o clerical do laico, a fim de restaurar o prestígio e a autoridade de tudo aquilo que dizia respeito à Igreja. Isto implica, por um lado, a proibição aos leigos de intervir nas nomeações dos clérigos, o que provocará a Querela das Investiduras, e, por outro lado, a exigência de uma melhor formação do clero, bem como seu progresso moral. O padre, tendo recebido o sacramento da ordem, é uma pessoa sagrada, e esse caráter é indelével: os sacramentos administrados por padres de moral duvidosa permanecem válidos. Os padres são seres apartados, consagrados a Deus: o casamento e o concubinato são-lhes estritamente proibidos; escapam a todas as autoridades seculares e só podem ser julgados pelos tribunais da Igreja, dos quais estão excluídos os juízes civis. Os leigos são proibidos de discutir questões de fé em público; nas igrejas, o biombo materializa a separação entre clérigos e leigos, sendo estes últimos excluídos do coro.

Do ponto de vista prático, a reforma gregoriana não terá resultados espetaculares e imediatos, porque sua aplicação supõe uma mudança de mentalidade, e isso requer muito tempo, a passagem de várias gerações. É por isso que os mais apressados recorrem a meios mais radicais: o século XII assiste ao surgimento de movimentos de protesto que assumem a aparência de revolução social. Em nome do ideal de pobreza de Cristo e seus apóstolos, Arnaldo de Brescia toma o poder em Roma de 1151 a 1155 e pede à Igreja que renuncie às suas riquezas. Por volta de 1170, Valdo, comerciante de Lyon, abandona suas posses para viver na pobreza, começa a pregar nas ruas e envia seus fiéis em missão pelos arredores do local. Em 1179, Valdo chega a Roma com alguns apoiadores para ter seu modo de vida aprovado pelo papa Alexandre III. Um membro da Cúria, o inglês Walter Map, assiste à entrevista, e seu relato expressa o desprezo dos clérigos por esses indigentes ignorantes:

> Temos visto os valdenses, gente simples e sem letras... insistem em pedir autorização para pregar, e embora se considerassem instruídos de fato, na verdade nem ao menos eram meio-instruídos... Tal qual a pérola para os porcos, a Palavra será dada a pessoas simples, que, como sabemos, são incapazes de recebê-la e, ainda mais, de dar o que receberam? Isso não pode acontecer e é preciso evitá-lo... Se o permitirmos, nós é que seremos expulsos.

No entanto, Alexandre III concede a Valdo autorização para pregar, desde que o padre local estivesse de acordo. Tolerância de curta duração: o arcebispo de Lyon retira a autorização e excomunga os valdenses em 1183. O papa Lúcio III confirma a sentença em 1184, o que não impede que o movimento se espalhe no final do século. Na mesma época, na Lombardia, o movimento dos humilhados, surgido em Milão em 1175, difunde a mesma mensagem. Composta por pessoas modestas, artesãos e camponeses, que levam uma vida quase religiosa e de grande pureza, é condenada em 1184: a Igreja não pode tolerar que leigos se envolvam na pregação.

Todavia, há algo mais grave, que se verifica quando o modo de vida dos manifestantes se baseia numa doutrina religiosa incompatível com o dogma católico. Trata-se então de uma heresia caracterizada, que põe em risco a salvação eterna dos crentes. É o caso do movimento cátaro. Na verdade, a "doutrina" cátara é extremamente confusa, imprecisa, inconstante e engloba tantas variantes que é impossível orientar-se por ela, de tal maneira que havia tantas versões quanto seguidores. Digamos que ela consiste basicamente numa mistura de ideias gnósticas e maniqueístas baseadas num dualismo fundamental: Deus, relacionado ao bem e ao Espírito, opondo-se a

Satã, princípio do mal e criador da matéria. O combate entre esses dois princípios é uma luta cósmica, que também ocorre no interior de cada um, pois os homens são parcelas do Espírito aprisionadas na matéria. A vida deve ser um esforço para libertar o Espírito da matéria seguindo o exemplo de Jesus, que é um anjo enviado pelo Deus do bem. Sobre esse esquema fundamental são enxertadas uma infinidade de variantes. Em todas as suas formas, o catarismo acusa a Igreja de trair a mensagem do Novo Testamento. Os cátaros, extremamente anticlericais, rejeitam o culto católico, a liturgia e os dízimos – eles se organizam em comunidades e formam uma espécie de Igreja paralela no condado de Toulouse e no norte da Itália.

Diante desses movimentos heterodoxos, o papa Inocêncio III (1190-1216) reage de maneira gradual. Ele começa recuperando o que é recuperável. Os humilhados não eram perigosos do ponto de vista doutrinal, e são integrados em 1201 numa ordem canônica tradicional em três níveis: irmãos, que levam uma vida conventual; leigos que vivem em comunidades duplas;[2] e leigos seculares, que seguem uma regra de vida baseada na penitência e no trabalho. Os valdenses são um pouco mais difíceis de assimilar; alguns, como Davi de Huesca, reagruparam-se em 1208, mas muitos outros permaneceram refratários.

Os cátaros são irrecuperáveis enquanto tais, pois possuem suas próprias crenças. Existem apenas duas soluções: convertê-los ou eliminá-los, e deve-se reconhecer que a Igreja tentou primeiro a conversão. Fazê-los ouvir a razão: é bem esse o objetivo. Isso requer esforço intelectual e pregação. Os voluntários apresentam-se no início do século XIII. Em 1210, um ex-mercador de Assis, Francisco, chega a Roma com alguns companheiros e pede a aprovação do papa para levar uma vida particular: viver em mendicância, com proibição de possuir qualquer coisa e, sem domicílio fixo, indo de cidade em cidade a fim de pregar a renúncia, a humildade e o amor. A pobreza definitivamente parece atrair muitas pessoas por volta de 1200, mas permitir oficialmente a entrada desses vagabundos de fé em uma sociedade já repleta de mendigos seria arriscado. Inocêncio III tem o mérito de ter discernido as qualidades do movimento, aprovando oralmente a regra daqueles que viriam

---

2 Referência aos mosteiros duplos, onde homens e mulheres viviam próximos, porém em prédios separados. (N. T.)

1000-1300 – O TEMPO DO OCIDENTE E A IDADE DA RAZÃO   287

a ser os frades menores ou Cordeliers, ou seja, os franciscanos. Seus estatutos são confirmados em 1223 por Honório III. A vocação deles, no início, não era de modo algum intelectual, mas as necessidades da pregação rapidamente os obrigaram a adquirir uma vasta cultura que poderia ser utilizada em controvérsias religiosas.

Isso é ainda mais verdadeiro no caso dos dominicanos, ou frades pregadores, instituídos em 1216 pelo cônego espanhol Domingos. Eles também vivem como mendigos e se misturam com a população urbana para atender às necessidades espirituais dos leigos por meio do ensino e da pregação. Estabelecida primeiro em Languedoc, a luta contra a heresia cátara é um de seus primeiros objetivos. O sucesso das ordens mendicantes é extraordinário, pois respondem a uma necessidade. Em meados do século já existiam 195 conventos franciscanos, 87 dominicanos, 43 trinitários, 21 carmelitas, 10 agostinianos. A admiração que suscitam leva muitos leigos, homens e mulheres, a formarem piedosas irmandades e ordens terceiras obedecendo a uma regra de vida precisa.

Mas os cátaros não são intelectuais e tampouco são sensíveis a argumentos racionais. Contra eles, a cruzada é mais eficaz. Ela é lançada por Inocêncio III após o assassinato de seu legado Pedro de Castelnau em 1208. Esse episódio foi descrito em outro lugar. Após muitos massacres, respondendo à injunção mítica de Simão de Montfort, "mate-os todos, Deus reconhecerá os seus", o conde de Toulouse curva-se em 1229 e promete cooperar na extinção da heresia "albigense". Apesar de tudo, restam alguns polos: a Inquisição se ocupa deles com seus tribunais especiais e seu procedimento diligente desde 1233. Espécie de Gestapo medieval (a comparação não nos parece descabida), essa instituição é dirigida com competência pelos dominicanos, às vezes ajudados pelos franciscanos. Assim, em 1233, eles compartilharam o trabalho na Itália: enquanto os dominicanos queimam os cátaros de Bolonha e Verona, os franciscanos fazem o mesmo com os da Lombardia. O ofício de inquisidor não é isento de riscos: em 1247, Pedro Mártir, grande pregador e inquisidor dominicano de Florença, é assassinado. A Igreja o canoniza em 1253. Por outro lado, é oportuno relativizar o número de condenações: 23 à prisão perpétua e 134 à penitência de carregar a cruz em Toulouse, na região mais infestada de cátaros, de maio a julho de 1246; 21 à morte e 239 à prisão perpétua de 1250 a 1257.

Paralelamente à repressão, a Igreja intensifica seu trabalho de formação e controle dos fiéis. A pregação se intensifica. Franciscanos e dominicanos, profissionais da palavra, conseguem manter a atenção do público, embelezando seus sermões com *exempla*, breves narrativas imagéticas que conduzem a uma lição de moral. O cânon XXI do quarto concílio de Latrão (1215) torna obrigatória a confissão anual, o que permite ao clero exercer vigilância sobre as almas. Os manuais dos confessores, cada vez mais sofisticados, contêm uma casuística de pecados e conselhos sobre como conduzir interrogatórios para descobrir faltas. Trata-se efetivamente de um "tribunal de penitência", conduzindo a sanções, tendo como pano de fundo a ameaça da punição eterna. No século XII, com o nascimento do purgatório, brilhantemente descrito por Jacques Le Goff, torna-se possível variar a proporcionalidade das penas, que logo poderiam ser redimidas pelo sistema de indulgências. A liturgia e a multiplicação das devoções à Virgem e à humanidade de Cristo permitem enquadrar os fiéis numa estreita rede de ofícios que permite o controle deles. Se necessário, milagres são usados para persuadir os mais teimosos. As hóstias sangrentas são muito populares por volta de 1250, com o desenvolvimento das irmandades do Santíssimo Sacramento. E o estabelecimento da festa de Corpus Christi em 1264.

ONIPRESENÇA DA IGREJA NA VIDA COTIDIANA

A Igreja, por meio de seus padres, seus monges, seus clérigos de todas as ordens, seus edifícios, sua pregação, seus livros, suas procissões, suas peregrinações e seus ofícios, é omnipresente e assombrosa. Ela marca as paisagens com a proliferação de igrejas, capelas, catedrais, abadias, conventos, basílicas, oratórios, cruzes e calvários. O "manto branco das igrejas" que cobre o Ocidente por volta do ano 1000, como bem notou Raul Glaber, só se adensa ao longo desses três séculos, junto com o adensamento da rede paroquial e a proliferação das fundações privadas. Assim, Rouen tem nada menos que 35 paróquias para aproximadamente 50 mil habitantes, e Paris, 88 igrejas e capelas para 200 mil habitantes por volta de 1300, incluindo 24 mil clérigos, homens e mulheres: 12% do total!

1000-1300 – O TEMPO DO OCIDENTE E A IDADE DA RAZÃO 289

A igreja paroquial é muito mais do que um edifício de culto. É a casa de Deus e a casa do povo. Lugar sagrado, lugar de proteção, que dá asilo a todos, inclusive criminosos, sob pena de excomunhão, é porta de entrada e saída da vida, por batismos e funerais; contém as relíquias; as pessoas se reúnem lá para assistir às cerimônias, entender (ou ao menos ouvir) os sermões; o único edifício capaz de albergar toda a população da vila, e mais ainda, é o local de assembleia do corpo paroquial; pode até servir de fortaleza em tempos de insegurança. Na cidade, onde os meios financeiros são mais importantes, ela enche os bairros próximos com a sua multidão, e os campanários vertiginosos são detalhes na paisagem. É também um livro ilustrado, único contato do povo com representações figurativas, estátuas, afrescos e vitrais que povoam o imaginário, multiplicam os objetos da imaginação, moldam as representações de santos, de demônios e de personagens bíblicos.

As igrejas são, na verdade, perpétuos canteiros de obras, especialmente as catedrais, cuja construção se estende por dezenas ou, até mesmo, centenas de anos. A planta, inicialmente em estilo de basílica, de nave única, torna-se mais complexa a partir do século X, com o acréscimo de corredores, depois transeptos, absidíolos e capelas laterais. As pesadas, escuras e austeras construções românicas dos anos 1050-1150, com as suas decorações alucinatórias, assustadoras, desproporcionadas, cheias de monstros e malditos, cedem lugar posteriormente aos edifícios góticos, sempre maiores, mais altos, mais bonitos, decorados com uma coleção de estátuas de proporções realistas sob os pórticos oeste e lateral: patriarcas, reis do Antigo Testamento, profetas e, no tímpano, o inevitável Juízo Final, com Cristo como senhor-juiz, separando os poucos escolhidos, condenados ao tédio eterno do paraíso, e a turba inumerável de amaldiçoados, que serão conduzidos ao sofrimento eterno por demônios sorridentes. No interior, os vitrais exibem cenas bíblicas e históricas, que dificilmente podemos apreciar devido à altura das abóbadas. A corrida pela verticalidade culmina com os 48 metros sob a pedra angular da catedral de Beauvais (1247-1272), cujo colapso em 1284 é uma premonição do fim de uma era. As grandes catedrais góticas, com suas proporções gigantescas e sua coleção de estátuas, são as demonstrações mais espetaculares desse ideal de união entre fé e razão que marca os séculos XI-XIII. Revelam também seu caráter contraditório e utópico: a loucura da fé, que empurra para o céu abóbadas extravagantemente altas, construídas graças à razão matemática dos arquitetos... até o momento em que a loucura exige demais da razão e tudo desmorona. Nada menos funcional do que uma catedral gótica, uma obra-prima da acústica certamente, mas cujos volumes extravagantes são impossíveis de aquecer, cujos pilares cobrem a vista e cujos vitrais empoleirados são indecifráveis – ao mesmo tempo, não há nada mais belo do que isso. Eis o que a fé, colaborando com a razão, poderia produzir de mais belo – em Chartres, Bourges, Reims e Paris na França; Bamberg, Magdeburgo, Colônia e Heisterbach no Império; Burgos, Toledo, Ávila e Compostela na Espanha; Anagni, Veneza, Espoleto e Verona na Itália; Cantuária, York, Norwich, Wells e Lincoln na Inglaterra, além de tantos outros lugares.

Intimamente ligado à igreja, o cemitério é outro local de sociabilidade dos vivos, que por ali passeiam, realizam feiras e reuniões públicas. No âmbito da aldeia, a igreja e o cemitério constituem um único polo de vida comum. O único rival do pároco do campo na vigilância da vida cotidiana dos habitantes é o senhor local, cujo castelo está na origem dos burgos castrais:[3] *castelnau*[4] aquitano, *castro* do norte e do centro da Itália, *castilion* do sul da Itália, o *burgo* de Aragão, o *Hofburg* alemão, o *burgh* ou *borough* anglo-saxão. Nessas localidades começam a surgir, no século XII, as aldeias autogeridas, quando o senhor concede uma delegação da sua justiça aos *prudentes homines*, os *prud'hommes* locais, ou seja, os camponeses efetivamente mais ricos, para julgar pequenos casos de furto, injúria e espancamento. Após 1130, alguns senhores reconheceram oficialmente a existência de uma organização própria da vila; em 1155, o regulamento estabelecido por Luís VII a Lorris-en--Gâtinais é adotado por 90 localidades, e o foral de Beaumont-en-Argonne, concedido pelo arcebispo de Reims em 1182, inspira 500 comunidades rurais. Existem outros casos em Hainaut, nos Países Baixos e em Berry. Mas o pároco sempre tem a palavra final. Sua influência é menor nas *villeneuves* e casas de campo do sudoeste, onde as cartas de criação dos séculos XII e XIII especificam desde o início a distribuição de competências, concedendo maior liberdade aos artesãos e comerciantes. Na cidade, o controle da vida cotidiana pelo clero é mais difícil devido à rápida renovação das populações,

---

3 Os *bourgs castraux* eram vilarejos construídos no interior das muralhas fortificadas de um senhor. (N. T.)

4 Literalmente "castelo novo", em língua occitana. (N. T.)

1000-1300 – O TEMPO DO OCIDENTE E A IDADE DA RAZÃO 291

à miscigenação, às passagens, à imigração e ao anonimato. Aqui, a Igreja tem sérios concorrentes: as tabernas e as saunas, aqueles banhos públicos onde todo tipo de gente se reúne, e em particular prostitutas. Mas também nesses lugares de perdição eclesiásticos podem ser encontrados, porque a reforma gregoriana não fez desaparecer todos os descarados, como provam os estatutos sinodais que reiteram constantemente as proibições contra os padres bêbados e lascivos.

O clero está, portanto, presente em todos os lugares, mesmo onde não deveria estar. Pletórico, engloba diferentes categorias. Proliferam na cidade os seculares, simples tonsurados, subdiáconos, diáconos, padres, párocos, vigários, cônegos e arcediagos, sem falar nos bispos (raramente vistos na rua). Assim, em Besançon, onde não havia mais de 10 mil habitantes por volta de 1200, contavam-se 100 padres seculares em 1200-1210, 140 em 1260-1270, 295 em 1300-1310, aos quais é preciso acrescentar 115 regulares nesta última data, incluindo 48 mendigos, perfazendo um total de 410 eclesiásticos, 1 para cada 24 habitantes. No campo, não dispomos de estatísticas confiáveis, mas, além do clero paroquial, os inúmeros mosteiros e priorados asseguram um quadro denso. As ordens multiplicam-se desde meados do século XI. Há opção para todos os gostos. Os adeptos da regra clássica e equilibrada de são Bento vão para os beneditinos, os clunisianos ou seus sucedâneos, as congregações de Tiron ou Savigny, fundadas em 1088, as de Bec, Molesme, Saint-Victor de Marselha, Vallombreuse na Itália (1039), fundada por João Gualberto, ou Sauve Majeure (1079). Quem quiser um pouco mais de austeridade, pode ir a Camaldoli, onde os eremitas só se reúnem para serviços, ou Muret, na ordem que combina austeridade e pobreza extrema, estabelecida em 1076 por são Estêvão. Prefere-se o contato humano, a comunicação e a pregação? A comunidade em La Chaise-Dieu, fundada em 1043 por Roberto de Turlande, chega a dispor de quinze abadias para atender a esse ideal. Mas se a questão for manter alguma liberdade, num quadro mais flexível, deve-se ir aos cônegos regulares, que vivem em igrejas colegiadas, que preconizam obediência e ofícios monásticos, mantendo, porém, certo grau de conforto e podendo-se circular com facilidade – existem numerosas variações que seguem a regra de santo Agostinho: as mais difundidas são os premonstratenses, ordem fundada por Norberto de Xanten em cerca de 1120. Para aqueles que são muito sociáveis, Roberto d'Arbrissel funda, em 1100, o mosteiro duplo de Fontevraud, onde coexistem – sem coabitar – homens e mulheres, sob as ordens de uma abadessa. Quem gosta de exercícios físicos e não é muito intelectual pode ingressar nos templários ou nos hospitalários. Os amantes da solidão e do silêncio estarão muito bem na Chartreuse, nascida de uma ideia notável de são Bruno em 1084: cada um na sua casinha, em absoluto silêncio, recebendo a sua refeição individual através de um balcão, e só se encontrando na comunidade no culto dominical, capuz abaixado e sempre de boca fechada. Nada de correria: em 1200 havia apenas 39 conventos. Por outro lado, os cistercienses foram mais procurados – um ramo particularmente austero da ordem de Cluny, fundada no final do século XI por Roberto de Molesme. A "carta de caridade" de 1118 estabelece os objetivos: pobreza extrema, desapego, trabalho manual intenso, organização descentralizada. A ordem cisterciense recebe um impulso decisivo quando Bernardo de Fontaine se junta a ela em 1112, tornando-se abade de Claraval em 1115. Movido por um zelo tão intolerante quanto intempestivo (que ele herda de uma mística iluminada), são Bernardo, censor e conselheiro de papas e reis, torna-se a grande autoridade moral do século. Em 1300, existem mais de 600 abadias cistercienses na Europa.

A IGREJA, O CASAMENTO E A PROCRIAÇÃO

Com esse quadro do clero, ao qual se devem acrescentar no século XIII as ordens mendicantes, nenhuma área da vida pública e privada dos leigos escapa ao controle da Igreja. Ela possui o direito de fiscalizar todas as estruturas profissionais, políticas, econômicas e culturais, regulando em particular a célula básica da sociedade: a família.

Nessa área, a característica essencial dos séculos XII-XIII é a valorização, formalização e regulamentação do casamento, com o *Decreto* de Graciano e a obra de Gregório IX (1145-1235). Aqui, novamente, notamos essa preocupação de esclarecer e racionalizar, que é bem típica do período. Para evitar a consanguinidade e a bigamia, torna-se obrigatória a publicação de *"bans"*, e a proibição do casamento estende-se ao parentesco em quarto grau, o que também é muito lucrativo graças à venda de isenções. Reafirma-se o caráter sacramental do matrimônio e, se o essencial reside na troca de

1000-1300 – O TEMPO DO OCIDENTE E A IDADE DA RAZÃO   293

consentimento mútuo entre esposa e marido, é altamente desejável a presença de um sacerdote. Vale dizer que o casamento é indissolúvel, embora um novo casamento possa ser autorizado após a morte de um dos dois cônjuges. Enquanto sacramento, o casamento é também um contrato.

Seu objetivo principal é a procriação, e a Igreja se empenha para que o princípio bíblico do "crescei e multiplicai" seja irrestrito. As penitenciais e os manuais de confessores proíbem rigorosamente todas as práticas contraceptivas e abortivas, bem como os desvios sexuais, desde a zoofilia até a homossexualidade, passando pelo sexo anal e pela masturbação, com realismo escolástico e precisão de linguagem. A penitencial de Burcado de Worms no início do século XI é, a esse respeito, um catálogo muito instrutivo e revela o espírito inventivo dos fiéis nas práticas sexuais.

Porém, ao contrário do que poderíamos pensar, a Igreja medieval não é insensível ao risco de superpovoamento que uma conduta populacionista desenfreada poderia causar. Esse aspecto parece ter escapado à historiografia até agora. Entre os séculos XI e XIII, a Europa experimenta um crescimento demográfico sem precedentes. E os teólogos estão cientes disso, desde Urbano II que, em 1095, justifica a cruzada pelo fato de a Europa ter "uma população numerosa demais", até João XXII que, em 1317, cria dioceses "porque a multidão de habitantes cresceu de maneira desmedida". Por volta de 1250, Bartolomeu, o Inglês, escreve que algumas regiões eram "muito povoadas". Para o dominicano Giordano de Pisa (1260-1311), "o mundo está muito povoado e, portanto, aqueles que puderem permanecer virgens, é melhor que assim fiquem". Não faltam anedotas a esse respeito, como aquela contada por Salimbene na década de 1280: os florentinos, ao ouvirem que o dominicano João de Vicenza chegará à cidade, declaram: "Deus do céu, ele não deve vir aqui! Dizem que ele ressuscita os mortos, e já não há espaço o bastante para os vivos!".

Diante dessa situação, os teólogos demonstram pragmatismo. Os manuais dos confessores mencionam que as práticas contraceptivas são cada vez mais utilizadas devido ao número excessivo de filhos que assolava as famílias camponesas. Entre 1208 e 1213, Roberto de Courson, em sua *Suma*, observa que às vezes os jovens se casam fazendo este juramento: "Eu me comprometo contigo se tu garantires que não teremos filhos". Na mesma época, lemos a mesma observação na *Summa confessorum* de Tomás de Chobham: "Tomo a ti como meu (ou minha) com a condição de permanecer estéril". Em 1326, João Bromyard, em sua *Summa praedicantium*, descreve um "homem pobre que tem uma esposa que gera muitos filhos e não tem meios para alimentá-los"; e a esposa afirma que "é terrível ter muitos filhos e pouco pão". A partir daí, generaliza: "Nestes tempos modernos, os limites das terras e das propriedades diminuem, porque se os possuidores e habitantes se multiplicam, é difícil haver bastante solo para todos". Em 1330, o pontifício penitenciário Álvaro Pelayo, em *De planctu ecclesiae*, estabelece claramente o vínculo entre contracepção e pobreza do ponto de vista da superlotação. Os camponeses, escreve ele, "frequentemente se abstêm de relações sexuais com suas esposas a fim de não gerarem filhos, temendo, sob o pretexto da pobreza, que não possam alimentá-los".

A maioria dos teólogos do século XIII reconhece: o mundo está cheio, muito cheio. Os dias do "crescei e multiplicai" passaram. Alguns usam isso como pretexto para depreciar o casamento e exaltar a virgindade. Outros, mais conciliadores, estão prontos para transigir. Por volta de 1300, Pedro de Palud admite a prática do *coitus interruptus* sob certas condições: "O homem que joga fora seu sêmen para não ter mais filhos do que pode alimentar, comete uma coisa detestável... porém, se ele, com a mesma intenção, se retira antes de completar o ato e não espalha o sêmen, então não parece estar pecando mortalmente". Alguns vão mais longe, ou muito mais longe, como o Anônimo de Aragão, que, por volta de 1319, escreve que "é melhor ter poucos filhos perfeitos e longevos do que muitos imperfeitos e doentes", e que, por conseguinte, "dever-se-ia fixar o número de crianças a serem alimentadas na cidade, a fim de se evitar que a multidão de habitantes sofra com a falta de alimento por causa dessa multidão excessiva de crianças". Contracepção, aborto, abandono de crianças... a solução aristotélica é, portanto, digna de consideração. Qualidade antes da quantidade: a razão fala. Pedro de Auvergne, por volta de 1300, é da mesma opinião, assim como Tolomeu de Luca por volta de 1330: ter muitos filhos, ele escreve, não é uma virtude, "a razão mostra que isso é condenável". Sem dizê-lo abertamente, muitos outros insinuam: Ricardo de Middleton, Tomás de Estrasburgo, o franciscano Roberto de Cowton, Pedro de Tarentaise ("a raça humana multiplicou-se o suficiente"), Alexandre de Hales ("a multiplicação dos crentes não é mais necessária"), Guilherme de Auxerre. O franciscano Pedro João Olivi,

1000-1300 – O TEMPO DO OCIDENTE E A IDADE DA RAZÃO

em seu *De perfectione evangelica*, de 1276, chega a se perguntar se o casamento ainda tem razão de ser.

Isso seria esquecer que, na concepção cristã, não se pretende apenas gerar filhos. Também se destina a fornecer satisfação legal para a concupiscência carnal. Uma vez que a virgindade está além das forças da grande maioria dos seres humanos, mais vale casar do que abrasar-se, diz são Paulo, e é por isso que a Igreja faz do ato sexual entre os cônjuges uma obrigação, o "dever conjugal", a partir do momento em que um dos dois o reivindica. Recusar é levar seu cônjuge ao adultério. No entanto, aqui novamente, a atitude da Igreja medieval é mais flexível do que poderíamos pensar. A proliferação de prostitutas, mesmo sob os pórticos das igrejas e nos cemitérios (e elas contam entre seus clientes um bom número de eclesiásticos), já é um sinal disso – a literatura secular o confirma. Robert Fossier soube evocar

> o assombroso florescimento de escritos romantizados ou líricos que, dos "trovadores" de oc[5] nos romances da Távola Redonda, exaltam a conquista, nada menos que platônica, como se pensa, da mulher casada; a *cortesia* pode parecer vassalagem a serviço do sexo; beijos e carícias obviamente não bastam para que o jovem ou o cavaleiro andante alcancem a "alegria"... Ora, a Igreja permanece muda diante dessa apologia do adultério: indulgência como a de Jesus para a pecadora ou a Madalena?

Jamais. Digamos antes que a Igreja soube fazer de Madalena o arquétipo da mulher, ou seja, uma pecadora, uma sedutora, o perfeito modelo de responsabilidade por todos os males da humanidade. A mulher, que causou a queda original, é a tentadora, lúbrica, invejosa, briguenta, mentirosa, física e intelectualmente inferior ao homem. Evidentemente, há Maria, o eterno álibi dos clérigos para negar qualquer sexismo por parte da Igreja. Mas será que Maria é uma mulher? Virgem, concebida sem pecado, assexuada, o que há nela de feminino? Madalena, em contrapartida, é uma mulher de verdade: uma prostituta. E a literatura o confirma: as canções de gesta e os romances corteses consideram o amor uma questão de conquista do objeto sexual cobiçado, e que nada tem a ver com o casamento. Nas narrativas destinadas

---

5 Referência à língua occitana, a *"langue du pays d'Oc"*, ou simplesmente *"langue d'Oc"*. (N. T.)

à aristocracia, que muito se inspiram na tradição oral pré-cristã (os *Nibelungenlied*, a *Matéria da Bretanha*), o amor fora do casamento é quase uma obrigação, o que talvez seja uma reação contra o endurecimento das regras do casamento pela Igreja, e cujo fim exclusivo é o prazer. No século XIII, com o surgimento da literatura burguesa, esse objetivo foi mais abertamente reconhecido, embora permanecesse expresso simbolicamente. O *Romance da rosa* é a ilustração perfeita disso. Enquanto a primeira parte, escrita por volta de 1230 por Guilherme de Lorris, ainda é cheia de contenção, a segunda, que é obra de João de Meung por volta de 1270, é um convite à sexualidade mais desenfreada: "Por Deus, senhores, segui a natureza assiduamente, ficai nus, [...] levantai o guidão de seus arados com as duas mãos, [...] esforçai-vos para enfiar a relha do arado rigidamente no sulco", e, acima de tudo, nada de casamento: "O casamento é um laço detestável... De acordo com a natureza, todas foram feitas para todos, e todos para todas". Nessa atmosfera superaquecida, a pior das desgraças é obviamente a castração, que faz do "capado" uma mulher, ou seja, um ser fraco, medroso, perverso:

> É um grande pecado capar um homem. Quem comete esse atentado não lhe tira apenas o órgão da geração, mas também a ousadia e o caráter viril que são prerrogativas do sexo masculino, pois os capados, é certo, são covardes, perversos e malvados, porque eles possuem moral feminina. O eunuco só tem audácia e coragem na malícia, pois as mulheres são ousadas em fazer coisas infernais, e os capados se assemelham a elas nisso.

A literatura profana obviamente reflete os gostos de seu escasso público e procura atender às suas expectativas. Lembremos da moda das canções de gesta e dos romances corteses, com Cristão de Troyes, Raul de Cambrai, o ciclo arturiano, além de Tristão e Isolda para os nobres; há as obras enciclopédicas, os "espelhos" de Vicente de Beauvais, Brunetto Latini, os relatos de viagem, incluindo o famoso *Livro das maravilhas* de Marco Polo para os espíritos curiosos, as obras satíricas, cujos heróis muitas vezes são animais, como *Roman de Renart* e *Renart le contrefait*, ou ainda, o *Roman de Fauvel* para os burgueses que se divertem à custa dos nobres. A Igreja dá pouca importância a essas obras em língua vulgar, que são difundidas sem nenhuma censura. O tom, porém, é cada vez mais enervante, até cínico, anunciando confrontos

1000-1300 – O TEMPO DO OCIDENTE E A IDADE DA RAZÃO   297

futuros. Contudo, até o final do século XIII, a Igreja, segura de suas posições, protegida atrás da barricada de seus grandes volumes de sumas teológicas, administra imperturbavelmente o mundo da cultura que lhe importa: a cultura erudita.

A IGREJA, GUARDIÃ DA PAZ SOCIAL

Ela também zela pela paz social, enraizada numa concepção religiosa da sociedade. Em 1015, o bispo de Laon, Adalberão apresenta um relato clássico disso, em um poema dedicado ao rei Roberto, o Piedoso. A sociedade terrena, diz ele, é um reflexo degradado do reino de Deus. Como a Trindade, o povo cristão é uno e trino. É composto por três ordens hierárquicas: os clérigos, que cumprem a função mais nobre, rezar; os nobres, que exercem o poder e a justiça, protegendo com as armas a sociedade como um todo; os trabalhadores, que asseguram com suas tarefas vis a subsistência da coletividade. As três ordens são solidárias, nenhuma pode prescindir das outras duas, e o bom funcionamento da sociedade exige que cada um permaneça em seu lugar. É Deus quem quis essa distribuição, então não há como mudá-la. A divisão tripartite é um reflexo do universo físico e foi fixada pela Providência divina. Ela garante a estabilidade, a ordem e a paz do conjunto. Contestá-la, diz Guilherme de Auvergne no século XIII, é atacar o próprio céu. A estabilidade do todo exige imobilidade: cada um no seu lugar e nada mais se move. Obviamente, é uma pena para aqueles que trabalham, admite Adalberão. Para ele, todos são servos, dedicados aos trabalhos manuais: "Esta raça oprimida não possui nada sem dor. Quem pode imaginar o esforço dos servos, sua busca por alimento e tarefas incontáveis? Fornecer riqueza e roupas a todos, eis o destino do servo. Não há limite para as lágrimas e as queixas dos servos". Entretanto, não passa pela cabeça de ninguém tentar melhorar a condição deles. Além disso, há um consolo: os clérigos rezam por eles, o que deve reconfortá-los enormemente!

Quanto aos nobres, estes são guerreiros. A guerra é sua razão de ser. E eles ainda precisam praticá-la com sabedoria, o que está longe de ser a regra. Porque, nesse mundo feudal, por volta do ano 1000, os nobres perturbam a ordem social não apenas lutando entre si, mas também brutalizando clérigos, trabalhadores, mulheres e crianças. As extorsões dos senhores aumentaram no século X: ávidos por terras, pressionam as comunidades monásticas e os cabidos a confiar-lhes a gestão dos seus domínios por um contrato denominado *commenda*, e comportam-se como proprietários, cobram impostos, molestam e extorquem os camponeses, que buscam a proteção da Igreja. Além disso, durante suas guerras privadas, eles queimam vilarejos, saqueiam plantações, estupram mulheres e sequestram crianças.

A resistência se organiza no final do século X, principalmente em torno dos monges de Cluny e seus simpatizantes que se tornaram bispos. Resistência pacífica no início: em alguns lugares, os clérigos reúnem "assembleias de paz" em torno de algumas relíquias. Na presença de clérigos e camponeses, os cavaleiros presentes são convidados a prestar juramento de não mais molestar os fracos, os indefesos, de não mais cometer roubos e abusos. O movimento parece ter começado em Puy, em 987. A assembleia de Charroux, no Limousin, em 989, é célebre. Outras são organizadas em Poitou, Lyonnais e Borgonha. Então, por volta de 1020, a proibição da violência é estendida a certas épocas do ano, durante festivais, peregrinações e até certos dias da semana. Em 1037-1041, o concílio de Arles codifica a trégua de Deus, proibindo os senhores de guerrear de quarta-feira à noite até segunda-feira de manhã, o que reduz a três o número de dias úteis para extravasar.

Mas que ninguém se engane. O movimento pela paz não é geral nem respeitado por todos. Os brutos iletrados, que são a maioria dos senhores da época, esquecem com muita facilidade os juramentos e as ameaças de danação logo que saem dos serviços religiosos. É impossível avaliar a eficácia dos movimentos de paz, que dividem o povo da Igreja. O próprio Adalberão se opõe a ela, porque paradoxalmente vê ali uma ameaça à sacrossanta organização social tripartite. Para ele, assim como para outro prelado, Gerardo de Cambrai, em 1033, os movimentos pacifistas correm o risco de degenerar em empreendimentos subversivos da ordem social. Nesses "pacifistas", ele vê revolucionários que usurpam a função dos soberanos. Ele acusa o abade de Cluny, a quem chama de "rei Odilon", com sarcasmo: ao assumir a liderança dos movimentos pela paz, ele se considera o rei, a quem cabe sozinho a tarefa de manter a ordem, de acordo com suas palavras. Ele se preocupa ao ver que às vezes os movimentos de paz encorajam verdadeiras insurreições: assim, em 1038, o bispo de Bourges incita os camponeses para que ataquem os castelos dos senhores saqueadores; nos anos 1020-1025, revoltas espontâneas eclodem na França porque os camponeses se sentem encorajados pelas ideias ligadas à paz de Deus. Para Adalberão, é o mundo de cabeça para baixo, a derrubada do edifício social. Denunciando os "conselhos rurais" (as milícias camponesas), Adalberão não tem palavras suficientemente duras para vituperar esses rústicos horríveis, de olhos grandes e grotescos que, na falta de búfalos ou camelos, montam em burros, ele diz. E, para ele, o mais inadmissível está em perceber que os camponeses muitas vezes não diferenciam os bens da Igreja – os grandes domínios monásticos, em particular – e os bens dos nobres.

Em última análise, a paz e a ordem social só podem ser mantidas pela aliança tradicional entre o trono e o altar. As massas populares, próximas da bestialidade, são assustadoras. Enquanto Adalberão esbraveja contra as revoltas camponesas, o cônego Guilberto de Nogent ataca as "conjurações" urbanas, como a insurreição de Laon em 1125, que termina com o massacre do bispo. O movimento das comunas, no século XII, é para a Igreja uma ameaça a mais contra a providencial ordem da sociedade, sem a qual não há como manter a solidariedade entre as duas ordens superiores, os clérigos e os nobres. É necessário, portanto, acompanhar de perto o mundo dos trabalhadores, evitando também que líderes de momento, autoproclamados profetas, não comecem a espalhar ideias subversivas, baseadas em interpretações errôneas das Escrituras. É por isso que a tradução da Bíblia para a língua vulgar é proibida, e os círculos místicos são particularmente suspeitos, sobretudo, no século XIII, na ordem terceira e na ordem das beguinas, nas quais havia muitas mulheres. Em Flandres e na Renânia, desenvolve-se uma literatura mística feminina, como aconteceu com a beguina de Antuérpia, Hadewijch, por volta de 1250. Essas elucubrações místicas provocam os sarcasmos do franciscano alemão Lamprecht de Ratisbona:

> Esta arte surgiu ontem
> entre as mulheres de Brabant e da Baviera.
> Que arte é esta, Senhor Deus,
> na qual a velha se acha melhor
> do que um homem douto e erudito?

A IGREJA, FATOR DE RACIONALIZAÇÃO DO DIREITO

A paz é, antes de tudo, o respeito pela providencial ordem da sociedade e a submissão às autoridades estabelecidas, num espírito cada vez mais legalista. A partir do século XII, com o ressurgimento do direito romano, a Igreja e o Estado tornam-se cada vez mais judiciários. Sinal revelador: sob os pórticos de igrejas e catedrais, a cena central é, de agora em diante, o Juízo Final. Cristo, o grande juiz, aparece após o triunfo e antes de tornar-se o crucificado. Essa evolução reflete perfeitamente as três fases da história medieval: depois das grandes ilusões e antes das grandes calamidades, há o equilíbrio racional da justiça. Estamos na era dos direitos e dos códigos, que expressam a solidariedade da Igreja e do poder político. O direito canônico e o direito civil prevalecem simultaneamente.

Entre 1125 e 1140, Graciano, monge de Bolonha, compila, agrupa e classifica as decisões pontifícias e conciliares numa grande coletânea sistemática do direito da Igreja: o *Decreto*. Nessa mesma época, os tribunais da Igreja (as oficialidades), que julgam clérigos e leigos por delitos de natureza moral ou religiosa e aplicam sanções canônicas, como a recusa da sepultura cristã, a excomunhão e a interdição, tornam-se engrenagens essenciais do poder eclesiástico. O papa Alexandre III, jurista formado em Bolonha, decide atribuir força de lei aos decretos pontifícios, ou seja, às decisões tomadas pelos papas sobre problemas específicos, e, a partir de 1234, esses textos são reunidos em coleções oficiais por iniciativa de Gregório IX. Trata-se do nascimento do direito canônico. Os papas teólogos das ordens monásticas são sucedidos pelos papas juristas: Inocêncio III (1198-1216), formado em Bolonha, como Inocêncio IV (1243-1254), autor de importantes obras jurídicas (*Novellae, Apparatus*); Gregório IX (1227-1241) é um dos maiores juristas de seu tempo; Bonifácio VIII (1294-1303) estuda direito civil e canônico em Todi e depois em Bolonha.

A emergência de Bolonha como como capital da formação jurídica na Europa remonta ao século XII, quando um certo Irnério consegue fazer do ensino do direito uma disciplina autônoma, com a progressiva redescoberta dos textos autênticos do direito imperial romano, em especial o *Digesto* de Justiniano. O imperador Frederico Barbarossa incentiva esse ensino e, em 1158, concede privilégios às escolas de direito da cidade. Ele realmente sabe

1000-1300 – O TEMPO DO OCIDENTE E A IDADE DA RAZÃO   301

o que está fazendo, porque o recurso ao direito romano reforça seu prestígio e sua influência. O direito romano se difunde precoce e rapidamente no sul da França, onde escolas em Toulouse e Montpellier são criadas na década de 1140. É ali que surgem os "legistas" que imprimem no direito civil um feitio mais racional: introdução do juramento feito sobre o Evangelho ou sobre relíquias, prática de expediente de acusação por simples queixa de particular, desistência do recurso aos ordálios do fogo, da água ou do duelo judicial em favor da busca de provas tangíveis. Os ordálios foram oficialmente proibidos pela Igreja em 1215 pelo concílio de Latrão.

O direito romano se espalha mais lentamente no norte da Europa, onde os reis capetianos, por exemplo, proíbem seu ensino em Paris alegando que ele favorece demais a supremacia imperial. Mas ele é ensinado em Orléans a partir do final do século XII, e como os costumes e a lei oral das províncias vão passando progressivamente para o registro escrito, caminha-se rumo a uma racionalização: redação dos *Coutumes normandes* de Ramnulf Glanville, *Assise* do duque Godofredo da Bretanha, *Usages d'Amiens* em 1249. Entre os alemães, Eike von Repgow compila o *Sachsenspiegel* (*Espelho dos Saxões*) por volta de 1221. Os delitos criminais perdem gradualmente seu caráter de assuntos privados resolvidos entre indivíduos para se tornarem delitos de ordem pública, transgressões da autoridade do conde.

Essa progressiva racionalização da justiça contribui para o ressurgimento da ideia de *res publica*, de coisa pública, desenvolvida em 1159 pelo bispo de Chartres, João de Salisbury no seu *Policraticus*, onde escreve que o príncipe é "pessoa pública e poder público". Assim, a Igreja, por meio de seus intelectuais, promove a penetração da razão no direito. Nenhuma área lhe escapa. A economia não é exceção, como veremos agora.

– 10 –

ECONOMIA E SOCIEDADE DE UM MUNDO (DEMASIADAMENTE) CHEIO: OS LIMITES DE UM IDEAL ESTACIONÁRIO

Quando abordamos o mundo econômico e social na Idade Média, devemos antes de tudo evitar julgar os resultados dessa época segundo os critérios da época atual. O mundo do século XXI está obnubilado por ideias de crescimento, desenvolvimento, inovação, consumo e inflação. Uma economia saudável seria uma economia onde tudo – produção, população, consumo – aumenta. Tudo depende da sacrossanta taxa de crescimento, visualizada pelas curvas ascendentes dos gráficos. O consumo deve crescer incessantemente a fim de aumentar os lucros, que alimentam os investimentos, que permitem o crescimento da produção, que deve circular através do aumento do consumo, que exige o crescimento demográfico. Essa absurda corrida ao crescimento indefinido oriunda do advento do capitalismo é totalmente estranha para a mentalidade medieval, que privilegia o estado estacionário, a estabilidade, a continuidade, a tradição e, enfim, o que chamaríamos de estagnação, mas que na verdade é o equilíbrio entre a produção e o consumo. Satisfazer as necessidades vitais, rejeitar o luxo e o supérfluo, contentar-se com uma comodidade modesta adaptada à condição social de cada um, sem procurar subir na escala social, repetir os gestos e procedimentos dos antepassados, rejeitando a inovação, a competição e a concorrência: eis o ideal socioeconômico subentendido nas atividades produtivas e comerciais – ideal que é ditado a uma só vez pela moral religiosa e pela razão. Esse ideal nunca foi perfeitamente respeitado, mas é entre os séculos XI e XIII que mais nos aproximamos dele.

No final do século XIII, porém, ele atinge seus limites, devido à ausência de controle de um de seus componentes essenciais: a demografia. O estado estacionário só pode permanecer estacionário se a proporcionalidade entre produção, população e consumo for respeitada. Ora, enquanto a variante "produção" tem uma margem de progresso muito limitada devido às mentalidades habituadas à rotina, aos regulamentos e às técnicas rudimentares, a variante "população" é deixada exclusivamente à disposição da Providência, ou seja, é abandonada ao acaso. Os mecanismos reguladores são: os períodos de fome, as epidemias, as guerras e as variações climáticas. Qualquer tipo de regulação de natalidade é proibido, e a evolução demográfica depende sobretudo da mortalidade. Acontece que, entre os séculos XI e XIII, as grandes causas de mortalidade retrocedem, a população aumenta e o equilíbrio está perturbado. Por volta de 1300, atinge-se uma situação de relativa superpopulação, prelúdio de graves crises. Antes de examinar os setores da produção e do comércio, é necessário, portanto, que estejamos interessados pelo fenômeno fundamental da demografia.

O CRESCIMENTO POPULACIONAL EXCESSIVO E SUAS CAUSAS

O fato é inegável: a população europeia aumentou muito acentuadamente entre 1000 e 1300. Todos os historiadores concordam com essa constatação, mesmo que os números por eles apresentados variem. Segundo Russell, passamos de 23 milhões de habitantes em 950 para 32 milhões em 1100, e 50 milhões em 1300. Bennett fala em 42 milhões no ano 1000, 48 em 1100, 61 em 1200, 69 em 1250. Fourquin dá cerca de 25 milhões no ano 1000 e 56 em 1300, um aumento de 126%, o que o leva a dizer que "por volta de 1300 o campo do Ocidente estava, portanto, a uma só vez superpovoado

1000-1300 – O TEMPO DO OCIDENTE E A IDADE DA RAZÃO   305

e, a curto prazo, ameaçado por desastres". No Vexin, em 1300, ele nota densidades superiores às de 1800. Em todos os lugares as observações coincidem nisto: os homens proliferavam. A população se duplica entre 1249 e 1315 em alguns setores da Provença, chegando a triplicar em outros lugares; duplicação da população húngara entre 1000 e 1200; a dos alemães passa de 3 milhões ou 4 milhões em 1000 para 12 milhões ou 15 milhões em 1300, com o aparecimento de fenômenos de escassez alimentar. A Itália passa de 5 milhões a 10 milhões de habitantes, o campo está sobrecarregado, com densidades de 100 a 200 hab./km^2 na Toscana; o crescimento urbano atinge picos: entre 1200 e 1300, Prato passa de 1.200 para 4 mil vilarejos, e repetidos períodos de fome aparecem no início do século XIV (1322-1323, 1328-1330, 1339-1340, 1346-1347). Se a Espanha cresce um pouco menos rápido, passando de 7 milhões para 9 milhões, a Inglaterra passa de 1,3 milhão para 3,8 milhões. No campo navarro atingem-se densidades que só serão superadas no século XX. Na grande região da Ribera da *merindad* de Estella, há 7.350 lares por volta de 1300, ao passo que, cinco séculos mais tarde, haverá apenas 6.785. Nos vales dos Pireneus, na *merindad* de Pamplona, até hoje o máximo do início do século XIV nunca mais foi igualado.

Depois da longa estagnação demográfica da alta Idade Média, a que se deve esse forte crescimento? A primeira explicação que nos ocorre é meteorológica: esses três séculos correspondem a uma fase climática propícia às colheitas, de tal maneira que o flagelo das fomes ficaria reduzido. É o "pequeno ótimo medieval" (POM) dos historiadores do clima, que pode ser lido no forte recuo glacial verificado na Suíça. O período é marcado por verões bonitos e secos, fatores de boas colheitas, sobretudo no século XIII. Os de 1205, 1217, 1222, 1236, 1237 e 1241 são particularmente quentes. Certamente existem alguns acidentes ao longo do caminho que geram curtos períodos de fome, mas estes sempre pontuais: as chuvas excessivas de 1146, que provocam grande escassez de alimentos em Champanhe e nas Ardenas, os verões destruidores de 1151 e 1195-1197. Graves crises alimentares também são relatadas em diversas regiões em 1005-1006, 1031-1033, 1050, 1090, 1123-1125, 1144, 1160, 1172, 1202-1204, 1221-1224, 1232-1234, 1240, 1246-1248, 1256, 1272. Mas não há nada de catastrófico aí. É a partir de 1303 que o clima se deteriora de forma alarmante. A entrada no século XIV coincide com o início da "pequena era glacial", que inaugura a era dos cataclismos: de 1303 a 1328, onze invernos muito frios, quatro dos quais descritos como "severos". Os de 1305-1306 e 1322-1323 estão entre os mais severos do segundo milênio.

Colheitas mais abundantes, por conseguinte, melhor alimentação e melhor resistência às doenças. A isto se soma uma lenta transformação das mentalidades que se mostra favorável ao aumento da natalidade. A luta do cristianismo contra as práticas anticoncepcionais e abortivas e contra o infanticídio é aqui fundamental. As penitenciais dos séculos IX e X mostram como essas práticas eram difundidas em uma Europa ainda fortemente mergulhada no paganismo. Lemos na *Poenitentiale Hubertensi* e na penitencial do abade Réginon de Prüm (892-906) a seguinte advertência: "Se alguém tomou poções para que a mulher não pudesse conceber, ou matou o fruto da concepção, ou se o homem derramou seu sêmen, em suas relações com a mulher, para não conceber...". No início do século XI, o manual do bispo Bucardo de Worms prevê a seguinte pergunta aos penitentes: "Tu aprendeste a fazer abortos ou ofereceste a receita a outros? Mataste voluntariamente teu filho ou filha após o nascimento?". Uma infinidade de práticas supersticiosas, receitas de supostas poções contraceptivas ou abortivas são transmitidas de geração em geração. Muitas crenças locais terminam em morte acidental de recém-nascidos, como no Dombes: se o bebê está fraco ou doente, acredita-se que isso se deva ao fato de que um espírito diabólico da floresta ou das águas substituiu seu verdadeiro espírito no instante do nascimento. O remédio: abandonar a criança no bosque de são Guinefort com oferendas para que ela recupere seu verdadeiro espírito. O ritual é realizado pela mãe e uma idosa que conhece "a maneira ritual de agir". A criança tem grandes chances de morrer de frio ou ser comida por lobos, e se ainda estiver milagrosamente viva quando as duas mulheres voltarem, deve ser mergulhada nove vezes em água fria: nada melhor!

A pressão da Igreja contribui gradualmente para o declínio dessas superstições e a redução da mortalidade infantil. O clero também desaconselha colocar os recém-nascidos para dormir na cama dos pais, onde correm o risco de sufocar. O infanticídio, especialmente de meninas, diminui da mesma forma, especialmente com o declínio da servidão: a taxa de fertilidade dos camponeses livres é maior do que a de servos e escravos. Nos meios mais abastados, o uso crescente de amas de leite reduz os intervalos de esterilidade. A regulamentação mais rígida do casamento e a maior frequência de novos casamentos favorecem igualmente o aumento da taxa de natalidade. O crescimento demográfico, portanto, tem causas culturais e naturais.

Esse fenômeno, que hoje encantaria demógrafos e economistas, apresenta efeitos bastante indesejáveis na Idade Média. Aos poucos, o peso dos números se torna insuportável. Os próprios teólogos percebem isso, como vimos: no século XIII muitos deles declaram que "o mundo está cheio", e que a prioridade não é mais o mandamento "aumentai e multiplicai". Infelizmente, eles não inferem as conclusões desejáveis: aqui a razão se choca com os preconceitos da fé – há muitas crianças, mas é proibido limitar a produção delas exceto pela abstinência sexual. Alguns confessores, porém, conscientes da miséria causada pelo superpovoamento, são um pouco mais indulgentes. O recrudescimento de comentários sobre o uso de métodos contraceptivos também revela a crescente utilização desses métodos no mundo dos camponeses, que instintivamente praticavam a autorregulação: "Os camponeses daquela época [...] percebem nitidamente a pressão demográfica dos anos 1300", escreve Emmanuel Le Roy Ladurie. Assistimos ao reaparecimento das velhas receitas dos tempos pagãos: as mulheres, escreve o penitenciário pontifício Álvaro Pelayo no início do século XIV,

> tornam-se estéreis por misturas de ervas e encantos de velhas, sem contar a varinha de cana dos doutores... muitas vezes em acessos de loucura elas os matam [os recém-nascidos], [...] frequentemente matam o feto com as malditas ervas e poções que bebem, [...] algumas mulheres não acolhem o sêmen do homem a fim de não conceberem.

O ministro geral dos franciscanos, Guiraud d'Ot, também observa que "alguns não recebem bem seus filhos, como muitos pobres, que não possuem o necessário para alimentá-los". Os teólogos se alarmam e dedicam cada vez mais espaço a esse assunto em suas obras: 77 mil palavras sobre os objetivos do casamento por Pedro de Tarentaise em meados do século XIII, 87 mil em Tomás de Aquino, 100 mil em Boaventura, 143 mil em Pedro de Palud no início do século XIV. Outra reação instintiva é o aumento da idade do primeiro casamento: entre 21 e 24 anos para as mulheres, entre 26 e 31 anos para os homens no final do século XIII na Europa.

CRESCIMENTO AGRÍCOLA INSUFICIENTE: PRODUTIVIDADE E DESMATAMENTO

Isso porque a produção não pode acompanhar, com os meios da época, a disparada na demanda por produtos de primeira necessidade. A Europa tem cada vez mais dificuldade em alimentar os seus habitantes. O aumento da produtividade agrícola exigiria avanços tecnológicos inalcançáveis no contexto da época. Os avanços certamente ocorreram, e a redação de tratados de agronomia no século XIII na Inglaterra e na Itália mostra que grandes proprietários de terras, principalmente eclesiásticos, buscavam otimizar sua produção. Os arreios melhoram: arreios com colares em linha puxados por cavalos, que gradualmente substituem o gado. Os mais ricos aos poucos trocam o arado comum, que apenas abre o solo, pelo arado de aiveca, que revira a terra. Os avanços na metalurgia viabilizam arados com estrutura mais resistente, porém mais cara, e a posse destes distingue a categoria dos "lavradores" daquela dos pobres *"brassiers"*. O uso da grade garante uma melhor mistura de solo e sementes. Os fertilizantes continuam a ser insuficientemente aplicados – a aplicação de marga em certas partes da Inglaterra, bem como em Artois, Normandia, Poitou, Anjou e Île-de-France, permanece uma exceção. A adubação das terras destinadas à pastagem natural após a colheita é muito limitada para ser realmente eficaz. A rotação de culturas, que é o único método de recuperação do solo, está ausente: a verdadeira rotatividade trienal só aparece nos solos mais ricos depois de 1250. Pratica-se principalmente a alternância de trigo de inverno e trigo de primavera. A cevada, o centeio, a aveia, mas também o milho, o milho-miúdo e o *méteil*[1] são as culturas de base, com o aumento do trigo, cuja procura cresce na cidade, nas melhores terras. As leguminosas tendem a substituir o alqueive devido às crescentes necessidades de uma população superabundante. É claro que os rendimentos são extremamente variados de uma região para outra, e qualquer generalização é necessariamente mera aproximação. Segundo Georges Duby, pode-se arriscar a seguinte hipótese na escala da Europa entre os séculos XI e XIII: "Os rendimentos médios, que podem ser situados em torno de 2,5 para 1, subiram, nos casos menos favoráveis, para cerca de 4", ou seja,

---

1 Mistura de trigo com centeio. (N. T.)

1000-1300 – O TEMPO DO OCIDENTE E A IDADE DA RAZÃO   309

um aumento de 60%, para uma população que aumenta 120%. A conta não é essa, mesmo levando-se em conta o progresso da pecuária, que chega a causar em certos lugares uma sobrecarga pastoral. O *Domesday Book* de 1086 fornece detalhes surpreendentes sobre esse assunto: em três condados ingleses onde vivem 11.707 camponeses, existem 129.971 ovelhas, 31.088 porcos, 9 mil bovinos e 2.721 cavalos. Tudo isso fornece quantidades impressionantes de lã, carne, leite, esterco bovino e esterco equino. O consumo de carne aumenta e, na cidade, os açougues constituem um formidável *lobby* contra as autoridades municipais.

Para atender à crescente demanda, novas terras também são cultivadas. Os desmatamentos dos séculos XI-XIII marcam esse período e modificam significativamente as paisagens rurais. O fenômeno é atestado de várias maneiras: pela toponímia, com os nomes em *sart* e *rupt* da língua de oïl,[2] em *artiga* da língua do oc, em *hurst* e *shot* anglo-saxão, em *ried, rod, schlag* germânicos, pelos contratos de desmatamento e drenagem dos pântanos, pelos documentos que expressam as reivindicações das comunidades camponesas privadas de terrenos de percurso e pastagens, pelas querelas dos senhores sobre a cobrança de dízimos *novales*,[3] sobre os solos recentemente preparados para cultivo. O movimento começa na primeira metade do século XI no sul da Europa, no vale do Pó, Catalunha, Provença, Auvergne; estende-se na segunda metade do século à Aquitânia, Poitou, Normandia e Flandres, ganha no século XII a bacia de Paris, Baviera, Lorena, Inglaterra central, depois as Midlands, a Saxônia e a Francônia. Começa-se pelas terras mais acessíveis e mais fáceis de serem trabalhadas, antes de se enfrentar os pesados solos argilosos e de marga, as encostas pedregosas que exigem trabalhos exaustivos de remoção de rochas, construção de terraços, os *gradoni* da Úmbria, os *bonifachi* lombardos, os *orts* da Provença, os *huertas* ibéricos. É impossível mensurar as extensões assim recuperadas. Elas podem ser consideráveis em alguns lugares: em uma certa aldeia milanesa, a área de pousio cai de 45% para 16% em oitenta anos. No geral, estima-se que a terra cultivada esteja aumentando em 10% nas áreas já densamente ocupadas e em 40% nas regiões densamente florestadas da

---

2 As *langues d'oïl* eram as línguas da região da Gália romana, como borgonhês, champanhês, picardo etc. (N. T.)

3 Os *dîmes novales* eram os impostos que a Igreja cobrava sobre as *novales*, que eram as terras recentemente preparadas para o cultivo. (N. T.)

Germânia. Não somente as florestas e os pântanos são atacados, mas também as zonas úmidas e pantanosas, as vastas faixas litorâneas que o mar cobre apenas nas marés muito altas: o aproveitamento de áreas com pôlderes em Flandres, na Zelândia, nos *fens* ingleses, na baía do monte Saint-Michel, em lagoas de Languedoc. O traçado das costas é modificado, os grandes rios são represados. Essas operações requerem a aplicação de recursos significativos e a cooperação das comunidades de habitantes, mosteiros e senhores leigos.

É no século XII que o essencial é alcançado, mas podemos distinguir duas fases culminantes: 1100-1125, e um último esforço, nos setores mais difíceis, por volta de 1250-1275. As operações são de três tipos. A primeira consiste em expandir os antigos terrenos – essa é a forma mais discreta e mais fácil de proceder. A segunda consiste na abertura de novos terrenos, em zonas mais remotas e desérticas – isso pressupõe um empreendimento comunitário, cabendo a iniciativa quase sempre a um ou dois senhores, que nesse caso unem as suas forças através de um contrato de *paréage*.[4] Os camponeses desbravadores são atraídos pelos *sartores*, os "anfitriões", que oferecem condições vantajosas: o estatuto de homem livre, a isenção ou a redução dos serviços das corveias, concessões com encargos reduzidos e quase sempre *in natura*. No meio dessa nova terra nasce uma nova aldeia, uma *"ville-neuve"*, um "burgo", uma "bastilha". O sucesso desses novos assentamentos é tal que os historiadores chegam a se perguntar: será que a onda de desmatamento se deve mais a causas sociais do que à necessidade de aumentar a produção de alimentos? Os anfitriões parecem estar mais interessados em melhorar sua condição do que aumentar a produção. Finalmente, há um terceiro tipo de desmatamento, devido a iniciativas individuais – todavia, ele é posterior e diz respeito apenas a espaços limitados entre eles. Contribui para estabelecer um hábitat disperso.

A importância dos desmatamentos é tão grande que eles rapidamente despertam oposição. O equilíbrio agro-silvo-pastoril parece ameaçado. Os nobres se preocupam com o recuo das florestas, que são seu território de caça. A redução de terras de pastagem, terrenos baldios e campos de cerrado gera conflito entre as comunidades de camponeses e de monges. A regeneração

---

4 O *contrat de paréage* era o acordo geralmente estabelecido entre dois senhores de poder desigual para a posse conjunta de terras. (N. T.)

1000-1300 – O TEMPO DO OCIDENTE E A IDADE DA RAZÃO 311

de certas espécies de árvores, em particular os carvalhos, numa época em que a madeira era o material essencial para a construção de casas, carroças, ferramentas, armas, navios, bem como para o aquecimento, abastecendo um comércio ativo, não deixa de ser preocupante. As comunidades monásticas desenvolvem os primeiros regulamentos florestais. Os senhores leigos às vezes proíbem a derrubada de árvores e o desbaste clandestino. Os reis, especialmente na Inglaterra, endurecem a legislação florestal.

Os desmatamentos, em todo caso, cessam por conta própria pouco antes de 1300, apesar da demanda cada vez maior de produtos agrícolas, pois os terrenos restantes eram de qualidade cada vez pior e de acesso mais difícil. Os rendimentos em algumas terras recém-desmatadas eram tão baixos que se chegava a permitir à vegetação que ela recuperasse seus direitos – é o caso da Alta Provença a partir de 1250. Não há mais criação de *villeneuves* em Île-de-France a partir de 1230.

A situação na Europa por volta de 1300 é, portanto, crítica. A população torna-se muito numerosa em relação às capacidades de produção. O preço da terra continua subindo, pois os limites do desmatamento são atingidos: entre 1200 e 1250, o valor de uma jornada[5] no norte da França aumenta de 2 para 4,5 libras; na Inglaterra, o preço do *quartier* sobe de 2,5 para 4,5 soldos; na Alemanha, o preço da terra sobe do índice 100 para o 175. O preço do trigo na Inglaterra praticamente dobrou em um século, com um salto fenomenal após 1260: índice 100 em 1180-1199, 108 em 1200-1219, 104 em 1220-1239, 114 em 1240-1259, 190 em 1260-1279. A tensão no mercado torna-se extrema; a escassez se alastra a partir de 1260. Logo haverá fome.

CONSEQUÊNCIAS DA SUPERPOPULAÇÃO:
AGRAVAMENTO DAS TENSÕES SOCIAIS

A relativa superpopulação também se manifesta pelo agravamento das tensões sociais. A competição entre os homens se acirra: competição por

---

5 Trata-se de uma antiga (e variável) unidade de medida de superfície: o *jour* ou *journal de terre* corresponde à área de superfície de um campo que um homem provavelmente lavraria em um dia. (N. T.)

trabalho, por terra, pelos bens. A pulverização de pequenas explorações agrícolas (causada por divisões de sucessão) atinge um nível caricatural: calcula-se que por volta de 1300 entre o Escalda e o Mosa, 80% dos agregados familiares vivem em menos de 3 hectares. A falta de terra faz subir os preços: duplicação entre 1240 e 1280 na região de Chartres e aumento de 35% em Val de Meuse. Os senhores aproveitaram para exigir aluguéis exorbitantes: aumentos de até 500% na Normandia entre 1260 e 1300. Com a inflação dos preços dos cereais, alguns senhores voltaram à exploração por conta própria, o que lhes permite lucrar com a comercialização de sua colheita: assim, a parcela de grãos vendidos diretamente pelo bispo de Winchester aumenta de 31% para 46% da colheita total de seus senhorios entre 1208 e 1299. Mas a maioria dos senhores recorre a arrendamentos de fazendas, em condições cada vez mais duras; garantem assim bons rendimentos, evitando as preocupações da exploração. Apenas os camponeses privilegiados, os lavradores, podem lidar com arrendamentos cada vez mais caros, e o mundo rural é assim dividido em dois: uma minoria, os "galos de aldeia", são os que exploram 50 ou 60 hectares; uma massa de camponeses que se proletariza rapidamente. Ao mesmo tempo, as restrições impostas aos direitos de pastagem e o início da divisão das terras comuns pelos senhores reduzem os recursos adicionais que ainda beneficiavam os mais pobres. A expulsão dos caçadores furtivos e o endurecimento das leis florestais provocam vários incidentes. O clima esquenta e a situação se torna explosiva. O empobrecimento dos camponeses se acentua. Por volta de 1300, estima-se que uma família camponesa na Inglaterra e no norte da França paga em impostos senhoriais cerca de 20% do que colhe, 10% em dízimos e um pouco menos para o censo, além de reservar 20% para a próxima semeadura. O camponês, portanto, tem apenas 40% de sua escassa colheita para alimentar sua família e atender às necessidades básicas de ferramentas. Se ele faz empréstimos do padre, dos judeus ou dos burgueses, é com juros de 5% a 8,33%. Prisioneiro de suas dívidas, ele então cai na categoria de não-livre, sujeito à corveia, ou então foge.

A massa dos mendigos, cujo inchaço provoca uma transformação fundamental nas mentalidades coletivas, aumenta – a imagem do pobre se degrada radicalmente. Até o século XII, pobres e miseráveis eram perfeitamente integrados no esquema sociorreligioso da Idade Média. A pobreza é ambivalente:

1000-1300 – O TEMPO DO OCIDENTE E A IDADE DA RAZÃO   313

por um lado, é uma punição, um castigo imanente pelos pecados que só Deus conhece; por outro lado, é uma forma de bênção que permite o desapego dos bens terrenos e dá aos ricos a oportunidade de praticar a caridade. No século XII, a dignidade dos pobres passa até por uma promoção. Eles são atendidos por comunidades paroquiais e monásticas, as fundações hospitalares se multiplicam, assim como os casos de pobreza voluntária. A espiritualidade exalta os méritos da pobreza que se assemelha a um desapego salutar. Hospitalários de santo Antônio, ordem fundada em 1095, hospitalários de são Lázaro, em 1120, hospitalários do Santo Espírito, em 1180, proporcionam conforto material e moral. Alguns senhores abandonam sua riqueza para levar uma vida de austeridade. Teólogos, como Anselmo, Guilherme de Champeaux, Rupert de Deutz, Pedro Comestor e Raul Ardens, elaboram uma teologia da pobreza. No início do século XIII, a pobreza se torna um ideal de vida, o que é ilustrado pelo sucesso das ordens mendicantes, cujo prestígio atesta a simpatia das turbas urbanas por um modo de estar no mundo baseado na mendicância. Até então, os pobres não são um problema, e sim, parte da estrutura social, de acordo com um esquema teológico que lhes confere um valor próprio na história da salvação.

A situação muda a partir de meados do século XIII. O campo, saturado, começa a rejeitar um número crescente de camponeses reduzidos à miséria pela fragmentação das explorações agrícolas. Os miseráveis migram para as cidades, reagrupam-se em bandos de mendigos, bandos que só crescem com a falta de alimentos – a fome os torna agressivos; ocupam os pórticos das igrejas; uma miríade de marginalizados, verdadeiros e falsos enfermos, vagabundos, mendigos e prostitutas criam um clima de insegurança, incomodando burgueses, artesãos e comerciantes. A imagem do pobre muda: o simpático valorizador da caridade torna-se um perigoso parasita; o objeto de reflexão teológica transfigura-se em um problema social. A pobreza, filha da superpopulação, engendra tensão e revolta, como diz Aristóteles.

Nas cidades, o aumento da competição retratado nas filas de mão de obra superabundante contribui para degradar a condição da classe trabalhadora diante de um patronato fechado, que reduz salários e proíbe coligações de trabalhadores. No campo, a pressão humana gera conflitos entre as comunidades e se torna fonte de bandidagem. Em Navarra, cujo caso foi estudado por Maurice Berthe, a vida cotidiana no campo depois de 1300 dá margem a confrontos crescentes entre as comunidades. Impulsionados pela penúria, aldeias e pequenas cidades em busca de pastagens ou água para irrigar não hesitam em se agredir mutuamente... Cada comunidade ameaçada em sua própria terra pela pressão de homens e animais, e na periferia pelas invasões dos vizinhos, reivindica rudemente seu espaço vital... O banditismo progride rapidamente depois de 1300. As terras favoritas dos bandidos eram as regiões em fronteira com as províncias bascas de Álava e Guipúscoa.

A superpopulação desintegra o tecido social e facilita a propagação de ideologias extremistas baseadas em interpretações extravagantes das Escrituras. Os indivíduos estão desamparados e, alheados das redes tradicionais de solidariedade, que se encontram sobrecarregadas, tornam-se vítimas de pregadores fanáticos que prometem uma era de felicidade após a destruição de uma ordem social iníqua, responsável por todos os males. Como mostra o estudo de Norman Cohn, todos os grandes movimentos milenaristas medievais nascem nas áreas superpovoadas entre, de um lado, o Sena e o Reno, e de outro, a Renânia: "As regiões nas quais as velhas profecias dos últimos dias assumem um significado novo e revolucionário, uma força explosiva, eram as regiões que haviam se tornado gravemente superpopulosas e que passaram por um processo de rápida mudança econômica e social". Essas áreas "comportavam uma população que excedia o que o sistema rural tradicional poderia sustentar". Os proletariados rurais e urbanos se desenvolvem, escapando dos quadros protetores da sociedade feudal clássica. Essa turba de miseráveis desorientados, sem pontos de referência, ansiosos e impulsivos, é o terreno mais propício para a propaganda de messias, profetas e outros exaltados e desequilibrados que se apresentam como providenciais salvadores.

O clima de cruzada somente agrava as coisas. Já em 1249, durante a detenção de Luís IX no Egito, bandos de "pastorados" sob condução de um iluminado, o Mestre da Hungria, devastam tudo por onde passam; por volta de 1270, um certo Segarelli de Parma treina camponeses lombardos e, em 1305, o franciscano Frei Dolcino lidera um movimento violento contra a riqueza da Igreja (ele acaba na fogueira). Outros movimentos eclodem na Sicília, na Provença e no vale do Reno. Nem todas as sedições são movidas por um ideal espiritual. Mercenários desmobilizados, servos em fuga, citadinos

1000-1300 – O TEMPO DO OCIDENTE E A IDADE DA RAZÃO   315

banidos, "carvoeiros" e marginalizados de todo tipo formam grupos de malfeitores e bandidos: "mariscos", "crocodilos", "coalhados", "femeeiros".[6]

A caridade está completamente sobrecarregada. O número de asilos aumenta de 4 para 83 na diocese de Paris entre 1150 e 1250; mosteiros dedicam até 10% de suas despesas para distribuições gratuitas. A assistência aos mendigos se profissionaliza e se institucionaliza: na Itália, os mendigos são registrados, são os *immatriculati*; no final do século XIII em Paris, Nantes e Lille, eles são agrupados em "ofícios", com sinais distintivos. Mas o fluxo é muito grande, e chegamos às soluções extremas: confinamento e expulsão. Entre 1239 e 1265, 3 mil mendigos são alojados em um distrito de Toledo, 5 mil em Gante, 6 mil em Milão e Montpellier. Os leprosos, categoria na qual se enquadrava qualquer tipo de doença de pele supostamente contagiosa, circulavam livremente havia séculos, mas doravante passam a ser recolhidos em leprosários. O primeiro foi inaugurado em 1106 na diocese de Paris; em 1250, são 53.

A SUPERPOPULAÇÃO, FATOR DE INTOLERÂNCIA E COLONIZAÇÃO

Além disso, há os judeus. Até então tolerados, aceitos e até integrados, encontram-se em todos os setores, e não apenas como credores e médicos, e se tivessem sua religião, sua língua, suas leis, ninguém os consideraria um perigo. A hostilidade em relação a eles cresce a partir do final do século XI, e isso se deve em grande medida à crescente pressão demográfica. Não que o seu número seja visto como excessivo, mas considera-se que, num contexto de superpopulação, os elementos estranhos são potencialmente perigosos. Parece que esse aspecto escapou até agora da historiografia. Aristóteles, a grande referência dos escolásticos, escreve nas *Políticas* que, em caso de superpopulação, "não é difícil passar despercebido, por causa do número excessivo de cidadãos", o que abre as portas a possíveis conspirações e tomadas de poder por estrangeiros inimigos da cidade. Comentando essa passagem pouco antes de 1300, Pedro de Auvergne escreve:

---

6 Os respectivos termos originais: *coquillards, caïmans, ribots, houliers*. (N. T.)

Acontece que há muitos estrangeiros, elementos externos e outros, que não gostam da cidade, onde já existe uma multidão superabundante. Por serem muitos, podem então transformar o Estado aqueles estrangeiros e outros que não o amam. Devido ao excesso de multidão, não é difícil para eles esconder sua trama.

Nunca se está mais bem escondido do que no meio da turba. Alberto Magno já havia apontado o perigo: "É fácil para estrangeiros e elementos externos, que causam excesso de multidão, tomar o poder". Esses "elementos externos" são, acima de tudo, os judeus, inimigos do cristianismo e potenciais conspiradores. Surge então a ideia de uma conspiração judaica ameaçadora – ela se torna um tema desenvolvido por teólogos. Em 1306, o cisterciense Jacques de Thérines propõe como tema de discussão quodlibética na faculdade de teologia de Paris: "Os judeus expulsos de uma região devem ser expulsos de outra [onde são refugiados]?". Nos argumentos positivos, ele explica: "É preciso compreender, no entanto, que, se podemos expulsá-los por um tempo de tal reino, é porque eles podem se multiplicar e se unir ali, podem fazer mal aos cristãos e molestá-los".

E é exatamente isso que acontece. O populacho, inflamado por alguns iluminados, é mais despachado. Arrastados pelo milenarismo vigente, os brutos em bando de Pedro, o Eremita, massacram centenas de judeus a partir de 1095. O papa protesta, mas o movimento já está lançado. Começam as interdições: proibição de possuir terras e de exercer ofícios. Segue-se a primeira onda de expulsões e espoliações em 1144-1145 na França, e mais tarde no resto da Europa, em 1175-1182, bem como a emigração para o leste – Silésia e Pomerânia. O papado não dá trégua: o cânon 68 do concílio de Latrão IV, em 1215, proíbe a coabitação com os judeus, proíbe que exerçam funções públicas, obriga-os a usar o barrete, a rodela, a estrela de Davi. O zelo fanático de Luís IX vai além: ele não impede que massacres ocorram em Paris, assedia comunidades para forçar conversões, espolia os recalcitrantes, expulsa-os em 1240, proíbe o Talmud e organiza uma grande fogueira com livros hebraicos em 1242. Henrique III o imita na Inglaterra, em 1244. Em quase todos os lugares, os estatutos sinodais proíbem que os judeus sejam empregados como serviçais e que se faça a refeição junto a eles; também é proibido encontrá-los nos banhos. As expulsões e confiscos de bens

1000-1300 – O TEMPO DO OCIDENTE E A IDADE DA RAZÃO   317

multiplicam-se: na Bretanha (1240), Gasconha (1288), Anjou (1289), Inglaterra (1290), França (1306). Os pretextos apresentados são de natureza religiosa, as reais motivações são de natureza financeira. De todo modo, o fato é que, em última análise, a situação de superpopulação alimenta o medo e, portanto, o ódio dos judeus. Medidas semelhantes foram tomadas na Espanha em 1248, 1252 e 1268. A superpopulação aumenta a hostilidade contra todas as minorias étnicas e religiosas.

Ela também provoca o forte impulso colonizador dos alemães em direção ao leste, o *Ostbewegung* ou *Drang nach Osten*. Tudo atesta um forte aumento populacional dos alemães a partir do século XII: os topônimos do desmatamento e o número de lugares habitados. É por isso que, escreve Charles Higounet, "o forte crescimento da população e a extensão da ocupação do solo na Alemanha ocidental, entre os séculos IX e XII, foram, seguramente, criando – ou acentuando – um desequilíbrio demográfico com os países eslavos, um dos fatores fundamentais das migrações dos séculos XII e XIII". Todos os estudos confirmam essa afirmação: a Alemanha no século XIII era superpovoada, e como escreve Jean-Pierre Cuvillier, "certas terras de repente parecem estar repletas de homens".

A região de Geismar, no leste de Hesse, por exemplo, que se localizava na esquina formada pelo Weser e o Fulda, tinha apenas dezessete lugares habitados por volta de 500, mas mais de cem por volta de 1290... É entre o ano 1000 e o final do século XIII que os novos hábitats se enchem com os agricultores a ponto de ficarem por vezes superpovoados... A explosão ocorre no século XIII: em poucas décadas, a colonização avança 200 ou 300 quilômetros. Prenzlau na Pomerânia é fundada em 1234, Stettin em 1243 e Stargard em 1253; na Silésia, Brieg, a leste de Breslau, é alcançada em 1248. Como resultado, quando se chega a 1933, mais de 4/5 dos 170 mil assentamentos de colonização alemã remontam ao final da primeira metade do século XIV.

NOBRES, SENHORES E VASSALOS

Os sinais preocupantes de grandes convulsões multiplicam-se, portanto, no século XIII. Mas essas nuvens ainda não alteram seriamente a impressão geral de bom tempo. O céu permanece quase todo azul, iluminado pela dupla luz otimista da fé e da razão. O crepúsculo da Idade Média é para amanhã. Por enquanto, a cristandade ainda goza de um equilíbrio relativo.

No campo, o mundo rural é bastante calmo. Todos encontram seu lugar. Os mestres são os senhores, que possuem a maior parte da terra. Senhores eclesiásticos, com os gigantescos territórios possuídos pelas grandes abadias como Saint-Germain-des-Prés, Saint-Denis, Saint-Vaast d'Arras, Corbie, Saint-Riquier, e por senhores leigos, que tendem a formar uma aristocracia de nobres em um processo lento e complexo. As origens da nobreza permanecem extremamente confusas, remontando aos séculos sombrios desprovidos de documentos escritos. O emprego por muito tempo indiferenciado dos termos senhor, cavaleiro, vassalo e nobre mostra que os próprios contemporâneos não tinham uma ideia muito precisa dos seus significados. Globalmente, por volta do ano 1000, o nobre é um personagem rico, que tem a posse de um domínio e que guarda a memória de antepassados, os quais se distinguem ora como guerreiros nos países do norte da Europa, ora em atividades administrativas, judiciais, clericais nos países do sul. Alguns estão ligados a linhagens galo-romanas, outros a chefes francos – tudo isso muito hipotético e sem a menor prova. O essencial é ser rico, morar em grande residência e possuir terras, única fonte real de poder. Aos poucos, ocorre a fusão entre o sistema de vassalagem e o do senhorio judicial. No início do século XII, a nobreza ainda não é uma categoria jurídica determinada. É uma classe social de homens ricos e, portanto, poderosos, os *ricos hombres, rikes homes, divites, viri hereditarii, magnati, proceres, nobiles, optimates*. A multiplicação dos termos revela sua imprecisão. Lentamente e em épocas diferentes, dependendo da região, o vocabulário feudal invade o mundo do senhorio rural. Adquirir um feudo e tornar-se vassalo, no século XII, significa ascender à nobreza. O feudo é uma antiga noção germânica, o *feohu* ou *faihu*, designando um presente que cria um vínculo de amizade. Essa dádiva, que inicialmente era um objeto, torna-se uma terra, o *feudum*, e a sua atribuição dá origem a uma cerimônia, que assume as suas características definitivas por volta do início do século XII: a homenagem. O vassalo, de joelhos, sem armas, coloca as mãos unidas às de seu senhor e reconhece a si mesmo como homem daquele; o beijo na boca sela o acordo e o juramento é feito sobre as relíquias. O vassalo deve respeito, conselho, acomodação eventual,

1000-1300 – O TEMPO DO OCIDENTE E A IDADE DA RAZÃO

ajuda financeira em certos casos e serviço militar dentro de limites precisos de duração e extensão geográfica. O senhor deve proteger, presentear, educar os filhos, casar as filhas do vassalo e confiar-lhe um feudo, simbolizado por um punhado de terra, uma varinha ou qualquer outro objeto. Em caso de quebra do contrato, o senhor pode confiscar o feudo: trata-se do "compromisso", que costuma resultar em guerra entre os dois homens.

As dificuldades de fato aparecem rapidamente. Em particular, pelas múltiplas homenagens, como no caso de um senhor alemão que, em 1229, é vassalo de 48 senhores diferentes. São muitas obrigações para um único homem. E se esses senhores lutarem entre si, a quem ele deverá servir? Por outro lado, para evitar a divisão dos feudos, o direito de primogenitura não tarda em se impor, o que contribui para criar linhagens, além de lançar pelas estradas uma multidão de cadetes pobres em busca de aventuras e boa sorte. No século XI e novamente durante boa parte do século XII, o estabelecimento do sistema feudal gera muitos conflitos, contestações e guerras privadas, mas aos poucos o regime vai se estabilizando, principalmente a partir do momento em que o poder régio torna-se capaz, com a ajuda da Igreja e a paz de Deus, de instaurar uma ordem relativa. O feudalismo baseia-se então num consenso, que combina o senhorio e a feudalidade.

O senhor, mestre de um senhorio, é ao mesmo tempo um vassalo, senhor de um feudo e, na maioria das vezes, um nobre cavaleiro; proprietário de terras, guerreiro e membro da segunda ordem, ele é tudo isso ao mesmo tempo, e exibe seu estatuto e seu poder por meio do castelo. Essas construções, cada vez mais elaboradas, servem tanto para proteger quanto para oprimir os camponeses do senhorio. Da enorme torre quadrada do período normando por volta de 1100 às fortificações com cercas duplas, torres de flanco e torre de menagem circular do século XIII, o castelo fortificado é um dos símbolos da Idade Média, sede do poder, cujo aspecto ameaçador domina cidades e campo. De Coucy a Caernarfon, de Château-Gaillard a Fougères, esses monstros de pedra, adaptados às últimas inovações militares, materializam o poder temporal de reis, príncipes e vassalos perante as igrejas e as catedrais, sedes do poder espiritual.

No século XIII, a nobreza se estabelece e se fecha, tornando-se uma verdadeira casta inacessível. As linhagens estão constituídas, com as suas genealogias, suas armas, seu castelo, seu feudo, e possuem um único objetivo:

perpetuar-se transmitindo tudo ao mais velho. A manutenção da própria posição é cada vez mais custosa: cerimônias de ordenação, armamento, estilo de vida, direitos de socorro, o que introduz uma ruptura nessa ordem, entre os "tenentes principais", vassalos diretos, quase sempre cavaleiros, e os "vavassalos", *vassi vassorum*, simples escudeiros, que não dispõem de meios para chegar à cavalaria. Alguns não seguem e praticam o malthusianismo matrimonial, com apenas um herdeiro casado; os demais, meninos e meninas, entram para o clero, o que às vezes resulta em extinção biológica: na Vestfália, o número de linhagens nobres passa de 120 em 1150 para 98 em 1200, e 64 em 1250; na Picardia, para as mesmas datas, de 100 a 82 e 42. Uma certa renovação por enobrecimentos reais limita as perdas: há 30% de novas linhagens na Picardia por volta de 1230-1240.

OS SENHORIOS, QUADROS BÁSICOS DO MUNDO RURAL

A renda desses nobres vem da terra, ou seja, dos senhorios. Laicos ou eclesiásticos, estes são sempre compostos por duas partes: a reserva, que o senhor cultiva por conta própria através de corveias e trabalhadores assalariados, e as posses, ou seja, pequenas fazendas atribuídas a famílias camponesas, às quais se permite o usufruto da terra com taxa fixa.[7] A reserva equivale em média a um terço do senhorio, mas varia consideravelmente de uma propriedade para outra. Inclui bosques, lagoas, terrenos cercados, lavouras, e tende a se expandir, especialmente nos domínios das abadias: vemos isso no século XII com as "granjas" cistercienses e a política de Suger em Saint-Denis, como se verifica a partir de Pedro, o Venerável, em Cluny. O trabalho na reserva é realizado tanto por algumas famílias de servos, camponeses não-livres, ligados à terra, quanto por arrendatários livres do senhorio que devem dias de trabalho gratuito, muitas vezes três dias por semana: as corveias. Mas a tendência é a redução desse tipo de trabalho pouco produtivo devido à falta de entusiasmo e também pela indolência dos trabalhadores da corveia. A partir de 1117, o abade de Marmoutier acaba com essas tarefas, que são substituídas por uma taxa em dinheiro, a qual permite a contratação

---

7 Trata-se da distinção entre *dominium directum* e *dominium utile* do direito feudal. (N. T.)

1000-1300 – O TEMPO DO OCIDENTE E A IDADE DA RAZÃO

de assalariados, motivados pelo ganho. Cada vez mais os senhores recorrem a essa mão de obra remunerada, exceto, ao que parece, na Inglaterra, onde as obrigações de trabalho das posses de "vilania"[8] continuavam.

O restante do senhorio são as posses exploradas por famílias camponesas. Estas são de diferentes tipos e estão sujeitas a diferentes obrigações, e ademais, existe uma tal variedade de estatutos, pessoais ou fundiários, que qualquer generalização aqui é ilusória. Recordemos simplesmente que a escravidão subsiste de forma residual nas margens norte e sul da Europa, e que a servidão, embora ainda exista em vários lugares, encontra-se em regressão. As posses servis estão sujeitas a graves desvantagens: apreensão total ou parcial por morte do arrendatário, restrições à liberdade de casamento, com pagamento de uma taxa de *"formariage"*,[9] pagamento de uma "capitação" ou *"chevage"* ou *"questa"*. Essas restrições eram muitas vezes contraproducentes, porque o servo, despojado dos frutos de seu trabalho, ficava desmotivado, e os senhores sabiam disso. A servidão está em declínio: no final do século XIII, ela afeta apenas 8% a 9% da população da França, especialmente em Berry, Nivernais, Franche-Comté, Flandres, Thiérache, Vermandois e Languedoc.

A maioria das posses livres se enquadra em duas categorias: posse de censo e posse de *champart*.[10] Na primeira, o camponês paga uma quantia módica, o censo, que provavelmente representa o valor original de locação da terra, e como o valor é fixo, ele pesa cada vez menos num contexto de aumento nos preços de terras e cereais. Esse terreno é alienável: o camponês pode transmiti-lo ou vendê-lo, mediante o pagamento de tarifas de mudança: o quinto para terras de feudo, os laudêmios para terras comuns (de 8% a 12% do valor da terra em média). Na categoria de *champart*, paga-se um aluguel pela posse com produtos *in natura*, num valor proporcional à colheita, geralmente entre 1/9 e 1/14.

Além disso, o senhor considera três tipos de renda nas posses. A primeira justifica-se pela proteção que supostamente deve proporcionar aos

---

8 No original, *villeinage* (também *vilainage*), isto é, condição de *vilain* (vilão); o vilão era o camponês que trabalhava para um senhor com direito de abandonar a gleba. (N. T.)

9 Privilégio de matrimônio que o servo devia pagar ao senhor no caso de casamento entre servos de senhores distintos. (N. T.)

10 Taxa que o camponês pagava ao senhor em forma de parte da colheita. (N. T.)

seus camponeses: é a talha, ou *tallia, tolta, tonsio, bede, Steuer, petitio, precaria*. Fixada arbitrariamente, ela corresponde a 40 soldos por homem em Cluny por volta de 1150, 5 a 8 soldos em Poitou por volta de 1200, metade disso na Picardia e menos ainda na Itália. O segundo tipo de renda provém dos direitos da justiça – estes, diferentemente do censo, que é predefinido, e da talha, limitada pelo costume, são inteiramente livres e acabam resultando em abusos consideráveis: por volta de 1270, representavam 62% da renda do bispo de Ely, por exemplo; outro exemplo: um grande senhor inglês que, em um ano, recebeu 4.300 libras em multas, o equivalente a 70 mil dias de trabalho! O terceiro tipo de renda, proveniente do poder de *ban*, pesa sobre as atividades produtivas: taxas pelo uso do moinho, do forno, da prensa senhorial, e também pela restituição das corveias. As corveias têm, de fato, inconvenientes: problemas de organização, distribuição de tarefas, má vontade e falta de entusiasmo dos camponeses, que devem trabalhar na reserva senhorial quando gostariam de estar cuidando de suas próprias posses. Há, portanto, perda de tempo e eficiência tanto para o senhor quanto para os camponeses. Mas, para o primeiro, exigir a corveia significa demonstrar sua superioridade, sua dominação, uma lembrança da hierarquia social, e é por isso que alguns mantêm essa prática (e até a estendem, sobretudo em Lyonnais, Bordelais, Sologne, Champanhe), em particular, os senhores eclesiásticos: a abadia de Saint-Bavon em Gante por volta de 1210, a de Saint-Denis por volta de 1240, o bispo de Ely entre 1221 e 1251. Estas são, porém, exceções: massivamente, a corveia retrocede; em 1234, ela estava reduzida a dois dias de ceifa por ano na Picardia; na Provença, passou de seis dias em 1198 para três em 1260, e desapareceu em 1277. A resistência camponesa se multiplica, com verdadeiras sabotagens de trabalho entre 1250 e 1257 em Péronne e Saint-Denis. As restituições são massivas na segunda metade do século XIII.

Por trás dessa evolução, sentimos uma melhoria gradual na condição do campesinato. Isso também é revelado pela obtenção de cartas de franquia que, por dinheiro, codificam os costumes locais, protegendo as comunidades das práticas abusivas dos senhores: multas, talha, banalidades e pedágios são tarifados. O movimento inaugurado na França pela carta de Lorris-en-Gâtinais no início do século XII afeta a Alemanha, onde as cartas levam o nome de *Weistümer*. A carta de Beaumont-en-Argonne (1182) reconhece até mesmo o direito de escolher representantes e de participar na administração

1000-1300 – O TEMPO DO OCIDENTE E A IDADE DA RAZÃO   323

do senhorio por parte da comunidade de habitantes, em detrimento dos agentes do senhorio, os odiados "ministeriais", guardas florestais, moleiros, juízes, prebostes e bailios, que nos grandes senhorios se comportam como senhores devido à distância do senhor.

Algumas reservas senhoriais são arrendadas, especialmente ao norte do Loire e nos Países Baixos, assim como na Inglaterra (mas, nesse país, as grandes abadias como Ramsey e Ely retornam à exploração direta após 1175). A *métayage*,[11] por outro lado, é mais comum no sul da Europa. Os senhorios geralmente geram excedentes comercializáveis, o que permite abastecer os florescentes mercados urbanos a partir do século XII. Uma pequena cidade de 3 mil habitantes consome grãos de 3 mil hectares de terra no século XIII, ou seja, mil toneladas – o suficiente para ocupar e enriquecer a crescente categoria de mercadores, tanto grandes quanto pequenos. Há uma dúzia deles em Montbrison (na província de Forez), uma cidade de 2 mil habitantes. Feiras e mercados se multiplicam, e os preços de todos os produtos alimentares, legumes, vinho, carne e cereais, sobem ao longo do século XIII. Cresce também a procura de produtos industriais: linho, cânhamo, pastel[12] da Picardia, Toulouse e Francônia, gonda[13] da Espanha e da Île-de-France, para não falar da lã, que é a riqueza da Inglaterra, onde em 1300 havia 8 milhões de ovelhas, ou seja, o triplo do número de pessoas.

De modo global, o senhorio resiste bem e continua a gerar lucros até o final do século XIII. A ideia de lucro, aliás, aparece notadamente nas contas senhoriais das abadias, que são mais bem conservadas do que as dos senhores leigos. Constata-se, por exemplo, que uma parte significativa dos rendimentos é destinada a investimentos: construção e manutenção de imóveis agrícolas. Assim, em 1288-1289, são realizadas obras nos senhorios da abadia de Saint-Denis em 15 prensas, 14 moinhos e 3 fornos. No continente, é a reserva que fornece a maior parte dos rendimentos senhoriais: 80% a 85% para Saint-Denis, por exemplo, e o resto provindo de madeiras, pedágio,

---

11 A *métayage* era um sistema de cultivo da terra baseado num contrato de arrendamento entre o senhor e o *métayer*, que pagava com parte das colheitas – é semelhante aos atuais contratos de parceria rural, como o de meação; a *métayage* difere do sistema de *fermage*, no qual o pagamento era feito integralmente em dinheiro. (N. T.)

12 Corante de tonalidade azulada (pastel-dos-tintureiros) produzido a partir da planta *Isatis tinctoria* L., conhecida como *guède*. (N. T.)

13 Corante amarelo produzido a partir da planta *Reseda luteola* L. (N. T.)

tonlieu[14] e censo. Para senhorios laicos, o censo é estimado entre 5% e 7% do total, impostos de transmissão entre 8% e 13%, banalidades entre 15% e 20%, e multas em torno de 30%-35%.

Mas se, por um lado, o senhor está bem, por outro, a situação dos camponeses é precária, e deteriora-se seriamente no final do século XIII. A culpa, mais uma vez, é do crescimento demográfico excessivo. Os domínios continuam a se fragmentar, atingindo áreas insuficientes para sustentar uma família. Em Namur e na Picardia, por volta de 1280, 35% a 60% dos trabalhadores tinham menos de 1,5 hectare, 25% a 40% de 3 a 10 hectares, enquanto o mínimo de subsistência se situa entre 5 a 7 hectares. Segundo os cálculos de Robert Fossier, "em dez camponeses, quatro estão em dificuldade ou na miséria, quatro vivem modestamente, mas com certa segurança, dois conhecem o conforto". Guy Fourquin não é mais otimista: notando que em Mesnil--Amelot, em um senhorio do capítulo de Notre-Dame de Paris, 171 famílias partilham 80 hectares, e que em Garges, perto de Saint-Denis, 66 famílias em 97 têm menos de meio hectare, ele conclui que "havia um angustiante problema de sobrevivência para a massa". Muitos camponeses se endividavam com os burgueses ou com os senhores, enquanto outros desistem de suas terras em troca de um aluguel. O uso das comunas, para pastagem de alguns porcos ou ovelhas, ou a prática do artesanato rural – e nada além disso – fornecem o complemento essencial à renda camponesa.

Existe, porém, uma categoria de camponeses sem senhores, totalmente independentes e donos de suas terras, os *alleutiers*. Muito mais numerosos no sul, na Espanha e na Itália, possuem uma terra ancestral, um *alleu*, e agrupam-se em "parentelas" e "vizinhanças", formam comunidades livres, dirigidas por "homens bons" nomeados na própria comunidade, e resolvem seus problemas em assembleias judiciais. No entanto, os senhores da região cobiçam essas terras e, desde o início do século XI, exercem pressão para apoderar-se delas: invasões, perseguições e violência se multiplicam a partir de 1020. Assim, os condes de Carcassonne e os viscondes de Béziers, aliados a um senhor do país de Nîmes, Bernardo, o Peludo, senhor de Anduze, aterrorizam os camponeses, conforme relatado em uma carta da abadia de Conques, que tinha propriedades na região:

---

14 Imposto feudal sobre exibição de mercadorias. (N. T.)

Um certo cavaleiro, Bernardo, apelidado o Peludo, sitiou Loupian com mil cavaleiros e quase o mesmo número de homens a pé. Cercou o terreno com uma vala e destruiu com ferro, fogo e pilhagem tudo o que havia ali. Aqueles que previram esses infortúnios reuniram todos os seus pertences sob o abrigo das paredes que cercavam nossa igreja em Palas, carregando tudo e deixando apenas cabanas vazias. Os cavaleiros, desapontados em relação aos saques que esperavam, vasculharam os lugares vizinhos e levaram para o acampamento tudo o que encontraram no campo.

Cenas desse tipo ocorrem em quase todos os lugares em Languedoc, Auvergne, Albigensian, Rouergue, Quercy, Limousin. O livro dos *Milagres* de Sainte-Foy menciona que 26% das intervenções da santa ocorrem nessas circunstâncias entre 980 e 1020, e 36% no período de 1030-1076. O resultado é uma retirada massiva das terras de *alleu* no final do século XI; eles são recebidos nos senhorios e seus antigos proprietários tornam-se arrendatários (*fermiers* ou *métayers*). No norte da Europa, as terras de *alleu* quase desaparecem por volta do século X, e os *alleutiers* são obrigados a se colocar sob a "proteção" de abadias e senhores para escaparem aos excessivos constrangimentos a que eram submetidos por reis e condes em nome do "serviço público".

O FENÔMENO URBANO: CRESCIMENTO DAS CIDADES E NASCIMENTO DAS COMUNAS

Uma das principais características da evolução econômica e social dos séculos XI-XIII é o crescimento urbano. Esse fenômeno tem uma dupla origem: demográfica e econômica. O crescimento demográfico, que provoca uma fragmentação excessiva das posses, gera uma explosão no número de jovens que se deslocam para o aglomerado mais próximo. Aos camponeses livres somam-se os escravos e servos fugitivos, que buscam uma melhoria da própria situação: em geral, especialmente entre os alemães, o direito urbano, *Stadtgerichte*, oferece-lhes certas garantias, e depois de um ano, se seu senhor não os recuperou, tornam-se livres, porque "o ar da cidade liberta" (*Stadtluft macht frei*). Uma coisa é certa: a imigração é a única fonte de crescimento da população urbana, e os imigrantes vêm do interior próximo, num raio de no máximo 30 quilômetros. Em Arras, por volta de 1150, 72% deles vêm de menos de 10 quilômetros de distância e, portanto, mantêm vínculos muito fortes com o campo. Ainda é preciso que a cidade ofereça oportunidades de trabalho. Esta é a segunda causa do crescimento: o aumento das atividades comerciais.

Dois casos se apresentam. No sul da Europa, na antiga *Romania*, restam centros urbanos que datam do Império Romano. Reduzidos à dimensão de um mísero aglomerado cercado por muros – é a cidade ou *civitas*, transformada em sede episcopal –, esses centros reúnem essencialmente agentes do poder público e religioso, bem como algumas famílias de origem antiga que ostentavam suas pretensões através de uma torre no topo da residência. A partir do ano 1000, começam a se formar em torno dessas cidades excrescências acolhedoras de imigrantes: *borghi* italianos, *barri* de Languedoc, *bordaria* de Aquitânia, *barrios* ibéricos, *bourgs* de Poitou e Île-de- -France, *Burgum* renanos – lugares que reúnem ainda mercadores que precisam se unir e se ajudar mutuamente nas suas operações comerciais. A partir de 1050 estes formam associações profissionais e religiosas que asseguram ajuda mútua: as guildas e as hansas. Em meados do século XII, as cidades antigas e os burgos periféricos são incluídos em uma mesma circunscrição: em 1132 em Pisa, 1152 em Gênova, 1145 em Toulouse, 1157 em Avignon, 1175 em Ratisbona, 1176 em Florença, 1180 em Colônia e Beauvais, 1192 em Amiens, 1200 em Paris e Liège.

Outras cidades são criações recentes ou renascimentos de antigas localidades desertas, repovoadas espontaneamente ou de forma autoritária. Assim, na Espanha, após a Reconquista, vemos renascer Salamanca, Tarragona, Valência, Córdoba e Sevilha, às quais se juntam criações régias como Burgos, Oviedo e Leão, ou eclesiásticas, como Lérida, Urgel, Jaca, Estella. No norte da Europa, as cidades são desde o início postos comerciais, como Lübeck, Hamburgo, Bremen, Bruges, Gante, Antuérpia, Bruxelas e Lille. No Sacro Império, os imperadores saxões e depois sálios criam cidades para apoiar sua autoridade secular e estabelecer as sedes dos bispados. Existem nada menos que 40 cidades episcopais, 20 vilas monásticas, 12 vilas palatinas e 48 vilas principescas no século XIII.

Em 1300, podemos distinguir na rede urbana europeia uma dezena de grandes cidades de 100 mil habitantes ou mais. Com exceção de Paris, que

1000-1300 – O TEMPO DO OCIDENTE E A IDADE DA RAZÃO   327

chega a ter talvez 200 mil habitantes, todas são italianas: Milão, Veneza, Florença, Gênova, Nápoles, Palermo. Em um nível intermediário, entre 50 mil e 100 mil habitantes, encontramos Gante e Bruges, depois, entre 20 mil e 50 mil, Londres (talvez 40 mil), Colônia, Barcelona, Valência, Nuremberg, Augsburgo, Praga, Viena, Estrasburgo, Toulouse, Metz, Narbona e Rouen. Todos esses números são obviamente aproximados e dão origem a muitos debates entre os historiadores. No total, cerca de 60 cidades ultrapassariam 10 mil habitantes.

A aparência das cidades é bem conhecida graças à preservação de alguns bairros, bem como à iconografia e aos textos. A sujeira é proverbial: as ruelas de terra, estreitas, são esgotos a céu aberto, e ali se passeia em meio a excrementos e vísceras do açougue, junto com cães e porcos. Tudo isso é bem conhecido e ilustrado pelos regulamentos urbanísticos do século XIII, que embora fossem numerosos, tinham eficácia relativa. É famosa a anedota de Filipe Augusto: incomodado com o cheiro de lama expelido pelas carroças em Paris, ele ordena que as ruas principais fossem pavimentadas com "pedras duras e fortes". Os incêndios são frequentes: apenas no ano de 1188, Reims, Beauvais, Troyes, Provins, Arras, Poitiers são parcialmente destruídas pelo fogo; Rouen queima seis vezes entre 1200 e 1225. As ruelas são armadilhas mortais: ali acontecem roubos, estupros e assassinatos; enfermos e mendigos, alguns verdadeiros, outros falsos, atacam os burgueses; estudantes provocam desordem; sujeira e promiscuidade espalham doenças; prostitutas e bandidos assombram certos bairros, saunas e tabernas. No entanto, existem belas igrejas, catedrais, muito embora estejam tão espremidas pelas casas que dificilmente é possível apreciar as fachadas. Em suma, a cidade concentra todos os problemas sanitários e sociais, agravados pela promiscuidade. Não possui mais função defensiva, pois as invasões haviam cessado, e uma relativa paz reina na Europa. Tanto isso é verdade que a manutenção das muralhas é abandonada – elas são absorvidas no tecido urbano pelo crescimento dos burgos, tornam-se ruínas, servem de pedreiras, depósitos de lixo, locais de tráfico e prostituição.

Contudo, a cidade atrai, por instinto de rebanho, é claro, e porque ela oferece muito mais oportunidades do que o campo, onde a violência não é menor. Todos se aglomeram ali: clérigos, estudantes, artesãos, comerciantes, serviçais, funcionários de justiça e de administração, sem falar nos marginalizados. Porém, essas concentrações humanas, por mais modestas que sejam em relação às nossas megalópoles, apresentam sérios problemas de organização e administração. Até o século XI, é a aristocracia latifundiária que faz a lei: as cidades ocupam um espaço, e o espaço pertence aos senhores, como no campo. Esses nobres, que frequentemente alternam estadias no seu castelo rural e no seu hotel urbano, pretendem impor a sua lei obrigando os ocupantes do local a pagar impostos; alguns pertencem à aristocracia, dos condes ou dos bispos. Sua residência é marcada por uma torre cuja altura é proporcional ao seu poder ou pretensão: são 135 em Florença por volta de 1180, 300 em Avignon em 1226, 80 em Ratisbona. As 13 torres que restam hoje (parece que havia 200) em San Gimignano são suficientes para tornar essa pequena cidade toscana espetacular. Essa nobreza fundiária laica manteve-se relativamente aberta até meados do século XIII, acolhendo recém-chegados de origem rústica ou ministerial, como os Doria em Gênova, os Albizzi e os Pazzi em Florença, os Dandolo e o Barbarigo em Veneza. Depois o ambiente se fecha: 25 famílias dominam Barcelona por volta de 1230, 46 em Lübeck, 95 em Arles, 180 em Veneza. A aristocracia religiosa (bispos e capitulares, que também controlam grande parte do solo urbano) é muito ligada a essas famílias.

Por fim, temos as pessoas comuns, os *minores*, o *popolo minuto*, o *commun peuple*, no qual se misturam artesãos e comerciantes, mestres e trabalhadores, criados e companheiros.[15] Essa multidão turbulenta e difícil de controlar tem voz na administração da cidade. Por vezes o povo é consultado em reuniões tumultuadas no século XI, mas é a partir do século XII que se organizam verdadeiras instituições urbanas, com especificidades regionais.

O caso italiano é particular. No século XI, as linhagens aristocráticas, que queriam controlar o campo e os negócios comerciais, organizam-se em consulados dirigidos por *consules primores*, em Cremona (1030), Veneza (1035), Milão (1045), Placência (1070), Verona, Parma, Pisa (1080), Gênova (1099) e Bolonha (1105). Esses consulados são tribunais de justiça e até verdadeiros senhorios, como em Florença, onde os ofícios (os *arti*), são ali representados por seus priores. O povo, organizado por bairros e representado pelos

---

15 O *compagnon* era o oficial remunerado do mestre-artesão numa corporação de ofício; não deve ser confundido com o aprendiz, que era o trabalhador não remunerado. (N. T.)

gonfalonieri, tem direito de inspeção sobre a eleição de priores e cônsules, e as relações nem sempre são fáceis. Em 1144-1145, em Roma, Arnaldo de Bréscia, contando com o povo dos bairros, derruba os nobres, toma o poder e recria um senado, mas a aristocracia, com a aproximação de Frederico Barbarossa, restaura a antiga ordem e executa Arnaldo em 1155. Para resolver os conflitos entre clãs, recorre-se à arbitragem de um agente externo, a quem o poder é confiado por contrato de tempo determinado, o que não era isento de riscos, pois o *podestat* assim nomeado poderia se manter no cargo e prolongar a sua ditadura, como Boccanegra em Gênova (1256-1262), Della Torre em Milão (1266), Ugolino Della Gheradesca em Pisa (1282-1284). Durante o século XIII, as corporações de ofício conseguem se impor cada vez mais perante os órgãos do governo graças a uma série de tumultos, em Gênova (1217, 1241, 1262), em Florença (1223, 1237, 1250), em Pisa (1254, 1270) e em Milão (1214, 1266, 1277). Em Florença, onde 147 famílias antigas são excluídas e todos precisam se registrar para um ofício em 1293, o senhorio se abre para 21 ofícios e membros das artes menores serão vistos ocupando cargos de prior ou cônsul. Siena, Viterbo, Bolonha, Gênova e Milão assistem a fatos similares. As rivalidades entre clãs também são cobertas com pretextos políticos: enquanto os guelfos apoiam o papa, os gibelinos apoiam o imperador e os interesses germânicos.

A vida comunal é menos agitada nas outras regiões do Mediterrâneo, onde geralmente os consulados são constituídos em igual proporção de nobres cônsules e de "populares" (ou seja, comerciantes de fato), em Avignon de 1129, Arles (1138), Montpellier (1141), Nîmes (1144), Toulouse (1152), Marselha (1178), Agen (1189). Da mesma forma, na Espanha, os *fueros* entregues pelos reis fazem o poder se dividir entre os nobres e os principais burgueses, com *concejos* que designam os juízes (*alcaldes*) e organizam as milícias.

Entre o Sena e o Reno, o contexto é completamente diferente. Nas cidades, sobretudo nas de origem mais recente, a antiga aristocracia fundiária é menos importante. O elemento mercantil domina desde o início e é organizado desde muito cedo em irmandades e ofícios, como em Liège (desde 1002), Gante (1013), Saint-Omer (1027), Bruxelas (1047). As reivindicações dos burgueses são de três ordens: jurídicas (escapar dos tribunais senhoriais, incompetentes em matéria de comércio), políticas (sacudir o jugo dos senhores terrenos e dos bispos), econômicas (libertar-se dos obstáculos ao comércio, à circulação de mercadorias e aos mercadores). Para constranger o senhor ou o bispo local, os burgueses fazem um juramento de ajuda mútua, formam uma *conjuratio*, com o objetivo de obter uma "comuna" que lhes permita autogestão: assim como os nobres, eles terão seu hotel urbano (o Hôtel de Ville), sua torre (o campanário), seu selo e, como a igreja, seu sino; eles nomearão magistrados locais e um prefeito, que decidirá sobre os impostos e regulamentos comerciais. Em geral, a balança do poder pendia para o lado dos burgueses e um acordo era alcançado de forma rápida e pacífica. Dezenas de comunas foram criadas entre 1090 e 1130, como Saint-Quentin (1090), Arras (1108), Valenciennes (1114), Amiens (1119), Gante (1124), Bruges (1128). Os casos de violência são raros: em 1112, o bispo de Laon, Gaudri, suprime a comuna depois de a ter concedido; a população se enfurece, começa a gritar "Comuna! Comuna!" e o bispo é massacrado no barril onde havia se escondido. Episódio pitoresco, porém excepcional.

Embora o rei apoie o movimento comunal nos feudos de seus vassalos, em seu domínio ele cuida de manter o controle por meio de seus bailios e intervém diretamente para regular as finanças, o comércio e a ordem pública. É por isso que em Paris não há comuna. No final do século XI, os Mercadores da Água se agrupam em uma hansa para controlar o comércio fluvial, e seu líder, o preboste dos mercadores, cercado por magistrados, recebe no século XIII o direito de distribuir e cobrar impostos, cuidar da distribuição de víveres e realizar obras de utilidade pública. Sediado no Parlamento dos burgueses (Hôtel de Ville), o preboste e os magistrados podem apresentar queixas ao rei, a despeito do fato de o rei manter um preboste régio.

No Sacro Império, foi necessário esperar até meados do século XII para que as cidades pudessem ter um conselho (*Rat*), como Ratisbona (1156), Augsburgo (1157), Lübeck (1159) e Hamburgo (1189). A oeste, as "cidades livres" de Colônia, Mainz, Worms, Speyer, Aachen, Frankfurt, Estrasburgo, Basileia e Constança gozam de grande autonomia, mas prestam juramento ao imperador, devem serviço de guerra, impostos e hospedagem. Finalmente, as "cidades do Império", como Ratisbona, Nuremberg, Augsburgo, Lübeck e Goslar, estão sob responsabilidade de um conde ou de um chefe de guerra. Uma notável exceção nesse movimento europeu que tende a implantar instituições municipais nas cidades: é o caso dos domínios dos

1000-1300 – O TEMPO DO OCIDENTE E A IDADE DA RAZÃO   331

plantagenetas, onde os representantes do rei detêm todos os poderes, tanto na Inglaterra, com os xerifes, quanto no continente, onde os "estabelecimentos" de Rouen (1195), estendidos até Bordeaux (1206) e La Rochelle (1214), são apenas uma imitação muito pálida das comunas francesas.

ARTESANATO E COMÉRCIO ENTRE REGULAMENTAÇÃO E MORAL

A cidade é antes de tudo um centro de produção e de trocas. O mundo dos artesãos, que se desenvolve no século XI para atender à crescente demanda por produtos de consumo, se organiza em "ofícios" no primeiro quartel do século XII. Os primeiros regulamentos desses corpos profissionais são os dos sapateiros de Rouen, no tempo de Henrique I (1100-1135). Depois o movimento se generaliza e, em 1246, por exemplo, o *Livro dos ofícios* de Estêvão Boileau revela que em Paris havia mais de uma centena de ofícios diferentes. O "ofício", que mais tarde será denominado "corporação", é um organismo que defende os interesses profissionais. A gestão, colegiada, é composta por um grupo de jurados (França de oïl),[16] cônsules (França de oc),[17] priores (Itália), *Meister* (Alemanha) e síndicos, todos eleitos entre os mestres. Eles promulgam regulamentos rígidos sobre a qualidade da produção, o número de aprendizes e companheiros por loja, tempo de trabalho, horários. O princípio básico é o da confraria, que exige perfeita igualdade entre os mestres: proibição total de publicidade e de qualquer inovação, que seriam fatores de concorrência desleal. O que se almeja não é o crescimento, mas a ambiência honesta, que assegure a todos um nível de vida correto e a estabilidade do todo: também nessa área, é a razão que prevalece, juntamente com a fé, porque a profissão está ligada às associações religiosas de ajuda mútua: as irmandades. Cada profissão tem o seu padroeiro, os seus estandartes, as suas festas e as suas procissões, e muitas vezes esse mundo profissional está na origem das instituições municipais. Os mais importantes desses ofícios, pelo número de operações e pela quantidade de mão de obra empregada, são os têxteis: cerca de trinta operações diferentes, cada

---

16 Referência à parte norte da França, onde se falava a língua de oïl. (N. T.)
17 Referência à parte sul da França, onde se falava a língua de oc. (N. T.)

uma exigindo trabalho especializado e, portanto, um ofício próprio – tecelões, fulões, cardadores, tosquiadores, tintureiros, costureiras, tecelões. Duas regiões dominam esse setor: Flandres, com suas imensas "cidades têxteis" de Bruges, Ypres, Gante, Lille e Toscana, onde se destaca Florença, com a *Arte di Calimala* (grandes comerciantes de tecidos), uma das sete grandes artes que dirigem a cidade no âmbito do senhorio.

A organização dos ofícios é baseada na solidariedade entre mestres e companheiros, e solidariedade vertical entre empregadores e empregados, o que exclui qualquer organização horizontal do tipo sindical com o objetivo de defender interesses de classe: coalizões e greves trabalhistas são formalmente proibidas, como o jurista Filipe de Beaumanoir nos lembra em *Costumes de Beauvaisis* por volta de 1280, pois "seria contra o direito comum sofrermos com isso", e ainda, contra "a razão". Em caso de coalizão e greve, o rei manda prender os grevistas, "e após terem passado por uma longa pena de prisão, pode-se cobrar de cada pessoa uma multa de sessenta soldos". Porém, na segunda metade do século XIII, com a queda dos preços e a estagnação dos salários devido à superabundância de mão de obra, as condições de trabalho deterioram-se e os primeiros choques sociais eclodem: em Arras em 1253 e 1260, em Liège em 1253-1255, em Bruges em 1302. Agitadores como Henrique de Dinant em Liège ou Pedro de Koninc em Bruges lançam *slogans* revolucionários: "Todos devem ter, cada um, tanto quanto os outros". Em 1267, o prefeito de Pontoise é assassinado; em 1281, o de Rouen, onde em 1292 uma insurreição popular destrói as instalações onde se coletava o maltote.[18] Filipe, o Belo, suprime a comuna e enforca os líderes. A crise que se aproxima é tanto social quanto econômica e política.

A mais grave ameaça à economia medieval estacionária, solidária e hiperregulamentada, porém, reside na ascensão irresistível do grande comércio, cavalo de Troia de uma economia monetária, liberal e capitalista, baseada não mais na ideia do bem comum e na utilidade pública, mas na rentabilidade e na acumulação de lucros. Esse setor, que comporta grandes riscos e requer grandes meios financeiros, é incompatível com as minuciosas regulamentações dos ofícios e as proibições religiosas de uma Igreja que pretende demonizar o dinheiro, o espírito do lucro, o empréstimo a juros, o desejo

---

18 Imposto extraordinário que incide sobre bens de consumo, como vinho. (N. T.)

1000-1300 – O TEMPO DO OCIDENTE E A IDADE DA RAZÃO

de enriquecimento. São atribuídas a Jesus as palavras de maldição contra os ricos ("Ai de vós, ricos"), que terão mais dificuldade para entrar no paraíso do que um camelo para passar pelo buraco da agulha. Contudo, essa atitude, que poderia ter bloqueado qualquer desenvolvimento de uma economia monetária, não se efetiva para além da retórica destinada a consolar os pobres; ademais, o clero, cuja riqueza coletiva é proverbial, sabe mostrar grande pragmatismo nesse assunto. Mais uma vez, constatamos que, quando os interesses da Igreja estão em jogo, a fé sabe fazer um perfeito uso da razão e, longe de desacelerar o crescimento dos negócios, a Igreja é um ator essencial na ascensão do espírito capitalista do século XI ao século XIII.

A IGREJA, O DINHEIRO, A MOEDA E AS FEIRAS

Isso porque a Igreja oferece caução moral ao uso comercial da moeda. A moeda é a medida legítima do valor dos bens, diz Tomás de Aquino – ela é *"regula et mensura rerum venalium"* e "seu uso próprio e primário consiste em ser despendido nas trocas". Instrumento indispensável para a circulação dos bens, é também uma segurança, "um elo para o homem entre o presente e o futuro", "uma garantia diante das necessidades futuras" e "o meio de reservar o poder de compra a fim de empregá-lo otimamente em um momento escolhido". Esta também é a opinião de Alberto Magno. A moeda, na forma de peças metálicas, tem um valor intrínseco, o do metal que o compõe, e um valor extrínseco superior, pois a passagem do metal à moeda confere-lhe um poder superior, e é por isso que o rei, que produz moedas, pode legitimamente se beneficiar delas. Inocêncio III e Inocêncio IV, assim como são Tomás, pensam que as mutações monetárias são justificadas, desde que permaneçam "razoáveis".

Nesses termos, a suposta proibição do empréstimo a juros pela Igreja não passa de propaganda, hostil ou favorável dependendo do ponto de vista, e esse princípio não tem impacto direto na prática. A verdade é que, para a Igreja, qualquer operação de empréstimo envolve um risco, e qualquer risco legitima uma remuneração. É o caso das operações de troca, indispensáveis para as negociações, bem como dos investimentos de participação em uma empresa comercial. Tomás de Aquino escreve na *Suma teológica*:

Aquele que confia seu dinheiro a um mercador ou a um artesão, por meio de qualquer associação, não transfere a propriedade do numerário, que permanece com ele. É, portanto, por conta e risco do referido proprietário que o mercador faz comércio ou que o artesão trabalha. Além disso, aquele que confia seu dinheiro está autorizado a reivindicar uma parte do benefício obtido, como proveniente de seu próprio bem.

Da mesma forma, os depósitos bancários remunerados são totalmente legítimos, pois se assemelham aos investimentos de participação em uma empresa. O próprio banco emprestará o dinheiro dos depositantes e se beneficiará disso – assim, é lógico que os depositantes recebam a parte que lhes cabe. O papado, diga-se de passagem, não é o último a usar os serviços dos bancos. A suposta proibição de emprestar a juros é apenas um pretexto conveniente usado contra os judeus, então qualificados como usurários, embora as taxas de juros que eles propunham fossem muitas vezes inferiores às dos credores lombardos, lucanos ou florentinos.

Por conseguinte, não há obstáculo para transações financeiras. Sob o efeito da demanda, a circulação monetária aumenta a partir do século XI, quando as oficinas de cunhagem proliferam graças ao afluxo de metais preciosos: o comércio lucrativo com o Oriente faz as moedas de ouro e prata escoarem; as pilhagens dos cruzados, como a de 1204 em Constantinopla, também contribui nesse sentido; as minas de prata alemãs, no Harz e na Saxônia, produzem grandes quantidades de metal a partir de 1170. Ao mesmo tempo, a circulação de dinheiro em espécie acelera. Um grande problema é o da multiplicação de oficinas senhoriais de cunhagem, o que contribui para colocar no mercado moedas de diferentes qualidades, que circulam em paralelo. Daí a importância do cambista, especialista em moedas, instalado em sua banca (ancestral do banco), munido de sua balança. A situação se torna ainda mais anárquica porque os príncipes, que queriam pagar mais facilmente suas dívidas, depreciam a própria moeda, cunhando peças com menor teor de metais preciosos. Quem coloca um pouco de ordem na casa é Luís IX: em 1262, ele impõe o curso legal da moeda real em todo o reino – a circulação das moedas dos vassalos passa a se restringir às terras dos próprios vassalos. Durante seu reinado, o número de oficinas senhoriais cai de 300 para 100 no reino da França, restando apenas 30 em 1315.

1000-1300 – O TEMPO DO OCIDENTE E A IDADE DA RAZÃO   335

O século XIII é uma grande época na história monetária europeia. Para atender às crescentes necessidades do grande comércio, reis e repúblicas mercantis colocam em circulação belas moedas, mais pesadas e com poder liberatório mais elevado. Peças de prata como o matapan veneziano, o esterlino inglês, o grosso de prata ou soldo tornês de Luís IX em 1266, pesando 4,22 gramas. Acima de tudo, retoma-se a cunhagem de ouro, que tinha sido abandonada havia cinco séculos. Em 1231 aparecem os augustais de Frederico II, as mais belas peças de ouro da Idade Média; depois há os florins de Florença, os genoveses de Gênova, os ducados venezianos, os escudos de Luís IX (1266). No entanto, as dificuldades do final do século – a escassez de metais preciosos, as crescentes necessidades de trocas comerciais, a necessidade de combater as moedas ruins, que afastam as boas – levam os reis a manipular, desvalorizar e depreciar a própria moeda a partir da década de 1280. Nessa questão, Filipe, o Belo, chega a ganhar fama de "falsificador de moedas", e recebe de Dante, na *Divina comédia*, a designação de "aquele que falsifica a moeda".

Outro sinal de grande atividade econômica: o progresso das técnicas financeiras, destinadas a facilitar pagamentos, empréstimos e transferências. As inovações decisivas são devidas aos cambistas genoveses, que são chamados de *bancherii* (banqueiros), quando, no século XII, começam a aceitar depósitos reembolsáveis sob demanda de clientes que não queriam carregar moedas pesadas. A partir daí, surge o pagamento por transferência bancária, de um banqueiro para outro, a pedido do cliente. Então percebe-se que bastava manter apenas uma parte dos depósitos a fim de se atender às demandas correntes de reembolso, o que permite o investimento do restante e, com isso, a obtenção de benefício. Bancos de depósito e bancos de negócio também passam a realizar operações de empréstimo a juros disfarçadas de contratos de câmbio, com letra de câmbio entre moedas diferentes. Essas atividades monetárias e financeiras são indicativas do desenvolvimento da troca de bens, do grande comércio de mercadorias, que escapa às regulamentações paralisantes dos ofícios. É por essa rota que se infiltra sorrateiramente o espírito capitalista – ele acabará por derrubar o sistema corporativo... meio milênio mais tarde.

A ascensão do grande comércio torna-se possível graças à melhoria dos meios de transporte. Além das rotas terrestres emprestadas de antigos trechos das estradas romanas, novos itinerários são abertos: rotas de peregrinação com albergues ao longo do caminho, rotas de junção das grandes abadias e dos centros de governo com, por exemplo, o início da rede viária em forma de estrela ao redor de Paris. Os setores pavimentados (as "calçadas") ainda são raros, mas nas áreas mais movimentadas de Île-de-France e Champanhe, por exemplo, estima-se que pudessem circular carroças com peso superior a seis toneladas, e que a velocidade ali era equivalente ao que seria no início do século XIX. O grande progresso a partir do século XII foram as pontes de pedra: em Paris, Londres, Liège, Namur, Huy, Verdun e Maastricht. Mas as mercadorias passam mais por baixo do que por cima: os pequenos rios são atravessados por barcaças, o que economiza combustível, ou seja, forragem. O flagelo dos transportes terrestres e fluviais, entretanto, são os pedágios: nada menos que 130 no curso do Loire, por exemplo. Cada senhor, sob pretexto de garantir a segurança dos mercadores que atravessam o senhorio, arroga-se o direito de cobrar impostos de passagem. Verdadeiro roubo legal, os pedágios representam 50% do preço dos grãos que descem do Sena até Rouen.

Daí o interesse do transporte marítimo, que durante os séculos XII e XIII estimula notáveis inovações: bússola, astrolábio e leme de popa. Por volta de 1200 surge no mar do Norte um novo tipo de navio, desenvolvido pelos frísios, o *kogge*, ou coca: 30 metros de comprimento, 7 de largura, 3 de calado, uma única vela, um leme de popa, pode transportar de oito a dez vezes mais mercadorias do que os navios convencionais, a uma velocidade de até 10 ou 15 milhas por hora com bons ventos (18-28 km/h). No entanto, a navegação não é isenta de perigos: piratas e naufrágios tornam as viagens incertas. No século XII, elabora-se na Aquitânia um código elementar de direito marítimo, os "rolos de Oléron", que se estenderia a todos os mares ocidentais e setentrionais.

São precisamente os riscos inerentes ao grande comércio que explicam a criação, já no século XI, de associações comerciais: as companhias ou sociedades comerciais. A mais simples é o comando, associação de uma ou mais pessoas trazendo os capitais e um mercador que faz a viagem sem contribuir com dinheiro. O comando é concluído numa única viagem, na maioria das vezes marítima. A verdadeira sociedade ou companhia, mais estável, é geralmente formada por vários anos e diz respeito principalmente aos transportes terrestres e fluviais. As mais numerosas e prósperas encontram-se na Itália; as mais importantes criam seu próprio setor de fabricação, sobretudo na área têxtil, e também desempenham o papel de banqueiros, como, no século XIII, os Tolomei e Buonsignori (de Siena), os Rapondi (de Luca), os Spini, os Scali e os Frescobaldi (de Florença). No entanto, todos vão à falência por volta de 1300, devido às suas atividades bancárias com reis e papas, que eram devedores perigosos e raramente pagavam seus empréstimos. No setor flamengo, não há equivalentes desse tipo de sociedade, mas alguns grandes comerciantes atingem um nível considerável de fortuna que lhes permite desempenhar um papel político no governo de sua cidade, como o mercador de tecidos Jehan Boinebroke, de Douai, falecido em 1286, que impõe sua lei aos burgueses e explora impiedosamente uma mão de obra rural e urbana.

Além do comércio local de produtos de necessidade básica, especialmente alimentos, o grande comércio internacional experimenta um crescimento considerável em volume e valor do século XI ao XIII. As especiarias continuam a ser os principais produtos: artigo de luxo, não pesado e muito caro. Elas trazem enormes lucros para os mercadores italianos de Gênova e Veneza, que também importam seda, algodão, tecidos finos do Oriente Próximo e exportam têxteis flamengos, basicamente. No norte da Europa, a lã inglesa crua é a principal mercadoria que atravessava o passo de Calais em direção às cidades têxteis flamengas, dentre as quais, Bruges, que gradualmente assume o primeiro lugar, a partir do século XI, com a escavação de um canal ligando a cidade no estuário de Zwin. A criação do porto externo de Damme, antes de 1180, depois de Eclusa (Sluis) por volta de 1260, permite o acesso de navios hanseáticos maiores: italianos, baioneses, bretões e catalães – mais ainda: a instalação de correspondentes de companhias italianas torna esse porto o principal centro bancário nórdico. Em 1281, a fusão das hansas de Colônia, Hamburgo e Lübeck em uma única associação, a Hansa germânica, estabelece o domínio dos mercadores alemães no mar do Norte. Monopolizando o comércio de trigo da Prússia, peles da Escandinávia e da Rússia, mel, madeira de construção, arenque e cerveja, a Hansa chega a ser um poder político, capaz de fazer pressão por meio da economia. O sal da costa atlântica (Bourgneuf) e os vinhos da Gasconha completam o tráfego nos mares ocidentais.

Entre os locais de troca de mercadorias destacam-se as feiras de Champanhe, que atingem seu auge entre 1150 e 1250. Pontos de encontro de italianos e flamengos, também atraem seis vezes ao ano mercadores de toda a Europa, em Provins (duas vezes), Troyes (duas vezes), Bar-sur-Aube e Lagny. O seu sucesso deve-se largamente à hábil política do conde de Champanhe, que deles obtém grandes lucros tributando as transações: pelo "conduto" das feiras, ele garante proteção efetiva aos comerciantes, e pelos "guardas de feira", oferece segurança policial e resolve as contendas. Cada feira dura no mínimo três semanas, em três etapas: "entrada" (desempacotamento e aluguel de barracas), venda e "saída" (acerto de contas). Ali se trocam principalmente tecidos e especiarias, e os mercadores têm aí a sua organização, com a presença de cônsules que representam as cidades de origem.

Por volta de 1250, as feiras de Champanhe mudam de caráter. O volume do comércio de mercadorias diminui com a abertura de novas rotas: a via marítima progride e, melhor ainda, novas passagens transalpinas permitem a passagem de italianos pela Suíça e pelo vale do Reno. No entanto, até o início do século XIV, as feiras mantêm uma função de lugares de troca – era onde se liquidavam as notas promissórias. Reembolsos de empréstimos com as taxas de câmbio variáveis, sendo estas conhecidas graças aos "correios de feira". Mas até mesmo essa atividade financeira acaba declinando a partir de 1300, pois negociantes, mercadores e banqueiros têm cada vez mais representantes permanentes em Paris, Bruges ou Londres.

OS SINAIS QUE ANTECEDEM A CRISE

Assim, a data de 1300 marca uma viragem em todos os domínios, a entrada numa nova fase da Idade Média, uma fase de crise e convulsão, o crepúsculo de uma civilização. Os contemporâneos não estão plenamente conscientes disso. Só os espíritos mais lúcidos percebem os primórdios das dificuldades que virão, pois o edifício da idade da razão ainda conserva uma bela fachada. O sucesso do grande jubileu de 1300 é como o apogeu dessa civilização da estabilidade, voltada para o além, cujo objetivo era organizar a estada terrestre como preparação para a vida celeste mediante uma síntese entre fé e razão. O problema é que, se o fim do mundo demorar muito para chegar, o frágil equilíbrio a ser alcançado não resistirá às forças dissolventes da natureza e das paixões humanas.

As rachaduras já aparecem: o clima piora; são poucos bens a serem partilhados por muitos homens que começam a competir entre si; a crescente concentração do poder político aumenta as rivalidades entre os soberanos; a legitimidade das autoridades religiosas e seculares começa a ser contestada por alguns, e a confiança otimista depositada na síntese entre razão e fé é abalada. Nada disso é um bom presságio.

A primeira escassez de alimentos acontece em Île-de-France em 1305, e na Alemanha, em 1309 e 1311. Os desmatamentos cessam e a população continua a crescer. As guerras de Flandres, no tempo de Filipe, o Belo, perturbam a indústria têxtil e o fornecimento de lã inglesa fica ameaçado; as rivalidades marítimas entre Gênova e Veneza, a perda dos últimos territórios da Terra Santa, o confronto entre aragoneses e angevinos desorganizam o comércio no Mediterrâneo. O fornecimento de ferro catalão e de alume oriental é dificultado. Na cidade, os comércios tendem a fechar, endurecer os regulamentos e reduzir o acesso à maestria, causando fortes tensões sociais. O crescimento urbano aumenta a pressão das cidades sobre o campo, onde o senhorio mostra sinais de fragilidade. A renda senhorial não acompanha a subida dos preços e os senhorios, por sua vez, tornam-se mais exigentes, ao mesmo tempo que se ausentam cada vez mais e deixam de cumprir o seu papel de protetores; os rancores do campesinato se acumulam. A influência dos ricos mercadores na economia urbana e na administração municipal, com o surgimento de fortunas colossais, provoca a hostilidade do mundo dos artesãos e dos pequenos comerciantes. Os próprios mercadores e banqueiros encontram-se perturbados e descontentes com a falta de regulação monetária: a chegada do ouro africano desacelera por volta de 1275, o que afeta o equilíbrio do sistema bimetálico – a relação entre ouro e prata passa de 1/9,65 para 1/10,5 e até 1/11,4 na Cúria. De todo modo, o próprio dinheiro começa a escassear com o esgotamento das minas, como as de Melle em Poitou; o marco de prata, que era vendido por 58 soldos torneses em 1289, sobe para 145 soldos em 1305. Os soberanos, confrontados pela escassez de metais preciosos e pelas despesas crescentes, especialmente devido à guerra, aventuram-se em mutações monetárias que bagunçam gravemente a economia. Filipe, o Belo, desvaloriza o grosso de prata em 1295, 1303 e 1311.

Noutra área das monarquias, a centralização e a burocratização crescentes sob a influência dos legistas causa profundos descontentamentos, isso para não falarmos da impopularidade dos soberanos. A aristocracia sente-se privada de seu papel "natural" de conselheira do rei, e a crescente eficiência da justiça e da administração provoca movimentos de resistência, como as revoltas dos barões na Inglaterra e as ligas feudais na França. A pressão fiscal devida ao aumento dos custos operacionais do governo suscita a oposição popular que obriga os reis a negociar com os representantes dos contribuintes. Isso, além de provocar demonstrações de força, ainda pode levar a situações dramáticas quando o governante é desajeitado ou desprezado, como foi o caso da derrubada de Eduardo II em 1327.

As relações com a Igreja também se deterioram. O papado está em crise: após a abdicação e morte suspeita de Celestino V em 1294, Bonifácio VIII, em conflito com Filipe, o Belo, é molestado em Anagni em 1303, e a sede de São Pedro é estabelecida em Avignon, sob o controle dos capetianos. O clero é criticado por sua riqueza e, de acordo com Duns Escoto, os novos teólogos questionam o equilíbrio escolástico entre razão e fé. Em todos os domínios – intelectual, político, econômico, social – os sinais preocupantes se multiplicam. Porém, nem mesmo os mais pessimistas imaginam que o século que se inicia será o do Apocalipse.

TERCEIRA PARTE

1300-1500 – O TEMPO DO APOCALIPSE E A IDADE DA TRANSIÇÃO

Em 1380, foram concluídos nas oficinas do tecelão parisiense Nicolas Bataille sete painéis de tapeçaria, atualmente em exibição no castelo de Angers. Encomendados por Luís I, duque de Anjou, por volta de 1373, eles ilustram o texto do Apocalipse de são João em uma série de impressionantes pinturas nas quais se sucedem cenas cataclísmicas de terremotos, incêndios, invasões de gafanhotos, destruição de cidades, granizo, cenas de guerra e fome. Feitas a partir dos esboços de Hennequin de Bruges, pintor de Carlos V, os quadros são inspirados em miniaturas de manuscritos e retratam os quatro terríveis cavaleiros que semeiam morte e desolação – é deles que são João fala no capítulo VI: àquele montado no cavalo vermelho-fogo "foi concedido poder para tirar a paz da terra a fim de que as pessoas matem umas às outras, e uma grande espada foi dada a ele"; aquele montado no cavalo preto espalha a fome; o cavaleiro do cavalo amarelo ceifa pela peste; aquele do cavalo branco tem um papel mal definido, mas é também causador de morte. Os cavaleiros do Apocalipse – guerra, fome, peste, acompanhados da alegoria da morte – foram objetos de muitas representações alucinadas ao longo da história, das quais, uma das mais aterradoras é a de Dürer por volta de 1496-1498. Se durante mais de um século, da encomenda de Luís de Anjou até a gravura de Dürer, essa cena assustadora inspira mecenas e artistas, isso obviamente não é por acaso. Os dois últimos séculos da Idade Média são marcados por um acúmulo de episódios literalmente apocalípticos, como a história raramente produziu antes do século XX: retorno dos períodos de fome a partir de 1315, guerra endêmica na Europa, incluindo a mais célebre, denominada dos "Cem Anos", a peste bubônica que dizima um terço da população em 1348-1349 e ressurge de tempos em tempos como as réplicas de um terremoto; e a isso devemos acrescentar as catástrofes políticas e religiosas que desorientam os espíritos, como o Grande Cisma do Ocidente e a ameaça islâmica, e que culminarão na captura de Constantinopla em 1453. A cristandade perdeu o rumo. Deus parece tê-la abandonado. Teólogos, intelectuais e místicos buscam desesperadamente o significado desse caos. A grande aliança entre a fé e a razão se despedaça, e o irracional reaparece com suas profecias milenaristas, suas visões do Anticristo, suas elucubrações satânicas, seus feiticeiros e seus iluminados, numa proliferação de correntes heterodoxas que pedem uma reforma radical do Igreja.

Evidentemente, muitos historiadores reagiram a essa visão excessivamente sombria, excessivamente patética, teatral e catastrofista do *Outono da Idade Média*, título da obra clássica de Johan Huizinga. Podemos falar de declínio, de crepúsculo, de "baixa" Idade Média a respeito de uma época que produziu Dante e Petrarca, Van Eyck e Donatello, as catedrais de Florença e da Cantuária, a imprensa e as academias, o banco dos Médici e o maquiavelismo? O termo transição, que é mais neutro, provavelmente seria mais apropriado. Nos séculos XIV e XV, as estruturas de base da Europa medieval foram desfeitas. Sob o efeito de choques naturais e culturais, o edifício está rachando, mas sem desmoronar ainda; e, em meio às velhas instituições que sobrevivem, começam a emergir lentamente novos valores que serão os pilares de uma nova Europa. A cristandade fragmenta-se em monarquias nacionais com crescente centralização, as solidariedades tradicionais enfraquecem-se perante a afirmação do individualismo, a aristocracia ameaçada no seu estilo de vida inventa um cenário teatral e códigos de conduta exclusivos, afirmando a sua diferença de forma excessiva, até mesmo caricatural, fingindo desprezar o dinheiro, cuja ascensão contínua é irresistível. Novas classes sociais se impõem: banqueiros, juristas, intelectuais, guerreiros profissionais. O Estado burocrático se agiganta e estende seus tentáculos fiscais. Identidades nacionais são forjadas e a imprensa estimula a busca por uma fé mais pessoal e interiorizada. Camponeses e trabalhadores urbanos, afetados pelas convulsões econômicas, se agitam e às vezes causam revoltas violentas. Autoridades morais, começando com o papado, são contestadas. Para todos, os marcos tradicionais estão embaralhados e o futuro se torna incerto. No lugar da relativa estabilidade dos séculos XI-XIII, entra em cena o movimento; a imobilidade das estruturas e dos valores é substituída pela evolução, fator de esperança tanto quanto de medo. Do que será feito o amanhã? Esta é talvez a descrição essencial do fim da Idade Média e da passagem rumo à modernidade: a Europa toma consciência da evolução, ela passa do fixismo ao evolucionismo. O mundo muda, e isso é cada vez mais visível e angustiante. A estabilidade, com seus marcos imutáveis e suas certezas eternas, era reconfortante. As certezas sem dúvida eram ilusórias, mas muitas delas consolavam, e é sobre esse consolo que o belo edifício medieval foi construído. E agora, depois da idade das ilusões e da razão, entramos na idade da evolução, ou seja, da transição permanente. O homem medieval, que vivia num eterno presente, vislumbra a existência de um futuro – um futuro diferente, que ele examina com inquietação: multiplicam-se as profecias e as previsões, baseadas nas Escrituras, nas revelações, nos movimentos dos astros. E o que essas profecias revelam não ajuda os homens a se sentirem seguros. Os homens dos séculos XIV e XV não confiam no futuro; a ideia de progresso é estranha para eles. Eles na verdade retrocedem para o que chamamos de Renascimento, e o sentimento que domina por trás das belezas do *Quattrocento* é o medo.

Sejamos claros: medo não significa declínio. Ao contrário, o medo pode levar os homens a superarem-se, e podemos constatar que é no período de 1300-1500 que nascem a maior parte das obras-primas medievais. Essa época é a uma só vez uma apoteose e um apocalipse – época de excessos de todo tipo, de contradições que desembocam num mundo que não é melhor nem pior que o anterior: é o mundo do humanismo, do realismo político, do Renascimento, do banco, do absolutismo, da conquista colonial, da nova ciência. Passar de Francisco de Assis a Jacob Fugger, de Tomás de Aquino a Maquiavel, de Notre-Dame de Paris a São Pedro de Roma, ou de Luís IX a Henrique VIII, da captura de Jerusalém a São Bartolomeu, não é progresso nem retrocesso, mas uma fatalidade. Em todo caso, trata-se de uma inegável convulsão, uma mudança de sociedade, de mentalidade e de clima cultural, ou seja, trata-se do advento de uma nova civilização.

Fenômeno de longa duração, que os contemporâneos experimentam através das reviravoltas trágicas que mencionamos, o fim de *um* mundo que para muitos prenuncia o fim do mundo. É por isso que podemos qualificar essa época como tempo de transição tanto quanto de apocalipse. Estudaremos primeiro os aspectos culturais, com as catástrofes ligadas à passagem dos cavaleiros do Apocalipse e suas consequências nas mentalidades. Veremos em seguida, no plano político, como o Ocidente se fragmenta em monarquias nacionais enquanto o Oriente se reunifica sob a tutela dos otomanos. E, por fim, veremos como o apocalipse se revela um fator de transição, cabendo à economia o papel de motor da mudança.

– 11 –

OS CAVALEIROS DO APOCALIPSE: FOMES, GUERRAS, PESTES E SUAS SEQUELAS

Nos séculos XIV e XV, a proliferação de fontes escritas permite ao historiador ter acesso ao testemunho direto dos contemporâneos. Entre eles, o anônimo Bourgeois de Paris nos conta, em seu *Journal*, a respeito da vida na capital na primeira metade do século XV:

> Tudo foi saqueado num raio de cerca de vinte léguas... Eles saquearam, roubaram e mataram nas igrejas e noutros lugares. Como resultado, o pão ficou tão caro por mais de um mês, que um *setier*[1] de boa farinha valia 54 ou 60 francos. Os pobres, como em desespero, fugiram. (1410)

> Esta epidemia de peste foi, como dizem os anciãos, a mais cruel que assolou em três séculos... No final do mês morreram tantas pessoas em tão pouco

---

1 O *setier* é uma antiga medida de volume, e no caso de grãos, a unidade variava entre 150 e 300 litros, de acordo com a época e o lugar. (N. T.)

tempo que foi necessário cavar grandes buracos nos cemitérios parisienses. Em cada um deles foram colocadas 30 ou 40 pessoas amontoadas como toucinho, e o pouco de terra jogada por cima deles era quase insuficiente para cobri-los. (1418)

Tanta gente foi morta, homens e mulheres, da meia-noite ao meio-dia, que se chegou a contar 1.518 vítimas no Palácio na corte dos fundos. (1418)

Nos amontoados de esterco em Paris você poderia encontrar aqui e ali 20 ou 30 crianças, meninos ou meninas, morrendo de fome e de frio... Os pobres comiam o que os porcos não queriam... Os lobos nessa época estavam tão esfomeados que, nas aldeias e nos campos, desenterravam os cadáveres com as patas. À noite, eles entravam nas cidades e faziam muito mal... Eles também comiam mulheres e crianças em muitos lugares. (1420)

O grande frio durou de abril a maio. Dificilmente uma semana passava sem geada, gelo ou chuva todos os dias... e, neste ano, o Sena estava tão cheio que, no dia de Pentecostes, 8 de junho, chegou à cruz na Grève... A ilha de Notre-Dame foi inundada... todas as casas foram inundadas até o primeiro andar. (1427)

Os lobos ficaram tão furiosos por comer carne humana que, na última semana de setembro, estrangularam e comeram 14 pessoas, tanto grandes quanto pequenas, entre Montmartre e a porta Saint-Antoine. (1439)

Lá estão eles: guerra, fome, peste – cavaleiros do Apocalipse espalhando terror e morte. Testemunho irrecusável, que não se pode acusar de preconceito ou parcialidade. Ao lermos estas linhas e tantas outras com o mesmo teor, como se pode falar em dramatização excessiva a respeito dos horrores que traumatizaram os homens dos séculos XIV e XV? O autor, provavelmente um cônego de Notre-Dame de Paris e membro da universidade, estava lá, e foi isso que ele viu. E ele está longe de ser a única testemunha em toda a Europa. Compreendemos aí a instalação de uma mentalidade obsidional, que Jean Delumeau analisa longamente em *La Peur en Occident*:[2]

---

2 Tradução brasileira: *História do medo no Ocidente (1300-1800)*. São Paulo: Companhia das Letras, 1989. (N. T.)

Constituiu-se um "país do medo", no interior do qual uma civilização se sentiu "pouco à vontade" e povoou de fantasmas mórbidos. Uma sociedade desse tipo corria o risco de se desintegrar porque a angústia do indivíduo, ao ser prolongada pelo estresse repetitivo, fragmenta-o. Ela podia causar fenômenos de desajuste, regressão do pensamento e da afetividade, multiplicação de fobias, introduzir uma dose excessiva de negatividade e desespero.

"TUDO VAI MAL" (EUSTÁQUIO DESCHAMPS): O MATIZ SOMBRIO DE UMA ÉPOCA

Raramente na história vemos tal unanimidade no pessimismo. "Tudo vai mal", lamenta Eustáquio Deschamps, nascido no ano do desastre de Crécy (1346), dois anos antes da peste negra (1348), e falecido sete anos antes do desastre de Azincourt (1415), depois de ter, como bailio de Senlis, experimentado em 60 anos o inventário completo das calamidades dessa época. A sua visão do mundo e da vida é marcada com o selo da tristeza e da melancolia, "senhora Merencolia" como ele a chama alegoricamente: "Todos os corações foram assaltados pela tristeza e pela merencolia". Esse século, diz ele, é

> Tempo de dor e tentação,
> Época de choro, inveja e tormento,
> Tempo de langor e danação,
> Época que conduz para perto do fim,
> Tempos cheios de horror com tudo feito falsamente,
> Época mentirosa, repleta de orgulho e inveja,
> Tempo sem honra e sem verdadeiro julgamento,
> Época triste que abrevia a vida.

Alain Chartier, que frequenta a corte de Bourges, estava igualmente desesperado, num estado de espírito compartilhado por poetas e cronistas: René de Anjou, que chama a tristeza de seu "parente bem próximo"; Carlos de Orléans, que na guerra é forçado a passar 25 anos nas brumas de Albion, onde fica "entediado", diz ele, "nas profundezas da melancolia"; Jean Chastellain, que se define como "homem doloroso, nascido em eclipses de escuridão e sob garoa espessa de lamentos"; Olivier de La Marche, cujo lema é: "Tanto sofreu". Na Inglaterra, Godofredo Chaucer incrimina Saturno, o planeta funesto, que provoca guerras:

> Minha é a prisão na torre de menagem sombria;
> Meus são o enforcamento e o estrangulamento pela garganta;
> O murmúrio e a rebelião dos camponeses
> O descontentamento e o envenenamento secreto.

Em 1405, Jean Gerson responsabiliza a guerra pela onda de desespero suicidário que acreditava ter detectado: "Em nossos dias, muitos se desesperam e se matam... um se enforca, outro se afoga, um outro enfia a faca no peito". A guerra é onipresente nos espíritos – ela obseda e o tema sempre volta: "Não há nada que a guerra não mate, [...] a guerra aprisiona tudo, [...] se você quer se apegar a tudo e ter tudo em mãos, a guerra é um grande jogo de caça", escreveu João Régnier em 1433. Cristina de Pizan, em suas *Lamentações sobre as guerras civis*, faz eco a seu mestre Eustáquio Deschamps que, em 1385, grita alarmado: "A guerra avança dia após dia", "Teremos guerra, guerra", "Príncipes, tenham pena de mim em qualquer caso da guerra", "Guerra em toda parte".

Sua célebre balada contra a guerra ilustra a atmosfera crepuscular desse fim da Idade Média, quando a cristandade mergulha nos horrores de infindáveis conflitos:

> Pois ali são cometidos os sete pecados mortais
> Eliminam, assassinam, uns matam os outros,
> As mulheres são raptadas, os templos são quebrados,
> Não há lei entre eles, o menor é o maior,
> E um vizinho oprime o outro.
> Corpo e alma levados à perdição
> Quem faz a guerra prosseguir? Que diabo isso!
> A guerra conduz apenas à danação.

"Vejo a santa cristandade inteira vitimada por guerras e ódios, por furtos e dissensões, e com grande dificuldade pode-se nomear uma região, seja ducado ou condado, que esteja em boa paz." Assim se expressa, em 1380, Honoré Bonet em *A árvore das batalhas*. Um século mais tarde, o famoso manual dos inquisidores, o *Malleus maleficarum*, acredita ter descoberto o responsável: "Em meio às calamidades de um século caindo aos pedaços", diz ele, enquanto "o mundo à noite desce ao seu declínio e a malícia dos homens cresce", Satanás "sabe em sua ira que lhe resta pouco tempo", e é ele quem está por trás dessas catástrofes. Seus agentes encontram-se em todo lugar, e nós os perseguimos. As condenações por bruxaria aumentam constantemente, assim como o número de tratados relacionados a esse fenômeno: 13 aparecem entre 1320 e 1420, e 28 entre 1435 e 1485. No período 1330-1340, são instaurados processos contra as bruxas de Toulouse (ali se ouve falar do sabá).[3] Os casos se multiplicam: doze processos enumerados entre 1320 e 1420, número aparentemente baixo, mas não exaustivo, e 34 de 1420 a 1486 perante os tribunais da Inquisição, enquanto para os tribunais laicos o número de casos varia, para as mesmas datas, entre 24 e 120. Alguns são consideráveis: 67 feiticeiros e feiticeiras queimados em Carcassonne em 1387, por exemplo. Entre 1428 e 1447, condenações de 110 mulheres e 57 homens no caso dos valdenses de Briançonnais, por apostasia, sacrilégio e união com o diabo. Na verdade, toda a cristandade é afetada.

Um dos grandes sucessos iconográficos da época, além do *Conto dos três mortos e dos três vivos*, é a dança macabra, originada em cerca de 1350 segundo pesquisas recentes, ou seja, logo após a primeira grande passagem da peste negra. Mesmo que a terrível epidemia não esteja na origem desse tema, é certo que os estragos da guerra contribuíram para a sua propagação. Em 1421, um cronista francês escreve: "Faz catorze ou quinze anos desde que esta dolorosa dança começou; e a maior parte dos senhores morreu pela espada, por veneno ou por algum tipo de morte ruim, contrária à natureza". O tema é verdadeiramente europeu: das 80 apresentações listadas, 22 são francesas e 14 inglesas, mas também há 22 na Alemanha, 8 na Suíça, 8 na Itália, 6 nos Países Baixos. A mais célebre é a pintada em 1424 na parede do cemitério dos Inocentes em Paris, local onde acontecem reuniões, passeios, discussões e pregações em meio aos ossos empilhados ao longo das arcadas.

---

3 Ou *sabbat*, o sábado das bruxas, em referência aos grupos que se reuniam para rituais considerados demoníacos pela Igreja. (N. T.)

Até os nobres gostam desses lugares: o duque de Berry quis ser enterrado ali, e mandou esculpir os três mortos e os três vivos no portal da igreja; em 1449, Filipe, o Bom, executa a dança macabra em seu hotel em Bruges.

Jean Gerson não é o único a notar o aumento das tendências suicidárias. Já por volta de 1300, podemos ler no relato de um milagre realizado pela Virgem:

> ... vede isto
> Daqueles que estão em desespero
> Poucos são bem-vindos
> Um se afoga, outro se enforca
> E rumores vos dizem
> Quase sempre dizem sim
> Enforcam-se com o véu da mulher
> Estrangulados e despedaçados
> Assassinados com faca fria
> Os inimigos e os infiéis
> Tomam assim as pessoas no laço.

Os indícios se multiplicam ao longo dos séculos XIV e XV: alusões num sermão de João XXII por volta de 1320, em vários poemas de Guilherme de Machaut, num sermão em língua alemã da região do Danúbio, onde o pregador declara: "Muitas vezes ouvimos que uma pessoa se enforcou ou se apunhalou". Por volta de 1440, um cartuxo de Erfurt diz num sermão que "várias pessoas se matam e se lançam na água, como infelizmente vemos hoje, devido à *tristitia*". Nessa mesma época, um dominicano alemão escreve que muitos, "nas profundezas do desespero, se matam", enquanto perto de Colônia um monge comentando a *Consolação da filosofia* de Boécio trata "daqueles que se matam para evitar infortúnios, cansaço e tormentos da vida presente", que "buscam a morte de forma errada, por desespero ou por uma condenável fadiga da vida": a *tristitia*, diz ele, "debilita o coração e, como se vê, mata muita gente". Por volta de 1490, relata-se em Lyon uma epidemia de "melancolia", que afeta principalmente as mulheres: elas se afogam ou se esfaqueiam. Muitos poetas confessam ter chegado perto de cometer suicídio, como João Meschinot:

1300-1500 – O TEMPO DO APOCALIPSE E A IDADE DA TRANSIÇÃO   353

O desespero toma conta da minha casa...
Serei persuadido de que a adaga que tenho na mão
Tem a finalidade de arrancar minha vida.

François Villon também sofre com acessos de desespero. No *Grande testamento*, ele afirma que, por vezes, somente o temor de Deus o detém:

Tanta tristeza seu coração contém
Muitas vezes, só Deus ele temia
Ele cometeria um ato horrível.
Resultaria desse crime perante Deus
Que ele próprio desapareceria.

Na Inglaterra, como mostra o notável e quase exaustivo estudo de Alexander Murray, *Suicide in the Middle Ages* [Suicídio na Idade Média], numerosos textos, desde a mística *Nuvem do desconhecimento* até *Piers Plowman* [Pedro, o lavrador], de William Langland, advertem contra a sedução diabólica que leva os melancólicos a se matarem. E esses dois terríveis séculos terminam com a ascensão da loucura, tema literário consagrado em 1494 pela *Nau dos loucos* de Sebastien Brant: a humanidade, perseguida pela miséria, pela morte e pelo medo da condenação, embarca em direção a um futuro totalmente incontrolável. E alguns anos depois, em 1511, o *Elogio da loucura*, de Erasmo, ensina a lição: diante do acúmulo de "todas as calamidades a que a vida dos homens está sujeita, [...] quem são aqueles que, especialmente pelo desgosto, se apresentam à morte? Não são aqueles que estão mais próximos da sabedoria?".

A constatação impressiona. Em dois séculos, o acúmulo de infortúnios arruína as ilusões da era anterior e revela a triste verdade: a humanidade não é guiada pela razão, mas pela loucura, e seu fim último não é o triunfo da vida, mas o da morte. Porém, longe de ser um retrocesso, essa observação é a marca de uma lucidez finalmente assumida. Após as ilusões da infância (séculos V-X), as falsas certezas reconfortantes da idade da razão (séculos XI-XIII), a Idade Média descobre em sua maturidade a verdadeira natureza da condição humana: o nada. Nem todos aceitam isso, é claro, e as eras futuras, a começar pelo Renascimento, farão de tudo para camuflar a triste verdade e produzir novas ilusões. Mas, no subconsciente dos europeus, nada apagará os vestígios deixados pela sinistra cavalgada dos cavaleiros do Apocalipse nos séculos XIV e XV.

A FOME: O GRANDE RETORNO DE 1315 E SUAS CONSEQUÊNCIAS

O primeiro a se apresentar é a fome. Seu reaparecimento é brutal: após uma colheita deficitária em 1314 em todo o noroeste da Europa, prenunciando uma entressafra difícil em 1315, as chuvas contínuas da primavera daquele ano dificultam a semeadura e causam o apodrecimento da safra em pé. A colheita de 1315 é catastrófica; a de 1316 não é muito melhor. O efeito é imediato: o preço do trigo quadruplica na Inglaterra em 1315; é multiplicado por oito em 1316. É a hecatombe: em Ypres, cidade de 30 mil habitantes, há 2.794 mortes de maio a outubro de 1316, 160 por semana entre maio e agosto; em Bruges, 1.938 morreram entre 7 de maio e 1º de outubro de 1316, ou 5% da população, e nem mesmo membros das classes dirigentes são poupados. A crônica de Antuérpia fala da "grande aflição do povo, os gritos e as lágrimas do povo que lamentava, deitado nas ruas..., a fome fazendo seus membros secarem".

Após essa entrada aterradora em 1315-1316, a fome se mantém como uma ameaça permanente por quase dois séculos, e assola muitas vezes, de forma mais localizada, mas ainda assim assustadora, dependendo das condições climáticas. Em 1322-1323, após um inverno excepcionalmente rigoroso, o preço do trigo triplica no sul da Inglaterra e revoltas eclodem em Flandres. Em 1333, a fome dura dois meses na Catalunha, e é sentida em Navarra, Castela e até mesmo em Portugal. A Alta Provença é afetada em 1338. A década de 1340-1349 é marcada por um excesso de chuvas que estragam as colheitas: em 1342, com o transbordamento do Reno, do Mosela, do Mosa e do Sena, as colheitas de feno e grãos são destruídas; em Douai, o preço do trigo dobra e o da aveia triplica. O verão de 1346 é pútrido, e não apenas para o exército francês em Crécy. Em 1347 é pior. Além da Espanha, chegam testemunhos da Itália: 4 mil mortos em Florença; Bolonha é atacada por hordas de camponeses famintos; Siena, Pisa, Veneza, Milão, Brescia são duramente atingidas; em Pistoia, um cronista escreve: "Em 1346 e 1347 houve uma grande escassez de alimentos em toda a cristandade, de modo que muitas

1300-1500 – O TEMPO DO APOCALIPSE E A IDADE DA TRANSIÇÃO   355

pessoas morreram de fome". Na Inglaterra, algumas localidades perdem 10% de sua população; na França, relatos catastróficos vêm das regiões de Lyon, Forez, Provença, Toulouse e Bordeaux, onde "muitas pessoas morreram de fome". Os mesmos gritos de aflição na Alemanha, onde os solos férteis estão esgotados por serem explorados em excesso, e onde se abandonam as terras recentemente desmatadas, de qualidade medíocre.

Em 1351 e 1360, é a seca que prejudica as colheitas. A isso se segue o terrível inverno de 1363-1364, um dos mais frios registrados em cinco séculos pelos historiadores do clima: 19 semanas de geada e neve em Tournai, o Mosa congela em Liège de 21 de dezembro a 24 de março, o Reno em Colônia de 13 de janeiro a 25 de março, o mesmo para o Sena, o Loire, os lagos suíços e até o Ródano, o Garona, a lagoa de Veneza; dois meses e meio de geada em Bolonha. Em 1370, o inverno rigoroso, seguido de seca na primavera e chuvas excepcionais no verão, faz com que o preço do grão triplique. As vinhas estão congeladas. Em 1374-1375, a catástrofe: com as chuvas contínuas da primavera de 1374, a colheita é reduzida à metade na França e na Itália; a fome afeta Poitou, Charentes, Languedoc, a Bacia de Paris, Baviera, Valônia, Lombardia, Toscana, Lácio; em Montpellier, por exemplo, o preço do trigo quadruplica e as portas da cidade são fechadas para impedir a saída de qualquer grão; a caixa de trigo, que geralmente valia 4 francos, sobe para 32 francos em março e abril de 1375; os pobres morrem de fome.

O século XV não é melhor. Estudos notáveis realizados pelo historiador britânico John Titow mostram que o excesso de chuvas afeta 42 anos, causando em 35 casos uma redução nos rendimentos de 10%. Alguns anos são terríveis. Árvores frutíferas e vinhas são destruídas no leste da França e na Europa central; a produção de trigo cai 12% nos domínios do bispado de Winchester. Em 1420, o declínio chega a 23% devido à canícula e à seca; falta de feno; o preço da aveia é multiplicado por vinte; o pão não tem mais preço e as pessoas morrem de fome nas ruas de Paris. Le Bourgeois retrata essa fome ao descrever mulheres desesperadas fazendo fila do lado de fora das padarias:

> As pobres criaturas estão ali por seus pobres maridos que trabalham no campo ou por seus filhos que passam fome em suas casas; quando não conseguem pão, seja por falta de dinheiro, seja porque a fila não anda, ouvem-se em Paris queixas e lamentações misturadas a choros de crianças: *morro de fome*.

Para agravar a situação, a peste, ou simplesmente disenteria, abate os sobreviventes famintos e enfraquecidos no outono: os rios, secos pelo calor do verão, tornam-se fossas infestadas de micróbios e vermes. De Toulouse a Cambrai, mortes assustadoras são relatadas.

Nova fome em 1432-1433, que afeta praticamente toda a França: as chuvas e a geada começam no Dia de Todos os Santos de 1431; o Sena congela por 17 dias em janeiro, seguido por inundações a partir de março; granizo, neve e geada em abril-maio, tempestades e granizo em junho, 24 dias de chuva em julho; colheitas são perdidas, preços disparam, epidemias se misturam a tudo isso, e há um novo pico na mortalidade. O cenário se repete 6 anos depois, em 1438: o *setier* de trigo sobe em Paris de 1,68 libra para 5,95 libras. Le Bourgeois lamenta:

> Qualquer grão encarece sempre: aquele bom trigo valia 8 francos o *setier*, dinheiro forte, e as favas negras pequenas, que gostaríamos de dar aos porcos, custam 10 soldos por *boissel*. E mais: o Sena ficou tão largo no São João que passou pela cruz da Grève por muito tempo. E mais: estava tão frio no São João quanto deveria estar em fevereiro ou em março... Havia muita elevação de preços em Paris, pois nada poderia ser levado para lá que não fosse sequestrado por ladrões e se tornasse objeto de resgate nas guarnições ao redor de Paris; isso porque o bom trigo valia 7 francos e meio, ou mais, por volta do dia de São Martinho no inverno (11 de novembro de 1438), quando foi semeado.

A ladainha continua com as ondas de calor de 1442, 1447, os verões frios e chuvosos de 1445-1446, 1448-1449, 1453-1456, 1465-1468, 1474-1477, 1480-1481, 1485, 1488-1493, 1496-1497. O ano de 1481 é terrível: depois das cheias do verão de 1480, que afetam toda a Europa, o inverno de 1480-1481 é particularmente rigoroso; os pobres morrem de fome e frio aos milhares; na primavera e no verão, inundações; não há mais nada para comer – passa-se às raízes e aos talos da couve, os pobres "procuram a erva chamada *bouchibarbe* para encher o seu pobre estômago", diz uma crônica. Estima-se no reino de França o número de mortes em mais de 500 mil pessoas – isso faz com que Luís XI, em janeiro de 1482, proclame a livre circulação de grãos, ao mesmo tempo que proíbe sua exportação para fora do reino.

1300-1500 – O TEMPO DO APOCALIPSE E A IDADE DA TRANSIÇÃO   357

Medidas contraditórias e ineficazes. De todo modo, não há mais grãos para moer nem para transportar.

O balanço é eloquente. O primeiro cavaleiro do Apocalipse cumpre bem o seu trabalho. Resta explicar por que, depois de mais de três séculos de relativa calmaria, a fome atinge a Europa com tanta força nos séculos XIV e XV. Uma razão óbvia é a seguinte: a deterioração climática. A Europa é afetada pela "pequena idade do gelo", estudada por climatologistas e cujas aventuras Emmanuel Le Roy Ladurie reconstitui em sua *Histoire humaine et comparée du climat*. O testemunho das geleiras alpinas é inequívoco: as línguas glaciares atingem a sua extensão máxima por volta de 1380, antes de um recuo que se iniciou por volta de 1420. Como vimos, os anos de fome correspondem a desajustes climáticos que perturbam os rendimentos agrícolas.

No entanto, a explicação é insuficiente. Se uma simples queda nos rendimentos de cerca de 10% causa fomes tão catastróficas, é porque há muitas bocas para alimentar. A Europa de 1315 está superpovoada em relação às suas capacidades de produção. O célebre *État des feux*,[4] recenseamento elaborado numa tarefa fiscal em 1328 a pedido de Carlos IV, revela densidades que podem chegar a 50 ou 70 habitantes/km² (números superiores aos do campo hoje), e a população do reino da França, sobre 320 mil km², é estimada entre 18 e 20 milhões de habitantes (mais do que no tempo de Luís XIV); na Itália, 10 milhões; o mesmo número na Alemanha. Além disso, a mortalidade começa a aumentar a partir do início do século, e os comportamentos evoluem com o declínio da idade de casamento. A grande fome de 1315-1316 atinge uma população que se encontra no limite da ruptura do equilíbrio alimentar. Essa é também a conclusão de Michael Postan para a Inglaterra: no final do século XIII, atinge-se o limite das terras exploráveis e não há mais reservas. Ele escreve: "No início do século XIV, e talvez antes, o superpovoamento relativo era grande o suficiente para elevar a taxa de mortalidade a um nível exorbitante". Para Georges Duby, "a evolução das taxas de mortalidade é o testemunho final e mais convincente da excessiva carga demográfica que afetou certas zonas rurais do Ocidente no final do século XIII". Para o sul da Europa, Henri Dubois fala do "momento malthusiano". Alfred Fierro escreve sobre Dauphiné: "O número exagerado de bocas para alimentar parece-me ser a

---

4 Aqui, *feux* com sentido de "lares". (N. T.)

causa dos períodos de fome que não cessaram de assolar a Europa a partir de 1315". A maioria esmagadora dos historiadores concorda com essa observação. No pequeno reino de Navarra, a escassez de alimentos aparece pela primeira vez em 1260, e depois é seguida de verdadeiros períodos de fome: 9 entre 1300 e 1318; o de 1333-1336 é catastrófico, e o de 1347 faz desaparecer um quarto da população, tendo ultrapassado nos piores momentos o nível que atingiria no século XX.

Estações desreguladas e colheitas em declínio para uma população muito numerosa: essas são, portanto, as duas principais causas da fome. Acrescente-se a baixa produção em solos recentemente desmatados e de má qualidade, a falta de animais de tração que, juntamente com o esgotamento dos homens, impede a intensificação do trabalho agrícola. Por outro lado, não parece que se verifique um suposto "bloqueio das técnicas", por vezes associado ao fim da Idade Média. Segundo Robert Fossier, pelo contrário, veríamos uma melhoria dos rendimentos nos melhores solos (como no sul da Inglaterra e em Île-de-France, com 8 ou 10 para 1), sementeiras mais apertadas, um desenvolvimento do espalhamento de estrume, culturas derivadas e jardinagem.

Os contemporâneos têm uma explicação muito mais simples: o cavaleiro apocalíptico da fome é enviado por Deus para castigar os homens, e a prova disso está nos sinais que o antecedem: cometas de 1315, arautos da morte pela fome, eclipses da Lua, terremotos. O cronista holandês Lodewijk Van Velthem, baseando-se no livro de Daniel, vê na fome a prefiguração do fim do mundo iminente. A solução não está nos melhoramentos agrícolas, mas nas penitências, nas orações, nos jejuns (isso sempre poupará alimentos), nas procissões, como a daqueles lamentáveis esqueletos ambulantes que Guilherme de Nangis vê no Beauce:

> Vimos uma grande multidão de homens e mulheres, por mais de cinco léguas, descalços, muitos dos quais, exceto as mulheres, completamente nus, indo em procissão à igreja com seus padres a fim de implorar aos santos mártires, e carregando com devoção estátuas de santos e relíquias piedosas para que fossem abençoadas.

Da procissão à manifestação, há às vezes apenas um passo de distância: tumultos por comida eclodem em 1315 e 1316 em Verdun, Metz, Provins e

Magdeburgo, revoltas em Flandres em 1323, em Bruges de 1323 a 1328; elas pioram quando os senhores e soberanos se contentaram com vãs proclamações contra os especuladores. Mas a fome é apenas o começo. Ela enfraquece a resistência dos corpos e prepara a entrada em cena do segundo cavaleiro do Apocalipse, a peste, que surge em 1348 no meio a populações cujas defesas naturais encontram-se seriamente reduzidas.

A PESTE. O DESEMBARQUE DA MORTE NEGRA EM 1348 E SUAS RECORRÊNCIAS

"Em janeiro do ano de 1348", escreve um cronista flamengo,

três galés chegaram a Gênova, impulsionadas por um forte vento do leste, carregando uma infecção horrível junto com especiarias e outros bens preciosos. Quando os habitantes de Gênova souberam disso e viram como as pessoas eram contaminadas de modo brutal e ininterrupto, expulsaram os homens do porto com flechas flamejantes e vários aparelhos de guerra; ninguém ousava tocá-los ou negociar com eles, pois, se o fizessem, tinham certeza de que morreriam.

Tarde demais! A morte vinda do Oriente desembarcou, provavelmente com as pulgas dos ratos que estavam a bordo. A peste bubônica, a mais virulenta, a mais contagiosa, transmissível pelo ar, se espalha em alta velocidade no norte da Itália, e depois, na primavera, em Marselha, Narbona e Montpellier, antes de subir o vale do Ródano. Alcança Lyon em abril, Paris em agosto, Londres em outubro e, graças às rotas comerciais, está na Europa inteira em 1349. Nenhuma região é poupada e as populações estão totalmente desamparadas contra a *Pestis atra*, que significa "terrível" ou "negra". Os historiadores ainda hoje discutem a natureza desse flagelo, que praticamente desapareceu no século VII, após ceifar populações fragilizadas pela escassez de alimentos. O contágio é avassalador: pela respiração a poucos metros de distância, pelo toque, pelas roupas e pelos cadáveres, cujas peles ficavam enegrecidas durante 48 horas. Boccaccio, que experimentou esse trauma em Florença, escreve que

no início da doença, tanto em homens como em mulheres, surgiam certos incha-
ços na virilha e nas axilas, alguns dos quais crescendo até o tamanho de uma
maçã comum, outros até o tamanho de um ovo, e uns poucos que eram menores, e que o vulgo chamava de bubões pestilentos... Mais tarde, a natureza do
contágio mudou, e passamos a ver manchas pretas ou escuras que apareciam
sob os braços e nas coxas... Quase todos morriam em até três dias após o aparecimento dos referidos sinais... O que dava ainda mais força a essa peste era que
ela se transmitia dos doentes às pessoas saudáveis, semelhante ao fogo quando
aproximamos dele certa quantidade de matéria seca ou untada... Certamente,
mais de 100 mil criaturas humanas perderam a vida dentro dos muros da cidade
de Florença.

O cronista Stefani propõe o número de 96 mil; os historiadores atuais
preferem um intervalo de 50 mil a 80 mil. As perdas certamente variam
de acordo com as regiões, mas no geral, os cálculos mais sérios colocam o
número de mortos em torno de 35% da população da Europa. Notemos bem
a dimensão do desastre: se um flagelo semelhante atingisse a Europa atual,
mataria 200 milhões de pessoas em três anos, quatro vezes o número de
vítimas da Segunda Guerra Mundial. Que economia, que sociedade poderia
resistir a tal cataclismo?

Os vivos, em pânico, estão sobrecarregados com o número de mortos,
que não podem ser enterrados rapidamente: 8 mil vítimas em Bremen, ou
seja, 70% da população; entre 20% e 40% para a maioria das grandes cidades.
As aldeias não foram poupadas: em Givry, na Borgonha, 643 habitantes em
1.500 morreram entre 1º de agosto e 15 de novembro de 1348, ou seja, 43%
do total; em algumas áreas da abadia de Westminster, onde havia 24 mortes
por ano em média, foram 707 em 1349. Assim como a fome, a peste, uma vez
instalada, não largou mais os europeus. Ela retorna em 1360-1362, quando
atinge principalmente os jovens, e depois em 1368-1370, 1375-1378, 1380-
1383, 1399-1400, 1418-1420, 1433-1434, 1438-1439, 1457-1458, e se então
retrocede, é para dar lugar à cólera e à tuberculose. A Europa está sem sangue. Île-de-France perde metade de seus habitantes entre 1348 e 1444; Toulouse passa de 30 mil para 22.500 habitantes entre 1348 e 1350, Ypres de
30 mil para 18 mil, Arras de 20 mil para 10 mil, Zurique de 12.300 para
4.700, Inglaterra de 3,75 milhões em 1348 para 2,1 milhões em 1400, o Sacro

Império perde 35% da população, a França, 50%. Em 1435-1440, o bispo de Lisieux, Thomas Basin, escreveu em sua *História de Carlos VII*:

> Nós mesmos vimos as vastas planícies de Champanhe, Beauce, Brie, Gâtinais, país de Chartres, país de Dreux, Maine e Perche, Vexin dos franceses e dos normandos, Beauvaisis, país de Caux, do Sena até Amiens e Abbeville, país de Senlis, Soissonnais e do Valois até Laon, além das fronteiras de Hainaut, absolutamente desertas, incultas, abandonadas, vazias de habitantes, cobertas de mato e espinhos; ou então, densas florestas na maioria das regiões que produzem as árvores mais fortes.

A MORTE NEGRA, FATOR DE CAOS

As consequências socioeconômicas e culturais de tal choque são consideráveis. O primeiro termo que vem à mente é caos. Em três anos (1348-1350), a Europa perde parte de seus gestores e suas elites, o que desorganiza todas as administrações. Embora estivessem mais protegidos, os dirigentes não saem ilesos, e os que não morrem acabam fugindo. Na França, a peste mata o duque da Borgonha em abril de 1349, depois a rainha, a duquesa da Normandia e o chanceler. O rei vagueia por semanas em Gâtinais e Brie. Os serviços administrativos estão desertos. Os secretários, dizimados. As receitas colapsam com a hecatombe de contribuintes e coletores de impostos. A situação não é melhor em nenhum outro lugar: 76% dos conselheiros municipais de Hamburgo morrem em 1350; em Moscou, o grão-duque, seus dois filhos e seu irmão perecem, assim como o patriarca. A renovação das elites está comprometida. As universidades estão paralisadas, por falta de estudantes e principalmente de professores. As de Nápoles, Reggio, Vercelli e Grenoble desaparecem; Siena fecha por vários anos. O chanceler da de Oxford escreve ao rei que "a universidade está arruinada e enfraquecida pela pestilência", e em Avignon os estudantes se dirigem ao papa: "No momento... o corpo universitário de vosso *studium*... é impedido de ministrar aulas, pois o número de doutores, licenciados, bacharéis e estudantes foi reduzido pela morte, devido à peste...". Em Florença, Boccaccio observa que era como se a autoridade reverenciada das leis, tanto divinas quanto humanas, houvesse caído e sido abandonada pelos ministros e pelos próprios executores dessas leis, que, como os outros cidadãos, estavam todos mortos ou doentes, ou tão desprovidos de famílias que não podiam exercer nenhum cargo; portanto, era lícito a cada um fazer o que lhe agradasse.

Os bandidos se aproveitam do vácuo de poder no campo, que já não era muito seguro em tempos normais: em Navarra, por exemplo, a quadrilha Arbizu saqueia as regiões de Pamplona e Estella, queima as aldeias, massa-cra os camponeses poupados pela peste, e leva 9 mil ovelhas.

Onde não há caos total, as convulsões econômicas são profundas, pro-vocando ou acelerando mudanças que, embora não fossem todas negativas, ainda assim sempre provocavam tensões que anunciavam confrontos. Pri-meiro no campo, onde vive 90% da população. Os camponeses morrem ou fogem. "Homens e mulheres, levados ao desespero, vagavam como loucos... o gado era abandonado... a ousadia dos lobos alcançava um nível até então desconhecido", diz a crônica de Neubourg. A vegetação natural volta a cres-cer nos campos. O fenômeno das aldeias desertas atinge os contemporâneos: 18% a 25% de aldeias fantasmas na Inglaterra, 20% a 64% dependendo da região na Alemanha. Em um pequeno cantão de Navarra, 302 agrupamentos em 500 desaparecem após a morte de toda a família, e 116 após a partida dos ocupantes; 80% das terras permanece sem cultivo.

A célula básica das campanhas, o senhorio, encontra-se completamente desorganizado. O senhor está quebrado com a diminuição de seus rendimen-tos, com a baixa procura de produtos agrícolas devido ao recuo demográ-fico, e com o aumento das despesas para manter uma mão de obra escassa e cada vez mais exigente. Os produtos manufaturados vêm da cidade, onde a mão de obra qualificada rareia – por isso seus preços disparam juntamente com os salários. Na Inglaterra, eles no mínimo dobram: em Cuxham, perto de Oxford, um lavrador recebia 2 xelins por ano antes da peste, 7 xelins em 1349 e 10 em 1351. Os camponeses sobreviventes, em demonstração de força, deixam seu senhor e se oferecem em aluguel pela melhor oferta – os senhores muitas vezes precisam substituir o pagamento na forma de produ-tos *in natura* e corveias por pagamento em dinheiro. A peste acelera a trans-formação da economia rural. As terras mais medíocres são abandonadas; o

1300-1500 – O TEMPO DO APOCALIPSE E A IDADE DA TRANSIÇÃO   363

cultivo recua em benefício da pecuária, que requer menos mão de obra; as regiões rurais de tipo *bocage*[5] avançam, os sobreviventes apoderam-se das terras deixadas sem proprietários e cercam as suas novas posses com sebes; o circuito monetário tende a substituir as trocas de produtos *in natura*. Os senhores são forçados a vender ou arrendar parte do domínio. Pouco habituados com as reivindicações da classe camponesa, eles consideram essa inversão da ordem uma verdadeira subversão; a tensão aumenta.

Na cidade, as relações também se deterioram: cada grupo se volta à defesa de seus interesses particulares. Cada cidade e cada ofício se protege da concorrência. As corporações se fecham – elas proíbem que novos membros se tornem mestres, pois eles seriam concorrentes em um mercado já bastante restrito. Os mestres enfrentam as crescentes demandas de uma mão de obra escassa.

Essa situação explosiva leva o Estado a intervir na tentativa de estabilizar os preços, os salários e a mão de obra. Em fevereiro de 1351, um decreto do rei francês João, o Bom, limita os aumentos salariais a um terço do nível de 1347 e permite que os mestres recrutem tantos aprendizes quanto desejarem, além de aumentar a jornada de trabalho para após o pôr do sol. No mesmo ano, o Parlamento inglês proíbe o pagamento de salários superiores aos de 1347 e nega aos trabalhadores o direito de deixarem seu patrono: este é o Estatuto dos Trabalhadores. Decisões semelhantes são tomadas em Castela, mas sua eficácia é quase nula. O resultado não poderia ser outro: os conflitos sociais se acirram e os espíritos se preparam para uma verdadeira guerra de classes, cuja irrupção acontecerá em todos os lugares nos anos seguintes: revolta camponesa na região de Paris em 1358, levante dos tecelões de Gante em 1379, rebeliões em Rouen em 1380, revolta dos camponeses ingleses em 1381 e dos *maillotins*[6] em Paris em 1382.

É no nível cultural que o impacto da peste negra é mais profundo. Como todas as grandes crises, ela abala mentalidades e os valores tradicionais. Isso

---

5 O *bocage* é a região rural em que o campo a ser cultivado é cercado por paredes naturais, como sebes (cercas-vivas) ou taludes de terra. (N. T.)

6 A revolta dos *maillotins*, ocorrida em 1382 em Paris, é uma revolta popular motivada pelo abuso na cobrança de impostos. O nome *maillotin* vem de uma ferramenta de carpintaria, o macete (*mail* ou *maillet*), espécie de martelo que era utilizado em combates militares, bem como na defesa da cidade. (N. T.)

se traduz numa degradação dos costumes, constatada pelo cronista florentino Matteo Villani:

> Como os homens eram poucos e, devido à herança, possuíam bens em abundância, esqueceram-se do passado e entregaram-se a uma vida mais vergonhosa e desordenada do que antes... Abandonaram-se dissolutamente ao pecado da glutonaria, às festas e tabernas, às carnes delicadas, aos jogos de azar e a uma luxúria desenfreada, inventando práticas estranhas e incomuns, além de novos modos indecentes de se vestir[7] [...] que dão destaque exagerado para os seios.

Para Boccaccio, as pessoas "afirmavam que beber muito, gozar, ir para lá e para cá cantando e se satisfazendo com todas as coisas, conforme o apetite, bem como rir e zombar do que pudesse acontecer, era o remédio mais seguro para um mal tão grande". Devassidão do desespero: atordoar-se para sufocar o medo, entre pessoas para quem a fórmula de Eclesiastes, "comamos, bebamos e nos alegremos, pois amanhã morreremos", tornara-se tragicamente literal. Cada um por si: "O irmão abandonou seu irmão, e o tio, seu sobrinho, e a irmã, seu irmão, e muitas vezes, a esposa, seu marido". Dessas desordens, o *Decamerão* deixa um quadro exemplar que pode ser aplicado a todas as eras pós-traumáticas, desde as extravagâncias dos Incríveis e das Maravilhosas após o Terror até as dos *années folles* após 1914-1918.[8]

O medo coletivo extremo desinibe as mentes e aumenta os instintos elementares: é preciso sexo e sangue. O sexo para a devassidão e o sangue para a vingança. Pois é necessário que haja responsáveis, bodes expiatórios cujo castigo porá fim ao flagelo. Quem são os culpados? Para alguns, são os próprios cristãos que irritaram a Deus com sua conduta; para outros, são grupos de malditos, diabólicos cuja própria existência é uma afronta à divindade: judeus, leprosos, marginais. No primeiro caso, tem-se o autoflagelo; no segundo, o massacre.

---

7 De acordo com Minois, o cronista se refere a "vestidos decotados". (N. T.)

8 Os Incroyables e as Merveilleuses eram aristocratas parisienses que, durante o Diretório Francês (1795-1799), ostentavam uma vida de luxo completamente alheada da realidade social. Quanto aos *années folles*, ou anos loucos em tradução literal, trata-se do período entre o final da Primeira Guerra e a Grande Depressão marcado por um espírito de ruptura radical com o passado, sobretudo no campo das artes. (N. T.)

O cronista Heinrich von Herford descreve o movimento dos flagelantes e, em particular, seus grupos sinistros que atravessam a Alemanha. Cada um dos "Irmãos da Cruz" tem o seu chicote, e "cada chicote era uma espécie de bastão do qual pendiam três tiras com grandes nós. Nesses nós havia pontas de ferro afiadas como agulhas... Com esses chicotes eles supliciavam seus corpos nus, que ficavam inchados e azuis; o sangue escorria pelo chão e manchava as paredes das igrejas onde eles se chicoteavam". Assim, 5.300 desses fanáticos passam por Tournai em dois meses, além de centenas de outros alhures. Porém, muito rapidamente, esses flagelantes transformam-se num movimento subversivo que atacava a Igreja, acusando o clero de ter falhado na sua missão e de ter despertado a cólera divina por conta dos vícios: luxúria, absentismo, ignorância, acumulação de benefícios. A peste emagreceu o corpo dos eclesiásticos: os melhores e mais devotados padres permaneceram em suas paróquias e morreram; restaram os medíocres e os que fugiram. Os bispos preenchem as lacunas com sujeitos duvidosos e sem instrução, que dão os ombros à crítica. Assim, a peste contribui para desenvolver um anticlericalismo que, na Alemanha e na Inglaterra, prepara a Reforma. O papa, preocupado, proíbe os flagelantes na bula de outubro de 1349 – alguns deles são condenados, em Roma... a serem flagelados!

Outros culpados próximos são possíveis: os judeus, acusados de envenenar os poços, de espalhar as roupas das vítimas da peste. Em Estrasburgo, Mainz, Colônia, Zurique, Frankfurt e outros lugares, surgem muitos pogroms, além de massacres condenados por Clemente VI e pela maioria dos soberanos, que não têm interesse em ver desaparecer esses fornecedores de dinheiro num momento em que o sistema bancário dos bons cristãos está fragilizado pela crise – o banco Peruzzi vai à falência em 1343, e o dos Bardi em 1346.

Nesse clima de pânico, o irracional envolve os espíritos desconcertados pela impotência da razão para dar explicações. Boccaccio registra a consternação dos florentinos diante da ineficácia das orações e procissões, tanto quanto das medidas de higiene e isolamento. Época abençoada para os exaltados e desequilibrados de todos os tipos: astrólogos, que proclamam suas tolices, como Guy de Chauliac, para quem a peste se deve à conjunção de Saturno, Júpiter e Marte; os profetas do Apocalipse, que veem ali a obra do Anticristo, como Joan de Rocatallada, que em seu *Liber secretorum* anuncia três anos e meio de cataclismos, aos quais se seguirão mil anos de paz e o fim do mundo por volta de 2370.

E depois, ao lado de todas essas divagações, violências, perversões e caos, há as sublimações: a peste inspira artistas e escritores, e devemos a esse flagelo também o grandioso afresco do Triunfo da Morte, de Orcagna, na igreja de Santa Croce em Florença, bem como os contos animados do *Decamerão*. A peste negra, talvez a maior catástrofe humanitária da história europeia, foi uma espécie de ensaio geral para o Apocalipse – ela ilustrou o comportamento da humanidade colocada em condições extremas até o nível de caricatura: o ressurgimento dos instintos primitivos, a fragilidade do verniz civilizador, o egoísmo feroz, a irracionalidade e as contradições do espírito humano, o absurdo da condição humana até na extraordinária resiliência da espécie. Após três anos de caos, os sobreviventes retomam suas atividades normais: reproduzir-se e matar uns aos outros. A guerra dos Cem Anos, mal interrompida pela Morte Negra, pode recomeçar com vigor renovado.

A GUERRA: BALANÇO HUMANO DE DOIS SÉCULOS DE CONFLITO SELVAGEM

Pois o terceiro cavaleiro do Apocalipse redobra sua atividade, matando e aterrorizando aqueles que os dois primeiros deixaram escapar. A guerra é endêmica ao longo dos séculos XIV e XV. É claro que poderíamos fazer a mesma observação quase o tempo todo. No entanto, os conflitos atingem então uma frequência e uma extensão inusitadas, e são acompanhados de um fator agravante: com o uso generalizado de mercenários, a guerra foge do controle, e os períodos de trégua se mostram ainda mais mortíferos do que as fases de combate, quando dezenas de milhares de homens treinados para matar, privados de remuneração, somam-se aos bandidos que vivem na região.

A guerra dos Cem Anos, tradicionalmente situada entre 1337 e 1453, é o conflito mais emblemático do período, porém, ela está longe de ser o único. Passados dois séculos, não houve um único ano sem luta em algum lugar da Europa: os escoceses contra os ingleses, os teutônicos contra os poloneses, os borguinhões contra os suíços, as cidades italianas entre si, os aragoneses contra os angevinos, os flamengos contra os franceses, os gregos contra os

turcos, os castelhanos contra os árabes, os hanseáticos contra os dinamarqueses, os armagnacs contra os borguinhões, os York contra os Lancaster, e
os partidários de Pedro, o Cruel, contra os de Henrique de Trastâmara (a lista
é longe de ser exaustiva). Em algumas regiões, gerações inteiras conheceram
apenas a guerra. Veremos em outro capítulo a história desses conflitos – o
que nos interessa neste é medir o impacto econômico, social e cultural dessa
cultura de guerra que caracteriza os séculos XIV e XV.

A guerra mata. Isso é evidente. Mas ela mata menos por flechas e golpes de espada do que por seus efeitos indiretos. O número de vítimas diretas dos combates é pequeno em comparação com as vítimas de peste e fome.
Os exércitos estão com tropas muito reduzidas e, mesmo quando as batalhas
terminavam em um verdadeiro massacre nas fileiras de infantaria do exército
derrotado, pode-se estimar que, na vintena de encontros maiores ocorridos,
o número total de mortes deve estar entre 50 mil e 100 mil, o que é proporcionalmente pouco. A isso, é claro, é preciso adicionar as baixas militares da
guerra de cerco, que sem dúvida devem dobrar esse total. Mas, em todo caso,
Filipe Contamine pondera que o número de soldados em relação ao total de
homens adultos não ultrapassa 1%. O número de mortes de militares em
combate deve, portanto, ser pouco importante do ponto de vista efetivo.

O número de vítimas civis é completamente desconhecido. Pode-se
razoavelmente supor que ele superou o dos militares, devido à natureza das
guerras, que prefiguram as guerrilhas modernas. Sabemos que 90% das vítimas das guerrilhas são civis. Indefesos, eles são a presa perfeita para companhias de mercenários, *caïmans*, *écorcheurs*, *retondeurs* e bandidos de todos os
tipos, que vagam livremente pela Europa.[9]

Porém, a guerra matou sobretudo indiretamente: desorganizando a vida
econômica, destruindo colheitas e casas, abatendo o gado, fazendo dos camponeses fugitivos, mendigos, indigentes e famintos. John Gower observa
que, na Inglaterra, a guerra priva a agricultura de braços: "Todos vão trabalhar com as armas". Thomas Basin descreve repetidas vezes a devastação

---

9 *Caïman* (crocodilo) era o nome dado aos bandidos de estrada na França. Os *écorcheurs* (esfoladores, termo que designava um ofício ligado aos açougueiros) eram grupos armados que vagavam pelo interior da França fazendo pilhagens; os *retondeurs* (literalmente: aqueles que
raspam os pelos da pele pela segunda vez) eram os soldados que, no reinado de Carlos VII,
foram encarregados de combater os *écorcheurs*, mas viraram saqueadores eles também. (N. T.)

causada por soldados na Normandia. Maurice Berthe estuda os efeitos diretos e indiretos da passagem de tropas num setor periférico: Navarra. Em 1378, o pequeno reino foi invadido pelos castelhanos. Documentos fiscais mostram a extensão dos danos, vale por vale. No caso de Villatuerta, 22 das 72 famílias que ali viviam desapareceram; as colheitas foram destruídas, o que privou os camponeses de reservas para a semeadura subsequente; o gado sumiu; a tributação real contribuiu para esse desastre, resultando em um êxodo em massa. Em 1429, nova passagem das tropas castelhanas. No vale do Araquil, mais de 400 camponeses foram mortos; os outros fugiram, as aldeias foram incendiadas e, no rastro da guerra, a peste reapareceu: 300 mortos no vale de Allin, 800 no de Larraum. Em muitos lugares, mais da metade da população desapareceu. No Val d'Araquil, a peste matou dois terços dos sobreviventes da guerra. No final, vem a fome, os campos não puderam ser semeados: ela acaba dizimando o punhado de miseráveis sobreviventes. Vemos claramente nesse caso a coordenação dos cavaleiros do Apocalipse. Fenômenos semelhantes afetaram repetidamente muitas regiões francesas, e pode-se dizer que a guerra muitas vezes abriu caminho para o contágio e a fome. Na Normandia, Guy Bois fala do "modelo de Hiroshima" para uma província que perdeu três quartos de sua população sob os efeitos combinados da guerra, das pilhagens e da peste, e Emmanuel Le Roy Ladurie evoca, a esse respeito, "o apocalipse final de 1438-1439".

Outro efeito demográfico da guerra: as migrações e a mistura de populações. Primeiro, as migrações para as cidades, que aparecem como refúgios de relativa segurança quando as tropas se aproximam. Migrações maciças e definitivas dizem respeito a populações expulsas pela pobreza e pela devastação. Os normandos, por exemplo, fogem dos ingleses e dos bandidos, e vão se estabelecer na Bretanha e no sul; com a reconquista francesa, muitos partem também para a Inglaterra, por medo de represálias após uma geração de colaboração. Na outra direção, muitos ingleses se estabelecem na França: arqueiros e nobres em guarnição no sudoeste, na Bretanha, em Paris, se casam e se estabelecem por lá. Alguns são até bígamos, tendo deixado suas esposas na Inglaterra. Eduardo III e Henrique V, os reis conquistadores, também organizaram a colonização de Calais e Harfleur, redistribuindo aos voluntários ingleses os bens confiscados aos franceses. Isso provoca reações xenófobas. É no século XIV que estereótipos depreciativos sobre os defeitos dos

1300-1500 – O TEMPO DO APOCALIPSE E A IDADE DA TRANSIÇÃO   369

estrangeiros se espalharam nas mentalidades populares: bretões ladrões, flamengos brigões, lombardos covardes, ingleses bêbados, e assim por diante.
Por outro lado, a guerra desacelera muito, quando não interrompe, os deslocamentos dos estudantes. Paris, o principal centro universitário da Europa,
é particularmente afetada. As viagens tornam-se perigosas, os estudantes
estrangeiros permanecem afastados. Oxford é a principal beneficiária do
declínio de Paris: em 1369, estudantes franceses são expulsos de lá.

Se as guerras dos séculos XIV e XV se revelaram catastróficas do ponto
de vista humano, isso também se deve a determinadas práticas específicas
no plano estratégico e tático. Eis o motivo pelo qual os ingleses, na primeira
metade da guerra dos Cem Anos, lançam "cavalgadas". São operações de
devastação sistemática de um território, que fragilizam economicamente o
adversário, reduzem as suas receitas fiscais e colocam as populações contra os seus senhores e soberanos incapazes de as proteger. Um modelo do
gênero é a cavalgada do Príncipe Negro na Aquitânia, de outubro a dezembro de 1355, de Bordeaux a Carcassona e vice-versa: 7 mil ingleses e gascões avançam em três grupos, destruindo sistematicamente tudo em seu
caminho, matando homens e animais, queimando colheitas e aldeias. Con-
tornam-se as localidades fortemente defendidas, para não se perder tempo
em cercos. É uma das operações de varredura terrestre mais selvagens da
guerra dos Cem Anos, e que deixará lembranças de terror por muito tempo.
Quinhentas aldeias destruídas, subúrbios de várias cidades comerciais queimados, um rastro de devastação de 50 quilômetros de largura por 200 de
comprimento, um número desconhecido de vítimas, províncias inteiras que
teriam sua capacidade fiscal enfraquecida por anos, e cujas receitas estariam
todas destinadas à reconstrução. Satisfeito, o Príncipe Negro, digno cavaleiro do Apocalipse, escreve a seu pai, o rei: "Devastamos e destruímos essa
região, o que causou grande satisfação aos súditos de Nosso Senhor, o rei".

GRANDES COMPANHIAS, ESFOLADORES E CROCODILOS

Igualmente terrível para os camponeses é a estratégia preconizada
por Carlos V a partir de 1368: se o inimigo se apresenta, deve-se recusar a
luta, fechar-se nas cidades e deixá-lo extravasar sua cólera no campo, onde,

desencorajado pelo magro espólio e a ausência de resgates, ele se esgotará sem resultado. Quem paga o preço são os camponeses, mas a vitória vale a pena. No entanto, a mais grave ameaça para as populações vem do recrutamento massivo de mercenários: é o fenômeno das "companhias". Os contingentes feudais, liderados por vassalos de soberanos, não são mais adequados para a guerra "moderna": lentos para se reunir e caros para serem equipados, além de indisciplinados, esses pesados cavaleiros com roupas de ferro perdem sua eficácia diante das tropas de infantaria armadas com lanças das milícias urbanas ou equipadas com o grande arco, cujas flechas perfuram as cotas de malha a 100 metros. Os príncipes preferem alistar tropas de soldados profissionais, que seguem um chefe de bando com quem o empregador assina um contrato, uma *condotta* na Itália ou uma *indenture* na Inglaterra. Esses *"routiers"*, de todas as nacionalidades, podem ser: marginais expulsos das cidades, camponeses em fuga, pequenos nobres, bastardos, cadetes, desequilibrados, criminosos ou aventureiros. As companhias, seguidas por uma horda de padres que romperam com a ordem, prostitutas e mercadores, obedecem apenas ao seu chefe, que estabelece os contratos e reparte o pagamento. O problema é que esses apátridas que não sabem fazer nada além de lutar são privados de renda durante as frequentes tréguas. Assim, após o tratado de Brétigny, em 1360, milhares de *routiers* desempregados vagueiam erraticamente pelo centro da França, vivendo de saques, assassinatos e estupros. Há os bretões de Maurice Trésiguidi, os alemães de Albrecht, os ingleses de John Hawkwood, William Starkey, John Verney (bandido expulso da Inglaterra por seus crimes), além de muitos gascões, navarros, brabantes, o povo de Hainaut e os castelhanos. E, à frente dessas brigadas internacionais, um escocês, Walter, provavelmente Sir Walter Leslie. Essas grandes companhias, com pelo menos 15 mil membros, são uma ameaça constante. Em Limousin e Rouergue, os bandos de Seguin de Badefol, John Cresswell e Petit Meschin, "homem indigno, mas grande mestre de guerra", diz o cronista Matteo Villani, aterrorizam o campo e até se autorizam a derrotar um exército real em Brignais, perto de Lyon, em 1362. Outros formam a Companhia Blanche e são enviados para lutar na Itália, onde os cronistas enfatizam sua selvageria: "Eram todos jovens, educados nas longas guerras da Inglaterra e da França, ferozes, entusiasmados, formados na rotina de matar e saquear", escreve Filippo Villani. Com total insensibilidade, eles torturam, estupram e matam a serviço da Igreja. O seu equipamento, com escadas extensíveis, arcos e armaduras leves, os seus métodos de combate e a sua resistência, bem como sua capacidade de se deslocar à noite, de lutar no inverno e no verão, surpreendem os transalpinos. Após dois anos, a Companhia Blanche destrói completamente as tropas de Conrado de Landau, que trabalhava para os Visconti. Logo em seguida, a Companhia se divide, passando a maior parte durante o verão de 1363 a serviço de Pisa. Em outubro, o comando volta para John Hawkwood, filho de um curtidor de Essex que então inicia, com mais de 40 anos, uma magnífica carreira como *condottiere*, tornando-se um dos chefes mais temidos da península, cobrando valores altíssimos por seus serviços. Ele logo se casa com uma filha Visconti. Em 1394, quando morre, tem direito a um funeral de Estado, além de um retrato gigante pintado por Paolo Uccello na Catedral de Florença. Ambígua apoteose religiosa de um chefe mercenário terrível.

Sem atingir esse nível, outros chefes de bando alcançam notoriedade e lidam quase de igual para igual com príncipes e reis. Arnaud de Cervole, conhecido como "o Arquipadre", Robert Knolles, Hugh Calveley, Seguin de Badefol. O historiador britânico Kenneth Fowler, em seu estudo *Medieval Mercenaries*, conseguiu traçar as origens de 91 capitães de aventura que participaram das grandes companhias da década de 1360: 31 são ingleses, 27 da Aquitânia, incluindo 21 da Gasconha mesmo, 4 de Périgord, 2 de Quercy. O cronista Jean Froissart, grande repórter de guerra, entrevistou um deles em 1399 em Orthez: Bascot de Mauléon. Ele passou a vida em guerra, lutando em Poitiers no exército inglês, depois na Lituânia sob o comando de Gaston Phoebus, na França para Carlos, o Mau, e novamente para Eduardo III. Tendo se tornado um chefe de tropa, ele faz uma varredura no campo e acumula uma fortuna que lhe permite viver como grande senhor, exibindo ruidosamente sua riqueza. Para ele, como declara a Froissart, não há nada errado em saquear quando não há mais empregador: é preciso viver bem! Ele se gaba de suas façanhas e se apresenta como um homem totalmente honrado.

Alguns têm talentos especiais, como Bernardon de La Salle, um nobre da região de Agen, conhecido por sua audácia e agilidade como um "forte e sutil escalador de muralhas", segundo Froissart. Em novembro de 1359, ele conquista o castelo de Clermont-en-Beauvaisis "escalando como um gato" pelos muros, uma façanha que repete em La Charité-sur-Loire e Figeac. Em

1375, o papa passa a contar com seus serviços. É esse tipo de homem que Du Guesclin leva para a Espanha em 1366 em uma "cruzada" contra Pedro, o Cruel, um simples pretexto para livrar o reino da França desses homens que mereceriam ser enforcados.

Mas o flagelo subsiste até meados do século XV. Até mesmo aumentou após o tratado de Arras, em 1435, pelo qual o duque da Borgonha se reconcilia com o rei da França. Olivier de La Marche escreve:

> Tanto no interior do reino quanto nas regiões vizinhas, reuniram-se todos os tipos de pessoas da companhia, os quais foram chamados de esfoladores [*escorcheurs*]; eles cavalgaram de país em país e de marca em marca, buscando mantimentos e aventuras para viver e ganhar... mas, na verdade, os chamados esfoladores causaram muitos males e agravos ao pobre povo da França e aos mercadores... Se me perguntassem como pôde ser assim, depois da paz feita em Arras, jurada e prometida pelo rei da França tão solenemente quanto podemos ver naquele escrito, que seus capitães, servos e homens de armas tenham saqueado, [...] a isso eu responderia: na verdade, o rei e o reino da França estavam nessa época lidando com um grande número de homens de armas de vários lugares e estes haviam servido bem; mas eles precisavam, por seu dever, receber pagamento ou recompensa. E o rei precisava fornecer aquilo que não poderia para sustentar negócios do passado.

Por sua vez, Bourgeois de Paris fala de "um grande número de ladrões, mais do que havia no resto do mundo, que foram chamados de esfoladores"; e Thomas Basin:

> Havia de fato bandos de homens de armas em número indeterminado e sem soldo, que vagavam aqui e ali no reino; o horror dos crimes e crueldades que cometiam sem a menor piedade em detrimento das populações de suas próprias terras de origem fizeram com que fossem chamados de carniceiros ou, como dizemos vulgarmente, esfoladores.

São ainda mencionados *"caïmans"*, *"coquillards"*, *"tuchins"*, *"gueux"* e *"retondeurs"* – tantos bandidos causando tanta devastação que Jean Jouvenel des Ursins chega a dizer em 1439, em sua *Carta ao rei*: "Por Deus, senhor,

1300-1500 – O TEMPO DO APOCALIPSE E A IDADE DA TRANSIÇÃO   373

[...] as pessoas parecem desesperadas e enfurecidas, e apenas murmuram e amaldiçoam a vós, bem como aqueles ligados a vós". A nova geração de chefes de bando são Perrinet Gressard, La Hire, Poton de Xaintrailles, Rodrigue de Villandrando, Antoine de Chabannes, Jean de Surienne, Jean de Grailly e tantos outros, empregados por reis e papas, enquanto na Itália os *condottieri* se comportam como mestres, acumulando fortunas ao contratar seus serviços para atacar cidades rivais, como o célebre e terrível Bartolomeo Colleoni, o "Colleone" (1400-1475), a serviço de Veneza e de Milão.

MILITARIZAÇÃO DO ESPAÇO E CULTURA DA VIOLÊNCIA

Esses bandos, que cruzam a Europa por quase dois séculos, criam ali um clima de insegurança permanente e engendraram uma psicose da conspiração de bandidos e ladrões, potencializada por rumores relatando as piores atrocidades, crianças mutiladas, cortadas em pedaços, assadas no espeto. O nervosismo é extremo. Thomas Basin conta que na Normandia cada paróquia possui vigias nas torres; ao menor movimento suspeito, ninguém fica nas matas, e animais e pessoas se amontoam na igreja fortificada. As cidades então fecham suas portas, expulsam e prendem. O espaço se militariza. Um verdadeiro frenesi envolvendo fortificações se espalha na França nos anos 1350-1360: moinhos, palacetes, igrejas, fazendas e celeiros são cercados por fossos e equipados com cadafalsos e até ameias, onde os projéteis são armazenados. Cada comunidade quer ter um lugar de defesa. As torres das igrejas são particularmente adequadas para esse propósito. O cronista Jean de Venette descreve esses trabalhos de autodefesa na região de Paris. Em 1371, os comissários encarregados de inspecionar as defesas do bailio de Caen contam ali 111 lugares fortificados de todos os tipos; em 1367, a oeste dos Gâtinais, entre o Loing, o Sena e o Essonne, num território de 30 quilômetros por 20, existem 6 castelos, 12 fortes, 5 torres, 5 fazendas e 28 igrejas fortificadas, sem contar as cidades e aldeias cercadas por muros. Isso leva a despesas exorbitantes: 22 mil florins para Dijon, 67 mil libras em Cahors, 112 mil florins em Avignon, 150 mil libras em Reims. As obras de construção e manutenção pesam muito nos orçamentos urbanos: 40% a 50% das despesas em Rennes a partir de 1419, 60% a 80% em Tarascon no final do século

XIV, 60% em Tours, 14% a 45% em Saint-Flour, o que obriga as autoridades a aumentar a carga fiscal e perturba gravemente a vida econômica. Os subúrbios são os lugares mais afetados: quando não são totalmente desbastados para facilitar a defesa, são destruídos pelos assaltantes. Os registros fiscais são inequívocos: em Saint-Flour, 45% dos contribuintes vivem nos subúrbios em 1345, e apenas 8% em 1364, após a passagem das companhias; em Rodez, as proporções caíram de 34% para 17% entre 1355 e 1397; em Chalon-sur-Saône, o declínio dos subúrbios é duas vezes mais rápido que o da cidade. Às vezes são necessárias décadas para apagar os vestígios da destruição: em Amiens, em 1410, ainda vemos ruínas causadas pela passagem dos navarros em 1358. A cidade, barricada atrás de suas muralhas, está ainda mais separada do campo.

A incapacidade das autoridades em garantir a proteção da população torna necessária a prática da autodefesa, incentivada pelos governos: na Inglaterra, os estatutos de 1328 e 1331 obrigam todos os homens entre 15 e 60 anos a portar armas ofensivas e defensivas – desde faca simples até arco e espada, com *hauberk* (cota de malha) e capacete, se possível. O treinamento também é obrigatório, com exercícios sob a direção de condestáveis.[10] Na França, Carlos VI, em 1384, incentiva o tiro com arco e balestra. Isso não deixa de preocupar a aristocracia. Cristina de Pizan denuncia o "perigo de dar a pessoas comuns mais autoridade do que lhes convém". De acordo com ela, "para um príncipe que quer obter seu senhorio com franqueza e em paz, não seria loucura, ouso dizê-lo, dar licença de armamento às pessoas comuns?". De acordo com Jean Jouvenel des Ursins, é preferível que o povo jogue cartas. Um povo armado e treinado é um perigo permanente de revolta, como mostram as revoltas francesas e inglesas dos anos de 1358 e 1381.

O clima de guerra endêmica leva a uma banalização da violência. Certamente, os tempos merovíngios e até mesmo a Idade Média clássica não são memoráveis pela doçura das maneiras. No entanto, com esforço paciente, o cristianismo progride rumo ao ideal de paz: paz de Deus, trégua de Deus, direito de asilo, proteção de mulheres, crianças, clérigos e peregrinos, além da suposta multiplicação de refúgios de paz em mosteiros e abadias. Não sejamos ingênuos: os homens de 1300 não são cordeiros, mas a doçura e

---

10 Os *comes stabuli* eram os oficiais responsáveis pelos estábulos no Império Romano. (N. T.)

1300-1500 – O TEMPO DO APOCALIPSE E A IDADE DA TRANSIÇÃO   375

a paz são ao menos reconhecidas como um ideal. Dois séculos depois, não será mais assim. A violência vai se tornar a regra, pois todos devem assegurar a própria defesa. Vive-se com frio na barriga, e o medo aumenta muito a agressividade. Os homens atacam e matam por pretextos leves, e a cascata de consequências é infernal. A justiça reage com punições selvagens: enforcamento, afogamento, decapitação, esquartejamento, empalamento, uso da roda, fratura de ossos, mutilação, tortura, exposição de cabeças e membros, não há limites para a variedade de torturas. Em Dijon, em meados do século XV, três falsificadores do bando de *coquillarts* são fervidos vivos. Nas palavras do próprio papa Urbano V em 1364, a Europa tornara-se um verdadeiro inferno:

> Multidões de celerados de várias nações, associados em armas pelo desejo ganancioso de se apropriarem do fruto do trabalho de povos inocentes e desarmados, prontos para as piores crueldades a fim de extorquir dinheiro, devastam metodicamente o campo, queimam casas, cortam árvores e vinhas, obrigam os pobres camponeses a fugir, assaltam, cercam, saqueiam, e também destroem os castelos e as cidades fortificadas, torturam, sem levar em conta a idade ou a condição eclesiástica, estupram as senhoras, as virgens e as religiosas, forçam mulheres distintas a segui-los em seus acampamentos, para satisfazer os prazeres dos homens e carregar suas armas e bagagens.

Na vida política, o assassinato torna-se um procedimento comum, embora diminua consideravelmente entre 800 e 1300 no âmbito do mundo feudal. A corrupção dos laços de homem para homem fez do assassinato o meio mais eficaz de resolver disputas privadas e públicas, e o debate sobre o tiranicídio, após o assassinato do duque de Orléans em 1407, contribui para dar certa respeitabilidade a esse método, até mesmo entre os clérigos: o teólogo Jean Petit não tem dificuldade em encontrar argumentos bíblicos que justificariam o crime político.

Sob o efeito do ambiente violento, a própria religião se militariza. Na primeira metade do século XV, santos curandeiros e evangelizadores cedem lugar a santos guerreiros e libertadores, como são Jorge. O arcanjo militar são Miguel se veste com armaduras de última geração. O ideal de paz, doravante, é defendido pelos hereges. As igrejas nacionais estão de tal modo inseridas no clima de guerra que a conversa pacifista é considerada uma heresia, e a teologia da guerra justa vem legitimar praticamente todos os conflitos. Os teólogos de Cambridge declaram em 1393: "Lutar pela defesa da justiça contra os infiéis, bem como contra os cristãos, é em si mesmo um ato sagrado e lícito; manter opinião oposta a isso é um erro".

A guerra passa a ser assunto de todos, pois os nobres, a quem cabe a função, se mostram incapazes de garantir a segurança e proteção das demais ordens. Os cavaleiros, dizimados por flechas inglesas em Crécy, Poitiers e Azincourt, por lanças flamengas em Courtrai, por alabardas suíças em Grandson e Morat, arruinados por resgates (o de Du Guesclin havia custado 460 kg de ouro em 1367), encontram-se superados e desqualificados. A guerra moderna não tem nada a ver com os ideais da cavalaria: soldados de infantaria matam indiscriminadamente; os canhões, que surgem em 1304 na Lombardia, e cuja eficácia se tornou formidável no final do século XIV, derrubam as muralhas e pulverizaram as armaduras mais sofisticadas. A guerra, outrora uma espécie de grande jogo desportivo para os aristocratas, torna-se uma arte, um assunto para profissionais, técnicos, para quem são redigidos tratados de tática e estratégia, como o de Teodoro Paleólogo em 1327, o *De Bello* de Jean de Legnano em 1360, *A árvore das batalhas* de Honoré Bonet em 1387, o *Livro dos feitos das armas e da cavalaria* de Cristina de Pizan em 1410, o *Bellifortis* de Conrad Kyeser na mesma época, o *De Machinis* de Marciano di Jacopo Taccola em 1449, *Le Jouvencel*, por volta de 1460, de Jean de Bueil, que escreve: "A condução da guerra é engenhosa e sutil; pelo que convém governar pela arte e pela ciência, proceder pouco a pouco, antes que se tenha perfeito conhecimento dela".

Irritada e ultrapassada, a aristocracia constrói para si um mundo à parte, teatral, extravagante, coberto de códigos e ritos, um espaço reservado no qual ela imita seu próprio papel sonhado: roupas excêntricas e caras, brasões e divisas enigmáticos, grandes jogos esportivos como a justa,[11] onde nos identificamos com as figuras míticas dos Nove da Fama, os Roland, Artur, Lancelot e Perceval. A grande moda são as ordens de cavalaria, clubes exclusivos onde se encontram os valentes vinculados por um código de honra: o Escudo de Luís de Bourbon, o Porco Espinho de Luís de Orléans, a Espada

---

11 Torneio marcial disputado entre dois cavaleiros armados. (N. T.)

de Pedro de Lusignan, a Estrela de João, o Bom, a Jarreteira de Eduardo III, o Tosão de Ouro de Filipe, o Bom, o Saint-Michel de Luís XI. Cada ordem tem seu arauto de armas; ali se fazem os votos, como o do faisão no banquete de Lille em 1454.[12] O formalismo, as convenções, tudo isso se assemelha às brincadeiras de crianças grandes que se recusam a entrar no mundo adulto da modernidade que se aproxima. Enquanto o destino das guerras é decidido com tiros de canhão e com exércitos de mercenários sem lei, vemos príncipes desafiarem-se em duelo para resolver questões internacionais: em 1425, por exemplo, Filipe, o Bom, desafia Humberto de Gloucester "para evitar o derramamento de sangue cristão e a destruição do povo, pelo qual meu coração se compadece...". Pura comédia, é claro, nada além de jogo e convenção: nenhum desses duelos jamais aconteceu.

IDENTIDADES NACIONAIS E XENOFOBIA

Muito mais graves são as consequências das guerras perpétuas na emergência do sentimento nacional. A guerra dos Cem Anos é o exemplo mais flagrante. Ela se inicia como um confronto puramente dinástico e feudal entre um rei capetiano e seu vassalo plantageneta e termina em uma guerra nacional entre franceses e ingleses. Tal mudança é gradual e se deve ao acúmulo de misérias na França ocupada, o que engendra a xenofobia. Na França, escreve Thomas Basin, os habitantes, por volta de 1410, "tinham horror ao nome inglês, até então absolutamente desconhecido dos habitantes do país, apesar da largura medíocre do braço de mar que separava os dois povos, e que designava, como já dissemos, mais feras do que homens, aos olhos da maioria dessa gente simples". Aliás, não é a existência do canal da Mancha a prova de que Deus quis a separação de franceses e ingleses? É a questão que se lia num libelo da mesma época: "O mar é e deve ser um limite". Como se entender com esses "ingleses estrangeiros cuja língua é desconhecida"?

---

12 O referido banquete celebrava o *Voeu du faisan* (Juramento do faisão), numa tradição de cerimoniais de juramento que remonta à canção de gesta de Jacques de Longuyon, *Voeux do paon* (Juramentos do pavão), de 1312, na qual são introduzidos os Nove da Fama (Neuf Preux), personagens que representavam o ideal da cavalaria por suas proezas e virtudes. (N. T.)

"Como podem bárbaros como vós... desejar comandar a nós, franceses?" Os ingleses são violentos, gananciosos, glutões, rudes e cheios de cerveja, enquanto nós, franceses, somos pessoas trabalhadoras e pacíficas. O *Journal* de Bourgeois de Paris está repleto de comentários depreciativos sobre esses comedores de carne cozida, que falam uma língua incompreensível e que vivem em uma terra triste, na neblina e na chuva. Jean de Montreuil escreve um *Tratado contra os ingleses*, no qual refuta seus direitos sobre a Aquitânia e a coroa da França. Muitos sermões, estudados pelo historiador Hervé Martin, contêm apelos vibrantes pela defesa da pátria: "É melhor para todos nós morrer na guerra do que ver nossa raça na desgraça", diz um deles.

As obras de propaganda incitam o ódio aos ingleses. Em 1411, em um apelo *A toda a cavalaria da França*, Jean de Montreuil escreve: "Quando vejo que eles não desejam nada além de estragar e destruir este reino protegido por Deus, e que eles estão em guerra mortal contra todos os seus vizinhos, sinto tamanha abominação e ódio em relação a eles a ponto de amar aqueles que os odeiam e odiar aqueles que os amam". Em 1420, o anônimo *Diálogo da verdade e da França* declara que

> a guerra que eles fizeram e estão fazendo é falsa, desleal e condenável, mas eles são uma seita de malditos, contradizendo todo bem e toda razão, lobos vorazes e sem consciência, tiranos e perseguidores dos cristãos, que bebem e engolem sangue humano, assemelhando-se à natureza das aves predadoras, que vivem de rapina.

Na década de 1450, dois livros reveladores são publicados. O *Debate dos arautos de armas da França e da Inglaterra* compara os méritos dos dois reinos e insiste na superioridade da França, que tem todas as vantagens, em particular a da situação geográfica. No *Livro da descrição das terras*, o arauto Berry também elogia os méritos da França.

Os ingleses não ficam de fora. Já em 1340, o *Dito da rebelião da Inglaterra e de Flandres*, dirigido a Filipe VI, declara: "Tu podes muito bem saber que o inglês nunca amou o francês". Em 1346, um poema latino fala da "França efeminada, farisaica, sombra de vigor,/ lince, víbora, raposa, loba, Medeia,/ sereia manhosa sem coração, repulsiva e orgulhosa". Composto logo após Crécy, o texto expressa o orgulho inglês. Depois de Poitiers e Azincourt,

1300-1500 – O TEMPO DO APOCALIPSE E A IDADE DA TRANSIÇÃO   379

torna-se uma verdadeira arrogância: um inglês pode derrotar três estrangeiros, dizia-se. Os libelistas, como o poeta Laurence Minot e o clérigo de Oxford Godofredo Baker, foram lançados com espantosa ferocidade e grosseria contra os franceses. Depois, com as derrotas e os refluxos iniciados na década de 1430, a humilhação despertou o ódio aos franceses e até ao estrangeiro em geral. Pouco depois de 1436, circula o *Libelle of Englysche Polycye* ("Libelo da política inglesa"),[13] um escrito xenófobo conclamando os bons ingleses a rejeitar os flamengos, os italianos e os franceses a fim de se garantir o controle do canal da Mancha. O episódio de Joana d'Arc contribui no desenvolvimento tanto do patriotismo inglês quanto do patriotismo francês. O tema da "vaqueira", também chamada de "prostituta do delfim", ajuda a ridicularizar os crédulos e supersticiosos franceses, e a propaganda inglesa explora o episódio ainda mais do que a de Carlos VII. Cartas abertas castigam a atitude dos chefes franceses, grosseiros o suficiente para serem enganados por essa criatura imoral em roupas masculinas.

Cada povo parece descobrir a sua identidade cultural, da qual a língua se torna um elemento-chave. No tempo de Eduardo III, a aristocracia inglesa abandona o uso do francês, que falava desde 1066. As primeiras obras literárias em língua inglesa aparecem com John Gower, William Langland, Godofredo Chaucer. A agressão de Henrique V e o cataclismo de Azincourt aceleram o movimento. A brutalidade do acontecimento, que, guardadas as devidas proporções, poderia ser comparada ao colapso de junho de 1940 – é ela que está na origem de uma tomada de consciência entre os intelectuais franceses. O normando Robert Blondel conclama os "bons franceses" a "defender seu país" contra o "inimigo mortal e antigo do reino". Os seus escritos abundam em alusões ao "país da França", "país francês", e é um dos primeiros a lançar o apelo: o cavaleiro "não deve temer morrer na batalha por seu país".[14]

Esse rápido panorama das catástrofes dos séculos XIV e XV é suficiente para qualificar, ao que nos parece, o fim da Idade Média como o "tempo

---

13 Embora Minois tenha traduzido *"Polycye"* como *"politique"*, mais preciso seria utilizar *police* (polícia), em referência aos costumes policiados, isto é, ao modelo de civilidade da corte no final da Idade Média, e que não necessariamente dizem respeito à política. (N. T.)

14 Note-se que a palavra *pays* deve ser entendida simplesmente como uma região ocupada por um povo, e não com sentido de Estado-nação, tal como entendemos hoje. (N. T.)

do Apocalipse". Certamente é necessário introduzir nuances geográficas e apontar períodos de trégua, mas, do ponto de vista global, é de fato um dos momentos mais sombrios da história europeia. Depois, aos poucos, os cavaleiros do Apocalipse se afastam, embora nunca tenham ido muito longe. A fome e a escassez de víveres diminuem na segunda metade do século XV, mas ainda afetam Bourbonnais em 1465, Flandres e os Países Baixos em 1481 e 1492. Embora a peste tenha retrocedido, ela reaparece de tempos em tempos, como em 1457 e 1458, alternando os períodos com o tifo, a cólera, a tuberculose e, em breve, a sífilis, que os exércitos franceses trazem da Itália em 1498. Quanto à guerra, se a dos Cem Anos finalmente se encerra em 1453, ela é imediatamente sucedida por conflitos localizados: guerra das Duas Rosas na Inglaterra até 1485, guerras da Borgonha em Flandres e na Suíça até 1482, guerras italianas a partir de 1494, guerras contra os turcos antes e depois da queda de Constantinopla em 1453, guerra de Granada em 1491, e embora muitos *routiers* tenham sido exterminados na Alsácia em 1444, ainda há relatos de bandos de esfoladores em Île-de--France por volta de 1488.

A "retomada" é, portanto, lenta, relativa e mais ou menos tardia, dependendo da região: não antes de 1440 em diversos casos, e muitas vezes ainda mais tarde. De todo modo, ela é uma realidade, sobretudo ao âmbito demográfico, onde a recuperação se inicia nos anos 1440-1450. O caso da Itália, particularmente bem documentado, fornece alguns números: a população de Florença aumenta 59% entre 1427 e 1552, Pistoia 138%, Montepulciano 286%; Parma passa de 11.500 habitantes em 1421 para 19.034 em 1509; Mântua de 26.407 para 37.850 entre 1463 e 1560; Verona de 14.225 a 42 mil de 1425 a 1582; Sicília de 290 mil para 576 mil de 1439 a 1501; a população do campo toscano aumenta 76,5% de 1427 a 1552. O tamanho das famílias aumenta: em Verona passa-se de 3,7 pessoas por domicílio em 1425 para 5,2 em 1456, e depois é o número de domicílios que aumenta, com os casamentos da grande geração nascida a partir de 1440. A idade do primeiro casamento é um bom indicador dessa evolução: em Prato, é muito alta no início do século XIV, por causa da superpopulação – quase 40 anos para os homens, 25 anos para mulheres; esse índice cai durante o período de declínio demográfico e volta a subir no final do século XV, sugerindo um fenômeno de autorregulação populacional.

Mas a Europa de 1500 ainda está longe de ter alcançado o patamar de 1300. E os europeus, menos numerosos, também são diferentes em suas maneiras de pensar e ver o mundo: as mentalidades coletivas evoluem mais em dois séculos do que no milênio anterior. Pois o trauma causado pelas catástrofes é acompanhado por uma profunda crise religiosa, espiritual e intelectual que desorienta os espíritos, enfraquece as esperanças baseadas na razão e provoca um ressurgimento do irracional.

– 12 –

ESPÍRITOS DESORIENTADOS: AS RACHADURAS DA CRISTANDADE E O DIVÓRCIO ENTRE FÉ E RAZÃO

O impacto das fomes, guerras e pestes do final da Idade Média é duramente experimentado porque, ao mesmo tempo, a Igreja hierárquica, única autoridade espiritual capaz de dar aos homens da época consolo, explicação e esperança, passa por uma profunda crise que fragiliza sua credibilidade e torna questionável a sua legitimidade. Excessos, abusos e divisões internas solapam a confiança dos fiéis – estes, exigindo reformas, procuram preencher o vazio deixado por um clero falido e recorrem a movimentos heterodoxos e extravagantes propagados por visionários ou charlatães: profetas milenaristas e astrólogos. Para grande infelicidade das sociedades desamparadas, o irracional invade as mentalidades até mesmo nos círculos intelectuais.

OS PAPAS DE AVIGNON OU O "CATIVEIRO DA BABILÔNIA" (1309-1378)

A Igreja está doente, a começar pela cabeça. O papado, já abalado durante o conflito entre Bonifácio VIII e Filipe, o Belo, é incapaz de voltar para sua capital, Roma, dilacerada por conflitos entre facções aristocráticas. Depois de vagar por quatro anos, Clemente V se estabelece em Avignon em 1309. É o início de um longo exílio de 70 anos, que enfraquece o prestígio dos soberanos pontífices. A escolha de Avignon é, no entanto, criteriosa. A cidade está em uma situação mais central do que Roma, no eixo principal do Ródano; ela é mais fácil de ser defendida graças ao rochedo de Doms; seu clima é mais saudável e, para um papa francês como Clemente, a proximidade do reino capetiano, do outro lado do rio, é reconfortante. O condado Venaissin é posse papal desde 1274. Quanto à cidade, ela pertence ao conde de Provença, e o papa a compra em 1348. Clemente V, arcebispo de Bordeaux consagrado em Lyon, prepara o concílio de Viena (1311-1312) e acha bastante natural instalar-se ali. Ele reside primeiro no convento dominicano, mas depois seus sucessores constroem no local o enorme palácio-fortaleza, suntuosamente decorado por artistas italianos. Não era intenção do papa ficar ali para sempre, mas Roma continuava insegura para ele, e é isso que transforma o provisório em definitivo, pelo menos até 1378. Entretanto, para os italianos, assim como para muitas personalidades espirituais, como Catarina de Siena, esse "cativeiro de Babilônia" é um escândalo: o chefe da cristandade só pode residir na Cidade Eterna, lugar do martírio de Pedro e Paulo. O papa em Avignon é semelhante ao rei da França em Bourges: encontra-se fora de lugar e sua legitimidade está enfraquecida.

Especialmente porque o papa parece perder sua universalidade para se tornar o instrumento do rei da França. De 1309 a 1378, o trono de São Pedro foi sucessivamente ocupado por sete papas franceses, estreitamente ligados aos capetianos: Clemente V, de 1305 a 1314 (Bertrand de Got, arcebispo de Bordeaux), João XXII, de 1316 a 1334 (Jacques Duèze, de Cahors), Bento XII, de 1334 a 1342 (Jacques Fournier, bispo de Pamiers), Clemente VI, de 1342 a 1352 (o chanceler de Filipe VI, Pierre-Roger de Beaufort), Inocêncio VI, de 1352 a 1362 (Etienne Aubert, de Corrèze), Urbano V, de 1362 a 1370 (Guilherme Grimoard, de Languedoc), Gregório XI, de 1370 a 1378 (sobrinho e homônimo de Clemente VI). Dos 110 cardeais criados nesse período, 90 são franceses, e a Cúria assume a aparência de um conselho real capetiano. Isso é especialmente mais desagradável e prejudicial à autoridade do papa pelo fato de se estar em meio à guerra dos Cem Anos, que motiva as acusações de parcialidade formuladas pelo rei da Inglaterra. Acusações justificadas pelas declarações de Clemente VI, para quem o rei da França trava uma guerra justa contra um vassalo rebelde. Parte dos impostos pontifícios cobrados na Inglaterra em 1343 e 1344 servem até para financiar o esforço de guerra francês na forma de empréstimos. Eduardo III reage limitando os direitos de intervenção na Inglaterra: proibição de apelar ao tribunal pontifício, evicção de candidatos papais a um bispado contra o candidato do capítulo ou do rei (Estatuto de *Provisors*, 1351), proibição de transferir um processo inglês para uma jurisdição pontifícia (Estatuto de *Praemunire*, 1353), fim da vassalagem dos reis da Inglaterra (isso remonta a João Sem Terra), em 1366, no que concerne à Santa Sé. A impopularidade dos papas de Avignon cresce não apenas na Inglaterra, mas na maior parte da Europa.

Isso porque as demandas financeiras do papado aumentam constantemente. A monarquia pontifícia se constitui como uma administração de várias centenas de curiais, pagos em dinheiro desde 1310. As grandiosas cerimônias, a construção do palácio, a pompa, as distribuições, as pensões aos letrados (Petrarca incluído), tudo é muito caro, e a tributação papal torna-se cada vez mais pesada: transformação de doações voluntárias em impostos obrigatórios (subsídio de caridade), isenção de visitas canônicas dos bispos em troca do pagamento de uma contribuição, impostos exigidos quando os clérigos são nomeados para um benefício, pagamento à Cúria do equivalente a um ano de renda pelos novos titulares (a anata), cobrança de renda de benefícios vagos (os "vacantes"), penhora de bens móveis e imóveis dos clérigos que possuíam benefícios na colação papal (os "espólios").

Essa pressão fiscal é acompanhada por um fortalecimento sem precedentes da centralização e burocratização papal. Centenas de funcionários públicos trabalham na chancelaria, encarregados de enviar cartas, examinar requisições e pedidos de dispensa que chegam de toda a Europa, da Lituânia ao sul de Castela. O vice-chanceler dirige os trabalhos dos notários apostólicos, dos *abbreviatores*, que preparam as atas das bulas, dos *scriptores* que as redigem, dos *bullatores* que lhes aplicam o selo, dos corretores que as verificam, dos *scriptores registri* que as copiam. A câmara apostólica, sob a direção do camareiro papal, emprega um exército de clérigos, expedicionários, auditores e procuradores, que lidam com a gestão das finanças. A Santa Sé está submersa no mar agitado de processos devidos a múltiplas contestações e apelações. Acumulam-se montanhas de dossiês, sob os quais se fadigam os magistrados do tribunal da Rota, rodeados de notários, escrivães e advogados. As instâncias se eternizam: a enorme máquina judicial de Avignon, inchada, está à beira da paralisia. Os litigantes, sobrecarregados com as custas dos processos e os intermináveis atrasos de vários anos, até décadas, fazem com que o papado seja acusado de incompetência, arbitrariedade, corrupção e extorsões fiscais.

RETOMADA DA LUTA ENTRE O PAPA E O IMPERADOR: BULA DE OURO (1356) E DECLÍNIO DA AUTORIDADE

Os papas de Avignon não são, no entanto, desprovidos de qualidades, como mostra o notável estudo de Guillaume Mollat. Porém, atolados em um contexto político complexo, em uma Europa confrontada com fomes, pestes e guerras, eles não estão à altura de sua tarefa. Sem lucidez diante dos grandes desafios contemporâneos, mostram-se tão cegos que optam por ressuscitar a velha querela contra o imperador, de 1323 a 1356, o que contribuirá para enfraquecer ainda mais os dois adversários. Conflito de outra época, a da monarquia universal, cujas ilusões continuam a alimentar os sonhos de teólogos e intelectuais nostálgicos, como Dante. Por volta de 1310-1311, enquanto o imperador Henrique VII insistia numa humilhante campanha militar na Itália para ser consagrado em Roma por um legado, Dante publica a obra *De Monarchia*, na qual defende a unidade da cristandade governada por duas cabeças independentes, cada uma das quais recebendo diretamente de Deus o poder: o "monarca universal" e o "papa universal". Não deve haver subordinação entre os dois, mas apenas perfeita coordenação. Nenhum deles pensa dessa maneira. Em 1314, dois candidatos disputam o Império: Luís da Baviera e Frederico da Áustria. Os desdobramentos do conflito são favoráveis ao primeiro, que esmaga seu rival em Mühldorf em 1323. O papa João XXII recusa-se a reconhecê-lo e o excomunga em 1324. Luís da Baviera responde com o apelo de Sachsenhausen, que trata o papa como um inimigo de Cristo, e em 1327 vai a Roma, faz-se coroar no Capitólio por Sciarra Colonna, veterano de Anagni, que representa o povo romano, e faz com que um antipapa seja eleito: o franciscano Pedro de Corbara, Nicolau V.

Luís da Baviera tem ao seu lado dois intelectuais que são ardorosos defensores da causa imperial contra o papa. O franciscano inglês Guilherme de Ockham (ou Occam), de quem falaremos adiante, aceita a autoridade monárquica do papa condicionada ao respeito pelos direitos e liberdades dos príncipes, reis e imperadores em assuntos temporais, "onde os leigos têm jurisdição preferencial ao soberano pontífice". O poder do imperador não vem do papa, mas do consentimento do povo, expresso pelo colégio de eleitores. E, se necessário, o imperador pode até intervir em questões de fé: "Não me lembro de ter lido nas divinas Escrituras que se deva negar qualquer *potestas* em matéria espiritual a um imperador que fosse católico", escreve no *Dialogus*.

Marsílio de Pádua vai mais longe. Esse professor da faculdade de artes publica em 1324 o *Defensor Pacis*, dedicado ao "ilustríssimo Luís, imperador dos romanos", no qual estabelece que só existe uma autoridade legítima na sociedade: a do príncipe, a autoridade laica, portanto, que é uma delegação da universalidade dos cidadãos, *universitas civium*. A Igreja não constitui uma sociedade à parte da sociedade civil e, portanto, não deve ter um chefe distinto do príncipe. Este exerce o poder tanto em matéria religiosa quanto em matéria civil, consultando os peritos que são os padres. O clero é reduzido a funções rituais. Em seu sistema, não há separação entre Igreja e Estado. Tais ideias obviamente lhe valem a excomunhão, mas a circulação delas contribui para solapar a autoridade de um papa cujo exílio em Avignon é para muitos um sinal de fraqueza num momento em que a Cidade Eterna se encontra nas mãos do imperador e até, de 1347 a 1354, de um notário megalomaníaco imbuído de ideias antigas, Cola di Rienzo, que o povo acaba massacrando. O imperador, portanto, parece prevalecer, e em 1338 a dieta de Frankfurt, pela constituição *Licet juris*, declara que o rei eleito dos romanos não precisa de nenhuma confirmação papal e pode exercer direitos reais e imperiais antes mesmo de sua coroação.

No entanto, Luís da Baviera acaba trocando a opinião dos príncipes alemães por infelizes decisões territoriais, e, em 1346, os eleitores o depõem e elegem em seu lugar Carlos da Morávia, neto de Henrique VII, em acordo com Clemente VI. O novo imperador, Carlos IV, chamado *Pfaffenkoenig*, "rei dos vigários", faz-se coroar em Roma em 1355, e no ano seguinte promulga a famosa *Bula de ouro*, que estabelece o divórcio definitivo entre o papado e o Império. A função imperial está totalmente secularizada: o imperador será eleito em Frankfurt pelos sete eleitores (os três arcebispos de Trier, Mainz, Colônia, o rei da Boêmia, o conde palatino, o duque da Saxônia e o margrave de Brandemburgo) e coroado em Aix-la-Chapelle pelo arcebispo de Colônia. Não há mais nenhuma questão de aprovação ou confirmação papal. O papa perde uma de suas principais prerrogativas políticas.

No entanto, o imperador não sai desse caso tão engrandecido quanto parece. A Itália está perdida: o Império agora é puramente germânico, e se torna uma expressão muito mais geográfica do que política, com o desmembramento do poder. Não há mais do que uma federação de territórios, sobre os quais o imperador exerce apenas uma autoridade limitada. Sua força provém exclusivamente dos seus territórios patrimoniais (*Hausmacht*), que ele procura expandir na esperança de fundar uma dinastia imperial: os Wittelsbach com Luís IV (1314-1346), os Luxemburgo com Carlos IV (1346-1378), Venceslau (1378-1409) e Sigismundo (1410-1437), os quais possuem o ducado de Luxemburgo e o reino da Boêmia, além de Brabante, Hainaut, Morávia, Lusácia, Silésia, Brandemburgo e Hungria. Os Habsburgo, com Alberto II (1438-1439) e Frederico III (1440-1493), aumentaram consideravelmente seu poder com Maximiliano (1493-1509), que anexa Áustria, Caríntia, Estíria e a Renânia alemã (herança de sua esposa Marie de Borgonha, filha de Carlos, o Audaz): Franche-Comté, Alsácia, Flandres e Holanda. Os poderes do imperador são coibidos pela Dieta – eles se chocam com os representantes dos príncipes e das cidades livres, pelos poderes exorbitantes dos eleitores, quase independentes e que tendem a eleger imperadores fracos – ou seja, aqueles menos autoritários –, pelo poder das ligas urbanas, incluindo a Hansa das cidades bálticas, capaz de derrotar os dinamarqueses em 1370 e impor suas demandas à Escandinávia pela União de Kalmar em 1397, pelo espírito independente dos montanheses alpinos dos cantões de Uri, Schwyz e Unterwalden, que se revoltam em 1318, derrotam as forças de Leopoldo de Habsburgo em 1386 e formam a federação suíça. Acrescentemos que, a partir do final do século XIV, o Império não cessa de recuar diante do avanço dos turcos; além disso, nas franjas orientais os problemas da

Boêmia e da Hungria na segunda metade do século XV perturbam a estabilidade regional: em 1457, esses dois países instituem reis nacionais, Georges Podiebrad (Boêmia) e Matias Corvino (Hungria). A Boêmia é agitada pelas guerras hussitas, pela intervenção do rei da Polônia, Ladislau Jagelão, em 1471, e pelo ataque de Matias Corvino, empurrado pelo papa. Matias chega a atacar o imperador Frederico III, expulsa-o da Áustria, e se estabelece em Viena em 1485. Somente sua morte permite que os Habsburgo recuperem a posse de seus territórios patrimoniais. Em suma, os poderes do imperador no final da Idade Média são extremamente frágeis, e as duas cabeças tradicionais da cristandade, "as duas metades de Deus", como Dante chamava o papa e o imperador, são enfraquecidas e perdem seu prestígio. O declínio dessas duas autoridades morais e políticas aumenta a desordem dos povos europeus confrontados com catástrofes.

O GRANDE CISMA, DE 1378 AO CONCÍLIO DE CONSTANÇA (1414-1418)

Para o papado, a descida ao inferno continua: depois do "cativeiro da Babilônia", vem o Grande Cisma. Em janeiro de 1377, Gregório XI, perseguido pelas exortações de Catarina de Siena, deixa Avignon e volta para Roma. Quinze meses mais tarde, em 27 de março de 1378, ele morre. A eleição de seu sucessor ocorre em meio a uma confusão. Os cardeais – 7 franceses do sul, 4 franceses do norte, 4 italianos e um espanhol – não chegam a um acordo e, sob a pressão da turba romana, acabam escolhendo Bartolomeu Prignano, arcebispo de Bari, que se torna Urbano VI. Eles logo percebem seu erro: Urbano é um doente mental, transformado por sua eleição em um megalomaníaco delirante que insulta cardeais, embaixadores e funcionários da Cúria. Os cardeais, afirmando a irregularidade das condições da eleição, convocam-no para que renuncie e, diante de sua recusa, elegem em 20 de setembro Roberto de Genebra, bispo de Cambrai e, antes de tudo, um formidável militar, que havia comandado os exércitos pontifícios alguns meses antes. Tendo se tornado Clemente VII, ele tenta desalojar Urbano VI à frente de seus mercenários. Derrotado em 1379, retira-se para Avignon, onde ainda se encontra boa parte dos arquivos papais. Não é a primeira vez que a Igreja se vê com um papa e um antipapa, mas o problema agora é mais grave, porque ninguém pode dizer qual dos dois é o antipapa. Até os santos estão divididos! As duas Catarinas, a de Siena e a da Suécia, estão do lado de Urbano, enquanto Vicente Ferrer e Pedro de Luxemburgo apoiam Clemente. Os fiéis literalmente não sabem mais a qual santo se devotar. O clero está dividido. Alguns querem que Clemente e Urbano se excomunguem mutuamente, deixando que os soberanos escolham seu lado de acordo com seus interesses políticos: os reis da França, da Escócia e de Castela são clementistas; já o rei da Inglaterra prefere Urbano, é claro, seguido por flamengos, húngaros, poloneses e escandinavos, assim como o imperador, que não pode impedir que muitos príncipes alemães apoiem Clemente. Outros hesitam, mudam de lado, como os reis de Aragão, de Portugal e de Nápoles.

O caos não tarda: a cada vaga de benefício, os dois papas designam um novo titular; os dois se anatematizam reciprocamente e cada um contesta a validade dos sacramentos conferidos pelo rival. Processos, recursos e pedidos de dispensa aguardam a resolução do impasse: devemos ir à Cúria de Avignon ou à de Roma? O próprio Deus parece perder seu latim aí: o céu não dá nenhum sinal conclusivo em favor de um ou outro papa. Os fiéis estão desamparados, especialmente porque o cisma se arrasta. A cada morte de um papa, os cardeais de seu lado elegem um sucessor, e duas linhas pontifícias são constituídas: depois de Urbano VI (1378-1389), Bonifácio IX (1389-1404), Inocêncio VII (1404-1406), Gregório XII (1406-1415) em Roma, e depois de Clemente VII (1378-1394), Bento XIII (1394-1423) em Avignon.

Para acabar com o cisma, recorre-se primeiro à guerra: é a *via facti*, a "via de fato". Ambos os lados adornam-se com o título de cruzado. Os clementistas atacam na Itália contando com apoio da casa de Anjou; eles são contidos por Carlos de Durazzo, enquanto os apoiadores de Urbano lançam duas "cruzadas" anticlementistas, que são na verdade operações laterais da guerra dos Cem Anos: uma, liderada pelo bispo de Norwich, em Flandres, e a outra, pelo duque de Lancaster, em Castela. Ambas fracassam. Seguindo o modelo da Universidade de Paris, tenta-se então a *via cessionis*, a "via da demissão": faz-se com que os dois papas renunciem a fim de se organizar uma nova eleição. Com a morte de Clemente VII em 1394, a corte da França pede aos cardeais de Avignon para não elegerem um sucessor. O chamado não é ouvido e, em 28 de setembro, o cardeal espanhol Pedro de Luna torna-se Bento XIII. Antes da eleição, ele foi obrigado a assinar uma certidão na qual se compromete a "esforçar-se pela união e não rejeitar nenhum dos meios capazes de alcançá--la... mesmo que precise renunciar à dignidade pontifícia". Uma vez eleito, Bento, que é um homem enérgico, autoritário, austero, excelente teólogo e diplomata, não honra esse compromisso. É por isso que, para pressioná-lo, um conselho nacional de bispos franceses em 1396 ameaça retirar sua lealdade. Essa "subtração de obediência", apoiada pelo governo de Carlos VI, é adotada em 27 de julho de 1398. Sem efeito. Em 28 de maio de 1403, uma ordenança anuncia a restituição da obediência. A situação parece completamente bloqueada.

Bento XIII, que se recusa a renunciar, envia negociadores a seu rival Bonifácio IX para pedir-lhe que renuncie. A "negociação" rapidamente se transforma em insultos e brigas, e quando o papa de Roma morre em 1º de outubro de 1404, os cardeais romanos elegem como seu sucessor o arcebispo de Bolonha, Cosimo dei' Migliorati, Inocêncio VII, que, por sua vez, não estava mais disposto a renunciar à mitra papal. Entre os teólogos, surge então uma nova ideia: o conciliarismo. Desde o século XII, a excessiva concentração de poderes nas mãos do papa havia relegado o concílio à condição de uma simples engrenagem usada pelos soberanos pontífices para impor suas decisões. Um aprofundamento da teologia eclesial leva alguns doutores à reavaliação do papel dos concílios na Igreja. Como representante da comunidade dos crentes, o conselho tem o direito de julgar o chefe da cristandade se sua conduta for prejudicial ao bem de todos. Problema: é o papa quem convoca os concílios; se ele se recusar a fazê-lo, quem pode tomar a iniciativa? O Colégio Sagrado? Os príncipes? É bem evidente que nem Bento XIII nem Inocêncio VII ou seu sucessor Gregório XII querem convocar uma assembleia que seria um tribunal destinado a tentar destituí-los. No entanto, uma vez que os cardeais das duas obediências aderem à ideia de conciliar a fim de resolver o impasse, decidem, em março de 1409, convocar um sínodo ecumênico dos prelados das duas obediências, enquanto os dois papas recorrem a seus fiéis: Bento em Aragão e Gregório em Rimini, sob a proteção de Malatesta.

O conselho se reúne em Pisa. Ambos os papas são declarados "cismáticos notórios e fomentadores de divisão", são condenados por heresia e depostos. Os cardeais, reunidos em conclave, elegem então Pedro Filargi, arcebispo de Milão, que assume o nome de Alexandre V. Longe de resolver o problema, essa decisão apenas agrava a crise, porque Bento e Gregório não demonstram submissão e a cristandade fica com três papas. Não se trata mais de divisão, e sim, de caos. Com a morte de Alexandre V, em maio de 1410, seu substituto é Baltazar Cossa, que é menos um homem da Igreja do que um militar – ex-*condottiere* tornado cardeal, assume o nome de João XXIII. Em 1413, ele é expulso de Roma pelas tropas de Ladislau de Nápoles e refugia-se com o imperador Sigismundo. Este aproveita a ocasião para manifestar o prestígio do Império: por ironia da história, é o imperador quem salvará o papado! Bela vingança do poder temporal. Sigismundo toma a iniciativa de convocar um concílio, que será realizado em seu território – em Constança –, à beira do lago, a partir de 1º de novembro de 1414.

Durante quase quatro anos, de novembro de 1414 a abril de 1418, toda a cristandade tem os olhos postos em Constança, onde o concílio reúne 29 cardeais, 3 patriarcas, 33 arcebispos, 300 bispos, centenas de doutores e universitários, além dos maiores teólogos da época: trata-se da maior assembleia da Idade Média. As apostas são imensas: trata-se de salvar a Igreja mediante eliminação das heresias (a de Jan Hus incluída), reforma do comportamento abusivo do clero e restauração da unidade. Examinaremos mais adiante os dois primeiros pontos. Quanto ao terceiro, a assembleia, pelo decreto *Haec sancta*, proclama que o concílio, representando a Igreja universal, deriva seu poder de Cristo e tem autoridade sobre o próprio papa. Diante dessa determinação, João XXIII tenta fugir; capturado, é preso e deposto em 29 de maio de 1415. Gregório XII não insiste: ele abdica em 4 de julho. Por outro lado, Bento XIII é intratável. Refugiado em Aragão, insiste em se considerar o único papa legítimo, mesmo após sua deposição em 27 de julho de 1417. Até sua morte em 1423, reina apenas dentro de sua fortaleza de Peniscola. Em 11 de novembro de 1417, o conclave elege o romano Odon Colonna, filho bastardo do cardeal Colonna, e este se torna o único papa, Martinho V. O Grande Cisma acabou.

O CONCILIARISMO E AS ASPIRAÇÕES DE UMA REFORMA RELIGIOSA

Contudo, para a Igreja os problemas continuam. Em 1417, o concílio decide que doravante ele participaria do governo normal da Igreja, na companhia do papa, a quem aconselharia e supervisionaria ao mesmo tempo. Para isso, o decreto *Frequens* prevê reuniões ordinárias do concílio: em 1423, em 1430, depois a cada dez anos. A reunião de Siena, em 1423, ocorre sem grandes incidentes. Por outro lado, o da Basileia, inaugurado em fevereiro de 1431, degenera rapidamente. O novo papa, Eugênio IV, aproveita o fato de que pouquíssimos bispos viajaram à Basileia para dissolver o concílio e agendar um outro dez meses depois em Bolonha. Indignados, os padres da Basileia recusam-se a partir: depois de haver dois papas, corre-se o risco de haver dois concílios! Eugênio IV, que ao mesmo tempo é confrontado com a revolta de Colonna e precisa se refugiar em Florença, cede: ele declara em dezembro de 1433 que o concílio de Basileia permanece legítimo. Fortalecidos pela vitória, os padres empreendem então uma profunda reforma do governo da Igreja, seguindo as ideias conciliaristas mais extremas. A questão é saber quem comanda a Igreja: o papa ou o concílio? Para garantir sua supremacia, o concílio decide incorporar acadêmicos, formados tanto no direito civil quanto no direito canônico – sinal do crescente prestígio dos intelectuais na vida pública. Decide-se limitar os direitos do papa sobre as nomeações para benefícios, abolir as reservas, as anatas e os serviços, reduzir o número de cardeais, que devem possuir diplomas universitários, amputar os poderes da Cúria, além de impor aos futuros papas um juramento que os obriga a respeitar as decisões conciliares.

A prova de força entre o concílio e o papa começa. Sob alegação da origem divina de sua autoridade, o papa decide transferir o concílio para Ferrara, onde serão iniciadas as discussões com os ortodoxos. A maioria dos prelados recusa-se a obedecer e, considerando que Eugênio IV havia violado o decreto *Haec sancta*, eles o depõem e escolhem como papa o duque de Savoia, Amadeu VIII, que se torna o papa Félix V em 1439. Há, portanto, novamente dois papas, e, pior ainda, cada um com seu próprio concílio. No entanto, o concílio de Eugênio IV, em Ferrara, depois transferido para Florença, obtém grande sucesso em 1439 em um acordo de reunificação com a Igreja do Oriente. Um acordo que se revelará ilusório, mas que na época impressiona o suficiente a ponto de atrair os principais teólogos para o lado de Eugênio IV. O concílio de Basileia, esvaziado, refugia-se primeiro em Lausanne em 1447, e depois desaparece ao mesmo tempo que Félix V abandona a tiara papal. O papa de Roma prevalece e o conciliarismo é derrotado.

Eugênio IV morre em 1447 e seu sucessor, Nicolau V (1447-1455), se esforça, com a ajuda do cardeal Nicolau de Cusa, para erradicar os abusos do clero. Aparentemente, o papa é o grande vencedor: em 1450, as celebrações do jubileu são para ele um triunfo, e em 1460, Pio II, pela bula *Execrabilis*, proíbe qualquer futuro recurso ao concílio para uma decisão papal.

Vitória enganosa, todavia. Em primeiro lugar, porque as peripécias do "cativeiro da Babilônia", do Grande Cisma e da crise conciliar deixam rastros. A Santa Sé, comprometida nessas lutas contínuas, criticada, contestada, não sai ilesa da provação: seu prestígio espiritual está abalado. Em segundo lugar, os conflitos intensos não permitem que os abusos sejam enfrentados com seriedade, e a demanda por reformas é mais forte do que nunca. Por fim, os papas da segunda metade do século XV não estão à altura de responder às aspirações dos fiéis. São personalidades cultas e que possuem inteligência, porém, mais voltadas para as artes, as ciências e as letras do que para a espiritualidade. São humanistas, enquanto a massa de fiéis espera santos. Desse ponto de vista, estamos longe do alvo. Nicolau V é um amante de bons livros: fundador da biblioteca do Vaticano, ele doa 824 volumes latinos e 352 volumes gregos. Calisto III (1455-1458) acrescenta manuscritos trazidos de Constantinopla por sábios gregos – ele é um jurista espanhol, da família Bórgia, com pouco interesse por assuntos espirituais. Pio II (1458-1464), brilhante humanista, se interessa mais pela proteção das ruínas do Fórum e na ultrapassada ideia de uma cruzada do que na reforma da Igreja. Paulo II (1464-1471) melhora o sistema de esgoto e inicia uma coleção de antiguidades romanas. Sisto IV (1471-1484), ou Francesco della Rovere, vende indulgências e ofícios à Cúria para sustentar sua política e sua grande família, acumulando os lucros nas contas de seus sobrinhos, seis dos quais se tornam cardeais, um deles aos 25 anos com 4 bispados e o patriarcado de Constantinopla, outro aos 28 com 6 bispados, esperando tornar-se papa no futuro. Sisto IV institui a festa da Imaculada Conceição e arrecada os rendimentos das casas de prostituição dependentes da Santa Sé; ele reintroduz a Inquisição na Espanha e manda decorar a Capela Sistina. Inocêncio VIII (1484-1492) continua a vender indulgências, envolve-se em conluios escusos com os Médici e os turcos e, sobretudo, cuida de casar bem seus bastardos. O século termina dignamente com Alexandre VI Bórgia (1492-1503), que ressuscita a pornocracia pontifical e a eleva a um nível inigualável com seus filhos, César e Lucrécia. Podemos até falar das qualidades de mecenas e humanistas desses pontífices, mas temos que concordar com o julgamento do cardeal Nicolau de Cusa: "Tudo, absolutamente tudo o que acontece neste tribunal me enoja. Tudo está podre lá". Assim pensava Lutero, que por lá passou em 1511. A Idade Média termina com a falência total do papado – falência moral e pastoral que é talvez a ilustração mais contundente do fracasso do modelo medieval de cristandade, um modelo incapaz de se reformar.

Nessas condições, é óbvio que os ideais do conciliarismo, aparentemente descartados depois de Basileia, sobrevivem nos melhores indivíduos. Pois o desejo de reforma é mais forte do que nunca, justificado pelo lamentável estado do clero nos séculos XIV e XV. Sem ceder a um miserabilismo excessivo baseado nos relatos de visitas episcopais e nas descrições de moralistas reformadores como Jean Gerson, Jean Buridan, Pierre d'Ailly e Nicolau de Oresme, deve-se reconhecer que o quadro é muito sombrio: bispos ausentes, mais ocupados em promover parentes e administrar seus rendimentos do que em cumprir seus deveres pastorais; cônegos cujo passatempo favorito é processar os bispos; clero paroquial pletórico, inculto, concubinário, absentista e simoníaco. Assim, na diocese de Genebra de 1411, há 40% de padres com moral "indigna", 35% com conhecimentos "medíocres" ou "muito insuficientes", 31% absentistas. Muitos praticam o acúmulo de benefícios. O clero regular não é poupado. As ordens antigas, beneditinas, clunisianas e cistercienses, estão em plena decadência: colapso do recrutamento, ruína do temporal, abandono da Regra e da vida comum. As próprias ordens mendicantes já não estão à altura da tarefa: os franciscanos dividem-se entre os "conventuais", favoráveis a uma acomodação com o espírito do século, e os "espirituais", que querem um regresso à pobreza estrita das origens; mas os movimentos de "estrita observância" têm apenas um sucesso muito relativo. Os dominicanos brilham especialmente nos tribunais da Inquisição e pela celebridade de algumas vedetes de púlpito que anunciam a vinda do Anticristo e o fim do mundo, como Bernardino de Siena ou Vicente Ferrer. Mas, além desses poucos exaltados que arrastam as multidões, os pregadores compartilham dos mesmos ideais e suas observações impressionam pelo caráter banal e conformista. Eles também estão expostos à hostilidade do clero secular, que vê neles rivais perigosos para confissão e coleta de esmolas.

Assim, ainda que a acumulação de flagelos tivesse exigido a presença de um clero esclarecido, competente e consolador, capaz de orientar os fiéis com o seu ensinamento e sua conduta exemplar, padres e monges, desde o papa ao pároco, todos parecem falhar em sua missão. Por perseguirem objetivos exclusivamente temporais, riqueza e poder político, eles perdem bastante de sua legitimidade. Essa falência do clero numa Europa em pleno naufrágio só poderia suscitar movimentos de protesto, desde a simples reivindicação de reforma até à revolta aberta. Mas, ao contrário das grandes heresias dos séculos anteriores, a oposição não afeta diretamente o conteúdo da fé. Não estamos tentando reformar o dogma, mas o funcionamento das instituições, as estruturas eclesiais. O que exigem os "espirituais" e os "apostólicos" do início do século XIV, por exemplo, é um retorno ao espírito de pobreza absoluta. Os flagelantes pedem penitência e atacam a riqueza da Igreja, não suas crenças. Porém, ao questionar o clero e seus abusos, os reformadores inevitavelmente abrem caminho para heresias dogmáticas, porque o clero, até então intermediário obrigatório entre Deus e os homens, é o único intérprete autorizado da revelação. Descartá-la em favor de uma relação direta entre os fiéis e a divindade é abrir a porta para crenças individuais incontroláveis. O risco é ainda maior porque os manifestantes do final da Idade Média não são autodidatas inspirados vindos diretamente do campesinato, como em geral acontecia (é o caso dos cátaros, por exemplo), mas intelectuais, universitários formados para a reflexão e a controvérsia, teólogos experientes em exercícios escolásticos, o que os torna formidáveis.

É o caso dos dois principais: João Wyclif e Jan Hus. João Wyclif (1320-1384), doutor em teologia por Oxford, ataca diretamente a Igreja-instituição, que ele desvaloriza em favor de uma relação direta entre os crentes e Deus. A liturgia e os sacramentos são rejeitados, incluindo a transubstanciação. Ele acredita que a Bíblia, imediatamente compreensível para os fiéis, deveria ser seu único guia; a Igreja, corrompida pela riqueza, deve submeter-se ao Estado, e o papa, desprezado após o episódio de Avignon e do Cisma, é inútil. Wyclif anuncia diretamente os termos da Reforma anglicana, defendendo o uso de traduções da Bíblia para o inglês. Graças às suas proteções políticas, ele morre sem se preocupar com represálias. As suas ideias são retomadas por pregadores populares, os "padres pobres" ou *lollardos*, alimentam uma corrente anticlerical que preocupa as autoridades a partir do final do século XIV, e que viria a ser perseguida pelos soberanos e pelo alto clero no século XV.

Nada disso se compara, porém, ao movimento hussita, que eclode pouco depois na Boêmia. Jan Hus (1369-1415), reitor da universidade de Praga e leitor de teologia, inspira-se nos escritos de Wyclif, embora mantenha o valor de certos sacramentos, em especial, a eucaristia. Crítico mordaz dos excessos do clero e da Igreja-instituição, além de aspirante a uma piedade mais pessoal, ele é ouvido pelo povo tcheco, que encontra nas ideias de Hus uma forma de exprimir a sua hostilidade para com os alemães. Essa aliança de oposição nacional e religiosa torna-o particularmente perigoso aos olhos do imperador Sigismundo e de seu concílio reunido em Constança. Convocado perante essa assembleia, Jan Hus é preso e, apesar de um salvo-conduto que lhe fora concedido, é julgado e queimado como herege em 1415. O evento desencadeia uma revolta geral na Boêmia contra a tutela alemã e favorável a uma reforma religiosa. Os tchecos, liderados por líderes ousados como Zizka e Procópio, enfrentam as cruzadas alemãs e pontifícias. O ramo radical dos hussitas, os taboritas, rapidamente se desvia para os discursos milenaristas e consegue reunir exaltados de diversas origens – valdenses, adamitas, mendigos –, todos sonhando com uma sociedade libertária e comunista. Estes são liquidados pelos hussitas moderados, os utraquistas, que em 1436 conseguem um certo número de concessões no concílio de Basileia: os *compactats* (comunhão de ambas as espécies,[1] reconhecimento do Estado nacional como fiador da ordem cristã, redução dos poderes do clero).

AS FISSURAS DA CRISTANDADE E A ASCENSÃO DOS SENTIMENTOS NACIONAIS

Esses acontecimentos ilustram as fissuras da cristandade e a afirmação dos sentimentos nacionais, que se manifestam a uma só vez na política, na guerra, na religião e na cultura. O grande ideal da unidade cristã se esfacela na forma de igrejas nacionais, com o apoio de príncipes e reis, que

---

1 Referência ao utraquismo, doutrina segundo a qual a eucaristia poderia ser administrada para os leigos em ambas as espécies, isto é, comunhão do pão e do vinho. (N. T.)

aspiram controlar todos os aspectos da vida de seus súditos. O declínio do prestígio e do poder do papa e do imperador contribui fortemente tanto para essa fragmentação quanto para a ascensão das identidades nacionais. A França não é exceção, com a sanção pragmática de Bourges em 1438, que reserva ao rei na prática o controle de todas as nomeações para benefícios eclesiásticos. A própria vida intelectual se "nacionaliza". As universidades perdem seu caráter internacional: cada rei e cada príncipe quer ter a sua, ao mesmo tempo que guerras e epidemias reduzem a circulação de estudantes. A criação de universidades se multiplica na Espanha (Lérida, 1300; Huesca, 1354; Barcelona, 1450; Saragoça, 1470; Palma de Maiorca, 1483; Siguenza, 1489; Alcala, 1499; Valência, 1500), na Itália (Pavia, 1361; Pisa, 1343; Ferrara, 1391; Turim, 1405; Catania, 1444, que se juntam a Florença, Nápoles, Modena, Vicenza, Siena), na França, onde ao lado de Paris, Orléans, Montpellier, Toulouse, aparecem Cahors (1332), Grenoble (1339), Aix (1409), Valence (1452), Poitiers (1431), Caen (1432), Bordeaux (1441), Nantes (1460), Bourges (1464), no centro e no norte da Europa: Praga (1347), Viena (1365), Erfurt (1392), Heidelberg (1385), Colônia (1388), Leipzig (1409), Rostock (1419), Trier (1454), Freiburg (1456), Basileia (1459), Ingoldsadt (1459), Mainz (1476), Tübingen (1476), Louvain (1425), Cracóvia (1364), Budapeste (1389), Pressburg (1465), Uppsala (1477), Copenhague (1478), Escócia, com Saint-Andrews (1413), Glasgow (1450) e Aberdeen (1494).

Nem todas as universidades têm a mesma influência, mas elas contribuem para desenvolver o sentimento nacional, especialmente nos casos em que, como em Praga, existe uma rivalidade étnica exacerbada: em 1409, o decreto real de Kutnà Horà impõe a todos os membros da universidade prestar juramento de lealdade à coroa da Boêmia, e isso leva os indesejáveis estudantes alemães a criar a Universidade de Leipzig. Com a ascensão do poder dos intelectuais, as universidades tornam-se muitas vezes instrumentos do poder régio, pois elas fornecem argumentos ao soberano, que as consulta em matéria de direito e até de política. Isso é muito claro em Paris durante as tribulações da guerra dos Cem Anos e do Cisma. Durante o domínio inglês, a universidade apoia Henrique VI e se pronuncia contra Joana d'Arc, o que lhe rende a desconfiança de Carlos VII, que a priva de seus privilégios fiscais e legais em 1437 e 1445 após a reconquista da capital. A universidade então passa a apoiar a política galicana e a sanção pragmática. Em 1470, durante a luta contra Carlos, o Audaz, Luís XI obriga os mestres e estudantes da Borgonha a jurar lealdade perante ele. Em relação ao papa, a Universidade de Paris segue a voz de seu mestre: a favor de Avignon, depois a favor da subtração da obediência, e depois a favor do chamado ao concílio.

A ascensão do espírito nacional é uma das grandes características do fim da Idade Média, a ponto de aparecer como o novo ideal e o valor supremo dos povos europeus. As monarquias são muito favorecidas por esse movimento, pois ampliam seus poderes e seus meios de ação durante as guerras, aproveitando a crise da Igreja e do papado para reforçar seu controle sobre o clero, ponderando a respeito das nomeações. No seio da cristandade universal afirmam-se as Igrejas nacionais – galicana, inglesa e germânica –, das quais os soberanos se servem através de pregadores e santos nacionais, além do próprio Deus, todos chamados a intervir no serviço da sua justa causa.

A ascensão irresistível do sentimento nacional obviamente transforma o pensamento político. Este, libertado dos grilhões religiosos, laiciza-se e agora visa apenas a uma coisa: a eficiência. Os legistas da geração de Filipe, o Belo, prepararam o terreno: libertando a política da moral, separando o temporal do espiritual e proclamando a onipotência do rei como juiz e legislador. Ockham, Marsílio de Pádua e Wyclif fornecem bases teológicas ao movimento. Para Wyclif, o rei, vigário de Deus, representa Cristo e só presta contas a ele. Qualquer resistência à sua vontade é condenável. O absolutismo está em marcha e, a esse respeito, a data de 1516 poderia ser mantida politicamente como o fim da Idade Média e a entrada na era moderna. Naquele ano, de fato, quatro autores tão diferentes quanto o italiano Maquiavel, o holandês Erasmo, o inglês More e o alemão Lutero proclamam, de modo simultâneo e independente, os novos objetivos da vida política, e o fazem a partir de princípios diversos. Para além das nuances de superfície, a concordância deles é total em linhas gerais. Nicolau Maquiavel (1469-1527), a serviço de Florença, publica os *Discursos sobre a primeira década de Tito Lívio* – nesse texto, à imagem dos romanos, são postulados os fundamentos da ordem social: o realismo, a combinação da força e da astúcia do soberano, a personificação do virtuosismo em oposição à virtude. Erasmo de Roterdã (1464-1536), em *A instituição do príncipe cristão*, afirma, ao contrário, que o soberano deve visar acima de tudo a perfeição moral. Mas, escrevendo para o futuro Carlos V, essa perfeição moral, assim como em Maquiavel, deve ter como objetivo último assegurar a estabilidade do poder do príncipe; tanto a *virtù* antiga quanto a *virtude* cristã não passam de meios para governar. É também o que pensa Thomas More (1478-1535), cuja *Utopia* aparece em Louvain no mesmo ano de 1516. Em seu Estado ideal, o soberano é um príncipe escolhido para toda a vida e vigiado por uma assembleia; os padres são removidos do governo, e o príncipe deve ser capaz de travar guerras justas nas quais, para poupar vidas humanas, prometem-se "recompensas magníficas ao assassino do príncipe inimigo". Ao mesmo tempo, Martinho Lutero (1483-1546), comentando a Epístola aos romanos, escreve que ninguém tem o direito de resistir à autoridade do príncipe, "porque Deus a instituiu".

As identidades nacionais também são afirmadas pelo desenvolvimento da literatura em línguas vernáculas, o que responde a uma necessidade crescente das elites letradas de nobres e burgueses que exigem alimento espiritual. Como se sabe, é no início do século XIV que nasce essa tendência, com a *Divina comédia* de Dante em 1312-1314, seguida pelas obras de Petrarca, Boccaccio, Langland e Chaucer na Inglaterra, Cristina de Pizan, Guilherme de Machaut, Eustáquio Deschamps, Carlos de Orléans e François Villon na França, além de muitos outros. Os soberanos abrem-se ao mecenato, o que lhes permite ter seus louvores cantados por escritores reconhecidos, enquanto cronistas talentosos, como Villani ou Froissart, exaltam feitos de armas e começam a construir epopeias nacionais. No final do século XV já se pode falar em propaganda monárquica, orquestrada por príncipes e reis – outro traço revelador da entrada numa nova era. Bernard Guénée reconstitui esse nascimento da história da propaganda em seu livro *Histoire et culture historique dans l'Occident medieval* [História e cultura histórica no Ocidente medieval]. Enquanto Monstrelet, Mathieu d'Escouchy, Jacques du Clercq, Jean de Wavrin, Georges Chastellain, Olivier de La Marche, Jean Molinet e Jean Le Fèvre colocam a escrita a serviço do duque de Borgonha, Guilherme Gruel, Pierre Le Baud, Alain Bouchart e Jean de Saint-Paul trabalham para o duque da Bretanha, e Roberto Gaguin, para o rei da França. Thomas Basin e Filipe de Commynes colocam-se mais à frente, com uma reflexão mais profunda sobre os acontecimentos; eles, contudo, são a exceção.

1300-1500 – O TEMPO DO APOCALIPSE E A IDADE DA TRANSIÇÃO   401

A *DEVOTIO MODERNA* E O RETORNO DA IRRACIONALIDADE PROFÉTICA

A ascensão dos sentimentos nacionais acompanha o desejo de reforma religiosa: uma das principais reivindicações dos manifestantes é a tradução da Bíblia para a língua vulgar, a fim de se permitir que os fiéis leigos alfabetizados tomem conhecimento direto da revelação. João Wyclif empreende esse trabalho colossal, que será realizado clandestinamente por alguns lollardos. A imprensa possibilita a ampla distribuição das Bíblias piratas, e o clero, que se apresenta como o único intérprete autorizado das Escrituras, percebe tardiamente os riscos de abusos que isso representava. Em 1497 aparece a primeira Bíblia em francês, obra de Jean de Rely, bispo de Angers e confessor de Carlos VIII, para quem foi feita. Em 1523, será a de Lefèvre d'Étaples, e em 1522, o Novo Testamento alemão de Lutero.

Esse desejo de acesso direto à Palavra de Deus caracteriza as novas formas de piedade. Uma piedade interiorizada, individualizada e intelectualizada, pelo menos na elite social, formada nas pequenas escolas pela leitura de pequenos tratados em língua vulgar e mantidas por associações paralelas à Igreja oficial: ordens terceiras[2] de mendicantes, irmandades e beguinarias, especialmente no norte da Europa, que causam desconfiança e críticas por parte dos bispos. Estes desconfiam particularmente dos místicos, aqueles franco-atiradores da fé que afirmam manter relação privilegiada com Deus. São principalmente alemães e flamengos: mestre Eckhart (1260-1328), teólogo da união mística, Suso (1296-1366), Tauler (1300-1361) e Ruysbroeck (1293-1381). As observações poéticas, coloridas, sensuais e desconexas dos místicos seduzem círculos como os Irmãos do Espírito Livre, os Irmãos e Irmãs da Vida Comum, os cônegos de Windesheim, mas assustam a hierarquia eclesiástica. Sua influência é considerável nos Países Baixos, e podem ser sentidas no maior sucesso da literatura religiosa do século XV, a *Imitação de Jesus Cristo*, obra de Tomás de Kempis, cônego da congregação de Windesheim, escrita entre 1420 e 1427. Nessa obra encontramos todas as características da *devotio moderna*, "devoção moderna", a obsessão pela salvação pessoal, o cristocentrismo, o elogio da ascese, a busca de Deus por meio da oração e

---

2 As *tiers-ordres* eram associações de leigos católicos vinculadas a alguma ordem religiosa. (N. T.)

da solidão, o pessimismo existencial, a importância da morte, cuja presença é bastante perceptível durante os dois séculos precedentes. Proliferam imagens macabras: danças macabras, esqueletos e *"transis"* dos túmulos, *Dito dos três mortos e dos três vivos, Triunfo da Morte, Cristo sofredor*. Essa piedade que cultua a dor, marcada pelo medo do inferno, favorece o que se denomina "aritmética da salvação", ou a "contabilidade do além", que a Igreja recupera habilmente: a fim de escaparem do inferno, os homens que têm condições multiplicam, em seus testamentos, doações piedosas e as ofertas para missas, além de um sistema de "indulgências", que permite também, por meio de oferendas e orações, diminuir as penas do purgatório. Salvação e condenação tornam-se negociáveis em mentalidades marcadas pela ascensão dos negócios, do comércio e dos bancos.

A *devotio moderna* perde as dimensões racionais que os grandes teólogos do século XIII haviam tentado introduzir na fé. Esta, sob o choque das catástrofes incompreensíveis da época, torna-se puramente afetiva, questão de sentimento e não mais de razão. Pode assumir um aspecto moderado, o do "caminho do meio", a *via media*, encarnada, por exemplo, pelo chanceler da Universidade de Paris, Jean Gerson (1363-1429), que desconfia das ilusões do misticismo, ao mesmo tempo que defende uma piedade baseada no amor de um Deus sensível ao coração, acessível através da meditação e da oração, num quadro que, embora permaneça delimitado pelos sacramentos, pelas obras piedosas e pela liturgia clássica da Igreja, ainda assim diz respeito a uma fé prudente e conformista, que tenta equilibrar a esperança e o pessimismo.

Essa moderação serve apenas às almas mais meditativas e aos espíritos mais cultivados. Para muitos, e especialmente para as classes populares, a fé, uma vez liberta do domínio da razão, entrega-se a todos os excessos de uma exaltação espiritual malsã. A característica mais marcante é a proliferação de profecias: "Somos invadidos por profecias repugnantes que anunciam o advento do Anticristo, os sinais do juízo que se aproxima e a reforma da Igreja", escreve Bernardino de Siena (1380-1444). Para os espíritos perturbados por desastres, este mundo não pode durar muito; o Anticristo não deve estar longe, e depois dele, chegará o milênio de paz tão esperado por aqueles que sofrem e que se imaginam entre os eleitos. Os ânimos se inflamam, numa explosão do irracional e do oculto. Desde o início do século XIV, João de

1300-1500 – O TEMPO DO APOCALIPSE E A IDADE DA TRANSIÇÃO   403

Pisa, em 1300, anuncia o fim do mundo em menos de duzentos anos no seu *Tractatus de Antichristo*, e Arnaud de Villeneuve, em sua *Expositio super Apocalipsim* de 1305, prevê a chegada do Anticristo para 1368. Pedro Auriol (1280-1322), Pedro João Olivi (1248-1298), Ubertino de Casale (1259-1328), bem como o *Horóscopo* de 1303-1305, todos anunciam igualmente reviravoltas para os séculos vindouros (e eles não correm muito risco de errar). Cada desastre gera uma avalanche de profecias delirantes. Uma antologia compilada em meados do século XV lista 126 profecias, 72 das quais são inspiradas na guerra dos Cem Anos e 30 no Grande Cisma. Entre os primeiros, os de Jean de Bridlington, pouco depois de 1361, e Johannes de Muris, por volta de 1340, anunciam desastres para os capetianos. A peste negra estimula a imaginação. Em 1368, Johann Hartmann, um flagelante de Erfurt, apresenta-se como o messias e profetiza o Juízo Final para o ano seguinte; ele convida seus fiéis a substituir o batismo na água pelo batismo no sangue. Sua mensagem revolucionária preocupa as autoridades e ele é queimado vivo em Nordhausen. Muitos desses visionários são ao mesmo tempo agitadores, que pregam contra a corrupção da Igreja e pedem sua derrubada. Este é o caso, na Boêmia, de Jan Milic e seu discípulo Mathieu de Janov no final do século XIV. Os taboritas anunciam que a ira de Deus cairá sobre o mundo de 10 a 14 de fevereiro de 1420, poupando apenas a colina onde eles se encontram refugiados, à qual chamam de monte Tabor. Eles defendem um retorno à idade de ouro inicial do comunismo libertário, muito parecido com o padre John Ball na Inglaterra por volta de 1380, que prega sobre o tema: "Quando Adão estava tecendo e Eva fiando, onde estava então o cavalheiro?". Os adamitas, sob a direção de um exaltado que se autodenomina Adão-Moisés, tentam recriar a sociedade perfeita do paraíso terrestre vivendo nus, o que os torna ainda mais vulneráveis aos golpes dos soldados de Jan Zizka, que massacra todos eles em outubro de 1421. Os movimentos milenaristas misturam quase sempre o apelo à revolta social e o anúncio do milênio de paz e felicidade que seguirá a derrubada dos poderosos. O gatilho para as convulsões será a vinda do Anticristo. O franciscano Jean de Roquetaillade chega a prever dois anticristos: escrevendo em 1356, ele anuncia para 1360 e 1365 a chegada de um Anticristo ocidental e de um Anticristo oriental. À frente dos judeus e muçulmanos, eles saquearão os países cristãos, enquanto os soberanos tomarão posse dos bens da Igreja. Em 1367 chegará o *Reparator orbis*, um rei da França eleito imperador e papa, que resolverá o conflito tradicional. Mas o mundo conhecerá a paz somente após o extermínio dessas duas pragas que são os judeus e os muçulmanos, eternos encrenqueiros na história do mundo.

O Grande Cisma desencadeia uma onda sem precedentes de profecias apocalípticas. O Anticristo provavelmente já está entre nós, diz o dominicano Vicente Ferrer em 1403; ele ainda é uma criança, mas em breve será anunciado à multidão apavorada em um sermão em Freiburg em 10 de março de 1404: "primeiro, ele tirará todos os vossos bens temporais; em seguida, matará as crianças e os amigos na presença dos pais; depois, a cada hora, a cada dia, arrancará membro após membro, não de uma só vez, mas aos poucos". Bobagens idênticas, proferidas por um personagem devidamente canonizado pela Igreja em 1455, também são propagandeadas por Telesforo de Cosenza, pelo monge Guilherme e pelo franciscano Ricardo, cujos sermões em Paris são relatados por Le Bourgeois. Até mesmo os melhores espíritos são abalados. O cardeal Pierre d'Ailly, doutor em teologia e chanceler da Universidade de Paris em 1389, declara em um sermão de 1385: "Podemos determinar, por conjecturas plausíveis, a aproximação do Anticristo e a iminência do fim do mundo". Como nada acontece, ele se volta para a astrologia, e conclui que o Apocalipse é para... 1789: "Se o mundo durar até aquela data, o que só Deus sabe, então haverá grandes e maravilhosas mudanças e alterações no mundo, e principalmente no que diz respeito às leis e à religião", escreveu ele em 1414. Se não é o fim do mundo, pelo menos, é o fim de *um* mundo. Embora não possamos concluir dessa coincidência que as inépcias astrológicas sejam mais válidas do que as do Apocalipse, o fato é que a evolução de Pierre d'Ailly revela a crescente sedução das previsões astrais durante o século XV, e isso prenuncia também a transição para os tempos modernos, ao século de Nostradamus. A astrologia, com seus cálculos eruditos, adorna-se com o título de "ciência", e essa respeitabilidade usurpada favorece as cortes reais e principescas. Todos os soberanos do século XV tinham seus astrólogos, e os "prognósticos" anuais são impressos a partir de 1470. Pico della Mirandola pode muito bem publicar em 1494 um ataque formal contra quimeras e charlatanices astrológicas nas *Disputationes adversus astrologiam divinatricem* – porém, o que prevalece é a necessidade de conhecer o futuro, revelador das angústias do presente. A *Coletânea dos astrólogos mais célebres*, composta entre 1494 e 1498 por Simon de Phares, faz um grande sucesso, mas isso não elimina as profecias apocalípticas, das quais Savonarola, em seus escritos e sermões de 1472 a 1491, foi um grande propagandista em Florença. E para terminar com dignidade o século e a Idade Média, mencionemos o *Livro dos cem capítulos*, composto em 1500 na Alsácia. Escrito em alemão sob o ditado do próprio arcanjo são Miguel, ele anuncia a vinda do último imperador, que restaurará a grandeza e a pureza da raça alemã depois de ter eliminado os judeus e os árabes – instalado em Trier, esse imperador reinará por mil anos sobre um grande *Reich* alemão que se estende do Atlântico aos Urais e estabelecerá a comunhão de bens.

OCKHAM E SUA NAVALHA: O DIVÓRCIO ENTRE FÉ E RAZÃO

Essa irrupção do irracional até mesmo nas mentalidades dos estudiosos dos séculos XIV e XV é, por um lado, o resultado da desordem dos espíritos, que procuram, por meio das profecias, devolver o sentido a uma existência que as catástrofes tornaram absurda e incompreensível; por outro lado, também é consequência do divórcio entre a fé e a razão, que haviam permitido, quando unidas nos séculos XI-XIII, o desenvolvimento de um sistema coerente. Esse divórcio explica o sucesso da filosofia nominalista entre os intelectuais; um sucesso que não tem apenas aspectos negativos – longe disso. Todo o mérito é do franciscano inglês Guilherme de Ockham (1285-1349). Professor de teologia em Oxford, destaca-se por suas teses suspeitas e contrárias ao tomismo, no exato momento em que o papa João XXII canoniza Tomás de Aquino em 1323. No ano seguinte, Ockham é convocado para se explicar em Avignon. Ele permanece lá até 1328, e passa a ser ainda mais vigiado quando toma abertamente o partido do imperador Luís da Baviera contra o papa. Após 1328, vive em Munique, onde compõe seus principais tratados, e onde morre em 1349, provavelmente de peste.

Seu pensamento se baseia nessa observação nominalista: todo conhecimento vem dos sentidos e diz respeito apenas a objetos singulares; o conhecimento teórico, fundamentado em palavras e conceitos, é apenas uma construção do espírito para dar conta das aparências. Gêneros e espécies não têm existência em si mesmos; eles são vocábulos, e não realidades, como afirma o tomismo. Essa atitude, que marca a ruptura com o espírito aristotélico, anuncia a concepção moderna (e até mesmo contemporânea) da ciência. O espírito humano conhece objetos singulares intuitivamente, constata relações intuitivamente; para expressar essas relações, ele elabora uma linguagem de signos e uma lógica formal. A verdade científica é, portanto, necessária no âmbito da lógica formal, mas contingente no âmbito do ser. Toda ciência é uma ciência de relações formais. Da mesma forma, as verdades religiosas são indemonstráveis porque Deus está além da razão. Sua própria existência não pode ser provada. Por um lado, porque a única existência certa é aquela que pode ser percebida intuitivamente e, por outro lado, porque as "provas" cosmológicas dadas por são Tomás se baseiam numa falsa concepção científica do universo: a necessidade de um primeiro movimento e uma causa primeira. Mais ainda: não se pode provar a realidade dos atributos divinos – unicidade, imutabilidade, onipotência, infinitude –, pois só temos conhecimento intuitivo dos opostos dessas qualidades: pluralidade, mudança, finitude em poder e em extensão.

A fé e a razão nada têm a ver uma com a outra. O divórcio está consumado. Quanto à fé, ela repousa apenas na revelação, e qualquer teologia racional é enganosa. No que diz respeito ao conhecimento terreno, o ockhamismo é um empirismo: as únicas certezas concernem aos objetos singulares, apreendidos intuitivamente. Embora isso não signifique que a ciência seja vã, não devemos nos iludir: ela é uma construção formal do espírito e, portanto, é suscetível a mudanças, melhorias e progressos, cuja finalidade está em dar conta das aparências de maneira cada vez melhor. Isso requer uma lógica rigorosa, baseada no princípio da simplicidade e da economia – trata-se da famosa "navalha de Ockham": *Entia non sunt multiplicanda praeter necessitatem* ("Os entes não devem ser multiplicados além do necessário"). Os nominalistas se esforçarão para desenvolver uma linguagem formal tão precisa e rigorosa a ponto de tornar impossível o erro. Nessa linguagem de tipo matemático, cada palavra terá apenas um sentido, com altíssima precisão, sem qualquer ambiguidade. Tal ideia é, em si mesma, interessante e muito moderna, mas levará os pensadores a muitos excessos e debates marcados por um bizantinismo estéril. A linguagem dos nominalistas será ridicularizada pela escolástica e os humanistas se aproveitarão disso para condená-la. No entanto, ela é a base da ciência contemporânea, que coloca o universo em fórmulas matemáticas. Desde o século XIV, estudiosos como Nicolas d'Autrecourt na década de 1330, Jean Buridan (1300-1358) e Nicolas Oresme (1325-1382), aplicam os princípios de Ockham para formular hipóteses que anunciam o universo mecanicista.

Porém, que a herança da Idade Média seja o espírito moderno, isso não agrada a Igreja, que condena a renúncia da unidade entre fé e razão. Em 25 de setembro de 1339, a Universidade de Paris condena o ensino dos livros de Guilherme de Ockham. Em 20 de maio de 1346, o papa Urbano VI ordena a todos os estudiosos "esquecer e rejeitar totalmente aquelas doutrinas, opiniões e sofisticações estranhas, diversas, inúteis e, o que é pior, nocivas e perigosas", e pede para que se atenham às obras de Aristóteles, "escritos verídicos nos quais a ciência se baseia". Sanções individuais são tomadas, como a destituição de Nicolas d'Autrecourt em 1347. Aristóteles e são Tomás tornam-se as referências oficiais em filosofia, ciência e teologia. No entanto, nada detém a onda ockhamista e nominalista. Os nomes mais prestigiosos do mundo universitário do século XIV se aliam a eles: além de Nicolas d'Autrecourt, mestre em Paris por volta de 1340, mencionamos Nicolas Oresme, mestre de teologia em Paris que morre em 1382 como bispo de Lisieux, Henri de Hainbuch, mestre de filosofia em Paris em 1363, Marsílio d'Inghen, mestre na faculdade de letras em 1362, Jean Buridan, reitor da Universidade de Paris em 1327 e 1348, Alberto da Saxônia, um de seus sucessores em 1353, o dominicano Roberto Holkot, mestre de teologia em Cambridge, falecido em 1349, o agostiniano Gregório de Rimini, mestre de teologia em Paris em 1345, o cisterciense Jean de Mirecourt, mestre em Paris na mesma data, e o franciscano Adam de Wodham, mestre em teologia em Oxford em 1340.

Todos esses eclesiásticos e uma plêiade de discípulos desenvolvem, completam e levam às últimas consequências o nominalismo de Ockham: separação entre fé e razão; impossibilidade de provar verdades religiosas; impossibilidade de conhecer as substâncias, ou seja, a natureza profunda das coisas. A ciência só pode conhecer acidentes, manifestações sensíveis, e estabelecer, por uma lógica formal, relações prováveis, até mesmo porque, em sentido estrito, o próprio princípio de causalidade não pode ser afirmado: constato uma sucessão de fatos e, com base neles, elaboro uma conclusão provável que, entretanto, nada me permite erigir como lei da natureza.

OS NOVOS INTELECTUAIS

O debate de ideias em torno dessas noções se amplia ainda mais nos séculos XIV e XV, à medida que o papel dos intelectuais, em particular os universitários, continua a crescer na sociedade europeia. Ricos e respeitados, os professores de universidade tendem a formar uma casta, semelhante à cavalaria, com seus sinais distintivos: o anel de ouro, a touca, o manto longo, as luvas, o capuz com forro em veiros.[3] Eles ensinam de um púlpito, sob um dossel, e até tendem a formar dinastias. Em 1391, Froissart distingue os "cavaleiros das armas" dos "cavaleiros da lei", e o marechal Boucicaut (1366-1421) escreve: "Duas coisas foram instituídas pela vontade de Deus, como dois pilares para sustentar a ordem das leis divina e humana. Esses dois pilares são a cavalaria e a ciência, que andam muitíssimo bem juntas". Considerados como autoridades, a quem os soberanos consultam sobre os grandes problemas do direito e da diplomacia, os universitários, doravante pagos pelos estudantes, constituem uma elite social, vivendo em suntuosas residências e desprezando as ocupações manuais.

Dessa forma, ficam expostos aos ataques das milícias anti-intelectualistas, como os místicos, defendidos pelo cardeal Nicolau de Cusa (1401-1464). Autor do tratado *Sobre a douta ignorância*, de 1440, ele escreve que "quanto mais sábio for um homem, mais ele saberá que é ignorante". De um modo geral, a esclerose do ensino universitário no século XV – apesar de algumas tentativas de reforma, como a do cardeal de Estouteville em Paris em 1452 – leva os espíritos mais inovadores a procurarem outras ambiências para a expressão das suas ideias, e nisso são apoiados por príncipes esclarecidos e mecenas, como Lourenço, o Magnífico, que por volta de 1470 funda em Florença uma academia à maneira dos gregos, onde o ensino inclui a poesia, a eloquência e a astronomia: o humanismo entra em cena, e trata-se realmente de uma inovação medieval.

Isso porque os círculos intelectuais não esperam que Erasmo ou Lefèvre d'Étaples desenvolvam novas vias de conhecimento. As primícias aparecem no século XIV com Petrarca e Boccaccio, e é no seio das universidades

---

3 O veiros (*vair*) é um dos esmaltes utilizado em heráldica – ele representa peles de esquilo da Sibéria com as cores azul e branca. (N. T.)

italianas que a tendência se confirma: em Bolonha, onde Pietro da Muglio ensina retórica desde 1371, e onde o cardeal Bessarion reforma os programas entre 1450 e 1455; e em Pádua, famosa pelo ensino do grego no século XV. É a grande vingança de Platão, que se torna o novo ídolo enquanto a estrela de Aristóteles vai se apagando. Lorenzo Valla (1407-1457) provavelmente merece o título de "pai dos humanistas" pelo espírito de seus escritos, que privilegiam a forma sobre o conteúdo, por sua dedicação em devolver os textos à sua forma autêntica, e por suas prudentes tentativas de reconciliar a antiguidade pagã e o cristianismo. Grande desmistificador, é ele que revela o embuste da falsa doação de Constantino, destruindo assim uma das bases medievais da ideologia pontifícia. Marsílio Ficino (1433-1499), tradutor de Platão, Plotino e Porfírio, é de certa forma o sumo sacerdote da religião platônica na Academia florentina, onde o jovem Pico della Mirandola (1463-1494) ostenta uma erudição deslumbrante.

Esses humanistas gostam de se apresentar como anti-intelectualistas, mas isso é apenas uma encenação destinada a distingui-los dos universitários, dos quais também se separam pelo modo de vida: aristocratas, frequentando a corte dos príncipes, abandonam a vida pública e até o ensino a fim de se retirarem para o meio de seus livros, muitas vezes em uma casa de campo ou em um convento, trabalhando em meio ao silêncio e à solidão. Jacques Le Goff vê nisso o sinal de "um isolamento, um recuo":

> Os humanistas abandonam uma das tarefas capitais do intelectual, que é o contato com as massas, o vínculo entre a ciência e o ensino... Nada é mais marcante do que o contraste entre as imagens que representam o trabalho do intelectual da Idade Média e do humanista. Um é professor, ligado ao seu ensino, rodeado de alunos, cercado pelos assentos ocupados pelo auditório. O outro é um sábio solitário, em seu gabinete tranquilo, totalmente à vontade no meio da sala segura e confortável onde seus pensamentos circulam livremente.

Se esse novo tipo de intelectual pode assim se isolar, é também graças à grande inovação tecnológica do século XV, a imprensa, que lhe permite ter à disposição uma quantidade crescente de livros em sua biblioteca, e ao mesmo tempo, divulgar suas próprias obras sem ter que frequentar os turbulentos e ruidosos ambientes de ensino. A imprensa permite que o intelectual se isole; é um poderoso fator de individualismo e anuncia indiretamente a morte da civilização medieval. Vamos examinar esses dois pontos.

O individualismo se manifesta em todas as áreas. É um fenômeno constante dos períodos de grande mudança cultural: quando os valores coletivos, morais, espirituais e políticos passam para segundo plano e são suplantados por indivíduos que deveriam incorporá-los, isso significa que esses valores perderam sua força e que a civilização que repousava sobre eles está próxima de seu fim. A personalização do poder marca a deliquescência da organização política e social. No século XV, papas, imperadores, reis e príncipes, até então encarnações de uma função, tornam-se indivíduos, ou seja, personalidades cujos caracteres individuais, que aparecem em retratos cada vez mais realistas, são mais importantes que os títulos. E isso também vale para artistas, intelectuais e militares. Este é o início da era das celebridades, onde personalidades fortes se afirmam. E para se afirmar, é preciso falar de si, fazer barulho, fazer-se notar pelos excessos. A vida social torna-se um espetáculo: festas, roupas extravagantes, banquetes com várias etapas (como o famoso banquete do faisão organizado pelo duque da Borgonha em Lille em 1454), justas,[4] cerimônias de entrada real. A arte está cada vez mais voltada para a ornamentação, com uma profusão de detalhes e cinzeladuras que transformam os monumentos em verdadeiros cenários teatrais. O gótico clássico privilegia a estrutura, o gótico flamejante é sobrecarregado de superestruturas. Não vejamos nisso uma decadência, mas um ápice natural, que dá origem a verdadeiras maravilhas do virtuosismo, como a capela de Henrique VII na abadia de Westminster. Encontramos também aí a afirmação de identidades nacionais, através de estilos diferenciados, desde o estilo perpendicular com abóbadas de leque do gótico inglês até os domos e as cúpulas das catedrais italianas que se inspiram nas obras da Antiguidade. Em todos os casos, trata-se de proeza técnica, e deles o mais espetacular é, sem dúvida, a construção da cúpula da catedral de Florença por Brunelleschi entre 1417 e 1446.

O individualismo se manifesta tanto entre os patrocinadores (os príncipes mecenas que buscam a glória por meio de monumentos imortais) quanto entre os artistas – estes se tornam verdadeiras celebridades, adulados e

---

4 As justas eram os torneios em que dois cavaleiros montados e armados duelavam entre si. (N. T.)

1300-1500 – O TEMPO DO APOCALIPSE E A IDADE DA TRANSIÇÃO   411

generosamente premiados. Todos prenunciam o Renascimento, é claro, mas todos são puros produtos da Idade Média. A pintura, que experimenta um verdadeiro florescimento na época, é a ilustração mais flagrante disso. O que muda são as técnicas, os instrumentos e os meios, mas os temas permanecem predominantemente religiosos; os corpos permanecem velados; os detalhes guardam a precisão das miniaturas de manuscritos, em particular entre os flamengos Hubert e Jan Van Eyck (respectivamente †1426 e †1441), Roger Van der Weyden (†1464), Dirck Bouts (†1475), o alemão Hans Memling (†1454), o francês Jean Fouquet (†1480). Os italianos Giotto (†1337), Masaccio (†1428), Ucello (†1451), Fra Angelico (†1455) e Lippi (†1469) não são mais audaciosos em seus temas. É necessário aguardar Sandro Botticelli (†1510) para enfim se contemplar as nudezes pagãs e mitológicas, enquanto Ghirlandaio (†1494) explora mais a psicologia – o seu *Retrato de um velho e um menino*, de aproximadamente 1490, é uma obra-prima absoluta, combinando o simbolismo da Idade Média e o realismo moderno numa pintura onde o olhar melancólico, cansado e desiludido do velho (imagem dos tempos medievais) se cruza com o olhar interrogativo da criança, imagem de um Renascimento que ainda se procura. Mas o verdadeiro salto para a nova era é encontrado em artistas que atravessam os dois séculos: Leonardo da Vinci (1452-1519), Albrecht Dürer (1471-1528), Michelangelo (1475-1564) e Rafael (1483-1520). Contemporâneos de Lutero (1483-1546), Maquiavel (1469-1527) e Erasmo (1469-1536), eles são os arautos de uma nova era que pretende se opor à Idade Média embora seja sua herdeira direta. O triunfo do individualismo e o culto da personalidade e da glória no século XVI se assentam nos valores nominalistas elaborados nos séculos XIV e XV: só o singular é objeto de conhecimento; o geral é uma visão do espírito.

A IMPRENSA, COVEIRA DA IDADE MÉDIA

O outro elemento de dissolução da civilização medieval é a imprensa. Quase se poderia dizer sem exagero que a imprensa matou a Idade Média. A esse respeito, não se pode deixar de fazer a ligação com a era atual, quando o computador está matando o modo tradicional das relações humanas. De todo modo, este não é o lugar para se discutir tal assunto. O que importa aqui é constatar que as mutações socioculturais são fruto de uma inovação brutal e fundamental no campo da comunicação das ideias. A convulsão do presente certamente não é comparável àquela do século XV, porque a de hoje está prestes a causar não apenas conflitos na organização social, mas também uma mutação do cérebro humano ao desenvolver certas funções em detrimento de outras, de modo a transformar a espécie humana. As consequências da imprensa provavelmente não são tão dramáticas, porque dizem respeito apenas a uma pequena minoria, mas são, no entanto, responsáveis pelo fim da civilização medieval graças à qual elas mesmas se originam.

Recordemos os dados básicos. Em 1453, ano da queda de Constantinopla e do fim da guerra dos Cem Anos, Gutemberg, de Mainz, combinando a prensa de rosca e os caracteres isolados numa liga de chumbo, estanho e antimônio, desenvolve a impressão. O sucesso é estrondoso: em menos de trinta anos, mais de 110 cidades europeias se equipam com oficinas tipográficas, incluindo 50 na Itália, 30 na Alemanha, 9 na França, 8 na Holanda, 8 na Espanha, 5 na Suíça, 5 em Flandres, 4 na Inglaterra, 2 na Boêmia e uma na Polônia. Entre 1453 e 1500, foram publicadas 35 mil edições, representando cerca de 20 milhões de livros, ou seja, um número muito maior do que nos mil anos anteriores; 77% das obras são em latim, 7% em italiano, 5% a 6% em alemão, 4% a 5% em francês, 1% em flamengo; 45% são livros religiosos, 30% textos literários, clássicos, medievais e contemporâneos, 10% livros jurídicos e 10% livros científicos.

A primeira reação da Igreja é de entusiasmo. Em seu país de origem, a Alemanha, surgiram no século XV verdadeiros hinos à prensa tipográfica, "arte divina" segundo o arcebispo Berthold de Mainz; é "a arte das artes, a ciência das ciências", acrescenta o *Fasciculum Temporum*; "por meio de sua rápida expansão, o mundo se brinda com um magnífico tesouro de sabedoria e ciência até então enterrado". "Quantas elevações a Deus! Quantos sentimentos de devoção não devemos à leitura de tantos livros com os quais a imprensa nos brindou", lemos na crônica de Koelhoff. Os Irmãos da Vida Comum de Rostock falam de "mãe comum de todas as ciências" e "auxiliar da Igreja". Em todos os lugares, as pessoas correm para se equipar: Torquemada instala o impressor Ulrich Hahn em Roma em 1466; o cardeal Caraffa convida Georges Lauer em 1469; mosteiros e bispados dispõem de prensas antes mesmo das autoridades civis; o primeiro livro impresso em

Paris sai em 1470 da oficina de Ulrich Gering, instalada pela faculdade de teologia, a Sorbonne.

Muito rapidamente, porém, a Igreja irá se desiludir ao perceber que essa "arte divina" é talvez de fato uma "arte diabólica": "O trabalho dos primeiros impressores levou tanto às mistificações quanto à luz", escreve a historiadora Elizabeth Eisenstein. O ocultismo, a astrologia e a feitiçaria se aproveitam disso, assim como a Bíblia e os livros religiosos. E mesmo que estes últimos dominem a produção, isso não é necessariamente bom: colocar a Bíblia diretamente nas mãos dos fiéis é permitir que eles dispensem a intermediação do clero, o que é ainda mais grave no caso de traduções para o vernáculo: em alemão em 1466, em italiano em 1471, em holandês em 1477, em castelhano em 1485, em francês em 1487. Os cristãos poderão formar opinião por si mesmos. E os autores heterodoxos poderão disseminar suas ideias perigosas. Enquanto os escritos de Wyclif circularam em apenas algumas dezenas de cópias manuscritas, os de Lutero vendem mais de 300 mil exemplares entre 1517 e 1520, levando o reformador John Fox a dizer: "Tantas prensas de todo o mundo, tantos redutos erguidos contra o castelo de Sant'Angelo, de modo que o papa terá que abolir o conhecimento e a imprensa, pois, em caso contrário, o conhecimento e a imprensa terão mais razão do que ele".

Aliás, ele se ocupa disso: já em 1475, Sisto IV autoriza a Universidade de Colônia a censurar impressores, editores e autores. Seu sucessor, Inocêncio VIII, pede aos bispos que supervisionem a produção de livros em suas dioceses. Em 1491, o legado Niccolo Franco estabelece que qualquer obra que tratasse de assuntos religiosos deveria obter a autorização do bispo ou do vigário geral da diocese. As primeiras censuras atingiram então certos humanistas, e até mesmo os mais importantes, como Pico della Mirandola.

Mas é a Alexandre VI Bórgia que devemos o primeiro grande texto de repressão sistemática da escrita. Em 1º de junho de 1501, ele publica uma constituição que lança as bases para a censura: "É, portanto, necessário", diz ele, "empregar remédios oportunos para que os impressores cessem de reproduzir tudo o que é contrário ou oposto à fé católica, ou o que pode causar escândalo no espírito dos fiéis". Consequentemente, ele continua, para "exterminar as trevas do erro", os bispos deveriam ter em mãos todos os livros perversos e queimá-los; terão de investigar quem são os impressores, excomungá-los, aplicar uma multa, apurar se são suspeitos de heresia e, nesse caso, invocar o apoio do braço secular quando necessário, o que, noutros termos, significa morte na fogueira. Todos os novos livros a serem impressos deverão ser examinados "por homens competentes e católicos", que emitirão uma autorização. Qualquer pessoa que possua livros proibidos deve se livrar deles imediatamente. Assim, desde o surgimento da imprensa, a censura romana embarcou na louca empresa de controlar toda a produção literária da cristandade. Em 1557, será a primeira publicação do *Índice de livros proibidos*, ou *Catálogo de autores e livros que o Ofício da Santa Inquisição romana e universal ordena que todos na República cristã inteira evitem, sob pena das censuras contidas na bula* In Coena Domini *contra quem ler ou guardar livros proibidos e sob as demais penas contidas no decreto do mesmo Santo Ofício*. Durante quatro séculos, o *Índice* romano perseguirá as publicações como quem tenta enxugar gelo, até que, esmagado pela avalanche de títulos, desiste da tarefa em 1948.

A imprensa, que espalha boas e más ideias, também facilita as trocas intelectuais, estimula a curiosidade, acelera a educação e a inovação e, assim, solapa a unanimidade que era um dos pilares da civilização medieval. As ideias contestatórias ou inconformistas, até então confinadas a círculos marginais muito reduzidos, são amplificadas. O consenso se desintegra. O pensamento dominante, estável por séculos, é desestabilizado pela atração da novidade. Os novos filósofos têm meios para tornar conhecidas suas ideias reformadoras. Ao mesmo tempo, porém, a difusão da imprensa alarga o fosso que separa a cultura de elite da cultura popular. Assim como falamos da "fratura numérica" criada pela invenção do computador, pode-se afirmar que a imprensa cria uma "fratura alfabética" entre, de um lado, a elite, que domina a leitura e a escrita por ser formada na cultura livresca, e de outro lado, as massas populares, constituídas essencialmente por camponeses analfabetos, cuja cultura, exclusivamente oral, baseia-se em tradições transmitidas de geração a geração. A cultura livresca avança e se renova acompanhando as novas publicações; a cultura popular é imóvel e o fosso não cessa de aumentar. No mundo medieval, apesar das diferenças de níveis culturais, um antigo fundo de crenças, superstições, práticas ancestrais e tradições era amplamente compartilhado pelas elites e pelo povo. A imprensa gradualmente rompe esse vínculo, ao mesmo tempo que cava um fosso intelectual cada vez mais profundo. A imprensa, filha da Idade Média, é também sua coveira.

– 13 –

UM OCIDENTE DIVIDIDO:
RUMO ÀS MONARQUIAS NACIONAIS

Enquanto, num nível mais profundo da realidade, sob o impacto das catástrofes e dos choques culturais, as mentalidades medievais evoluem imperceptivelmente para uma concepção humanista da existência, segundo a qual as certezas da fé já não mais respondem diretamente às interrogações da razão, no nível da superfície assistimos às agitações causadas pelo barulho e pelo furor de uma vida política na qual a violência e a aparente desordem dissimulam uma dupla evolução essencial: a desintegração da unidade cristã e a afirmação dos poderes régios. O Ocidente se divide em monarquias nacionais.

Com certeza, o que até então se chamava cristandade nunca se constituiu como uma entidade coerente e sem falhas. Muitas guerras opuseram príncipes e reis cristãos. Entretanto, essas lutas aconteciam entre dinastias, senhores, grupos de interesse que compartilhavam valores espirituais comuns; além disso, aquilo que estava em jogo nessas disputas pouco interessava aos povos. A oposição aos não-cristãos, principalmente aos muçulmanos, constituía um cimento entre todos os Estados ocidentais – estes se

416 GEORGES MINOIS

mostraram capazes de silenciar durante um período suas querelas a fim de participarem das cruzadas. A Europa era uma cristandade de duas cabeças, o papa e o imperador, duas cabeças rivais, é claro, mas que perseguiam o mesmo objetivo.

Essa era acabou. Papas e imperadores perdem prestígio e os elementos federativos são encobertos por novas aspirações. Reis, príncipes e, às vezes, cidades afirmam seus interesses particulares e fortalecem os laços com seus súditos, transformando disputas familiares em conflitos nacionais. Quando estes, no final do século XV, eclipsarem a ideia de cristandade, teremos então o fim do que se chama a Idade Média.

O APAGAMENTO DA IDEIA DE CRUZADA

O enfraquecimento da ideologia e da prática da cruzada é, a uma só vez, causa e efeito dessa divisão do Ocidente, que volta sua atenção para as disputas internas. Ele minimiza a ameaça muçulmana, e os apelos do papa não despertam mais o ardor dos soberanos, ocupados em afirmar seus poderes contra seus vizinhos. O tempo não é mais de unidade. A queda de São João de Acre, em 1291, é lembrada como um sério alerta: os cristãos já não possuem uma única base no continente. Apenas a ilha de Chipre ainda resiste, porém, de modo revelador, ela serve mais como entreposto comercial do que como campo militar. Ali se encontram não apenas o rei e o patriarca de Jerusalém, os templários e os hospitalários, mas sobretudo mercadores italianos, que pouco se importam com a proibição pontifícia de Nicolau IV, renovada em 1303 por Clemente V, de negociar com os infiéis. Desde 1305, há consulados venezianos, genoveses e pisanos em Alexandria, e os mercadores cristãos não hesitavam em vender até escravos de Darfur e do Ponto ao sultão do Egito. A hipótese de uma retomada das cruzadas militares provoca reticências, mesmo entre o clero, que seria chamado a contribuir. O clero da França, reunido em sínodo, estabelece precondições: paz entre os príncipes cristãos e união entre gregos e latinos. Basta dizer que ele adia a cruzada indefinidamente.

As ordens de monges-soldados também são enfraquecidas. Em 6 de junho de 1306, o papa convoca os mestres das ordens do Templo e do Hospital

1300-1500 – O TEMPO DO APOCALIPSE E A IDADE DA TRANSIÇÃO   417

a Poitiers para o Dia de Todos os Santos a fim de discutir com eles a cruzada e a união das duas ordens. Em 13 de junho, ele também exorta os nobres e os eclesiásticos a apoiar o projeto de Humberto Blanc, mestre do Templo em Auvergne, e de Pierre de Lengres, mercador de Marselha, gratificado com o título de almirante das galeras enviadas para socorro da Terra Santa; ambos pretendem lutar no Oriente contra os muçulmanos e contra os cristãos que fazem tráfico com eles. Espera-se que a expedição seja acompanhada por um padre, encarregado de absolver os traficantes... desde que concordem em ceder uma percentagem dos seus lucros ao papa. Contudo, a união dos templários e dos hospitalários fracassa devido à oposição de Jacques de Molay, grão-mestre dos templários, que temia que essa fusão ocorresse em detrimento da sua ordem. De qualquer forma, no ano seguinte, Filipe, o Belo, prendeu todos os seus membros na França, e a ordem foi suprimida pelo concílio de Viena em 1311.

Alguns recorrem a outras formas de cruzada: cruzada política, com a formação de uma liga entre o rei da França, o imperador bizantino, Veneza e o rei de Chipre em 1333, para discutir com o sultão; cruzada pacífica, com a instalação de conventos franciscanos em territórios muçulmanos: em 1309, o irmão Roger Guérin obtém autorização do sultão do Egito para isso; em 1310, ele é nomeado provincial da Terra Santa; em 1316, sua ordem o autoriza a negociar a compra dos lugares sagrados e, em 1333, inicia a construção dos conventos do monte Sião, do Santo Sepulcro e da gruta de Belém. Mas agora, muito mais do que atos, são projetos e teorias que se multiplicam – esse é o sinal mais flagrante da falta de vontade dos dirigentes cristãos. Em 1291, o franciscano Fidêncio de Pádua envia a Nicolau IV seu *Liber de recuperatione terrae sanctae*, imitado no mesmo ano por Tadeu de Nápoles. Em 1294, o genovês Galvano de Levanti, médico da corte pontifícia, dedica um ensaio ao rei da França, pedindo-lhe que interviesse. Em 1298, Raimundo Lúlio (1235-1315), por sua vez, produz um *Pro recuperatione terrae sanctae*, endereçado em forma de carta a Bonifácio VIII, que ele incorpora em 1309 em um tratado. Esse excêntrico espanhol deposita todas as suas esperanças em um projeto utópico: converter os muçulmanos. Ele aprende árabe, viaja até os infiéis, percorre as cortes europeias e, convencido da possibilidade de um entendimento universal dos homens em uma base cultural comum, convoca uma conversão fundamentada em alguns princípios racionais maiores. Extravagante ilusão: seu irenismo o conduz ao martírio em 1315 em Bougie.

Em 1306, um advogado de Coutances que frequenta a corte da França, Pierre Dubois, redige um *De recuperatione terrae sanctae*, projeto célebre por ser o mais detalhado desse tipo de literatura. Para ele, o cristianismo deve se unir em submissão ao rei da França, que é o mais poderoso e o mais santo do Ocidente. O papa, francês ele também, nomeia o rei como imperador e suserano de todos os soberanos, os quais devem homenageá-lo. O próprio soberano pontífice abandonará seus Estados, em troca de uma confortável pensão, e ficará confinado às suas funções espirituais e teológicas. Com a paz reinando dessa forma na Europa, o rei da França organizará a cruzada (da qual não participará pessoalmente) que será financiada pelo confisco dos bens do clero. Após a conquista da Terra Santa, o território será organizado politicamente: Carlos II de Anjou ficará com o reino de Jerusalém, cujo título já possui, e Carlos de Valois, irmão do rei, ficará com o Império latino de Constantinopla, que ele herda através de sua esposa Catarina de Courtenay. A assimilação do mundo bizantino não será um problema: os latinos só terão que aprender o grego e as línguas orientais, e tudo estará resolvido. Ainda será preciso povoar esses territórios a fim de controlar o número de muçulmanos. Diante desses polígamos obcecados por sexo e que dedicam todas as suas energias à reprodução, os cristãos, com seu clero celibatário e seu culto à virgindade, estão em desvantagem, escreve Pierre Dubois. Ele sugere, portanto, o uso de medidas drásticas: deportação de mulheres, casamento de clérigos, casamentos mistos com conversão de esposas muçulmanas, sedução de muçulmanos por mulheres cristãs que criarão seus filhos em sua fé. Um novo tipo de cruzada, que substitui o extermínio pela procriação.

No concílio de Viena de 1311, o rei do Chipre, Henrique II de Lusignan, defende meios mais tradicionais, através de Simon de Carmadino – o envio de uma forte esquadra para preparar terreno e levar o esforço principal para o Egito –, enquanto o bispo de Angers, Guilherme Le Maire, expressa suas dúvidas: serão necessários pelo menos dez ou quinze anos para preparar a cruzada, conceder indulgências, arrecadar fundos, equipamentos, homens, diz ele; na verdade, é improvável que "chegue o tempo da libertação de Jerusalém". E, de fato, os soberanos se retiram. O papa, porém, quis acreditar: ele anuncia em 3 de abril de 1312 que Filipe, o Belo, e toda a sua família se comprometem a partir de então com o prazo de um ano, e por isso concede ao rei a imposição de um dízimo. O rei recebe o dinheiro, mas não se mexe.

Outros projetos são elaborados: um bloqueio econômico, por exemplo. Mas faltam barcos para impedir o tráfico, e os grandes não querem privar-se dos produtos do Oriente que lhes são vendidos pelos árabes. O dominicano Guilherme Adam, no *De modo Sarracenos extirpendi*, condena esses maus cristãos que preferem seu lucro em vez da eliminação dos infiéis, enquanto o veneziano Marino Sanudo, ainda na década de 1330, sugere uma cruzada à maneira de Veneza: bloquear o Egito e desviar o comércio pela Síria, onde os impostos são menos pesados, o que aumentaria os benefícios da Sereníssima.

Nessas condições, as poucas tentativas sérias de cruzadas, mal preparadas e mal apoiadas por príncipes que não se interessam por esses empreendimentos de outra época, estão fadadas ao fracasso. Em 1316-1318, Carlos de Valois, irmão de Filipe, o Belo, e marido de Catarina de Courtenay, parecia pronto para partir; o chefe da vanguarda chega a ser designado: Luís de Clermont. Mas o projeto é abandonado. Este é o momento em que estoura o movimento dos "pastores e das crianças", que sob a direção de um certo "mestre da Hungria" retoma a ideia de cruzada dos pobres liderados por Pedro, o Eremita. Essa "reunião de camponeses e plebeus", diz com desdém as *Crônicas de Saint-Denis*, "sem dinheiro e munidos apenas com saco e bastão", é mais perigosa para as autoridades cristãs do que para os muçulmanos, por causa das ideias milenaristas que veicula. Ela se espalha pelas estradas da França.

A cruzada não é coisa de indigente. É uma questão de príncipes e grandes senhores. Em 1333-1335, o rei Filipe VI da França está pronto para partir. A data chega a ser fixada: agosto de 1336. O rei da Inglaterra é solicitado, mas procrastina, até que, finalmente, prefere atacar o rei da França em vez do sultão. O projeto é abandonado. Ao longo da primeira parte da guerra dos Cem Anos, os papas de Avignon perseguirão sem sucesso os capetianos e os plantagenetas em favor de uma reconciliação que seria o prelúdio de uma cruzada que jamais acontecerá. No entanto, em 1344 são exitosos na captura de Esmirna, onde hospitalários e italianos causam muitos massacres. Em 1345, é a vez da polêmica cruzada de Humberto II, delfim de Viena, ainda pelo controle de Esmirna. A expedição irrita genoveses e venezianos, pois ela perturba o comércio. Escritos contra a cruzada circulam no Ocidente: é o caso de uma carta apócrifa do emir Omour-Beg a Clemente VI, sem dúvida forjada pelos venezianos, e que faz as seguintes perguntas ao papa: Por que atacais os turcos, quando são os judeus que mataram Cristo? Por que não nos entendemos contra o inimigo comum, os bizantinos? Turcos e italianos são todos descendentes de troianos, então por que eles não se entenderiam?

A cruzada de Humberto malogra e os turcos retomam seu avanço: capturam Gallipoli (1354), Trácia (1359), derrotam os búlgaros em Maritza (1371) e os sérvios em Kosovo Polje (1389). Diante dessa onda, as reações cristãs são esporádicas e fúteis: em 1365, Pedro I do Chipre toma Alexandria, mas os cruzados se apressam em deixar a cidade levando seus espólios. Em 1396, o rei Sigismundo da Hungria, que tem seus Estados sob ameaça direta, institui uma coalizão de príncipes cristãos, com a bênção dos dois papas rivais, mas devido à incompetência dos chefes, o exército dos cruzados é esmagado pelos turcos em Nicópolis, no Danúbio. Entre os prisioneiros, João Sem Medo, filho do duque da Borgonha, que deve pagar um resgate de 200 mil ducados. A casa da Borgonha é, com certeza, a mais ativa no esforço da cruzada. Em 1421, o duque Filipe, o Bom, envia Gilberto de Lannoy ao Oriente para estudar as possibilidades de desembarque no Egito e na Síria. Em 1425-1426, os cavaleiros da Borgonha prestam assistência ao rei do Chipre. Em 1432, enquanto Carlos VII e Jacques Coeur negociam com o sultão, Filipe, o Bom, envia um novo espião disfarçado de peregrino, Bertrandon de la Broquière, que obtém informações destinadas a favorecer uma expedição militar. O duque envia vários navios e, em 1442-1443, recebe os embaixadores do imperador bizantino, que vêm pedir ajuda. Em 1444-1445, uma pequena frota da Borgonha, liderada por Waleran de Wavrin, luta contra os turcos. Em 1451, na reunião da ordem do Tosão de Ouro realizada em Mons, o bispo de Châlons, Jean Germain, exorta os cavaleiros a embarcarem na cruzada – o duque envia Jean Germain como embaixador para Carlos VII, a fim de rogar a este que lidere uma cruzada. A resposta é muito evasiva.

A situação, porém, é grave: em 11 de novembro de 1444, o sultão Murade esmaga em Varna um exército cristão liderado pelo rei Ladislau da Hungria, o voivoda[1] da Transilvânia João Corvino[2] e o legado papal Júlio

---

1 O termo *voivode* (em polonês, *wojewoda*) designa o governador de uma província polonesa, uma voivodia. (N. T.)

2 Em húngaro, Hunyadi János. (N. T.)

1300-1500 – O TEMPO DO APOCALIPSE E A IDADE DA TRANSIÇÃO   421

Cesarini. Os cruzados haviam jurado respeitar uma trégua de dez anos com o sultão, mas o legado os persuade de que um juramento feito a um infiel não tem valor. Ladislau e Cesarini são mortos em batalha. Então, em 29 de maio de 1453, ocorre a catástrofe: os turcos tomam Constantinopla; o último bastião da Europa cristã contra a onda islâmica acaba de cair. Pânico? Nada disso. Veneza se apressa em enviar presentes ao sultão, garantindo-lhe que não tem intenção de denunciar seus tratados comerciais, e o que se pede é simplesmente uma indenização pelas galeras destruídas durante o assalto. Os negócios continuam como antes. Gênova consegue a promessa de que seu balcão em Pera não será destruído, e apenas Florença não felicita Maomé,[3] que é um grande admirador dos Médici. Os reis cristãos, por outro lado, fingem que não veem nada. Carlos VII acaba de vencer a guerra dos Cem Anos com a vitória de Castillon em 17 de junho, duas semanas após a queda de Constantinopla, e o reino estava esgotado. Tem início na Inglaterra a guerra das Duas Rosas. O idoso Afonso de Aragão pensa apenas em preservar seus territórios italianos. O imperador Frederico III hesita, como sempre. Apenas o duque da Borgonha afirma estar pronto para a cruzada; faz o juramento no famoso banquete do faisão, em Lille, em 17 de fevereiro de 1454. Todos os participantes, exaltados pela encenação e também pelo vinho da Borgonha, assumem o mesmo compromisso... sob a condição de que o "muito cristão e muito vitorioso" rei da França participasse da expedição. Mas todos sabem que ele não tem intenção alguma de se contrapor a Maomé II.

Diante dessa indiferença dos soberanos, o papa luta em vão. Já em 30 de setembro de 1453, Nicolau V promulga uma bula pregando a cruzada, e o cardeal Bessarion condena a atitude dos venezianos. Em 1456, Calisto III equipa uma pequena frota, que toma Naxos, Lemnos e Samotrácia, porém, como ninguém quer assumir a tarefa da defesa, os turcos imediatamente recuperam essas cidades. Pio II, em 1464, retoma o projeto da cruzada, mas morre em Ancona antes de chegar para abençoar a expedição. Alguns anos antes, quando ainda era o cardeal Enea Silvio Piccolomini, ele havia feito a seguinte observação desiludida, que analisa com lucidez a divisão da cristandade no final do século XV:

---

3 Ou Mehmed – trata-se do sultão otomano Maomé II, o Conquistador. (N. T.)

A cristandade é um corpo sem cabeça, uma república que não tem leis nem magistrados. O papa e o imperador têm o brilho conferido às grandes dignidades; embora sejam fantasmas deslumbrantes, são incapazes de comandar e ninguém quer obedecer-lhes: cada país é governado por um soberano particular e cada príncipe tem interesses à parte. Que eloquência seria necessária para unir sob a mesma bandeira tantos poderes que estão em desacordo e se odeiam? Se suas tropas pudessem ser agrupadas, quem ousaria cumprir as funções de general? Que ordem seria estabelecida nesse exército? Qual seria a disciplina militar? Quem se comprometeria a alimentar uma multidão tão grande? Alguém viria a conhecer suas diversas línguas ou administrar seus costumes incompatíveis? Que homem conseguiria reconciliar ingleses e franceses, genoveses e aragoneses, alemães e povos da Hungria e da Boêmia?

A história política dos séculos XIV e XV justifica amplamente essas observações amargas.

A GUERRA DOS CEM ANOS (I): O COLAPSO DA FRANÇA (1340-1364)

A França está dominada por esse conflito emblemático que foi batizado com o nome de guerra dos Cem Anos – conflito feudal e dinástico em suas origens, do qual emergem duas nações antagônicas. Tudo começa em 1327-1328, com dois eventos dinásticos completamente independentes no início. Em 1327, o rei Eduardo II da Inglaterra, cujo reinado foi desastroso, é deposto e, em seguida, assassinado por iniciativa de sua esposa Isabel, filha de Filipe, o Belo, e seu amante Mortimer, eles próprios excluídos do poder em 1330 pelo filho de Eduardo II, o jovem Eduardo III, 18 anos, ambicioso e cavalheiresco. Ele governa um reino apertado de 130 mil km^2 e cerca de 5 milhões de habitantes, mantido sob controle dos escoceses sob o rei Roberto de Bruce. No continente, Eduardo é duque da Aquitânia e, como tal, vassalo do rei da França, a quem deve prestar homenagem – este, por sua vez, não cessa de encorajar os senhores gascões a recorrerem ao seu Parlamento. No entanto, em 1328, pela primeira vez em mais de três séculos, a sucessão dinástica é interrompida: Carlos IV, último filho de Filipe, o Belo, morre sem filhos. Uma assembleia de nobres e príncipes da família capetiana nomeia Filipe de Valois, filho de Carlos de Valois, irmão de Filipe, o Belo, para sucedê--lo. Obeso, medíocre e hesitante, "sempre pronto a aceitar os conselhos dos loucos", escreve Froissart, não está à altura de uma situação tão delicada.

Durante vários anos, Eduardo III não contesta a legitimidade de Filipe VI. A hora da ruptura, porém, chega em 1337, devido a duas crises simultâneas. Em Flandres, o capetiano apoia o conde Luís de Nevers contra os campone-ses e artesãos revoltados, a quem derrota em Cassel em 1328. No entanto, o líder dos rebeldes, Jacques Van Artevelde, consegue tomar o poder em Gante e apela ao rei da Inglaterra. Este, precisamente, contesta as extor-sões dos homens de Filipe VI na Guiena e, em 24 de maio de 1337, o rei da França confisca o ducado e se empenha em ocupá-lo militarmente. Os dois campos se desenham dessa maneira: de um lado, o rei da França, que apoia o conde de Flandres, Luís de Nevers, refugiado em Paris, e o filho de Roberto de Bruce, rei da Escócia, David II, também refugiado na França; ele é apoiado no Império por João da Boêmia, alguns grandes senhores feudais dos Países Baixos, e na Espanha pelo rei de Castela. Do outro lado, o rei da Inglaterra, aliado dos rebeldes flamengos de Jacques Van Artevelde, parceiros indispen-sáveis para a exportação da lã inglesa; ele tem o apoio do imperador Luís da Baviera e de vários príncipes do Império, e na Escócia consegue colocar sua criatura, Eduardo Balliol, no trono. Para melhor legitimar a sua causa perante os seus aliados, sobretudo flamengos e gascões, Eduardo III, em 1338, acusa oficialmente Filipe VI de ter usurpado a coroa de França, que reivindica para si na condição de neto direto de Filipe, o Belo, por parte de sua mãe Isabel. Pretensão rejeitada pelo lado francês de acordo com uma mítica "lei sálica" que excluía as mulheres da sucessão real.

Teoricamente, as forças são desproporcionais: o reino da França, com 420 mil km^2 e seus 16 milhões a 18 milhões de habitantes, é 3,2 vezes maior do que a Inglaterra em termos de área e população. Mas os recursos finan-ceiros do rei, cerca de 500 mil libras,[4] não eram muito maiores do que os de seu rival, e do ponto de vista militar, o exército inglês adquiriu experiência e eficiência durante as guerras na Escócia: a infantaria em maior número,

---

4 No original, *"livres tournois"*: trata-se da libra francesa vigente até 1795 (a rigor, oficialmente vigente entre 1667 e 1720), quando uma *livre tournois* equivalia a 20 soldos. (N. T.)

recrutada nas camadas superiores do campesinato, armada com o arco longo, cujas flechas perfuravam as cotas de malha a 100 metros de distância, é posicionada em formações apertadas nas asas, protegidas atrás de uma paliçada de estacas pontiagudas; capazes de disparar seis flechas por minuto, eles lançam uma chuva de projéteis que dizimam os alvos inimigos. No centro da máquina, os cavaleiros pesados, cujo número gira entre 3 mil a 5 mil, completam o trabalho. Há um espírito de corpo nesse exército, pois muitas vezes cada grupo tem a mesma origem geográfica e obedece a um chefe que está ligado ao rei por contrato de *indenture* (as duas partes possuem metade do pergaminho, cortado em formato de dente de serra). O exército francês, por outro lado, ainda depende fortemente do sistema de serviço feudal, com vassalos reunidos por um período limitado, em virtude do direito de *ban*, e contando com a força de impacto de uma tropa de cavalaria em que os grandes senhores rivalizam em termos de audácia e de indisciplina. O uso de profissionais assalariados se espalha, mas ainda é limitado na década de 1330 devido aos custos do sistema.

As operações começam efetivamente por volta de 1340, com uma série ininterrupta de desastres franceses. Em 24 de junho, no porto de L'Ecluse, perto de Bruges, a frota francesa é aniquilada; graças a esse Trafalgar medieval,[5] Eduardo III poderá atravessar o canal da Mancha sempre que quiser. É o que faz em 1346, quando desembarca no Cotentin, toma Caen, saqueia a Normandia e destrói o exército de Filipe VI, que o havia alcançado no Soma, em Crécy (26 de agosto), o que lhe deixa tempo para sitiar e tomar Calais em 3 de agosto de 1347. Repovoada pelos ingleses, a cidade será por dois séculos uma base britânica na França.

Ao mesmo tempo, outra frente se abre na Bretanha, onde uma guerra de sucessão se soma ao conflito franco-inglês em 1341: com a morte do duque João III, o ducado é disputado entre sua sobrinha, Joana de Penthièvre, esposa de Carlos de Blois, parente dos Valois e, portanto, aliada de Filipe VI, e Jean de Montfort, meio-irmão do falecido, que recebe ajuda dos ingleses. A guerra se estende até a Guiena, enquanto na Flandres Artevelde é morto e Luís da Baviera abandona o campo inglês. Todavia, os sucessos deste último

---

5 Referência à batalha de Trafalgar, um confronto naval entre França e Espanha contra o Reino Unido, que ocorreria em 21 de outubro de 1805, com vitória para a frota inglesa. (N. T.)

continuam em 1346 e 1347: o conde de Derby captura Poitiers e avança na Aquitânia; na Escócia, David Bruce, um aliado dos franceses, é preso, assim como Carlos de Blois na Bretanha, derrotado em La Roche-Derrien.

Filipe VI morre em agosto de 1350. O reinado de seu filho João, o Bom, vai se mostrar ainda mais catastrófico. Irascível e imprevisível, o novo soberano se vê rodeado de favoritos duvidosos, como Carlos de Espanha; além disso, assiste ao surgimento de um novo adversário, o tortuoso rei de Navarra, Carlos, o Mau, que se comporta como dono da Normandia, abusando de seus direitos muito válidos (pois eram concernentes à coroa da França, já que sua mãe, Joana de Navarra, era filha única do rei Luís X). Carlos, também lesado como herdeiro legítimo de Champanhe, busca vingança negociando com Eduardo III. João II, num de seus acessos de raiva, vai pessoalmente até Rouen para prendê-lo em abril de 1356. No entanto, nada pode fazer contra as *chevauchées*[6] devastadoras na Aquitânia, sob o comando do filho mais velho do rei da Inglaterra, o príncipe de Gales, Eduardo, apelidado de Príncipe Negro. Quando João tenta interceptá-lo ao voltar de uma de suas expedições, perto de Poitiers, em 19 de setembro de 1356, é completamente derrotado e feito prisioneiro do Príncipe Negro. Levado para a Inglaterra, lá permanecerá 38 meses, tempo para negociar o valor de seu resgate, fixado finalmente na fabulosa cifra de 3 milhões de coroas de ouro.

A batalha de Poitiers e a captura de João II mergulham o reino da França no caos. Na ausência do rei, a regência é exercida pelo filho, o delfim Carlos, de 18 anos, hesitante e facilmente influenciável. Em outubro de 1356, convoca os estados gerais (assembleia de representantes das três ordens do reino) em Paris a fim de ser aconselhado e, sobretudo, instaurar novos impostos para financiar a guerra e o resgate do rei. A reunião acaba mal: sob o impulso do preboste dos mercadores de Paris, Étienne Marcel, e do bispo de Laon, Robert Le Coq, os delegados manifestam sua raiva pela incompetência do governo e escrevem um projeto de reforma profunda da administração: a Grande Ordenação da Reforma. Diante das hesitações do delfim, Étienne Marcel desencadeia uma insurreição em Paris, durante a qual dois

---

6 A *chevauchée* (literalmente, "cavalgada") era uma manobra militar que consistia em saquear e incendiar todas as cidades por onde os cavaleiros passassem, com o objetivo de diminuir de modo sistemático a produtividade de uma determinada região. (N. T.)

conselheiros de Carlos são assassinados diante de seus olhos. Aterrorizado, o delfim foge em busca de apoio nas províncias – enquanto isso, o rei de Navarra, Carlos, o Mau, libertado de sua prisão por um comando em 9 de novembro de 1357, se entende com Étienne Marcel.

Eis que, em maio de 1358, eclode em Beauvaisis uma revolta camponesa, um movimento espontâneo contra os nobres incapazes de assegurar a proteção das populações, e contra os impostos. Oitenta castelos e palacetes são queimados por essa grande *jacquerie*[7] entre Paris e Soissons, mas o movimento foi esmagado de modo sanguinário por Carlos, o Mau. A situação está mais confusa do que nunca: o delfim, que agora possui um exército de pelo menos 10 mil homens, cujas fileiras são engrossadas por grupos de nobres que sentem a necessidade de lutar pelo poder após o alerta da *jacquerie*, se prepara para sitiar Paris, onde Étienne Marcel lidera a oposição. O rei de Navarra encontra-se numa posição ambígua: é aliado de Étienne Marcel contra o delfim, mas ao mesmo tempo aparecia como chefe da nobreza perante a *jacquerie*; a nobreza, porém, está ao lado do delfim e é contra os parisienses. Além disso, Carlos, o Mau, consegue reunir ao norte de Paris bandos de mercenários que sonham em entrar na capital, onde há muitos lugares para saquear. Étienne Marcel, cuja demagogia convence cada vez menos os parisienses, quer abrir as portas para Carlos: é massacrado no portal Saint-Antoine. Imediatamente, o rei de Navarra retira-se para a Normandia, enquanto o delfim entra na capital (julho-agosto de 1358).

Aproveitando essa situação anárquica, Eduardo III desembarca em Calais em novembro de 1359, com a intenção de fazer-se consagrar em Reims. Fracassa. As cidades fecham-lhe as portas e, como não tinha material de cerco, vaga por Champanhe e Beauce, e em 8 de maio de 1360, prefere concluir um tratado de paz com o delfim em Brétigny, perto de Chartres: ele renuncia à coroa da França, mas recebe em troca soberania plena sobre um bom quarto do sudoeste do reino – a Aquitânia em sua maior extensão. João II será libertado, mas vários de seus filhos permanecerão reféns em Londres a fim de se garantir o pagamento do resgate. O rei retorna efetivamente em julho de 1360 – encontra um reino sem vida e desmembrado, entregue a

---

7 No contexto da Idade Média, o substantivo *jacquerie* designa qualquer revolta organizada por camponeses. (N. T.)

bandos de mercenários que se encontram desocupados. O fim do reinado é tão lamentável quanto o começo. A dificuldade para se cobrar o valor do resgate é imensa e, como um de seus filhos foge de Londres, violando assim o código de honra da cavalaria, o rei faz questão (talvez de bom grado) de se entregar prisioneiro em dezembro de 1363. Ele morre em 8 de abril de 1364 em sua confortável residência londrina.

A GUERRA DOS CEM ANOS (II):
GRAÇAS E DESGRAÇAS DA INGLATERRA (1364-1453)

O delfim, agora rei Carlos V, pode então demonstrar a plena medida de suas habilidades. Aos 26 anos, inteligente, lúcido e culto, ele sabe rodear--se de auxiliares competentes, e desde o seu advento encontra um colaborador ideal em Bertrand Du Guesclin, pequeno nobre bretão que se destaca no mundo militar por sua astúcia e sua audácia. Em 16 de maio de 1364, Du Guesclin derrota o exército navarro de Captal de Buch em Cocherel, perto de Evreux, mas em setembro é derrotado e preso na Bretanha, na batalha de Auray, a mesma na qual Carlos de Blois é morto pelos ingleses. Pelo tratado de Guérande (abril de 1365), Jean de Montfort, conhecido como "o Anglófilo", é reconhecido como o único duque da Bretanha.

Carlos V tem outra preocupação: como se livrar das grandes companhias mercenárias? A ideia é mandá-los lutar em outro lugar, em Castela, onde Henrique de Trastâmara, protegido dos franceses, reivindica a coroa de seu tio, Pedro I, conhecido como "o Cruel", um aliado dos ingleses. Du Guesclin, cujo resgate foi pago pelo rei, é por ele encarregado de liderar as companhias, passando por Avignon para ali receber a bênção do papa, pois a operação é qualificada como uma cruzada. Castela é conquistada em 1366. Depois, os ingleses do Príncipe Negro, que vêm em auxílio de Pedro, o Cruel, derrotam e prendem Du Guesclin em Najera, a oeste de Burgos, em 3 de abril de 1367. Carlos V paga novamente seu resgate e o manda de volta a Castela, onde em 14 de março de 1369, em Montiel, derrota Pedro, o Cruel, assassinado pouco depois. No ano seguinte, Du Guesclin, de volta à França, obtém vários sucessos na Aquitânia e, em 2 de outubro de 1370, o rei o nomeia condestável da França.

Os dez anos seguintes são marcados pela reconquista de parte do reino dominada pelos ingleses. É porque eles, por sua vez, experimentam dificuldades. Eduardo III envelhece; chega a ficar completamente senil a partir de 1373 e, com sua morte em 1377, a coroa passa para seu neto Ricardo II, de apenas 12 anos e cuja personalidade autoritária já dava sinais preocupantes. É liderado por seu tio João de Gante, duque de Lancaster, pouquíssimo popular. Na prática, são raros os grandes capitães. Um dos principais, Jean Chandos, é morto em 1370; o próprio príncipe de Gales, doente, volta para a Inglaterra em 1371, e morre em 1376. Do lado francês, ao contrário, as coisas melhoraram. Carlos V impõe uma nova estratégia: a da ostra. Diante das *chevauchées* inglesas, ele recusa a batalha e fecha-se em cidades fortificadas, não apenas deixando o inimigo esgotar-se e se dispersar em operações infrutíferas de devastação do campo, mas também buscando atacar os destacamentos dispersos de surpresa, além de reforçar as defesas urbanas, como em Paris, onde é construída uma nova cinta protetora com mais de cinco quilômetros e seis portas defendidas por bastilhas, entre as quais a de Saint-Antoine, *a* Bastilha, cuja primeira pedra é lançada em 22 de abril de 1370. Em seguida, no lado externo da cidade é erguida a enorme fortaleza de Vincennes, com seu torreão de 52 metros de altura.

Uma estratégia que não agradou à nobreza, mas que valeu a pena e foi perfeitamente posta em prática por Du Guesclin, que em 4 de dezembro de 1370 surpreende um bando inglês em Pontvallain, perto de Le Mans, atacando-o e dispersando-o. Façanha seguida pela reconquista de Poitou e Saintonge, com a vitória de Chizé em 21 de março de 1373. Du Guesclin e Carlos V morrem com alguns meses de intervalo, em 1380. Nessa época, os ingleses controlam na França somente Calais, Cherbourg, Brest e alguns recortes de territórios ao redor de Bordeaux e Bayonne.

Então, tudo se recupera, pois os dois reinos padecem com dificuldades internas que interrompem o esforço de guerra. Estranha semelhança: em ambos os lados do canal da Mancha, o rei é um adolescente, com tudo o que isso implica imaturidade: Ricardo II, 13 anos, e Carlos VI, 12 anos. Em ambos os casos, três tios monopolizam o poder: Lancaster, Cambridge e Gloucester de um lado; Anjou, Berry, Borgonha do outro. Em Londres, como em Paris, um dos tios é o verdadeiro mestre e usa o poder real a serviço de seus interesses pessoais: Lancaster tem como alvo Castela; Borgonha visa Brabante. Enfim, ambos os reinos enfrentam graves revoltas de caráter social: os Trabalhadores de Wat Tyler na Inglaterra e os *maillotins* na França. Nesse contexto, as preocupações das duas monarquias desviavam-nas da longa guerra que as opunha uma à outra.

Na Inglaterra, Ricardo II deve, portanto, enfrentar em 1381 uma revolta muito grave iniciada em Kent e Essex contra um novo imposto, o *Poll tax*. A chamada rebelião dos Camponeses ou dos Trabalhadores, liderada por Wat Tyler, se inspira nos sermões exaltados de John Ball, e até consegue tomar a torre de Londres. O jovem rei enfrenta os rebeldes e eles são brutalmente massacrados. Eis o início de uma deriva megalomaníaca de Ricardo, cujos modos tirânicos provocam a hostilidade da nobreza. Em 1399, o rei exila para sempre o duque de Lancaster, Henrique Bolingbroke, e confisca seus bens. Henrique, à frente de uma coalizão feudal, prevalece sobre o soberano, a quem o Parlamento obriga a renunciar, e toma para si a coroa. Neto de Eduardo III da parte de seu pai, João de Gante, Henrique IV funda a dinastia Lancaster. Ricardo é assassinado no castelo de Pontefract, mas o novo soberano deverá enfrentar até sua morte, em 1413, movimentos que constestarão sua legitimidade e que o impedirão de retomar ativamente a guerra contra a França.

A França não consegue tirar proveito disso, pois encontra-se em uma situação ainda pior. Quando Carlos V morre em 1380, seus irmãos assumem o governo em nome do sobrinho, Carlos VI, que tem apenas 12 anos. Eles se livram dos experientes conselheiros do rei sábio, os *"marmousets"*,[8] e usam os recursos do poder para promover seus interesses pessoais. O agravamento da carga tributária provoca revoltas em 1381-1382: *maillotins* em Paris, Tuchin em Languedoc, Harelle em Rouen, enquanto Flandres se revolta novamente com Filipe Van Artevelde, filho de Jacques. O jovem Carlos VI, como Ricardo II, reage com impiedosa repressão. Os flamengos são derrotados em Roosebeke em 27 de novembro de 1382. Em 1388, o rei rejeita a tutela de seus tios, chama de volta os *marmousets*, como Bureau de la Rivière e Jean Le Mercier. A restauração da ordem dura pouco: em 1391, Carlos VI sofre seu primeiro acesso de loucura – suas crises se tornariam cada vez mais frequentes. Dentro do Conselho, dois personagens com interesses opostos levam a melhor: Filipe, duque da Borgonha, tio do rei, e depois seu filho, João

---

8 Literalmente, "saguis". (N. T.)

Sem Medo, a partir de 1404, e Luís, duque de Orléans, irmão do rei. Em 23 de novembro de 1407, João Sem Medo manda assassinar o duque de Orléans em Paris. Este é o início de uma atroz guerra civil entre "borguinhões" e "armagnacs", sabendo-se que o filho do falecido, Carlos, novo duque de Orléans, é casado com uma filha do duque de Armagnac.

Em Paris, os massacres se sucedem. João Sem Medo alia-se ao açougueiro Simon Caboche, que lidera uma revolta cujas reivindicações lembram as de Étienne Marcel. Em 1413, os estados gerais, convocados pelo rei louco, adotam a Ordenação Cabochina de reforma. Mas os excessos dos cabochinos provocam uma reação. Em setembro de 1413, os armagnacs retomam Paris, de onde foge João Sem Medo. Em 1414, João faz um acordo com o novo rei da Inglaterra, Henrique V, e este aproveita a ocasião para retomar a guerra na França, cuja coroa ele ainda reivindica. Em agosto de 1415, Henrique desembarca na Normandia e, em 25 de outubro, apanhado no Soma pelo exército francês, muito superior em número, consegue a retumbante vitória de Azincourt. A nobreza francesa é dizimada, os duques de Orléans e Bourbon são presos. Os sucessos de Henrique continuam de 1417 a 1419, quando toma Caen, Rouen e Paris, onde seu aliado João Sem Medo se instala, apoiado pelos auxiliares do carrasco Capeluche. O rei louco Carlos VI é levado por sua comitiva a Troyes. Seu filho, o delfim Carlos, de 16 anos, que agora se apresenta como chefe dos armagnacs, atrai o duque da Borgonha para uma emboscada, sob o pretexto de negociações, e manda assassiná-lo em sua presença na ponte de Montereau em 10 de setembro de 1419. O novo duque da Borgonha, Filipe, o Bom, filho de João Sem Medo, jura vingança e permanece oficialmente do lado de Henrique V. Sustentáculo do apoio, Henrique conclui com os representantes de Carlos VI o tratado de Troyes (21 de maio de 1420), que consagra a vitória inglesa: a coroa da França passará para o rei Lancaster, mas somente após a morte de Carlos VI, o que não levaria muito tempo: ele tem 51 anos, está louco e muito doente; o delfim Carlos é deserdado por conta do assassinato de Montereau; e para selar a união das duas coroas, Henrique V se casará com a filha de Carlos VI, Catarina.

Em 1421 e 1422, Henrique V persegue a conquista de seu reino francês contra as forças do delfim – este, refugiado em Bourges, não aceita o tratado de Troyes. Então, em 31 de agosto de 1422, acontece algo inacreditável:

1300-1500 – O TEMPO DO APOCALIPSE E A IDADE DA TRANSIÇÃO   431

Henrique V, aos 34 anos, morre em Vincennes, provavelmente de disenteria. O velho Carlos VI sobrevive a ele apenas dois meses, o que é suficiente, do ponto de vista dos armagnacs, para tornar obsoleto o tratado de Troyes. O delfim Carlos, portanto, proclama-se rei da França, Carlos VII, enquanto os borguinhões e os ingleses aclamam o filho de Henrique V como rei da França: Henrique VI. Este não entende nada do que acontece: tem 9 meses. É o presságio de uma longa e difícil regência.

A situação no final de 1422 é, em suma, a seguinte: Carlos VII, ex-delfim, qualificado por seus inimigos como "rei de Bourges", controla o sul do reino até o Loire, bem como Maine e Anjou. Uma personalidade problemática e hesitante, ele é cercado por favoritos de má reputação, como Pierre de Giac e Georges de La Trémoille. Ao norte do Loire, o duque de Bedford, tio de Henrique VI, governa em Paris com o título de regente, enquanto seu irmão, o duque de Gloucester, governa a Inglaterra. A leste e nordeste estendem-se os territórios do duque da Borgonha, Filipe, o Bom, aliado dos ingleses e cuja irmã é esposa de Bedford. Na Bretanha, o duque João V é neutro. Os ingleses têm a iniciativa. Seu objetivo é conquistar o sul do reino. Seus exércitos, comandados pelo duque de Salisbury e John Talbot, logo alcançam sucesso: vitórias em Cravant em 1423, em Verneuil em 1424, captura de Le Mans em 1425. Mas, em 1429, eles precisam levantar o cerco de Orléans devido à intervenção de capitães enérgicos como La Hire, Poton de Xaintrailles, Gaucourt, o Bastardo de Orléans e Joana d'Arc, que então persuade Carlos VII a ir até Reims para ser consagrado.

A partir desse momento, a iniciativa passa para aqueles que começam a ser chamados de "franceses". Embora os ingleses tenham queimado Joana d'Arc e consagrado em Paris o pequeno Henrique VI (1431), eles não tinham mais o controle da política. Além de terem que enfrentar inúmeras revoltas, principalmente na Normandia, e estarem sem recursos financeiros, ainda perdem o sábio Bedford, que morre em 1435, ao mesmo tempo que, na Inglaterra, o conselho regencial se divide. Em 1435, eles concordam em participar de um congresso de paz em Arras, mas a arrogância de seus delegados leva ao fracasso das negociações – enquanto isso, Filipe, o Bom, se reconcilia com Carlos VII, que aceita pagar o alto preço: reparação honrosa, doações e indenizações pelo assassinato de Montereau, além da cessão das cidades do Soma ao duque da Borgonha.

Por conseguinte, o refluxo dos ingleses é irremediável. A partir de 1436, o condestável de Richemont assume Paris. A guerra continua de forma desordenada, em meio às extorsões dos *écorcheurs*. Em 1444, os adversários, exaustos, concluem uma trégua em Tours, que durará até 1449; nesse período, Carlos VII se autoriza a intervir na Lorena para apoiar o duque contra a cidade de Metz, e enviar seu filho, o delfim Luís, para a Alsácia com um exército de *routiers*, a pedido do imperador Frederico III, que tem problemas com os suíços. Acima de tudo, o rei aproveita a trégua para reorganizar o exército, criando as companhias de ordenança, núcleo de um exército profissional, remunerado e, por isso, relativamente disciplinado: cada companhia é constituída por 100 lanças, cada uma compreendendo um homem de armas, um *coutilier*,[9] um pajem, dois arqueiros e um criado, todos a cavalo. São recrutadas duas mil lanças, às quais se junta uma milícia de franco-arqueiros, designados pelas comunidades e isentos de impostos. Uma poderosa artilharia é organizada pelos irmãos Bureau. Tudo isso é muito caro e exige o estabelecimento de um imposto permanente, a talha, que pesa sobre os rendimentos individuais dos plebeus, mas permite ao rei arrecadar 1,8 milhão de libras anuais nos últimos anos do reinado.

Ao mesmo tempo, a Inglaterra está paralisada pelas querelas entre o duque de Gloucester e o conde de Suffolk, que mantêm o jovem rei Henrique VI na beatice para permanecer no poder. Enquanto os duques de York e Somerset discordam sobre a estratégia prática a adotar, o excesso de devoção leva o pobre soberano à loucura. Ricardo, duque de York, é primo do rei e já está de olho na coroa. A incompetência do governo e as derrotas na França apesar da crescente pressão fiscal são as causas de uma nova revolta popular em Kent, liderada por um veterano da guerra na França, Jack Cade, em 1460. O movimento é esmagado, mas o duque de York exige a troca de alguns ministros e profundas reformas. A rainha, Margarida de Anjou, apoiada por Somerset, se opõe a isso. Dois clãs surgem: York e Lancaster.

Nessas condições, quando a guerra recomeça em 1449, as forças inglesas são rapidamente afastadas: o condestável de Richemont, após sua vitória em Formigny (abril de 1450), reconquista toda a Normandia. Dunois

---

9 Ou *coustillier*: soldado equipado com uma *costille*, que era uma haste com lâmina na ponta, semelhante a um pique. (N. T.)

1300-1500 – O TEMPO DO APOCALIPSE E A IDADE DA TRANSIÇÃO   433

torna-se, em 1451, senhor da Aquitânia, onde os ingleses tentam um último retorno em 1452, com o veterano John Talbot. Em 17 de julho de 1453, este é derrotado e morto na batalha de Castillon. Bordeaux e Bayonne capitulam. A guerra acabou de fato, mas não oficialmente, porque não se assina nenhum tratado. Os ingleses não têm mais nada na França além de Calais. A partir de agora, os dois reinos, definitivamente separados, dedicar-se-ão aos seus problemas internos.

O CASO INGLÊS: GUERRA DAS DUAS ROSAS E ASCENSÃO DOS TUDORS (1455-1509)

O mais sério desses problemas diz respeito à natureza dos poderes. A guerra dos Cem Anos mudou a imagem do sistema da monarquia feudal ao revelar que os grandes senhores feudais e vassalos em geral eram incapazes de garantir a segurança do reino, bem como de conduzir uma guerra de usura.[10] Rivalidades, reviravoltas, traições e assassinatos, bem como a busca de objetivos pessoais por parte da grande aristocracia, levam os reis à beira da catástrofe, obrigando-os a encontrar outros meios de governo e convocar profissionais da pequena nobreza e da burguesia para a administração, e soldados profissionais e mercenários para a guerra. Os grandes vassalos (que no sistema tradicional se consideram os conselheiros naturais do rei, em virtude de laços de homem para homem, o que lhes assegura um papel político ativo), são ferozmente hostis a esse movimento. A guerra dos Cem Anos marca o divórcio entre os dois parceiros no pacto da monarquia feudal: o monarca, que busca fortalecer seu poder pessoal, e os senhores feudais, que buscam fortalecer sua tutela sobre a monarquia. O conflito será resolvido na segunda metade do século XV a favor do rei, tanto na Inglaterra quanto na França.

O conflito é muito mais violento na Inglaterra, onde assume a forma de uma cruel guerra feudal entre a família de York (rosa branca) e a de Lancaster (rosa vermelha): a guerra das Duas Rosas (1455-1485). Por trás desse termo poético inventado no século XIX, esconde-se uma luta feroz de trinta

---

10 Guerra de usura é a estratégia militar que busca vencer o inimigo pelo desgaste de longo prazo. (N. T.)

anos, pontuada por inúmeras batalhas envolvendo números muito maiores do que os da guerra dos Cem Anos: 50 mil combatentes em Towton, por exemplo. Conflito com múltiplas reviravoltas, que dizima a nobreza inglesa e, por isso mesmo, facilita o fortalecimento do poder real. Tudo começa em 1453, com o início da loucura de Henrique VI Lancaster. A rainha, Margarida de Anjou, que protege os direitos de seu filho, Eduardo, gostaria de exercer a regência. No entanto, o regente é Ricardo, duque de York, primo do rei, apoiado por Ricardo Neville, conde de Warwick, que forjará a reputação de "criador de reis". Os dois Ricardos vencem sua primeira batalha em 1455, em Saint Albans. Henrique VI é preso, seu filho é deserdado, e York, reconhecido como o herdeiro legítimo. Mas ele morre em 1460 na batalha de Wakefield. Seu filho Eduardo, com o apoio de Warwick, proclama-se rei, Eduardo IV, e ele derrota os partidários de Lancaster em Towton em 1461. Margarida foge para a França.

De 1461 a 1469, Eduardo IV procura emancipar-se da tutela de Warwick. Este, frustrado em suas ambições, passa para o lado dos Lancaster – ele se junta a Margarida na França e, com a ajuda de Luís XI, volta para a Inglaterra, liberta Henrique VI e o recoloca no trono. Eduardo IV foge e procura o duque da Borgonha, Carlos, o Audaz, que é seu cunhado (1470). Com a ajuda da Borgonha, ele volta para a Inglaterra, derrota e mata Warwick em Barnet (14 de abril de 1471). Margarida, por sua vez, é vencida e presa; seu filho é morto em Tewksbury (4 de maio de 1471). Henrique VI é enviado à prisão, onde morre em circunstâncias muito suspeitas. Eduardo IV retoma seu reinado. Quando ele morre, em 1483, seu filho, Eduardo V, tem 12 anos. Seu tio, o duque de Gloucester, tranca-o na torre de Londres com seu irmão mais novo, Ricardo, sob o pretexto de serem bastardos. Os dois jovens príncipes desaparecem misteriosamente sem deixar vestígios, e Gloucester é proclamado rei: Ricardo III. Em seguida, aparece um novo pretendente, Henrique Tudor, que é Lancaster por parte da mãe, Margarida Beaufort, e York por parte de esposa, a filha de Eduardo IV. Com uma pequena tropa reunida na Bretanha, ele desembarca no País de Gales e, em 22 de agosto de 1485, derrota Ricardo III em Bosworth. Ricardo é morto em batalha e Henrique Tudor toma a coroa. Ele se torna Henrique VII, e seus familiares, os Tudor, reinarão até 1603.

Desses episódios espetaculares e sangrentos (sobre os quais Shakespeare construirá seus dramas épicos, transfigurando por seu gênio uma

1300-1500 – O TEMPO DO APOCALIPSE E A IDADE DA TRANSIÇÃO   435

realidade muitas vezes sórdida), emerge uma monarquia fortalecida. Apesar de todas as suas vicissitudes (três reis depostos e assassinados, bem como várias mudanças de dinastias em menos de dois séculos), o poder real mantém-se intacto. A grande nobreza está definitivamente enfraquecida: hecatombe de duques e condes em batalhas, execuções, confiscos e gastos exorbitantes para a guerra causam a extinção ou a ruína de famílias poderosas. Com sua morte em 1527, o conde de Northumberland deixa 13 libras em dinheiro e 17 mil libras em dívidas. Mais do que nunca, os grandes dependem dos banqueiros e do rei, e a monarquia feudal dá lugar ao que podemos denominar "feudalismo bastardo", quando o vassalo não recebe mais uma terra, e sim uma pensão anual, em troca de serviços específicos. É verdade que os grandes nobres ainda mantêm "reservas" consideráveis, mas não são mais capazes de desafiar o rei. A guerra também elimina todos os pretendentes possíveis: "Não há mais uma gota de sangue que se pretenda real" na Inglaterra, observa em 1500 o embaixador da Espanha, Puebla.

Se o poder real é reforçado, é também porque na Inglaterra a função real vai além do indivíduo, e existe uma estreita associação com o Parlamento, que supostamente representa os súditos. A cada convulsão social, o novo homem-forte se apressa em obter a garantia do Parlamento, mesmo que isso signifique reuni-lo em condições pouco ortodoxas, para dar um aspecto legal à sua ação. No final do século XV, a composição do Parlamento é quase a definitiva: uma Câmara dos Lordes composta pelos lordes espirituais (2 arcebispos, 19 bispos, 27 abades) e cerca de 40 lordes temporais; uma Câmara dos Comuns composta em parte por cavaleiros (2 por condado, eleitos pelos grandes proprietários de posse livre),[11] e em parte por burgueses, eleitos por alguns mercadores ricos de cerca de duzentos burgos. O Parlamento exerce poder legislativo (vota os estatutos do reino), poder judicial (pelo procedimento do *attainder* é possível condenar à pena de morte) e poder financeiro (o rei só pode aumentar o imposto em acordo com o Parlamento, que recebe concessões em troca). É por isso, escreve o grande jurista Sir John Fortescue em seu *De laudibus legum angliae* de 1469, que a monarquia inglesa não é absoluta. Ele traça um paralelo entre o rei da França, que "governa seu povo

---

11 Um *franc-tenancier*, na Inglaterra medieval, era um proprietário cuja dependência se limitava ao rei e que, além disso, possuía terras em alódio, ou seja, por posse absoluta. (N. T.)

pelas leis que ele mesmo fez e que pode, portanto, estabelecer talhas e outros impostos aos seus súditos sem precisar de consentimento deles", e o rei da Inglaterra, que "não pode governar seu povo por quaisquer outras leis além daquelas que foram consentidas. E assim, ele não pode estabelecer impostos sem o consentimento dos súditos".

Certamente, mas esse consentimento quase nunca é recusado, porque durante o século XV as reformas permitiram ao rei limitar os poderes do Parlamento: fiscalização das eleições pelo xerife, nomeação do *Speaker* (o presidente da assembleia) pelo soberano, que também assume a iniciativa em 1463 das *bills* (ou projetos de leis), designação em 1478 de um tribunal especial, cujos membros são nomeados pelo rei, a Câmara Estrelada, para julgar causas políticas. Como resultado, o Parlamento é mais um instrumento do poder real, e a primeira coisa que Henrique VII faz, apenas doze dias após entrar em Londres em 3 de setembro de 1485, é convocá-lo a fim de legitimar sua tomada do poder.

Ao longo do reinado, as relações entre Henrique VII e seus parlamentos são excelentes. O povo está cansado de guerras, que paralisam o comércio, e o rei é parcimonioso. Uma administração financeira eficiente permite-lhe aumentar as receitas em seus domínios, de £ 13.633 em 1486 para £ 32.630 em 1505, as da alfândega de £ 32.950 para £ 41 mil, e deixar em sua morte £ 1,8 milhão nos cofres, que seu filho Henrique VIII se apressa em desperdiçar. O apoio do reino permite a Henrique VII superar as revoltas provocadas por impostores que se diziam os dois príncipes desaparecidos da Torre em 1483: Lambert Simnel (em 1487) e Perkin Warbeck (de 1491 a 1499). Apoiado por um Conselho formado por pessoas competentes, o rei assegura as bases que permitirão à dinastia Tudor impor um absolutismo disfarçado por mais de um século.

O CASO FRANCÊS: A ELIMINAÇÃO DOS ÚLTIMOS GRANDES FEUDOS (1461-1515)

Na França, em contrapartida, o que há é um absolutismo sem verniz instaurado por Luís XI (1461-1483) e seus sucessores Carlos VIII (1483-1498) e Luís XII (1498-1515). O principal obstáculo encontrado pelo poder real nesse caso é a constituição de principados territoriais organizados como verdadeiros Estados – estes conduzem uma política quase independente: o ducado de Bourbon, os condados de Armagnac e Foix, e, especialmente, os ducados da Bretanha e da Borgonha. O prestígio real é obviamente aumentado pela vitória final na guerra dos Cem Anos em 1453, que coloca à disposição de Carlos VII um impressionante poder militar e financeiro. Contudo, a leste e oeste, a Borgonha e a Bretanha constituem um desafio permanente ao seu poder, especialmente quando concordam em fechar o cerco no coração do reino, que é o caso a partir de 1461, com a ascensão de Luís XI. Na Bretanha, reina de 1458 a 1488 o duque Francisco II, frívolo e indolente, sempre pronto a fazer coalizões feudais contra o rei. A administração do ducado é sólida, mas os seus meios financeiros e militares não estão à altura das arriscadas ambições do duque. Por outro lado, o duque de Borgonha, Filipe, o Bom, que reina de 1419 a 1467, herda uma impressionante coleção de territórios, abrangendo o reino da França e o Império – isso faz dele o príncipe mais poderoso da Europa central e uma ameaça permanente ao rei da França. De fato, o "grão-duque do Ocidente" é senhor de: Holanda, Brabante, Flandres, Hainaut, Picardia, Luxemburgo, Franche-Comté e Borgonha, além do condado de Nevers. Se a política de Filipe, o Bom, havia se mostrado relativamente prudente, tudo muda em 1467 com o advento de seu filho Carlos, o Audaz, um jovem impetuoso, de ambição ilimitada, que cobiça a Lorena e até a Provença para reconstituir o reino da Lotaríngia[12] e, eventualmente, alcançar o título imperial.

Antes mesmo de se tornar duque da Borgonha, Carlos, em 1465, organiza uma coalizão feudal contra Luís XI, a Liga do Bem Público, e após uma confusa batalha em Montlhéry, obtém a restituição das cidades do Soma, que o rei havia tomado. Quanto a Luís XI, este combate implacavelmente os senhores feudais. Calculador, mestre da conspiração, cínico e desprovido de escrúpulos, ele secretamente encoraja todos os potenciais adversários dos borgonheses: Liège, o duque de Lorraine, e pouco depois, os suíços, preocupados com o progresso do Audaz no país de Vaud. Colocado em dificuldade durante a entrevista em Péronne em 1468, o rei se safa com promessas

---

12 Sobre a Lotaríngia, veja-se a seção "Desmembramento do Império carolíngio: Verdun (843)" no Capítulo 5 deste livro. (N. T.)

e consegue neutralizar seu próprio irmão, Carlos de Berry, um jovem fraco que o duque da Borgonha acaba transformando em aliado.

Uma guerra desconexa e indecisa ocorre entre as tropas reais e ducais a partir de 1471, na Picardia e na Normandia, mas as ambições devoradoras de Carlos, o Audaz, provocam a dispersão de suas forças em empreendimentos duvidosos: conquista da Guéldria, negociações abortadas em Trier com o imperador Frederico III para obtenção do título real (1473), compra da Alta Alsácia do arquiduque Sigismundo (e por conseguinte a revolta dos alsacianos), intervenção em Colônia no caso da revolta contra o arcebispo (1474). Nessa ocasião, o Audaz sitia a pequena cidade de Neuss por quase um ano (julho de 1474 a junho de 1475), e ali desperdiça tropas e dinheiro, o que o impede de cumprir seus compromissos com Eduardo IV, com quem havia concordado em retomar a guerra dos Cem Anos. O rei da Inglaterra desembarca em Calais e, em agosto de 1475, em Picquigny, conclui um acordo com Luís XI que o persuade a dividir igualmente o pagamento de 35 mil escudos e uma renda de 50 mil escudos por nove anos. Carlos, o Audaz, então se volta para Lorena, que ele conquista, e para o país de Vaud, onde entra em conflito com os suíços. Derrotado duas vezes em 1476, em Grandson e Morat, é expulso da Lorena e morre, enquanto tenta retomar Nancy, em janeiro de 1477.

Ao colapso do poder da Borgonha, segue-se uma guerra pela divisão da herança entre o filho do imperador, Maximiliano (casado com Maria da Borgonha, filha do Audaz), e Luís XI. Este permanece senhor da Picardia, de Artois e da Borgonha, mas, após a derrota de Guinegate em 1479, é obrigado a ceder os Países Baixos, Flandres e Franche-Comté a Maximiliano pelo tratado de Arras (1482). Resta resolver o destino da Bretanha. Com a morte de Luís XI (1483), a regência é exercida por sua filha, Ana de Beaujeu, em nome de seu irmão Carlos VIII, de apenas 13 anos. A grande nobreza, liderada pelo duque de Orléans, Luís, quer aproveitar a situação e obter concessões do poder real. A reunião dos estados gerais, em 1484, não resulta em nada concreto, os grandes senhores feudais passam à revolta aberta e se refugiam junto ao último grande vassalo do reino, Francisco II, duque da Bretanha. Este, já senil e embrutecido pela devassidão, não resiste ao exército real, que derrota os bretões em Saint-Aubin-du-Cormier em 27 de julho de 1488. O duque morre em setembro, deixando apenas duas filhas – Ana, a mais velha, herdeira do ducado, tem 12 anos. Ana de Beaujeu quer aproveitar a oportunidade para evitar que a Bretanha caia nas mãos de Maximiliano, pois este, após tornar-se viúvo, planeja se casar com a herdeira da Bretanha, assim como havia se casado com a da Borgonha. O ducado é invadido por tropas francesas. A duquesa Ana da Bretanha, impedida de deixar Rennes, deve aceitar o casamento com o rei da França, Carlos VIII, que acontece em 1491. Para ter certeza de que o ducado não escapará da coroa, o contrato especifica que, se o rei morrer antes da rainha sem um filho homem, a rainha terá que se casar novamente com o novo rei. É o que acontece em 1498, quando Ana da Bretanha se casa com o ex-duque de Orléans, que se torna o rei Luís XII. O tratado oficial de união da Bretanha com a França não será assinado antes de 1532, mas pode-se considerar que, a partir de 1491, não há mais nenhuma oposição feudal séria na França. Começa o reinado da monarquia absoluta.

O seu advento foi preparado ao longo dos séculos XIV e XV através das vicissitudes da guerra dos Cem Anos. Até os desastres militares contribuíram para isso, pois eles persuadem Carlos VII a reformar o exército, com companhias de ordenança e uma artilharia poderosa: o rei não precisa mais temer castelos e bandos heteróclitos de exércitos feudais. Os seus rendimentos também lhe dão meios de ação bem superiores: confiscos, apreensões e maior rigor na contabilidade aumentam os rendimentos do domínio, aos quais se acrescenta agora o imposto permanente (a talha, que aumenta sem parar) e as ajudas indiretas, além de muitos artifícios, como a venda de direitos de caça. A percepção é melhorada: ela está nas mãos de oficiais nomeados e pagos, os eleitos, exceto nos "países de estados", onde quem cuida dela é a assembleia local, os "estados". Os tribunais de Contas e Ajudas, bem como os tesoureiros gerais, centralizam e controlam as receitas e as despesas. O poder real também começa a descobrir o interesse do desenvolvimento econômico. Embora ainda seja cedo para falar de uma verdadeira política econômica, notamos que Carlos VII apoia as iniciativas de seu tesoureiro, Jacques Coeur (até o momento em que este confisca todos os seus bens). Luís XI, por sua vez, incentiva o desenvolvimento da indústria da seda em Lyon e Touraine, cria feiras em Lyon e Rouen para atrair comerciantes, concede cartas de naturalidade a artesãos estrangeiros, como vidreiros italianos, tecelões flamengos e mineiros alemães. O rei opta pelo caminho do intervencionismo e do mercantilismo, e não hesita em manipular as moedas para desestabilizar os seus adversários.

Uma das alavancas mais poderosas do poder real é o exercício da justiça. Com o intuito de promover a justiça real, sempre em concorrência com a dos senhores (que é mais acessível a todos os súditos, através do direito de recurso), os reis criam parlamentos nas províncias com o objetivo de descongestionar o parlamento de Paris: em Poitiers, depois do tratado de Troyes em 1420, Toulouse (1444), Grenoble (1457), Bordeaux (1462), Dijon (1477), Rouen (1499) e Aix (1501). A administração central, cada vez mais burocrática, reúne em torno do rei burgueses competentes, eficientes e leais, que tudo deviam ao soberano. Reunidos no Conselho privado, que é agora o órgão supremo do poder, são desprezados pela grande nobreza, mas gozam da confiança do soberano, a quem servem sem escrúpulos: Étienne Chevalier, Jean Jouvenel, Guilherme Cousinot, os irmãos Bureau, Jacques Coeur (no tempo de Carlos VII), Jean Bourré, Antoine de Castelnau, Imbert de Batarnay, ou mesmo Olivier, o Malvado, enobrecido em 1474 com o nome mais agradável de Olivier le Daim, no tempo de Luís XI.

O rei também tem um trunfo essencial com o apoio incondicional da Igreja nacional, que começa a ser chamada de galicana. Com efeito, ainda que a sanção pragmática de 1438 nunca tenha sido aplicada com todo o seu rigor, o rei é o verdadeiro senhor das nomeações de bispos e abades. Aproveitando o episódio do papado de Avignon e, depois, as disputas de Roma com as teorias conciliares, torna-se o verdadeiro chefe do clero, o que engrandece a função régia e desenvolve uma ideologia próxima da monarquia sacerdotal. Não é mais tarefa dos bispos dar lições aos reis, e o estatuto clerical deixa de ser para eles uma proteção: o cardeal Balue medita sobre essa observação por onze anos (1469-1480), se não numa cela, pelo menos em cativeiro.

Aos súditos resta apenas uma maneira de fazer suas vozes serem ouvidas por um soberano cada vez mais absoluto: confiar suas queixas a seus representantes nos estados. Essas assembleias, constituídas por representantes das três ordens, são convocadas em circunstâncias graves, podendo ser, por vezes, tumultuadas e contenciosas, como em 1358 durante a revolta cabochina. O rei, porém, consegue neutralizá-las durante o século XV. Em primeiro lugar, porque é ele quem as convoca, e na maioria das vezes evita convocar os estados *gerais*, de todo o reino – em vez disso, reúne os estados locais (de língua de oc ou de língua de oïl), em torno de uma questão particular e com número limitado de delegados, como em 1439, 1444, 1454, 1458, 1470, evitando assim debates profundos. Os delegados, aliás, representam apenas interesses particulares – a massa camponesa obviamente está fora do jogo. Além disso, quando os estados se mostram muito relutantes, eles são simplesmente adiados e o rei os convoca posteriormente. É o que acontece em 1484 na reunião de Tours, quando o silêncio prevalece: não veremos estados gerais novamente antes de 1560! Ao contrário da monarquia inglesa, que associa o Parlamento ao governo real, a monarquia francesa exclui a representação nacional. Ela, portanto, tem as mãos livres por três séculos. Mas, por outro lado, isola-se da massa dos súditos.

AS POTÊNCIAS EMERGENTES: ESPANHA E PORTUGAL, DAS GUERRAS CIVIS À PARTILHA DO MUNDO

No resto da Europa ocidental, assiste-se também a um reforço dos poderes de reis e de príncipes, o que traduz uma afirmação das identidades locais através dos soberanos. Na Península Ibérica, a reconquista está em pane. A prioridade já não é a cruzada, mas as rivalidades e os problemas dinásticos entre Castela, Aragão e Portugal. Desde o início do século XIV, Castela mergulha em um longo período de anarquia. Primeiro vem o reinado confuso de Afonso XI (1313-1350), cujos tios e primos disputavam a tutela. Seu filho Pedro I, o Cruel (1350-1369), vislumbra horizontes mais largos – instalado em Sevilha, tem projetos para o Marrocos, mas, devido à sua brutalidade e ao seu séquito de africanos e judeus, a grande nobreza e a Igreja mostram-se hostis a ele. Em meio a essa situação, surge um rival, o seu meio-irmão Henrique de Trastâmara. Este, apoiado pelo rei de Aragão, pelo papa e pelo rei da França (que lhe envia Du Guesclin e as grandes companhias), é derrotado pela primeira vez em Najera pelos ingleses do Príncipe Negro, mas, após a vitória de Montiel, ele mata Pedro, o Cruel, e toma a coroa (1369). O seu reinado (1369-1379) marca o início do domínio da grande nobreza, que concede a si própria muitos privilégios. João I (1379-1388) e Henrique III (1388-1406) são governantes fracos. Com João II (1406-1454) e especialmente Henrique IV (1454-1474), o país mergulha em guerras civis envolvendo facções rivais, devido às complicações matrimoniais de Henrique IV, o Impotente, que é deposto e restaurado várias vezes. Por fim, é sua irmã, Isabel, que o sucede. No entanto, em 1469 ela se casa com seu primo Fernando, que em 1474 se torna rei de Aragão. A união dos dois reinos abre uma nova era na história espanhola.

Até então, de fato, o foco de Aragão eram seus interesses mediterrâneos: a Sicília e as ilhas Baleares. Jaime II (1291-1327) faz com que o papado conceda os direitos que tinha sobre a Córsega e a Sardenha. O Mediterrâneo ocidental assume a aparência de um lago da Catalunha. Mas em Aragão, os soberanos têm dificuldade em ganhar o respeito da nobreza e das Cortes nos reinados de Pedro IV, o Cerimonioso (1335-1387), João I (1387-1395) e Martinho I (1395-1410). Com a morte deste último, dois pretendentes entram em choque, e são as Cortes que, pelo compromisso de Caspe (1412), escolhem Fernando de Antequera, o infante de Castela. Todo o reinado de Afonso V, o Magnânimo (1416-1458) ainda se ocupa das guerras no sul da Itália, e a rainha Joana de Nápoles chama em seu auxílio o rei de Aragão contra as ambições de Luís de Anjou, apoiado pelo papa. Com a morte de Afonso V, inicia-se uma longa crise de sucessão, complicada pela vontade secessionista da Catalunha. A burguesia catalã oferece a coroa do condado a René de Anjou, o "rei René", que envia seu filho para conquistá-la, com o apoio de Luís XI. O rei João II de Aragão, apoiado pelo clero, pela nobreza e pelos servos da gleba (*remensas*), consegue restabelecer sua autoridade, mas não sem ceder Roussillon à França. Em 1472, ele conquista Barcelona, mas promete respeitar os *fueros* e os privilégios catalães. Com sua morte em 1479, seu filho Fernando, marido de Isabel de Castela, o sucede: os dois reinos espanhóis se unem, embora cada um conserve suas instituições.

O evento tem abrangência continental. A dominação aragonesa no Mediterrâneo ocidental, em Nápoles, na Sicília e nas ilhas Baleares se conjuga com as ambições castelhanas em direção ao sul e, logo depois, para o oeste, de maneira a conduzir tudo para os acontecimentos de 1492 e fazer dessa data um marco totalmente aceitável como o fim da Idade Média: em janeiro, Fernando captura Granada e põe fim a quase oito séculos de presença muçulmana na península. A unificação religiosa segue imediatamente a unificação política, com a expulsão ou conversão forçada de judeus e muçulmanos, sob a supervisão dos tribunais da Inquisição. Em outubro, a expedição

1300-1500 – O TEMPO DO APOCALIPSE E A IDADE DA TRANSIÇÃO   443

de Cristóvão Colombo, financiada por Isabel e alguns mercadores, abre perspectivas gigantescas para o novo reino, que em 1493 retoma Roussillon para a França e, em 1494, divide o mundo com Portugal no tratado de Tordesilhas.

Uma espécie de Yalta medieval, esse acordo oficializa novas orientações da política ibérica. Voltados para o Mediterrâneo e os Pirenéus ao longo da Idade Média, Castela, Aragão e Portugal olham agora para o oceano. Os portugueses, aliás, ultrapassaram os espanhóis nessa área. Após os reinados de Afonso IV (1325-1357) e Pedro I (1357-1367), embora ainda voltado para Castela, Fernando I (1367-1383) já se interessa pelos negócios marítimos. Ele incentiva a construção naval e estabelece um sistema de seguro baseado em um imposto sobre frete de navios. Em 1383-1385, uma revolução dinástica leva ao trono a família Avis, apoiada pela burguesia, que consegue derrotar os castelhanos em Aljubarrota (14 de agosto de 1385). A partir de agora, todas as atenções dos portugueses estão voltadas para o oceano. A motivação é essencialmente econômica, é claro. A ideia básica está na busca de uma passagem para a Ásia contornando a África pelo sul, sem saber de antemão se isso seria possível. O risco mostra-se viável, pois o monopólio dos árabes nas rotas do Extremo Oriente torna o comércio aleatório e extremamente caro. Ouro e especiarias: eis o que se busca. Se o reino do Padre João[13] for descoberto pelo caminho, tanto melhor, mas não é esse o objetivo principal. A partir de João I (1385-1433), portanto, inicia-se a exploração das costas africanas. Instalado no cabo de São Vicente, o filho de João I, Henrique, o Navegador (1394-1460), com uma equipe de cosmógrafos, cartógrafos e marinheiros, organiza as expedições das quais os italianos participam. A ilha de Madeira e o arquipélago dos Açores são ocupados entre 1418 e 1430 e o cabo Bojador é cruzado em 1434; em 1445, atinge-se a foz do Senegal; as ilhas de Cabo Verde, em 1455. Em 1487, Bartolomeu Dias finalmente encontra a passagem, batizada por João II (1481-1495) como cabo da Boa Esperança, e, em 1498, Vasco da Gama ancora em Calecute, na Índia. Ao longo da rota são estabelecidas feitorias e o tráfico começa: ouro, especiarias, marfim, teca[14] e escravos. Quanto ao comércio de escravos, não devemos nos

---

13 O reino do padre João era um Estado cristão supostamente situado no Oriente que havia sido mencionado por viajantes dos séculos XII e XIII, dentre os quais, Marco Polo. (N. T.)
14 Um tipo de árvore: *Tectona grandis*. (N. T.)

espantar, pois ele é praticado desde os primórdios da humanidade – é considerado normal em toda a bacia do Mediterrâneo ao longo da Idade Média, entre os muçulmanos em particular, e nem mesmo os teólogos cristãos contestam sua prática. Os principais responsáveis e beneficiários disso são os chefes dos povos negros da costa africana.

Entre portugueses e espanhóis, que acabam de perceber que descobriram um novo continente a oeste, estabelece-se uma competição que corre o risco de se transformar em confronto direto pela posse dos novos territórios. Daí o tratado de partilha de Tordesilhas em 1494: tudo o que for descoberto a oeste do meridiano que passa a 170 léguas dos Açores pertencerá à Espanha; tudo a leste será em Portugal. Confiança estonteante de dois reinos à margem da cristandade, mal saídos das querelas feudais e agora, com um punhado de caravelas, dividindo o mundo! Tordesilhas também representa o fim da Idade Média.

Essa espetacular ascensão ao poder também é marcada, no caso da Espanha, por um fortalecimento do poder monárquico. Com base na experiência adquirida durante a Reconquista, quando os *hidalgos* e a *caballeria villana* mostram sua eficácia, Fernando e Isabel instauram um sistema de recrutamento militar que imita o dos Valois: em cada comunidade, um homem entre doze é designado como mobilizável de ocasião, e submetido a treinamento severo. O exército, liderado por excelentes generais, como Gonzalve de Cordoue e Gonzalo de Ayala, constituído por piqueiros, arcabuzeiros e cavaleiros agrupados em unidades homogêneas, a *coronelia*, adquire desde o início do século XVI uma reputação de invencibilidade que só será questionada em Rocroi, em 1643.

Os rendimentos do rei aumentam, com uma melhoria na arrecadação de impostos pela criação de administradores urbanos e um projeto de Câmara contábil em 1495, a *Hacienda*, enquanto esperam as enxurradas de dinheiro da América do Sul. A monarquia, por razões mais políticas do que econômicas, intervém na organização da *Mesta*, que reúne os grandes criadores de ovinos e produtores de lã. O apoio da Igreja e da Inquisição, agradecidas pela expulsão dos judeus e dos mouros, garante a Fernando e Isabel, os "reis católicos", um prestígio quase religioso, e quando a filha deles, Joana, a Louca, casa-se com Filipe, o Belo, filho do imperador Maximiliano e de Maria de Borgonha, vemos o esboço da primeira potência mundial, que será

1300-1500 – O TEMPO DO APOCALIPSE E A IDADE DA TRANSIÇÃO   445

comandada a partir de 1519 por seu filho, Carlos V. Aqui, novamente, saímos da Idade Média para entrar em uma nova era geoestratégica.

A LESTE E AO NORTE: REINOS E IMPÉRIOS EM MUTAÇÃO

Do Sacro Império Romano germânico acompanhamos seu desfazimento durante os séculos XIV e XV. Com a formação das ligas urbanas – Hansa germânica, Liga do Reno, Liga Suábia – e da Confederação Suíça, para não mencionarmos a afirmação dos poderes principescos, o papel dos imperadores não cessa de declinar, sobretudo porque são escolhidos pelos sete eleitores em razão de sua fraqueza muito mais do que por sua força. Os Luxemburgo, os Wittelsbach e os Habsburgo só podiam contar com os seus territórios patrimoniais, muitas vezes situados na periferia do Império, e onde as identidades nacionais, ali como alhures, se afirmavam a ponto de, por vezes, chegarem ao separatismo. O caso da Boêmia é o mais evidente. Objeto de uma massiva germanização no século XIV, quando o título de rei passa a ser de um membro da família de Luxemburgo (1346), que se torna o imperador Carlos IV de 1355 a 1378, ela manifesta violentamente sua própria identidade com o movimento hussita, e quando um homem da região, Georges Podiebrad, se torna rei em 1458, ela rompe com Roma. O Império subsiste como uma entidade política formal, com laços muito frouxos entre os 350 Estados que o compõem, como uma espécie de *commonwealth*, uma honrosa relíquia de um passado remoto. É o casamento de Maximiliano com Maria de Borgonha que permite aos Habsburgo devolver brilho e certo peso político real à função imperial, prometida com seu neto Carlos (Quinto), nascido em 1500, a um império para o qual o sol nunca se põe. Ao mesmo tempo, a autoridade real do imperador no final do século XV sobre os membros do Império permanece muito limitada. A Dieta do Império, o *Reichstag*, é uma assembleia indisciplinada, cujas decisões são aliás pouco respeitadas, e Frederico III pode até criar em 1495 um tribunal do Império, jurisdição suprema de apelação, mas ninguém comparece lá.

No leste, há novidades, mas as notícias não são boas. É antes de tudo o impulso turco, do qual falaremos no próximo capítulo, que põe em perigo a Hungria, presa entre a germanização, a eslavização e a islamização. Quando

Sigismundo, filho de Carlos IV de Luxemburgo, torna-se rei em 1387, ele arrasta o país para a órbita do Império. Em 1396, ele convoca as forças cristãs em seu auxílio contra os turcos, mas a cruzada termina com o desastre de Nicópolis. Ao se tornar imperador em 1411, faz da Hungria uma espécie de marca protetora do Império, mas em 1444, sofre um novo desastre quando a cruzada lançada pelo rei da Polônia Ladislau Jagelão é aniquilada em Varna. A recuperação ocorre com João Corvino, um nobre húngaro que se torna regente durante a minoridade de um descendente de Sigismundo. Em 1456, ele consegue bloquear o avanço turco diante de Belgrado, e seu sucessor, Matias Corvino, ergue uma barreira eficaz de fortificações da Bósnia à Morávia entre 1458 e 1463. Sua ambição era estender seu domínio do Adriático à porta da Morávia, o que o leva a operações contra os poloneses, e em 1490, com sua morte, é o rei da Polônia, Ladislau, também rei da Boêmia, que se apodera da coroa húngara.

O século XV é o grande século da Polônia. O progresso desse reino começa com Casimiro I (1333-1370), que cria uma nova nobreza, selecionada da burguesia e de membros leais da antiga aristocracia. Ele faz dela a base de uma clientela que sustenta seu poder. Em 1364, a fundação da Universidade de Cracóvia confere um certo prestígio intelectual ao país e permite formar elites para a administração e para a Igreja. A União de Radom em 1410, que sela a fusão da Polônia e do enorme ducado vizinho da Lituânia, que se estende do Báltico ao mar Negro, dá origem ao maior Estado da Europa oriental. O novo rei, o lituano Ladislau Jagelão, consegue no mesmo ano derrotar os cavaleiros teutônicos na batalha de Tannenberg, o que lhe permite estabelecer suas posses na região do Báltico. O avanço germânico para o leste é interrompido. Em 1444, no entanto, Ladislau III é derrotado e morto em Varna pelos otomanos.

Esse fracasso não impede Casimiro IV Jagelão (1447-1492) de levar o poder polonês ao seu auge. Com apoio da pequena aristocracia, consegue impor as suas decisões a toda a nobreza, que já não convoca assembleias gerais, mas apenas "dietinas", o que lhe permite dividi-la. Ele assume controle de parte do comércio exterior, regulamenta a produção de trigo e madeira, redistribui em feudos as posses da ordem teutônica, que perde todo o acesso ao Báltico. Através de várias manobras diplomáticas, prepara-se para assumir o controle dos países vizinhos, estabelecendo seu filho Ladislau nos

1300-1500 – O TEMPO DO APOCALIPSE E A IDADE DA TRANSIÇÃO   447

tronos da Boêmia e da Hungria, enquanto a Cracóvia se torna um dos grandes centros culturais da Europa.

Política muito ambiciosa, mas que excede os recursos da monarquia polonesa. Com a morte de Casimiro IV, em 1492, começa o declínio: revolta da Lituânia, invasões econômicas dos alemães e ingleses, que recebem grandes privilégios comerciais em Gdansk e depois em outros lugares, além da crescente oposição da nobreza (esta, em 1505, consegue fazer com que, doravante, nenhuma decisão real pudesse ser tomada sem a aprovação de uma dieta geral). A Polônia está pronta para a anarquia governamental, o que a tornaria uma presa para seus vizinhos nos três séculos seguintes.

E entre seus vizinhos, um recém-chegado, a leste, que se mostrará o mais perigoso: o grão-príncipe de Moscou, criador do Estado russo. Aproveitando a divisão do canato de Quipechaque (ou Horda Dourada) em vários canatos rivais no final do século XIV, os grandes príncipes de Moscou reúnem gradualmente vastos territórios. Em 1326, eles transferem o metropolita[15] de Kiev para Moscou, tornando sua cidade a capital da ortodoxia russa. Em 1380, o príncipe Dimitri Donskoi (1362-1389) derrota os tártaros e os lituanos em Kulikovo e, assim, torna-se o campeão da luta contra o domínio mongol nas vastas planícies da Ucrânia. Seu trabalho é levado adiante por Vassili I (1389-1425) e Vassili II (1425-1462), que separam o patriarcado de Moscou daquele de Constantinopla e fazem da Igreja ortodoxa russa uma Igreja nacional. Aliás, a queda de Constantinopla em 1453 faz de Moscou a "terceira Roma" e o centro do cristianismo ortodoxo.

Esse papel se amplia no reinado de Ivan III (1462-1505), verdadeiro fundador do Estado moscovita. Grande agregador de terras, ele conquista Jaroslav em 1463, Rostov em 1474, Perm em 1475, Novgorod em 1478, Tver e Ryazan em 1485, depois Pskov, cujos habitantes ele desloca para Moscou em 1490. Pela primeira vez, envia expedições para a Sibéria, até o rio Ob, enquanto seu aliado Mengli Ghirai estabelece solidamente o canato da Crimeia ao norte do mar Negro, tomando Caffa dos genoveses em 1475. Vassalo do sultão de Constantinopla, o canato da Crimeia não permitirá que os russos cheguem ao mar Negro antes de 1783.

---

15 O metropolita é o arcebispo de uma província eclesiástica, tanto na Igreja católica quanto na ortodoxa. (N. T.)

Ivan III, no entanto, assume o papel de sucessor do basileu bizantino quando adota título de "tsar" (César) e se casa em 1472 com Zoé Paleóloga, uma das últimas representantes da dinastia grega. Em 1485, o tsar inicia a construção em Moscou de um palácio fortificado, um *"kreml"*, cuja realização ele confia a arquitetos italianos. Assim como o Palácio Sagrado de Constantinopla, o recinto engloba residências e igrejas, e o senhor do Kremlin envia embaixadores a Roma, Milão, Veneza, Dinamarca e Hungria que se dirigem ao imperador. O aparecimento desses recém-chegados à diplomacia europeia por volta de 1500 é mais um sinal da passagem para uma nova era.

No norte, o grande acontecimento dos países escandinavos durante os séculos XIV e XV é a tentativa de união entre Dinamarca, Noruega e Suécia, que constituiria um conjunto báltico capaz de influenciar efetivamente a política e a economia europeias. Entretanto, essa união, realizada por diversas vezes no nível das relações entre os soberanos, não consegue impor-se de forma duradoura em meio às populações e, em particular, entre os nobres, ciosos da sua independência. A primeira união foi feita por acaso de sucessão, quando Magnus Eriksson, em 1319, torna-se rei da Suécia e da Noruega, às quais acrescenta a Escânia, até então dinamarquesa. Mas a partir de 1343 os dois reinos recuperam a sua independência. Em 1389, sob o impulso de Margarida Valdemarsdotter, viúva do rei da Noruega, herdeira da Dinamarca (1387) e rainha da Suécia, a união, que dessa vez é completa, se formaliza em 1397 por uma assembleia de notáveis e bispos dos três reinos realizada em Kalmar. Mas o acordo rapidamente se desfaz após a morte de Margarida, em 1412, devido à oposição entre suecos e dinamarqueses. A União de Kalmar era pouco mais que uma aliança até que Cristiano I de Oldenburg – eleito rei da Dinamarca em 1448, da Noruega em 1449, da Suécia em 1457 e duque de Schleswig e Holstein em 1460 – restaura a união monárquica. Ele funda uma universidade em Copenhague e limita a influência dos bispos e da nobreza, mas é expulso da Suécia em 1471 após a batalha de Brunkeberg, vencida pelos separatistas. Cristiano I morre em 1481, e, embora seu filho Hans (1481-1513) tenha conseguido restaurar a autoridade dos Oldenburg, a união é enfim arruinada sob o reinado de Cristiano II, que não consegue subjugar a Suécia apesar das medidas brutais adotadas. A partir de 1517 e por três séculos, os países escandinavos são divididos em dois blocos rivais: de um lado, Dinamarca e suas dependências da Noruega e Islândia,

1300-1500 – O TEMPO DO APOCALIPSE E A IDADE DA TRANSIÇÃO   449

e de outro, Suécia e Finlândia. O período de uniões efêmeras, no entanto, permite à Dinamarca assumir o controle do Öresund[16] (às custas da Hansa Germânica) e elevar Copenhague à estatura de uma grande cidade europeia.

A ITÁLIA DE MAQUIAVEL, LABORATÓRIO DA NOVA POLÍTICA

Mas, no final do século XV, todos os olhos se voltam para outra península: a Itália. Esta é, de fato, o laboratório de todas as experiências e novidades políticas, econômicas, artísticas e literárias da época, o que confere à sua história um aspecto caótico, pois ali as intervenções estrangeiras se misturam aos conflitos entre cidades e principados. Talvez sua característica mais surpreendente seja o contraste entre a violência dos confrontos políticos e o refinamento da vida cultural. É no meio de conspirações, assassinatos, traições e batalhas que trabalham Fra Angelico e Pico della Mirandola, Botticelli e Marsílio Ficino. A futura civilização conhecida como Renascimento é elaborada com som e fúria. Já fizemos um sobrevoo pelos aspectos culturais. Vejamos agora a situação política.

No início do século XIV, no tempo de Dante, o centro de gravidade da península encontra-se no sul: é o reino angevino de Nápoles, que atinge seu apogeu sob o reinado de Roberto, de 1307 a 1343. Embora seus planos de reconquista falhem tanto contra os aragoneses na Sicília quanto contra os gibelinos na Lombardia, ele demonstra prudência ao ficar longe da grande querela entre João XXII e Luís da Baviera – atitude que o papa censura amargamente. Rei sábio, encarnação do "bom governo", é um mecenas cuja corte é frequentada por Petrarca e Boccaccio, os quais veem nele "o rei mais erudito que os mortais conheceram depois de Salomão". Simone Martini e Giotto trabalham para ele, e Ambrogio Lorenzetti o representa em 1338 nas paredes do palácio comunal de Siena como exemplo do rei justo e culto.

A história mostra que esse tipo de paraíso nunca dura muito tempo. E, de fato, as coisas degringolam durante o reinado de Joana I, de 1343 a 1382. Neta de Roberto, ela é expulsa de Nápoles em 1348 por Luís da Hungria, que reivindica a coroa napolitana por causa de sua ascendência angevina. Joana

---

16 Öresund é o estreito que separa Dinamarca e Suécia. (N. T.)

foge para Avignon, na companhia de seu segundo marido, Luís de Tarente (este havia se livrado do primeiro). A venda de Avignon ao papa em 1348 permite à rainha juntar os recursos necessários para financiar seu retorno a Nápoles, de onde o rei da Hungria havia sido expulso em 1352. Com o Grande Cisma em 1378, Joana toma o partido de Clemente VII, o papa de Avignon, que fora eleito em seus Estados, em Fondi. Isso obviamente faz com que ela seja excomungada por outro papa, Urbano VI, que, diga-se de passagem, conta com o apoio da população napolitana. Tudo acabou muito mal: em 1380, Carlos de Duras, apoiado pelo rei da Hungria, invade o reino de Nápoles e manda sufocar a rainha Joana entre dois colchões em 27 de julho de 1382.

Tendo se tornado o rei Carlos III de Duras, o próprio assassino é assassinado em 1386 durante uma intervenção imprudente na Hungria e na Polônia. Não temos espaço para acompanhar as desconcertantes peripécias posteriores: a luta entre Ladislau, filho de Carlos III, e Luís de Anjou (Luís II), cada um protegido pela mãe, com a intervenção dos dois papas, a ascensão de Joana II, irmã de Luís II, em 1414 ("versão piorada de Joana I", escreve Émile Léonard), seu reinado calamitoso, com poder compartilhado entre seus amantes e seus *condottieri*, a designação de René de Anjou (o "rei René") como herdeiro de Nápoles por parte de Joana antes da sua morte em 1435, a chegada de René a Nápoles em 1438, de onde é imediatamente expulso, e a vitória final dos aragoneses em 1443, apesar da intervenção do duque de Milão, Filipe Maria Visconti, a favor dos angevinos. Afonso V de Aragão, que já é senhor da Sicília, consegue unir os dois blocos do "reino das duas Sicílias" em um reino unificado de Nápoles.

Enquanto esses episódios confusos se desenrolam no sul, a situação não é mais simples no norte – ali se enfrentam Florença, Gênova, Veneza e Milão. Esta última cidade, dominada depois de 1354 pelos dois irmãos Visconti (Bernabo e Galeas), domina a Lombardia central. O ducado de Milão, enfraquecido pelas guerras contínuas, recupera vigor com o duque Filipe Maria Visconti (1412-1447), cuja obra foi continuada pelo usurpador Francisco Sforza (1450-1466). Em Florença, os Médici tomam o poder em 1434 com Cosme, enquanto em Veneza o doge Francesco Foscari (1423-1457) favorece a extensão dos domínios de Terra Ferma[17] com a captura de Bergamo, Brescia

---

17 Terra Ferma era uma das subdivisões do Estado veneziano. (N. T.)

1300-1500 – O TEMPO DO APOCALIPSE E A IDADE DA TRANSIÇÃO   451

e Ravena. A captura de Constantinopla pelos turcos em 1453 é, no entanto, um aviso de alerta (ainda que temporário) para os Estados do norte da Itália: em 9 de abril de 1454, Veneza conclui a Paz de Lodi com o duque de Milão, e a adesão dos demais Estados não tarda a acontecer. Em 2 de março de 1455, o papa Nicolau V transforma essa paz em uma "Santa Liga".

Milagrosamente, essa paz durará 28 anos, e essa pausa nos permite fazer um balanço ainda mais importante, pois o mapa da Itália praticamente não se modificará mais até 1860. O reino unificado de Nápoles volta à sua configuração do período normando e suábio, cobrindo mais de 40% da península. Os Estados papais atingem sua maior extensão com a recaptura das marcas e de Bolonha; em 1509 Ravena foi adicionada ao reino. É também o caso da república de Veneza, cujo *contado* se estende dos Alpes ao Pó, e das fronteiras de Carniola a Adda. O ducado de Milão tem como fronteiras o Sesia, as montanhas da Ligúria, o Enza, o curso inferior do Oglio e o curso superior do Adda. A república de Florença cobre toda a Toscana; suas posses incluem Arezzo e, depois, Pisa em 1406, mas a república de Siena lhe escapa. A república de Gênova ocupa toda a Ligúria, e logo cairá no senhorio milanês (1464-1478 e 1487-1499) ou francês (1499-1513), e o ducado montanhoso da Savoia vai de Neuchâtel a Nice. Estados menores completam o quebra-cabeça: Urbino, Módena, Mântua, Ferrara, Luca, Montferrat.

Em todos esses Estados assiste-se a um processo de monarquização: os príncipes se tornam hereditários e perdem o caráter de delegados do povo, as assembleias populares são abolidas, a administração torna-se burocrática e o príncipe governa com um conselho restrito cujos membros ele nomeia. Isso é verdade tanto para os Visconti em Milão (com Filipe Maria, duque de 1412 a 1447) e seus sucessores (os Sforza, com Francisco de 1450 a 1466, Galeácio Maria de 1466 a 1476, João Galeácio Maria de 1476 a 1494), quanto para os Médici em Florença, com Cosme, o Velho, de 1434 a 1464, Pedro, de 1464 a 1469, e Lourenço (o Magnífico) de 1469 a 1492. Em Veneza, a oligarquia mercantil desempenha o papel de príncipe e governa por intermédio de um Grande Conselho hereditário.

Diferentemente dos soberanos das antigas dinastias de França, Inglaterra e Espanha, aureoladas por um prestígio religioso conferido pela consagração, esses príncipes italianos, que chegam ao poder por suas qualidades pessoais (sua *virtù*), só podem contar com eles próprios para ali permanecerem.

Condenados a serem super-homens, devem manter a vigilância e desconfiar de possíveis concorrentes, eliminando-os se necessário, sob o risco de perecer envenenados ou apunhalados. O assassinato político torna-se uma especialidade italiana, até mesmo nos círculos papais: vimos isso com os Bórgia. Em 1476, Galeácio Maria Sforza é assassinado por dois jovens nobres; em 1478, Lourenço de Médici e seu irmão Juliano são alvos de um ataque montado por seus rivais, os Pazzi. Juliano é morto, Lourenço é ferido. A legitimidade do tiranicídio como prática política se fundamenta na defesa de uma liberdade ilusória, como escreve o humanista florentino Leonardo Bruni (1369-1444):

> Abominamos a dominação de um único... Queremos a liberdade, igual para todos, obedecendo apenas às leis, livres do temor causado por um homem... Nossa cidade, de fato, exige virtude e probidade de seus cidadãos, e considera digno de governar o Estado aquele que possui essas qualidades. Ela odeia a soberba e o caráter altivo dos grandes. Eis a verdadeira liberdade, eis a igualdade dos cidadãos: não temer a violência nem a injustiça de ninguém, gozar de direitos iguais, aspirar com igualdade ao governo do Estado.

Assassinar, sim, se isso servir ao bem público; mas também cometer suicídio quando se perde "essa glória e essa liberdade em que fomos formados", escreve Matteo Palmieri. Guicciardini é da mesma opinião. O conselho de Maquiavel (1469-1527) em *O príncipe* é adaptado a esses costumes políticos nos quais a *virtù* (energia, valor, audácia) toma o lugar da virtude. *O príncipe*, escrito em 1513 e publicado com a aprovação do papa Clemente VII em 1531, é a bíblia da vida política moderna, e a Itália é o laboratório onde suas receitas são experimentadas – receitas que rapidamente são exportadas. A reputação dos italianos nesse campo é tal que, desde o final do século XIV, por ocasião do primeiro ataque de loucura de Carlos VI, circulam rumores de acusação contra Valentina Visconti, esposa do duque de Orléans: ela é italiana, portanto, sobre ela repousa a suspeita *a priori* de ser uma envenenadora. Além disso, seu pai, João Galeácio, não assassinou seu tio, Bernabo, em 1385? No século XVI, ainda conhecemos a reputação sulfurosa de Catarina de Médici e seu "gabinete de venenos".

A paz de Lodi havia posto fim à guerra aberta entre os Estados italianos, mas não apagou a desconfiança. Em 1467, Veneza tenta um ataque a Milão e empurra seu *condottiere*, o famoso Colleone, contra Florença. Porém, uma liga é imediatamente organizada entre Nápoles, Florença e Milão, além do papa Paulo II, que faz Veneza retroceder. Em 1481, com a morte do sultão Maomé II e a reconquista de Otranto, o perigo turco parece diminuir – as brigas domésticas podem, portanto, recomeçar. Ninguém perde tempo: no final do ano, Veneza ataca Ferrara, provoca a formação de uma coalizão dos Médici de Florença, dos Sforza de Milão, dos Bentivoglio de Bolonha e dos Gonzaga de Mântua, todos contra ela. Abandonados pelo papa, os venezianos pedem ajuda à França, oferecendo o ducado de Milão ao duque de Orléans, herdeiro de Valentina Visconti, e o comando de suas tropas a René II de Lorena, que cobiça o trono de Nápoles. Esses projetos são abandonados em 1484 quando Ludovico Sforza, conhecido como o Mouro, que governa Milão em nome de seu sobrinho João Galeácio, retira-se do conflito. Mas ao chamar a atenção da monarquia francesa para a situação italiana, Veneza desencadeará uma intervenção da qual não mediu bem a extensão e as possíveis consequências.

Entre o final de agosto e o início de setembro de 1494, um poderoso exército francês atravessa os Alpes, liderado pelo próprio rei, Carlos VIII, um jovem de 24 anos, apreciador de romances de cavalaria e atraído a esse empreendimento por considerações de prestígio e pelas manobras dos príncipes italianos. Da casa de Anjou ele herda seus direitos à coroa de Nápoles, e pretende fazê-los valer, especialmente porque a conjuntura lhe parece favorável: o rei aragonês de Nápoles, Fernando, acaba de falecer, e na rota do sul há apenas amigos, os quais deixarão o exército passar sem problemas: a duquesa da Savoia e a marquesa de Montferrat, além do duque de Milão, Ludovico, o Mouro. Em Florença, Pedro de Médici não consegue se opor aos franceses, que o monge Savonarola acolhe como enviados de Deus enquanto espera o próximo fim do mundo. O papa Alexandre VI também o deixará passar. Além disso, Carlos VIII, antes de partir, garante a neutralidade de Aragão, restituindo-lhe Roussillon, e de Maximiliano, cedendo-lhe Franche-Comté. A expedição apresenta-se assim como um passeio militar, tendo no final, depois de Nápoles, a miragem de uma reconquista de Constantinopla e – por que não, já que é dela que se trata? – de Jerusalém. Esses fatos são suficientes para inflamar a imaginação do desmiolado Carlos VIII.

A viagem de ida acontece efetivamente sem contratempos. Devido ao tempo gasto para cumprimentar todas as celebridades ao longo do caminho, o rei ainda demora cinco meses para ir de Grenoble a Nápoles, onde entra em 25 de fevereiro de 1495, disfarçado de imperador bizantino, num movimento de alguém que, por assim dizer, vai com muita sede ao pote. O rei de Nápoles, Ferrandino, não fica esperando e foge. Contudo, um sucesso tão fácil dos franceses preocupa os italianos, que temem ter dado a si mesmos um novo senhor. Instigados por Veneza, uma liga é formada em 31 de março, reunindo, além da Sereníssima, Ludovico, o Mouro, e Alexandre VI, com o apoio de Maximiliano e do rei de Aragão. Além disso, os napolitanos, inicialmente curiosos, acabam se tornando francamente hostis. É preciso que voltem às pressas, sob o risco de ficarem bloqueados no sul da península. O retorno é mais rápido do que a ida: em 20 de maio de 1495, Carlos VIII deixa Nápoles; em 6 de julho, ele abre caminho pelos Apeninos da Ligúria, em Fornoue, e reencontra a França. O fracasso é total: Nápoles está perdida, assim como Roussillon e Franche-Comté, e tudo o que os franceses trazem na bagagem da expedição é a sífilis.

Dois anos depois, em 1498, Carlos VIII morre acidentalmente. O duque de Orléans o sucede em todas as áreas: casa-se com a viúva, Ana da Bretanha, e assume por conta própria seus projetos italianos, aos quais acrescenta os seus próprios direitos (na condição de neto de Valentina Visconti, afirma ter direitos sobre os milaneses). Em 1499, Luís XII entra em Milão como vencedor. Em 10 de abril de 1500, Ludovico, o Mouro, é preso em Novare e enviado para a França, onde morre em Loches. O processo de 1495 se repete, porque a presença de Luís XII, vencedor dos venezianos em Agnadel em 1509, é insuportável para os Estados italianos e, em particular, para o papa Júlio II, que tem grandes planos de unidade para a península. Em 1511, organiza com Veneza, Aragão e Inglaterra uma Santa Liga contra o rei da França e Maximiliano. O caso chega a assumir uma dimensão religiosa quando o rei e o imperador convocam um concílio em Pisa e Júlio II convoca um outro em Latrão. O papa coloca o reino da França em estado de interdição, e os franceses são derrotados em Novare em 1512. Vitória de Pirro para a Santa Liga, que se desintegra pouco depois. Em 1º de janeiro de 1515, Luís XII morre, e seu sucessor, Francisco de Angoulême, retoma seus objetivos. Em 14 de setembro, Francisco conquista Marignan impondo a vitória sobre um exército de contingentes suíços recrutados pelo papa Leão X e seus novos aliados, Maximiliano e Fernando de Aragão. 1515, Marignan: dessa vez, não há mais dúvidas – a Idade Média acabou no Ocidente.

O mesmo ocorrera no Oriente, porém, há mais tempo: foi em 1453, quando o Império Bizantino desapareceu do mapa, agora invadido pela cor verde do Império Otomano islâmico.

– 14 –

UM ORIENTE UNIFICADO: DO IMPÉRIO BIZANTINO AO IMPÉRIO OTOMANO

Um dos sinais decisivos do fim do período medieval é o desaparecimento do Império Bizantino, o único Estado a ter atravessado os mil anos
de história da Idade Média. Ele certamente se encontrava em situação triste
havia muito tempo, e sua morte próxima parecia inevitável. Contudo, podemos aplicar a ele a expressão "doente da Europa", como será chamado no
século XIX seu sucessor, o Império Otomano, após superar tantas crises que
alguns poderiam considerá-lo imortal. Isso mostra que a captura de Constantinopla em 1453 foi um evento importante. Não tanto no plano político,
diplomático e militar, mas, isto sim, no imaginário coletivo e na dimensão
do simbólico. Reduzido a um minúsculo território no Bósforo, o Império
Bizantino é de fato uma entidade insignificante, cercada por possessões turcas que o apertavam e a todo momento ameaçavam asfixiá-lo. Mas o prestígio da cidade de Constantino, que resistira a tantos cercos, permanece
imenso. Sua posição ambígua tanto em termos de cultura quando de religião
se deve a relações complexas envolvendo amor-ódio e atração-repulsão no

que dizia respeito a seus dois grandes e ameaçadores vizinhos. O Ocidente é fascinado por Bizâncio, mas também o considera traidor de Roma, pois os bizantinos mantêm relações estreitas com os turcos, seja nas guerras, seja nas trocas culturais. Preso no impasse entre seus dois maiores inimigos, o Império Bizantino é, a uma só vez, ponte e tampão entre a Europa cristã latina e o Oriente muçulmano. Seu desaparecimento marca o fim da geoestratégia medieval e abre caminho para o confronto direto entre cristianismo e islamismo pela supremacia na Eurásia. Talvez seja aqui que possamos situar formalmente o fim da Idade Média.

O DECLÍNIO IRREMEDIÁVEL DE BIZÂNCIO NO SÉCULO XIV

O século XIV é marcado pelo contínuo declínio do Império Bizantino, envolvido em suas disputas internas e incapaz de apresentar uma frente comum aos turcos e sérvios. Em 1321, um grupo de jovens oficiais, liderados por João Cantacuzeno, levanta-se contra o idoso imperador Andrônico II Paleólogo, que reinava desde 1282. O golpe, apoiado pela opinião pública, que reivindica impostos mais baixos e ação militar mais enérgica, resulta na coroação do neto de Andrônico II, Andrônico III, que entra em Constantinopla em 1328. Andrônico II é confinado em um mosteiro, onde morre quatro anos depois.

A nova equipe no poder, dominada por João Cantacuzeno, tem algum sucesso, mas apenas a oeste. A Ásia Menor é definitivamente abandonada aos turcos, que tomam Bursa em 1326, Niceia em 1329 e Nicomédia em 1337. Isso porque Andrônico III e João Cantacuzeno desconfiam mais dos italianos do que dos turcos. João Cantacuzeno é um grande amigo do emir de Aydin, Umur, e não hesita em empregar mercenários turcos contra o tsar da Bulgária e contra os latinos. Graças a ele, Andrônico III assume Quios e Mitilene, e logo em seguida anexa Tessália e Epiro, províncias gregas dissidentes desde 1204. A captura de Dirráquio dá a Bizâncio uma abertura direta no Adriático.

Esse início de recuperação se interrompe em 1341, com a morte de Andrônico III. O filho deste, João V Paleólogo, tem apenas 9 anos, e um acordo para a regência se mostra impossível. João Cantacuzeno proclama-se

1300-1500 – O TEMPO DO APOCALIPSE E A IDADE DA TRANSIÇÃO   459

imperador em 26 de outubro de 1341 em seu castelo de Didimoteico. Começa uma guerra civil entre João V (Paleólogo) e João VI (Cantacuzeno). O primeiro é apoiado pelas cidades, e o segundo, pela aristocracia, o que dá ao conflito uma aparência de guerra social; isso se manifesta, por exemplo, em Tessalônica, onde surge uma espécie de comuna independente apoiada pelas classes médias e pelo megaduque Aleixo Apocauco, de 1342 a 1350, em oposição a Cantacuzeno. Ambos os lados apelam a tropas estrangeiras que devastam o país: os sérvios de Etienne Doushan, que mudam de lado várias vezes, e os turcos, não apenas os do emir de Aydin, Umur, mas até mesmo os do sultão Orhan, a quem Cantacuzeno entrega sua filha Teodora em casamento. Em 1347, João VI entra como vencedor em Constantinopla, e um curioso compromisso é estabelecido: João V e João VI reinariam juntos, e João V se casaria com Helena, outra filha de João VI, que assim se torna sogro tanto do sultão quanto do basileu, sendo ele próprio um basileu também.

A situação continua se degradando. Em 1347-1348, a peste é devastadora. Os piratas turcos multiplicam os saques nas costas, enquanto os italianos monopolizam o comércio. João VI tenta, sem sucesso, desalojar os genoveses mediante uma aliança com os venezianos, mas, no final, precisa fazer um acordo com eles em 1352. Pelo menos consegue baixar para 2% os impostos comerciais dos mercadores gregos. Os elementos se misturam: em 2 de março de 1354, um terremoto destrói a fortaleza de Gallipoli; os turcos aproveitam para tomar a cidade, o que lhes dá um ponto de passagem para a Europa, onde já estão estabelecidos muitos mercenários otomanos. Desgostoso, João VI abdica, retira-se para um mosteiro e escreve suas memórias.

Os desastres se acumulam. Em 1356, um exército comandado pelo filho do sultão, Suleiman, cruza o estreito de Dardanelos, toma Çorlu, Didimoteico e Adrianópolis, e, com a morte do sultão Orhan em 1362, toda a Trácia ocidental é subjugada. A ocupação está destinada a durar: as tribos turcas são encorajadas a se estabelecer nos territórios conquistados. Quando uma cidade é sitiada e capitula, os habitantes podem manter suas igrejas e costumes; mas se resiste e é tomada à força, o quinto da população pode ser reduzido à escravidão e os outros perdem todos os seus direitos – os homens devem trabalhar nas terras dos conquistadores, enquanto os meninos, retirados de suas famílias, são educados na religião muçulmana e recebem treinamento militar (eis o nascimento do formidável corpo dos janízaros).

O exército também é reorganizado durante o reinado do sultão Orhan: por um lado, ele inclui uma milícia regular, composta por homens que recebem um pedaço de terra em troca de serviço militar e um pequeno aluguel, e por outro lado, há soldados pagos para cada campanha. O corpo principal da tropa é formado por *spahis*, que incluem homens especializados em canhões, além de armeiros, ferreiros e marinheiros. Um sistema eficaz de mobilização permite reunir com rapidez tropas imponentes.

Com a morte de Orhan em 1362, seu filho Murade I o sucede. Ele começa mandando executar seu irmão Ibrahim; em seguida, intervém contra alguns emires rebeldes da Ásia Menor; por fim, completa a conquista da Trácia e estabelece sua capital em Adrianópolis. Na Itália, há preocupação. Em 1373, o imperador João V (que curiosamente sucede João VI) vai para lá, mas não consegue ajuda, e ainda é forçado a reconhecer-se como vassalo do sultão – precisa lhe prometer o pagamento de um tributo anual e ainda enviar-lhe seu filho Manuel como refém. O destino do Império Bizantino parece, portanto, estar nas mãos de Murade, que intervém para restaurar João V, destronado de 1376 a 1379 por um de seus filhos, Andrônico. Em troca, o basileu e seu filho Manuel devem se juntar ao exército turco para conquistar a cidade grega de Filadélfia, a última possessão bizantina na Ásia.

Ninguém parece mais capaz de se opor aos otomanos. Em 1371, o sérvio Voukashin é esmagado no rio Maritza, e Murade captura a maior parte da Bulgária e da Macedônia sérvia. O rei da Bulgária torna-se vassalo do sultão, que acrescenta sua filha Tamara ao seu harém. Em 1387, cai Tessalônica. Em 15 de junho de 1389, em um lugar chamado campo dos Melros, na planície de Kosovo, o exército turco de Murade enfrenta o exército sérvio do rei Lazar. Pouco antes da batalha, Murade é assassinado por um desertor sérvio, que é massacrado no local. Os dois filhos de Murade conduzem a batalha sem revelar a morte do pai. O mais velho, Bajazeto, na noite da vitória, manda assassinar Lazar, que havia sido levado; depois manda estrangular o irmão e proclama-se sultão. Apelidado de "o Relâmpago", ele cai como um raio no reino búlgaro de Tirnovo (que desaparece em 1393), depois invade o Peloponeso em 1394. Em 1396, ele se preparava para sitiar Constantinopla quando chega pelo norte uma cruzada de socorro, reunida em resposta ao chamado do rei Sigismundo da Hungria, com muitos cavaleiros do Ocidente. Bajazeto vai ao encontro de Sigismundo e o esmaga em Nicópolis, no

Danúbio. Em seguida, ele anexa o reino búlgaro de Vidin e reduz o príncipe da Valáquia à condição de vassalo.

Manuel II, que reina em Bizâncio desde 1391, encontra-se sem recursos. O personagem é notável. Ele passa sua juventude em guerras e rixas familiares; refém do sultão, faz amizade com os turcos e conhece bem o islã (chega a escrever uma obra comparando o islamismo ao cristianismo). Associa ao trono o seu sobrinho João VII. Consciente de que Constantinopla não poderia ser salva sem a ajuda ocidental, obtém um pequeno reforço com o marechal Boucicaut e, em 1402, viaja pessoalmente ao Ocidente a fim de pedir homens e subsídios; porém, ele só recebe boas palavras, pois, naquele momento, os latinos lidam com o Cisma. Durante sua ausência, Bajazeto, que acaba de construir a fortaleza de Anatolu Hisar, no lado asiático do Bósforo, se prepara para lançar o assalto a Bizâncio. Nesse momento, os exércitos de Timor, o Tártaro (Tamerlão), descendente de Gengis Khan, que devastara a Síria e a Mesopotâmia alguns anos antes, avançam para o oeste através da Anatólia. Os enviados de Tamerlão intimam Bajazeto a abandonar seus ataques contra Bizâncio. O sultão os insulta, vai ao encontro de Tamerlão e é completamente derrotado em Ancara em 25 de julho de 1402. Feito prisioneiro, morre em 1403. Tamerlão retorna à sua capital, Samarcanda, onde morre em 1405, mas o poder turco é quebrado por muitos anos, e Constantinopla está salva mais uma vez. De fato, os filhos de Bajazeto competem pelo trono. O mais velho, Suleiman, pede ajuda a Manuel, a quem devolve Tessalônica, mas é assassinado em 1409, e o seu irmão Musa retoma a cidade, antes de ser ele próprio assassinado por outro irmão, Mehmet, que devolve Tessalônica a Manuel antes de morrer de apoplexia em 1421.

Seu filho mais velho, Murade, gostaria de estabelecer relações pacíficas com Bizâncio, mas o velho basileu Manuel agora é dominado por seu filho João VIII, que adota uma atitude arrogante em relação aos turcos, que acredita estarem definitivamente enfraquecidos. O resultado é que Murade passa a sitiar Constantinopla em junho de 1422. Ele deve, no entanto, abandonar esse empreendimento para enfrentar os rebeldes liderados por seu irmão e os ataques da Hungria. Em 1440, ele não consegue tomar Belgrado. Os turcos lutam para se recuperar da derrota infligida por Tamerlão em 1402, e o que resta do Império Bizantino terá fôlego para durar mais quatro décadas após esse evento.

A DRAMÁTICA SITUAÇÃO DO IMPÉRIO POR VOLTA DE 1400

No entanto, sua condição é lamentável. O termo "império", aliás, parece grandiloquente para qualificar esses poucos recortes de território que ainda estão sob a autoridade do basileu: a extremidade do Peloponeso, em torno de Mistra, um minúsculo pedaço em torno de Tessalônica (que não cessa de mudar de mãos), algumas ilhas ao norte do Egeu, como Esquiro, Tasos, Lemnos, Imbros e a capital, que na verdade é o próprio Império. Constantinopla encontra-se numa triste situação. Sua população, que chegava a um milhão de habitantes na época de seu esplendor, cai para pouco mais de 100 mil por volta do ano 1400. A cidade está à deriva no interior dos 22 quilômetros de muralhas: há campos, pomares, terrenos baldios e, sobretudo, ruínas. Os viajantes da época expressam sua surpresa e decepção diante desse espetáculo: em meados do século XIV, Ibn Batuta conta 13 aldeias no lugar do que deveria ter sido uma grande cidade. No início do século XV, Gonzáles de Clavijo, Bertrandon de la Broquière e Pero Tafur também dizem que ficaram perplexos. Os edifícios do antigo palácio imperial já não são habitáveis; o chumbo foi retirado de todos os telhados para serem vendidos; o enorme hipódromo ameaça desabar; apenas Santa Sofia mantém uma aparência digna. Os bairros mais animados são os dos estrangeiros: o bairro veneziano, perto do porto, e, do outro lado do Corno de Ouro, Pera,[1] a feitoria genovesa. Meio século após a grande peste de 1348-1349 não foi suficiente para que a população do Império se recuperasse. Além de Tessalônica, onde havia 40 mil habitantes em 1423, e Mistra com 10 mil, as outras cidades eram apenas pequenas povoações, e os contínuos ataques de piratas em busca de escravos impedem qualquer crescimento significativo.

A atividade econômica é controlada principalmente pelos italianos. As minas de alume de Foceia foram concedidas ao genovês Benedetto Zaccharia, que então pôs as mãos em Quios. Em Constantinopla, venezianos e genoveses monopolizam o comércio, beneficiando-se de condições fiscais muito vantajosas concedidas em troca de seu apoio contra os turcos. Existem alguns comerciantes gregos, como os Sophianoi e os Notaras, que são ao mesmo tempo banqueiros e chefes de uma grande fortuna, mas seu número

---

1 Atual distrito de Beyoğlu em Istambul. (N. T.)

1300-1500 – O TEMPO DO APOCALIPSE E A IDADE DA TRANSIÇÃO   463

é muito limitado, e a maioria deles está confinada a uma pequena cabotagem ao longo da costa do Egeu. Os produtos de luxo agora vêm do Ocidente e seu tráfico está nas mãos dos italianos, como atesta o livro de contas do veneziano Badoer, estabelecido em Constantinopla de 1436 a 1440.

Nessas condições, as receitas do Estado diminuem de modo incessante, apesar da tributação cada vez mais pesada: já em 1343, a imperatriz teve que penhorar as joias da coroa aos banqueiros venezianos por 30 mil ducados. O Estado não pode mais cunhar moedas de ouro e é obrigado a se contentar com medíocres moedas de prata, e as transações mais importantes são feitas em ducados venezianos. O imperador já nem sequer tem a possibilidade de remunerar os grandes oficiais atribuindo-lhes terras através do sistema da *pronoia*, pois, por pressão dos grandes nobres, esses domínios tornaram-se hereditários. O governo multiplica os impostos extraordinários, ao mesmo tempo que a venalidade, a corrupção e os desvios corrompem a administração e a justiça. O imperador deve abrir mão de sua marinha e reduzir as tropas do exército. A impopularidade do governo e a indignação diante da injustiça social são expressas no panfleto de Alexis Makrembolites, *Diálogo entre os ricos e os pobres*, que atribui a vitória dos turcos à punição divina pelos pecados dos governantes bizantinos, que exploram os pobres. Os turcos, diz ele, pelo menos são piedosos e só destroem ícones de madeira, ao passo que vós destruís ícones vivos.

No entanto, em meio a essa situação catastrófica, a vida intelectual é brilhante. Os sábios bizantinos se interessam por obras da antiguidade grega, com preocupação de cultivarem as raízes helênicas diante das contaminações latinas e orientais. Os manuscritos são copiados e os textos editados. Máximo Planudes, no tempo de Andrônico II, compõe uma *Antologia grega* e edita as obras de Plutarco; Manuel Moscopoulos compõe uma gramática e um léxico do grego clássico, além de editar peças de Sófocles. No século XIV, historiadores como Jorge Paquimeres e Nicéforo Gregoras reconstituem a epopeia bizantina. As ciências também são praticadas, como a medicina com João Zacarias e a astronomia com Teodoro Metoquita. Espírito universal e sincrético, Gemisto Pletão (1360-1452), professor em Constantinopla, elabora uma síntese de neoplatonismo e paganismo antigo que não agrada às autoridades ortodoxas. Mandado para o exílio em Mistra, seus escritos foram queimados após sua morte.

Os contatos com a filosofia e a teologia ocidentais também se desenvolvem, por intermédio dos italianos. A *Suma* de Tomás de Aquino é vertida para o grego por Máximo Planudes e Demétrio Cidônio, enquanto em outra frente Homero é traduzido para o latim por Leôncio Pilatos por volta de 1360, no mesmo momento em que Petrarca e Boccaccio se interessam por obras gregas. O ensino do grego é introduzido em Florença, onde Manuel Crisolaras escreve um manual de referência e ministra aulas entre 1397 e 1400. A transição de uma cultura para outra é ilustrada pela carreira de João Bessarion (1400-1472). Monge e, mais tarde, metropolita não residente de Niceia, domina uma vasta cultura e coleciona manuscritos; ingressa no catolicismo em 1439, torna-se cardeal e, por pouco, não recebe a tiara pontifícia. Fervoroso defensor da união das Igrejas, ele é um dos participantes mais proeminentes do concílio de Ferrara e Florença em 1438-1439.

FRACASSO DA UNIÃO DAS IGREJAS (CONCÍLIO DE FLORENÇA, 1439)

A união das Igrejas ortodoxa e latina é precisamente a questão central dos debates em Constantinopla. Nesse ponto, convém notar que a intransigência e a obstinação do clero ortodoxo, seguido pela massa dos fiéis, são as causas principais da catástrofe de 1453.

Já dissemos: a reputação de "minuciosos" e amantes de discussões vãs sobre o sexo dos anjos não é exagerada. O "bizantinismo" não é um mito. É certo que os nominalistas ocidentais também praticam racionalizações rebuscadas, mas eles se limitam essencialmente ao domínio da lógica, do raciocínio, ao passo que, aqui, as intermináveis discussões dizem respeito à própria natureza das crenças, ao conteúdo, levado a refinamentos extremamente grotescos, que dizem respeito a produtos da imaginação. E a insistência dos teólogos em defender essas quimeras foi responsável por diversos conflitos violentos que levaram a uma perda progressiva da coesão do Império. O último exemplo, do século XIV, diz respeito ao hesicasmo. O monge Gregório, que, vindo do Sinai, vive no mosteiro de Atos, afirma que a *hesychia*, ou tranquilidade, permite ascender a um conhecimento íntimo de Deus, percebido na luz divina que envolve Jesus no momento da transfiguração no monte Tabor. Esse ponto de vista é notavelmente defendido pelo teólogo Gregório Palamas (1296-1359), um dos teóricos da mística e das energias incriadas de Deus. Ele se opõe aos intelectuais humanistas que defendem, como os nominalistas latinos, a incognoscibilidade de Deus. Essa grave questão provoca um violento conflito, do qual Palamas sai vitorioso no concílio de Constantinopla, antes de ser canonizado em 1368. O mais curioso é que o caso não divide apenas os bizantinos: historiadores e teólogos discutem até hoje para saber se a vitória de Palamas implica obscurantismo e anti-intelectualismo – é absolutamente certo que sim –, apesar da opinião do grande historiador Steven Runciman.

É dramático perceber que, na Bizâncio ortodoxa, são os monges com seu anti-intelectualismo místico que dirigem a opinião pública e, por meio disso, influenciam as orientações políticas. No entanto, seu ódio ao catolicismo latino é ainda maior do que o medo do islã: "O turbante é preferível ao chapéu de cardeal", declara o megaduque Lucas Notaras, um dos homens mais influentes de Bizâncio no século XV. E, de fato, os hegúmenos de Atos se mostram muito complacentes com os muçulmanos quando o sultão conquista a região em 1383. Em 1430, quando Tessalônica é sitiada pelos otomanos, o metropolita da cidade, Simeão (1420-1430), está dividido entre seu ódio aos turcos e sua recusa de qualquer compromisso religioso com os venezianos.

O imperador, por sua vez, está bem consciente da necessidade da União das Igrejas com Roma para obter a ajuda indispensável dos ocidentais, e essa União exigirá compromissos que são ferozmente contestados pelo clero ortodoxo. Recordemos os principais pontos de divergência: deve-se dizer que o Espírito Santo procede do Pai "pelo" Filho (ortodoxos), ou "e" do Filho (latinos) (querela do *Filioque*)? Pão fermentado (ortodoxos) ou pão ázimo (latinos) deve ser usado na celebração da eucaristia? Devemos invocar o Espírito Santo (epiclese) na consagração? Os leigos podem comungar em ambas as espécies?[2] Padres seculares podem se casar? O bispo de Roma tem uma simples primazia de honra ou uma supremacia absoluta sobre a Igreja?

---

2 Referência à doutrina do utraquismo, segundo a qual a eucaristia poderia ser administrada em duas espécies, isto é, a comunhão do pão e do vinho, o que contrariava o entendimento de teólogos que defendiam que a comunhão do vinho era exclusiva dos clérigos. (N. T.)

Os partidários da União – portanto, do compromisso ou, até mesmo, da submissão – encontram-se apenas entre os espíritos esclarecidos dos intelectuais que ansiavam se aproximar da cultura ocidental, com a possibilidade de encontrar postos bem remunerados nas universidades italianas. Em outras palavras, trata-se de uma pequena minoria. Os monges, o baixo clero e o povo são ferozmente hostis a qualquer reaproximação, e as mentes vão aos poucos se acostumando com a ideia de viver sob o domínio muçulmano. Os bispos que acreditam na ilusão de um islã tolerante chegam a estabelecer contatos. Por um raciocínio aberrante, alguns afirmam que um acordo com Roma, longe de fortalecer a defesa do Império, causaria sua perda, porque Deus castigaria Bizâncio por ter posto em perigo as almas dos fiéis aproximando-as desses hereges.

Nesse clima, um entendimento com os latinos era altamente improvável. No entanto, o novo imperador, João VIII (1425-1448), está determinado a obtê-lo, esperando que o papa lance então uma cruzada reunindo todos os cristãos para repelir definitivamente os turcos. O momento pode parecer favorável: o Grande Cisma acaba de terminar, e Eugênio IV, enfraquecido pelas teorias conciliares, não pode recusar a realização de um concílio cujo objetivo seria pôr fim ao cisma ortodoxo. A reunião acontece em Ferrara em 1438, e devido à peste, continua em Florença em 1439. A delegação latina é formada por hábeis polemistas, trabalhando em equipe, sob a direção do papa. A delegação grega é chefiada pelo próprio imperador, acompanhado pelo patriarca de Constantinopla, mas seus membros estão divididos. Lá estão Pletão, Escolário e alguns filósofos leigos favoráveis à União, mas muitos patriarcas orientais se recusam a comparecer e enviam representantes medíocres que nem mesmo têm plenos poderes para decidir.

Perde-se muito tempo no início com disputas sobre ordem de precedência das falas; há também um problema linguístico: os conceitos teológicos gregos são difíceis de traduzir para o latim; a interpretação dos cânones dos concílios anteriores e dos textos dos Padres da Igreja, que se contradizem, leva a infindáveis palavrórios e racionalizações. Mas ninguém deseja o fracasso do concílio. Assim, como sempre acontece nesses casos, estabelece-se um texto suficientemente vago para esconder as divergências. Sobre a delicada questão do *Filioque*, conclui-se que, se a fórmula latina for considerada como um todo, "do Pai *e* do Filho" significa a mesma coisa que a fórmula grega "do Pai *pelo* Filho": depois de seis séculos de anátemas mútuos, de conflitos, de dezenas de volumes de demonstrações teológicas peremptórias para provar o contrário, chegar a essa conclusão é o mesmo que cobrir de ridículo a teologia e suas grotescas controvérsias. O patriarca Joseph adoece e morre: "Que diabos ele poderia fazer depois de se confundir com aquelas preposições?", ironiza um participante. A fórmula da União, embora vaga, é amplamente favorável às posições de Roma. Do lado grego, ela é ratificada com entusiasmo pelos filósofos, notadamente os três Jorges: Escolário, Amiroutzes e de Trebizonda. Pletão é hostil a ela, porém, seduzido pelas honras que lhe foram prestadas por Cosme de Médici, ele se cala. Os bispos assinam a contragosto, exceto o metropolita de Éfeso, Marcos Eugênico.

No Ocidente, a União é celebrada como uma grande vitória da cristandade latina, para honra do papa e do concílio, e isso põe fim a quatro séculos de cisma. Vitória que, no entanto, não passa de uma miragem. Pois em Bizâncio a oposição do povo e do clero impossibilita a aplicação do acordo. A recepção dos delegados que retornam do concílio é francamente hostil. Os patriarcas orientais não querem ser reconhecidos como vinculados pela assinatura de seus representantes. É preciso renunciar à missa de união a ser celebrada na Santa Sofia. Os partidários da União consideram mais prudente fugir: é o caso de Bessarion e Isidoro, e até mesmo do novo patriarca de Constantinopla, Gregório III, escolhido pelo imperador por sua complacência. Outros mudam de lado, como Jorge Escolário e Jorge Amiroutzes, que estudam a possibilidade de um acordo com o islã. O próprio João VIII fica em dúvida e, por influência de sua mãe, a imperatriz Helena, ele deixa de exigir a aplicação do acordo. Os bizantinos se fecham em si mesmos e, por algumas fórmulas vazias de teologia, estão prontos para abandonar o Império. Muitos estão conscientes do resultado inevitável do conflito com os turcos, e alguns até acreditam que a ocupação muçulmana seria benéfica para manter a integridade de sua fé. Nada como uma boa perseguição para fortalecer as convicções religiosas de um povo oprimido. A história oferece muitos exemplos. E o futuro provará que eles estão certos. O caminho está, portanto, aberto rumo ao naufrágio do Império Bizantino.

RUMO À QUEDA DO IMPÉRIO BIZANTINO

Um último esforço se realiza em 1444 para afastar a ameaça otomana; porém, o basileu, preso em Constantinopla, não desempenha nenhum papel. Enquanto o sultão Murade está ocupado reprimindo uma revolta na Anatólia, o rei da Hungria e da Polônia, Ladislau, se aproveita disso e, com a aprovação do papa, reúne um exército liderado pelo voivoda da Transilvânia, João Corvino, e cruza o Danúbio, enquanto o chefe albanês, o muçulmano Scanderberg, se rebela contra o sultão. O papa envia reforços a Ladislau, sob as ordens do legado Júlio Cesarini. Murade retorna então da Anatólia com todas as suas forças, atravessa o estreito de Dardanelos sem dificuldade, pois os venezianos nada fazem para impedi-lo, contrariando sua promessa. Ladislau e Murade se encontraram em Szeged em junho de 1444, mas como nenhum dos dois quer arriscar uma batalha, estabelecem uma trégua de dez anos. Como vimos, o legado então persuade Ladislau de que um juramento feito a um infiel não tem valor, e que ele pode invadir territórios turcos. Murade, que já estava na Anatólia, retorna e esmaga o exército cristão em Varna, em 11 de novembro de 1444. Ladislau e Cesarini são mortos. Em 1446, os turcos devastam o Peloponeso; em 1448, João Corvino, agora regente da Hungria, é novamente derrotado em Kosovo, enquanto Murade derrota os rebeldes na Anatólia e elimina os emirados de Aydin e Germiyan. Mediante uma reforma militar, ele reorganiza o corpo dos janízaros: a partir de agora, qualquer família cristã terá que entregar, sob demanda, um filho do sexo masculino aos representantes do sultão. Essas crianças receberão formação muçulmana e tornar-se-ão soldados de elite.

Em 1448 e 1451, o Império Bizantino e o Império Otomano mudam de soberano. Os dois atores do último ato da tragédia são personalidades muito diferentes. Com a morte de João VIII Paleólogo no final de outubro de 1448, seu irmão Constantino XI o sucede. Com seus quase 45 anos, ele tem experiência no poder e na guerra porque governou Morea. Também estava em Mistra quando soube da morte de seu irmão, e foi lá que ele foi coroado, em 6 de janeiro de 1449. Era necessário agir rápido: seus irmãos Demétrio e Tomás poderiam muito bem ser imperadores, e era preciso descartá-los dando-lhes alguma compensação. Em 12 de março, Constantino XI entra em Constantinopla. Com relação à União, ele adota uma atitude prudente, como havia aconselhado seu secretário e confidente, Frantzes.

1300-1500 – O TEMPO DO APOCALIPSE E A IDADE DA TRANSIÇÃO   469

Em 13 de fevereiro de 1452, o sultão Murade morre. Seu filho e sucessor é Maomé II, um jovem de 19 anos não desprovido de qualidades: possui uma boa formação filosófica e científica, domina mais ou menos grego, árabe, latim, hebraico e persa, além do turco; porém, sua experiência como associado do governo de seu pai não havia sido muito convincente – pode-se, portanto, questionar suas verdadeiras intenções. Ele tentará tomar Constantinopla? Na Corte, os jovens oficiais de sua geração, liderados por Zaganos, o pressionam a fazê-lo, enquanto o vizir Halil o aconselha a manter boas relações com os bizantinos. Ele parece mais inclinado a ouvir Halil: confirma os tratados com Veneza e, diante dos embaixadores bizantinos, jura sobre o Alcorão que respeitará a integridade do território deles.

No Ocidente, portanto, as coisas parecem estar resolvidas, e todos podem voltar às suas ocupações: Frederico III tem uma coroação imperial para preparar, Carlos VIII uma guerra dos Cem Anos para terminar, Henrique VI uma saúde mental para curar, Nicolau V uma biblioteca do Vaticano para organizar. Todavia, Constantino XI permanece desconfiado e envia a Roma um embaixador, Andrônico Leontário, a fim de sondar as disposições do papa no caso de um ataque turco. A resposta é clara:

> Se vós, com vossos nobres e o povo de Constantinopla, aceitardes o decreto da União, estaremos juntos, e nossos veneráveis irmãos estarão sempre prontos para defender vossa honra e vosso Império. Mas, se vós e vosso povo recusardes o decreto, seremos obrigados a tomar as medidas necessárias para vossa salvação, de acordo com a nossa honra.

Em outras palavras: sem União, nada de ajuda. Em 12 de dezembro de 1452, a União é celebrada durante uma cerimônia em Santa Sofia a mando do basileu. O povo, entretanto, não participa.

Apesar das promessas do sultão, as coisas claramente convergem para um jogo de forças, e Constantino desajeitadamente fornece ao sultão pretextos para a ruptura, exigindo o pagamento de uma anuidade para a manutenção do príncipe Orhan, rival de Maomé, que reside em Bizâncio. Em resposta a essa afronta, o sultão decide construir uma fortaleza na margem do estreito de Bósforo, no local mais estreito, a fim de bloquear o acesso. O monumento, ainda de pé, é erguido em tempo recorde: concluído em 31 de agosto de 1452, é apropriadamente apelidado de "corta-estreito" ou "corta-garganta", agora chamado Rumeli Hisar.[3] Constantino envia seus embaixadores para garantir que a fortaleza não seja usada contra Constantinopla. Maomé manda decapitá-los. A guerra é iminente.

No Ocidente, há embaraço. Suspeita-se de uma certa má consciência entre os poderes católicos paralisados por suas querelas. Gênova está preocupada com o destino de Pera e de suas colônias no mar Negro, e alguns chegam individualmente para participar da defesa de Constantinopla, como Maurício Cattaneo, os irmãos Bocchiardo, os irmãos Langasco e, principalmente, Giovanni Longo, um hábil soldado que chega em 29 de janeiro de 1453 com setecentos homens, mas oficialmente Gênova fica de fora do conflito. Veneza está igualmente dividida; ela deseja preservar seus interesses comerciais no Mediterrâneo oriental e está em desacordo com o papa; apesar de tudo, ao ouvir as más notícias do Oriente, em 9 de fevereiro o Senado decide enviar oitocentos homens e quinze galeras, que, no entanto, chegariam tarde demais. Alguns bravos membros das famílias Mocenigo, Contarini e Cornaro participarão dos combates. O papa envia duzentos arqueiros às suas próprias custas comandados pelo arcebispo latino de Quios, Leonardo. Húngaros e sérvios estão paralisados por seus próprios problemas, e os albaneses de Scanderberg não querem intervir ao lado dos venezianos.

De qualquer forma, as forças de Bizâncio são insuficientes. No início do cerco, há apenas 26 navios armados no porto do Corno de Ouro, incluindo 5 venezianos, 5 genoveses, 3 cretenses, um de Ancona, um catalão, um da Provença e 10 gregos. Em março de 1453, Frantzes lista apenas 4.983 soldados gregos e 2 mil estrangeiros. Temendo o desânimo das tropas, o imperador proíbe a divulgação desses números. A verdadeira força de Bizâncio são as muralhas: 22 quilômetros e em bom estado. Ao longo do Corno de Ouro e do mar de Mármara, o muro é simples, mergulhando diretamente no mar ou erguendo-se sobre pequenas praias, com 11 portas ao sul e 16 ao norte. O setor vulnerável do triângulo fica evidentemente a leste, onde a abordagem é por terra. Além disso, as fortificações são colossais: uma linha tripla de baluartes de 12 a 18 metros de altura, flanqueada a cada 100 metros por torres quadradas de 20 metros e separadas por fossos profundos.

---

3 Ou *Rumelihisarı*, que significa "castelo da Rumélia". (N. T.)

1300-1500 – O TEMPO DO APOCALIPSE E A IDADE DA TRANSIÇÃO   471

Essas defesas provaram sua eficácia por mil anos, resistindo a dezenas de ataques. Mas poderiam elas resistir à artilharia? Acrescentemos que a entrada do porto do Corno de Ouro está fechada por uma enorme corrente instalada por um engenheiro genovês entre a torre de Eugênio e as muralhas de Pera.

Sabendo que a tarefa era difícil, o sultão Maomé trata de reunir forças consideráveis. Primeiro uma frota, que deve assegurar o bloqueio marítimo. O sultão entende que Bizâncio não seria derrotada enquanto continuasse a ser abastecida pelo mar – então, traz uma armada de 6 trirremes, 10 birremes, 15 galeras, 75 fustes,[4] 20 barcaças e uma multidão de barcos menores, sob o comando de Suleiman Baltoglu. As tropas terrestres incluem, segundo as fontes mais confiáveis, 80 mil homens e mais 20 mil irregulares (os famosos soldados *bashi-bazouks*), além de cerca de 12 mil janízaros. A artilharia é assustadora e a peça mais espetacular é um canhão gigante construído em Adrianópolis por um engenheiro húngaro: o tubo tem 8 metros de comprimento e 2,4 metros de circunferência, e é capaz de disparar bolas de 600 kg a 1.500 metros, cavando crateras de 2 metros de profundidade. O monstro, puxado por 60 bois e escoltado por 200 homens, é transportado por uma estrada nivelada especialmente para a ocasião.

O CERCO E CAPTURA DE CONSTANTINOPLA (29 DE MAIO DE 1453)

Na segunda-feira, 2 de abril de 1453, o exército turco aparece à vista de Constantinopla. Os ânimos estão em alta: afinal, a promessa era que Alá reservaria um lugar de escolha no paraíso ao primeiro que pusesse os pés na muralha. Conhecendo o tipo de festa do paraíso muçulmano, há suficiente estímulo para o ardor dos combatentes. Em Bizâncio, ao contrário, não há muito otimismo. Continua-se a debater a conveniência da União com os latinos. As opiniões estão divididas e nem todos confiam nos canhões, cujos tiros, do alto das torres, os fazem tremer. O cerco real começa em 6 de abril. O sultão instala sua tenda a noroeste, a algumas centenas de metros da muralha, entre seus *bashi-bazouks* e atrás de seus janízaros. Seu canhão gigante está próximo, enquanto a frota de Baltoglu bloqueia o Bósforo e

---

4 Tipo de embarcação medieval com casco longo e baixo que navegava à vela e a remo. (N. T.)

tenta forçar a barragem do Corno de Ouro. Um intenso bombardeio danifica a muralha, que os defensores consertam durante a noite. Duas pequenas fortalezas fora das muralhas são tomadas e todos os seus defensores são empalados diante dos olhos dos soldados bizantinos.

O horror agora é como o ar que se respira. Seis semanas de bombardeios incessantes, intercalados com assaltos, sempre repelidos. O canhão gigante é difícil de operar e a cadência não é muito rápida: 7 tiros por dia, mas a cada vez os danos são consideráveis. O cinturão externo logo se encontra em ruínas, mas as investidas são infrutíferas e os defensores começam a ganhar confiança. A confiança aumenta com a chegada de três galeras genovesas fretadas pelo papa e carregadas de armas e alimentos. Por ter falhado em interceptá-los, Baltoglu é condenado a espancamentos, é expulso e todos os seus bens são confiscados. Então, em 22 de abril, a frota turca realiza uma façanha decisiva: impossibilitada de entrar no Corno de Ouro por mar, por causa da corrente que impede o acesso, ela contorna o subúrbio de Pera por terra. Os barcos, puxados por bois, atravessam uma colina e são relançados na água em outro ponto do Corno de Ouro, onde infligem graves danos à frota bizantina – então, os defensores se deslocam a fim de proteger os 6 quilômetros de muralhas desse lado, mas isso deixa vulnerável o setor ocidental, que é o mais ameaçado. Ao longo dessa operação, os genoveses de Pera permanecem neutros, para grande escândalo dos bizantinos. Venezianos e genoveses culpam uns aos outros pelo fracasso da defesa.

O cerco, no entanto, não consegue progredir. Os turcos tentam cavar minas sob as muralhas, mas são repelidos por contraminas. Experimentam torres de madeira sobre rodas, mas estas são incendiadas e falham. Os sitiados, no entanto, não se animam. Maus presságios se acumulam. Durante uma procissão, um ícone precioso cai. Do lado turco, a dúvida também começa a se instalar. Em 25 de maio, tenta-se uma negociação, rompida pelo sultão, que deixa a escolha para os bizantinos: rendição, morte pela espada ou conversão ao islã. No dia 27 ele passa seu exército em revista, anuncia o último grande assalto para o dia seguinte, com a promessa de três dias de pilhagem livre e partilha equitativa dos tesouros. No dia 28, os turcos prepararam o assalto, enchem as valas, montam as máquinas e no meio da noite, por volta de uma hora da manhã, iniciam o ataque. *Bachi-bazouks* na frente, empurrados pelos janízaros (que têm ordem de abatê-los se cederem), tentam se firmar nas muralhas, mas são rechaçados. Uma segunda onda, formada por anatólios, tem o mesmo destino após furiosos combates. Depois é a vez dos janízaros, que não conseguem mais sucesso até que os defensores vacilam – o genovês Giustiniani é ferido e deve ser levado, mas o imperador, que luta como um simples soldado, quer que ele fique. Os janízaros se aproveitaram disso. Finalmente, eles entram por uma brecha e o imperador Constantino percebe que tudo está perdido: ele tira suas insígnias imperiais, joga-se no meio da luta e desaparece. Nas outras seções da muralha, a notícia se espalha, o pânico se propaga e, apesar de algumas ilhas de resistência, a cidade é tomada em 29 de maio de 1453.

O que acontece em seguida já era previsto: o ritual repugnante que acompanha o assalto a uma cidade. E quando a cidade é a capital de um império milenar, com maravilhosas riquezas artísticas, podemos esperar o pior. E é bem isso que ocorre. Primeiro, o massacre de homens, mulheres e crianças; depois, a depredação de ícones, livros, encadernações e mosaicos – tudo é destruído ou queimado. Bizâncio, como dissemos, certamente havia perdido muito de seu esplendor original, e o saque dos latinos em 1204 já havia sido um golpe sério; porém, os tesouros fabulosos não haviam desaparecido. Maomé se conduz de maneira odiosa. Cinco dias após a tomada da cidade, durante um banquete, ele exige que lhe sejam entregues os filhos do governador Lucas Notaras, os quais ele deseja desfrutar sexualmente; com a recusa do governador, manda decapitá-lo junto com seus filhos. O ministro Frantzes é reduzido à escravidão, seu filho executado por ter se recusado a servir às depravações sexuais do sultão. Sua filha, ainda criança, é colocada no harém, onde morre pouco depois. As mulheres são estupradas, e as mais belas, colocadas no harém. A cidade agora é fogo e sangue – ela é percorrida por muçulmanos bêbados, que nem mesmo as proibições do Alcorão são capazes de deter. Nos livros didáticos de história, essa expressão neutra – a captura de Constantinopla pelos turcos – esconde uma realidade humana hedionda, na qual o islã se revela ainda mais detestável que o cristianismo na ocasião da captura de Jerusalém.

Voltemos à fachada polida dos acontecimentos. Maomé faz questão de se apresentar como herdeiro dos imperadores bizantinos, e traça as linhas principais de sua política em relação aos seus súditos ortodoxos: eles formarão um *milet*, ou seja, uma comunidade autônoma sob a autoridade do patriarca, que será responsável por sua boa conduta perante o sultão. Para esse cargo ele nomeia Jorge Escolário, entronizado em 6 de janeiro de 1454 com o nome monástico de Genádio. A cerimônia é presidida com dignidade pelo sultão, que se dirige a ele com boas palavras: "Sede patriarca; que a felicidade esteja convosco; estejais certo de nossa amizade; podeis manter todos os privilégios que seus predecessores desfrutaram" – ou, dito em outras palavras, imunidade pessoal e isenção de impostos. A comunidade ortodoxa será liderada por um sínodo e suas igrejas serão preservadas, exceto Santa Sofia, convertida em mesquita (promessa que não será cumprida). Quanto às famílias cristãs, estas sempre terão que entregar uma criança para o corpo de janízaros.

O sultão se estabelece em Constantinopla, onde manda construir um palácio. Ele encoraja gregos e turcos a virem morar em sua nova capital, cuja população havia chegado a 500 mil habitantes antes do final do século XV. No Ocidente, passado o estupor, todos se acomodam rapidamente à nova situação, como vimos. Os interesses comerciais não tardam a recuperar os ganhos. Veneza envia presentes e anuncia que não tem intenção de denunciar os tratados. Gênova aceita de bom grado a perda de Pera, cujos residentes estão isentos de impostos e taxas especiais. Florença estabelece relações amistosas com Maomé, um grande admirador dos Médici. Os catalães voltam muito velozmente e retomam as trocas comerciais. É certo que o imperador germânico finge não ver nada e o papa continua a pregar no deserto a favor de uma improvável cruzada, ainda que, logo mais, o "muito cristão" Francisco I não hesitará em fazer uma aliança com o sultão muçulmano contra o "muito católico" Carlos V, apesar dos protestos hipócritas dos soberanos europeus. Em suma, o desaparecimento do Império Bizantino é rapidamente integrado aos novos dados geopolíticos da era moderna. Poderíamos então dizer, como muitos historiadores fizeram, que a queda de Constantinopla é um não-evento? Um evento inevitável, certamente, e longamente esperado. Como escreve o grande historiador britânico Steven Runciman,

a data de 29 de maio de 1453 não deixa de marcar um momento decisivo. Ela marca o fim de uma velha história particular, a da civilização bizantina. Durante mil e cem anos houve no Bósforo uma cidade onde os intelectuais eram admirados, onde a ciência e as letras clássicas do passado eram estudadas e preservadas.

Sem a contribuição dos comentaristas e escribas bizantinos, pouco saberíamos hoje sobre a literatura da Grécia antiga.

A queda de Constantinopla é de fato o fim de uma era, o fim da Idade Média. A partir de agora, existem apenas dois mundos que se confrontam: a cristandade e o islã. Os desdobramentos das relações estabelecidas entre ambos são complexos e ainda hoje não os conhecemos completamente.

O IMPÉRIO OTOMANO DE MAOMÉ II, HERDEIRO DE BIZÂNCIO

O que se podia temer era que, devido ao seu retumbante sucesso em Constantinopla, os turcos empreendessem uma investida para o oeste. E, de fato, as revoluções palacianas na comitiva do sultão são perturbadoras: em agosto de 1453, o vizir Halil, que sempre aconselhava cautela e moderação, é preso e executado. Jovens ambiciosos induzem Maomé a novas conquistas. Os tributos pagos pelos Estados vassalos são aumentados: 12 mil ducados anuais pelo déspota da Sérvia, 10 mil pelos de Morea, 6 mil por Quios, 3 mil por Lesbos. Em seguida, passa-se à conquista pura e simples: a Sérvia em 1459, a Bósnia em 1463 (onde o rei é decapitado e a rainha, colocada no harém). De 1459 a 1462, é a vez de Imbros, Tenedos, Lemnos, Enos e Lesbos (cujo soberano é estrangulado). O ducado de Atenas é invadido em 1456, mas o jovem duque, Franco, bonito como um efebo, agrada muito ao sultão, que o deixa no cargo por quatro anos antes de mandá-lo executar e alistar seus filhos nos janízaros. A Morea é invadida em 1458 após a captura de Corinto, e, em 1460, todo o Peloponeso está dominado; os déspotas Tomás e Demétrio, irmãos do basileu Constantino XI, fogem e as populações são massacradas. Trebizonda cai em 1461. A oeste, a Albânia resiste até 1468, data da morte de Scanderberg, sendo então ocupada. Do outro lado do Danúbio, os turcos lidam com o temível príncipe da Valáquia, Vlad Dracul, apelidado de o Empalador, cuja terrível reputação dará origem ao mito do vampiro Drácula. De 1456 a 1462, esse maníaco da empalação, de que são vítimas até os embaixadores de Maomé, enfrenta o sultão. A Valáquia, todavia, também sucumbe.

No momento de sua morte, em 1481, o sultão Maomé II é o mestre de quase todo o mundo árabo-muçulmano. Seu poder é absoluto. Ele é o soberano temporal, nomeia o grão-vizir, os altos funcionários do *diwan*, os governadores das províncias, os dignitários da Corte. Ele é o chefe do exército e nomeia todos os seus generais. Ele também é chefe religioso, embora ainda não possua o título de califa. Como emir dos crentes, ele nomeia os grandes muftis das principais cidades, pode adicionar elementos do direito consuetudinário à lei corânica. Na verdade, ninguém pode se opor às suas decisões. Maomé II é um homem culto, poeta de ocasião, poliglota, mecenas, gosta de se cercar de escritores gregos e italianos, como Amiroutzes de Trebizonda, Critoboulos de Imbros, Ciríaco de Ancona; é admirador da arte italiana e traz vários pintores, entre eles Gentile Bellini, que pinta seu retrato. Isso, porém, não o impede de ser, como pudemos perceber, um verdadeiro tirano sanguinário, sádico e debochado, uma realidade perturbadora muitas vezes ocultada por uma versão "tranquila" e lisonjeira da história otomana.

O exército, que forma uma classe militar com corpo técnico especializado, é a verdadeira espinha dorsal do Império. O elemento mais formidável é a categoria dos janízaros, infantaria equipada com artilharia pesada, e que, junto aos cavaleiros, constitui um exército remunerado permanente. Somam-se a eles os *spahis*, cavaleiros livres recrutados nas províncias, bem como uma frota, que em breve será capaz de rivalizar com a dos ocidentais.

A população do Império está claramente dividida em dois grupos: muçulmanos e não-muçulmanos – aqueles gozam de todos os direitos previstos na lei corânica e são isentos de certos impostos, enquanto estes, cristãos e judeus, dependem de seus chefes religiosos (patriarcas, metropolitas, grandes rabinos) e estão sob a "proteção" do sultão, que tem todo o interesse em evitar perseguições sistemáticas: afinal, eles pagam pesados impostos, inclusive o *djiziya*, imposto exigido em troca de uma certa liberdade de culto. A expressão liberdade religiosa seria descabida; mais adequado é falar em tolerância relativa.

As províncias do Império são dirigidas por governadores, e a administração está nas mãos de oficiais formados em escolas jurídicas religiosas, as madraças. A economia é bastante próspera. Se a agricultura é um tanto quanto medíocre e tradicional, o artesanato urbano e rural, regulado pelo cádi[5] e pelo *mouhtesib* (chefe da polícia dos mercados), é de grande qualidade.

---

5 O cádi (ou *qadi*) é um juiz muçulmano que julga segundo a xaria. (N. T.)

Algumas produções são exportadas: peles, couros, tapetes, lãs, sedas e camelos – o trânsito de produtos orientais para o Ocidente é fonte de lucros significativos. O essencial dos consumidores que estimulam a atividade é constituído pela Corte, com suas centenas de funcionários, e pelo exército.

Uma parte do mundo muçulmano ocidental, no entanto, escapa da tutela otomana e vive a própria vida: trata-se da África do Norte. A Ifríquia (Tripolitânia, Tunísia e Argélia oriental), dividida em dois, e depois, três reinos, é unificada no final do século XIV por Abu al-Abbas (1370-1394), mas seus sucessores não conseguem continuar sua obra e as revoltas se multiplicam. A situação também é instável no Magreb central, onde conspirações contínuas forçam os sultões de Tremecém a deixar sua capital em várias ocasiões. Então, depois de 1492, os espanhóis intervêm com frequência, pois suspeitam que o povo do Magrebe provocava revoltas no antigo reino de Granada. As tropas de Fernando e Isabel tomam Mers El Kébir em 1501, depois vários outros pontos da costa. O povo da Argélia recorre então aos corsários turcos: é o início dos problemas com os barbarescos, que Carlos V enfrentaria – os irmãos Barbaros fazem incursões no sul da Espanha desde o início do século XVI. O Marrocos também está diretamente exposto às empresas espanholas e portuguesas: já em 1399, Henrique III de Castela apodera-se de Tetuão e, em 1415, os portugueses ocupam Ceuta. Em 1420, uma guerra civil termina com a derrubada dos merinidas e a tomada do poder em Marraquexe pelo povo da Oatácida, que retoma Ceuta em 1437. Durante essas guerras, o fanatismo religioso ressurge com a mística do sufismo, que impulsiona a retomada da guerra santa. Mas, no final do século XV, os ibéricos assumem o controle com firmeza: em 1471, os portugueses tomam Arzila e Tânger; em 1497, os espanhóis tomam Melilha.

Os problemas dos séculos XIV e XV não impedem que a África do Norte experimente uma vida intelectual e artística absolutamente notável. Alguns nomes se destacam, como o do matemático e médico Ibne Albana, falecido em 1321, os dos geógrafos Ibne Said, Ibne Rouchayd, Al-Tidjani e, sobretudo, Ibne Batuta (1304-1377), equivalente muçulmano de Marco Polo, que viaja pela Ásia central, Índia, Indonésia e China, cujo *Diário de viagem* (*rihla*) contém tantas histórias fantásticas e observações autênticas quanto o famoso *Livro das maravilhas* do célebre veneziano. Mas o grande nome da vida intelectual dessa época é o de Ibne Khaldun (1332-1406). Nascido em

Túnis, ele leva uma vida agitada na África do Norte, em Andaluzia e no Egito, onde cumpre funções políticas, ensina, conspira e até conhece Tamerlão em Alepo. As suas viagens, as suas aventuras e as suas leituras lhe permitem adquirir uma vasta cultura, e ele assim se torna, ao mesmo tempo, um filósofo, um economista, um sociólogo e, sobretudo, um historiador, que expõe seu método e suas judiciosas reflexões nos *Prolegômenos* (*Muqaddima*) e na *História universal* ou *Livro dos acontecimentos* (*Kitab al-ibar*).

Essa brilhante realidade intelectual e artística, que contrasta com a conturbada vida política, também caracteriza o reino de Granada na mesma época, sob a dinastia Nacérida. A queda de Granada em 1492, bem como os avanços espanhóis e portugueses na África do Norte, completam a bipartição da bacia do Mediterrâneo: a oeste, dominada pelos espanhóis e venezianos, e a leste, onde reinam os otomanos. Um grande confronto final envolvendo Oriente e Ocidente, entre o mundo muçulmano e o mundo cristão, parece iminente. Porém, esse embate será adiado indefinidamente, apesar das guerras localizadas.

Quanto ao mundo bizantino, que desapareceu do mapa em 1453, ele permanece nos espíritos e nas ficções diplomáticas. Nos espíritos, por um lado, graças à perpetuação de uma Igreja ortodoxa que se considera investida da missão de zelar pelo legado cultural helênico e pela tradição bizantina. Como previam os adversários da União, a passagem para o domínio turco apenas reforça a unidade, a força e a coesão das convicções ortodoxas. Os gregos se fecham em sua identidade, cujo cerne é a fé religiosa. O imobilismo e a recusa de qualquer inovação, bem como a fidelidade absoluta às tradições, são os traços característicos dos grupos religiosos inseridos num mundo hostil onde todos temem perder a alma. O sultão, aliás, incentiva essa atitude: ao nomear como patriarca um oponente resoluto da União, ele assegura a lealdade de seus novos súditos – afinal, é melhor o turbante do que o chapéu de cardeal. A Igreja ortodoxa mantém a chama bizantina acesa nos espíritos.

Moscou mantém o mundo bizantino por ficção diplomática, com o casamento da princesa Zoé Paleóloga e do tsar Ivan III em 1472. Este se considera, desde então, o herdeiro do basileu e, em 1512, o monge Philothéos declara a seu sucessor Basílio III: "Duas Romas caíram, mas a terceira Roma (Moscou) permanece e não haverá uma quarta... Sois o único governante cristão no mundo, o senhor de todos os cristãos piedosos". No Ocidente, porém, a visão das coisas é outra: ali, considera-se que o legítimo herdeiro do trono bizantino é o irmão de Zoé, sobrinho de Constantino XI, André, que se intitula, em um crisóbulo de 1483, *Andreas Paleologus Dei gratia fidelis imperator Constantinopolitanus*. Um título bem pretensioso para alguém que, na verdade, não reina sobre nada. Seu pai, Tomás Paleólogo, irmão de Constantino XI, encontra-se refugiado em Roma, onde o papa lhe paga uma pensão, enquanto seu tio Demétrio, outro irmão de Constantino, se alia ao sultão. A família Paleóloga está assim dividida em três ramos: um em Moscou, um em Roma e um com o sultão. Na verdade, o verdadeiro vencedor é o sultão. A Idade Média termina com um mundo bipolar: o Ocidente cristão e o Oriente muçulmano otomano.

– 15 –

UMA ECONOMIA EM MUDANÇA: RUMO AO REINO DO DINHEIRO

A última parte da Idade Média é marcada por profundas transforma-ções econômicas e sociais, que conduzem gradualmente a Europa ao estágio pré-capitalista. As catástrofes de todos os tipos que marcam esse período perturbam de modo decisivo o funcionamento dos setores agrícola, artesanal e comercial: o desaparecimento brutal de um terço da população em meados do século XIV, o estado de guerra permanente, a fome e a peste recorrente, sem contar os confrontos religiosos, tudo isso interrompe as atividades pro-dutivas e comerciais, bem como as relações sociais. Todavia, se observar-mos bem, o movimento iniciado no final do século XIII parece inexorável. Na Europa dos séculos XIV e XV, assim como em qualquer lugar do mundo em diferentes épocas, o vencedor último, que acaba sempre por derrotar os ideais e as ideologias, as revoluções e os poderes vigentes, é o dinheiro. O dinheiro é o único ídolo capaz de substituir os deuses. Quer o deplore-mos, quer nos regozijemos com ele, ninguém nega esse fato: o dinheiro é a lei fundamental das sociedades humanas. É claro que os outros valores se perpetuam, evoluem, colaboram ou protestam; porém, direta ou indiretamente todos eles se enquadram na lei de Mamon: a Idade Média termina quando o papa começa a vender indulgências, quando o imperador está à mercê dos banqueiros Fugger, quando o rei da Espanha especula com as receitas do Eldorado americano, quando artistas monetizam seus talentos com príncipes mecenas, quando soberanos são aconselhados por financistas e se casam com as filhas dos banqueiros Médici. Em todas as áreas, a busca do lucro torna-se a motivação essencial, ainda que isso não seja admitido. É a passagem para a economia monetária que marca a transição entre o espírito medieval e o espírito moderno, mais ainda do que a passagem do espírito cristão para o espírito humanista.

CRISE DE SENHORIO

O próprio campo não está imune ao movimento. Reunindo 80% da população, a agricultura é a base da economia, organizada no quadro tradicional do senhorio. No entanto, entre 1350 e 1450, o senhorio enfrenta uma crise sem precedentes, que alimenta uma enxurrada de lamentações nos arquivos senhoriais. Os historiadores da economia estão divididos sobre o termo a se utilizar: "crise" ou "mudança"? Debate formal: toda mudança não é experimentada como uma crise? No fundo, o relato é unânime: o senhorio deve enfrentar uma brutal evolução em sentido contrário; queda dos preços agrícolas e da renda da terra, e aumento dos salários: são as famosas "tesouras", mas com papel invertido em relação às crises clássicas. A catástrofe demográfica de 1348-1349 está na origem dessa inversão: menos compradores e escassez de mão de obra. A lei da oferta e da procura mostra mais uma vez sua terrível eficiência (em duplo sentido). Em Île-de-France, o preço do grão cai do índice de 100, no período de 1300-1319, para 56 em 1360-1379, e sobe a duras penas para 70 em 1440-1459. Na Turíngia, nas mesmas datas, os índices vão de 100 a 55, e 52; já nos domínios do capítulo de Winchester, de 100 a 89, e 53. As receitas agrícolas do mosteiro de Saint-Denis caem dois terços entre 1342 e 1374: as terras estão desertas, os camponeses estão mortos ou fugiram, e os que ficam não conseguem mais pagar o aluguel – e os aluguéis estão em queda livre; a abadia não tinha mais nada para vender:

1300-1500 – O TEMPO DO APOCALIPSE E A IDADE DA TRANSIÇÃO   483

133 módios[1] de trigo de inverno em 1342, 4 em 1374. Em 1384, a abadia de Lys, na região de Melun, presenteia o rei com sua contagem: 300 arpentes de madeira de 460 são "queimados e gastos", 90 arpentes de terras agrícolas em 190 são em "espinhos", 22 arpentes de vinhas em 32 são "matagais e espinhos", e a renda do censo caiu pela metade, "por casas e terras que foram abandonadas devido às guerras". Guy Fourquin, que apresenta esses resultados em seu grande estudo sobre *Les Campagnes de la région parisienne à la fin du Moyen Âge*, também insiste na queda da renda senhorial: no senhorio de Tremblay, a renda, que era de 500 libras parisienses em 1335-1343, cai para 205 libras em 1368-1369, e só aumenta para 270 libras por volta do ano 1400. Nas mesmas datas, o fazendeiro entrega respectivamente 40 módios de trigo de inverno, depois 26, e 33. Os responsáveis estão claramente identificados: guerra, peste e acidentes climáticos. Ainda em 1451, um bailio parisiense da abadia de Saint-Denis estipula que se, "por sorte de guerra, peste ou clima ruim, esses arrendatários não puderem lavrar ou realizar a colheita, tais arrendatários, neste caso, não são obrigados a pagar, pelo tempo correspondente de duração da guerra ou da sorte, é o que dizem os homens probos e as pessoas que conhecem o assunto". Georges Duby confirma isso: "O esgotamento dos recursos senhoriais foi em grande medida resultado da guerra" – e, é claro, da peste também. Porque toda a Europa é afetada. Na Inglaterra, no solar de Forncett, o acre de terra é concedido a mais de 10 pences anuais em 1376-1378, 8 entre 1400 e 1440, 6 entre 1450 e 1460; na Alemanha, as receitas da terra do capítulo da catedral de Schleswig caem do equivalente a 7.600 toneladas de trigo em 1352 para 2.420 em 1437, e os cônegos atribuem esse declínio às guerras, às inundações e ao despovoamento. A isto deve-se acrescentar o aumento da pressão fiscal dos Estados, das cidades e da Igreja, além dos encargos cada vez mais pesados dos senhores para se equiparem e manterem seu estilo de vida. Embora de fato haja períodos de trégua, e até mesmo de recuperação, eles não são duradouros nem generalizados.

Perante a queda dos rendimentos senhoriais, vemos a subida dos salários nos campos desertos, onde há uma cruel escassez de mão de obra: em Île-de-France, o salário de um diarista passa do índice de 100 em 1300-1319 para 380 em 1340-1359, 600 em 1380-1399, antes de retornar a 390 em

---

1 O módio, ou *modius*, era a unidade de medida dos romanos para grãos. (N. T.)

1420-1439. O ser humano é raro e, portanto, caro. Essa época é marcada por um espetacular fenômeno de desertificação. Milhares de aldeias são abandonadas, e seus vestígios subsistem apenas em pergaminhos, ou então, na topografia e na fotografia aérea. Na Inglaterra, as *lost villages* representam cerca de 20% do total de lugares habitados. Na Alemanha, 40 mil aldeias de um total de 170 mil desaparecem do mapa: o fenômeno *Entsiedlung* afeta 20% dos lugares habitados em Mecklemburgo, 10% a 15% na Renânia, na Alsácia e na Pomerânia, 40% na Turíngia. Na Itália, desaparecem 10% das aldeias da Toscana, 25% das do Lácio e 50% da Sicília e da Sardenha. Na França, a perda é estimada em 10%. Ela atinge 20% em Hurepoix e 30% em Bordeaux por volta de 1450, mas os locais serão, em sua maioria, posteriormente reocupados.

Para onde foram todos esses camponeses? Muitos faleceram, é claro, com a passagem da Morte Negra; outros fugiram para escapar de esfoladores, *caïmans* e demais bandidos. A ruína e a desolação se estendem pelo campo, e isso se verifica na vegetação que volta a crescer: "A invasão da vegetação selvagem nos séculos XIV e XV constitui, na história da civilização europeia, um episódio de igual importância à aventura dos desmatamentos", escreve Georges Duby. No entanto, uma interpretação mais otimista agora prevalece entre os historiadores: os camponeses teriam simplesmente emigrado para áreas mais atraentes, e o abandono de povoamentos e aldeias teria acontecido devido à preferência por centros mais ativos. São as terras ruins, antes de todas, que foram abandonadas, são as que haviam sido desmatadas por último, no final do século XIII: "Em outras palavras", escreve Robert Fossier, "longe de aparecer como o testemunho de uma fuga ou de um fracasso, esse fenômeno sinaliza cercamentos bem localizados e um dinamismo rural de bom augúrio; a configuração do campo é remodelada de acordo com as realidades do momento". Sinal do caráter positivo dessa mudança, segundo o mesmo historiador – ou seja, é o fortalecimento da solidariedade campesina. Aldeias menos numerosas, porém maiores, onde as famílias se amontoam num ambiente mais exíguo, reunindo várias gerações, o que permite, entre outras coisas, a diminuição do peso do imposto, que é recolhido por "lar", ou *foyer* fiscal.[2] Nessa época multiplicam-se as confrarias e outras associações

---

2 O *feu fiscal* na Idade Média dizia respeito ao imposto devido por família – a expressão faz alusão ao *foyer*, que era o altar dos deuses tutelares de uma vila romana. (N. T.)

1300-1500 – O TEMPO DO APOCALIPSE E A IDADE DA TRANSIÇÃO 485

de ajuda mútua que permitiam a defesa coletiva dos direitos, dos costumes e das tradições: *hermandades* de Aragão, *mutuelles* de Dauphiné, *Gauerberg* da Baviera, *poiles* da Alsácia, *bloetvrieden* de Flandres. As pessoas se unem e estreitam os laços mútuos para se tornarem mais fortes.

Parece-nos uma visão demasiadamente otimista no que diz respeito à desertificação do campo. Pois essas migrações de normandos, picardos, poitevinos e bretões, entre outros, para regiões menos expostas são, acima de tudo, migrações motivadas pela miséria, de tal maneira que os recém--chegados não são bem-vindos; as irmandades e outras associações de defesa devem ser vistas menos em termos de solidariedade do que de fortalecimento identitário, ou ainda, de um comunitarismo desconfiado. E, como vimos, todos os testemunhos de contemporâneos ecoam o "tudo vai mal" de Eustáquio Deschamps. O espetáculo do campo francês por volta de 1430-1450 nos deixa aflitos: desolação, deserção, ruína e morte. Na Provença, 25% a 33% das aldeias estão totalmente abandonadas. No outro extremo do país, no Pas-de-Calais, no país de Langle, lemos no relato de uma receita local de 1438-1439 que "as terras permaneciam esgotadas e não havia quem as quisesse para cultivo, para a lavoura, e mesmo o povo do referido país se ausentava dela, restando ali apenas mulheres pobres". Os canais estão abandonados e os moinhos já não produzem nada, "por isso, dos ingleses que percorrem este país dia após dia, nenhum permanece". Na Bretanha, o estudo dos registos de reforma dos povoados, relativamente bem conservados para 1425-1427 e 1445, permite-nos constatar, em Trégor, um declínio generalizado da população que atinge os contemporâneos. Em 1445, Jean Le Duaut, com 72 anos, "regista que há diversas aldeias e lugares vazios onde indícios revelam que outrora teriam existido casas ali".

A DESORDEM DA NOBREZA

O balanço global é claro e inquestionável: entre a queda dramática da renda fundiária e o aumento dos salários, o senhorio sofre todo o impacto de um choque sem precedentes. As receitas em dinheiro da abadia de Saint--Denis caem de 30 mil libras parisienses por volta de 1340 para menos de 15 mil por volta de 1404, o que, levando-se em consideração o declínio do poder de compra da libra, representa uma queda de cerca de dois terços. A situação é pior no que diz respeito aos rendimentos *in natura*: por volta de 1430, a renda fundiária em grãos da mesma abadia encontra-se quase 90% abaixo de seu nível anterior à guerra. Os monges são obrigados a conceder "moderações" censitárias para reter os camponeses. Em Tonnerrois, a renda das terras de Joana de Chalon cai do índice 100 em 1343 para 35 em 1405 e 23 em 1421. Em poder de compra real, Joana tinha de 15% a 20% da renda de seus avós. Em Île-de-France, os novos contratos de censo reduzem consideravelmente as exigências dos senhores. Na Normandia, no Neubourg, três prebostes do baronato não relataram mais nada em 1444-1445; o preço de um acre de terra na região de Neuville-du-Bosc cai de 15 libras em 1400 para 8 libras em 1445; os direitos de passagem na floresta de Neubourg só rendem ao senhor 3 libras e 11 soldos em 1445, contra 23 libras em 1398, restando apenas 430 porcos onde antes havia 2 mil.

No sudoeste, onde o senhorio resiste melhor, os senhores não têm escolha e são obrigados a reduzir os impostos. Muitos deles, vivendo nos "castelos da Miséria", estão no último extremo: Bertrand, senhor de Preignan, pede aos cônsules de Auch o título de burguês para poder pegar lenha da floresta municipal a fim de se aquecer. Os caprichos da guerra e os gastos com armamentos agravam o sofrimento. O golpe de misericórdia é desferido pelos resgates, responsáveis pela ruína de vários milhares de nobres menores. Exemplo: Raymond-Bernard de Gaulejac, senhor de Puich-Calvet e Lunegarde, em Quercy. Primeiramente, ele é vítima dos ingleses, que destroem seu castelo: "Os chamados ingleses tomaram sua casa, o castelo de Puchecalvel, e o derrubaram, demoliram-no; ali deixaram apenas uma torre, na qual ele, seu pai e todos os seus familiares permaneceram vivendo em grande pobreza e necessidade". Ele então foi feito prisioneiro cinco vezes em um ano, teve que liquidar os bens da família para pagar seus resgates e foi reduzido à mendicância. Mesmo no topo da hierarquia, sabemos o quanto os resgates podem atrapalhar o bom andamento dos ducados e condados.

Em 1460, o senescal de Saintonge descreve a desolação dos castelos e palacetes da seguinte forma: "Podemos ver que deste lado do... rio de Charante, todos os lugares nobres e grandes aldeias estavam e estão desertos, com matagais e ruínas, e no lugar de belos palacetes, domínios e patrimônios estão grandes arbustos e lugares inabitáveis".

1300-1500 – O TEMPO DO APOCALIPSE E A IDADE DA TRANSIÇÃO 487

Declínio das rendas senhoriais, custos de guerra, resgates, manutenção de castelos – os senhores foram pegos em um dilema entre a queda das receitas e o aumento galopante das despesas. Desse ponto de vista, muitas vezes comportam-se de maneira aberrante: as despesas domésticas continuam a crescer, para garantir a ostentação de um estilo de vida de luxo; as extravagâncias no vestuário e na alimentação, que atingem novos patamares, são um desafio à razão (à razão burguesa, pelo menos): esses nobres sem dinheiro jogam pela janela o dinheiro que não têm; eles se endividam para comprar tecidos de luxo, sapatos com *poulaine* e *hennins* estonteantes.[3] Quanto mais sua posição é ameaçada, mais dramaticamente eles afirmam sua presença.

Atitude inconsciente? Para alguns, certamente. A maioria, no entanto, entende bem a situação. "Não podemos viver do vento e os nossos rendimentos são insuficientes para as despesas da guerra", diz Alain Chartier a um cavaleiro. Procura-se melhorar a gestão do domínio, mas a resistência camponesa é forte. Daí a necessidade do agrupamento: o fenômeno da grande família diz respeito tanto aos arrendatários quanto aos senhores, especialmente no sul. O resultado é que todos pensam em trabalhar: as repartições atraem quem tem um mínimo de formação jurídica; para os outros, há trabalhos manuais: mestres de forja ou mestres de vidro. Há ainda as possibilidades de se casar com uma rica herdeira burguesa, mendigar pensões ou, para os mais dinâmicos, tornar-se um bandido: são inúmeros os pequenos nobres que perdem a classe e ingressam nos grupos de esfoladores. Bronislaw Geremek relata o caso de um jovem sobrevivente de Agincourt, de 18 anos, Colin de Sales, escudeiro, que se tornou um ladrão comum nas zonas de prostituição em Paris. Aqueles com talentos para o esporte podem sempre tentar a carreira de cavaleiro[4] profissional, como o famoso Jacques de Lalaing, uma espécie de "dom Quixote" falecido aos 32 anos, escreve Charles Petit-Dutaillis.

A nobreza está desorientada. Além da diminuição do seu poder de compra e das mudanças ligadas à propriedade e à família, junta-se a perda do poder político em benefício de uma monarquia invasora cada vez mais

---

3 Os *chausses à la poulaine* eram os caríssimos sapatos com pontas longas, também conhecidos como *crakows* devido à origem polonesa; os *hennins* eram os chapéus em forma de cone e com véu utilizados pelas mulheres da alta nobreza. (N. T.)

4 No original, *jouteur*, em referência aos torneios de *joute equestre*. (N. T.)

488 GEORGES MINOIS

controlada pela burguesia. As veleidades de resistência são rapidamente quebradas, como a Praguerie de 1440, que ilustra a fragilidade de um grupo social que busca seu lugar no mundo emergindo das catástrofes do período 1340-1440.

UM MUNDO RURAL EM MUDANÇA E EM REVOLTA

No entanto, é preciso ver as nuanças. Como em qualquer crise, não há apenas perdedores. Em ambas as extremidades da escala social, dois grupos atravessam o período com desgastes mínimos: os muito pobres, que não têm nada a perder, e os muito ricos, que têm outras fontes de renda para fazer frente aos problemas do senhorio. Os primeiros vivem praticamente em autossuficiência e são pouco afetados pelas oscilações de preços e salários. Eles representam uma massa significativa: em Île-de-France, 85% dos camponeses cultivam menos de 4 hectares; em Neubourg por volta de 1380, 43% possuem menos de 2 hectares. Uma pequena atividade artesanal permite que esses camponeses pobres – *brassiers* franceses, *cottiers* ingleses, *Gärtner* da Baviera, *Kossäten* da Renânia – complementem sua escassa renda. No entanto, nem todos são capazes de lidar com isso, e alguns veem sua condição jurídica se degradar com a perda da liberdade; a servidão progride em alguns lugares: na Inglaterra, por volta de 1370, um terço dos camponeses têm o estatuto de *vilões*.

No topo da escada, os grandes proprietários estão bem. Os grandes senhorios da Igreja, com boa gestão e registros bem cuidados, compensam com outros recursos a diminuição dos rendimentos dos cereais; isentos da partilha de sucessão, eles sobrevivem às crises à custa de algumas reestruturações patrimoniais. Entre os grandes senhores seculares, verifica-se até mesmo uma concentração da propriedade: aproveitando as numerosas saídas de camponeses, o abandono da terra, a extinção de muitas famílias por mortalidade excessiva, a extensão dos terrenos baldios e a ausência de títulos de propriedade entre muitos camponeses pobres, os latifundiários, através de compras, despejos e ocupações efetivas, conseguem tomar posse de muitos campos vizinhos aos seus. Em alguns setores, a concentração leva ao gigantismo: no leste da Alemanha, os *Junkers* se apoderam de terras abandonadas e aumentam suas demandas de trabalho para pequenos camponeses reduzidos à servidão. Isso é revelado no *Landbuch* de Brandemburgo em 1375. Na Prússia, os cavaleiros teutônicos expropriaram massivamente os mazovianos e os pomeranos. Na Espanha, as grandes famílias, os *Grandes de Castilla*, dominam imensas propriedades, os *fabulosos dominiones*: o conde de Haro possui praticamente toda a Rioja; Albuquerque tem dezenas de milhares de hectares que se estendem de Portugal a Aragão; os Guzman e os Mendoza não ficam de fora, nem as ordens militares, Alcântara e Calatrava, que confiscam os *llanos* da Meseta. No sul da Itália, os *latifundi* perpetuam antigas tradições romanas. No noroeste da Europa, os grandes nobres e vassalos diretos dos reis da França e da Inglaterra também ampliam seus domínios, em particular, comprando terras com o dinheiro obtido com suas diversas atividades – ou inatividades – na Corte. O dinheiro ainda é (e será por muito tempo), convertido em terra, uma forma de aplicação considerada mais segura e nobre. E no mercado fundiário já aparecem novos compradores: os burgueses. O movimento ainda não é massivo, mas em torno das maiores cidades as fortunas de mercadores, banqueiros e oficiais são regularmente investidas em terras, o que permite que novos compradores se tornem "senhor de...": os Ysalguier em Toulouse, os Jossard em Lyon, os Orgemont, os Dorman. O caso de Jacques Coeur e suas dezenas de senhorios é obviamente excepcional, mas em torno de Paris constata-se que, entre 1390 e 1430, nada menos que 52 senhorios de terras em 65, no setor de Josas,[5] haviam sido transferidos para comerciantes, oficiais e togados. Na Itália, banqueiros, comerciantes e nobres estendem seus domínios pelas grandes cidades: os Médici, os Pitti e os Strozzi em Florença, e em Gênova, os Spinola, os Doria, os Speroni e os Grimaldi

Os grandes senhorios não apenas se expandem – a gestão deles também se transforma. O aparecimento de tratados de agronomia, como a *Arte do pastoreio* de Jean de Brie, o *Ruralium commodorum opus* de Pietro dei Crescenzi, e os conselhos de Gilles Le Muisis atestam o interesse de alguns senhores no aperfeiçoamento das técnicas agrícolas, enquanto outros preferem atuar como arrendadores do solo, residindo em sua mansão urbana e confiando a gestão da propriedade a um intendente. Porém, uma dupla evolução marca

---

5 Atualmente, Jouy-en-Josas. (N. T.)

quase todos os grandes senhorios. A primeira diz respeito ao progresso da criação de animais em relação à produção agrícola. O comércio agrícola diminui em quase todos os lugares: o menor número de bocas para se alimentar, os preços em queda, o aumento do uso de importações em casos de necessidade e o alto custo da mão de obra agrícola explicam tal desenvolvimento. Nos domínios eclesiásticos do bispado de Winchester, as áreas semeadas diminuem em 24% entre 1270 e 1350, e depois em 20% entre 1350 e 1400; o volume da produção de cereais cai 35% em Île-de-France, Lombardia e Áustria, 50% na Normandia, e entre 60% a 70% na Inglaterra e no norte da Alemanha. Nas terras assim liberadas, é a vinha que ganha terreno, bem como as plantas utilizadas na indústria, sobretudo as tintoriais. Entretanto, os grandes vencedores de fato são os porcos, os bois e, sobretudo, os ovinos. Come-se um pouco mais de carne e de queijo, e a demanda por lã, couro e pergaminho cresce incessantemente. Esses animais custam pouco para serem criados: um pastor para várias centenas de animais, o que permite dispensar os caros serviços de mão de obra para o trabalho agrícola. As ovelhas invadem a Espanha e fazem da *mesta*[6] uma verdadeira potência e um efetivo grupo de pressão. Na Alemanha e na Inglaterra, multiplicam-se os rebanhos e, com eles, as sebes e os muros de pedras soltas, fontes de futuros confrontos com as comunidades rurais.

A outra evolução do senhorio diz respeito ao destino da reserva, essa parte da propriedade administrada em regime de posse direta pelo proprietário. Em geral, o terreno da reserva tendia a ser reduzido em benefício da *métayage* e, principalmente, da *fermage*.[7] Embora ainda subsistam imponentes reservas, sobretudo em terras eclesiásticas, a evolução é muito clara: os senhores, que residem cada vez mais na cidade, se desobrigam das preocupações e das venturas da posse direta, que além de tudo é bastante onerosa devido ao aumento dos salários agrícolas; eles preferem ter um rendimento fixo, quase sempre em dinheiro, confiando os seus campos aos arrendatários, mesmo em condições desfavoráveis. Os arrendamentos de *fermage* são de

---

6 Congregação de pastores e criadores de gado ovino das regiões de Leão e Castela, instituída pelo rei d. Afonso X no século XIII. (N. T.)

7 A *métayage* e a *fermage* eram sistemas de cultivo baseados em contratos de arrendamento entre o senhor e seu arrendatário com diferença na forma do pagamento: parte da colheita e dinheiro, no caso de *métayage*, ou integralmente em dinheiro, no caso de *fermage*. (N. T.)

1300-1500 – O TEMPO DO APOCALIPSE E A IDADE DA TRANSIÇÃO   491

fato uma vantagem para os *fermiers*, que estabelecem um jogo de forças com os proprietários em dificuldade. Assim, na relação entre grandes senhores e camponeses miseráveis, vemos o surgimento de um campesinato de classe média que, nas vastas porções das reservas senhoriais, pratica o cultivo de alguns hectares em regime de posse direta por um longo período e pagando taxas modestas. Essa classe ascendente, a dos "galos de aldeia", que se beneficia tanto das necessidades financeiras dos senhores quanto da abundância de terras disponíveis, tende a ditar sua lei no mundo rural. Conscientes da pressão que são capazes de exercer sobre os senhores, esses *fermiers* quase proprietários possuem suas demandas e se sentem ofendidos por terem que aceitar a dominação, o desprezo e as cobranças de uma nobreza que pretende manter o controle de seus campos apesar do novo contexto. Frustrados em suas aspirações por mais independência, relutantes em cumprir deveres e pagar corveias, amargurados com uma nobreza deficiente e incapaz de garantir a segurança, esses camponeses não hesitaram em se revoltar.

A segunda metade do século XIV foi marcada por uma série de *jacqueries* cujas causas não se encontram na pobreza propriamente dita, mas nesse campesinato médio em plena ascensão. Como sabemos, quem se revolta nunca é o mais miserável, que sempre está ocupado demais com a mera sobrevivência, mas aqueles cuja sorte melhora: percebendo a injustiça de sua situação, ansiosos por derrubar os obstáculos à sua ascensão, impacientes com os constrangimentos habituais que pesam sobre eles, frustrados em seus desejos e ambições, e conscientes da força proporcionada pelo início da independência que experimentam, eles têm exigências e a violência é a única forma de se fazerem ouvir numa sociedade que permanece hermeticamente bloqueada por séculos de mentalidade de castas. A efervescência dos espíritos se intensifica no século XIV pelo clima de excitação milenarista sustentado pelos flagelantes, pelos pregadores místicos e pelos delírios proféticos que as catástrofes suscitam. As reivindicações sociais então se misturam com as elucubrações escatológicas num desejo de subverter a ordem política e social. Na Inglaterra, a agitação eclode entre 1352 e 1359 no oeste e no centro após as medidas de Eduardo III para limitar os aumentos salariais. Na França, a grande *jacquerie* de 1358 afeta Valois, Beauvaisis e Amiénois. A explosão é terrível, num contexto de profundo descontentamento após a derrota de Poitiers: o governo e os nobres mostram-se incapazes de defender o reino bem no momento em que a tributação do governo é mais opressiva; o rei é um prisioneiro; Paris está em ebulição, sob a direção demagógica de Étienne Marcel. Os camponeses – os *Jacques*, apelido de origem desconhecida – são liderados por ex-soldados, como Guilherme Carle. A repressão é rápida e terrível: sob a liderança de Carlos, o Mau, os nobres massacram e enforcam às centenas, numa demonstração de fúria proporcional ao medo que experimentam. A revolta estoura em 23 de maio; em meados de junho, está tudo acabado. Haverá apenas alguns movimentos esporádicos na década de 1370.

A disputa recomeça na Inglaterra, com a grande revolta dos Trabalhadores de 1381. Os escritos de John Wyclif e as pregações incendiárias de John Ball esquentam os ânimos. A limitação dos salários e um novo imposto em 1377-1378, a *Poll tax*, causam grande descontentamento – em 1381, a capitação de um xelim por cabeça é provocação demais. Há levantes nos condados mais ricos e populosos, Kent e Essex em particular. Eles têm um líder, Wat Tyler, e um programa. Londres abre suas portas; a Torre é ocupada. No entanto, quem tem a palavra final ali, como sempre, são os nobres, dessa vez liderados pelo adolescente Ricardo II. Wat Tyler é traiçoeiramente assassinado; há debandada e repressão. Não se discute com gente rústica.

Na Europa central, enquanto se aguarda a grande revolta camponesa de 1525, ocorrem movimentos que mesclam reivindicações fiscais, nacionais e religiosas, como as guerras hussitas e a corrente taborita por volta de 1420. Sempre, como mostra o estudo clássico de Norman Cohn, *The Pursuit of the Millenium*, esses movimentos aparecem em regiões no limite da superpopulação, onde ocorrem rápidas mudanças econômicas e sociais que desestabilizam o mundo tradicional. Os rebeldes pertencem às classes médias da sociedade rural, que se ressentem das novidades como se estas fossem obstáculos que ameaçassem seu padrão de vida, e lutam pelo retorno a um mítico estado original igualitário. Os mais pobres não têm nenhuma "ideologia", nenhum projeto de reorganização social, nenhuma forma estruturada de resistência. No extremo da desumanidade, matam e roubam por uma simples questão de sobrevivência, como feras, em acessos de violência ocasionais, sozinhos ou em grupo: são os *tuchins* do Languedoc, os *caïmans*, os *écorcheurs*, os *coquillards* da Borgonha, os *retondeurs*, os capuzes brancos da Picardia, bandidos que fazem reinar o terror com suas atrocidades.

DEPOIS DE 1450: RUMO AO SENHORIO-EMPRESA

As agitações no campo aceleram-se a partir da década de 1450. Mas elas ganham a aparência de uma recuperação senhorial, acompanhada por uma inegável retomada demográfica. Os desmatamentos estão de volta; terrenos abandonados desde meados do século XIV são reconquistados, e agora o princípio motor dos acontecimentos é o dinheiro. As aquisições de terras pela burguesia avançam, especialmente no mundo mediterrâneo, e os novos proprietários administram suas propriedades como um negócio ou um investimento especulativo: calcula-se que a terra passa a render 4% a 6% de seu valor a cada ano, uma taxa igual àquela dos juros pagos em dinheiro, por exemplo, pela Casa di San Giorgio em Gênova, e certos lucros fundiários chegam a 25%. Nessas condições, banqueiros, magistrados e comerciantes, além de nobres urbanos, não hesitam em injetar capital nas atividades agrícolas, e em direcionar a produção para os setores mais lucrativos: a criação de animais continua a ganhar terreno, porque a procura de lã continua a crescer nas cidades em expansão. O preço da lã inglesa aumenta 30% entre 1450 e 1480 e, como o custo do transporte é 50 vezes menor que o de grãos, a criação de ovelhas se espalha para terras cada vez mais remotas. E por onde passam as ovelhas, morre a agricultura: na Espanha, o confronto entre pastores transumantes e fazendeiros sedentários é vencido pelos pastores. Os grandes criadores, agrupados em poderosas companhias, impõem a sua vontade nos terrenos percorridos por seus imensos rebanhos: a cada ano, mais de 3 milhões de merinos[8] atravessam Castela. Esses rebanhos pertencem aos *hermanos de la Mesta*, que confiam seus animais a pastores comuns. O duque de Béjar sozinho possui 40 mil. Nas regiões ao sul e nas pastagens de verão do norte, ao longo dos percursos (as *canadas*), os grandes rebanhos devastam as colheitas e derrubam as cercas. As aldeias são despovoadas e os solos são transformados em *cortijos*, grandes locais de exploração. Em Aragão, a poderosa associação de criadores, a *Veintana* de Saragoça, proíbe os camponeses de protegerem as suas colheitas e demole aldeias inteiras para aumentar as pastagens. Na Inglaterra, o desenvolvimento dos criadores tem, ao contrário, o efeito de multiplicar as sebes: os senhores monopolizam as terras comuns,

---

8 Raça de carneiro da Espanha que era muito apreciada pela qualidade da lã. (N. T.)

cercam-nas e transformam-nas em pastagens privadas. O movimento das *enclosures*, que ganhará força no século XVI, já aparece na maior parte de Yorkshire e das Midlands, causando revoltas locais e o êxodo de camponeses. As ovelhas perseguem os homens porque sua pelagem vale ouro.

O capital dos burgueses – e, por vezes, o dos aristocratas – também é investido em culturas especializadas e altamente rentáveis: a vinha, para a produção de vinhos fortes e de qualidade, cuja procura é crescente nas cidades de Borgonha, Provença e Espanha; plantas têxteis e de tinturaria; lúpulo e árvores frutíferas. Essas culturas também permitem o desenvolvimento de indústrias rurais, especialmente têxteis, que fornecem uma renda adicional indispensável para certos setores do pequeno campesinato, cujas condições de vida continuam a se degradar. Na Inglaterra, por exemplo, 25% dos camponeses de Kent e Sussex têm apenas 2 acres de terra para cultivar, e 41% têm de 2 a 10 acres. Os da Suábia, Hesse e do norte da Alemanha não estão em melhor situação. Na França, 70% dos camponeses em Neubourg têm menos de 4 hectares, e em Île-de-France, 94%. Com a recuperação demográfica, a fragmentação se acentua. Ao mesmo tempo, a pressão fiscal cresce, assim como as demandas senhoriais. Em muitas regiões, a situação dos homens livres se deteriora: no condado de Leicester, a proporção de *cottagers*, *villeins* e *squatters* alojados em lotes minúsculos e com direitos limitados passa de 67% para 72% entre 1400 e 1455. As revoltas então se multiplicam.

No final da Idade Média, o campo encontra-se particularmente agitado, e dessa vez não mais por conta das revoltas dos ricos que protestam contra o bloqueio de sua ascensão – são os miseráveis, levados ao desespero, que lutam por sua sobrevivência: na Escandinávia, onde os pobres são conduzidos por inspirados como o "rei Davi", Engelbrekt e Reventlow; na Espanha, onde o movimento das *remensas*[9] afeta Aragão de 1462 a 1471 e de 1484 a 1487; na França, onde *écorcheurs* e *coquillards* aumentam suas atividades, especialmente após o fim da guerra dos Cem Anos, quando mercenários desempregados se tornam bandidos puros; na Inglaterra, onde em 1450 a nobreza massacra as hordas de Jack Cade; na Alemanha e na Boêmia, onde

---

9 O termo "*remensa*" se refere ao pagamento que os camponeses precisavam dar ao senhor das terras para ter a permissão para partir e também era usado para designar o camponês que vivia sob tais relações. No século XIV, os remensas passaram a se organizar e empreender movimentos de revolta com vistas a se emancipar do jugo dos proprietários das terras. (N. T.)

1300-1500 – O TEMPO DO APOCALIPSE E A IDADE DA TRANSIÇÃO   495

nas décadas de 1460 e 1470 os irmãos Janko e Livin de Wirsberg preparam a vinda do messias induzindo ao massacre dos ricos, e onde, em 1474, um jovem pastor de Nicklashausen, perto de Würzburg, Hans Böhm, manipulado por um eremita, afirma ter visto a Virgem, que lhe teria deixado uma mensagem sobre o advento da igualdade perfeita. Logo depois, de 1521 a 1525, será a vez do movimento de Thomas Müntzer, na Turíngia, que preconiza uma sociedade comunista, em seguida, a grande revolta de 1525.

Essas desordens endêmicas da sociedade rural do final da Idade Média são consequência da penetração crescente da economia monetária no campo. Mudam-se as mentalidades senhoriais: o senhorio, que era o elemento de prestígio social, permitindo ao senhor o sustento de sua família, a manutenção de sua posição na hierarquia social e o cumprimento de seus deveres militares de vassalo, passa a ser uma empresa cujo objetivo é gerar lucros através de uma gestão racional e eficiente. O elemento de prestígio social certamente não desaparece – na verdade, ele continua a ser uma importante motivação para os compradores burgueses que pretendem integrar a nobreza, mas agora é acompanhado por um objetivo especulativo: o senhor deve ganhar dinheiro. Tendo-se tornado "empreendedor de desmatamentos", não hesita em investir capital na sua operação, que pretende rentabilizar. Isso é verdade sobretudo para os compradores burgueses, é claro, cuja importância cresce sobretudo na Itália – os grandes senhores aristocratas se interessam cada vez mais, eles próprios, pelas receitas financeiras de suas propriedades: na Alemanha, Friedrich von Hohenzollern, Friedrich von der Pfalz e Everardo de Württemberg compram terras e racionalizam a gestão; na Inglaterra, Elisabeth de Burgh adquiriu palacetes em dez condados, os Neville, condes de Warwick, acumulam propriedades fundiárias, abrangendo 25 aldeias em 1485, 70 em 1500; os Percy, grandes senhores do norte, obtêm 600 libras de renda ordinária e 2 mil libras de impostos indiretos de suas propriedades.

A concentração dos senhorios prossegue: na Inglaterra, a parcela das propriedades de 50 a 200 hectares aumenta de 40% para 55% entre 1450 e 1480. A proporção de proprietários de origem burguesa cresce continuamente e, como atestam os arquivos, sua gestão, inspirada pelas práticas comerciais, é meticulosa. Para esses recém-chegados, o senhorio é uma etapa para a obtenção da nobreza, como se verifica na França pelos casos de Montaigu, Budé, Boulainvilliers, Bureau, Dormans e Braque. Em contrapartida, assiste-se à degradação de muitos nobres senhores, esmagados pelas exigências fiscais cada vez mais pesadas da realeza, pela queda dos rendimentos e sobretudo pela negligência na gestão dos seus bens. Na França, os impostos de transferência sobre terras nobres (direitos de quinto e *requint*)[10] chegam a 40% em 1480. Camponeses, tanto *métayers* quanto *fermiers*, acumulam atrasos no pagamento. A mentalidade tradicional da aristocracia, que faz questão de desprezar os negócios financeiros, leva muitos nobres à ruína.

Muitas vezes, eles próprios são os responsáveis por tudo, mas, mesmo assim, preferem culpar a ascensão da burguesia e a tributação real, o que lhes fornece pretextos para revoltas pouco convincentes, como a Praguerie de 1440-1444, e a chamada Liga do "Bem Público" de 1465 contra Luís XI. Para esses nobres amargurados e rebaixados, a única possibilidade de salvação é entrar na clientela de duques e reis, ou em alianças dúbias para restaurar sua imagem, como no caso do casamento entre um Montmorency e uma Poilevilain. Por volta de 1500, o dinheiro impõe as regras no campo, e aqueles que não podem ou não querem se submeter a ele são afastados após as vãs tentativas de revolta, sejam os levantes campesinos, sejam as frondas nobiliárias. O futuro pertence aos contadores e administradores.

CRESCIMENTO URBANO

Isso é ainda mais verdadeiro na cidade. Os séculos XIV e XV constituem um período de forte crescimento urbano. Os infortúnios do tempo contribuem muito nesse sentido, pois aceleram o êxodo rural em direção às aglomerações – as muralhas parecem oferecer proteção contra os perigos que ameaçam a planície da região, especialmente contra os ladrões de estrada e a passagem de tropas, cujos efeitos são quase idênticos. A estratégia da terra arrasada, levada a cabo tanto pelas cavalgadas inglesas quanto pela política da ostra preconizada por Carlos V, a fuga da peste, as expulsões

---

10 O *requint*, sem equivalente em língua portuguesa, era a quinta parte do imposto de quinto. (N. T.)

1300-1500 – O TEMPO DO APOCALIPSE E A IDADE DA TRANSIÇÃO   497

pelos grandes proprietários e criadores de animais, os recorrentes períodos de escassez de alimentos, tudo isso acaba direcionando os migrantes desorientados às cidades. Em perspectiva global, portanto, tão logo o impacto da peste negra é neutralizado, o tamanho das aglomerações começa a aumentar. Enquanto Bruges, Ratisbona, Bordeaux e Roma estão em declínio, Paris, Milão, Veneza, Florença, Gênova, Colônia, Barcelona e Londres atingem ou ultrapassam 100 mil habitantes – a cidade se expande: Milão e Bolonha passam de 250 para 800 hectares, Colônia de 300 para 500, Paris, mais compacta, de 275 para 450. Assim, novas fortificações são construídas, abrangendo subúrbios ainda parcialmente rurais. Essas obras caras pesam muito nas finanças municipais, mas a insegurança endêmica as torna imprescindíveis. Portas fechadas à noite e correntes bloqueando as ruas: a cidade dos séculos XIV e XV é uma formidável fortaleza. Repleta de campanários e torres, sua aparência é altiva, como vemos em muitas iluminuras de manuscritos do século XV. Mas que ninguém se engane: essas imagens são lisonjeiras, são obras de arte que não mostram a sujeira, nem a degradação, nem o abandono de muitos bairros. Em Paris, por exemplo, por volta de 1420, um terço das casas em Île de la Cité encontra-se em estado "deserto e ruinoso", e muitas das ruelas eram verdadeiras armadilhas à noite, onde até o duque de Orléans poderia ser assassinado.

Infernos ou paraísos, as grandes cidades são polos de consumo cujo abastecimento diário é a principal preocupação das autoridades municipais. Ao menor sinal de escassez, os preços sobem e o cheiro de tumulto é sentido no ar: é por isso que os chefes locais estendem seu controle a regiões cada vez mais amplas, dentro das quais os produtores se comprometem por contrato a entregar sua colheita a um preço fixo. Literalmente, a cidade devora os campos ao seu redor. Paris é um polvo cujos tentáculos são o Sena, o Oise, o Marne, o Yonne e até o Orge, o Essonne, o Yerre ou o Grand Morin, por onde chegam os grãos, o vinho, a carne e a madeira. Esse estrangulamento do campo próximo também se verifica na compra de terras pelos burgueses, que buscam garantir seu abastecimento pessoal – o *Journal* de Bourgeois de Paris os mostra impotentes, como se fossem espectadores que, do alto das muralhas, assistem ao saque de suas vinhas pelos bandos de *caïmans* que rondam pelos subúrbios. Porque desde a construção do cercamento de Carlos V, que engloba uma vasta superfície nas fronteiras urbanas, a separação entre a cidade e o campo é brutal; não há zona de transição, e nas *Ricas horas*[11] do duque de Berry vemos, durante os meses de junho a outubro, os camponeses em pleno trabalho de ceifa e lavoura até o pé das paredes, quase sob as janelas do Palais de la Cité e do Louvre.

A cidade consome, certamente, mas também produz. Ali se concentra o artesanato, mas essa atividade passa por várias dificuldades no final da Idade Média, e a situação é explosiva devido ao endurecimento das normas e à atitude malthusiana das organizações patronais. Desde o início do século XIV, a tendência é sempre o exclusivismo e o monopólio. Em Flandres se manifesta primeiramente o exclusivismo urbano: preocupados com a diminuição dos negócios, os patronos do artesanato têxtil pressionam o conde de Flandres e, depois, o duque da Borgonha a proibir a abertura de lojas ou oficinas fora do cinturão urbano. Em 1314, a cidade de Gante interdita o ofício da tecelagem em um raio de 5 milhas ao redor das muralhas, e organiza expedições para destruir ou confiscar teares e cubas de tintura na região. Bruges e Ypres fazem o mesmo em 1322, Saint-Omer em 1327. A esse exclusivismo das cidades junta-se um exclusivismo das oficinas: a concorrência é impedida mediante o fechamento de muitas delas, o que garante a estabilidade dos preços e dos salários. A abertura de uma loja está sujeita a condições draconianas decretadas em cada cidade pelos mestres do ofício – o que mais tarde será feito pelas chamadas corporações. Os mestres supervisionam de perto as atividades dos membros, fixam o número de aprendizes, criados e companheiros autorizados, bem como estabelecem a qualidade do trabalho, os preços de compra de matérias-primas e de venda de produtos acabados, os dias e horários de funcionamento. Entre os membros da oficina, qualquer concorrência, inovação ou publicidade são proibidas. A boa qualidade da produção é a justificativa utilizada para dificultar a formação de novos mestres, os quais precisam se submeter a condições que, por serem cada vez mais restritivas, só os filhos dos mestres conseguem cumprir: taxa de ingresso muito elevada, banquete dispendioso aberto a todos os membros da corporação e, sobretudo, produção de uma obra-prima, tarefa que exige muito

---

11 *Les très riches heures du duc de Berry* [*As riquíssimas horas do duque de Berry*], o livro de horas mais importante do século XV, contém as orações – e as respectivas ilustrações – para cada hora canônica do dia. (N. T.)

tempo livre e dinheiro, e cuja qualidade é examinada pelos jurados da profissão. Na prática, a maestria torna-se hereditária. Para se tornar um patrono, é necessário ser filho de um mestre... ou casar-se com sua filha. A obrigação da obra-prima aparece já em 1313 entre os ferreiros de Stettin, depois entre os ourives de Riga em 1360, entre os sapateiros de Lübeck em 1370 – por fim, espalha-se no século XV.

CRESCIMENTO DA PRODUÇÃO E DAS TROCAS

O monopólio dos ofícios e a proibição de toda concorrência são inegáveis fatores de bloqueio ao progresso tecnológico, pois dessa forma qualquer invenção passa a ser vista como concorrência desleal. É difícil avaliar o real impacto desse obstáculo na história das técnicas, mas ninguém pode negar que os avanços foram muito tímidos no final da Idade Média. Por exemplo, a roda de fiar, que permite acelerar a fiação, surge na segunda metade do século XIII, mas ela só se generaliza no século XV, e mesmo assim, com muitos regulamentos urbanos que limitam seu uso no fio da trama – a mesma relutância em relação ao tear com pedal, operado por dois homens. Essa oposição ao maquinismo também permite evitar uma praga dos tempos de corrida pela inovação: o rebaixamento e a desqualificação da força de trabalho. É nos setores da indústria "pesada" que se verificam os avanços técnicos mais importantes: o fole ligado à forja, que por volta de 1340 permite a corrida de ferro fundido, e o aperfeiçoamento do trabalho do bronze e do ferro, estimulado pela indústria de armas para a produção de tubos de canhão. As forjas se expandem: nos Pireneus, as forjas catalãs produzem 50 kg de ferro por corrida, o que equivale a 15 toneladas por ano. Na Europa central, surge o alto-forno: um forno de 4 metros de altura, que era preenchido com camadas alternadas de carvão e minério, além do calcário, o que melhorava o rendimento e facilitava a fusão; o ferro fundido é passado novamente pela forja e se transforma em ferro por meio de grandes martelos movidos por força hidráulica. No final da Idade Média, os altos-fornos são encontrados em quase toda a Europa, e certas regiões, como Liège, especializam-se na produção de armas e armaduras de boa qualidade. A vidraria também evolui com a crescente busca de conforto por parte da aristocracia e da alta burguesia – aos poucos, os segredos dos vidreiros de Murano se espalham. A construção naval se beneficia do desenvolvimento do leme de popa e do método das tábuas formando casco liso. No caso da imprensa, tem-se um longo processo de aperfeiçoamento no uso de letras móveis em liga metálica que culmina por volta de 1450: nas oficinas de Gutemberg, surge um novo setor industrial, que viria a revolucionar não apenas a organização do trabalho nas oficinas com mão de obra especializada e altamente qualificada, mas também a cultura e as mentalidades. Além disso, a imprensa provoca um desenvolvimento espetacular da indústria de papel à base de trapos; os trapeiros recuperam entulho feito de linho, cânhamo, fustão ou feltro, e vendem esse material para donos de fábricas de papel, que se multiplicam no curso dos pequenos rios.

Assim, apesar das desconfianças e reticências, os processos de fabricação melhoram, o que contribui para abaixar os preços de custo, até porque os custos de transporte também abaixam: por volta de 1500, já não representam mais do que 0,5% do preço de custo da seda, 2% das especiarias, 16% do alume entre Quios e Flandres, 10% a 14% para o trigo entre Sicília e Gênova. Isso certamente não se deve ao transporte terrestre, cuja capacidade pouco evoluiu desde a antiguidade: a mula ainda é o animal mais utilizado nos setores mais acidentados, com capacidade de carga de 250 kg; as carroças com reboque podem carregar até 4 toneladas na planície; porém, as estradas permanecem inseguras, além de esburacadas e cheias de pedágios. Quanto à hidrovia, esta é muito movimentada com barcos de todos os tamanhos: no Sena, 57% das embarcações que atravessam Meulan pesam entre 40 e 80 toneladas, e as maiores ultrapassam 100 toneladas; em Flandres, canais e eclusas aparentam boa conservação. É sobretudo a navegação marítima que faz grandes progressos no final da Idade Média – progressos que permitem as grandes viagens de exploração e colonização no século XVI. São eles: aprimoramento do sistema de orientação e rastreamento com bússola, cartas náuticas (*portulans*) e leme de popa; progressos nas capacidades de transporte: as carracas genovesas podem chegar a mil toneladas de carga, as cocas e as urcas hanseáticas chegam a quase isso, e as galeras mediterrâneas, 300 toneladas. Ao longo das costas atlânticas e do canal da Mancha, a cabotagem é praticada por uma infinidade de barcaças, pinaças, *escaffes*, *crayers* e outras embarcações de 20 a 100 toneladas. Por volta de 1450, surge no Mediterrâneo a caravela, com seus três mastros e seu casco liso, mais veloz e com capacidade de 300 a 400 toneladas. Devem-se acrescentar as galeras, cujas capacidades de transporte são limitadas, pois os remadores, em número de 75 ou 80, e seus abastecimentos assumem o lugar do frete. Em 1423, segundo o testamento do doge Mocenigo, toda a frota veneziana consiste em 45 galeras de 300 toneladas, 300 naves de 150 toneladas e 3 mil barcos menores: cerca de 60 mil toneladas no total; quase isso para a Hansa, 20 mil para Gênova, 15 mil para Espanha e França, e o mesmo para a Inglaterra. Ou seja, a capacidade de carga de todos os navios da Europa juntos é menor do que a de apenas um de nossos grandes porta-contêineres! Devemos ter em mente esta observação para compreender bem o contexto em que evoluíram os europeus do século XV: quinze vezes menos numerosos do que hoje, deslocando-se à velocidade de 30 quilômetros por dia no melhor dos casos, por vastas extensões de florestas e campos quase desérticos, entre cidades consideradas grandes por serem do tamanho de uma vila atual, recebendo notícias do outro lado do país com dias de atraso, eles se deparam com um mundo proporcionalmente vinte vezes maior do que o nosso. As trocas comerciais são, nessa escala, infinitamente mais arriscadas e ousadas e, se as quantidades podem parecer ridículas, elas constituem, no entanto, uma façanha permanente.

A hierarquia das rotas comerciais e centros econômicos evolui durante esses dois séculos. O fato maior é, sem dúvida, o declínio do Mediterrâneo e a ascensão do setor atlântico. O centro de gravidade da economia europeia se desloca para o noroeste. O avanço otomano e depois a queda de Constantinopla causam a retirada dos mercadores cristãos em direção ao Mediterrâneo ocidental. Sejamos claros: como em todas as épocas, os interesses comerciais prevalecem sobre as oposições políticas e religiosas, e o próprio papa não hesita em conceder autorizações para negociar com os infiéis, como aconteceu com Jacques Coeur. Mesmo assim, as trocas tornam-se mais difíceis: o preço das especiarias, da seda e do algodão que circulam pelo Império Otomano chega a um patamar proibitivo. Os genoveses e venezianos gradualmente reorganizaram seu comércio com a Espanha e a Itália: o alume de Tolfa suplanta o de Quios em 1468; cochonilha,[12] vinho, cera da Ligúria e Nápoles,

---

12 A produção do corante natural (o carmim de cochonilha) a partir do ácido carmínico extraído das cochonilhas (*Dactylopius coccus*) é uma técnica conhecida desde a antiguidade. (N. T.)

seda da Calábria, açúcar da Sicília, de Granada e de Algarve, seda de Valência, além das uvas e dos figos secos de Málaga oferecem mais oportunidades de lucro acessíveis e menos arriscadas. O comércio com os muçulmanos continua indispensável para um único produto: escravos negros e caucasianos, cujo tráfico enriquece mercadores de Nápoles, Marselha e Barcelona, apesar da desaprovação da Igreja – há cerca de 10 mil escravos africanos na Catalunha por volta de 1430.

Contudo, a costa atlântica já se prepara para assumir o comando. No século XIV, bretões, normandos e bascos praticam uma cabotagem ativa no golfo da Gasconha e no canal da Mancha, onde os limites entre comércio e pirataria nem sempre são muito claros: pastel[13] de Toulouse, sal de Guérande e vinhos da Aquitânia circulavam nos modestos navios de Nantes, Vannes, Saint-Malo, Bayonne, Rouen e Dieppe, enquanto o tráfico de Bordeaux diminui devido aos problemas da guerra dos Cem Anos.

Nos mares do norte, a rivalidade é acirrada entre os mercadores da Hansa germânica e os ingleses. A Hansa atinge o seu apogeu no século XIV, agrupando 77 cidades em 1375, divididas em quatro distritos: westfalianos (Colônia), vendos (Lübeck), saxões (Brunswick) e prussianos (Danzig). Dominada por Lübeck e Hamburgo, ela controla os estreitos dinamarqueses, mas também as rotas fluviais e terrestres para a Europa central e a Itália, pelo Reno, Simplon, Saint-Gothard, e seus mercadores estão firmemente estabelecidos em Veneza. Seus balcões em Frankfurt, Nuremberg, Constança, Basileia e Leipzig fornecem paradas ao longo do rio Meno, do rio Weser e no sul da Alemanha. A liga chegará a abranger 200 cidades em 1450. Mas nesse momento ela se depara com um rival formidável, que combina ações militares e técnicas comerciais mais modernas: a Inglaterra, que conduz uma política econômica agressiva. No reinado de Eduardo IV, a guilda dos *Merchants Adventurers* recebe privilégios extraordinários da Coroa que lhe permitem controlar 50% do comércio insular e 70% do comércio exterior. A ascensão do comércio inglês, contemporâneo da guerra dos Cem Anos, tem um aspecto xenófobo e nacional muito marcado: já em 1381 uma primeira lei de navegação tenta impor o monopólio da bandeira inglesa nos portos da ilha. Uma medida ilusória, porque a marinha inglesa ainda está longe de poder

---

13 Corante chamado pastel-dos-tintureiros, produzido a partir da planta *Isatis tinctoria* L. (N. T.)

1300-1500 – O TEMPO DO APOCALIPSE E A IDADE DA TRANSIÇÃO 503

cumprir essa tarefa, mas, de todo modo, uma medida que revela um estado de espírito conquistador. Os ingleses atacam fortemente o monopólio hanseático no Báltico, trazendo seus tecidos, o estanho de Devon e da Cornualha, o sal e o vinho da Aquitânia, além das frutas secas de Portugal. Liderando uma verdadeira guerra comercial, a Inglaterra suprime os privilégios da feitoria hanseática em Londres, o *Steelyard*, ataca os navios hanseáticos e, em 1474, a paz de Utrecht assegura-lhe uma clara supremacia no mar do Norte. É em Flandres, coração da economia da Europa setentrional na Idade Média, que o seu sucesso é mais evidente. Nesse setor, onde se situa a "parada" da lã inglesa, as exportações desta continuam a diminuir, caindo de 35 mil para 5 mil sacas por ano, e perdendo lugar para as peças de tecido: 38 mil desembarcam em Calais em 1400, 65 mil em 1480, 90 mil em 1510. A indústria de tecidos faz a fortuna da East Anglia e dos Cotswolds, além de estimular a atividade dos portos de Boston, Ipswich, Hull e Bristol. Londres encontra-se em plena ascensão, enquanto os portos flamengos estão em dificuldade: Bruges sofre assoreamento e, apesar da ajuda dos portos de Damme e L'Ecluse, é a Antuérpia que agora atrai grande comércio, devido à bolsa de valores criada em 1460.

Nessa reorganização do comércio europeu no final da Idade Média, a França permanece à margem. Penalizada durante um século pela desordem e insegurança causadas pelas guerras e pela bandidagem, seu território é agora evitado pelos mercadores. Em vez de ser a encruzilhada entre Itália, Espanha, Flandres e Inglaterra (o que seria natural devido à localização geográfica), torna-se um caminho a ser contornado. As feiras de Champanhe estão mortas. A partir de então, os mercadores tomam a rota marítima atlântica ou o eixo do Reno e as passagens alpinas, uma vez que as grandes feiras acontecem em Frankfurt, Leipzig, Nordlingen, Berg-op-Zoom, Delft e Genebra, mesmo que, em 1463, Luís XI tenha tentado arruinar a feira de Genebra concedendo privilégios a Lyon.

A IRRESISTÍVEL ASCENSÃO DOS HOMENS DE NEGÓCIO

As novas orientações da economia não são simplesmente geográficas. Elas também dizem respeito às estruturas, à organização do comércio e das trocas, agora sujeitas exclusivamente à lei do lucro. Ganhar dinheiro certamente sempre foi o objetivo da atividade comercial e sua motivação essencial. Mas esse objetivo tão real permaneceu mais ou menos inconfessável e vergonhoso, estigmatizado pelos anátemas cristãos contra a riqueza e pelos preconceitos hipócritas da nobreza militar contra o dinheiro, as finanças e as chamadas contas "de boticário".[14] Ordens monásticas se vangloriavam de serem "mendicantes"; a pobreza era exaltada no discurso eclesiástico, que prometia aos pobres os primeiros lugares no paraíso, e nunca teria ocorrido aos príncipes ter um ministro das finanças e da economia. A política era feita em torno de questões "nobres", que desconsideravam os meios financeiros para alcançá-las. Para um aristocrata, um cavaleiro ou um homem da Igreja, o dinheiro era sem valor e fonte de pecados: a avareza, a venalidade, o espírito de lucro eram as marcas dos desprezíveis burgueses; emprestar a juros era teoricamente proibido, ou, pelo menos, considerado imoral. Tudo isso no plano do discurso, do "politicamente correto" (se pudermos arriscar este anacronismo), porque na prática os comportamentos eram muito mais realistas. O que acontece no século XIV, e especialmente no século XV, é que a busca do lucro se torna uma atividade honrosa, e o dinheiro um valor positivo, até mesmo moral. Os ofícios ligados às finanças adquirem uma certa respeitabilidade, e os banqueiros tornam-se pessoas notáveis e dignas de serem convidadas à mesa de reis – os senhores mais ricos, que se casarão com as filhas desses reis, logo serão eles próprios príncipes e papas. O dinheiro começa seu reinado.

Sua ascensão é irresistível, pois ele é indispensável em todas as áreas. Príncipes e reis precisam de dinheiro para travar guerras cada vez mais caras, e, assim, o serviço feudal deficiente dá lugar a mercenários; os laços de homem para homem não resistem à evolução das mentalidades rumo ao individualismo; o crescente desejo de conforto e luxo exige sempre mais meios de pagamento. Tudo pode ser comprado: o título de imperador ou a tiara papal, reduções nas penas do purgatório ou um simples cargo de justiça. Os novos setores industriais requerem um capital significativo: a vidraçaria, a metalurgia e a imprensa, que utilizam maquinaria cara, e sobretudo

---

14 Minois se refere à questão do pagamento de honorários dos *apothicaires* (os farmacêuticos da época), que, assim como os médicos, não eram bem-vistos quando recebiam dinheiro por seu trabalho. (N. T.)

1300-1500 – O TEMPO DO APOCALIPSE E A IDADE DA TRANSIÇÃO   505

as minas, cujo funcionamento exige a constituição de sociedades anônimas. As minas de prata, chumbo, cobre e ferro da Europa central estão na origem de um capitalismo industrial, com sociedades financiadas tanto por comerciantes quanto por clérigos, nobres ou cidades. A produção de minério de ferro, que quadruplica entre 1460 e 1530, concentra-se no Harz e na Turíngia, onde o número de mineiros chegará a 120 mil em 1525. Grandes somas são investidas pelos banqueiros, como os Fugger, que também estão presentes nas minas de cobre da Estíria. O sal-gema da Saxônia e de Salins[15] em Franche-Comté, bem como a prata de Kutna-Hora na Boêmia, exigem também a constituição de empresas, e o papa não hesita em colocar o seu poder espiritual a serviço dos interesses capitalistas: a exploração das minas de alume de Tolfa, em território papal, a partir de 1463, é confiada aos Médici, com sentença de excomunhão contra todos os que comprassem alume de outro lugar – maneira radical de eliminar a concorrência.

No direito romano, o subsolo pertence ao Estado, e no século XIV institui-se uma legislação segundo a qual o soberano, em troca de um pagamento proporcional aos resultados, delega os seus direitos a uma companhia cujos sócios são investidores. É o que faz o imperador Carlos IV em 1366 e o rei Eduardo III da Inglaterra em 1377. Na França, é somente no século XV que os reis começaram a se interessar por esse tipo de atividade, com Carlos VII, que concede várias licenças de exploração. O equipamento ainda é rudimentar, as galerias dificilmente descem a mais do que 20 metros de profundidade e, além disso, necessita-se de um capital significativo para pagar os salários de centenas de trabalhadores, bem como para garantir os sistemas de bombeamento, ventilação e evacuação de água, como o desenvolvido na Polônia em 1460.

A maioria dos "acionistas" dessas companhias são homens de negócio com múltiplas atividades, verdadeiros capitalistas que investem em diversos setores, como Jacques Coeur. Esse filho de peleteiro de Bourges começa com pequenas operações nas oficinas monetárias, depois empresta aos oficiais do rei, entra na clientela de Carlos VII, torna-se mestre da Moeda em 1436, intendente de ajuda e gabelas em 1437, tesoureiro e conselheiro do rei em 1442, explorador de minas nas Cevenas, pratica o comércio a leste

---

15 Atualmente, Salins-les-Bains. (N. T.)

a partir de Montpellier e com seus próprios barcos, empresta ao rei e aos nobres, negocia com corretagem e câmbio, compra palacetes e senhorios, é enviado em missão diplomática para falar com o papa. O caso é excepcional na França, onde os capitalistas são de estatura mais modesta, como os Jossard em Lyon, os Le Pelletier na Normandia, os Ysalguier em Toulouse, os d'Heu em Metz, os Forbin em Marselha. Na Alemanha, as grandes fortunas do comércio, da banca e da mineração em Augsburgo, Ravensburg, Nuremberg e Lübeck – como os Welser, os Humpys, os Imhof, os Heim, os Hülpüchel, os Popplau – são eclipsados pelo fabuloso destino dos Fugger. Eles primeiramente se estabelecem em Nuremberg, depois em Augsburgo, introduzem o fustão[16] no Império, e posteriormente, adquirem participações nas minas de ouro da Hungria, de cobre na Estíria e na Boêmia, além do sal no Tirol; em 1494-1500, eles obtêm 33% de lucro nas vendas de cobre da Eslováquia; Jacob Fugger II se lança como banqueiro, empresta a Maximiliano I, torna-se o banqueiro pessoal dos Habsburgo e assegura a eleição de Carlos V para o Império em 1519 comprando os eleitores. Os Fugger têm uma organização muito centralizada, sem filiais ou agentes. Por outro lado, os Humpys, que em 1380 fundam a Companhia de Ravensburg, têm por volta do ano 1500 quatro feitorias na Alemanha, três na Espanha, três na Itália, três na Inglaterra, cinco na Basileia e em Montpellier, além de negociarem no comércio de linho, de açafrão e de madeira com a mesma competência que demonstram nas operações bancárias.

Na Itália, a atividade bancária é mais antiga e, muitas vezes, ligada originalmente à indústria têxtil. É o caso de um homem de negócios como Francesco di Marco Datini que, entre 1383 e 1401, tem capital investido em quatro empresas de lã, em Prato, Florença, Pisa e Gênova, além de outras em Avignon e Barcelona. De acordo com Villani, a produção florentina na área têxtil conta com mais de 200 lojas em 1335-1340, e o trabalho com seda é próspero em Luca, Siena, Gênova, Milão e Veneza. As oportunidades para os homens de negócio empreendedores são imensas, e os grandes mercadores de Gênova e Veneza sabem aproveitá-las. Nesse país, o império do dinheiro começa mais cedo do que em outros lugares – ele adquire respeitabilidade e a prova disso está no mecenato do *Quattrocento*. É graças ao dinheiro dos

---

16 Tipo de tecido de algodão, linho ou seda tecido em cordão grosso. (N. T.)

banqueiros e dos grandes mercadores que devemos boa parte das obras-primas do primeiro Renascimento italiano. Os mercadores venezianos têm tanto prestígio quanto os príncipes, e até escapam ao direito comum: no século XV, a *Mercanzia* florentina tem seus próprios tribunais, quartéis, notários, isenções fiscais e participações nas receitas públicas. É verdade que muitas cidades alemãs também têm seu *jus mercatorum*, seu *Kaufmannsgerichte*, mas na Itália, mais do que em qualquer outro lugar, o mercador é rei, quase literalmente, como ilustra o caso dos Médici. Cosme, falecido em 1464, ao combinar múltiplas atividades comerciais e bancárias, acaba por estar à frente de um capital de 2,5 milhões de florins. Sua empresa, ao contrário da dos Fugger, é composta por dezenas de filiais, cujos diretores gozam de grande autonomia, em Londres, Bruges, Colônia, Genebra, Lyon, Avignon, Milão, Veneza e Roma, o que permite separar facilmente os galhos que estão caindo sem provocar a queda do tronco (é o que vai acontecer com Tommaso Portinari, diretor da filial de Bruges, por causa dos empréstimos irresponsáveis concedidos a Carlos, o Audaz). Cosme de Médici habilmente se afasta da política florentina, que ele dirige discretamente de acordo com seus interesses; Lourenço, porém, não tem essa prudência: mecenas esclarecido e pomposo, esse banqueiro torna-se o verdadeiro príncipe de Florença sem o título. Amigo do papa, para quem administra as minas de Tolfa, que lhe rendem um lucro de 48% (25 mil ducados), é um parceiro essencial na diplomacia italiana. Essa mistura de gêneros envolvendo os negócios e a política não é isenta de perigos para Lourenço, como mostra o complô organizado pela família rival dos Pazzi, que termina com o assassinato de seu irmão Juliano em 1478.

Ainda não estamos no reinado dos banqueiros, mas os reis mais poderosos já não podem dispensá-los. Numa época em que a diplomacia, a guerra e o governo exigem somas desproporcionais aos orçamentos dos séculos XII e XIII, os soberanos não se contentam com as receitas do domínio régio, nem mesmo com as dos impostos. É necessário emprestar e recorrer a todos os processos de manipulação monetária. Os banqueiros lombardos são indispensáveis, como os famosos "Bicha"[17] e "Mosca" (Albizzo e Musciato dei Franzesi), companheiros inseparáveis de Filipe, o Belo. Emprestar aos reis é uma operação perigosa, que pode terminar em bancarrota, como

---

17 Em língua francesa, *biche* é como se designa a fêmea do cervo. (N. T.)

para os Bardi e os Peruzzi, credores de Eduardo III. Mas que também pode ser muito lucrativa: os reis pagam (às vezes) em terras, direitos, privilégios, cargos e arrecadação de impostos. Em todo caso, o banqueiro é o único técnico capaz de encontrar soluções para os problemas financeiros dos soberanos. Porque há escassez de metais preciosos justamente quando se necessita de uma quantidade maior de moedas. No século XIV, os príncipes recorrem ao expediente mais básico: diminuir o peso das moedas, reduzir seu teor de metais preciosos e aumentar seu valor nominal. As peças ficam finas como uma folha de papel; seu baixo teor de prata faz com que escureçam rapidamente, e são justamente esses medíocres discos de metal aparados nas bordas que devem ser aceitos em um nível exorbitante: na França, o "grosso" de prata passa de um valor teórico de 12 para 39 denários, enquanto o seu peso cai de 4,22 para 3,50 gramas, e seu título cai 30% com as sucessivas desvalorizações de 1295, 1303, 1311, 1318, 1322. Essas manipulações monetárias, no entanto, têm seus limites e, a partir de meados do século XIV, os governantes aumentam ainda mais os impostos para encher seus cofres. Isso começa nas cidades, onde as taxas são multiplicadas. Um sistema de imposto permanente sobre a fortuna e as rendas exige recenseamentos precisos, e é graças a essa necessidade que os historiadores da demografia têm esses documentos fiscais extremamente valiosos, como o famoso *catasto* florentino de 1427. Os príncipes não ficam para trás: no mesmo ano, o duque da Bretanha também manda fazer um recenseamento das famílias; o rei Carlos VII estabelece logo depois a talha real permanente, cujo montante não cessa de crescer no tempo de Luís XI. Retoma-se a cunhagem de moedas de ouro, como o escudo ao sol de Luís XI em 1475, ou o cordeiro de ouro de Ricardo III em 1483. Nas transações bancárias, são sempre as moedas italianas que dominam: o florim, "dólar da Idade Média", e o ducado veneziano. Na Alemanha, a escassez monetária logo será um elemento poderoso na conversão dos príncipes ao protestantismo – é isso que lhes permite apropriarem-se dos bens da Igreja.

COMÉRCIO E BANCO, FATORES DE EVOLUÇÃO CULTURAL

O lugar crescente ocupado pela moeda na política e na vida cotidiana também explica o desenvolvimento das técnicas comerciais e financeiras. E isso

1300-1500 – O TEMPO DO APOCALIPSE E A IDADE DA TRANSIÇÃO   509

não deixa de ter consequências nas mentalidades e na cultura. A prática dos negócios exige o domínio da leitura, da escrita e do cálculo, pois o uso do papel nas trocas monetárias aumenta de modo espetacular, com letras de câmbio, cheques, manutenção de contabilidade em partidas dobradas,[18] especialidade italiana e sobretudo veneziana no século XV, quando se diz que as contas são feitas *alla veneziana*. A necessidade de dominar as técnicas comerciais contribui para o progresso intelectual da burguesia. Surge uma educação especializada: a partir de 1338, segundo Villani, existem seis escolas de contabilidade e administração em Florença, e no início do século XV também existem algumas em Gênova, Milão, Londres, Bristol, Bruges e Bremen. Manuais são escritos para seu uso, como a *Pratica della mercatura* em 1340 e o *Libro di mercantie* em 1432. A escrita não serve apenas para manter contas: entre banqueiros e sócios, de uma filial para outra, circula uma volumosa correspondência, trocam-se informações sobre tudo o que pode afetar os negócios: evolução dos gostos, da demanda, dos preços, das chegadas, as viagens principescas, as negociações diplomáticas, as tensões, as guerras, os tratados e os casamentos. Os banqueiros eram os homens mais bem informados da Europa no século XV: eles sabem dos acontecimentos antes mesmo dos soberanos. Antecipar e reagir rapidamente é uma necessidade vital para eles, e o adensamento da rede bancária contribui para abrir os horizontes e o interesse por informações internacionais sobre o público urbano.

O mundo dos negócios também contribui para o desenvolvimento de uma nova mentalidade que diz respeito à assunção de riscos, à inovação e à inventividade. Nisso reside um dos sinais da saída do espírito medieval, essencialmente conservador, tradicionalista e hostil às novidades. A estrutura das sociedades comerciais evolui e é adaptável. A maioria delas é de nível muito modesto, 67% das que estão em Toulouse possuem um capital inferior a 200 libras, e muitas são efêmeras: 56% são encerradas em um ano. O capital é constituído, em parte, pelas contribuições pessoais dos sócios, o *corpo*, e em outra parte, pelos depósitos dos clientes, o *sopra corpo*, reembolsáveis à vista. Esses valores são investidos em negócios diversos: mineração,

---

18 Partidas dobradas: trata-se de um método de escrituração – conhecido como método veneziano – cujo princípio é a equivalência (ou duplo registro) entre débitos e créditos na somatória das contas contábeis. (N. T.)

comércio, indústria, empréstimos. Os riscos são altos: como o *sopra corpo* é muito superior ao *corpo*, os investimentos costumam ser arriscados, e em termos de liquidez, apenas 25% a 30% é mantido em caixa, de tal maneira que, se uma má notícia causa pânico entre os depositantes e eles decidem sacar o investimento, a sociedade é incapaz de pagá-los: é a *banca rotta*, a falência, que pode abalar os grupos mais poderosos, como os Peruzzi em 1343 e os Bardi em 1346, que emprestaram respectivamente 600 mil e 900 mil florins a Eduardo III – somas colossais. No entanto, o rei da Inglaterra, antes de Crécy, sofreu derrotas militares que indicavam que ele nunca seria capaz de pagar as dívidas. Para limitar os riscos, as grandes sociedades praticam a descentralização, com filiais nos maiores centros econômicos, ou com filiais quase independentes, que podem ser separadas sem colocar em risco o grupo inteiro, como os Médici. Para o comércio, também são utilizadas técnicas de seguros marítimos firmados perante tabeliões. Em 1427, o genovês Bagnaria garantiu o seguro de 200 mil florins em mercadorias.

Os bancos privados se originam em meio aos cambistas. Quanto aos bancos públicos, especialmente na Itália, eles se formam, quase sempre, por uma associação de credores da cidade. Chamados de *montes* ou *maones*, são burgueses que emprestam para a administração municipal e, em troca, recebem dos magistrados uma parte da arrecadação de certos impostos locais: é assim no caso do "monte" de Florença, o banco San Ambrogio de Milão e, especialmente, a poderosa Casa di San Giorgio em Gênova. Os bancos realizam depósitos, empréstimos e transferências. No caso das transferências, estas necessitam apenas de um jogo de escrituração e registro, o que evita o delicado e arriscado transporte de dinheiro. Para transferências entre bancos, dada a grande quantidade de dinheiro em circulação, as transações são efetuadas em moedas de referência, como o florim de Florença, o ducado veneziano, a lira de Gênova ou o escudo da Savoia.

O setor comercial e bancário oferece novas oportunidades de emprego e de carreira: comissionados, operadores de caixa, contadores, corretores e até diretores de filiais para os jovens mais talentosos. No final da Idade Média, o ofício de banqueiro é uma profissão honrosa e em franca ascensão; a prova do sucesso dessa atividade está em sua entrada no mundo da arte. Ricos e instruídos, os homens de negócio se conduzem como mecenas e se imortalizam através dos melhores retratistas da época, como o mercador de

Luca, Giovanni Arnolfini, pintado por Jan Van Eyck por volta de 1437-1439. A famosa tela do casal Arnolfini, que data de 1434, é uma espécie de símbolo do sucesso dessa burguesia de negócios, bem como de seus valores.

AGITAÇÕES URBANAS QUE REVELAM
UMA MUDANÇA ECONÔMICA E SOCIAL

A apoteose do burguês é infelizmente – e quase inevitavelmente – acompanhada pelo rebaixamento e pela pauperização do trabalhador braçal urbano. A Idade Média termina mal para os artesãos, tanto no âmbito da pequena loja artesanal quanto no dos grandes centros industriais, e o descontentamento acumulado está na origem de uma série de revoltas urbanas.

De modo geral, o sentimento predominante em todas as categorias sociais nos séculos XIV e XV é o descontentamento, a insatisfação. E, de fato, os infortúnios acumulados são tantos que seria surpreendente se o quadro não fosse assim. A autossatisfação que se expressa nos retratos dos banqueiros não deve nos iludir: mais do que satisfação, aqueles rostos exprimem aspereza. A burguesia em ascensão possui uma mentalidade guerreira, e a ideia de negociação lhe é totalmente estranha. Jacques Coeur organiza operações de caça para obter trabalho forçado em suas galeras: "Com um coração valente, nada é impossível", nem mesmo a exploração desavergonhada dos miseráveis em seus canteiros de obras. Mas, com exceção de um punhado de grandes manipuladores de dinheiro, todas as categorias sociais estão insatisfeitas. Vimos isso para os camponeses, para os senhores, para a aristocracia. O mundo urbano não é exceção e as tensões entre endinheirados e pobres se agravam: em 1335, em Toulouse, 7% dos habitantes possuem 65% das terras; as desigualdades aumentam. Os ofícios estão fechando e os companheiros não têm mais acesso à maestria. Eles então começam a se organizar, a formar "coalizões" e a convocar greves, que são severamente reprimidas.

A situação é particularmente tensa nos grandes centros da indústria têxtil, muito sensíveis à conjuntura. Flandres é fortemente afetada – situada no centro dos embates franco-ingleses, é pressionada pelos dois reis e sofre com as frequentes interrupções na chegada da lã inglesa, e as vicissitudes de ser uma "parada". Acima de tudo, é vítima de uma concorrência acirrada:

os ingleses já fabricam seus próprios tecidos e exportam a produção para o continente; os italianos não se contentam mais em tingir os tecidos do norte – seus produtos são cada vez mais comercializados em Pisa, Luca, Siena, Perugia, Áquila, Milão, Vicenza, Pádua, Cremona e especialmente Florença, onde Villani lista mais de 200 lojas por volta de 1335-1340, com produção de 80 mil peças de tecido por ano. A Espanha também começa a trabalhar com a lã de seus merinos, principalmente na Catalunha e em Aragão. Depois, há a concorrência das regiões vizinhas de Flandres, do grupo brabantês em particular, com Bruxelas, Louvain e Mechelen. Os centros tradicionais sofrem: Ypres, Bruges, Gante, Lille, Douai, Arras e Saint-Omer. Patronos reduzem os salários e alguns trabalhadores emigram para a Inglaterra ou para a Itália. Começa-se a operar uma reconversão tendo-se em vista produções mais leves e de menor qualidade: o sagum.[19] Mas tudo isso gera tensões sociais, agravadas pelo bloqueio do acesso à maestria nos ofícios. A partir de 1313, é quase impossível para um companheiro abrir uma loja em Stettin; o mesmo ocorre em Hamburgo, Riga e Lübeck a partir dos anos 1350-1370. Em Gante, no início do século XV, de 280 cervejeiros, 213 são filhos de mestres; em Paris, em 1351, é proibido empregar mais de um aprendiz por oficina; na Itália, o *popolo minuto* dos trabalhadores da lã e da seda se agita contra as variações erráticas e exageradas dos preços dos produtos de consumo cotidiano. Além dessas causas estruturais de descontentamento, há acidentes de conjuntura que agravam a situação. A peste negra, ao causar uma brutal escassez de mão de obra, é seguida por uma súbita alta de salários, que os governos tentam conter com medidas muito impopulares. Em 1351, o Parlamento inglês adota o Estatuto dos Trabalhadores: os salários não devem exceder os níveis anteriores à peste, e os empregados são proibidos de abandonar seus empregadores. Na França, João, o Bom, proíbe aumentos salariais superiores a 30% em relação aos valores de 1347; medidas semelhantes em Castela. Tais decisões, além de não serem respeitadas com facilidade, provocam a ira dos assalariados.

Mais ainda: as lutas sociais quase sempre estão ligadas a conflitos políticos, rivalidades entre clãs, grandes famílias e associações profissionais pelo

---

19 No original, *saie* (ou *sayon*): vestimenta de origem gaulesa feita de lã e semelhante a um manto ou a uma túnica. (N. T.)

1300-1500 – O TEMPO DO APOCALIPSE E A IDADE DA TRANSIÇÃO   513

controle de magistrados, com chefes provisórios, muitas vezes manipulados por facções políticas com programas demagógicos, em que pese a dificuldade de se discernir os verdadeiros desafios dessas lutas urbanas que marcam os séculos XIV e XV.

Isso começa em 1302 em Bruges, onde Pierre de Coninck arrasta uma parte dos companheiros tecelões contra os burgueses do partido francês, os *leliaart*, partidários das "flores de lis". Massacres e mais massacres acontecem. Em 1304 em Speyer, 1306 em Bruxelas e Liège, 1311-1313 em Londres, 1332 em Estrasburgo, Mainz, Colônia, Basileia, Gênova e Florença, 1337 a 1345 em Gante, 1346 em Florença, eclodem levantes esporádicos que são rapidamente reprimidos. O caso de Gante é o mais grave, porque o tecelão Jacques Van Artevelde, que faz promessas aos trabalhadores tecelões, alia-se aos ingleses e torna-se ator na guerra dos Cem Anos, de 1338 até seu assassinato em 1345.

Em 1347, a agitação ganha Roma, onde assume um caráter diferente: o tabelião Cola di Rienzo sonha alto: restaurar a República romana, da qual seria o ditador. O papa está em Avignon, os nobres fogem por causa do início da peste; Cola incita a plebe a saquear as casas abandonadas e tenta erguer um governo baseado em eleições; ele é assassinado durante um motim em 1354. Eis o destino de quase todos os líderes desses movimentos revolucionários, como Étienne Marcel em 1358. Esse tecelão, preboste dos mercadores de Paris, não tem nada de um proletário: chefe da família mais rica da cidade, é ele quem conduz, junto com seu acólito Robert Le Coq, bispo de Laon, a luta contra a tributação real e por uma reorganização do governo diante do vácuo de poder: o rei é prisioneiro e o delfim é um jovem dominado pelos acontecimentos. Um plano detalhado para a reforma dos abusos é adotado pelos estados gerais. Mas, em pouco tempo, Étienne Marcel torna-se refém de uma situação que escapa ao seu controle: dominado à "esquerda" pelos açougueiros de Jean Caboche e à "direita" pelos nobres de Carlos, o Mau (enquanto o campo nos arredores está nas mãos dos Jacques e dos *routiers* ingleses), é assassinado quando estava prestes a abrir os portões da cidade.

As revoltas urbanas atingem seu clímax entre 1378 e 1383. O movimento afeta toda a Europa. Em Florença, onde os clãs guelfos brigam entre si, os lojistas pegam em armas, liderados pelo cardador Michele di Lando; o palácio do podestade é atacado, as prisões são arrombadas, os registos fiscais queimados e o povo consegue a entrada de três novos ofícios no Conselho do Senhorio. Mas o movimento dura pouco: Michele di Lando se alia às autoridades e a aristocracia recupera o poder em 1381. Ao mesmo tempo, em Gante, Filipe Van Artevelde, filho de Jacques, levanta os artesãos contra a municipalidade; ele é morto em Roosebeke em 1382 durante a intervenção do exército francês. Em Rouen, acontece o motim "Harelle"; em Paris, o dos *maillotins*, ambos esmagados pelos nobres. A Alemanha também é afetada, com levantes em Mainz e Brunswick, enquanto, na Inglaterra, Londres abre suas portas aos rebeldes de Wat Tyler.

As coisas não se acalmaram no século XV – ao contrário: nas cidades, onde afluem os recém-chegados, a competição é permanente e acirrada. A proporção de imigrantes é enorme: no final do século, 29% em Lyon, 47% em Valence, 66% em Périgueux e 75% em Chalon, o que aumenta as rivalidades entre "nações"; em Lyon, ninguém mais quer ver os flamengos, e o mesmo ocorre com os béarnais[20] em Toulouse. Os mestres de ofício endurecem suas exigências e concordam em congelar os salários; o problema da tributação urbana se agrava, sobretudo no tocante aos gastos de construção, ampliação e manutenção das muralhas. Robert Fossier observa "superlotação e promiscuidade, fortalecimento dos vínculos profissionais ou de vizinhança, dificuldades materiais da vida cotidiana, [...] agressividade nas relações de trabalho devido ao ritmo acelerado da produção, desprezo recíproco entre as categorias sociais". Os motins são endêmicos: Amiens em 1435, Lyon em 1436, Besançon em 1451, Angers e Reims em 1461, Bourges em 1474, cada um com seu próprio contexto. A guerra civil entre armagnacs e borguinhões é a ocasião para o desencadeamento da violência, com bandos como o do carrasco Capeluche, puro sádico sem verdadeiras motivações sociais ou políticas. "As tropas da rebelião, variando de acordo com o lugar e as circunstâncias econômicas, sempre foram heterogêneas", escreve Jacques Rossiaud; elas "reuniam mestres artesãos, companheiros e aprendizes, mas também pobres rejeitados pelos círculos solidários urbanos; coesão efêmera. Os mestres não podiam fazer causa comum com os vagabundos por muito tempo", e, como acrescenta Michel Mollat, "a própria pobreza só

---

20 Os béarnais eram os gascões do Bearne, e, em sentido amplo, o termo designa os falantes da língua de oc. (N. T.)

1300-1500 – O TEMPO DO APOCALIPSE E A IDADE DA TRANSIÇÃO   515

poderia engendrar laços temporários correspondentes ao compartilhamento de uma adversidade comum". Ao final da Idade Média, misturam-se esperanças e frustrações, disputas políticas e rivalidades familiares, desejo de justiça social e sonhos igualitaristas tingidos de milenarismo; as violências urbanas desse período são a expressão caótica de uma sociedade em transformação, que busca novas bases com o sentimento confuso que diz respeito ao fim de uma cultura, de uma civilização: "Mas onde está o valente Carlos Magno?", lamenta François Villon por volta de 1460. Quem poderia expressar melhor a indefinível melancolia do crepúsculo de um mundo, de uma Idade Média milenar que se apaga lentamente, além desse poeta e assassino, que frequenta as tabernas e os bordéis parisienses?

"Mas onde estão as neves de outrora?"[21]

---

21 Ou, mais literalmente, "Mas onde estão as neves de antanho?": do poema *Ballade des dames du temps jadis*, que compõe o *Grande testamento* de François Villon. (N. T.)

EPÍLOGO

DA IDADE MÉDIA AO RENASCIMENTO, OU DO SANTO AO GRANDE HOMEM

A Idade Média está morta, viva o Renascimento! Pelo menos, é isso que os humanistas – com Erasmo à frente – proclamam por volta de 1500. Pois foram eles, como dissemos, que fabricaram esse mito da "idade média", do *medium tempus*, um milênio de tempo desperdiçado, segundo esses pensadores, após o qual o espírito humano pôde finalmente andar para frente e retomar o contato com a cultura greco-romana. Na verdade, pode-se dizer que um mito foi substituído por outro. Afinal, não é o próprio Renascimento, como escreve Jacques Heers, um mito que nos causaria embaraço quando tivéssemos que localizar o seu início e, pior ainda, o seu fim? Ou mais exatamente, o que deve ser dito é que, se o Renascimento inventou a ideia da Idade Média, então, é a Idade Média que engendrou o Renascimento.

Todos esses humanistas, os quais se dizem libertos das inépcias da escolástica, são formados pela educação medieval que eles rejeitam. É o nominalismo, com suas argúcias, que contribui para a difusão da dúvida, do espírito crítico e do questionamento das certezas teológicas. É uma invenção medieval, a imprensa, que permite aos novos intelectuais divulgar suas ideias. É a Idade Média que, para contornar o mundo muçulmano, lança a Europa na conquista do mundo, rumo ao sul da África e às Índias, e rumo à América. Isso foi bom? Foi um mal? Estas são perguntas desnecessárias, pois tudo o que aconteceu era inevitável. Em todas as áreas, a herança da baixa Idade Média é colossal, e é óbvio que, sem ela, o Renascimento teria sido impossível. Lutero, Fugger, Erasmo, Copérnico e Maquiavel são produtos da Idade Média, assim como Cristóvão Colombo, Magalhães, Leonardo da Vinci e o banco dos Médici. Esses personagens que fazem a ligação entre as duas épocas são espíritos medievais. Eles abrem novas perspectivas, não há dúvida. Entretanto, é raro ver tantos espíritos tão bem qualificados serem legados por uma civilização moribunda à sua sucessora. Talvez a melhor marca da grandeza da Idade Média resida nesse fato: os humanistas são, como os intelectuais da escola de Chartres no século XII, anões sobre ombros de gigantes, porém, carentes de modéstia. Ao contrário de seus predecessores, eles negam sua herança. Apresentam-se como puros inovadores, criadores que rompem totalmente com a cultura escolástica.

Todavia, o que há não é ruptura, e sim, transmissão e transição. A Eurásia por volta de 1500 é uma entidade geopolítica mais dividida do que nunca. A leste, os otomanos, que agora estão estabelecidos até o Danúbio e representam uma ameaça formidável para uma Europa cristã dividida em reinos nacionais e rivais. A Igreja nunca foi tão rica e tão contestada. Enquanto a massa de fiéis permanece crédula como sempre, os intelectuais começam a se distanciar e a se fazerem conhecer através da imprensa. Os debates tendem a sair das universidades e das academias para atingir um povo urbano, que amplia seus horizontes, enquanto o campo sofre. A economia cresce lentamente e de forma desigual, estimulada agora pelo uso desinibido do dinheiro e pela busca do lucro. Talvez os personagens mais icônicos da nova era sejam Maquiavel e Jacob Fugger, que correspondem ao realismo político e ao banco. Lutero é o terceiro homem, mas este olha para o passado, sonha com os tempos apostólicos.

As estruturas, os valores tradicionais e as certezas da Idade Média estão rachando sob a pressão de novas aspirações. Os defensores da antiga ordem das coisas tentam preencher as brechas: os nobres se apegam a seus senhorios, cobiçados pelos burgueses em plena ascensão; os patronos bloqueiam

EPÍLOGO

o acesso à maestria; os camponeses se rebelam contra os novos impostos e o fechamento das comunas; o Índice tenta impedir a impressão e a disseminação de novas ideias. Porém, não é possível parar a marcha da história. Novos conflitos se formam, com questões a uma só vez territoriais, religiosas e financeiras. O que talvez seja mais revelador da mudança de época é que esses conflitos são cada vez mais personalizados: às lutas entre o Sacerdócio e o Império, entre o cristianismo e o islã, entre a Igreja e a heresia, seguem-se os confrontos entre Júlio II, Carlos V, Francisco I, Henrique VIII, Lutero, Solimão. É certo que esses homens encarnam ideias e, na Idade Média, por trás das ideias há também indivíduos. Doravante, porém, o indivíduo tem precedência sobre a ideia. Antes, o Sacerdócio era o poder espiritual; o Império era o poder temporal; o turco era o infiel. Agora, o reino da França é Francisco I, o Império é Carlos V, o turco é Solimão, o papado é Júlio II ou Leão X. Passamos do culto da ideia ao culto da personalidade.

Esse aspecto muito negligenciado pela historiografia é o sinal de passagem da Idade Média para o Renascimento. De repente, o "grande homem" aparece: gênios literários, gênios artísticos, exploradores, descobridores, conquistadores, *condottiere, conquérants*, soberanos, papas e reformadores fazem do Renascimento um dos períodos mais ricos em heróis de toda a história. De Botticelli a Leonardo da Vinci, de Vasco da Gama a Cristóvão Colombo, de Cortés a Pizarro, de Erasmo a Lutero, de Lourenço (o Magnífico) a Carlos V e tantos outros, os grandes homens se entrechocam.

Diante da força niveladora do igualitarismo cristão, o indivíduo reivindica seu lugar, sua autonomia. O mérito pessoal e o destino excepcional são exaltados. O homem, ápice da criação, foi criado livre e é chamado a tomar as rédeas de seu destino: "Só a ele é concedido o poder de possuir o que lhe agrada, de ser o que lhe parece bom", escreve Pico della Mirandola em 1486. Cabe a cada um construir a sua própria vida sem levar em conta os quadros tradicionais. A época admira o homem novo, aquele que se faz sozinho, porque, como diz o humanista florentino Palmieri, "aquele que se glorifica nas façanhas de seus ancestrais priva a si próprio de mérito e honra. Se ele quiser merecer a honra, que dê exemplo de si mesmo, e não dos outros".

O homem medieval se oculta atrás do ideal que defende; o homem do Renascimento se torna ele mesmo esse ideal: o herói, o príncipe, o gênio. Impulsionado pela *virtù* (essa mistura de audácia, vontade, inteligência e domínio de si mesmo), ele busca a glória e a fama – Lorenzo Costa faz da fama uma deusa e a representa em 1490, em Bolonha, em uma carruagem puxada por elefantes, rodeada por homens ilustres. O homem do Renascimento triunfa até mesmo sobre a morte: Andrea Riccio o coloca no túmulo de Marc Antony della Torre, proclamando a imortalidade dos homens de letras; diante desse espetáculo, o esqueleto deixa cair sua foice. A arte funerária participa plenamente na afirmação da imortalidade dos grandes homens. Os túmulos tornam-se verdadeiros monumentos, com inscrições funerárias prolixas e grandiloquentes: pensemos nos túmulos dos Médici, de Júlio II, de Maximiliano, de Luís XII e de Ana da Bretanha, que contrastam com a simplicidade dos jacentes medievais. A glória terrestre e a imortalidade celeste estão ligadas: "Por ações brilhantes se chega ao céu" é o que se lê no gabinete do duque de Urbino. Para o dominicano Gianbattista, "o homem deve tentar tudo no mundo para obter a honra, a glória e a fama que o tornem digno do céu, e que também o levem a saborear a paz eterna", e para Conversano, "a maior felicidade é ser celebrado e honrado neste mundo, e em seguida, desfrutar da bem-aventurança eterna no outro".

A exaltação do ego atinge proporções inimagináveis, tanto entre os artistas quanto entre os príncipes – a glória destes reflete sobre a daqueles: os retratos anônimos de Luís XI ou Carlos VIII dão lugar às impressionantes imagens de Francisco I por Jean Clouet, e na Inglaterra, que contraste entre o humilde retrato de Henrique VII por um desconhecido e a imponente série dos Henrique VIII por Hans Holbein! Depois dos santos sem rosto da Idade Média, os retratos personalizados de príncipes majestosos em pinturas, medalhas, gravuras e estátuas difundem os traços do grande homem.

O grande homem é exaltado pelos humanistas. A *virtù* permite alcançar a *fama*, aquela "glória quase eterna que prolonga esplendidamente a vida após a morte", escreve Castiglione. Para alcançar essa glória, todos os meios são bons, e Maquiavel acusa o cristianismo medieval, que exalta a humildade, de ter atrapalhado a eclosão dos grandes homens: "Nossa religião coloca a felicidade suprema na humildade, na abjeção, no desprezo pelas coisas humanas". Isso logo vai mudar. Cosme de Médici já dizia que "não se dirige o Estado com o rosário entre os dedos", exceto para despistar o adversário e fazer uma pausa.

EPÍLOGO

A Idade Média desaparece nas mentalidades antes de desaparecer nas instituições, cada vez mais resistentes e que só cedem ao estado de fósseis. A passagem da Idade Média para o Renascimento consistiu primeiramente numa nova visão do mundo; é a primeira etapa de um desencanto nos homens que, em vislumbre, começam a perceber que os céus estão mais longe do que se pensava, e que talvez até mesmo estejam vazios. Querer brilhar na terra é, em última análise, uma ambição mais modesta do que aspirar à glória eterna.

A Idade Média não foi uma idade de ouro – isso nunca existirá. Ela foi a idade de uma relativa inocência, que soube aproveitar ao máximo os conhecimentos e os meios materiais muito limitados disponíveis, combinando uma fé autêntica e uma razão intransigente. Ela foi, em primeiro lugar, um estado de espírito baseado na confiança em uma síntese entre a fé e a razão. Quando os nominalistas demonstraram, a partir do século XIV, que essa síntese era ilusória, o estado de espírito medieval tornou-se fadado a desaparecer.

CRONOLOGIAS

VIDA POLÍTICA E MILITAR

395 – Morte de Teodósio e partilha do Império Romano.

400

410 – Tomada de Roma por Alarico.
435 – Reino vândalo na África.
453 – Morte de Átila.
455 – Tomada de Roma pelos vândalos.
476 – Fim do Império Romano do Ocidente.
481-511 – Reinado de Clóvis.
493 – Reinado ostrogodo na Itália (Teodorico).

500

525-568 – Reinado de Justiniano.
568-572 – Instalação dos lombardos na Itália.
582-604 – Reinado de Maurício, imperador bizantino.

600

623-639 – Reinado de Dagoberto.
634-642 – Conquista árabe do Iraque, da Síria e do Egito.
661 – Assassinato do califa Ali.
670-686 – Ataques árabes no Magrebe.

700

711 – Os árabes invadem a Espanha. Queda da monarquia dos visigodos.
717-718 – Fracasso do cerco de Constantinopla pelos árabes.
732 – Carlos Martel vence os árabes em Poitiers.
751 – Pepino, o Breve, coroado rei dos francos.
755 – Criação dos Estados papais (domínio de São Pedro) por Pepino, o Breve.
756 – Massacre dos omíadas e advento dos abássidas.
768 – Início do reinado de Carlos Magno.
783-805 – Conquista da Saxônia por Carlos Magno.
786-809 – Harune Arraxide califa de Bagdá.
793 – Primeiros ataques dos vikings na Inglaterra.
797 – Irene, rainha.

800

800 – Coroação imperial de Carlos Magno em Roma.
814 – Morte de Carlos Magno.
814-840 – Reinado de Luís, o Piedoso.
842 – Juramento de Estrasburgo.
843 – Tratado de Verdun.
852 – Início da Reconquista.
871-899 – Alfredo, o Grande, rei de Wessex.
886-912 – Leão VI, imperador bizantino.
898 – Início dos ataques húngaros.

CRONOLOGIAS

900

902 – A Sicília inteiramente muçulmana.
921 – Os fatímidas senhores do Magrebe.
936 – Otão I, rei da Germânia.
945 – Os buídas em Bagdá.
955 – Vitória de Otão sobre os húngaros em Lechfeld.
962 – Otão I coroado imperador do Sacro Império Romano germânico.
969 – Os fatímidas no Egito. Fundação do Cairo.
976-1025 – Reinado de Basílio II, *Bulgarocton*.
987 – Advento de Hugo Capeto.

1000

1001 – Santo Estêvão, rei da Hungria.
1014-1035 – Canuto, o Grande, rei da Dinamarca, Noruega e Inglaterra.
1031 – Fim do califado omíada de Córdoba.
1042-1066 – Reinado de Eduardo, o Confessor.
1055-1057 – Os turcos seljúcidas em Bagdá e na Síria.
1066 – Batalha de Hastings: Guilherme, o Conquistador, duque da Normandia e rei da Inglaterra.
1071 – Os bizantinos expulsos da Itália pelos normandos. Vitória dos turcos sobre os bizantinos em Maniquerta.
1077 – Humilhação do imperador Henrique IV pelo papa Gregório VII em Canossa.
1085 – Afonso VI de Castela conquista Toledo.
1095 – Urbano II prega a cruzada em Clermont.
1096-1099 – Primeira cruzada.

1100

1101 – Rogério II, rei da Sicília.
1122 – Concordata de Worms.

1148 – Fracasso da segunda cruzada (Luís VII).

1152-1190 – Reinado do imperador Frederico I Barbarossa.

1154-1189 – Reinado de Henrique II Plantageneta.

1180-1223 – Reinado de Filipe Augusto.

1187 – Saladino retoma Jerusalém.

1189-1199 – Reinado de Ricardo Coração de Leão.

1189-1193 – Fracasso da terceira cruzada.

1199-1216 – Reinado de João Sem Terra.

1200

1204 – Quarta cruzada. Tomada de Constantinopla pelos latinos.

1204-1212 – Reconquista da Normandia por Filipe Augusto.

1212 – Vitória cristã de Las Navas de Tolosa (Reconquista).

1214 – Bouvines.

1215 – A *Magna Carta*.

1216-1272 – Reinado de Henrique III na Inglaterra.

1220-1250 – Reinado do imperador Frederico II Hohenstaufen.

1226-1270 – Reinado de são Luís (Luís IX).

1227 – Morte de Gengis Khan.

1229 – Frederico II obtém a restituição de Jerusalém.

1242 – Vitória de Alexandre Nevski sobre os cavaleiros teutônicos.

1248-1254 – Fracasso da sétima cruzada no Egito (Luís IX).

1252-1284 – Reinado de Afonso X, o Sábio de Castela.

1259 – Tratado de Paris.

1261 – Os gregos retomam Bizâncio sob os latinos.

1266 – Carlos de Anjou senhor do reino de Nápoles.

1272-1307 – Reinado de Eduardo I na Inglaterra.

1285-1314 – Reinado de Filipe IV, o Belo.

1291 – Queda de São João de Acre.

1300

1311 – Dissolução da ordem dos templários.

CRONOLOGIAS 527

1327-1377 – Reinado de Eduardo III na Inglaterra.

1328 – Fim dos capetianos diretos.

1337 – Início da guerra dos Cem Anos.

1346 – Crécy.

1354 – Os turcos ganham posição na Europa: o sultão Orhan em Galípoli.

1356 – Batalha de Poitiers. João, o Bom, é preso. Bula de ouro do imperador Carlos IV.

1360 – Tratado de Brétigny.

1364-1380 – Reinado de Carlos V. Reconquista da França por Du Guesclin.

1367 – Vitória do Príncipe Negro em Najera.

1399 – Deposição de Ricardo II e tomada do poder por Herique IV Lancaster.

1400

1402 – Derrota turca em Ancara diante dos mongóis de Tamerlão.

1407 – Início da guerra civil entre *armagnacs* et *bourguignons*.

1410 – Derrota dos cavaleiros teutônicos em Tannenberg.

1415 – Azincourt.

1419-1436 – Guerras hussitas.

1420 – Tratado de Troyes: Henrique V, rei da França e da Inglaterra.

1429 – Carlos VII coroado em Reims.

1453 – Tomada de Constantinopla pelos turcos. Batalha de Castillon: fim da guerra dos Cem Anos.

1455-1485 – Guerra das Duas Rosas.

1461-1483 – Reinado de Luís XI.

1469-1492 – Lourenço, o Magnífico.

1475 – Tratado de Picquigny.

1477 – Morte de Carlos, o Audaz.

1483-1498 – Reinado de Carlos VIII. Início das guerras da Itália.

1485 – Batalha de Bosworth. Morte de Ricardo III. Henrique VII Tudor, rei da Inglaterra.

1492 – Descoberta da América por Cristóvão Colombo. Tomada de Granada por Fernando de Aragão. Morte de Lourenço, o Magnífico.

1494 – Tratado de Tordesilhas.

1499 – Vasco da Gama chega às Índias.

FATOS ECONÔMICOS, SOCIAIS E CULTURAIS

391 – Proibição dos cultos pagãos.

400

428 – Código teodosiano.
430 – Morte de santo Agostinho.
451 – Concílio da Calcedônia: proibição do monofisismo.

500

506 – Breviário de Alarico.
524 – Execução de Boécio.
529-533 – Código Justiniano.
536 – Construção da Santa Sofia.
537 – Regra de são Bento.
568-559 – A grande peste.
583 – Morte de Cassiodoro.
590-604 – Gregório, o Grande.

600

622 – Égira.
632 – Morte de Maomé.
636 – Morte de Isidoro de Sevilha.
673-735 – Beda, o Venerável.

700

726 – Primeiros éditos iconoclastas.

CRONOLOGIAS

762 – Fundação de Bagdá.
781 – Alcuíno na corte de Carlos Magno.

800

864 – Fundação de Kiev.
865 – Missões de Cirilo e Metódio.
891 – Morte de Fócio.

900

910 – Fundação de Cluny.
923 – Morte de Rasis.
931-964 – Período da "pornocracia pontifical".
950 – Morte de Alfarábi.
990 – Concílio de paz de Charroux.
999-1003 – Pontificado de Silvestre II (Gerberto de Aurillac).

1000

1010 – Início da escola de medicina de Salerno.
1030 – Adalberão de Laon elabora a teoria social das três ordens.
1033-1035 – Série de períodos de fome.
1037 – Morte de Avicena.
1054 – Cisma entre a Igreja romana e a Igreja ortodoxa.
1063-1071 – Construção de São Marcos de Veneza.
1073-1085 – Pontificado de Gregório VII: início da reforma gregoriana.
1078 – *Monologion* e *Proslogion* de santo Anselmo.
1084 – Fundação da Grande Chartreuse por são Bruno.
1086 – O *Domesday Book*.
1096 – Fundação de Fontevraud por Roberto d'Arbrissel.
1098 – Fundação de Cister por Roberto de Molesme.

1100

1100-1125 – Movimento comunal no norte da França.

1115-1153 – São Bernardo, abade de Claraval.

1119 – Fundação da ordem do Templo.

1120 - *Sic et Non* de Abelardo.

1122-1156 – Pedro, o Venerável, abade de Cluny.

1125-1150 – Tradução de textos antigos do árabe para o latim.

1132-1144 – Reconstrução de Saint-Denis por Suger.

1140 – Condenação de Abelardo. *Decreto* de Graciano.

1143-1155 – Tomada do poder por Arnaldo de Brescia em Roma.

1152 – *Sentenças* de Pedro Lombardo.

1159-1181 – Pontificado de Alexandre III.

1160-1180 – Cristão de Troyes.

1171 – Assassinato de Tomás Becket.

1184 – Instituição da Inquisição episcopal.

1198 – Morte de Averróis.

1198-1216 – Pontificado de Inocêncio III.

1200

1202 – Cunhagem do matapan ou grosso de prata em Veneza.

1210-1218 – Cruzadas dos albigenses.

1215 – Quarto concílio de Latrão. Universidade de Paris.

1216 – Ordem dos dominicanos.

1223 – Ordem dos franciscanos.

1224-1235 – Roberto Grosseteste, chanceler da Universidade de Oxford.

1252 – Cunhagem do florim em Florença e do genovês de ouro em Gênova.

1252-1259 – Tomás de Aquino ensina em Paris. A *Suma teológica*.

1260-1266 – Viagem dos Polo pela Ásia.

1266 – Cunhagem do escudo de ouro na França. *Opus majus* de Roger Bacon.

1280-1285 – Revoltas urbanas.

1294-1296 – Mudanças monetárias de Filipe, o Belo.

CRONOLOGIAS

1300

1302 – Bula *Unam Sanctam.*

1303 – Atentado de Anagni contra Bonifácio VIII.

1309 – O papa Clemente V se instala em Avignon.

1315 – Grande fome na Europa.

1321 – Morte de Dante.

1343-1345 – Falências bancárias em Florença.

1348 – Peste negra.

1349 – Morte de Guilherme de Ockham. Sucesso do nominalismo.

1378 – Início do Grande Cisma do Ocidente.

1378-1382 – Revoltas populares (*Ciompi* de Florença, Trabalhadores ingleses, *Maillotins* de Paris).

1394 – Fundação do banco dos Médici em Florença.

1400

1414-1418 – Concílio de Constança. Fim do Grande Cisma.

1430-1433 – Concílio da Basileia. Crise conciliar.

1437-1439 – Concílio de Ferrare-Florença. Tentativa de encerrar o cisma grego.

1455 – Imprensa. Bíblia de Gutemberg.

1492 – Eleição do papa Alexandre VI Bórgia.

MAPAS

Mapa 1 – A Europa por volta de 485

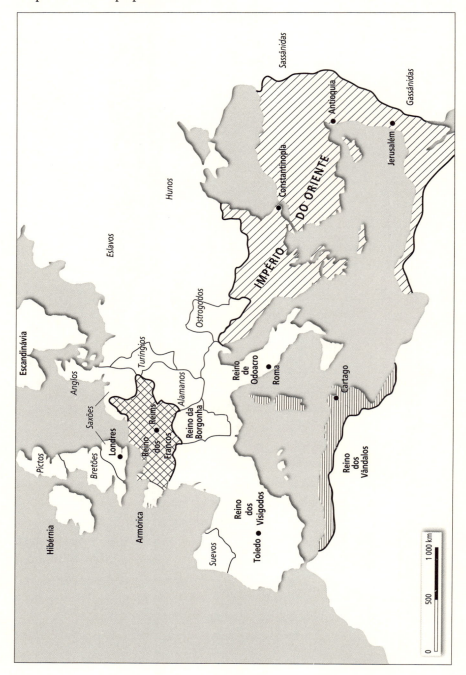

Mapa 2 – A Europa por volta de 800

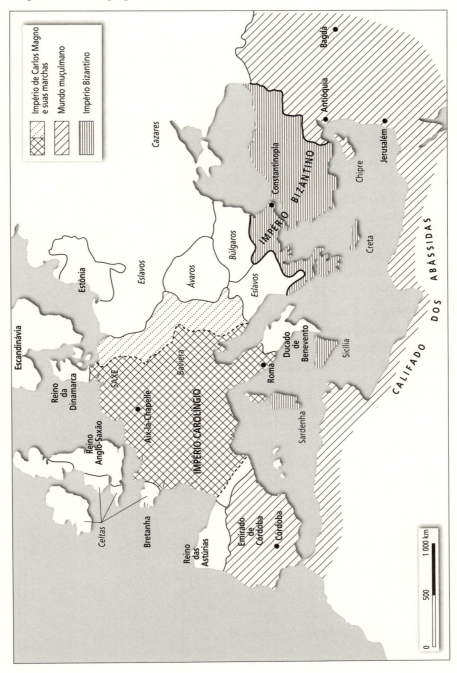

Mapa 3 – A Europa por volta de 1100

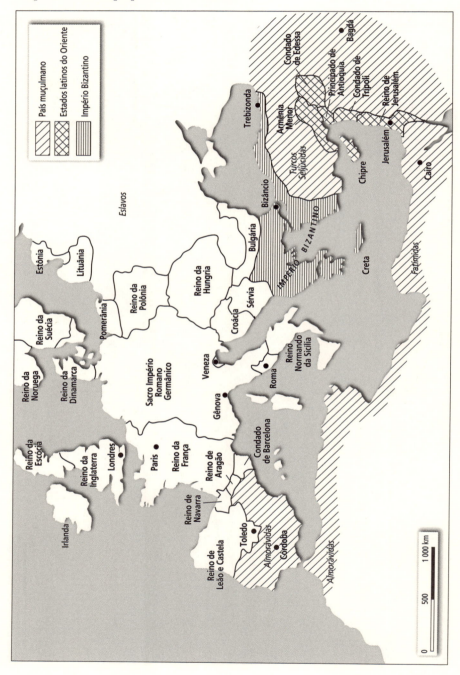

Mapa 4 – A Europa por volta de 1200

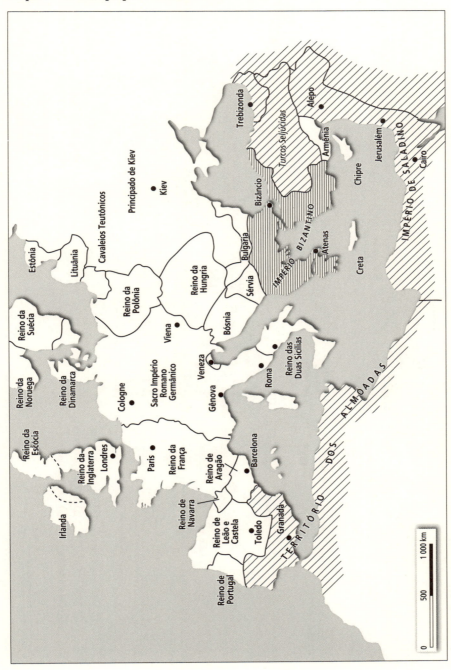

Mapa 5 – A Europa por volta de 1500

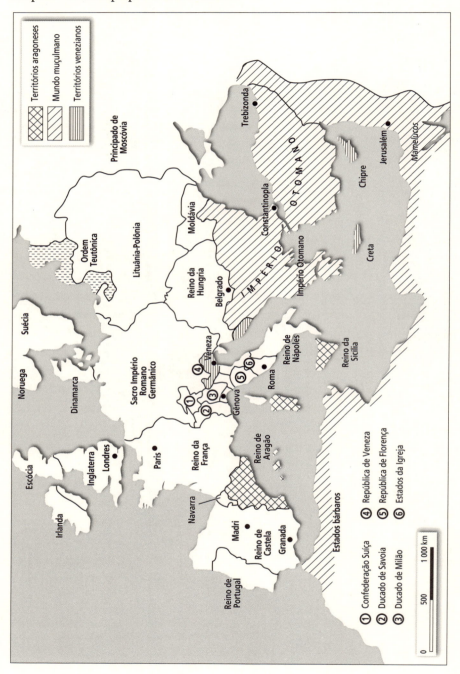

BIBLIOGRAFIA SUMÁRIA

Elaborar uma bibliografia da história da Idade Média é um empreendimento derrisório: a lista de obras incluiria dezenas, até mesmo centenas de milhares de títulos em mais de vinte idiomas – lista que aumenta a cada dia. A bibliografia a seguir, limitada a cerca de 250 títulos, excluídas biografias e artigos, é, portanto, meramente simbólica, e com ela pretendo apenas lembrar um punhado de obras marcantes, cada uma das quais pode servir de base para pesquisas mais aprofundadas. As referências foram divididas em cinco grupos que refletem o plano de nosso trabalho:

A. Obras sobre a Idade Média em geral e a Europa inteira
B. Obras sobre a Idade Média por região
C. Obras sobre os séculos V a X
D. Obras sobre os séculos XI a XIII
E. Obras sobre os séculos XIV a XV

A. A EUROPA NA IDADE MÉDIA

AURELL, M. *La Noblesse en Occident au Moyen Âge*. Paris, 1996.
BALARD, M.; GENET, J.-P.; ROUCHE, M. *Le Moyen Âge en Occident*. Paris, 2011.
BARRUCAND, M.; CAILLET, J.-P.; JOLIVET-LÉVY, C.; JOUBERT, F. *L'Art du Moyen Âge*. Paris, 1995.
BASCHET, J. *La Civilisation féodale*. Paris, 2004.
BLOCH, M. *La Société féodale*. Paris, 1994.
BOGLIONI, P.; DELORT, R.; GAUVARD, C. *Le Petit peuple dans l'Occident medieval*. Paris, 2003.

540 GEORGES MINOIS

Cambridge Medieval History (The New). Cambridge University Press, 8 volumes –
I: The Christian Roman Empire and the Foundation of the Teutonic Kingdoms,
2005; II: The Rise of the Saracens and the Foundation of the Western Empire,
1995; III: Germany and the Western Empire, 2000; IV: The Byzantine Empire,
2004; V: The Contest of Empire and Papacy, 1999; VI: The Victory of the Papacy,
2000; VII: The Decline of Empire and Papacy, 1998; VIII: The Close of the Middle Ages, 2010.

CHELINI, J. *Histoire religieuse de l'Occident medieval*. Paris, 1965.

CONTAMINE, P. *L'Économie médiévale*. Paris, 1993.

_____. *La Guerre au Moyen Âge*. Paris, 1980.

CUVILLIER, J.-P. *Histoire de l'Europe occidentale au Moyen Âge*. Paris, 1998.

DAY, J. *Monnaies et marchés au Moyen Âge*. Paris, 1994.

Dictionary of the Middle Ages. Ed. Joseph R. Strayer. Nova York, 1982-1989, 12 volumes (8 mil páginas, 112 mil personagens e um volume suplementar publicado
em 2003).

DUBY, G. *L'Économie rurale et la vie des campagnes dans l'Occident médiéval*. Paris, 1962,
2 volumes.

DUTOUR, T. *La Ville médiévale*. Paris, 2003.

FELLER, L. *Paysans et seigneurs, VIIIe-XVe siècle*. Paris, 2007.

FOSSIER, R. *Ces Gens du Moyen Âge*. Paris, 2007. Ed. bras.: *As pessoas da Idade Média*.
Petrópolis: Vozes, 2018.]

_____. (Dir.). *Le Moyen Âge*. Paris, 1982, 3 volumes (I: Les Mondes nouveaux, 350-
950; II: L'Éveil de l'Europe, 950-1250; III: Le Temps des crises, 1250-1520).

_____. *Le Travail au Moyen Âge*. Paris, 2000.

_____. *Histoire sociale de l'Occident médiéval*. Paris, 1970.

FOURNIAL, E. *Histoire monétaire de l'Occident médiéval*. Paris, 1970.

GALLY, M.; MARCELLO-NIZIA, C. *Littératures de l'Occident médiéval*. Paris, 1985.

GAUVARD, C.; LIBÉRA, A. de; ZINK, M. *Dictionnaire du Moyen Âge*. Paris, 2002.

GENET, J.-P. *La Mutation de l'éducation et de la culture médiévales*. Paris, 1999, 2 volumes.

_____. *Le Monde au Moyen Âge*. Paris, 1991.

GUÉNÉE, B. *Histoire et culture historique dans l'Occident médiéval*. Paris, 1980.

HECK, C. *Moyen Âge: chrétienté et islam*. Paris, 1996.

HEERS, J. *La Ville au Moyen Âge en Occident*. Paris, 1990.

HELVETIUS, A. M.; MATZ, J. M. *Église et société au Moyen Âge, V^e-XVe siècle*. Paris, 2008.

HEYD, W. *Histoire du commerce du Levant au Moyen Âge*. Amsterdã, 1967, 2 volumes.

JONES, P. *The Italian City-State*. Oxford, 1997.

KRETZMANN, N.; KENNY, A.; PINBORY, J. *The Cambridge History of Medieval Philo-
sophy*. Cambridge, 1982.

LE GOFF, J. *La Civilisation de l'Occident medieval*. Paris, 1997. [Ed. bras.: *A civilização do
Ocidente medieval*. Bauru: Edusc, 2005.]

_____. *La Naissance du purgatoire*. Paris, 1981.

_____. *Les Intellectuels au Moyen Âge*. Paris, 1985. [Ed. bras: *Os intelectuais na Idade
Média*. São Paulo: Brasiliense, 1988.]

_____. *Un Autre Moyen Âge*. Paris, 2000.

BIBLIOGRAFIA SUMÁRIA

LE GOFF, J.; SCHMITT, J.-C. *Dictionnaire raisonné de l'Occident médiéval*. Paris, 1999 [Ed. bras.: *Dicionário analítico do Ocidente medieval*. São Paulo: Editora Unesp, 2017, 2 volumes].

Lexikon des Mittelalters, publicado em fascículos desde 1980, Munique.

LIBERA, A. *La Philosophie médiévale*. Paris, 1993.

LOBRICHON, G. *La Religion des laïcs au Moyen Âge*. Paris, 1994.

MANSELLI, R. *La Religion populaire au Moyen Âge*. Montréal e Paris, 1975.

MARTIN, H. *Mentalités médiévales*. Paris, 1998 e 2001, 2 volumes.

MOLLAT, M. *Les Pauvres au Moyen Âge*. Paris, 1978.

MORSEL, J. *L'Aristocratie médiévale. La domination sociale en Occident, V^e-XVe siècle*. Paris, 2004.

RIGAUDIÈRE, A. *L'Impôt au Moyen Âge*. Paris, 2002, 3 volumes.

ROUX, S. *Le Monde des villes au Moyen Âge*. Paris, 2004.

VAUCHEZ, A. (Dir.). *Dictionnaire encyclopédique du Moyen Âge*. Cambridge e Paris, 1997, 2 volumes.

_____. *La Spiritualité du Moyen Âge occidental*. Paris, 1994.

VERGER, J. *Les Universités au Moyen Âge*. Paris, 1973. [Ed. bras.: *As universidades na Idade Média*. São Paulo: Editora Unesp, 1990.]

WERNER, K. F. *Naissance de la noblesse*. Paris, 1998.

B. A IDADE MÉDIA POR REGIÕES

1. Alemanha

DOLLINGER, P. *La Hanse, XIIe-XVIIe siècle*. Paris, 1989.

FOLZ, R. *L'Idée d'empire en Occident du Ve au XVe siècle*. Paris, 1953.

PARISSE, M. *Allemagne et Empire au Moyen Âge*. Paris, 2002.

Propyläen Geschichte Deutschlands. Berlim, 1984-1994, 3 volumes.

RAPP, F. *Le Saint Empire romain germanique d'Otton le Grand à Charles Quint*. Paris, 2000.

ROBIN, T. *L'Allemagne médiévale, histoire, culture, société*. Paris, 1998.

2. Inglaterra

BARTLETT, R. *England under the Norman and Angevin Kings, 1075-1225*. Oxford, 2000, Col. The New Oxford History of England.

CASSAGNES-BROUQUET, S. *Histoire de l'Angleterre médiévale*. Paris, 2000.

GENET, J.-P. *Les Îles Britanniques au Moyen Âge*. Paris, 2005.

GOLDBERG, P. J. P. *Medieval England. A Social History*. Londres, 2004.

HARRISS, G. *Shaping the Nation, 1360-1461*. Oxford, 2005, Col. The New Oxford History of England.

542 GEORGES MINOIS

LLOYD, T. H. *The English Wool Trade in the Middle Ages*. Cambridge, 1977.
PRESTWICK, M. *Plantagenet England, 1225-1360*. Oxford, 2007, Col. The New Oxford History of England.

3. Bizâncio

BRÉHIER, L. *Le Monde byzantin*. Paris, 3 volumes: Vie et mort de Byzance, 1969; Les Institutions de l'Empire byzantin, 1970; La Civilisation byzantine, 1970.
DUCELLIER, A. *Le Drame de Byzance. Idéal et échec d'une société chrétienne*. Paris, 1976.
GUILLOU, P. *La Civilisation byzantine*. Paris, 1975.
OSTROGORSKY, G. *Histoire de l'Etat byzantin*. Paris, 1970.
RUNCIMAN, S. *The Fall of Constantinople*. Cambridge, 1965.

4. Espanha

DOMINGUEZ ORTIZ, A. *Historia de España*. Barcelona, 1988-1989, volumes II, III, IV.
GERBET, M.-C. *L'Espagne au Moyen Âge, VIIIᵉ-XVᵉ siècle*. Paris, 1992.
LEROY, B. *L'Espagne au Moyen Âge*. Paris, 1988.
MAZZOLI-GUINTARD, C. *Villes d'Al-Andalous. L'Espagne et le Portugal à l'époque musulmane (VIIIᵉ-XVᵉ siècle)*. Université de Rennes 2, 1996.
MENJOT, D. *Les Espagnes médiévales, 409-1474*. Paris, 2001.
RUCQUOI, A. *Histoire médiévale de la péninsule Ibérique*. Paris, 1993.
_____. *L'Espagne médiévale*. Paris, 2002.

5. França

DUBY, G. (Dir.). *Histoire de la France urbaine*, t. 2: La Ville médiévale. Paris, 1980.
GAUVARD, C. *La France au Moyen Âge du Vᵉ au XVᵉ siècle*. Paris, 1996.
GUILLOT, O.; RIGAUDIÈRE, A.; SASSIER, Y. *Pouvoirs et institutions dans la France médiévale*. Paris, 1994, 2 volumes.
LEMARIGNIER, J.-F. *La France médiévale*. Paris, 2000.
LOT, F.; FAWTIER, R. *Histoire des institutions françaises au Moyen Âge*. Paris, 3 volumes: I: Institutions seigneuriales, 1960; II: Institutions royales, 1958; III: Institutions ecclésiastiques, 1962.
Nouvelle Histoire de la France médiévale. Paris, 1990, 5 volumes – I: LEBECQ, S. Les Origines franques, Vᵉ-XIᵉ siècle; II: THEIS, L. L'Héritage des Charles. De la Mort de Charlemagne aux environs de l'an mil; III: BARTHÉLEMY, D. L'Ordre seigneurial (XIᵉ-XIIᵉ siècle); IV: BOURIN-DERRUAU, M. Temps d'équilibre, temps de ruptures (XIIIᵉ siècle); V: DEMURGER, A. Temps de crises, temps d'espoirs (XIVᵉ-XVᵉ siècle).

BIBLIOGRAFIA SUMÁRIA

ROUCHE, M. *Histoire générale de l'enseignement et de l'éducation en France*, t. I: Des Origines à la Renaissance. Paris, 2003.

THEIS, L. *Chronologie commentée du Moyen Âge français*. Paris, 1992.

6. Itália

DELORT, R.; BRAUNSTEIN, P. *Venise, portrait historique d'une cité*. Paris, 1971.

EPSTEIN, S. A. *Genoa and the Genoese, 958-1528*. University of North Carolina Press, 1996.

FASOLI, G.; BOCCHI, F. *La Città medievale italiana*. Florença, 1973.

GALASSO, G. *Storia d'Italia*. Turim, 1978-1992, volumes I-VII.

HEULLANT-DONAT, I.; DELUMEAU, J.-P. *L'Italie au Moyen Âge*. Paris, 2000.

RENOUARD, Y. *Les Hommes d'affaires italiens du Moyen Âge*. Paris, 1968.

Storia della società italiana. Milão, 1982-1988, volumes V-VIII.

VAUCHEZ, A. *Rome au Moyen Âge*. Paris, 2010.

7. O mundo muçulmano

BERGE, M. *Les Arabes. Histoire et civilisation des Arabes et du monde musulman des origines à la chute du royaume de Grenade*. Paris, 1978.

CAHEN, C. *L'Islam des origines à l'Empire ottoman*. Paris, 1970.

_____. *Introduction à l'histoire du monde musulman médiéval (VIIᵉ-XVᵉ siècle)*. Paris, 1982.

DUCELIER, A.; KAPLAN, M.; MARTIN, B. *Le Proche-Orient médiéval*. Paris, 1978.

IRVIN, R. *The Middle East in the Middle Ages: The Early Mameluk Sultanate*. Londres, 1986.

LEVI-PROVENÇALE, E. *Histoire de l'Espagne musulmane*. Paris, 1960-1967, 3 volumes.

LEWIS, B. *Les Assassins. Terrorisme et politique de l'islam médiéval*. Paris, 1982.

MANTRAN, R. *L'Expansion musulmane, VIIᵉ-IXᵉ siècle*. Paris, 1969.

WITTEK, P. *The Rise of the Ottoman Empire*. Londres, 1971.

8. Escandinávia

MUSSET, L. *Les Peuples scandinaves au Moyen Âge*. Paris, 1951.

C. OS SÉCULOS V A X

BONNASSIE, P. *Les Sociétés de l'an Mil: un monde entre deux Ages*. Bruxelas, 1999.

BOURIN, M.; PARISSE, M. *L'Europe au siècle de l'an Mil*. Paris, 1999.

544 GEORGES MINOIS

BÜHRER-THIERRY, G.; MÉRIAUD C. *La France avant la France, 481-888*. Paris, 2010.

CHELINI, J. *L'Aube du Moyen Âge*. Paris, 1991.

CAMPBELL, J. *Anglo-Saxon England*. Londres, 1986.

DE JAEGHERE, M. *Les Derniers Jours. La Fin de l'empire romain d'Occident*. Paris, 2014.

DELORT, R. (Dir.). *La France de l'an Mil*. Paris, 1990.

DEVROEY, J.-P. *Economie rurale et société dans l'Europe franque (IVᵉ-IXᵉ siècle)*. Paris, 2003, 2 volumes.

DOEHAERD, R. *Le Haut Moyen Âge occidental, économies et sociétés*. Paris, 1971.

EWIG, E. *Die Merovinger und das Frankenreich*. Munique, 1993.

FELLER, L. *Église et société en Occident, VIIᵉ-XIᵉ siècle*. Paris, 2004.

FOURNIER, G. *Les Mérovingiens*. Paris, 1983.

_____. *L'Occident, fin du Vᵉ-fin du IXᵉ siècle*. Paris, 1978.

GANSHOF, F. L. *The Carolingians and the Frankish Monarchy*. Londres, 1971.

GARCIA MORENO, L. A. *Historia de la Espana visigoda*. Madri, 1989.

HALPHEN, L. *Charlemagne et l'Empire carolingien*. Paris, 1968.

LANÇON, B. *Le Monde romain tardif, IVᵉ-VIIᵉ siècle*. Paris, 1992.

LOYN, R. H. *The Governance, 500-1087*. Stanford University Press, 1984.

MAYEUR, J.-M.; PIETRI, C.; VAUCHEZ, A.; VENARD, M. *Histoire du christianisme*, t. IV: Evêques, moines, empereurs (610-1054). Paris, 1993.

MINOIS, G. *Charlemagne*. Paris, 2010.

MUSSET, L. *Les Invasions, les vagues germaniques*. Paris, 1971.

PRINZ, F. *Von Konstantin zu Karl dem Grosse*. Düsseldorf, 2000.

RICHÉ, P. *Les Carolingiens*. Paris, 1982.

ROUCHE, M. *Le Haut Moyen Âge (VIIIᵉ-XIᵉ siècle)*. Paris, 1976.

SASSIER, Y. *Royauté et idéologie au Moyen Âge (Bas Empire, monde franc, France), IVᵉ-XIIᵉ siècle*. Paris, 2002.

SAWYER, P. *Les Vikings*. Paris, 1965.

TOUBERT, P. *L'Europe dans sa première croissance*. Paris, 2004.

WICKHAM, C. *Italy in the Early Middle Ages*. Londres, 1981.

_____. *Framing the Early Middle Ages*. Oxford, 2005.

WOLFF, P. *L'Eveil intellectuel de l'Europe*. Paris, 1971.

D. OS SÉCULOS XI A XIII

ALPHANDÉRY P.; DUPRONT, A. *La Chrétienté et l'idée de croisade*. Paris, 1995.

BALARD, M. *Croisades et Orient latin*. Paris, 2001.

_____. (Ed.). *Les Latins en Orient*. Paris, 2006.

BALDWIN, J. *Paris en 1200*. Paris, 2006.

BARTHÉLEMY, D. *La Chevalerie*. Paris, 2007.

BÉRIOU, N. *L'Avènement des maîtres de la parole. La Prédication à Paris au XIIIᵉ siècle*. Paris, 1998.

BLOCH, M. *La France sous les derniers Capétiens (1223-1328)*. Paris, 1964.

BIBLIOGRAFIA SUMÁRIA

BRODERO, A. *Cluny et Cîteaux au XIIe siècle*. Lille, 1983.

CHAUOU, A. *L'Idéologie Plantagenêt. Royauté arthurienne et monarchie politique dans l'espace Plantagenêt (XIIe-XIIIe siècle)*. Rennes, 2001.

CHAUVIN, M. *Les Capétiens, histoire et dictionnaire, 987-1328*. Paris, 1999.

CHENU, M.-D. *La Théologie comme science au XIIIe siècle*. Paris, 1957.

_____. *Saint Thomas d'Aquin et la théologie*. Paris, 1960.

CROZET, R. *L'Art roman*. Paris, 1981.

DEMURGER, A. *La Croisade. Idées et pratiques*. Paris, 1999.

_____. *Les Templiers. Une chevalerie chrétienne au Moyen Âge*. Paris, 2005.

_____. *Chevaliers du Christ. Les ordres religieux militaires au Moyen Âge, XIe-XVIe siècle*. Paris, 2002.

DEVAILLY, G. *L'Occident du Xe au milieu du XIIIe siècle*. Paris, 1970.

DOUMERC, B. *Les Communes d'Italie, XIIe-XIVe siècle*. Toulouse, 2004.

DUBY, G. *Qu'est-ce que la société féodale?* Paris, 2002.

_____. *Les Trois Ordres ou l'imaginaire du féodalisme*. Paris, 1978.

_____. *L'Europe au Moyen Âge. Art roman et art gothique*. Paris, 1981.

DURAND, R. *Musulmans et chrétiens en Méditerranée occidentale, Xe-XIIIe siècle. Contacts et échanges*. Rennes, 2001.

FAVIER, J. *Les Plantagenêts. Origines et destin d'un empire*. Paris, 2004.

_____. *De L'Or et des épices. Naissance de l'homme d'affaires au Moyen Âge*. Paris, 1987.

FLICHE, A. *La Querelle des Investitures*. Paris, 1946.

FLORI, J. *Chevaliers et chevalerie au Moyen Âge*. Paris, 1998.

_____. *Guerre sainte, croisade et jihad. Violence et religion dans le christianisme et l'islam*. Paris, 2002.

_____. *Croisade et chevalerie, XIe-XIIe siècle*. Paris-Bruxelas, 1998.

GÉNICOT, L. *Le XIIIe Siècle européen*. Paris, 1968.

GERBET, M.-C. *Les Noblesses espagnoles au Moyen Âge, XIe-XVe siècle*. Paris, 1994.

GILLI, P. *Villes et sociétés urbaines en Italie, milieu XIIe-milieu XIIIe siècle*. Paris, 2005.

GOUGUENHEIM, S. *La Réforme grégorienne*. Paris, 2010.

Hérésies et sociétés dans l'Europe préindustrielle, XIe-XVIIe siècle. Paris, 1968.

HUBERT, E. *Rome aux XIIIe-XIVe siècles*. Roma, 1993.

JOLIVET, J.; VERGER, J. *Bernard et Abélard ou le cloître et l'école*. Paris, 1982.

LACHAUD, F. *L'Ethique du pouvoir au Moyen Âge. L'office dans la culture politique (Angleterre, vers 1150-vers 1330)*. Paris, 2010.

LAFFONT, P.-Y. *Châteaux, pouvoir et peuplement du Haut Moyen Âge au XIIIe siècle*. Rennes, 2009.

LAUWERS, M. (Dir.). *Guerriers et moines. Conversion et sainteté aristocratique dans l'Occident médiéval*. Turnhout, 2002.

LIBERA, A. de. *La Querelle des universaux*. Paris, 1996.

LORCIN, M.-T. *La France au XIIIe siècle*. Paris, 1975.

MARTIN, J.-M. *Italies normandes, XIe-XIIe siècle*. Paris, 1994.

MAZEL, F. *Féodalités (888-1180)*. Paris, 2010.

MENANT, F. *L'Italie des communes (1100-1350)*. Paris, 2005.

MARMURSZTEJN, E. *L'Autorité des maîtres. Scolastique, normes et société au XIIIe siècle*. Paris, 2007.

546 GEORGES MINOIS

NEVEUX, F. *L'Aventure des Normands, VIIIe-XIIIe siècle*. Paris, 2006.
PACAUT, M. *L'Ordre de Cluny*. Paris, 1986.
PRAWER, J. *Histoire du royaume latin de Jérusalem*. Paris, 1969-1970, 2 volumes.
RACINE, P. *Les Villes d'Italie du milieu du XIIe au milieu du XIVe siècle*. Paris, 2004.
_____. *L'Occident chrétien au XIIIe siècle: le Saint Empire et l'Italie*. Paris, 1994.
RENOUARD, Y. *Les Villes d'Italie de la fin du Xe au début du XIVe siècle*. Paris, 1969, 2 volumes.
ROSSIAUD, J. *Amours vénales. La prostitution en Occident, X^e-XVIe siècle*. Paris, 2010.
ROUX, S. *Le Monde des villes au Moyen Âge, XIe-XVe siècle*. Paris, 1994.
RUNCIMAN, S. *A History of the Crusades*. Cambridge, 1951-1954, 3 volumes.
SALET, F. *L'Art gothique*. Paris, 1963.
SETTON, K. M. *A History of the Crusades*. University of Pennsylvania Press, 1951-1954, 6 volumes.
TESTAS, G.; TESTAS, J. *L'Inquisition*. Paris, 1966.
VAUCHEZ, A. *Histoire du christianisme*, t. V: 1054-1274. Paris, 1993.
VERGER, J. *La Renaissance du XIIe siècle*. Paris, 1996.
_____. *Culture, enseignement et société en Occident aux XIIe et XIIIe siècles*. Rennes, 1999.
VINCENT, C. *Les Confréries dans le royaume de France, XIIIe-XVe siècle*. Paris, 1994.
WEIHSHEIPL, J. A. *Frère Thomas d'Aquin*. Paris, 1993.

E. OS SÉCULOS XIV E XV

ABEL, W. *Die Wüstungen des ausgehenden Mittelalters*. Stuttgart, 1955.
ASHTOR, E. *The Levant Trade in the Later Middle Ages*. Princeton, 1983.
BERESFORD, M. W. *The Lost Villages of England*. Nova York, 1954.
BIRABEN, J.-N. *Les Hommes et la peste*. Paris-Haia, 1975-1976, 2 volumes.
BLACK, A. *Political Thought in Europe, 1250-1450*. Cambridge, 1992.
BOIS, G. *La Grande Dépression médiévale, XIVe et XVe siècles: le précédent d'une crise systémique*. Paris, 2000.
BOURIN, M.; CHERUBINI, G.; PINTO, G. *Rivolte urbane e rivolte contadine nell'Europa del Trecento. Un confronto*. Florença, 2008.
BOURREAU, A. *La Religion de l'Etat. La construction de la république étatique dans le discours théologique de l'Occident médiéval (1250-1350)*. Paris, 2006.
BOVE, B. *Le Temps de la guerre de Cent Ans, 1328-1453*. Paris, 2009.
CASSAGNES, S. *D'Or et d'argent. Les artistes et leurs clients dans l'Europe du Nord (XIVe-XVe siècle)*. Rennes, 2001.
CHEVALIER, B. *L'Occident de 1280 à 1492*. Paris, 1969.
COHN, S. K. *Lust for Liberty. The Politics of Social Revolt in Medieval Europe, 1200-1425*. Cambridge, Mass., 2008.
CROWDER, C. M. D. *Unity, Heresy and Reform, 1378-1460. The Conciliar Response to the Great Schism*. Londres, 1977.
DELARUELLE, E.; OURLIAC, P.; LABANDE, R. *Le Grand Schisme d'Occident et la crise conciliaire*. Paris, 1982, 2 volumes.

BIBLIOGRAFIA SUMÁRIA

DOBSON, R. B. *The Peasants'Revolt of 1381*. Londres, 1970.

FEBVRE, L.; MARTIN, H.-J. *L'Apparition du livre*. Paris, 1988.

FOURQUIN, G. *Les Campagnes de la région parisienne à la fin du Moyen Âge*. Paris, 1964.

_____. *Les Soulèvements populaires au Moyen Âge*. Paris, 1972.

GERBET, M.-C. *Les Noblesses espagnoles au Moyen Âge, XIVᵉ-XVᵉ siècle*. Paris, 1994.

GEREMEK, B. *Les Marginaux parisiens aux XIVᵉ et XVᵉ siècles*. Paris, 1976.

GUÉNÉE, B. *L'Occident aux XIVᵉ et XVᵉ siècles. Les États*. Paris, 1993.

GUILLEMAIN, B. *Les Papes d'Avignon (1309-1376)*. Paris, 1998.

HEERS, J. *L'Occident aux XIVᵉ et XVᵉ siècles: aspects économiques et sociaux*. Paris, 1990.

HEYDENREICH, L .H. *Eclosion de la Renaissance, Italie, 1400-1460*. Paris, 1972.

HUIZINGA, J. *L'Automne du Moyen Âge*. [s.L.], 1987. [Ed. bras.: *O outono da Idade Média*. São Paulo: Cosac Naify, 2011.]

JORDAN, W. C. *The Great Famine: Northern Europe in the Early Fourteenth Century*. Princeton, 1997.

KEEN, H. *England in the Later Middle Ages*. Londres, 1973.

KRYNEN, J. *L'Empire du roi. Idées et croyances politiques en France, XIIIᵉ-XVᵉ siècle*. Paris, 1993.

LEFF, G. *Heresy in the Later Middle Ages*. Manchester, 1967, 2 volumes.

McFARLANE, K. B. *John Wycliffe and the Beginning of English Non-Conformity*. Londres, 1972.

MINOIS, G. *La Guerre de Cent Ans*. Paris, 2008.

MOLLAT, M. *Les Explorateurs du XIIIᵉ au XVIᵉ siècle*. Paris, 1984.

MOLLAT, M.; WOLFF, P. *Ongles bleus, Jacques et Ciompi. Les révolutions populaires en Europe aux XIVᵉ et XVᵉ siècles*. Paris, 1970.

RAPP, F. *L'Eglise et la vie religieuse en Occident à la fin du Moyen Âge*. Paris, 1999.

RECHT, R. *Le Croire et le voir. L'art des cathédrales, XIIᵉ-XVᵉ siècle*. Paris, 1999.

RUCQUOI, A. (Ed.). *Genèse médiévale de l'Etat moderne: la Castille et la Navarre (1250-1370)*. Valladolid, 1987.

SCHNERB, B. *Les Armagnacs et les Bourguignons*. Paris, 1988.

SWEEZY, P. M. *Du Féodalisme au capitalisme: problèmes de la transition*. Paris, 1977, 2 volumes.

TENENTI, A. *L'Italie de la Renaissance. Un monde en mutation, 1378-1494*. Paris, 1990.

VAUCHEZ, A. (Dir.). *Histoire du christianisme*, t. VI: Un Temps d'épreuves, 1274-1449. Paris, 1990.

VERGER, J. *Les Gens de savoir en Europe à la fin du Moyen Âge*. Paris, 1997.

VOGT, P. de. *L'Hérésie de Jean Huss*. Louvain, 1960.

WITTNER, F. *L'Idéal chevaleresque face à la guerre. Fuite et déshonneur à la fin du Moyen Âge*. Apt, 2008.

ZIEGLER, P. *The Black Death*. Londres, 1971.

ÍNDICE ONOMÁSTICO

Abaca 183
Abão de Fleury 162
Abderramão I (Abd er-Rahman) 67, 127
Abderramão II 127
Abderramão III 127, 133
Abedal Maleque 14
Abelardo, Pedro 276
Abou Bakr al-Razi (Rasis) 125, 173, 274, 529
Absalão 252, 275
Abu Abas (tio de Maomé) 98
Abu al-Abbas 477
Abu Muslim 98
Abu Talib 82
Abubacar 55, 84-5, 87
Abzeme (Ibne Hazm) 176
Acácio 34
Acciaiuoli, banqueiro 217
Adalardo 149, 151
Adalberão, arcebispo de Reims 159, 169
Adalberão, bispo de Laon 232, 297-9, 529
Adam, Guilherme 419
Adelaide da Borgonha 161
Adelardo de Bath 274-5
Adriano I, papa 133
Adriano II, papa 108
Adriano IV, papa 206-7
Adso de Montier-en-Der 162

Aécio, eunuco 104
Aécio, general 30-1
Afonso de Castela 176, 216
Afonso de Poitiers 236
Afonso Henriques, rei de Portugal 255
Afonso II 255
Afonso III, o Grande, rei das Astúrias 127
Afonso III, rei de Aragão 257-8
Afonso IV, rei de Aragão 443
Afonso V, o Magnânimo, rei de Aragão 442, 450
Afonso VI de Castela 176-7
Afonso VIII de Castela 184, 216
Afonso X, o Sábio, rei de Castela 256, 490n, 526
Afonso XI de Castela 441
Afonso, o Batalhador, conde de Barcelona 255
Ágila, rei visigodo 46
Agilolfo, rei lombardo 52
Agobardo 149, 151
Agostinho, monge 53, 76
Agostinho, santo, bispo de Hipona 27, 30, 139, 149, 291, 528
Aibaque 181
Ailly, Pierre d' 395, 404
Aixa, esposa de Maomé 84, 86
Alamin 126
Aláqueme II (Al-Hakam) 127

Alarico II 36, 39
Alarico, rei dos visigodos 22, 28-30, 35, 71, 523, 528
Al-Badjr 176
Albert von Behaim 213
Alberto da Saxônia 407
Alberto II, imperador 388
Alberto, o Grande (Alberto Magno) 271, 280, 282, 316, 333
Alberto, o Urso 252
Albino 36
Alboíno 52
Albrecht 370
Albumasar 125
Alcadir 117, 126
Alcaim 117
Alcair 126
Alcuarismi (Al-Khwarizmi) 124, 274
Alcuíno 137-8, 148-9, 529
Aleixo I Comneno, imperador 190, 192, 262
Aleixo III, imperador 191, 193
Aleixo IV Ângelo, imperador 193
Aleixo V Ducas, imperador 193
Aleixo, patriarca 115
Aleixo Filantropeno, general 196
Alexandre de Hales 280, 294
Alexandre II, papa 199, 261
Alexandre III, papa 206-9, 234, 274, 285, 300, 530
Alexandre IV, papa 280
Alexandre Nevski 252-3, 526
Alexandre V, papa 391-2
Alexandre VI, papa 394, 413, 453-4, 531
Alfredo, o Grande, rei de Wessex 147, 157, 524
Algazali 180
Ali, genro de Maomé 83-4, 86, 97, 173, 524
Al-Khazin 173
Almamune (Al-Ma'moun) 117, 124-6
Almançor 9, 98, 117-8, 121, 127, 180
Almoctadir 126
Almostacfi 126
Almotácime (Al-Mou'tasim) 117, 122

Almutaqui 126
Alquindi 125
Al-Tidjani 477
Aluatique (Al-Wathiq) 117
Amade ibne Hambal 125
Amadeu VIII, ver Félix V 393
Amalasunta 37
Amalrico I, rei de Jerusalém 179
Amândio, santo 76
Ambrósio, bispo de Milão 21
Amiroutzes, Jorge 467, 476
Ana da Bretanha 439, 454, 520
Ana de Beaujeu 438-9
Ana Porfirogênita 115
Ana, esposa de Henrique I 232
Anastácio 35-6, 39
Anastácio IV, papa 206
André Paleólogo 479
Andrônico I, imperador 191
Andrônico II, imperador 196, 458, 463
Andrônico III, imperador 458
Andrônico Leontário 469
Anre (Amr) 89
Anselmo da Cantuária, santo 205, 270-2, 275, 529
Anselmo, mestre em Laon 276, 313
Antêmio, imperador 31
Apocauco, Aleixo 459
Arbizu 362
Arcádio, imperador 17, 27-8, 33
Arequis II de Benevento 134
Arghun 183
Ariadne 33-4
Arialdo 284
Ariberto I, rei lombardo 76
Ário 33
Aristipo de Palermo 274
Arnaldo de Bréscia 206-7, 285, 329, 530
Arno 144
Arnolfini, Giovanni 511
Arnulfo 160
Arnulfo, santo 65
Artabasdo 101
Artur, rei celta 62, 376
Artur, sobrinho de João sem Terra 247

ÍNDICE ONOMÁSTICO

Áspar 33
Asparuque, cã búlgaro 56
Astolfo, rei lombardo 68, 130-1
Atanagildo, rei visigodo 46
Átila, rei dos hunos 25, 31, 523
Aureliano 29
Auriol, Pedro 403
Autrecourt, Nicolas d' 407
Averróis (Ibne Rushd) 180, 221, 281-2, 530
Avicena (Ibne Sina) 173, 274, 529
Ávito, bispo de Viena 38-9
Aycelin, Egídio 237

Bacon, Roger 283, 530
Badefol, Seguin de 370-1
Badoer 463
Badre Aljamali 174
Baibars 181, 183
Bajazeto, sultão 460-1
Baker, Godofredo 379
Baldrico de Dol (de Bourgueil) 261
Balduíno I de Bolonha, rei de Jerusalém 178, 190, 262-3
Balduíno I, conde de Flandres 193-4
Balduíno II, conde de Flandres 158
Balduíno IV, o Leproso, rei de Jerusalém 263
Ball, John 403, 429, 492
Baltoglu, Suleiman 471-2
Barbahari 125
Barbaros, irmãos 477
Bardas Esclero 105-7, 114
Bardas Focas 114
Bardi, banqueiro 217, 365, 507, 510
Bardo 101
Bartolomeu, o Inglês 293
Bascot de Mauléon 371
Basílio I, imperador 106, 108-12
Basílio II, imperador 112-6, 127, 164, 185, 188, 253, 525
Basílio III, czar 478
Basílio Lecapeno 114
Basilisco 34,
Basin, Thomas 361, 367, 372-3, 377, 400

Bataille, Nicolas 343
Bastardo de Orléans, ver Dunois 431-2
Batarnay, Imbert de 440
Batu 182, 184
Baydu 182
Beatriz, condessa de Provença 217, 237
Beatriz, filha de Carlos de Anjou 218
Beaufort, Margarida 434
Beaumanoir, Filipe de 332
Becket, Tomás 208, 246, 249, 530
Beda, o Venerável 78-9, 92, 528
Bedford, duque de 431
Begga 65-6
Behafarid 97
Belisário 44-6, 49
Bento de Aniane 143, 151
Bento de Núrsia, santo 77
Bento IX, papa 164, 199
Bento XI, papa 225
Bento XII, papa 384
Bento XIII, papa 390-2
Berengário (ou Bérenger) de Tours 257, 273
Berengário II, rei da Itália 161
Berengário Raimundo, conde de Barcelona 254
Bernard degli Uberti 205
Bernardino de Siena 395, 402
Bernardo de Chartres 275
Bernardo de Tiron 205
Bernardo, o Peludo 324-5
Bernardo, santo 179, 202, 233, 252, 264-5, 275-8, 292, 530
Bernardo, sobrinho de Luís, o Gago 151
Berque 184
Berta da Holanda, esposa de Filipe I 232
Berta, esposa de Roberto II 232
Bertário, prefeito de palácio 66
Berthold de Mainz 412
Bertranda de Montforte, esposa de Filipe I 232
Bertrandon de la Broquière 420, 462
Bessarion, João, cardeal 409, 421, 464, 467
Blanc, Humberto 417

Blondel, Robert 379
Boaventura 280, 307
Boccaccio 359, 361, 364-5, 400, 408, 449, 464
Boccanegra 329
Bocchiardo, irmãos 470
Boécio 36, 79, 273-4, 352, 528
Boemundo I de Taranto, filho de Roberto Guiscardo 190, 257, 262
Böhm, Hans 495
Boileau, Estêvão 331
Boinebroke, Jehan 337
Boleslau, o Boca Torcida, rei da Polônia 253
Bolingbroke, Henrique, duque de Lancaster e rei da Inglaterra (Henrique IV) 429
Bonet, Honoré 351, 376
Bonifácio de Monferrato 193
Bonifácio IX, papa 390-1
Bonifácio VI, papa 155
Bonifácio VII, papa 115
Bonifácio VIII, papa 222-5, 230, 237, 300, 340, 384, 417, 531
Bonifácio, santo 92
Bonnacorsi, banqueiro 217
Bórgia, César 156, 394, 452
Bórgia, Lucrécia 156, 394, 452
Boris, rei da Bulgária 106
Botticelli, Sandro 411, 449, 519
Bouchart, Alain 400
Boucicaut, marechal 408, 461
Bourré, Jean 440
Bouts, Dirck 411
Branca de Castela 236
Brant, Sebastien 353
Bridlington, Jean de 403
Bromyard, João 294
Brunelleschi 410
Bruni, Leonardo 452
Brunilda 63-4
Bruno, o Grande, arcebispo de Colônia 160
Bruno, santo 292, 529
Bruys, Pedro de 284
Bucardo de Worms 306

Bueil, Jean de 376
Burchard, bispo 68
Bureau de la Rivière 429
Bureau, os irmãos Gaspard e Jean 432, 440
Burgh, Elisabeth de 495
Buridan, Jean 395, 407

Caboche, Jean 513
Caboche, Simon 430
Cade, Jack 432, 494
Cadija 82-4
Cadir 172
Caicosroes II 183
Caim 172
Calide 89
Calisto II, papa 201, 206
Calisto III, antipapa 207
Calisto III, papa 394, 421
Calveley, Hugh 371
Camil (Al-Kamil) 181
Cantacuzeno, João, ver João VI, imperador 458-9
Canuto, o Grande 244, 251, 525
Capela, Marciano 27
Capeluche 430, 514
Captal de Buch, ver Grailly 373, 427
Caraffa, cardeal 412
Cariberto, rei franco 62-4
Carle, Guilherme 492
Carlomano, filho de Carlos Martel 67-8
Carlomano, filho de Carlos, o Calvo 159
Carlomano, filho de Pepino, o Breve 132-3, 135
Carlos da Morávia 387
Carlos de Anjou, rei da Sicília e de Nápoles 195, 217-8, 220, 223, 237, 256, 258, 526
Carlos de Berry 438
Carlos de Blois 424-5, 427
Carlos de Durazzo 390
Carlos de Espanha 425
Carlos de Orléans 349, 400
Carlos de Valois 418-9, 423
Carlos I de Anjou, rei de Nápoles 258
Carlos II de Anjou, rei de Nápoles 258, 418

ÍNDICE ONOMÁSTICO

Carlos IV, imperador 388, 445, 505, 527
Carlos IV, rei da França 238-9, 357, 422
Carlos Magno 9, 36, 104, 117, 127, 129, 132-44, 146-51, 153-4, 161, 164, 207, 515, 524, 529, 535
Carlos Martel 62, 66-8, 77, 90, 132, 142, 524
Carlos V, imperador 445, 474, 477, 496-7, 506, 519
Carlos V, rei da França 256, 343, 369, 399, 427-9, 527
Carlos VI, rei da França 374, 391, 428-31, 452
Carlos VII, rei da França 361, 367n, 379, 398, 420-1, 431-2, 437, 439-40, 505, 508, 527
Carlos VIII, rei da França 401, 436, 438-9, 453-4, 469, 520, 527
Carlos, filho de Carlos Magno 136
Carlos, filho de Luís, o Piedoso 152
Carlos, o Audaz, duque da Borgonha 388, 398, 434, 437-8, 507, 527
Carlos, o Calvo, rei da França 146, 152-5, 159
Carlos, o Gordo, imperador 155, 159-60
Carlos, o Mau, rei de Navarra 371, 425-6, 492, 513
Carlos, o Simples, rei da França 157, 159
Casimiro I, rei da Polônia 446
Casimiro IV Jagelão, rei da Polônia 446-7
Cassiano, João 27
Cassiodoro 36, 78, 528
Castelnau, Antoine de 440
Castelnau, Pedro de 211, 287
Catarina da Suécia 390
Catarina de Courtenay 418-9
Catarina de Siena 384, 389-90
Catarina, rainha da Inglaterra, esposa de Henrique V 430
Catulfo 164
Cattaneo, Maurício 470
Celestino III, papa 206
Celestino IV, papa 215
Celestino V, papa 223, 225, 340
Cervole, Arnaud de (o Arquipadre) 371
Cesarini, Júlio 421, 468
Cesário de Arles 77

Chabannes, Antoine de 373
Chagri 173
Chandos, Jean 428
Chartier, Alain 349, 487
Chastellain, Georges 400
Chastellain, Jean 349
Chaucer, Godofredo 350, 379, 400
Chauliac, Guy de 365
Chevalier, Etienne 440
Chobham, Tomás de 293
Cidônio, Demétrio 464
Cirilo de Alexandria 34
Cirilo, missionário 106-7, 529
Clareno, Ângelo 220
Clavijo, Gonzáles de 462
Clemente II, papa 199
Clemente III, papa 201
Clemente IV, papa 217
Clemente V, papa 225, 384, 416, 531
Clemente VI, papa 365, 384-5, 388, 419
Clemente VII, papa 389-90, 450, 452
Clodérico 37
Clodoaldo (Cloud) 40
Clodomiro, rei dos francos 39-40
Clotário, rei dos francos 39-40, 62-3
Clotário II, rei dos francos 63-4
Clotilde 38, 40, 73
Clóvis, irmão de Meroveu 63
Clóvis, rei dos francos 32, 36-40, 62, 64, 71, 73, 75-6, 106, 154, 229, 523
Clóvis II, rei dos francos 65
Coeur, Jacques 420, 439-40, 489, 501, 505, 511
Cola di Rienzo 387, 513
Colleoni, Bartolomeo (o Colleone) 373
Colombo, Cristóvão 443, 518-9, 527
Colonna, Odon 392
Colonna, Sciarra 387
Columbano, santo 76
Columela 24, 119
Commynes, Filipe de 400
Conan IV, conde da Bretanha 246
Coninck, Pierre de 513
Conradino 217
Conrado, duque da Francônia 160

Conrado de Landau 371
Conrado II, imperador 164, 199, 206
Conrado III, imperador 264
Conrado IV, imperador 216
Constança da Bretanha 246
Constança da Sicília, mãe de Frederico II 208, 213, 258
Constança de Aragão, esposa de Frederico II 213
Constança de Hohenstaufen, filha de Manfredo 256
Constâncio 30
Constante II, o Barbado, imperador 53-4, 56
Constantino, imperador 25, 38, 130, 163, 409, 457
Constantino I, papa 57
Constantino III, imperador 29-30
Constantino IV, imperador 54, 56
Constantino V Coprônimo, imperador 68, 100-1, 103, 130
Constantino VI, imperador 103-4
Constantino VII, imperador 110-1
Constantino VIII, imperador 112-5
Constantino IX Monômaco, imperador 189
Constantino X Ducas, imperador 188-9
Constantino XI, imperador 468-70, 473, 475, 479
Contamine, Filipe 367
Cosroes I, rei dos persas 45, 51
Cosroes II rei dos persas 51
Courson, Roberto de 279-80, 293
Cousinot, Guilherme 440
Cowton, Roberto de 294
Cramne 62
Crisolaras, Manuel 464
Cristão de Troyes 296, 530
Cristiano I de Oldenburg, rei da Dinamarca 448
Cristiano II, rei da Dinamarca 448
Cristóforo, papa 155
Crum, cã búlgaro 105-6

Dagoberto I, rei franco 64-5, 524
Dagoberto II, rei franco 65

Damião, Pedro 205, 273
Dante Alighieri 335, 344, 386, 389, 400, 449, 531
Datini, Francesco di Marco 506
Davi de Huesca 286
David II Bruce, rei da Escócia 423, 425
Della Torre, Martino 217, 329
Demétrio Paleólogo, irmão de Constantino XI 468, 475, 479
Deschamps, Eustáquio 349-50, 400, 485
Dias, Bartolomeu 443
Didier, abade do monte Cassino 272
Didier, rei dos lombardos 133
Dolcino, frei 314
Domingos, santo 287
Donskoi, Dimitri 447
Doushan, Etienne 459
Du Clercq, Jacques 400
Du Guesclin, Bertrand 372, 376, 427-8, 441, 527
Dubois, Henri 357
Dubois, Pierre 418
Dunois, o Bastardo de Orléans 432
Duns Escoto, João 283, 340
Duras, Carlos de (Carlos III) 450
Dürer, Albrecht 343, 411

Ebbon 152
Ebroíno, prefeito de palácio 65-6
Eckhart, mestre 401
Eduardo Balliol, rei da Escócia 423
Eduardo I, rei da Inglaterra 238, 250, 526
Eduardo II, rei da Inglaterra 238, 250, 340, 422
Eduardo III, rei da Inglaterra 239, 251, 368, 371, 377, 379, 385, 422-6, 428-9, 491, 505, 508, 510, 527
Eduardo IV, rei da Inglaterra 434, 438, 502
Eduardo V, rei da Inglaterra 434
Eduardo, o Confessor, rei da Inglaterra 244, 525
Eduardo, o Velho, rei saxão 157
Eduardo, príncipe de Gales (o Príncipe Negro) 425

ÍNDICE ONOMÁSTICO

Egberto, rei de Wessex 147
Egídio Romano 222, 283
Eginhardo 68, 133, 138, 149
Elígio (ou Elói), santo 65, 76
Engelbrekt 494
Enrico Dandolo, doge 193
Erasmo 353, 399, 408, 411, 517-9
Erispoë, rei bretão 148, 154
Escolário, Jorge 466-7, 474
Escoto, Miguel 213
Escouchy, Mathieu d' 400
Estaurácio 100, 103-4
Estêvão, santo 291, 525
Estêvão bar-Sudaili 48
Estêvão de Blois 190, 245
Estêvão I (príncipe húngaro Vajk) 144, 161
Estêvão II, papa 130
Estêvão IV, papa 151
Estêvão V, papa 106
Estêvão VI, papa 155
Estêvão VII, papa 155
Estiliano Zautzes 111
Estilicão 28-30
Estouteville, cardeal de 408
Etelredo, rei saxão 244
Etelstano (Aethelstan) 157
Eudes, conde de Paris 159
Eudes, príncipe e duque da Aquitânia 62, 66-7
Eudóxia 28, 33
Eudóxia Baiana 111
Eufêmio 35
Eugênico, Marcos 467
Eugênio III, papa 206
Eugênio IV, papa 393-4, 466
Eulógio, padre 127
Eurico, rei visigodo 32, 71
Eustáquio Romano 189
Eutímio, o Jovem, monge 113
Eutímio, patriarca 111
Êutiques 25
Eutrópio 28, 33
Evágrio 53
Ezzelino da Romano 217

Félix V, papa 393
Fernando de Antequera 442
Fernando I, rei de Portugal 443
Fernando III 256
Fernando, rei de Aragão 442, 453, 455, 527
Fernando, rei de Castela e Leão 177, 442, 444, 477
Fernão Gonzales 158
Ferrand, conde de Flandres 235
Ferrandino, rei de Nápoles 454
Ferrer, Vicente 390, 395, 404
Ficino, Marsílio 409, 449
Fidêncio de Pádua 417
Filargi, Pedro 391
Filipe da Suábia 210
Filipe de Valois 423
Filipe Hurepel 236
Filipe I, rei da França 205, 230, 232-3
Filipe II Augusto, rei da França 179, 210-2, 230, 234-6, 241-2, 246-8, 252, 265, 327, 526
Filipe III, rei da França 223, 237, 239, 256
Filipe IV, o Belo, rei da França 2, 220, 222-5, 230-1, 234, 237-9, 242-3, 249-50, 332, 335, 339-40, 384, 399, 417-9, 422-3, 444, 507, 526, 530
Filipe V, rei da França 238
Filipe VI de Valois, rei da França 239, 378, 384, 419, 423-5
Filipe, o Audaz, duque da Borgonha, irmão de Carlos V 429
Filipe, o Bom, duque de Borgonha 352, 377, 420, 430-1, 437
Filípico Vardanes 101
Filippo della Torre 217
Fitz Walter, Roberto 247
Flaviano 25
Flodoardo 149
Flote, Pedro 224
Focas, Nicéforo, imperador 14, 112-3, 187
Fócio 108-9, 529
Fontaine, Bernardo de 292
Formosa, papa 155

Fortescue, Sir John 435
Foscari, Francesco 450
Fouquet, Jean 411
Fox, John 413
Fra Angelico 411, 449
Francisco de Angoulême (Francisco I) 454, 474, 519-20
Francisco de Assis 4, 286, 345
Francisco II, duque da Bretanha 437-8
Franco, Niccolo 413
Frantzes 468, 470, 473
Franzesi, Albizzo dei (Bicha) 507
Franzesi, Musciato dei (Mosca) 507
Fredegunda 63-4
Frederico, o Grande 115
Frederico Barbarossa, imperador (Frederico I) 179, 191, 203, 206, 208, 210, 234, 258, 264-5, 300, 329, 526
Frederico da Áustria 385
Frederico da Lorena 205
Frederico de Aragão, rei da Sicília 258
Frederico II Hohenstaufen, imperador 181, 207, 210, 213-7, 237, 256, 258, 265, 335, 526
Frederico III, imperador 388-9, 421, 432, 438, 445, 469
Frei Dolcino 314
Froissart, Jean 371, 400, 408, 423
Fugger, Jacob 345, 482, 505-7, 518
Fulberto, bispo de Chartres 163, 239, 273, 277
Fulque de Anjou 178
Fulquério de Chartres 261
Fulrad, abade de Saint-Denis 68, 150

Gaguin, Roberto 400
Galo, santo 76-7, 135, 143, 146, 149-50, 272
Galvano de Levanti 417
Gaston Phoebus 371
Gaucourt, Raul de 431
Gaudri, bispo de Laon 330
Gazã 183
Gelásio II, papa 201
Gelimer 44

Gengis Khan 182, 461, 526
Genserico 25, 30-1
Georges Podiebrad, rei da Boêmia 389, 445
Geraldo de Aurillac 143
Gerardo de Cambrai 298
Gerardo de Cremona 274
Gerberga da Saxônia 162
Gerberto de Aurillac (Silvestre II, papa) 149, 163, 270-1, 529
Gering, Ulrich 413
Germain, Jean 420
Germano, general 44-5
Germano, patriarca de Constantinopla 103
Gero 160
Gerson, Jean 350, 352, 395, 402
Gheradesca, Ugolino Della 329
Ghirlandaio 411
Giac, Pierre de 431
Giordano de Pisa 293
Giotto 411, 449
Girardo de Rossilhão 143
Giustiniani 473
Gloucester, duque de 431-2, 434
Godegisel 39
Godescalco (Gottschalk) 149
Godofredo de Bulhão 177, 190, 262-3
Godofredo de Villehardouin 193
Godofredo Plantageneta, conde de Anjou 245
Godofredo, duque da Bretanha 246, 301
Godofredo, rei da Dinamarca 136
Gontrão, rei franco 62-3
Gonzalo de Ayala 444
Gonzalve de Cordoue 444
Gormo, rei da Dinamarca 144
Gouth, Bertrand de 225
Gower, John 367, 379
Graciano 208, 292, 300, 530
Grailly, Jean de (Captal de Buch) 373, 427
Gregoras, Nicéforo 463
Gregório de Rimini 391-2, 407
Gregório de Tours, bispo 37-40, 52
Gregório II, papa 103
Gregório III, papa 67, 103, 467

ÍNDICE ONOMÁSTICO

Gregório VI, papa 164, 199
Gregório VII, papa 199-201, 205, 220, 525
Gregório IX, papa 212-5, 218, 279, 284, 292, 300
Gregório X, papa 212, 218
Gregório XI, papa 384, 389
Gregório XII, papa 390-2
Gregório, monge bizantino 464
Gregório, o Grande, papa 52-3, 76, 78, 143, 528
Gressard, Perrinet 373
Grimoaldo, prefeito de palácio 65
Grimoard, Guilherme 384
Grosseteste, Roberto 280, 283, 530
Gruel, Guilherme 400
Guicciardini 452
Guido de Espoleto 160
Guilberto de Nogent 261, 299
Guilherme, o Cabeça de Estopa 158
Guilherme, monge 404
Guilherme Braço de Ferro 257
Guilherme da Aquitânia 143, 233
Guilherme da Normandia (Guilherme, o Conquistador, ou o Bastardo) 199, 205, 232, 244-5, 525
Guilherme de Auvergne 297
Guilherme de Auxerre 294
Guilherme de Champeaux 276, 313
Guilherme de Conches 275, 278
Guilherme de Holanda 216
Guilherme de Nangis 358
Guilherme de Rubruck 184
Guilherme de Saint-Thierry 275, 277
Guilherme I, o Mau, rei da Sicília 258
Guilherme II, o Ruivo, rei da Inglaterra 245
Guilherme II, rei da Sicília 258
Guiot de Provins 270, 275
Gundebaldo, rei dos burgúndios 38-9
Gutemberg 412, 500, 531

Haakon IV, rei da Noruega 252
Haçane Saba 174
Hadewijch 299
Hahn, Ulrich 412

Hainbuch, Henri de 407
Halil, vizir 469, 475
Hans, rei da Dinamarca 448
Haquim (Aláqueme Biamir Alá) 174
Haraldo da Noruega 244
Hardacanuto 244
Haroldo, o Dente-Azul 158
Haroldo, rei da Inglaterra, filho de Canuto 244
Haroldo, rei da Inglaterra, morto em Hastings 244
Hartmann, Johann 403
Harune Arraxide 117, 123, 126, 147, 524
Hawkwood, John 370-1
Heloísa 277
Hennequin de Bruges 343
Henrique da Borgonha 232
Henrique de Dinant 332
Henrique de Hainaut, imperador latino de Constantinopla 194
Henrique de Trastâmara 367, 427, 441
Henrique I Beauclerc, rei da Inglaterra 205, 234, 245, 331
Henrique I, o Passarinheiro, rei da Germânia 160
Henrique I, rei da França 232
Henrique II de Lusignan, rei do Chipre 418
Henrique II Plantageneta, rei da Inglaterra 208, 234, 245-6, 252, 526
Henrique II, imperador 116, 164, 199, 232
Henrique III, imperador 164, 199
Henrique III, rei da Inglaterra 235-6, 248-9, 316, 526
Henrique III, rei de Castela 441, 477
Henrique IV Lancaster, rei da Inglaterra 429
Henrique IV, imperador 199-201, 525
Henrique IV, o Impotente, rei de Castela 441-2
Henrique V, imperador 201, 233, 245
Henrique V, rei da Inglaterra 115, 368, 379, 430-1, 527
Henrique VI, imperador 206, 208, 210, 258, 386-7

Henrique VI, rei da Inglaterra 398, 431-2, 434, 469
Henrique VII Tudor, rei da Inglaterra 410, 434, 436, 520, 527
Henrique VII, imperador 259
Henrique VIII 345, 436, 519-20
Henrique, o Jovem, filho de Henrique II 246
Henrique, o Leão, duque da Saxônia 252
Henrique, o Navegador 443
Heráclio I, imperador 50-1, 53-5, 65, 89, 110
Heráclio, o Jovem 53-5
Herford, Henrich von 365
Hermann de Metz 201
Hermano Bilunga 160
Hixame II 127
Hohenzollern, Friedrich von 495
Holkot, Roberto 407
Honório, imperador 17, 28
Honório de Autun 168, 275
Honório III 212, 214, 287
Hugo, o Grande 159
Hugo Capeto, rei da França 159, 163, 228-9, 230, 232, 525
Hugo de Lusignan 236
Hugo de Payens 263
Hugo de Puiset 233
Hugo de São Vítor 202
Hugo de Vermandois 190
Huguccio de Pisa 208
Hulagu 182
Humberto de Gloucester 377
Humberto de Moyenmoutier 205
Humberto II, delfim de Viena 419-20
Hunaine ibne Ixaque 124
Hunaudo, duque da Aquitânia 133
Hunerico, rei dos vândalos 37
Hungria, o Mestre da 314, 419
Hus, Jan 392, 396-7
Husaim 86

Iacube Iúçufe 180
Iáia 176
Ibne Albana 477

Ibne Aljauzi 213
Ibne Batuta 462, 477
Ibne Cordabebe 125
Ibne Khaldun 477
Ibne Rouchayd 477
Ibne Said 477
Ibne Tumarte 179
Idris I 123
Idris II 123
Igor, príncipe de Kiev 112
Ina, rei de Wessex 62
Inácio, patriarca 109
Incmaro 149, 154
Inês de Merânia 235
Ingeborg (Isambour) da Dinamarca 210, 234-5
Ingegerda da Suécia 232
Inocêncio II, papa 233
Inocêncio III, papa 192, 209-13, 218, 220, 235, 247, 265, 279, 286-7, 300, 333, 530
Inocêncio IV, papa 212, 215, 217, 237, 300, 333
Inocêncio VI, papa 384
Inocêncio VII, papa 390-1
Inocêncio VIII, papa 394, 413
Irene, imperatriz 100, 103-4, 107, 134, 139, 524
Irene de Monferrato 196
Isaac de Stella 275
Isabel de Castela 442-4, 477
Isabel de Hainaut 234-5
Isabel, esposa de João Sem Terra 247
Isabel, filha de Filipe, o Belo, rainha da Inglaterra 238-9, 250, 422-3
Isaque Comneno, general 189
Isaque I Comneno, imperador 185, 188
Isaque II Ângelo, imperador 191, 193
Isidoro de Sevilha 78-9, 528
Isidoro, monge grego 467
Iúçufe 176, 255
Iúçufe Iacube 180
Iúçufe, príncipe almorávida 176, 255
Ivan III 447-8, 478

ÍNDICE ONOMÁSTICO

Jacó Baradeu 48, 88
Jaime II (Jacques), rei de Aragão 256, 258-9
Jean de Brie 489
Jean de Mirecourt 407
Jean de Montfort 424, 427
Joana d'Arc 379, 398, 431
Joana de Chalon 486
Joana de Navarra, rainha da França 238, 425
Joana de Penthièvre 424
Joana I, rainha de Nápoles 442, 449-50
Joana II, rainha de Nápoles 450
Joana, a Louca 444
Joana, filha de Luís X 238-9
Joana, papisa 156
João, padre 443
João, santo 343
João, Preste 209
João, o Gramático (João Morocharziano) 107
João Balliol, rei da Escócia 249
João Batista 115
João Corvino (Hunyadi János) 420, 446, 468
João da Boêmia 423
João Damasceno 92, 103
João de Éfeso 48
João de Gante 428-9
João de Paris 221
João de Pisa 401-2
João de Plano Carpini 184
João de Salisbury 221, 301
João de Vicenza 293
João Escoto Erígena 149
João Galeácio Maria 451-3
João Gualberto 205, 291
João Sem Medo, duque da Borgonha 420, 430
João Sem Terra, rei da Inglaterra 210, 235, 245-8, 385, 526-7
João I, imperador (João Tzimisces) 112, 114
João I, o Póstumo, rei da França 238
João I, papa 36
João I, rei de Aragão 442

João I, rei de Castela 441
João I, rei de Portugal 443
João II, imperador 191-2
João II, o Bom, rei da França 363, 377, 425-6, 512
João II, rei de Aragão 442
João II, rei de Castela 441
João II, rei de Portugal 443
João III Vatatzes, imperador 194
João III, duque da Bretanha 424
João IV Láscaris, imperador 195
João V, duque da Bretanha 431
João V, imperador 458-60
João VI Cantacuzeno, imperador 458-60
João VII, imperador 461
João VIII, imperador 461, 466-8
João VIII, papa 154-5, 161, 164
João X, papa 155
João XI, papa 155
João XII, papa 155-6, 161
João XXI, papa 212
João XXII, papa 293, 352, 384, 386, 405, 449
João XXIII, papa 392
Johannes de Muris 403
Jonas de Orléans 149
Jorge, santo 375
Jorge, o Monge 92
Jouvenel des Ursins, Jean 372, 374, 440
Judicael 65
Judite, imperatriz 152
Júlio II, papa 454, 519-20
Júlio Nepos, imperador 31-2
Justiniano I, imperador 9, 35, 37, 40-1, 43-51, 89, 116, 300, 523, 528
Justiniano II Nariz-cortado 54, 56, 100
Justino, imperador 35, 44
Justino II, imperador 50-1

Kempis, Tomás de 401
Knolles, Robert 371
Kyeser, Conrad 376

La Hire 373, 431
La Marche, conde 236

La Marche, Olivier de 350, 372, 400
La Salle, Bernardon de 371
La Trémoille, Georges de 431
Ladislau, rei da Hungria 420-1, 468
Ladislau de Nápoles 392, 450
Ladislau Jagelão, rei da Polônia 389, 446
Lamberto de Espoleto 558
Lamprecht de Ratisbona 299
Lando, Michele di 513-4
Lanfranc, abade de Bec e arcebispo da Cantuária 272
Langasco, irmãos 470
Langland, William 353, 379, 400
Langton, Estêvão, arcebispo da Cantuária 247
Lannoy, Gilberto de 420
Lauer, Georges 412
Lazar, chefe sérvio 460
Lázaro, monge 107
Lázaro, santo 313
Le Baud, Pierre 400
Le Coq, Robert 425, 513
Le Fèvre, Jean 400
Le Maire, Guilherme 418
Le Mercier, Jean 429
Le Muisis, Gilles 489
Leão, o Filósofo 107
Leão, o Grande, papa 25, 31
Leão Melisseno 114
Leão I, imperador 33
Leão II, imperador 34
Leão III, imperador 100, 102-3, 161
Leão III, papa 137
Leão IV, imperador 100
Leão IV, papa 260
Leão V, imperador 105, 107
Leão V, papa 155
Leão VI, imperador 109, 111-3, 524
Leão VI, papa 155
Leão VIII, papa 155
Leão IX, papa 164, 199, 284
Leão X, papa 455, 519
Lefèvre d'Étaples 401, 408
Legnano, Jean de 376
Lengres, Pierre de 417

Leonardo, arcebispo de Chios 470
Leonardo da Vinci 411, 518-9
Leôncio, usurpador 54
Leonor de Aquitânia 233-4, 245-6
Leonor, filha de Carlos de Anjou 258
Leopoldo de Habsburgo 388
Leovigildo, rei visigodo 51, 75
Leslie, sir Walter 370
Leutard 283
Libério 46
Lippi, Filippo 411
Liuprando, monge de Cremona 149
Liuprando, rei lombardo 67
Llywelyn ap Gruffud 249
Longo, Giovanni 470
Lorenzetti, Ambrogio 449
Lorris, Guilherme de 296
Lotário, duque da Saxônia e imperador 206
Lotário, imperador, filho de Luís, o Piedoso 151-3
Lotário, rei da França, filho de Luís IV 159
Lotário dei Conti di Signa 209
Lotário II 153-4
Lúcio III, papa 206, 219, 285
Ludgero 144
Luís da Baviera, imperador (Luís IV) 386-7, 405, 423-4, 449
Luís da Hungria 449
Luís de Bourbon 376
Luís de Clermont 419
Luís de Nevers, conde de Flandres 423
Luís de Tarente 450
Luís I, duque de Anjou 343, 442
Luís II de Anjou 450
Luís II, filho de Lotário 153-4
Luís II, neto de Carlos, o Calvo, rei da França 159
Luís IV de Ultramar, rei da França 159, 388
Luís V, rei da França 159
Luís VI, o Gordo, rei da França 233
Luís VII, rei da França 179, 191, 208, 210, 230, 233-4, 236, 245, 264, 290, 526

ÍNDICE ONOMÁSTICO

Luís VIII, rei da França (Príncipe Luís) 231, 235-6, 247-8
Luís IX (são Luís), rei da França 181, 184, 195, 215, 217, 224, 230-1, 236-7, 241, 243, 248-9, 265, 314, 316, 334-5, 345, 526
Luís X, o Teimoso, rei da França 238, 425
Luís XI, rei da França 356, 377, 399, 434, 436-40, 442, 496, 503, 508, 520, 527
Luís XII, rei da França 436, 439, 454, 520
Luís XIV 115, 357
Luís, duque de Orléans 376, 430, 438
Luís, o Gago 154, 159
Luís, o Germânico, filho de Luís, o Piedoso 110, 153-5, 159-60
Luís, o Jovem 154
Luís, o Menino, rei de Frância 158, 160
Luís, o Piedoso, imperador 107, 134, 136, 138, 143-4, 149, 151-2, 524
Lúlio, Raimundo 417
Lupo Servato (Loup de Ferrières) 149
Lutero, Martinho 395, 399-401, 411, 413, 518-9

Macedônio 35, 109
Machaut, Guilherme de 352, 400
Maçude II 183
Magnus, o Legislador, rei da Noruega 252
Magnus Eriksson, rei da Suécia 252, 448
Magnus Ladulaas, rei da Suécia 252
Maimônides 180
Majoriano, imperador 20, 31
Makrembolites, Alexis 463
Malcolm IV, rei da Escócia 246
Malique ibn Anas 120
Manegold de Lautenbach 202, 273
Manfredo, rei da Sicília 194, 217, 256, 258
Mangu Temir 184
Manuel I Comneno 183, 191-2, 460
Manuel II, imperador 460-1
Maomé 82-6, 88-90, 92, 117, 213, 421, 528
Maomé II, sultão 421, 453, 469-71, 473-6

Map, Walter 285
Maquiavel, Nicolau 345, 399, 411, 452, 518, 520
Marcel, Étienne 425-6, 430, 492, 513
Marciano 33
Marco Polo 184, 296, 443n, 477
Margarida de Anjou 432, 434
Margarida Valdemarsdotter, rainha da Suécia 448
Maria, virgem 295
Maria da Borgonha 438, 444-5
Maria de Brabant 237
Maria de Lusignan 256
Maria de Paflagônia 103-4
Maria Madalena 295
Marigny, Enguerrando de 243
Marósia (Marouzia) 155
Marsílio d'Inghen 407
Marsílio de Pádua 387, 399
Martinho I, papa 56-7
Martinho I, rei de Aragão 442
Martinho IV, papa 223
Martinho V, papa 392
Martini, Simone 449
Martino Della Torre 217
Mártir, Pedro 287
Maruane II 97
Masaccio 411
Mathieu de Janov 403
Matias Corvino 389, 446
Matilde, condessa da Toscana 201
Matilde, viúva do imperador Henrique V 245
Matteo Polo 184
Maximiliano, imperador 388, 438-9, 444-5, 453-5, 506, 520
Máximo, o Confessor 56
Médici, família 344, 394, 421, 453, 474, 482, 489, 505, 507, 510, 518, 520, 531
Médici, Catarina de 452
Médici, Cosme de 450-1, 453, 467, 507, 520
Médici, Juliano de 452-3
Médici, Lourenço de, o Magnífico 452-3

Médici, Pedro de 453
Mehmet 461
Melito 76
Memling, Hans 411
Mengli Ghirai 447
Meroveu 39, 63
Meschinot, João 352
Metódio, missionário 106-7, 529
Metoquita, Teodoro 463
Meung, João de 296
Michelangelo 411
Middleton, Ricardo de 294
Miecislau, príncipe da Polônia 144, 158, 160
Miecislau I, rei da Polônia 253
Miguel, arcanjo 375, 405
Miguel Cerulário, patriarca 186, 205
Miguel I Ângelo Ducas, rei de Epiro 193
Miguel I, imperador 105, 139, 194
Miguel II Comneno Ducas 107
Miguel II, o Gago, imperador 105-6
Miguel III, o Bêbado, imperador 106, 108-9
Miguel Itálico 194
Miguel IV, imperador 185, 189
Miguel Paleólogo 194
Miguel VIII Paleólogo, imperador 194-6
Milic, Jan 403
Minot, Laurence 379
Moáuia 86, 89
Mocenigo, doge 470, 501
Molay, Jacques de 417
Molesme, Roberto de 291-2, 529
Molinet, Jean 400
Monstrelet, Enguerrando de 400
Montreuil, Jean de 378
More, Thomas 399-400
Mortimer, Roger 251, 422
Moscopoulos, Manuel 463
Mosco, João 53
Muça ibn Noçáir 90
Muglio, Pietro da 409
Mujahid al-Amiri 175
Müntzer, Thomas 495
Murade I, sultão 420, 460-1, 468-9

Musa, sultão 461
Mutavaquil (Al-Moutawakkil) 117, 125

Narses 44-6, 49
Neville, Ricardo, conde Warwick 434, 495
Nicéforo Basilakès 194
Nicéforo I, imperador 105
Nicéforo II (Nicéforo Focas), imperador 14, 112-4, 187
Nicéforo, irmão de Constantino 100-1
Nicéforo, patriarca de Constantinopla 107
Nicetas Coniates 194
Nicolau de Cusa 394-5, 408
Nicolau de Oresme 395
Nicolau I, papa 106, 108, 154
Nicolau I, patriarca 111
Nicolau II, papa 199, 257
Nicolau IV, papa 416-7
Nicolau V, papa 387, 394, 421, 451, 469
Nicolò Polo 184
Nitardo 149, 152
Nizã Almulque 173
Nogaret, Guilherme de 224-5, 237
Nominoë, rei bretão 148, 154
Noradine 179
Norberto de Xanten 205, 291
Notaras, Lucas 462, 465, 473
Notker, o Beiçudo 149
Notker, o Gago 149

Ockham (ou Occam), Guilherme de 387, 405, 407, 531
Odão, monge 150
Odilon, duque da Baviera 68
Odoacro 17, 22, 31-2, 34-5, 534
Ofa, rei da Mércia 135, 147
Öljaitü 184
Olga, princesa de Kiev 112
Olivi (ou Olieu), Pedro João 220, 294, 403
Olivier, o Malvado (ou le Daim) 440
Omar 5, 85
Omour-Beg 419

ÍNDICE ONOMÁSTICO

Omurtag 106
Orcagna 366
Oresme, Nicolas 395, 407
Orhan (ou Orcano), príncipe rival de Maomé II 469
Orhan, sultão 459-60, 527
Otacar II Premysl, rei da Boêmia 253
Otão de Brunsvique 210
Otão de Freising 204
Otão I, imperador 112, 114, 129-30, 156-7, 159-61, 247, 525
Otão II, imperador 114, 116, 161
Otão III, imperador 116, 161, 163-4, 198, 253
Otão IV, imperador 210, 213, 235
Otlo 272
Otomão 83, 85-6

Pacato 18
Paládio 24
Palamas, Gregório 465
Paleólogo, Teodoro 376
Palmieri, Matteo 452
Palud, Pedro de 294, 307
Paquimeres, Jorge 463
Pascal II, papa 201
Pascal III, antipapa 207
Patrick, santo 76
Paulino de Aquileia 149
Paulo, santo 25, 223, 295, 384
Paulo, o Diácono (o Gramático) 149
Paulo II, papa 394, 453
Pedro, santo 25-6, 67, 131, 137, 143, 154-5, 187, 200-1, 209, 221-3, 235, 340, 384, 524
Pedro, o Eremita 190, 262, 316, 419
Pedro, o Grande 115
Pedro, o Venerável 276, 278, 320, 530
Pedro Comestor 313
Pedro Damião 205, 273
Pedro de Alexandria 25
Pedro de Auvergne 294, 315
Pedro de Bruys 284
Pedro de Castelnau 211, 287
Pedro de Celle 275

Pedro de Corbara 387
Pedro de Koninc 332
Pedro de la Brosse 237
Pedro de Luna 390
Pedro de Lusignan 377
Pedro de Luxemburgo 390
Pedro de Morrone 223
Pedro de Tarentaise 294, 307
Pedro Flote 224
Pedro Valdo 211
Pedro I da Bulgária 113
Pedro I de Aragão 255
Pedro I de Portugal 443
Pedro I do Chipre 420
Pedro I, o Cruel, rei de Castela 367, 372, 427, 441
Pedro II de Aragão 184, 210-1
Pedro III de Aragão 223, 256, 258
Pedro IV, o Cerimonioso, rei de Aragão 442
Pelágio, cardeal 46, 62, 265
Pelayo, Álvaro 294, 307
Pepino, filho de Carlos Magno 134-6
Pepino, filho de Luís, o Piedoso 151-2
Pepino, o Corcunda 135
Pepino I de Landen 65-6
Pepino II de Herstal 66
Pepino III, o Breve 67-9, 98, 129-32, 524
Pero Tafur 462
Peruzzi, banqueiro 217, 365, 508, 510
Petit, Jean 375
Petrarca 3, 344, 385, 400, 408, 449, 464
Pfalz, Friedrich von der 495
Phares, Simon de 405
Philothéos, monge 478
Pico della Mirandola 404, 409, 413, 449, 519
Pier della Vigna 213
Pietro dei Crescenzi 489
Pilatos, Leôncio 464
Pio II, papa 394, 421
Pizan, Cristina de 350, 374, 376, 400
Plaisians, Guilherme de 237
Planudes, Máximo 463-4
Platão, filósofo 124, 274, 409

Platão, monge 104-5
Platão de Tívoli 274
Plectruda 66
Pletão, Gemisto 463, 466-7
Plínio, o Velho 79
Príncipe Negro, ver Eduardo, príncipe de
Gales 369, 425, 427, 441, 527
Procida, Giovanni da 223
Procópio, chefe hussita 397
Procópio de Cesareia 47, 49
Pselo, patriarca 185, 189
Pseudo-Fredegário 64
Pulquéria 33

Quildeberto, rei dos francos 39-40, 62
Quildeberto II, rei dos francos 63, 65
Quilderico, rei dos francos 32, 37
Quilderico III, rei dos francos 68-9
Quilije Arslã 177
Quilije Arslã II 182-3
Quilperico, rei dos francos 14, 62-3
Quilperico II, rei dos francos 67

Rábano Mauro 149
Radagaiso 29
Rafael 411
Ragenfrido, prefeito de palácio 66
Ragnacairo 37
Raimundo Berengário, o Velho, conde de
Barcelona 254
Raimundo da Aquitânia 234
Raimundo de Penaforte 218
Raimundo de Saint-Gilles 190, 262
Raimundo I, conde de Toulouse 158, 262
Raimundo VI, conde de Toulouse 211,
236
Raimundo VII, conde de Toulouse 236
Ramnulf Glanville 301
Raul, rei da França 159
Raul Ardens 313
Raul de Cambrai 296
Raul Glaber 162, 167, 260, 288
Recaredo, rei visigodo 51, 61, 76
Réginon de Prüm 306
Régnier, João 350

Rely, Jean de 401
Remígio, arcebispo de Reims 38
Renaud, conde de Bolonha 235
René de Anjou (o rei René) 349, 442,
450
René II de Lorena 453
Repgow, Eike von 301
Reventlow 494
Ricardo, conde de Autun 158
Ricardo, duque da Borgonha 158
Ricardo, duque de York 432, 434
Ricardo, monge 404
Ricardo da Cornualha 216
Ricardo I Coração de Leão 179, 191, 210,
234-5, 246-7, 265, 526
Ricardo I, duque da Normandia 157
Ricardo II, rei da Inglaterra 428-9, 492,
527
Ricardo III, rei da Inglaterra 434, 508,
527
Richemont, Artur de, condestável 432
Riquero 149
Roberto, duque da Borgonha, irmão de
Henrique I 232
Roberto Curthose 190
Roberto d'Arbrissel 205, 291, 529
Roberto, rei de Nápoles 449
Roberto de Bruce, rei da Escócia 422-3
Roberto de Clari 193
Roberto de Ketten 274
Roberto Guiscardo 186, 190, 199, 232,
257
Roberto I, rei da França 159
Roberto II, duque da Normandia 232,
245
Roberto II, o Piedoso, rei da França 229-
30, 232, 297
Roberto, o Búlgaro 236
Roberto, o Forte 159
Roberto, o Monge 261
Rocatallada, Joan de 365
Roderico, rei visigodo 61, 90
Rodolfo, duque e rei da Borgonha 158
Rodolfo de Habsburgo 216, 253
Rodolfo de Rheinfelden 200

ÍNDICE ONOMÁSTICO

Rodrigo Diaz de Vivar (el Cid) 254
Rogério da Sicília 191
Rogério II, rei da Sicília 525
Rolão 157, 159
Romano I, imperador 109, 112
Romano II, imperador 112-4
Romano III, imperador 185
Romano IV Diógenes, imperador 186, 189
Romano Lecapeno 111
Rômulo Augústulo, imperador 17, 31
Rufino 27-8, 33
Rupert de Deutz 313

Saba, santo 48, 103
Saint-Paul, Jean de 400
Saisset, Bernardo 224
Saladino 177, 179, 246, 264, 526
Sale Aiube (Al-Malik al-Salih) 181
Salimbene 213, 293
Salisbury, duque de 431
Salomão, rei bíblico 64, 138, 449
Salomão, rei bretão 154
Salviano, monge 19
Samo, rei eslavo 65
Samuel, rei dos búlgaros 116
Sancho de Navarra 184
Sancho, o Gordo, rei de Leão 127
Sancho, o Grande, rei de Navarra 255
Sanudo, Marino 419
Savonarola 405, 453
Saxo Grammaticus 252
Scanderberg, chefe albanês 468, 470, 475
Segarelli de Parma 314
Sérgio, papa 57
Sérgio, patriarca 55
Sérgio III, papa 155
Severo 102
Sforza, Francisco 450-1
Sforza, Galeácio Maria 451-3
Sforza, João Galeácio Maria 451-3
Sforza, Ludovico (o Mouro) 453-4
Siágrio 31-2, 38
Sigeberto, rei franco 37, 62-3
Sigeberto III, rei franco 65

Siger de Brabant 282
Sigfred, rei da Dinamarca 140
Sigismundo, arquiduque 438
Sigismundo, imperador 388, 392, 397, 446
Sigismundo, rei dos burgúndios 40, 76
Sigismundo da Hungria 420, 460
Silvestre II, papa 163-4, 198, 270, 529
Silvestre III, antipapa 199
Simão de Montfort, conde de Leicester, filho do precedente 211-2, 236, 248, 287
Simeão, metropolita 465
Simeão, rei dos búlgaros 112-3, 465
Simnel, Lambert 436
Siroes 54
Sisto IV, papa 394, 413
Sofia, sobrinha de Teodora 50
Sulayman 120
Soleimão Alárabe (Sulayman Ibn al-Arabi) 133
Starkey, William 370
Stefani, cronista 360
Sueno Barba Bifurcada, rei da Dinamarca 251
Sueno Estridsen, rei da Dinamarca 251
Suger 233, 320, 530
Suíntila, rei visigodo 65
Suleiman, filho do sultão 459, 461
Surienne, Jean de 373
Suso, Heinrich 401
Svatopluk 160
Sveno 244
Sviatopolk, príncipe da Morávia 106

Taccola, Marciano di Jacopo 376
Tadeu de Nápoles 417
Talbot, John 431, 433
Tamerlão (Timor) 461, 478, 527
Tanchelm 284
Tancredo 178, 190, 262
Tancredo de Hauteville 257
Tancredo de Lecce 258
Tarásio 100, 103
Tárique ibn Ziade 55, 90

Tassilão, duque da Baviera 134
Tauler, Jean 401
Tchermogan 182
Teguder 183
Telesforo de Cosenza 404
Tempier, Estêvão 282
Teobaldo de Champanhe 233
Teoctisto 105, 107
Teodato 37
Teodebaldo, duque dos alamanos 68
Teodeberto, rei franco 40, 45, 62
Teodora, esposa de Teofilacto 155
Teodora, filha de Cantacuzeno 459
Teodora, imperatriz, esposa de Justiniano 35, 44, 47, 50
Teodora, imperatriz, esposa de Teófilo 105
Teodorico, rei dos ostrogodos 35-7, 39-41, 44-5, 71, 523
Teodorico Estrabão 33
Teodoro, monge 104-5
Teodoro, soberano de Epiro 194
Teodoro II, imperador de Niceia 194
Teodoro Láscaris, imperador 193-4
Teodósio, imperador 17-8, 23, 25-8, 36, 75, 523
Teodósio II, imperador 25-8, 33, 36
Teodulfo 148-9
Teófanes, o Confessor, cronista 92, 102, 104, 110, 139
Teófano (Martinácia), imperatriz, esposa de Leão VI 111
Teófano, imperatriz, esposa de Otão II 114, 116, 161
Teófano, imperatriz, esposa de Romano II 112-4
Teofilacto I, senador 155
Teofilato Simocata 53
Teófilo, imperador 105, 107
Tervel, cã búlgaro 56
Teutberge 153
Thérines, Jacques de 316
Thierry, Augustin 4, 64
Thierry I, rei dos francos 39, 62, 75
Thierry IV, rei dos francos 67
Tiago de Veneza 274

Tibério II, imperador 50-1, 54, 100
Tolomeu de Luca 294
Tomás, o Eslavo 105-6
Tomás de Aquino, santo 221, 280, 282, 307, 333, 345, 405-7, 464, 530
Tomás de Estrasburgo 294
Tomás de Marle 233
Tomás de Saint-Omer 276
Tomás Paleólogo, irmão de Constantino XI 468, 475, 479
Torquemada 412
Tótila 45-6
Trasamundo, rei dos vândalos 36-7
Trastâmara, Henrique de 367, 427, 441
Trebizonda, Jorge de 467
Trésiguidi, Maurice 370
Triboniano 47
Tuda Mengu 184
Tugril 173-4
Turlande, Roberto de 291
Tyler, Wat 429, 492, 514

Ubertino de Casale 220, 403
Uccello, Paolo 371
Ulagueche 184
Umur, emir de Aydin 458-9
Uqueba ibne Nafi (Oqba ibn Sébou) 90
Uraia 74
Urbano II, papa 190, 201, 206, 261, 293, 525
Urbano V, papa 375, 384
Urbano VI, papa 389-90, 407, 450

Vajk, ou Estêvão I, príncipe húngaro 144, 161
Valafrido Estrabão 149
Valdemar, o Grande, rei da Dinamarca 251
Valdemar II, o Vitorioso, rei da Dinamarca 252
Valdo, Pedro 211, 285
Valentiniano III, imperador 28, 31
Valla, Lorenzo 409
Vamba, rei visigodo 61
Van Artevelde, Filipe 429, 514

ÍNDICE ONOMÁSTICO

Van Artevelde, Jacques 423-4, 513
Van der Weyden, Roger 411
Van Eyck, Hubert 411
Van Eyck, Jan 344, 411, 511
Van Ruysbroeck, Jan 401
Van Velthem, Lodewijk 358
Varrão 24-5, 119
Vasco da Gama 443, 519, 527
Vassili I 447
Vassili II 447
Veleio Patérculo 51
Venceslau, imperador 388
Venceslau III 253
Venette, Jean de 373
Verina 33
Verney, John 370
Vesci, Eustáquio de 247
Viduquindo, chefe saxão 134, 161
Viduquindo, monge 149
Vifredo I, o Cabeludo, conde de Barcelona 127, 158
Vigílio, papa 46, 48
Vilibaldo 92
Vilibrordo 77
Villandrando, Rodrigue de 373
Villani, Filippo 370
Villani, Giovanni, cronista 400, 506, 509, 512
Villani, Matteo 364, 370
Villehardouin 193
Villeneuve, Arnaud de 403
Villon, François 353, 400, 515
Visconti, família 371, 451
Visconti, Bernabo 450
Visconti, Filipe Maria 450-1
Visconti, Galeas 450
Visconti, Valentina 452-4
Vital de Savigny 205

Vitaliano 35
Vitige 45
Vitiza, rei visigodo 61
Vítor III, papa 201
Vítor IV, antipapa 207
Vlad Dracul, o Empalador 475
Vladimir I, príncipe de Kiev 115, 253
Vladimirovich, Jaroslau 232
Voukashin 460

Waifar, príncipe da Aquitânia 132
Waldrade 153
Wallace, William 249
Warbeck, Perkin 436
Wavrin, Jean de 400
Wavrin, Waleran de 420
Wilgard 283
Wirsberg, Janko de 495
Wirsberg, Livin de 495
Wodham, Adam de 407
Württemberg, Everardo de 495
Wyclif, João 396, 401

Xaibani 120
Xaintrailles, Poton de 373, 431
Xanten, Norberto de 205, 291
Xauar, vizir egípcio 179
Xircu, emir curdo 179

Zacarias, João 463
Zacarias, papa 68-9
Zaccaria, Benedito 181
Zenão, imperador 31, 33-5, 88
Zengui 178-9
Zizka, Jan 397, 403
Zoé Carbonopsina 111
Zoé Paleóloga 448, 478-9
Zoé Zautsina, imperatriz 111

SOBRE O LIVRO

Formato: 16 x 23 cm
Mancha: 27,5 x 42 paicas
Tipologia: Iowan Old Style 10/14,6
Papel: Off-white 80 g/m² (miolo)
Cartão Supremo 250 g/m² (capa)

1ª edição Editora Unesp: 2023

EQUIPE DE REALIZAÇÃO

Capa
Marcelo Girard

Edição de texto
Rita Ferreira (Copidesque)
Tulio Kawata (Revisão)

Editoração eletrônica
Sergio Gzeschnik (Diagramação)

Assistência editorial
Alberto Bononi
Gabriel Joppert

Rua Xavier Curado, 388 • Ipiranga - SP • 04210 100
Tel.: (11) 2063 7000
rettec@rettec.com.br • www.rettec.com.br